D1722596

Soziologische Studien
Band 5

Die gesellschaftstheoretischen Prämissen der Hegelschen Rechtsphilosophie

Eine Untersuchung
zur Konzeptualisierung
von Gesellschaft und Staat
bei G. W. F. Hegel

Lothar Stetz

Centaurus-Verlagsgesellschaft
Pfaffenweiler 1991

Umschlagabbildung:
Paul Klee, Omega 8 (298), „GRENZEN DES VERSTANDES", 1927,
Öl- und Wasserfarben auf Leinwand, 56,3 x 41,5 cm,
mit freundlicher Genehmigung der Rechteinhaber.
© 1991, Copyright by COSMOPRESS, Genf

Die Deutsche Bibliothek — CIP-Einheitsaufnahme

Stetz, Lothar:
Die gesellschaftstheoretischen Prämissen der Hegelschen
Rechtsphilosophie : eine Untersuchung zur Konzeptualisierung
von Gesellschaft und Staat bei G. W. F. Hegel / Lothar Stetz. –
Pfaffenweiler : Centaurus-Verl.-Ges., 1991
    (Soziologische Studien ; 5)
    Zugl.: Freiburg (Breisgau) Univ., Diss., 1990
    ISBN 3-89085-569-5
NE: GT

ISSN 0937-664X

Satz: Vorlage des Autors
Druck: Difo-Druck GmbH, Bamberg

Inhalt

Die Arbeit zielt, ihr Titel will das schon andeuten, auf die gesellschaftstheoretischen Implikationen der Hegelschen Philosophie. Sie ist von daher besonders mit der Hegelschen Rechtsphilosophie, dem Systemteil des Gesamtwerks, in dem Hegel explizit die Gesellschaft und den Staat seiner Zeit behandelt, befaßt. Die hier entwickelten Konzeptualisierungen werden auf die historische Umbruchssituation der Epochenschwelle zum 19. Jahrhundert bezogen: Hegels Philosophie soll als eine Verarbeitung der Herausforderungen und Problemstellungen des damaligen gesellschaftlichen Strukturwandels verständlich gemacht und von daher sowohl in der analytischen Qualität ihres Zugriffs angemessen gewürdigt, als auch in ihrer transitorischen Stellung zwischen idealistischer Metaphysik und moderner Gesellschaftstheorie schärfer konturiert werden. Karl Marx, um diesen gewichtigen Zeugen für eine Abschätzung der großen Bedeutung der Hegelschen Philosophie anzuführen, hatte Hegel im Nachwort zur zweiten Auflage des Kapitals noch einmal ausdrücklich als seinen Lehrer bezeichnet und ihn gegen das Vergessen in der Philosophie des deutschen 'Epigonentums', seine abschätzige Behandlung als 'toten Hund' durch die Zeitgenossen, vehement verteidigt. Diese Perspektive gibt den Zugang zu Hegels Werk vor: In den Grenzen eines gigantischen spekulativen Systembaus hatte Hegel weit umfassender als gewöhnlich wahrgenommen - die Hegelrezeption zeigt sich ja in erstaunlicher Weise ideologisch ausgereizt - die Grundlagen der modernen Gesellschaftstheorie gelegt. Hegel selbst formulierte seinen Anspruch schon in einer sehr frühen, nur fragmentarisch erhaltenen Arbeit; die Stelle soll als eine erste Orientierung angegeben werden:
" Zugleich will ich hier die Prinzipien für eine Geschichte der Menschheit niederlegen und das ganze elende Menschenwerk von Staat, Verfassung, Regierung, Gesetzgebung, bis auf die Haut entblößen. "(Frühe Schriften S. 235) - eine Haut freilich, unter der noch das Knochengerüst der idealistischen Spekulation für die Statik des Ganzen sorgt.
Hegels philosophisches System, das wesentlich durch seine transitorische Position zwischen zwei scharf akzentuierten Zeitaltern, durch den Umbruch in der Perzeption von 'Welt' und 'Wirklichkeit', die sie markiert, bestimmt wird, erlaubt die Aneignung von beiden Seiten der dieses Transitorische eingrenzenden Bezugspunkte aus: Es kann herausgestellt werden, wie sehr sich ihm sein Gegenstand noch im Rahmen traditionaler Vorgaben darstellt, aber wie eng auch, das ist von dieser Seite her der interessante Aspekt, die philosophische Konstruktion als solche unter den Anforderungen des aufzuarbeitenden Materials an eine paradigmatische Grenze geführt wird, und es können die sich gleichsam schon unterhalb des traditionalen Gesamtkonzepts konturierenden, nach vorne weisenden Ansätze freigelegt, also die konkreten historischen Anforderungen selbst und ihre spezifisch moderne Qualität der philosophischen Bewältigung genauer analysiert werden. Ich will das Gewicht auf den letzteren Aspekt legen, wohl wissend, daß bei Hegel eine Bewertung der einzelnen Systemteile natürlich immer nur mit dem Bezug auf das mit seltener Konsequenz durchreflektierte Gesamtsystem denkbar ist. Die Vorstellungen Hegels zu Arbeit und Anerkennung, Herrschaft und Geschichte, zu sozialer Desorganisation und über die Bedingungen der Stabilität gesellschaftlicher Ordnung stehen im Fokus der hier versuchten Aneignung seiner Philosophie. Dabei soll großen Wert auf die umfassende Diskussion aller für diese Fragen relevanten Systemteile gelegt und nicht ein Abschnitt, wie etwa die Darstellung der bürgerlichen Gesellschaft in der Rechtsphilosophie oder auch die Konzeption des politischen Staates, der für sich allein nur unzureichend verständlich werden kann, aus dem Gesamtzusammenhang isoliert werden. Es wird, so hoffe ich, deutlich werden, daß nur die immer zu gewärtigende Perspektive des Gesamtsystems eine verlustfreie Wertung der unterschiedenen Subsysteme des 'wirklichen' Staates der Rechtsphilosophie, oder auch der geschichtsphilosophisch

diskriminierten Formationen, erlaubt. Vor diesem Hintergrund lassen sich dann auch einige Grundprobleme der Hegelinterpretation, so z.b. die komplexe Ausgestaltung des 'Staates', die anstößige Immunität der rechtsphilosophischen Abschlußfigur, die erhitzte Diskussion der politischen Positionsbestimmung Hegels über die Folge seiner philosophischen Arbeiten, angemessener diskutieren und vielleicht besser verstehen.

Die ersten Anmerkungen zu der grundsätzlichen Orientierung dieser Arbeit treffen vielleicht schon auf Bedenken: Es mag bei einem Denker wie Hegel, der so selbstverständlich in der deutschen Philosophiegeschichte steht, das dezidiert soziologische Interesse nicht auf den ersten Blick einleuchten. Oder aber es wird, eingedenk der Bedeutung, die Hegel über Feuerbach und Marx ja tatsächlich auf wesentliche Entwicklungen der modernen Gesellschaftstheorie gewinnen konnte, dieses Interesse zwar durchaus gesehen, nur läßt die häufig sehr einseitige Instrumentierung des Hegelschen Werkes für die Belegabsicht des jeweiligen Autors befürchten, daß die Vereinnahmung Hegels durch eine nichtphilosophische Disziplin vom wesentlichen Kern seines Werkes nicht allzu viel übrig läßt. Und von ganz anderer Seite wiederum kann die Relevanz einer solchen Beschäftigung mit einem Philosophen des 19. Jahrhunderts für die heutigen Probleme der Soziologie bezweifelt werden: höchstens ein unbestimmter Platz in der Geschichte der Soziologie überhaupt, eine historische Vorläuferschaft, die sich auch nur mittelbar durch die offensichtliche Bedeutung Hegels für den paradigmatischen Umschlag am Ende der großen idealistischen Systembildungen belegt, wird man ihm dann zugestehen wollen.

Ich führe diese Bedenken nicht an, um sie hier in der Einleitung schon abzutragen; ich bin mir ihrer aber bewußt und hoffe mit dem Fortgang der Arbeit einen Großteil davon zu zerstreuen, da Antworten auf diese Fragen ja mit zu ihrem Gegenstand gehören. Nur soviel: Natürlich steht die Aneignung der Hegelschen Philosophie hier unter einem ganz bestimmten Erkenntnisinteresse; sie konzentriert sich auf bestimmte Problemstellungen, mit denen sie die Hegelsche Philosophie konfrontiert sah und interessiert sich für deren philosophische Bewältigung. Nicht alle Teile des philosophischen Systems sind dafür in gleichem Maße bedeutsam, d.h. die Analyse wird sich mit einigen Arbeiten, so vor allem mit der ja schon im Titel angesprochenen 'Philosophie des Rechts' weit ausführlicher beschäftigen als mit anderen des Werkes. Selbstverständlich beinhaltet diese Auswahl, insofern sie die Gewichte anders setzt als das Hegel selbst intendiert, tatsächlich eine Verzerrung der Gesamtkonzeption, allerdings eine begründbare, wie ich denke. Das soziologische Interesse geht nicht nur auf das grundsätzliche Verständnis eines philosophischen Entwurfs aus der Innenansicht des, wie hier bei Hegel, veritablen Systembauers, es beschäftigt sich, als seinem eigentlichen Schwerpunkt, mit den Vermittlungsprozessen, die zwischen dem theoretisch ausformulierten System und den konkreten Herausforderungen der jeweils historisch gegebenen gesellschaftlichen Situation bestehen. Dabei wird die philosophische Thematisierung nicht einfach als ein bloßes Epiphänomen herabgestuft, sie wird ganz im Gegenteil dadurch, daß die Entwicklung auf der Ebene der kulturellen Deutungssysteme, des Denkens über die Welt, über die Stellung des Subjekts in dieser Welt und zu sich selbst, Kompetenzen einholt, die, einmal explizit thematisch geworden, nicht nur das Feld der anschließenden Konzeptualisierungen begrenzen, sondern auch dem praktischen Handeln als strukturierendes Bewußtsein beistellen, als ein eigengewichtiger Faktor gesellschaftlicher Prozesse gedeutet. Nur, um es mit Marx zu sagen, wird für diese Bestimmung ihr 'exoterischer' Gehalt wichtiger als ihr 'esoterischer'[1], d.h. das Nachdenken eines philosophischen Systems bis in die feinsten Verästelungen seiner Reflexionen ist nicht 'an sich' der Gegenstand der soziologischen Beschäftigung, sein Sinn kann nur darin bestehen, es auf jene Interdependenzen zwischen thematischer Bewältigung und gesellschaftlicher Praxis abzuklopfen. Diese Aufgabe wird allerdings auch nicht gelöst, wenn dem entsprechenden Versuch einer begrifflichen Reformulierung dieser Beziehung unzulässigerweise von vorne, also einseitig vom

---

1 MEW Bd 1, S.206

8

Erkenntnisinteresse des Interpreten aus, Inhalte, Motive, Intentionen supponiert werden, ein, wie schon gesagt, gerade in der Hegelexegese nicht seltenes Problem. Die Darstellung hat sich deshalb mit der nötigen Genauigkeit auf das Material einzulassen, eine durchaus immanente, um Authentizität bemühte Analyse muß und soll ihren Raum erhalten.

Die Arbeit gliedert sich zunächst in ein Kapitel, das, relativ knapp gehalten, erst einmal eine vorsichtige Bestimmung der spezifischen Problemstellungen, die die gesellschaftstheoretischen Ausarbeitungen der Hegelschen Philosophie vorbereiten und strukturieren, geben will. Insbesondere die frühen politischen Schriften werden hierbei - zwar nicht gerade systematisch - herangezogen. Nach diesen Annäherungen geht die Arbeit genauer auf das rechtsphilosophische System ein: Das Konzept der 'bürgerlichen Gesellschaft' und der 'Familie' bei Hegel werden in eigenen Kapiteln ausführlich diskutiert.

Der in der Interpretation heftig umstrittene Systemteil 'Staat' findet in den Kapiteln IV und V sodann eine seiner Bedeutung im Gesamtsystem angemessen differenziertere Bearbeitung: Die enger auf die konkrete politische Situation des Vormärz zu beziehende Analyse des 'politischen Staats' der Rechtsphilosophie wird von der grundsätzlicheren, unmittelbar mit der Konzeption des 'objektiven Geistes' bei Hegel und seiner Geschichtsphilosophie verbundenen, Vorstellung als einem elementaren Organisator gesellschaftlicher Ordnung unterschieden und gesondert überprüft. Als unverzichtbar erweist sich dabei eine nähere Berücksichtigung auch der Vorlesungen Hegels über die 'Philosophie der Geschichte' sowie, tiefgehender noch, der philosophischen 'Totalen', also des philosophischen Gesamtsystems, in das sich die einzelnen Teile oder 'Kreise', wie Hegel auch mehrfach schreibt, integrieren - 'Staat' soll, mehr noch als das Konzept der bürgerlichen Gesellschaft, als eine Schlüsselkategorie der Hegelschen Gesellschaftsphilosophie entwickelt werden.

Zum Schluß noch einige Anmerkungen zum Umgang mit den verwendeten Primärtexten:

Als Primärtext wurde die vom Suhrkamp-Verlag herausgegebene Ausgabe der Werke in 20. Bänden herangezogen. Die einzelnen Bände, bzw. die darin enthaltenen Arbeiten Hegels, werden bei Zitaten oder Fußnoten sinnvoll abgekürzt angegeben: so steht etwa 'Rphil' für Rechtsphilosophie, 'Enz.' für Enzyklopädie, 'PdG' für Philosophie der Geschichte, 'Phän.' für Phänomenologie, 'GdP' für Geschichte der Philosophie, 'PdR' für Philosophie der Religion, 'Frühe Schr.' für den Bd1 der Werksausgabe 'Frühe Schriften'; ebenso können 'Berliner Schr.' und 'Nürnb. Schr.' unschwer mit den in der Bibliographie genauer aufgeschlüsselten Bänden der Werksausgabe in Verbindung gebracht werden. Die beiden Versionen der Realphilosophie aus Hegels Jenaer Zeit und das 'System der Sittlichkeit' (1802/03) werden aus dem von G. Göhler herausgegebenen Band: G.W.F. Hegel 'Frühe politische Systeme' zitiert; diese Angabe hier nur um Verwechslungen mit dem Bd 1 'Frühe Schriften' der angeführten Werksausgabe zu vermeiden. Andere Ausgaben der Primärtexte und auch die verwendeten Mitschriften der Vorlesung zur Rechtsphilosophie werden im Text gesondert angegeben.

Ein besonderes Problem stellt bei Hegel die Frage der Authentizität der von den Herausgebern seiner Vorlesungen in den gesicherten Haupttext eingefügten Anmerkungen und mündlichen Zusätze dar. Ich habe mich hier ganz pragmatisch entschieden: Immer da, wo die Zusätze inhaltlich durch den Haupttext zweifelsfrei abgesichert waren, konnte ich keinen Grund für eine übertriebene Vorsicht erkennen, zumal die Zusätze sehr hilfreiche Erläuterungen zu dem Hegel häufig ausdrücklich nur als ein konzentriertes Grundgerüst seiner Vorlesungen dienenden Basistext geben können. Die Verwendung von Anmerkungen oder Zusätzen wird an der entsprechenden Stelle aber immer kenntlich gemacht.

Zuletzt soll der Leser noch auf den recht freizügigen Gebrauch von Fußnoten in dieser Arbeit hingewiesen werden: Ich habe unter dem Haupttext, neben den selbstverständlichen Hinweisen auf die zitierten Quellen, reichhaltig Belegmaterial aus den Primärtexten ausgewiesen und auch sonst eine Reihe von Bemerkungen angebracht, die den Argumentationsgang unnötig belastet hätten, aber deshalb für das Verständnis doch hilfreich sein können. Man sollte sie vielleicht nicht ganz aus dem Auge verlieren.

Kapitel I

1. Das Problem der Stabilität - Ausgangsfragen der Rechtsphilosophie

Eine konsistente Deutung der Verarbeitung gesellschaftstheoretischer Fragestellungen und Phänomene im Gesamtwerk Hegels bleibt sicher problematisch; es gibt hier auffallende terminologische und, wichtiger, inhaltliche Brüche, die die frühen politischen Schriften von den wesentlich ausgearbeiteteren späteren Systematisierungen unterscheiden. Konzentriert man sich dabei auf das Verhältnis von bürgerlicher Gesellschaft und Staat, einer begrifflichen Differenzierung, über die Hegel analytisch weitsichtig die Entwicklungslinien und Widersprüche seiner Zeit entwickelt und die deshalb auch mit im Zentrum der für diese Arbeit maßgeblichen Interpretation stehen muß, so scheint der Wendepunkt auf die Jenaer Zeit, insbesondere auf die Jenaer Realphilosophie von 1805/06 zurechenbar. Hier war Hegel deutlich an die Grenze der Leistungsfähigkeit seines begrifflichen Instrumentariums vorgestoßen und im weiteren zu einer Überprüfung und Präzisierung seiner Analyse gezwungen[1]. Auffallend ist hierbei die Überwindung der zurecht in ihrer Bedeutung hervorgehobenen Verehrung der antiken Polissittlichkeit[2] als Matrix der Wertung politischer Phänomene durch die sehr bewußte Wahrnehmung der inneren Antagonismen der modernen Gesellschaft. Die frühen politischen Schriften sind für ein tieferes Verständnis jedoch keineswegs irrelevant; sie artikulieren die Probleme und Widersprüche, mit denen sich Hegel konfrontiert sah und die als inhaltliche Anforderungen den Gegenstandsbereich der an ihnen entzündeten 'philosophischen Erkenntnis' konturieren, d.h. die auf eine begriffliche Konzeptualisierung und Bearbeitung drängen - sie sollen deshalb im folgenden als Einstieg in die gesellschaftstheoretische Konzeption Hegels kurz angesprochen werden.

In diesen Schriften versucht Hegel eine Bilanzierung der historischen Entwicklung. Er rekonstruiert, vor allem in der 'Verfassung Deutschlands' (1800/02)[3], den Umbruch zum modernen Nationalstaat und zu den 'neuen Prinzipien der Zeit' auf dem Hintergrund einer Kontrastierung mit der agonischen Entwicklung des deutschen Reiches. Gleichzeitig verarbeitet er die Erfahrungen mit den beiden Revolutionen in Frankreich und England; so exzerpierte Hegel nach Hinweisen von Rosenzweig beispielsweise interessiert die englischen Nationalökonomen und war ein aufmerksamer Beobachter der englischen Tagespolitik[4]. Die Bedeutung der Rezeption der Französischen Revolution für die Philosophie, und da natürlich vor allem für die Rechtsphilosophie Hegels ist schon lange bekannt; sie spielt sowohl bei der Diskussion konkreter politischer Zustände und Entwicklungen (wie in der frühen Schrift 'Daß die Magistrate von den Bürgern gewählt werden müssen'[5]), als auch später in den Ausführungen zu den Verhandlungen der württembergischen Landstände (1817) und über das gesamte systematische Werk eine hervorragende Rolle. Auf alle diese Punkte wird zurückzukommen sein.

---

1 Sh. dazu noch die terminologische Unschärfe im Verhältnis von Sittlichkeit und Moralität in der Phänomenologie und die fortwährende Beschäftigung mit der Platonischen und Aristotelischen Staatskonzeption, die so etwas wie eine kritische Reibefläche zur Präzisierung eines angemessenen Verständnisses der Gegenwart abgegeben hatte. Dazu auch K.-H. Ilting, Hegels Auseinandersetzung mit der aristotelischen Politik, in: Phil. Jahrbuch Bd71/ 1963/64

2 Hegel war hier kein Einzelfall: Die begeisterte Rezeption der griechischen Philosophie und speziell der Staatsphilosophie war vielmehr ein allgemeines Zeitphänomen.

3 Die Verfassung Deutschlands, abgedruckt in: Hegel, Werke Bd1, Frühe Schriften

4 Leider ließen sich diese Notizen später nicht mehr auffinden.

5 Abgedruckt in: Frühe Schriften, Werke1. Die Arbeit wird dort auf das Jahr 1798 datiert.

Der Staatenbildungsprozeß in Europa, dessen Wahrnehmung hinter der vernichtenden Kritik an der zersplitterten Organisation in Deutschland steht, stellt eine erste Dimension der Analyse dar, mit der unverzichtbare Bestandsbedingungen des 'Staates' erfaßt werden. Was hier bei der nüchternen Untersuchung der Zeitverhältnisse festgestellt wird, fließt als elementare Einsichten in den Aufbau gesellschaftlicher Organisation in alle späteren, ausgearbeiteteren Überlegungen ein und muß deshalb näher verfolgt werden.

Gegenüber dem modernen Nationalstaat, wie er sich in Frankreich und England abzeichnet, erweist sich das noch in die partikularen Feudalismen zerfallene deutsche Reich als ein anachronistisches, totes Gebilde - Hegel spricht von ihm als von einem 'bloßen Gedankenstaat', der 'konstituierten Anarchie' (PdG 518). Im Unterschied zu Frankreich hatte Deutschland die wesentliche Voraussetzung der Ausbildung einer starken Zentralgewalt nicht geleistet, d.h. die Domestikation der partikularen Stände, Hegel versteht darunter die alten Reichsstände, war auf der Ebene des Reichs fehlgeschlagen:

"Frankreich als Staat und Deutschland als Staat hatten beide dieselben zwei Prinzipien der Auflösung in sich; in dem einen zerstörte er sich vollends und erhob es dadurch zu einem der mächtigsten Staaten, in dem anderen gab er ihnen alle Gewalt und hob dadurch seinen Bestand als Staat auf."(Frühe Schr. 548).

Eine Konsolidierung bleibt nur noch auf der Ebene der relativ autonomen Mittelstaaten denkbar; allerdings kann Hegel zum Zeitpunkt der Verfassungsschrift, als die Liquidierung des Römischen Reichs Deutscher Nation schon deutlich abzusehen war, in dieser Entwicklung vorerst nur den Kampf des 'Einzelnen' gegen das 'Allgemeine' erkennen. H. Marcuse interpretierte diese Position schon als eine frühe Kritik der sich abzeichnenden kapitalistischen Gesellschaft[6], das trifft aber nicht im mindesten die damalige Hegelsche Intention: Hier untersucht Hegel erst einmal die Hindernisse, die der Ausbildung eines zentralisierten Staates entgegenstehen, er verfolgt eine Kritik der zentrifugalen Tendenzen der Feudalisierung, von Tendenzen also, die mit der erforderlichen Machtkonzentration einer eindeutigen Obergewalt konfligieren. Im letzten Kapitel der Verfassungsschrift entwickelt er dann auch konsequent die Bedingungen einer Eindämmung der vollständigen politischen Erosion, d.h. er versucht ganz im Sinne dieser Ordoperspektive explizit eine Revitalisierung des Deutschen Reichs. Die Umkehrung der zentrifugalen Tendenzen "müßte aber durch die Gewalt eines Eroberers", eines Theseus[7], erzwungen werden, um noch Erfolg zu haben. Denn: "Der Verwesung nahes Leben, kann nur durch das gewaltsamste Verfahren reorganisiert werden."(ebd 555), schreibt Hegel, um in den gleichen Zusammenhang eine bezeichnende (im übrigen sehr moderne) Hommage an Machiavelli, den ersten modernen Denker einer rationalen Herrschaftstechnik, einzuflechten[8].

Mit dem 'Kommentar zur Versammlung der württembergischen Landstände' und der späteren Affinität zur preußischen Monarchie - die politische Entwicklung hatte inzwischen ja klare Verhältnisse geschaffen - hat Hegel seinen damaligen Standpunkt geändert: Die Agonie des Deutschen Reichs wurde zum unvermeidlichen Tod. Das 'Tote' kann aber nicht wieder aufleben, wie Hegel schon 1798 festgestellt und später immer wieder bestätigt hatte[9]. Von beiden Seiten

---

6   H. Marcuse, Vernunft und Revolution, Darmstadt und Neuwied, 1972
7   Nach diesem Theseus fragt Hegel schon 1796, sh. Frühe Schriften S. 197
    Seine Dechiffrierung hat die Interpreten nachhaltig beschäftigt. Sh. dazu O. Pöggeler, Hegels Option für Österreich, in: Hegelstudien 12/1977, S. 83ff. Mir scheint die Umschreibung jedoch zum damaligen Zeitpunkt am ehesten auf Napoleon zu passen.
8   Der Verweis auf N. Machiavelli, der sich durch das ganze Werk Hegels immer wieder findet, wird m.E. zu wenig beachtet, mit ihm verbindet sich ein wichtiger Hinweis auf die gesellschaftstheoretische Grundproblematik, die auch seine Philosophie zu bewältigen sucht und für die ihm Machiavelli mit seinem, die konkreten Verhältnisse distanziert, nüchtern analysierenden Zugang wichtige Anstöße gab.
9   Vgl. Magistratsschrift S. 269f; Verfassung ... S. 452;

her, negativ aus der Perspektive des zerfallenden Reichs, positiv zunächst durch die Reformvorschläge, dann konsequent mit dem Verfolg des Staatenbildungsprozeß der einzelnen Großterritorien durchdacht, bleibt sich das Grundproblem, die Einkreisung der 'Idee' des Staates und die Verständigung über seine Bestandsbedingungen gleich. Mit der Verfassungsschrift entwickelt Hegel gleichsam erst einmal die Minimalbedingungen des modernen Staates. Es geht ihm hier um die 'Existenz' eines Staates in der typischen Verwendung des Begriffs bei Hegel, d.h. der nackte Systembestand und nicht die differenzierte Analyse des komplexen 'Wesens' staatlicher Organisation, wie es die spätere Rechtsphilosophie versucht, ist zunächst Gegenstand der Untersuchung. Erst in der Verhandlungsschrift, als die historische Faktizität die Haltlosigkeit aller Versuche einer Revitalisierung des Reichsgedankens eindeutig erwiesen und sich die Staatenbildung auf der Ebene der vormaligen Reichsstände definitiv vollzogen hatte, schreibt Hegel: "Nun war die Zeit gekommen, wo nicht bloß die Macht des Staates, sondern auch der Wille desselben lebendig werden konnte." (Nürnb. Schr. 466).

Bei der Analyse der Stabilitätsbedingungen des modernen Staates erweist sich Hegel insgesamt gesehen als ausgesprochen klarsichtig: Die Umkehrung der zentrifugalen Tendenzen des sich verfestigenden, d.h. seine ursprüngliche, auf der Reziprozitätsbeziehung beruhende, Einheit verlierenden Lehnssystems, ist das organisatorisch zu lösende Problem. Mit dem Anwachsen des Bürgertums, der zunehmenden Prosperität der Städte (der Sphäre, für die er später die Kategorie der bürgerlichen Gesellschaft reservieren wird), die die permanente Konkurrenz von Staat und intermediären aristokratischen Gewalten auf ein problematisches Maß verschärft[10], sieht er die Komplexität des Systems derart gesteigert, daß die Integration der diffundierenden Momente zu einer Bedingung des existentiellen Systemerhalts selbst wird. Er beschreibt diese Phase als den Kulminationspunkt, da "... Deutschland durch den Fortgang der Bildung und Industrie nunmehr an den Scheideweg gestoßen war, entweder sich dazu zu entschließen, einem Allgemeinen zu gehorchen oder die Verbindung vollends zu zerreißen ..."(Frühe Schr. S. 517).

Die Ausbildung einer starken Zentralgewalt, einer Staatsmacht, die nach innen die Desorganisation aufhebt, die die sich verselbständigenden lokalen Gewalten bündelt und entpolitisiert[11], d.h. deren militärische Macht und Steuerautonomie zumindest in ihren für den Systembestand bedrohlichen Momenten bricht und monopolisiert, die nach außen den Anspruch staatlicher Souveränität gegen andere Staaten verteidigen kann - die Kompetenz der Kriegsführung und Verteidigungsfähigkeit stellen für Hegel die elementarsten Voraussetzungen staatlicher Existenz dar[12] - , ist der entscheidende institutionelle Strukturwandel, den Hegel dann mit dem absolutistischen Staat endgültig realisiert sieht. Beides, die staatliche Monopolisierung von Gewalt als Voraussetzung äußerer Macht und innerer Rechtsverbindlichkeit[13], sowie die mit dem Verfall personaler Herrschaftsbeziehungen einhergehende Umstellung zum Steuerstaat[14] durch einen einheitsstiftenden 'Mittelpunkt' oder 'Knoten'[15] hat das Deutsche Reich gegenüber den inter-

---

10 Sh. z.B. Frühe Schriften S. 456
11 Zur begrifflichen Bestimmung des 'Politischen' wird auf die genauere Diskussion der Hegelschen Staatskonzeption im letzten Kapitel diese Arbeit hingewiesen.
12 Die Bewährprobe des Krieges bleibt im Hegelschen Werk durchgängig ein herausgehobenes Medium staatlicher Manifestation: Der Staat konzentriert sich im Krieg, in den 'Notzeiten' auf seine innerste Substanz, aktualisiert sein Primat gegenüber allen anderen gesellschaftlichen Sektoren: Die sittliche Einheit des Ganzen, für die der Staat steht, bringt sich hier besonders deutlich ins Bewußtsein der ansonsten von ihren partikularen Interessen beherrschten Staatsbürger.
    Vgl. z.B. Rphil § 324, Frühe Schr., S. 472ff, S.582f
13 Die Beziehung zwischen Recht und Macht wird von Hegel sehr nüchtern gesehen, Vgl. ebd. S. 512ff, S. 595
14 Hegel spricht von der 'Geldmacht', Vgl. ebd, S. 491ff
15 Dieser Mittelpunkt muß im Verfolg dieser oberflächlichen Annäherung nicht unbedingt ein absolutistischer Herrscher sein, wie Hegel in der Verfassungsschrift (ebd S. 474) ausführt, es kommt hier zunächst einmal nur auf die Ausdifferenzierung eines die beschriebenen Monopole verwaltenden Herrschaftsapparates, eben den organisierten Staat als 'Staatsmacht' überhaupt an. Später versucht Hegel bekanntlich die innere

mediären Gewalten nicht durchsetzen können; das ist dann auch exakt das Problem, das Hegel mit seinen, angesichts der historisch konkreten Situation allerdings völlig unrealistischen, Reformvorschlägen zu korrigieren suchte. Die prägende Erfahrung der inneren Zerrissenheit dieses "fast archaisch anmutenden Relikts des alten Europa, eine nach außen machtlose, im Innern jeder Staatlichkeit entbehrende, korporativ strukturierte Rechts - und Friedensordnung in einer Epoche des aufsteigenden Nationalstaates"[16] bleibt auch für die spätere Staatskonzeption deutlich nachweisbar; Hegel hat aus ihr die Einsicht in die elementaren konstitutiven Bedingungen staatlicher Existenz abgeleitet, die jede ernsthafte Konzeptualisierung gesellschaftlicher Ordnung reflektieren muß. Die Verehrung Machiavellis hat ihre Wurzeln in der Analogisierung der historischen Situationen und der in ihnen virulenten Problemstellungen, so daß er ihn unter dem Aspekt des strategischen Zugangs der politischen Analyse gewissermaßen als einen Vordenker des eigenen komplexen Ansatzes gegen die zeitgenössische Fehlinterpretation rehabilitieren will: In beiden Fällen, also in der Perspektive des 'Principe' und seiner eigenen Gegenwartsanalyse, stellt sich ihm als das zentrale Problem die Durchsetzung staatlicher Gewalt gegen den Gewaltenpluralismus feudaler Organisation, bzw. allgemein partikularistischer Interessen: "Das einzige Mittel den Staat zu stiften war diese Souveränitäten zu vertilgen; und zwar, da sie eben als unmittelbare Einzelne für souverän gelten wollen, ist gegen die Roheit nur der Tod der Anführer das Mittel, und der Schrecken des Todes für die übrigen. Die Deutschen haben solche Lehren am meisten verabscheut, und Macciavellismus drückt das Böseste aus, weil sie eben an derselben Krankheit darniederliegen und an ihr gestorben sind."(Frühe pol. Systeme S.264f).

In der Philosophie der Geschichte rekonstruiert Hegel dagegen den prototypischen entwicklungsgeschichtlichen Verlaufsprozeß, gegen den das Deutsche Reich so sehr abfällt: "Der Fortschritt hat die negative Seite, daß er im Brechen der subjektiven Willkür und der Vereinzelung der Macht besteht; die affirmative ist das Hervorgehen einer Obergewalt, die ein Gemeinsames ist, einer Staatsmacht als solcher, deren Angehörige gleiche Rechte erhalten und worin der besondere Wille dem substantiellen Zweck unterworfen ist. Das ist der Fortschritt der Feudalherrschaft zur *Monarchie.*" (PdG S. 477f).

Im gleichen Sinne hatte er in der Verfassungsschrift festgestellt: "Der Staat erfordert einen allgemeinen Mittelpunkt, einen Monarchen und Stände, worin sich die verschiedenen Gewalten, Verhältnisse zu ausländischen Mächten, Kriegsmacht, Finanzen, die hierauf Bezug haben, usw. vereinigten, einen Mittelpunkt, der zu der Direktion auch die notwendige Macht hätte, sich und seine Beschlüsse zu behaupten und die einzelnen Teile in der Abhängigkeit von sich zu erhalten."(Frühe Schr. S. 469).

Welche Konsequenzen ergeben sich aus der Einsicht in den Konstitutionsprozeß des modernen Staates?

1798, in seiner ersten politischen Schrift 'Daß die Magistrate von den Bürgern gewählt werden müssen', hatte Hegel geschrieben:
"Die ruhige Genügsamkeit an dem Wirklichen, die Hoffnungslosigkeit, die geduldige Ergebung in ein zu großes, allgewaltiges Schicksal ist in Hoffnung, in Erwartung, in Mut zu etwas anderem übergegangen. Das Bild besserer, gerechterer Zeiten ist lebhaft in die Seelen der Menschen gekommen, und eine Sehnsucht, ein Seufzen nach einem reineren, freieren Zustande hat alle Gemüter bewegt und mit der Wirklichkeit entzweit."(Frühe Schr. S. 268f).[17] Es gibt noch eine ganze Reihe ähnlicher Aussagen, die die Empfindung eines radikalen Bruchs, einer

---

Staatsorganisation aufs genaueste zu bestimmen, dann aber geht es auch nicht mehr nur um die bloße 'Existenz', sondern um die entfaltete 'Wirklichkeit' des Staates. Doch dazu später.

16 M. Botzenhart, Reform, Restauration, Krise: Deutschland 1789 - 1847, Frankfurt 1985, S. 10f

17 Und in der zweiten Einleitung zur Verfassungsschrift heißt es: "Alle Erscheinungen dieser Zeit zeigen, daß die Befriedigung im alten Leben sich nicht mehr findet..." (ebd S. 458).

grundlegenden Krise in der Phase des Übergangs zur Neuzeit thematisieren[18]. Eine Dimension des Problems wurde angesprochen: Wie war hier, nach dem problematischen Prozeß der Staatenbildung, überhaupt noch Ordnung, Stabilität möglich; wie kann sich der Staat, der als Matrix der komplexen Organisation der modernen Gesellschaft eingeholt wird (und in der hier relevanten Minimaldefinition nicht viel mehr als den später in der Rechtsphilosophie denunzierten 'Not- und Verstandesstaat' meint), überhaupt noch befestigen und behaupten? Es ist wichtig, die Notwendigkeit der Institutionalisierung einer starken, am Bild des zeitgenössischen Absolutismus orientierten Staatsmacht, für die der desolate Zustand des Deutschen Reichs den besten indirekten Beweis geliefert hatte, festzuhalten und darin ein konstitutives Moment der späteren Staatskonzeption zu erkennen. Das Problem der Stabilität gesellschaftlicher Ordnung bleibt ein für alles weitere bestimmendes Motiv der Hegelschen Gesellschaftsphilosophie. Diese Sichtweise liegt aber noch unterhalb der eigentlichen Problemstellung: Dem Übergang zur Neuzeit läßt sich nicht von außen beikommen, die innere Dynamik nicht durch den despotischen Staat stillstellen - Hegel muß erkennen, daß das antike Polisideal einer unproblematisch, naturwüchsigen Organisation der Gesellschaft (obwohl es seine Wirkung als Orientierungspunkt nicht verliert) keine Folie für die Erfassung der neuzeitlichen Verhältnisse abgeben kann, daß sich in der zentrifugalen Entwicklung in Deutschland, aber vor allem in der Französischen Revolution, eine Bewegung ausdrückt, die für die Ausdifferenzierung des modernen Staates zwar funktional war, die aber zugleich eine neue Begründung politischer Herrschaft einfordert: daß 'der Mensch sich auf den Kopf, d.i. auf den Gedanken' gestellt hat 'und die Wirklichkeit nach diesem erbaut', bzw. zu erbauen beansprucht, d.h. daß das Subjekt eine Handlungsmächtigkeit gegenüber seinen Verhältnissen gewonnen hat, die schlechthin nicht mehr zu hintergehen ist, weil sie eben selbst ein konstitutives Moment der Neuzeit darstellt. Das Unbehagen an den überkommenen Zuständen, der erkenntnistheoretische Stand der deutschen Philosophie und die französische politische Praxis, die nach Hegel in diesem Punkt konvergieren[19], indem sie beide die Spannung zwischen dem Subjekt und seiner Lebenswirklichkeit zum Ausdruck bringen, markieren eine Distanz (hegelisch 'Entzweiung'), die Hegel sowohl innerhalb des Subjekts, im Verhältnis desselben zur Natur, als auch in seinen sozialen und politischen Weltbezügen ausmacht[20]. Die philosophische Bewältigung dieser historisch erreichten und tatsächlich historisch verstandenen Situation ist das große Problem Hegels; das spekulative Interesse einer 'Versöhnung' des Entzweiten gibt das kategoriale Motiv der philosophischen Konstruktion ab. Dies Motiv bleibt im Auge zu behalten, sein ideologischer Gehalt wird noch aufzuzeigen sein. Zunächst aber gilt es, sich auf die Aufnahme des Problems einzulassen, denn der Ausgang von den politischen Schriften belegt unmittelbar, wie sehr der später ausgebaute Begriff der 'Wirklichkeit' in den empirischen Erfahrungshorizont hineinreicht, in der Welt steht. J. Ritter hatte in seiner wichtigen Hegelinterpretation dazu bemerkt: "Die Philosophie selbst wird auf die Analyse der konkreten geschichtlichen Bewegung verwiesen und damit über die Bildungsform des Gegensatzes der romantischen Subjektivität und der Aufklärung hinaus zu den Problemen geführt, die ihn im geschichtlichen Prozeß selber bedingen und tragen. ... Die Vernunft der Zeit ist in dem, was ist, vorhanden und die Theorie hat sie aus der Zeit selbst als ihren Begriff hervorzubringen."[21] Der Hegelschen Problemstellung wird am besten beizukom-

---

18 Sh. dazu auch die Interpretation der theologischen Jugendschriften von Lukacs und Marcuse, insbesondere die Diskussion des Hegelschen Terminus der Positivität

19 sh. PdG S. 525

20 Sehr schön thematisiert Hegel die Bandbreite dieser Problemstellung in seiner Berliner Antrittsvorlesung. Sh. Enz III S. 407f.
    Hegel schreibt im Anschluß: "Diese Widersprüche machen das Rätsel aus, als welches die äußere Natur und mein Inneres mir erscheint. Sie sind es, deren Auflösung die Philosophie zu ihrem Ziele hat; sie sind es, die sich mehr oder weniger in jedem Menschen, in dem das Denken, Selbstbewußtsein erwacht ist, hervortun, die ihn treiben, Wahrheit in diesem allgemeinen Gewirre zu suchen." (ebd).

21 J. Ritter Metaphysik und Politik, Studien zu Aristoteles und Hegel, Frankfurt/M 1965, S. 216f

men sein, wenn die empirischen Bewegungsmomente, die in seiner Wahrnehmung auf den modernen Staat kulminieren, noch einmal genauer nachvollzogen werden.

Die sozialen und politischen Kategorien, mit denen Hegel in den explizit politischen Schriften operiert, sind noch nicht systematisch entwickelt, sie erfüllen zunächst eine mehr deskriptive Funktion, die den Übergang auf soziale Akteure zurechenbar macht, ohne ihn als solchen begrifflich zu bewältigen. Erst in der Realphilosophie wird die differenziertere Analyse der späteren Schriften, so vor allem die begriffliche Unterscheidung zwischen bürgerlicher Gesellschaft und Staat, vorbereitet. Die einführenden Leitfragen können so formuliert werden: Weshalb bricht das alte System zusammen? Und: Was bedeutet dies für die Begründung politischer Herrschaft und gesellschaftlicher Organisation in der Moderne?

Der notwendige 'Mittelpunkt' einer organisierten Staatsgewalt hat sich als historisch funktionaler Reflex auf die zentrifugalen Kräfte der spätmittelalterlichen Gesellschaftsverfassung erwiesen. "Deutschland ist kein Staat mehr" (Frühe Schr. S. 461), das ist das einleitende Verdikt Hegels. Warum? Es wurde schon angesprochen: Die staatliche Souveränität des Reichs konnte den inneren Zerfall in Partikularstaaten nicht aufhalten, die durch eine Obergewalt nicht domestizierten feudalen Partikulargewalten zerreißen den bloßen 'Gedankenstaat' (das ist gegen Marcuse der entscheidende Aspekt der Hegelschen Darstellung; es ist sicher noch keine Kritik einer bürgerlich-kapitalistischen Gesellschaft). Die Rekonstruktion der jüngsten Geschichte als einen Zerfallsprozeß der mittelalterlichen Königsgewalt, gegen den die staatliche Souveränität wieder revitalisiert werden muß, folgt dabei unverkennbar einem typischen Mißverständnis der zeitgenössischen Interpretation; immer wird der Souveränitätsbegriff der Neuzeit auf das ganz andere Organisationsprinzip des mittelalterlichen Systems projiziert, Hegel macht da keine Ausnahme. Zwei zusammenhängende Faktoren beschleunigen diesen Vorgang in seiner Argumentation: Einmal der Verlust eines verbindenden religiösen Systems durch die Reformation, der die Spannung zwischen dem substantiellen Ganzen und seinen Teilen auf der Folie ideologischer Gegensätze aktualisiert und so verschärft, zum anderen die Komplexitätszunahme der Gesellschaft durch das Anwachsen des städtischen Bürgertums und dessen, neue Partikularismen heraufbeschwörende, innere Organisation in Zünften und Korporationen. Hegel nimmt Gedanken Max Webers vorweg: Die Reformation und ihr Angriff auf die Autorität der katholischen Kirche bewirkt mit der Betonung der Gewissensautonomie nicht nur den Ausbau der Innenwelt des Subjekts[22], sie vermittelt dem "Ansehen und politische Bedeutsamkeit gewinnenden Bürgergeist eine Art von innerer und äußerer Legitimation" (Frühe Schr.S. 517). Was das heißt, führt er in den Vorlesungen zur Philosophie der Geschichte genauer aus. "Die Arbeitslosigkeit hat nun auch nicht mehr als ein Heiliges gegolten, sondern es wurde als das Höhere angesehen, daß der Mensch in der Abhängigkeit durch Tätigkeit und Verstand und Fleiß sich selber unabhängig macht. Es ist rechtschaffen, daß wer Geld hat kauft, wenn auch für überflüssige Bedürfnisse, statt es an Faulenzer und Bettler zu verschenken; ... Die Industrie, die Gewerbe sind nunmehr sittlich geworden, und die Hindernisse sind verschwunden, die ihnen von seiten der Kirche entgegengesetzt wurden."(PdG S. 503). Die Konsequenz ist also die Beschleunigung im Wandel der Produktionsweise, die Durchsetzung eines 'neuen Prinzips', das sich in allen Dimensionen der gesellschaftlichen Existenz aktualisiert. Ohne daß Hegel in den frühen politischen Schriften den Vorgang schon terminologisch präzise bewältigt hätte, interpretiert er den Ausbau des bürgerlichen Sektors als 'Vereinzelung', der beides, den Ausbau der Subjektautonomie und die Ausweitung einer unpolitischen Wirtschaftssphäre gegen den Zusammenhang des 'Ganzen', d.h. allein unter dem Aspekt privaten Interesses, verklammert. 'Bildung und Industrie' sind die Entwicklungslinien, in denen der 'Geist der Welt' (Frühe Schr. S. 453) voranschreitet und den prekären Zusammenhang der bloß noch formalen Rechtskonstruktion des Deutschen Reichs

---

22 "Der Mensch ist durch sich selbst bestimmt, frei zu sein."(PdG S. 497)

sprengt, bzw. sprengen hilft. Die spezifische Entwicklung Deutschlands wird in der Verfassungs-schrift jedoch nicht übersehen, sie läuft auch für Hegel quer zur Ausbildung des modernen Staates im restlichen Europa; seine Vorschläge versuchen gerade wieder den Anschluß an diese Entwicklung herzustellen. Von daher muß auch die Betonung der dysfunktionalen Effekte, die ihm hier von einem Anwachsen des Bürgertums ausgehen, gesehen werden: Es ist eine Kritik, die, das ist entscheidend, nur die besonderen Umstände in Deutschland im Auge hat. Hier, in diesem besonderen Fall also, sieht Hegel die zentrifugalen Momente eher verstärkt, das 'allgemeine positive Band' einer die inneren Verhältnisse organisierenden Staatsmacht war durch diesen übergreifenden gesellschaftlichen Strukturwandel gegen die potentesten Träger der, widerrechtlich usurpierten, politischen Macht, die Landesfürsten, die sich selbst zunehmend in einen Progreß der Transformation politischer Herrschaft hineingezogen sahen, dann um so weniger stabilisierbar. Die allgemeine Entwicklung Europas läßt sich für Hegel erst wieder mit der Konstituierung der alten Reichsstände zu souveränen Teilstaaten parallelisieren (so in der Verhandlungsschrift). Jetzt bestimmt sich die Wertung der Dynamik von 'Bildung und Industrie' anders, sie werden nun als eine konstitutive Bedingung der Genese des Staates erkannt. Hegel muß sie als ein berechtigtes Moment in seine Staatskonzeption aufnehmen, mehr noch, sie aufgrund ihrer Bedeutung zu einem eigenen Gegenstand der Untersuchung isolieren.

"Die geschichtliche Entstehung gegliederter Verfassungen ist durch eine lange Reihe von Jahrhunderten ausgedehnt...Der Gesichtspunkt, um den sich die näheren Bemühungen dieser Ausbildung drehen, ist ziemlich einfach; es sind einerseits die Anstrengungen der Regierung, die Macht und die Anmaßungen des aristokratischen Mittelgliedes zu bezwingen und dem Staate seine Rechte gegen dasselbe zu erwerben, andererseits die Anstrengungen des dritten Standes, der oft auch für sich Volk heißt, gegen dieselbe Zwischenmacht, zuweilen auch gegen die Regierung selbst, sich Bürgerrechte zu erringen und abzutrotzen. "(Nürnb. Schr. S.464f).[23] Die ausgewähl-ten Zitate belegen die Bedeutung, die Hegel dem bürgerlichen Emanzipationsprozeß zuspricht; ohne ihn wäre der moderne Staat schlechthin nicht denkbar - der politische Konzentrationsprozeß korrespondiert notwendig dem sozialen und ökonomischen Strukturwandel der spätfeudalen Gesellschaft. Das hat Konsequenzen für die politisch- sozialen Implikationen der Hegelschen Philosophie: Die Bestimmung des Verhältnisses beider Sphären muß nach dieser Einsicht zwangsläufig ins Zentrum der rechtsphilosophischen Konstruktion einrücken - die Analyse kompliziert sich, muß genetische Prozesse aufnehmen, d.h., sie entwickelt ein Bewußtsein für historische Interdependenzen, wird historisch. Die bürgerliche Gesellschaft steht also nicht nur in einem faktisch zu konstatierenden funktionalen Zusammenhang mit dem Staat, sie ist vielmehr ganz wesentlich in den Prozeß seiner Ausbildung verwoben: Sie gehört als ein Bedingungsfaktor zur Geschichte seiner Ausdifferenzierung. Ihre wirtschaftliche Potenz erlaubt den Umbau des Herrschaftssystems von persönlicher Verpflichtung auf Steuerleistungen[24], schafft damit eine entscheidende Voraussetzung für die Konzentration einer Zentralgewalt. Das Interesse des Bürgertums an sozialer und politischer Aufwertung organisiert die soziale Basis einer Konkurrenz zu den traditionalen Eliten und stärkt den Zentralherrn in seinem Bestreben, die Partikulargewal-ten zu dominieren. Das schafft Verpflichtungen für den Staat: Wenn die bürgerliche Gesellschaft als eine Bedingung seiner Genese eingeholt wird, impliziert das natürlich ein Interesse des Staates

---

23 Ebenso in der Philosophie der Geschichte: "Das höchste Interesse der Befreiung (aus Hörigkeit und Leib-eigenschaft, L.S.) ging sowohl die Staatsmacht als die Untertanen selbst an, daß sie als Bürger nun auch wirklich freie Individuen seien...Diese ist erst später geschehen, als der Gedanke von dem, was Recht an und für sich sei, auftrat. Die Könige haben dann, auf die Völker sich stützend, die Kaste der Ungerechtig-keit überwunden; wo sie aber auf die Barone sich stützten oder diese ihre Freiheit gegen die Könige behaupteten, da sind die positiven Rechte oder Unrechte geblieben."(PdG S.511f).
Sh. auch Verhandlung, S. 254
24 Sh. z. B. Rphil § 298

17

an ihrer Erhaltung und Entwicklung. Im Unterschied zu den reaktionären Befürwortern einer Abbremsung des gesellschaftlichen Modernisierungsprozesses, betrachtet Hegel die bürgerliche Gesellschaft als ein integrales Moment der Neuzeit - die traditionale Gesellschaftsordnung ist irreversibel verloren. Unter dem Aspekt ihrer Komplementarität bestimmt sich der Staat als der Not- und Verstandesstaat der liberalen Theorie: Rechtsvereinheitlichung, Sicherung des Eigentums und die Übernahme allgemeiner Kompensationsfunktionen müssen als Aufgaben des Staates reflektiert werden. Der Staat hat nach innen auf die Bedingungen einer ungestörten Entfaltung der bürgerlichen Ökonomie zu achten[25]. Die Wahrnehmung dieses Zusammenhangs bleibt vor dem Hintergrund der nie ganz aufgegebenen Idealisierung der Polissittlichkeit aber immer schon kritisch: Hegel will den Staat nicht auf diese funktionale Komplementarität reduzieren, die sich ihm erst als historisches Produkt gezeigt hatte, sondern will tiefer auf das 'Wesen' des Staates zielen, die Bewegungsgesetze des umfassenderen Prozesses explizieren und auf dieser Tiefenebene das Primat des Staates wieder erweisen. Zunächst induziert diese Spannung ein theoretisches Interesse an der analytischen Trennung beider Sphären: Hegel muß fragen, worin denn ihre jeweilige Eigenständigkeit besteht, d.h., er muß zwischen einem ökonomisch-sozialen und einem eigentlich politischen System präziser unterscheiden und die Interdependenzen zwischen beiden genauer fassen.

Ich will dem der Konzeption der bürgerlichen Gesellschaft bei Hegel reservierten Kapitel nicht vorgreifen und deshalb diesen Punkt hier nur ganz kurz ansprechen. Seit seiner Berner Zeit hat sich Hegel mit den wirtschaftlichen und politischen Verhältnissen in England und mit der englischen Nationalökonomie, mit Steuart, Smith und später Ricardo befaßt[26]. Das hier angeeignete Instrumentarium der Nationalökonomie dient einem durchaus kritischen Interesse. Hegel erreicht tatsächlich eine sehr reflektierte Einsicht in die gesellschaftliche Organisation der Bedürfnisse und die gesellschaftliche Qualität der Arbeit (Marx hat ihn später für diese Leistung ausdrücklich gelobt). Dabei ist es allerdings gerade die Differenzierung von Gesellschaft, bzw. ökonomischem System und Staat, die das kritische Potential zwar freisetzt, aber zugleich auch neutralisiert: Sie erlaubt ihm, den bürgerlichen Emanzipationsprozeß aufzunehmen und auch seine defizitären Aspekte genügend herauszustellen, aber nur deshalb, weil die bürgerliche Gesellschaft in die metakategorial übergeordnete Ebene des Staates wieder integriert werden kann, d.h. nur ein nach oben harmonisiertes Subsystem darstellt. Hegel interpretiert die bürgerliche Gesellschaft als die Stufe der 'Entzweiung', der 'Differenz' (Rphil § 181), weist ihr die systematische Stellung einer 'notwendigen Negation' zu, d.h., er kann ihre Eigengesetze kritisch untersuchen, Widersprüche herausarbeiten, nicht zuletzt weil sie gleichzeitig im Staat wieder spekulativ überholt werden. Allerdings nimmt die hier nur kursorisch anzusprechende Einschränkung dem Impetus der Analyse da, wo konkrete Verhältnisse und Bedingungen untersucht werden, nichts von seiner Schärfe.

Ein aktuelleres Motiv hängt mit der aufmerksamen Wahrnehmung der politischen Zeitverhältnisse zusammen: Er muß feststellen, daß die bürgerliche Gesellschaft ja nicht nur eine Voraussetzung des modernen Staates abgibt, sondern daß von ihr auch konkrete Anforderungen an das politische System ausgehen, die sich in seiner Sicht potentiell destabilisierend auswirken können. Das Problem besteht einfach darin, daß sich die bürgerlichen Subjekte nicht auf die Sphäre ihres typischen Betätigungsfeldes, das ökonomische System, beschränken, sondern auch, wenig bescheiden, nach politischem Einfluß und politischer Macht greifen, das endlich ausdifferenzierte Herrschaftszentrum selbst usurpieren wollen. Hier steht natürlich das Trauma der eine ganze Epoche erschütternden Erfahrung der Französischen Revolution. Da sich Hegel auch schon in seinen frühesten politischen Schriften mit ihr beschäftigt hatte und sie, es ist J. Ritter unbedingt

---

25 Vgl. etwa Frühe Schr., S. 439, S. 479ff, S.532f
26 Sh. Rphil § 189

18

zuzustimmen, eine unverzichtbare Randbedingung der Konstruktion des rechtsphilosophischen Systems darstellt, soll Hegels Verhältnis zur Revolution im Rahmen dieses Vorspanns gesondert angesprochen werden.

2. Die 'welthistorische' Bedeutung der Französischen Revolution

Eine Stelle aus J. Ritters bekannter Interpretation sei zur Einführung dieses Kapitels zitiert: "Das Ereignis, um das sich bei Hegel alle Bestimmungen der Philosophie im Verhältnis zur Zeit, in Abwehr und Zugriff das Problem vorzeichnend, sammeln, ist die Französische Revolution, und es gibt keine zweite Philosophie, die so sehr und bis in ihre innersten Antriebe hinein Philosophie der Revolution ist wie die Hegels."[27] Ritter bezieht diese Einschätzung ganz richtig auf die von Hegel eingeholte Erfahrung des Durchbrechens einer neuen Produktionsweise und der ihr korrespondierenden sozialen Organisationsform, die sich mit der Revolution politisch zur Geltung bringt und dabei das traditionale System liquidiert: "...es geht ihm auf, daß das Geschichtliche der Revolution und des ganzen Zeitalters und aller ihrer Probleme das Aufkommen der modernen industriellen bürgerlichen Arbeitsgesellschaft ist."[28] Auch wenn Hegel gegen die Antinomien der Zeit das Grundtheorem einer pervasiven Vernunft vindiziert, muß sich Philosophie unter den Diskursbedingungen der Neuzeit doch auf Wirklichkeit einlassen, sie muß konkret werden und das heißt, sie hat die Probleme und Widersprüche der Zeit so aufzunehmen, wie sie sie vorfindet, sie muß sie aushalten können. Das ist aber nur möglich, wenn sie historisch wird, wenn die ungelösten Probleme auf die Matrix ihrer geschichtlichen Entwicklung abgebildet und die treibenden Grundlinien in eine Logik gebracht werden können, eine Logik der Geschichte, die das 'Hier und Jetzt' genetisch faßt oder erklärt: Anders ist Vernunft nicht mehr zu behaupten. Es ist dabei allerdings eine schwere Hypothek, daß diese Logik für Hegel schon per se feststeht und es nur um ihren konkreten Nachweis zu tun ist, daß das 'Hier und Jetzt' sich für den Philosophen schon exklusiv auszeichnet und für eine Kritik, die über sie hinausführen will, immunisiert bleibt. Ich werde auf diesen Punkt weiter hinten zurückkommen. Ritter unterschlägt jedenfalls diese vorerst nur angedeutete Schwierigkeit, wie er überhaupt den systematischen Zusammenhang der Hegelschen Konzeption vernachlässigt, indem er sie ausschließlich auf die bürgerliche Gesellschaft als auf ihr eigentliches Zentrum bezieht: In der Rechtsphilosophie sei die bürgerliche Gesellschaft "endgültig zu ihrem Mittelpunkt geworden."[29] Damit ist sicherlich ein ganz wichtiger Aspekt erfaßt, zumindest unter dem Gesichtspunkt der 'Verwertbarkeit' Hegels im Interesse einer Geschichte gesellschaftskritischer Philosophie (der Aufsatz Ritters ist auch vor dem Hintergrund der damals dominierenden konservativen Hegelrezeption zu sehen[30]), die eigentliche Intention Hegels aber gerät in den Hintergrund. Denn gerade die Einsicht in den antagonistischen Charakter der bürgerlichen Gesellschaft, die analytische Schärfe, mit der sie entgegen den Harmoniemodellen der englischen Ökonomie beschrieben wird, ist das spekulativ zu bewältigende Problem: Bürgerliche Gesellschaft wird in ihrer systematischen Stellung als 'Stufe der Differenz' im Staat tatsächlich 'aufgehoben', d.h. ganz explizit aus dem Mittelpunkt gerückt und als untergeordneter Kreis an den Staatsorganismus angeschlossen. Die Ausdifferenzierung der Sphäre der modernen Arbeitsgesellschaft gewinnt ihre eigentliche Radikalität gerade mit der spekulativ möglich gewor-

---

27 J. Ritter, Metaphysik und Politik, a.a.o., S. 192
    Der Aufsatz, dem das Zitat entnommen wurde, ist mittlerweile so etwas wie ein Klassiker in der Hegelinterpretation.
28 ebd S. 218
29 Ritter, a.a.o.; S. 219
30 Vgl. dazu auch den Aufsatz von R.P. Horstmann, Über die Rolle der bürgerlichen Gesellschaft in Hegels politischer Philosophie, auch abgedruckt in: Materialien zu Hegels Rechtsphilosophie, Hrsg M. Riedel, Frankfurt, 1975, S. 276f

denen Bewältigung der 'Entzweiung' als eine notwendig im Staat geleistete Überwindung. Hegel nimmt den Widerspruch, den Antagonismus in seine Philosophie nur auf, weil er ihn gleichzeitig auf einer integrierenden Metaebene wieder überholen kann. Daher erlaubt die hier nur anzudeutende Aufspaltung des Freiheitsbegriffs am konkreten Individuum in eine an sich seiende, 'wirkliche' Freiheit und die Entscheidungsautonomie des kompetenten bürgerlichen Subjekts (die sich etwa auch bei Rousseau sehr schön ausgeführt findet; Hegel hat dieser Orientierung sicher viel zu verdanken) sowohl die Einbindung in das umfassende System, als auch die systematische Unterordnung des Einzelnen unter den metakategorial abgesetzten Bestand des 'Ganzen'.

Von der durch die Rechtsphilosophie vorgegebenen Entwicklungsstruktur her bestimmt sich dann auch die Wertung der Französischen Revolution in der Hegelschen Philosophie sehr viel genauer, als das eine Gegenüberstellung der über das ganze Werk versprengten Einzelaussagen vermitteln kann: Sie ist nicht allein das politische Korrelat der bürgerlichen Gesellschaft, wie es Ritter versteht, sondern an ihr teilt sich die Begrenzung selbst mit; sie bringt ihre 'Negation' selbst hervor und erst diese umfassendere Bewegung macht ihren eigentlichen Gehalt aus[31].

Der von Hegel gesehene enge Zusammenhang von bürgerlicher Gesellschaft und Französischer Revolution untermauert die 'weltgeschichtliche' Bedeutung der Revolution: Sie ist in ihrem wesentlichen Gehalt kein auf Frankreich beschränktes Phänomen. Ihre dortige revolutionäre Ausprägung stellt ihm nur eine besondere, aus spezifischen sozialen Spannungen heraus erwachsende Entwicklung dar, die den gleichen bürgerlichen Anspruch, der sich überall in den modernen Gesellschaften zur Geltung bringt, auf eine problematisch eruptive Weise exemplarisch aktualisiert hat. Hegel zeichnet diesen Vorgang in der Philosophie der Geschichte sehr deutlich nach; die explizite Unterscheidung zwischen einem historischen und einem 'welthistorischen' Moment, das eben diese exemplarische Bedeutung betonen soll, unterstreicht das allgemeine Interesse, das die Auseinandersetzung mit der Französischen Revolution motiviert.

"Der Gedanke, der Begriff des Rechts machte sich mit *einem Male* geltend ..." ; "... hierher gehört Freiheit des Eigentums und Freiheit der Person ... Zur reellen Freiheit gehört ferner die Freiheit des Gewerbes, daß dem Menschen erlaubt sei, seine Kräfte zu gebrauchen, wie er wolle, und der freie Zutritt zu allen Staatsämtern."(PdG S. 529f).

Die Französische Revolution wird ganz offensichtlich als eine bürgerliche Revolution perzipiert; sie ist in ihren theoretischen und praktischen Implikationen eingebunden in den schon bei der Genese des Zentralstaats verfolgten gesellschaftlichen Modernisierungsprozeß. Diesen Zusammenhang stellt Hegel in der Phänomenologie und der Philosophie der Geschichte, also den beiden Stellen, an denen er umfassender auf die Revolution zu sprechen kommt, sehr bewußt her: In der Phänomenologie bleibt die Diskussion der Revolution unter dem Titel 'Die absolute Freiheit und der Schrecken' systematisch einbezogen in den Abschnitt 'Der sich entfremdete Geist. Die Bildung' in dem Hegel die Inbesitznahme der Welt durch das Subjekt der Aufklärung problematisiert. Das letzte Kapitel der Geschichtsphilosophie, in das die Wertung der Französischen Revolution fällt, ist bezeichnend mit 'Die Aufklärung und die Revolution' überschrieben[32]. Diese systematische Stellung der Revolution als Ausgang der Aufklärung, bzw. als deren politische Konsequenz, reflektiert im Moment des 'Praktisch - Werdens' von Theorie die neuzeitliche Stellung des Subjekts: Der Mensch hat nicht allein ein auf Beherrschung ausgerichtetes Verhältnis gegenüber der Natur eingenommen, nicht allein den Himmel entvölkert[33], er hat im

---

31 K. Nusser hat diesen Zusammenhang insbesondere an der Phänomenologie des Geistes herausgearbeitet und gegen eine verkürzte Sicht fruchtbar gemacht.
    Karlheinz Nusser, Die Französische Revolution und Hegels Phänomenologie des Geistes, In: Philosophisches Jahrbuch 77/1970

32 Es ist allerdings nicht ganz klar, ob diese Überschrift auf Hegel selbst zurückgeht; die hier benutzte Ausgabe der Werke des Suhrkamp Verlags orientiert sich an der Edition von Karl Hegel

33 In der Phänomenologie schreibt Hegel an einer Stelle: "Die Aufklärung isoliert ihrerseits ebenso die Wirklichkeit als ein vom Geiste verlassenes Wesen, die Bestimmtheit als eine unverrückte Endlichkeit,

gleichen Maße, wie er, einverwoben in den Prozeß der Rationalisierung, von sich selbst reflexiv Besitz nimmt, sich auch aus der fraglosen Naturwüchsigkeit seiner sozialen Verhältnisse in ein kritisches Verhältnis zu ihnen gesetzt. Mit der Frage nach den Konstruktionsprinzipien von Gesellschaft und Staat ist für Hegel eine Qualität der Subjektautonomie erreicht, die schlechthin alles positiv Wirkliche dem Urteil der verständigen Reflexion ausliefert: Herrschaft, politische und soziale Ordnung kann nicht länger durch die traditionalen Legitimationsmuster begründet werden; das Gottesgnadentum, das Privilegienrecht, das traditionale Naturrecht verlieren ihre Überzeugungskraft vor der Vernunft. "... die Natur ist nun ein System bekannter und erkannter Gesetze, der Mensch ist zu Hause darin, und nur das gilt, worin er zu Hause ist, er ist frei durch die Erkenntnis der Natur. Auch auf die geistige Seite hat sich dann das Denken gerichtet: man hat Recht und Sittlichkeit als auf dem präsenten Boden des Willens des Menschen gegründet betrachtet. ... Das absolute Kriterium gegen alle Autorität des religiösen Glaubens, der positiven Gesetze des Rechts, insbesondere des Staatsrechts war nun, daß der Inhalt vom Geiste selbst in freier Gegenwart eingesehen werde."(PdG S. 522f)[34]. Und in den Vorlesungen über die Geschichte der Philosophie hat Hegel vor allem der französischen Philosophie "eine *negative* Richtung gegen alles Positive" bescheinigt: "... sie ist zerstörend gegen das positiv Bestehende, gegen Religion, Gewohnheiten, Sitten, Meinungen, gegen den Weltzustand in gesetzlicher Ordnung, Staatseinrichtungen, Rechtspflege, Regierungsweise, politischer, juridischer Autorität, Staatsverfassung, ebenso gegen Kunst."(GdP 294f).

Die Distanz, die das Subjekt zwischen sich und der äußeren Welt und ebenso in der Reflexion auf sich selbst erfährt - über die es sich für sich feststellt -, bricht mit der Wahrnehmung des Gegebenen als einem historisch bloß Überkommenen dessen selbstverständliche affirmative Durchschlagskraft. Dabei wird die hier implizierte scharfe Abgrenzung gegen die historische Rechtsschule[35] von Hegel trotz der Überschneidungen in der organizistischen Konzeptualisierung des Staates immer beibehalten: dem bloß 'Positiven' im Sinne eines historisch bloß 'Daseienden', aber geschichtlich überholten, 'Toten', entzieht Hegel in durchaus kritischer Absicht jegliche Existenzberechtigung[36].

In der komplementären Bewegung zum Bewußtsein personaler Individualität und abstrakter naturaler Universalität, die sich über die Ausbildung der Distanz herstellt, kann das beurteilende Subjekt soziale Wirklichkeit nur noch durch die systematische Expansion der in der Selbstreflexion thematisierten Subjektautonomie konstruieren: soziale Wirklichkeit wird über den Zusammenhang der individuellen Einzelnen als prinzipiell Gleiche organisiert gedacht; das moderne Naturrecht und seine Prämissen, deren Übertragung in das positive Recht, werden als angemessene Bewältigung einer legitimen Begründung und Rechtfertigung der Ordnungsstrukturen der Gesellschaft konzipiert.

"... man hat Recht und Sittlichkeit als auf dem präsenten Boden des Willens der Menschen gegründet betrachtet ... dann hat man als Quelle des vorhandenen bürgerlichen wie Staatsrechts ... die Triebe des Menschen, welche die Natur ihnen in das Herz gepflanzt habe, angesehen, so z.B. den Sozialitätstrieb, ferner das Prinzip der Sicherheit der Person und des Eigentums der Bürger sowie das Prinzip des allgemeinen Besten, der Staatsräson."(PdG S. 522).

Von Hobbes, Grotius, Locke bis zu Rousseau sieht Hegel das theoretische Fundament der Französischen Revolution vorbereitet, in der Kantschen Rechts- und Moralphilosophie erreicht

---

welche nicht in der geistigen Bewegung des Wesens selbst ein Moment wäre, nicht Nichts, auch nicht ein an und für sich seiendes Etwas, sondern ein Verschwindendes. " Phän, S. 420, Vgl. ebd, S. 413ff

34 Vgl. die sehr schöne Stelle in der Phän. S. 415
35 Vgl. etwa die Auseinandersetzung mit Haller in der Rechtsphilosophie (§258 Anmerk.)
36 In der GdP schreibt Hegel bezogen auf die Vorphase der Revolution: "Den Widerspruch, der in der Existenz vorhanden war, müssen wir erkennen; die alten Institutionen, die in dem entwickelten Gefühle selbstbewußter Freiheit und Menschlichkeit keinen Platz mehr hatten ... haben sie gestürzt. ... Diese Seite verhielt sich zerstörend gegen das in sich Zerstörte." (GdP S. 295f)

der vernunftrechtliche Gehalt der Naturrechtstheorien dann seinen entscheidenden Höhepunkt[37]: Das Denken radikalisiert sich, die rationalistische Ableitung der Theorie wird selbst noch thematisch, die Idee von Recht und Staat zu einer explizit apriorischen, regulativen Idee. Die sich vertiefende Differenz zwischen Denken und Sein fixiert die Erfassung der Wirklichkeit als einen auf die Spitze getriebenen Subjektivismus: Der Wille löst in sich alle Konkretion auf, er ist rein 'abstraktes Prinzip', indem er sich nur noch auf sich bezieht und aus dieser rekursiven Beziehung die Konstruktionsprinzipien der Gesellschaft ableiten will. Der völligen Abkoppelung von einem historisch bestimmten Entwicklungsstand im Verhältnis zu Natur und Gesellschaft entspricht deren völlige Auslieferung an das abstrakte Denken, das gleichsam aus einer geschichtslosen Immanenz heraus Kriterien der vernünftigen Verfaßtheit von Staat und Gesellschaft synthetisiert: Gegenüber dieser Gewalt der absoluten Konstruktion verflüchtigt sich jeder materiale Anspruch. Hegel sieht in dieser Radikalisierung der Freiheit im reinen Selbstbezug des Willens ein durchaus wichtiges Moment des 'Begriffs' des Willens selbst angelegt, d.h., seine Philosophie weist den erreichten Stand der Subjektkompetenz als spekulativ gerechtfertigt und intendiert aus. Das moderne Subjekt konstituiert sich nach innen auch in der Abstraktion von seinen konkreten Handlungsbezügen und weiß sich, indem es sozusagen hinter sich tritt, als in sich integrierter, geschlossener und autonomer Kern, besitzt einen Begriff von seiner Identität, oder seiner 'Einzelheit', wie Hegel schreibt. Dieses Verständnis stellt sich aber nur im Zusammenhang des konkreten Handelns her, d.h. es bleibt an die Auseinandersetzung, an die Vermittlung mit der äußeren Welt gebunden: Erst mit der Vermittlung als einem Arbeitsprozeß auf der Ebene des praktischen Verhaltens, durch den sich das Subjekt vom sinnlichen zum reflektierten und schließlich autonomen Willen selbst einholt oder denkt, konstituiert sich die Freiheit des Willens. Insofern denkt Hegel die Ausbildung des modernen Subjekts als geschichtlichen Vorgang, der an einen bestimmten Stand der Entfaltung von Kultur, Religion, Recht, Kunst, der politischen Verfassung gebunden bleibt. Die Phänomenologie deckt die Schichten dieser Entwicklung an der Fortbildung des menschlichen Bewußtseins auf; die Philosophie der Geschichte und die Rechtsphilosophie untersuchen den gleichen Prozeß im Rahmen ihres Gegenstandsbereiches[38]. 'Subjektivität' und 'Objektivität', also der erreichte Stand der Selbstthematisierung und die Qualität der gesellschaftlichen Produktionen, konvergieren aufeinander, sind dialektisch verklammert. Deshalb auch ist die Vernunft, die Hegel in der Wirklichkeit aufzeigen will, positiv angebbar, sie ist nicht bloßes negatives Regulativum der Einschränkung individueller Willkürdispositionen, der natürlichen Freiheit, sondern sie ist eine gattungsgeschichtliche Totalität. Es genügt nicht, das formale Prinzip der Freiheit aufzuzeigen, den "Willen, der nichts Anderes, Äußerliches, Fremdes will, denn da wäre er abhängig, sondern nur sich selbst - den Willen will"(PdG S. 524), das hat als abstraktes Prinzip seine Berechtigung in der neuen Sphäre der Freisetzung des Subjekts als homo oeconomicus, wo eine allgemeine Handlungskoordination nur durch den komplementären Ausgleich zwischen prinzipiell gleichen Rechtspersonen möglich ist, d.h. nur die abstrakte Qualität des 'Menschseins' zur Disposition steht. Wahres 'Bei-sich-selbstsein' des Menschen reicht weiter als dieses bloße 'Dasein' der Freiheit, impliziert notwendig die Frage: "... wie kommt der Wille zur Bestimmtheit?" (ebd S. 525). Freiheit ist kein formales Prinzip, sondern konkrete Bejahung der im Dasein realisierten Vernunft, die als Realisation des

---

37 Vgl. dazu auch GdP S.368: "Das formale Prinzip der Gesetzgebung kommt in dieser Einsamkeit in sich zu keinem Inhalt, keiner Bestimmung. Die einzige Form, die dies Prinzip hat, ist die der Identität mit sich selbst. Das Allgemeine, das Sich-nicht-Widersprechen ist etwas Leeres, das im Praktischen sowenig als im Theoretischen zu einer Realität kommt."

38 Ich greife hier den späteren Ausführungen weit vor. Vieles, was hier nur einfach angesprochen und nicht näher beleuchtet wird, soll weiter hinten genauer belegt werden. Es geht mir hier nur darum, die Position Hegels zur Französischen Revolution auf ein für die Interpretation maßgebliches Grundverständnis zu beziehen.

eigenen Wesens durchschaut wird[39]. Von hier aus muß die ambivalente Einstellung Hegels zur Französischen Revolution erschlossen werden:

Die in der Aufklärung thematisierte Handlungkompetenz des Subjekts, die es sich die Welt unter dem strategischen Aspekt der Nützlichkeit, der Verwertbarkeit aneignen läßt, wie Hegel feststellt[40], bringt ihm auch verstärkt seine neue Rolle als Planer und Produzent seiner Verhältnisse zu Bewußtsein. Dieser Aneignungsprozeß fällt mit der Revolution in sein Extrem. Die absorptive Gewalt des sich in das Zentrum der Welt setzenden Bewußtseins des autonomen Subjekts löst die gegenständliche Welt auf, wirkt als reine 'Negation': "... indem aber der Gegenstand zum Begriffe wird, ist nichts Bestehendes mehr an ihm; die Negativität hat alle seine Momente durchdrungen"(Phän S. 433)[41].

Einziger Bezugspunkt bleibt dann der allein auf sich rückverwiesene subjektive Wille, der sich nach der 'Flucht aus allem Inhalte' (Rphil § 5) in seiner isolierten Abstraktion erfaßt und von dort nur ein ebenso abstraktes Netz über die Wirklichkeit werfen kann, sich notwendig aus jeder Geschichtlichkeit hinauskatapultiert und nur über das Prinzip des geschichtslosen autonomen Einzelnen[42] das Extrem einer ebenso abstrakten 'unbiegsamen, kalten Allgemeinheit'[43] konstruiert, eine Konstruktion, die aufgrund dieser geschichtslosen Abstraktion selbst keine konkrete soziale Ordnung begründen kann, sondern jeden Versuch einer Stabilisierung untergraben muß[44]. Dies ist das entscheidende Problem der Französischen Revolution in der Hegelschen Interpretation: Sie kann aus der Konsequenz ihrer inneren Prämissen heraus keinen tragfähigen Zusammenhang mehr herstellen. "Mit dieser Abstraktion lassen sie nichts Festes von Organisation aufkommen" (PdG S. 534), denn, wo jeder Inhalt unbegründbar wird, regiert die nackte Willkür: "Es ist die Freiheit der Leere, welche zur wirklichen Gestalt und zur Leidenschaft erhoben (wird) und zwar .. zur Wirklichkeit sich wendend, im Politischen wie im Religiösen der Fanatismus der Zertrümmerung aller bestehenden gesellschaftlichen Ordnung und die Hinwegräumung der einer Ordnung verdächtigen Individuen wie die Vernichtung jeder sich wieder hervortun wollenden Organisation wird. Nur indem er etwas zerstört, hat dieser negative Wille das Gefühl seines Daseins."(Rphil §5). Und: "Deswegen hat auch das Volk in der Revolution die Institutionen, die es selbst gemacht hatte, wieder zerstört, weil jede Institution dem abstrakten Selbstbewußtsein der Gleichheit zuwider ist."(ebd §5 Zu)[45]. Die Betonung des anarchischen Moments der Revolution, die aus ihrer politischen Legitimation heraus selbst keine stabile Ordnung zu begründen weiß, war durchaus keine Hegel zukommende Position, Burke und später Comte, um nur dieses beiden exponierten Beispiele zu nennen, haben ganz ähnlich argumentiert. Burke kritisierte beispielsweise die französischen Revolutionäre an einer Stelle, die sehr bildreich auch die Perspektive Hegels beleuchtet: "Sie betrachten bei ihren Experimenten die Menschen als Mäuse in einer Luftpumpe oder in einem Behälter mit Giftgas... Ihre Humanität liegt am Horizont... flieht wie der

---

39 Vgl. z.B. Enz III §514, allgemein Rphil § 4 bis § 30
40 Vgl. Phän S. 430f
41 Allgemein charakterisiert Hegel diesen Vorgang in der Enzyklopädie: "Die empirische Welt denken heißt vielmehr wesentlich, ihre empirische Form umändern und sie in ein Allgemeines verwandeln; das Denken übt zugleich eine negative Tätigkeit auf jene Grundlage aus." Enz I S. 132
42 "... ein Gegenstand, der keinen anderen Inhalt, Besitz, Dasein und äußerliche Ausdehnung mehr hat, sondern er ist nur dies Wissen von sich als absolut reinem und freiem einzelnen Selbst. An was er erfaßt werden kann, ist allein sein abstraktes Dasein überhaupt." Phän S. 436
43 Die Stelle heißt ausführlich: "Und zwar um ihrer (der Allgemeinheit, L.S.) Abstraktion willen trennt sie sich in ebenso abstrakte Extreme, in die einfache, unbiegsame, kalte Allgemeinheit und in die diskrete, absolute, harte Sprödigkeit und eigensinnige Punktualität des wirklichen Selbstbewußtseins." Phän S. 436
44 Hegel polemisiert mit diesen Ausführungen mehr oder weniger deutlich gegen Kant, dem er die Aufstellung rein formalistischer Inhalte und deshalb jeglicher willkürlichen Inanspruchnahme zugänglicher Prinzipien vorwirft - nicht ohne Berechtigung. Vgl. etwa Enz I § 53, §54
45 Vgl. auch Phän S. 433ff

24

Horizont ständig vor ihnen."[46] Auch A. Comte sei kurz zitiert: Der kritische Gehalt der Revolution ist nur geeignet "um zu *zerstören*, denn sie sind beide gleich unfähig zu *begründen.*" Mit der Zerschlagung des feudalen Regimes "wurde nahezu vollständig die allgemeine Ursache zerstört, welche ihr die öffentliche Gunst gewonnen hatte. Andererseits war durch die Anwendung der neuen Anschauungen auf die Organisation der Gesellschaft ihr anarchischer Charakter vollständig ins Klare gesetzt worden."[47]

Die Macht der Abstraktion über allen Inhalt, über die Geschichtlichkeit der eigenen Genese, wird an der Unerfüllbarkeit ihres Anspruchs gebrochen; die 'absolute Negation' in der 'absoluten Freiheit' muß sich mit Notwendigkeit selbst unterlaufen. Hegel führt die gnadenlose Gerechtigkeit der Guillotine an: Das Prinzip hat dem Tod jegliche Individualität entrissen, es ist "... der kälteste, platteste Tod, ohne mehr Bedeutung als das Durchhauen eines Kohlhaupts oder ein Schluck Wassers."(Phän S. 436). Sie macht deshalb auch vor den Revolutionären selbst nicht halt - und nichts zeigt deutlicher das 'ewig perennierende Moment' der Zerstörung. Macht der Abstraktion ist reine, inhaltslose Macht; ihr einziger Rechtfertigungsgrund besteht in der Aufrechterhaltung der nackten Staatsgewalt, wie Hegel den Terror der Revolution in der Realphilosophie von 1805/06 zu verstehen sucht: "Diese Gewalt ist nicht Despotismus, *sondern Thyrannei*, reine entsetzliche Herrschaft; aber sie ist *notwendig* und *gerecht*, indem sie den Staat ...erhält."[48] An der Furcht vor dem Tod (das ist ein wichtiges Motiv bei Hegel; ich werde darauf im Zusammenhang des bekannten Herr-Knecht-Topos noch zurückkommen) aber bricht sich auch die Einsicht in die Notwendigkeit jener Erstarrung in der bloßen Negativität Bahn: "Diese Tyrannei mußte zugrunde gehen; denn alle Neigungen, alle Interessen, die Vernünftigkeit selbst war gegen diese fürchterliche konsequente Freiheit, die in ihrer Konzentration so fanatisch auftrat."(PdG S.533)[49]. Hegel bezieht den Übergang dort auf die Regierungsphase des Direktoriums, unter dem der bürgerliche Liberalismus die früheren plebiszitären Konzessionen wieder systematisch zurückgedrängt hatte und damit die verlorene Dialektik zwischen Wirklichkeit und Bewußtsein[50], so seine Interpretation, auf einer höheren Stufe wieder herstellen konnte, bzw. wollte[51]. Gegen die geschichtslose 'Herrschaft des Prinzips', das ausschließlich an der abstrakten Qualität des Subjekts ansetzt und um dieses 'Atom' herum einen gesellschaftlichen Zusammenhang konstruiert, schiebt sich mit der Erkenntnis der Bedingtheit jener 'absoluten Freiheit' der weltenschöpferischen Kompetenz, die vernunftrechtliche Legitimation einer organizistischen Gesellschaftstheorie, die der empirischen Wirklichkeit ihre geschichtliche Dimension wieder zurückgeben will, in den Vordergrund. Gesellschaft und Staat werden der beliebigen Verfügungsgewalt des planerischen Zugriffs durch die autonomen Subjekte entzogen, dieser Anspruch wird selbst erst als das komplementäre Resultat einer beide, Subjekt und Gesellschaft, verklammernden Bewegung thematisiert. Das einsichtige Denken hintergeht damit noch einmal die einseitige Reduktion auf die innere Zentrierung des Subjekts, ohne jedoch die Berechtigung dieses modernen Selbstverständnisses rundweg zurückzuweisen. Denn an dem aufklärerischen Anspruch, daß die Welt dem Subjekt nicht als ein Fremdes gegenübersteht, sondern wissend durchdrungen und als ein Produkt eigener Tätigkeit und Arbeit begriffen werden kann, hält Hegel fest: Das Wissen erfaßt nur die Stellung des Subjekts selbst noch als ein Moment in diesem

---

46 zitiert nach L. Strauss, Naturrecht und Geschichte, Frankfurt 1977, S.314
47 A. Comte, Plan der wissenschaftlichen Arbeiten, München 1973, S. 44 und S. 48
48 Frühe politische Systeme S. 264
49 Vgl. auch die wichtige Stelle in der Jenaer Realphilosophie. Frühe pol. Systeme S. 265
50 Vgl. Phän S. 439
51 In der PdG und der Enz von 1830, als Hegel den ganzen weiteren Ablauf vor Augen hatte und die Juli-Revolution in Frankreich sich vorbereitete, hat Hegel den religiösen Überbau als Erklärvariable der politischen Instabilität in Frankreich stärker bemüht. Hier muß in der Tat eine Verhärtung der Position und eine Verengung des Analyserahmens konstatiert werden. Ich werde auf diesen Punkt noch allgemeiner zu sprechen kommen.
    Vgl. dazu auch Nusser, a.a.o., S.294f

Prozeß und unterwandert somit den subjektzentrierten Freiheitsbegriff durch einen bei Hegel zwar letztlich metaphysisch gewendeten, aber doch konsequent genetisch verfolgten Bezugspunkt, der das Subjekt und seine konkreten Lebensverhältnisse aufeinander zu beziehen weiß - dem 'subjektiven Idealismus' Kants wird der 'objektive Idealismus' entgegengehalten[52]. Der Idealismus kommt zu seinem Recht, indem die unterliegende Entwicklungslogik wiederum als subjektivische Entfaltung interpretiert wird, indem der Hegelsche 'Weltgeist' an der Schnittstelle von Subjekt und Welt auftritt und beide nur als seine Aktualisierungen und auch Akzidenzen vorführt.

"Das Streben der Menschen geht überhaupt dahin, die Welt zu erkennen, sie sich anzueignen und zu unterwerfen, und zu dem Ende muß die Realität der Welt gleichsam zerquetscht, d.h. idealisiert werden. Zugleich ist dann aber zu bemerken, daß es nicht die subjektive Tätigkeit des Selbstbewußtseins ist, welche die absolute Einheit in die Mannigfaltigkeit hineinbringt. Diese Identität ist vielmehr das Absolute, das Wahrhafte selbst."(Enz I S.118). Aber das soll hier nur erst als eine grundsätzliche Orientierung angedeutet werden.

Was bedeutet das alles für die Einschätzung der Französischen Revolution, das Thema dieses Abschnitts? Die Revolution bekommt unter den beiden Aspekten ihrer ambivalenten Wertung 'weltgeschichtliche' Bedeutung: Die Macht 'absoluter Negativität' wird dialektisch zurückgebogen, sie hebt sich über den Fall in das Extrem, den Terror, der sich damit als notwendig rechtfertigt, auf ein neues Niveau der Erkenntnis über den interdependenten Konstitutionsprozeß von Subjekt und gesellschaftlicher Ordnung und d.h., auch auf eine höhere Stufe der Freiheit, auf ein emphatisch 'wirkliches' Arrangement mit den Verhältnissen der Neuzeit. Schon in der Verfassungsschrift schreibt Hegel:
"Da seit zehn Jahren ganz Europa seine Aufmerksamkeit auf das fürchterliche Ringen eines Volks nach Freiheit heftete und ganz Europa in allgemeiner Bewegung deswegen war, so kann es nicht anders sein, (als) daß die Begriffe über Freiheit eine Veränderung erlitten und (sich) aus ihrer vorherigen Leerheit und Unbestimmtheit geläutert haben."(Frühe Schr. S. 570)[53]. Positiv aber nimmt Hegel die Revolution als eine bürgerliche Revolution auf und legitimiert sie in dieser Bedeutung, gerade indem er ihren Absolutheitsanspruch begrenzt: Nicht der abstrakte Staatsbürger, wohl aber der autonome Bourgeois und seine Anforderungen an die gesellschaftliche Organisation und den Staat bleiben weltgeschichtlich nicht mehr auszusetzende Errungenschaften. Rechtsgleichheit und Rechtssicherheit unter dem abstrakten bürgerlichen Recht, das die Freiheit der Person und des Eigentums garantiert, die Gewerbefreiheit, der der bürgerlichen Gesellschaft funktional korrespondierende liberale 'Not-und Verstandesstaat'(den Hegel der bürgerlichen Gesellschaft gleich selbst zuordnet), die grundsätzliche Einsicht in den antagonistischen Aufbau der modernen Arbeitsgesellschaft bleiben Erkenntnisse, die Hegel exemplarisch mit der Französischen Revolution bestätigt sieht. Dieses exemplarische Moment: die neuen Prinzipien, den 'elementarischen Katechismus' der Neuzeit, wie Hegel in der Verhandlungsschrift schreibt[54], auf der Weltbühne mit ungeheurer Wirkungskraft inszeniert zu haben, verleiht ihr die besondere Bedeutung für Hegels politische Philosophie. Eine der deutlichsten und schönsten Stellen, an denen Hegel auf den exponierten Gehalt der Revolution zu sprechen kommt, findet sich in seiner Kritik der württembergischen Landstände: "Man muß den Beginn der französischen Revolution als den Kampf betrachten, den das vernünftige Staatsrecht mit der Masse des positiven Rechts und den Privilegien, wodurch jener unterdrückt worden war, einging ... (Die württembergischen Landstände, L.S.) *haben nichts vergessen und nichts gelernt*. Sie scheinen diese letzten fünfundzwanzig Jahre, die reichsten, welche die Weltgeschichte wohl gehabt hat, und die für uns lehrreichsten, weil ihnen unsere Welt und unsere Vorstellungen angehören, *verschlafen* zu haben.

---

52 Vgl. Enz I § 42 Zu2
53 Vgl. auch ebd S. 572
54 Nürnberger Schriften S. 492

Es konnte kaum einen furchtbareren Mörser geben, um die falschen Rechtsbegriffe und Vorurteile über Staatsverfassungen zu zerstampfen ... ferner daß hundertjähriges und wirkliches positives *Recht* mit Recht zugrunde geht, wenn die Basis wegfällt, welche die Bedingung seiner Existenz ist."(Nürnb. Schr. S. 507f)[55].

Hegel hat mit der positiven Würdigung der Französischen Revolution, die er übrigens entgegen manch anderslautender Behauptung über das ganze Werk konsistent durchhält, mehr als nur ihre bloße Faktizität konstatiert: Er hat in ihr sehr bewußt das Symbol eines irreversibel eingeleiteten gesellschaftlichen Strukturwandels erkannt, der die Neuzeit von der vorangehenden traditionalen Gesellschaftsordnung abtrennt. "Die Freiheit wird Weltzustand, verbindet sich mit der Weltgeschichte, wird Epoche derselben..."(GdP S. 292), bemerkt Hegel in der Geschichte der Philosophie. Dies genauer zu zeigen ist Aufgabe der folgenden Kapitel, ich will hier deshalb nur noch einen Ausblick auf die sich mit der Aufnahme der Revolution ergebenden Anforderungen an die Theorie geben.

Zunächst zeigt die Spannung in der ambivalenten Wertung der Revolution einen Bruch an, den Hegel in der systematischen Entwicklung von Gesellschaft und Staat einarbeiten muß, wenn er seine erkenntnisleitende Prämisse, die Annahme einer übergreifenden, totalen Vernunftlogik und eines sie inszenierenden absoluten Bewegungszentrums nicht grundsätzlich Infragestellen will. Die am Extrem des Terrors gebrochene 'absolute Freiheit' 'leerer' Abstraktion, der die Wirklichkeit im Anspruch des Subjekts erstmals scheinbar frei manipulierbar verfallen war, und die bei aller spekulativen Überwindung immerhin eine unaufhebbare Schicht des modernen Bewußtseins markiert, sowie die im mehrdeutigen Sinne von 'Aufhebung' auch begrifflich angelegte Rechtfertigung der neuen bürgerlichen Arbeitsverfassung, sind auf der Basis des noch bis zu Kant ausreichenden traditionalen Verständnisses von bürgerlicher Gesellschaft, als Verklammerung von societas und civitas nicht mehr zu integrieren: bürgerliche Gesellschaft, als der durch die gesellschaftliche Gesamtproduktion vermittelte Zusammenhang ökonomisch konkurrierender Subjekte, Familie, als von politischen und ökonomischen Funktionen entlastete Sphäre der Intimität, und Staat, als eigentlich politisches System, dem in der Hegelschen Deutung die Rettung des verlorenen Gesamtzusammenhangs allein zukommen kann, können nur durch eine ihrer faktischen Wirklichkeit (als deren überzeugende Dokumentation die Französische Revolution gelten kann) angemessenen Bewältigung, die eine dem gesellschaftlichen Diffenzierungsprozeß angepaßte Differenzierung des begrifflichen Instrumentariums der Analyse impliziert, noch erfaßt werden. Hier kommt Hegel bei allen Widersprüchen, zu denen ihn sein Bemühen um eine spekulativ-metaphysische Integration der aufgebrochenen Problemstellungen verführt, ohne jeden Zweifel eine damals beispiellose analytische Schärfe zu. Bürgerliche Gesellschaft und Staat werden in der Konsequenz (ebenso wie die politischen und ökonomischen Rechte des Subjekts) auseinandergehalten, getrennt untersucht und in einen komplexeren historischen Zusammenhang gestellt. Das geht bei der hintergründigen Intention nicht ohne Verzerrungen: Die ganze Last der Integration der verloren gegangenen ursprünglichen Sittlichkeit ruht auf der konzeptuellen Ausgestaltung des spekulativ überhöhten Staates; er ist dann auch ein Hauptangriffspunkt der Kritiker

---

55 Vgl. auch die schon weiter oben zitierte Stelle aus der früheren Realphilosophie.
Die Verhandlungsschrift war eine der wenigen politischen Schriften Hegels, die eine unmittelbar politische Wirkung erzielten. Allerdings war der Tenor der Rezeption allgemein äußerst kritisch gehalten, Niethammer sah etwa 'eine schlechte Sache geistreich verteidigt', insofern Hegel in dieser Schrift sich gegen die Forderungen der württembergischen Landstände wandte. Hegel hatte sich grundsätzlich gegen die Orientierung an den dualistisch organisierten, über Herrschaftverträge fixierten, traditionalen Herrschaftsbeziehungen zwischen Fürst und Landständen gewandt, die ihm unvereinbar mit dem Erfordernis einer modernen stabilen Zentralgewalt erschien. Tatsächlich versuchten die württembergischen Landstände, das sah Hegel völlig richtig, nur die Wiederbelebung des anachronistischen altständischen Systems, auch wenn es im Falle Württembergs als relativ liberal gelten konnte.
Vgl. J. Habermas, Zu Hegels politischen Schriften, In: Theorie und Praxis, Frankfurt 1982, S. 152
zu den Verhältnissen in Württemberg: Huber, Deutsche Verfassungsgeschichte seit 1789, S. 329ff

der Hegelschen Rechtsphilosophie. Die bürgerliche Gesellschaft kann aufgrund ihrer systematischen Differenzierung als 'Stufe der Differenz', der 'Entzweiung' oder Entfremdung dagegen ausgesprochen kritisch untersucht und in ihrem Aufbau, ihrer Eigendynamik analysiert werden; die Aneignung der englischen Nationalökonomie hat hieran erheblichen Anteil. Sie stellt sicher auch deshalb ein derart auffallender Teil der gesellschaftstheoretischen Konzeption Hegels dar.

Als letzten Punkt einer einleitenden Diskussion der Hegelschen Wahrnehmung der Französischen Revolution soll noch kurz die geschichtsphilosophische Rekonstruktion ihrer historischen Entstehungsbedingungen verfolgt werden. Neben dem Licht, das sie auf eine potentiell nichtspekulative Beweisführung anhand des empirischen Materials wirft, erlaubt sie, die gerade in der Verfassungsschrift gespaltene Wertung der historischen Bedeutung des Bürgertums in der Hegelschen Perspektive differenzierter zu fassen. Hegel kennzeichnet die Situation in Frankreich am Vorabend der Revolution als "ein wüstes Aggregat von Privilegien gegen alle Gedanken und Vernunft überhaupt, ein unsinniger Zustand... - ein Reich des Unrechts, welches mit dem beginnenden Bewußtsein desselben schamloses Unrecht wird. Der fürchterlich harte Druck, der auf dem Volke lastete, die Verlegenheit der Regierung, dem Hofe die Mittel zur Üppigkeit und Verschwendung herbeizutreiben, gaben den ersten Anlaß zur Unzufriedenheit. Der neue Geist wurde tätig; der Druck trieb zur Untersuchung. Man sah, daß die dem Schweiße des Volkes abgepreßten Summen ... aufs unsinnigste verschwendet wurden. Das ganze System des Staates erschien als eine Ungerechtigkeit."(PdG S.528f).

Eigentliche Ursache der politischen und sozialen Verschärfung war die spätfeudale Verkrustung des Systems: Die politische Domestikation der feudalen Untergewalten war zwar gelungen und der moderne Anstaltsstaat konnte sich über die Monopolisierung der Gewalt und des Steuerrechts befestigen, gleichwohl blieben die Herrschaftsbeziehungen unterhalb dieser Ebene bestehen, d.h., das Volk, genauer das Bürgertum, blieb von einem wie auch immer organisierten unmittelbaren politischen Verhältnis zum Staat ausgeschlossen, durch das Privilegiensystem des Ancien Regime ausgegrenzt. Entscheidend für die Hegelsche Interpretation ist nun die Kennzeichnung der intermediären Herrschaftsverhältnisse als solche zwischen Herren und Knechten, bzw. Hörigen, Leibeigenen, d.h. als eine Beziehung, in der elementare 'Rechte der Person' dispensiert waren. Das moderne 'Prinzip der Repräsentation' war völlig durch das 'Prinzip der Persönlichkeit', d.h. die private Ursurpation von Herrschaftsrechten, korrumpiert: "Frankreichs Unglück muß ganz allein in der völligen Ausartung der Lehensverfassung und mit dem Verlust ihres wahren Charakters gesucht werden; durch die eingegangenen Versammlungen der Generalstaaten erschien hoher und niederer Adel nicht mehr in dem Charakter, worin seine Hauptkraft in der politischen Organisation besteht: Repräsentant zu sein; dagegen wurde seine Persönlichkeit auf den höchsten, empörenden Grad getrieben."(Frühe Schr. S. 535). Die Einschnürung der unteren, bürgerlichen Volksschichten rechtfertigt den Ausdruck 'Feudaldespotismus', ein Zustand, der umso untragbarer war, als, wie Hegel richtig feststellt, gerade der Druck des aufkommenden Bürgertums ein entscheidender Faktor für die Konstituierung des modernen Staates abgegeben hatte. Der berechtigte Anspruch des Bürgertums, von Hegel immer verteidigt, war durch das Ancien Regime nicht oder ungenügend aufgenommen worden und hatte sich zunehmend zu einer gefährlichen Ladung nicht mehr kontrollierbarer Systemkritik aufgestaut. Als sich das alte Regime endgültig unfähig zur immanenten Reform, d.h. Freisetzung der neuen Prinzipien der Zeit und der ihnen korrespondierenden gesellschaftlichen Rahmenbedingungen, der bürgerlichen Gesellschaft, erwiesen hatte, explodierte die politische und soziale Spannung "notwendig gewaltsam" und "machte sich mit *einem Male* geltend, und dagegen konnte das alte Gerüst des Unrechts keinen Widerstand leisten"(PdG S. 528f), um mit der Etablierung der Volkssouveränität allerdings sofort in das andere Extrem einer am abstrakten Einzelwillen ausgerichteten Pervertierung zu fallen[56]. Bei aller Kritik an der weiteren Entwicklung, dem Chaos, der Anarchie, dem Terror der 'absoluten Freiheit', die ihn dazu führt, über die Entwicklung der Gestaltungskompetenz des modernen Subjekts nachzudenken und diese wieder genetisch einzubinden, hat Hegel die während der Revolution artikulierten Forderungen, wo sie ihm nicht die Grundlage gesellschaftlicher Ordnung überhaupt berührten, immer verteidigt und zum unverzichtbaren Korrelat des modernen Staates erklärt. Es ist Hegels Verdienst, gerade weil er noch einmal eine rückwärts gewandte Versöhnung der aufgebrochenen Widersprüche an der Wende zur Neuzeit versuchen wollte, die Probleme der bürgerlichen Gesellschaft schärfer gefaßt und damit transparenter gemacht zu haben. Dieser Einschätzung der historischen Rolle des Bürgertums und des mit ihm verbundenen Umbaus der Gesellschaft widersprechen die kritischen Äußerungen in der Verfassungsschrift nur scheinbar: Dort kritisiert Hegel die partikularistische Orientierung der sich in sich verfestigenden bürgerlichen Korporationen und Zünfte und weist ihnen generell eine dysfunktionale, die Ausbildung des modernen Staates behindernde Wirkung zu. Ich habe weiter oben gegen Marcuse schon geltend gemacht, daß Hegel mit dieser Kritik keineswegs eine Kritik der Bürgerlichen Gesellschaft als solcher versucht (abgesehen davon, daß er zu diesem Zeitpunkt auch noch gar nicht über den erforderlichen begrifflichen Apparat verfügt hatte), vielmehr konnte sich das emanzipatorische Interesse des Bürgertums unter den ganz anderen Voraussetzungen des Deutschen Reichs, wo eine der französischen Staatenbildung vergleichbare Domestikation der feudalen Gewalten auf Kosten der Zentralgewalt fehlgeschlagen war, nur nicht zur Durchsetzung einer stabilen Staatsmacht gegenüber dem 'aristokratischen Mittelglied' instrumentieren lassen und verschärfte ihm damit letztlich - gegen die tiefere historische Berechtigung - die zentrifugalen Tendenzen der politischen Organisation. Gleichwohl betont Hegel gerade in der Verfassungsschrift sehr deutlich den weltgeschichtlichen Gehalt des modernen Liberalismus und seiner sozialen Trägerschaft[57]. Die Verhärtung der bürgerlichen intermediären Institutionen wird selbst als eine Reaktion auf den anarchischen Zustand des deutschen Reichs interpretiert, es handelt sich dabei um eine fast schon soziologisch begründete Gegenbewegung gegen den Zerfall, die mit dem ständischen Milieu einen Rest an 'Sittlichkeit', an interessengebundener Solidarität, aktualisieren will. Im Anschluß an ein weiter vorne wiedergegebenes Zitat aus der Verhandlungsschrift schreibt Hegel: "Weil dabei die oberste Staatsgewalt, in deren Ohnmacht gerade das Bedürfnis jener Korporationen lag, etwas so Loses war, so bildeten diese partiellen Gemeinwesen ihre Verbindungsweisen desto fester, genauer, ja selbst peinlich bis zu einem ganz einengenden Formalismus und Zunftgeist aus, der durch seinen Aristokratismus der Ausbildung der Staatsgewalt hinderlich und gefährlich wurde. Nachdem in den neuesten Zeiten die Ausbildung der *oberen Staatsgewalten* sich vervollkommnet hat, sind jene *untergeordneten* Zunftkreise und Gemeinheiten aufgelöst oder ihnen wenigstens ihre politische Stellung und Beziehung auf das innere Staatsrecht genommen worden. Es wäre aber nun wohl wieder Zeit ... auch die unteren Sphären wieder zu einer politischen Ordnung und Ehre zurückzubringen und sie, gereinigt von Privilegien und Unrechten, in den Staat als eine organische Bildung einzufügen."(Nürnb. Schr. S. 483). Die Stelle unterstreicht die Bedeutung der spezifischen historischen Situation für die Einschätzung der unterschiedlichen Einflußfaktoren auf den gesellschaftlichen Modernisierungsprozeß. Gleichzeitig deutet Hegel hier die Korporation als eine Institution an, die, in scharfem Gegensatz zur 'atomisierenden' Tendenz der Revolution, zur Konzentration auf die Definition der Staatsbürgerrolle, die Funktion der Integration der disperaten gesellschaftlichen Sphären wieder leisten soll: Der gesellschaftliche Organisator Korporation, von Hegel später in der Rechtsphilosophie als die neben der Familie 'zweite Wurzel des Staates' bezeichnet (Rphil §255), übernimmt nach den 'notwendigen', aber unter der Kontrolle der Staatsmacht eingeleiteten Konzessionen an die 'neuen Prinzipien' der bürgerlichen Produktionsweise, die Funktion der Vermittlung von

---

56   Vgl. dazu auch die ausführliche Beschreibung in der GdP, S. 296f
57   Vgl. Frühe Schr. S.479, 480, 482, 572

Gesellschaft und Staat - ohne daß die historische Kontinuität an den absoluten Konstruktivismus ausgeliefert werden muß. Auf eben die gesellschaftstheoretische Prämisse, daß das Gesellschaftssystem "nur in einem gegliederten Ganzen, dessen Teile selbst besondere, untergeordnete Kreise bilden"(Nürnb. Schr., S. 483), oder, wie Hegel in der Phänomenologie andeutet, nur als 'in sich organisiertes System', als 'Organisation unterschiedener Massen' (Phän. S. 433, S. 435) gedacht werden kann, war auch die Revolution durch den Terreur geführt worden, wenn auch ohne bleibenden Erfolg: Es war ihre welthistorische Leistung, einerseits die Berechtigung des bürgerlichen Anspruchs, andererseits den Widerspruch zwischen abstrakter Konstruktion und der historischen Eigendynamik geschichtlicher Veränderung auf das deutlichste demonstriert zu haben. Zur Tragik Frankreichs gehört, so Hegels Überzeugung, daß durch die Härte des bürgerlichen Kampfs, durch die Überreaktion des revolutionären Ventils, eine dauerhafte Stabilisierung aufgrund der nicht mehr auszusetzenden Legitimationskrise[58] unmöglich wird. Ich werde auf die in die rechtsphilosophische Konstruktion einfließenden Anknüpfungspunkte im jeweiligen Zusammen hang noch ausführlich zurückkommen.

---

58 Hegel führt in der Philosophie der Geschichte als ein maßgeblicher Faktor den konfessionellen Hintergrund an.

Kapitel II

Die Konzeption der bürgerlichen Gesellschaft

"Die Staatsökonomie ist ... eine der Wissenschaften, die in neuerer Zeit als ihrem Boden entstanden ist. Ihre Entwicklung zeigt das Interessante, wie der *Gedanke* (s. Smith, Say, Ricardo) aus der unendlichen Menge von Einzelheiten, die zunächst vor ihm liegen, die einfachen Prinzipien der Sache, den in ihr wirksamen und sie regierenden Verstand herausfindet." (Rphil § 189). Und: "... aber dieses Wimmeln von Willkür erzeugt aus sich allgemeine Bestimmungen, und dieses anscheinend Zerstreute und Gedankenlose wird von einer Notwendigkeit gehalten, die von selbst eintritt. Dieses Notwendige hier aufzufinden, ist Gegenstand der Staatsökonomie..."(ebd § 189 Zu).

   Die Veränderung der gesellschaftlichen Verhältnisse hatte in der Revolution ihren mächtigsten Ausdruck gefunden; der abgehobene Begriff der antiken Polissittlichkeit war als unvereinbar mit den ökonomischen Verschiebungen der Neuzeit aufgeweicht, an der Realität der Gesellschaft in seinen ideologischen Funktionen gebrochen worden. Analytische Konsequenz im Hegelschen System war die explizite Trennung von Staat und Gesellschaft, die eine Isolierung der ausdifferenzierten gesellschaftlichen Sektoren und die Untersuchung der Ökonomie in ihrer Eigengesetzlichkeit möglich machte. Hegel stieß sicherlich durch die Agonie des deutschen Reiches und die explosive Entladung der Französischen Revolution auf die Beschäftigung mit den Konstitutionsbedingungen gesellschaftlicher Ordnung. Aber die analytische Qualität der Auseinandersetzung mit der bürgerlichen Gesellschaft verdankt sich dem Interesse, das Hegel den englischen Verhältnissen entgegengebracht hatte, die im Vergleich zu Frankreich, ganz zu schweigen von der völlig abgeschlagenen Entwicklung in Deutschland, die am höchsten entfalteten ökonomischen Potenzen besaßen und an denen sich die Eigendynamik der bürgerlichen Produktionsweise am besten beobachten ließ. Rosenkranz[1] hat über das starke Interesse Hegels an den englischen Parlamentsdebatten, an englischen Zeitungsberichten und anderen Studien über die politischen und sozialen Verhältnisse in England berichtet. England, das wird in vielen Bemerkungen ersichtlich, erschien ihm als der Prototyp der bürgerlichen Gesellschaft schlechthin; so sehr, daß er häufig die englischen Verhältnisse als weitgehende Korrumpierung der Staatsidee selbst und deren Mediatisierung durch das ökonomisch-soziale System charakterisierte[2].
   Die Reduktion der Hegelschen Rechtsphilosophie auf eine bloße Apologetik des Preußischen Staates übersieht vollkommen deren breit angelegten Entwurf, der sich ganz ausdrücklich auf die großen politischen und sozialen Herausforderungen an der Wende zur Neuzeit einlassen will, sie gerade durch die Aufnahme ihrer tieferen Bewegungsgesetze noch zu integrieren sucht. Indem Hegel das Aufkommen der Industriegesellschaft als eine notwendige, für die Moderne konstitu-

---

1   Karl Rosenkranz, Hegels Leben, Berlin 1844, S. 85f, Angabe nach M. Riedel, Die Rezeption der Nationalökonomie, in: Hegel, Frühe politische Systeme, a.a.o. S. 815ff
2   Vgl. etwa PdG S. 537, zuletzt in der Reformbillschrift
    Erstaunlicherweise ignoriert Avineri diesen mehrfach bezeugten Hinweis und betont ausschließlich die theoretische Rezeption der englischen Nationalökonomie als Anstoß für die Gesellschaftstheorie Hegels. Vgl. S.Avineri, Hegels Theorie des modernen Staates, Frankfurt 1976, S. 114, S. 120
    Tatsächlich war es wohl eher umgekehrt: Das theoretische Interesse an der Ökonomie resultierte aus der Perzeption der konkreten Spannungen und Widersprüche und dem Bedürfnis, diese Antinomien und zutage tretenden sozialen Defekte - vgl. insbesondere die Aufmerksamkeit, die Hegel der sog. Armenfrage widmete - systematisch einzubinden.

tive Entwicklung perzipiert, ist ein entscheidender, nicht mehr zu hintergehender Erkenntnisschritt geleistet, der nach der begrifflichen Ausgrenzung den Blick auf ihren inneren Zusammenhang freigibt. Zwangsläufig führt dieses Interesse Hegel zu den großen Theoretikern der englischen Nationalökonomie, insbesondere A. Smith und J. Steuart, an die er aufgrund der spekulativen Begrenzung der bürgerlichen Gesellschaft relativ unproblematisch anschließen kann, werden ausführlich studiert[3]. Die Isolierung der Gesellschaft als einen eigenen Untersuchungsgegenstand, abgesetzt vom politischen System[4], erlaubt die Adaption einer in dieser Begrenzung als 'Verstandeswissenschaft' bestimmten Theorie der Ökonomie, eine Theorie, die dann allerdings auch nicht mehr als das "Scheinen der Vernünftigkeit in dieser Sphäre der Endlichkeit" (Rphil § 189) aufzeigen kann. Indem die Ökonomie als eine wissenschaftliche Disziplin auf die theoretische Durchdringung der an der Oberfläche chaotischen, willkürlichen Phänomene der bürgerlichen Gesellschaft abzielt und die dahinterliegenden Gesetze und Regelmäßigkeiten als System zu erfassen sucht, leistet sie die 'Versöhnung' innerhalb der Sphäre der bürgerlichen Gesellschaft selbst, sie erarbeitet die Logik des Systems, wie sie sich dem verständigen Zugriff des Wissenschaftlers erschließt: in dieser Begrenzung kann sie als eine adäquate Beschreibung ihres Phänomenbereiches aufgenommen werden[5].

Hegels theoretische Bewältigung übernimmt dann auch unmittelbar das von der Nationalökonomie erarbeitete begriffliche Instrumentarium, so daß G. Lukacs[6] in Bestätigung einer entsprechenden Bemerkung von Marx feststellen konnte: "Hegel steht im wesentlichen auf dem Standpunkt der Smithschen Ökonomie."

Der wohl etwa 18o2/3 einsetzende Prozeß einer Rezeption der englischen Nationalökonomie läßt sich an den zunehmend differenzierteren Konzeptualisierungen von Gesellschaft in der zeitlichen Abfolge der einzelnen Arbeiten Hegels ablesen[7]; die endgültige systematische Fixierung ist mit der Rechtsphilosophie dann abgeschlossen, inhaltlich jedoch schon seit der Jenaer Realphilosophie von 1805/06 in den Grundzügen ausgebildet. Ich werde im folgenden von den frühen Arbeiten auch nur die Realphilosophie heranziehen und auf die Darstellung der anfänglichen Versuche, auf eine umfassendere Spurensuche, verzichten - anderes ist in dieser Untersuchung sinnvoll nicht zu leisten.

Weiter vorne schon habe ich darauf aufmerksam gemacht, daß sich analytische Schärfe und Begrenzung der praktischen Reichweite in der Hegelschen Philosophie unmittelbar bedingen; ich will das noch einmal in explizitem Bezug auf die Rezeption der Nationalökonomie wiederholen: Hegel erreicht in der Weiterbildung der theoretischen Konzepte der Ökonomie, insbesondere durch die Berücksichtigung der antizipierten sozialen Defekte der industriellen Produktionsweise im England des Frühkapitalismus, eine kritische Zuspitzung der nationalökonomischen Theoreme selbst. Die offensichtlichen Schwächen der liberalen Theoriekonstruktion bei der Bewältigung der Dynamik des ökonomischen Strukturwandels, die Widersprüche zwischen den ideologischen

---

3   Ein Kommentar zu J. Steuarts 'Inquiry into the Prinziples of Political Economy' ist belegt, konnte aber
    nicht mehr gefunden werden. Sh. M. Riedel in: Frühe pol. Systeme, S. 817
4   Ein Gegenstand, dem phänomenologisch nur die Qualität einer 'Sphäre des Verstandes' im Unterschied zur
    Metaebene sittlicher Vernunft im Staat zukommt, d.h. der sich primär aus der Perspektive des strategisch
    handelnden Subjekts erschließt, in der Natur und Sozialwelt als fest umrissene Gegenstandsbereiche fixiert
    bleiben (im Unterschied zur vernünftigen Erkenntnis, die diese Distanz, Trennung durch die Einsicht in die
    Totalität der historischen Bewegung wieder aufhebt - doch dazu später!).
5   Diese Einschränkung ist wichtig und darf nicht übersehen werden - die Hegelsche Konzeption ist grundsätz-
    lich auf die Transzendierung des ökonomischen Systems ausgerichtet.
6   Frühe politische Systeme, a.a.o. S. 709
    Vgl. K. Marx, MEW Ergänzungsband, Schriften bis 1844, S. 574
    Es heißt hier: "Vorläufig nehmen wir nur noch das vorweg: Hegel steht auf dem Standpunkt der modernen
    Nationalökonomen."
7   Vgl. dazu M. Riedel, a.a.o. S. 815 - 837

Versicherungen und der konkreten Realität, lassen das Vertrauen in die harmonistische Grund-tendenz der gesellschaftlichen Entwicklung brüchig werden und demaskieren derartige Versiche-rungen als ideologisch. Hegel übertrifft mit der Beschreibung der Probleme der bürgerlichen Gesellschaft entsprechende Ansätze der Nationalökonomie in ihrem kritischen Potential bei weitem. Diese Schärfe ist auf der anderen Seite aber erkauft durch die systematische Begrenzung der aus dieser Kritik resultierenden möglichen Praxis: bürgerliche Gesellschaft ist integriert in das ontologisch übergeordnete System des Staates, und der Nachweis ihrer inneren Spannungen belegt ihm gerade diese ontologische Differenz. Ihre innere Dynamik kann so zwar analysiert und kritisiert werden, sie ist aber gegen eine grundlegende Überwindung ihrer Widersprüche aus sich heraus stillgestellt, mehr noch, ihre Widersprüche sind, vom Gesamtsystem her gesehen, als Stufe einer spekulativ gerechtfertigten Negation sogar notwendig. Darauf wird noch zurückzukommen sein. Zunächst soll jedoch erst einmal der elementare Aufbau der Hegelschen Gesellschaftstheorie genauer entwickelt werden.

1. Arbeit

Mit Arbeit und Anerkennung sind die beiden Grundkategorien berührt, die Hegel als elementare Strukturprinzipien gesellschaftlicher Organisation systematisch ausbaut. Marx schrieb dazu an einer bekannten Stelle in der 'Kritik der Hegelschen Dialektik und Philosophie überhaupt', die hier als Einleitung dienen soll: "Das Große der Hegelschen 'Phänomenologie' und ihrem Endresultate - der Dialektik der Negativität als dem bewegenden und erzeugenden Prinzip - ist also einmal, daß Hegel die Selbsterzeugung des Menschen als einen Prozeß faßt, die Vergegenständlichung als Entgegenständlichung, als Entäußerung und als Aufhebung dieser Entäußerung; daß er also das Wesen der *Arbeit* faßt und den gegenständlichen Menschen, wahren, weil wirklichen Menschen, als Resultat seiner *eignen Arbeit* begreift."Aber auch: "... er sieht nur die positive Seite der Arbeit, nicht ihre negative."[8] Diesen Hinweisen soll im folgenden nachgegangen werden.

Das philosophische System Hegels ist der Höhepunkt einer Entwicklung der 'Bildung', über die sich der 'Weltgeist', das metaphysische Subjekt der Geschichte, selbst erfaßt oder denkt. Die Bewegung der Ausbildung der diesem Erkennen zugrunde liegenden Wissensstruktur verfolgt die Phänomenologie anhand der Explikation der Ausbildung innerer und äußerer Kompetenz des menschlichen Subjekts, genauer: anhand der Analyse der einzelnen Bewußtseinsschichten moderner Subjektivität. Das ist möglich, weil der Weltgeist und das Subjekt in dieser Struktur zusammenhängen: Das 'Sich-Selbst-Wissen' des Geistes ist qualitativ vermittelt durch den entwicklungsgeschichtlichen Prozeß der Ausbildung menschlicher Subjektivität und der ihr korrespondierenden Entwicklung der gesellschaftlichen Rahmenbedingungen. Ein Prozeß, den auch das einzelne Individuum biographisch als Abfolge dann schon 'abgelegter Gestalten' (Phän 32f) der Geistesentwicklung jedesmal aufs neue rekonstruiert und auf die Höhe der Zeit, auf das evolutive Niveau der jeweiligen konkreten Gegenwart vorantreibt - ontogenetische, historische und logisch-ontologische Bezugsebenen durchdringen sich derart, sie sind gerade in der Phänomenologie nur schwer auseinanderzuhalten. Hegel läßt zwar am akzidentiellen Charakter der empirischen Subjekte keinen Zweifel, indem der wesentliche Vorgang der Selbstverwirklichung im Selbstwissen des Weltgeists konvergiert, Geschichte derart zur 'Theodizee', Hegels Philosophie zum absoluten Höhepunkt und Abschluß generiert, aber insofern sich dieses 'Sich-Wissen des Geistes' über den Aufbau der menschlichen Bewußtseins herstellt, ist der Sprung in die Metaphysik zunächst an die Wirklichkeit des Menschen verwiesen: die idealistische Überhöhung als Metatheorie der konkreten Wirklichkeit nimmt dieser nichts am Gewicht ihrer exemplarischen Notwendigkeit. Das metaphysische Subjekt der Geschichte geht so zwar nicht im empirischen Menschen auf oder kann auf diesen reduziert werden, es ist aber doch in seiner Selbstauslegung an dessen produktive, praktische Geschichte gebunden, in der es sich zur Geltung bringt und die es nur in einer letzten Expansion der erkennenden Perspektive noch einholt.
"So wäre die Frage: welches ist das Material, in welchem der vernünftige Endzweck ausgeführt wird? Es ist zunächst das Subjekt wiederum selbst, die Bedürfnisse des Menschen, die Subjektivität überhaupt. Im menschlichen Wissen und Wollen, als im Material, kommt das Vernünftige zu seiner Existenz."(PdG 55)
Die Arbeit des Weltgeistes auf die Höhe der Erkenntnis wird damit zunächst als konkrete Arbeit der empirischen Individuen in der Organisation ihrer Wirklichkeit geleistet, bzw. muß an

---

8   MEW Ergänzungsband, Schriften bis 1844, S. 574

dieser demonstriert werden, eine Arbeit, die dann die spekulative Philosophie rekonstruktiv als Emanation des Absoluten erklärt und ihr so ihre höhere Legitimation verleiht.

Arbeit, das soll vorausgeschickt werden, ist im Hegelschen System also eine ausgesprochen vielschichtige Kategorie, die sich weder auf eine radikal anthropologische Ableitung noch auf die überkommene Bedeutung von Praxis reduzieren, noch zureichend über die ontologische Dimension der philosophischen Anlage erfassen läßt: alle diese Aspekte sind miteinander verwoben und lassen sich nur um den Preis einer Fehlinterpretation der Hegelschen Erkenntnisinteressen voneinander isolieren. Gleichzeitig vermittelt aber der systematische Zusammenhang eine Vorstellung von der konstitutiven Bedeutung der Produktivkraft des Menschen; ihr kommt, im Unterschied etwa zu ihrer Stellung bei Rousseau[9], die schlechthin zentrale Vermittlungsfunktion zu, über die sich Menschsein und dann weiter, im spekulativen Wissen des Subjekts, die Verwirklichung des metaphysischen Logos erst herstellen kann. Wenn Arbeit derart zur Konstitutionsbedingung der geschichtlichen Höherentwicklung wird, muß sie sich in der 'Natur' des Menschen, seinen anthropologischen Ausgangsvoraussetzungen als eine unbedingte Nötigung angelegt finden, anders wäre eine mit dem Pathos notwendig vernünftigen Fortschritts operierende Geschichtsbetrachtung nicht zu behaupten. Arbeit ist dann nicht das defiziente Ergebnis eines zufällig gestörten, an sich und ideal aber selbstgenügsamen Naturzustandes, sondern ganz im Gegenteil eine grundsätzlich auf dessen Überwindung hin angelegte Potenz[10], die, indem sie den Menschen aus seiner Naturabhängigkeit emanzipiert, die conditio sine qua non menschlicher Freiheit und Verwirklichung, seiner Entfaltung zu einem wesentlich geistigen, denkenden Subjekt, abgibt. Die emphatische Stellung der Arbeit hat Hegel sehr bildhaft im 'Mythos vom Sündenfall' ausgedrückt:

"Betrachten wir nunmehr den Mythos vom Sündenfall näher, so finden wir ... darin das allgemeine Verhältnis des Erkennens zum geistigen Leben ausgedrückt. Das geistige Leben in seiner Unmittelbarkeit erscheint zunächst als Unschuld und unbefangenes Zutrauen; nun aber liegt es im Wesen des Geistes, daß dieser unmittelbare Zustand aufgehoben wird, denn das geistige Leben unterscheidet sich dadurch vom natürlichen und näher vom tierischen Leben, daß es nicht in seinem Ansichsein verbleibt, sondern *für sich* ist. ... Was hierbei näher die Arbeit anbetrifft, so ist dieselbe ebensosehr das Resultat der Entzweiung als auch die Überwindung derselben. Das Tier findet unmittelbar vor, was es zur Befriedigung seiner Bedürfnisse braucht; der Mensch hingegen verhält sich zu den Mitteln zur Befriedigung seiner Bedürfnisse als (zu) einem durch ihn Hervorgebrachten und Gebildeten. Auch in dieser Äußerlichkeit verhält sich so der Mensch zu sich selbst." (Enz I S.88f).

'Natur' des Menschen impliziert in Übereinstimmung mit der aristotelischen Auffassung die doppelte Bedeutung von naturaler Ausgangslage und eigentlichem 'Wesen' des Menschen; gerade diese Spannung der Begriffsbestimmung wird von Hegel dynamisiert: Der Mensch muß sich in seiner geistigen Potentialität erst freiarbeiten, d.h., wie das o.a. Zitat auch angibt, sich gegenüber Natur zunächst feststellen, indem er sein Natursein und korrespondierend Natur überhaupt, zu beherrschen weiß (Natur 'zerquetscht', wie sich Hegel auch drastisch ausgedrückt hat), oder sich wesentlich nur zu eigener Produktion und den sich über sie herstellenden Beziehungen verhält. Natur als solche hat ihre ursprüngliche Vormächtigkeit dann verloren, der 'Geist' hat im Bewußtsein des Geistwesens 'Mensch', so der Ausblick auf die philosophische Totale, Natur aufgehoben,

---

9   Rousseau spürt vor allem im 2. Discours und im Emile (2. - 4. Buch) den Zusammenhang von Arbeit und der Konstitution von Subjekt und Gesellschaft sehr einfühlsam auf, er kann ihn aber aufgrund der kulturkritischen Interpretationsperspektive letztlich nur als Zerfallsprozeß einer naturrechtlich idealen und unproblematischen Äquilibrierung der anthropologischen Wesensmerkmale des Menschen deuten, d.h. er vergibt die eigentlich bahnbrechenden Resultate seiner Einsichten wieder, sodaß man etwas überspitzt die einleitende Bemerkung Marx' umkehren könnte: Rousseau sah vorwiegend nur den negativen Aspekt von Arbeit.

10 Vgl. Frühe pol. Systeme S. 226

indem er ihr gegenüber, als ihre eigentliche Substanz, das Primat der Vernunft vindiziert und in diesem Wissen die strukturell notwendige Distanz zwischen Natur und Mensch letztlich wieder einholt, als Gesamtbewegung der Befreiung des metaphysischen Geistes in der Arbeit des Menschen begreifen lernt.

Zu Beginn dieser Bewegung steht das Bild des 'Sündenfalls', der Verlust der fraglosen, natürlichen Einheit von Natur und Mensch unterhalb der entscheidenden Schwelle der Ausbildung des Bewußtseins, da "der Geist mit der Natur identisch ist und das geistige Auge unmittelbar im Zentrum der Natur steht, während der Standpunkt der Trennung des Bewußtseins der Sündenfall aus der ewigen göttlichen Einheit ist." (EnzII 17).

Diese unmittelbare Verklammerung aber ist nur die des "Kindes, des Tiers, die man höchstens Gefühl, aber nicht Geistigkeit nennen kann. Der Mensch aber muß vom Baum der Erkenntnis des Guten und Bösen gegessen haben, durch die Arbeit und Tätigkeit des Gedankens hindurchgegangen sein, um nur als Überwindung dieser Trennung seiner von der Natur zu sein, was er ist." (ebd 18)[11].

Die konstitutive Bedeutung der Distanz von Mensch und Natur, die sich in der menschlichen Arbeit: der Formierung, dem Gebrauch der Gegenstandswelt und komplementär den Strukturen des Wissens, als der vermittelnden Matrix beider, erzeugt, unterstreicht prägnant eine Stelle aus der Philosophie der Geschichte, die an die Metapher des Sündenfalls anschließt: "Das Erkennen als Aufhebung der natürlichen Einheit ist der Sündenfall, der keine zufällige, sondern die ewige Geschichte des Geistes ist... Der Sündenfall ist daher der ewige Mythos des Menschen, wodurch er eben Mensch wird." (PdG 389).[12] Menschwerdung im emanzipatorischen Sinne eines Sich-in-Besitz-nehmens gegenüber seiner Naturbestimmtheit, bewußtloser Naturnotwendigkeit, ist ein Prozeß, der sich nicht zuerst gegen Natur, sondern entscheidend aus ihr heraus organisiert: Die Grundfigur einer sich durch die aufbrechenden Widersprüche[13] motivierten Entwicklung, in der sich auf dem Integrationsniveau des Resultats eine höhere Aktualisierungsstufe der Vernunft bestimmt, muß auch am Umschlagspunkt vom 'schlafenden Geist' der Natur zum 'subjektiven Geist' der menschlichen Bewußtseinsstruktur aufzuzeigen sein. Diese Spannung, von Hegel auch explizit als der Widerspruch von Begriff, dem ontologisch untermauerten, substantiellen, wesentlichen Gehalt und der tatsächlichen Form des Daseins, der Existenz analysiert, bringt der im Menschen notwendig angelegte Verlust der Naturunmittelbarkeit mit der dann zugleich existentiellen Nötigung zur Ausbildung höherer, geistiger Verkehrsformen zum Ausdruck - eine Situation, die im Gegensatz steht zu der des Tieres, dessen integrierende Instanz als Selbstgefühl[14] nur in der elementaren Matrix von Bedürfnis und instinktiver Bedürfnisbefriedigung aufblitzt, um gleich wieder zu verlöschen; nur eine Bewegung, Veränderung auf immer gleicher Stufe darstellt - "in der Natur geschieht nichts Neues unter der Sonne"(Ver. 149). Natur selbst, bzw. der 'Geist' als Natur, treibt unter dem teleologischen Rekonstruktionsprojekt ihre innere Evolution bewußtlos hervor; die einzelnen Evolutionsstufen stehen dabei unverbunden nebeneinander: sie werden erst mit der denkenden Aufbereitung durch das selbstbewußte Subjekt in ihrem entwicklungslogischen Sinn verstanden und dadurch mehr als die ewigen Wiederholungen des Gleichen[15], die sie nach Hegel für sich selbst betrachtet bleiben. Doch wie entwickelt sich dieses Subjekt, wie wird die statische Wiederholung in ein aufsteigendes, dynamisches Prinzip überführt? Unvermeidbar wird eine genauere Darstellung des Hegelschen Gedankengangs.

---

11 Vgl. auch Enzyklopädie III S. 129
12 Und an einer anderen Stelle heißt es: "Sowie der Mensch als Mensch auftritt, steht er im Gegensatz zur Natur; dadurch wird er erst Mensch." (Ver 218).
13 "Was überhaupt die Welt bewegt, das ist der Widerspruch und es ist lächerlich zu sagen, der Widerspruch lasse sich nicht denken." Enz I §119 Zu
14 Vgl. Enzyklopädie II §357
15 Vgl. Vernunft S. 153

Hegel setzt tief an, wir müssen bei dem elementaren Stoffwechsel des Organismus mit der Natur beginnen. Ausgangspunkt ist die anthropologische Grundsituation, wie sie Hegel in der Rechtsphilosophie skizziert: "Der Mensch ist nach der *unmittelbaren* Existenz an ihm selbst ein Natürliches, seinem Begriffe Äußeres; erst durch die *Ausbildung* seines eigenen Körpers und Geistes, *wesentlich* dadurch, daß *sein Selbstbewußtsein sich als freies erfaßt*, nimmt er sich in Besitz und wird das Eigentum seiner selbst und gegen andere."(Rphil § 57). Er ist also, sieht man von der tieferen Wahrheit des 'Begriffes' ab, der schon immer anzeigt, daß mehr in ihm steckt, ganz selbstverständlich und wesentlich ein Naturwesen, keinesfalls mit jenen Kompetenzen ausgestattet, die das Naturrecht ihm so gerne unhistorisch mitgeben will. Die beherrschende Erfahrung dieses Naturwesens ist der Mangel: Mit 'Mangel', eine konstitutive Bedingung der Bedürfnisstruktur des 'Lebendigen', versteht Hegel den inneren Widerspruch, der das 'Subjekt' (in der Naturphilosophie erst ganz allgemein als aktiver Organismus, als eine in sich organisierte Einheit verstanden) in ein 'praktisches Verhältnis' zur Außenwelt setzt oder gegen diese als ein potentielles Objekt der Triebbefriedigung 'spannt'[16]. Die Auflösung des Widerspruchs erfährt der Organismus in der Aufhebung des Mangels durch die 'Assimilation', die Aneignung der äußeren Natur an das aufgebrochene Bedürfnis. Das Tier nun kann diesen inneren Widerspruch, der sich mit dem Verlust der im Moment der Befriedigung erregungslosen Einheit durch die erneute Mangelsituation immer wieder herstellt, nicht in den Gegensatz von Organismus und Außenwelt übersetzen, es fällt ohne jede innere Transformationsleistung einmal mehr auf den Ausgangszustand zurück[17].

Dabei ist entscheidend, daß der postulierte Gegensatz von Tier und Außenwelt eine 'bestimmte' Verklammerung, d.h. ein artspezifisches (die moderne Vokabel trifft den von Hegel gemeinten Sinn vollkommen richtig) und damit in sich geschlossenes Verhältnis kennzeichnet: eine Transzendierung der elementaren Matrix (die im weiteren die Beziehung zwischen Bedürfnis und bedürfnisbefriedigendem Objekt bezeichnen soll) bleibt somit versperrt und also Entwicklung zu Höherem ausgeschlossen: "Der Trieb im besonderen Tiere ist ein ganz bestimmter Trieb; jedes Tier hat nur einen beschränkten Kreis zu seiner unorganischen Natur, die allein für es ist... Das Tier kann nur durch *seine* unorganische Natur erregt werden, denn das Entgegengesetzte ist nur *sein* Entgegengesetztes; nicht das Andere überhaupt soll erkannt werden, sondern eines jeden *sein* Anderes..."(Enz II 475).[18]

Es sind dies alles Aussagen, die kontrastierend die eigentümliche Stellung des Menschen an der Schnittstelle von Natur und Geist beleuchten sollen, eine Stellung, die, in scharfem Gegensatz zu der skizzierten Situation des Tieres, durch die Spannung des Mangels in einen Arbeitsprozeß hineingerissen wird, über den sich beide Seiten, das Subjekt und seine relevante Objektwelt, verändern und damit das bloße Oszillieren zwischen den Polen eines starren Verhältnisses in die Offenheit eines möglichen Progressus überführen, der das unmittelbare Natursein schließlich transzendieren und ihm eine selbstgeschaffene, geistige Welt überstülpen kann. Natur ist damit, nur um das gleich klarzustellen, keinesfalls verschwunden, obsolet geworden: Hegel betont immer wieder die Berechtigung der untergeordneten und abgelegten Gestalten (besonders deutlich wird das in der Geschichtsphilosophie am Beispiel der funktionalen Bedeutung der menschlichen Leidenschaften für den weltgeschichtlichen Fortschritt), sie sind aber gerade in ihrer

---

16   "Ich innerlich gespannt" bemerkt Hegel am Rand einer Passage in der Realphilosophie, sh ebd. S. 217
     Vgl. auch Enzyklopädie III S. 19 und Enzyklopädie II § 359
17   Vgl. Enzyklopädie III S.20
18   Und im gleichen Sinne heißt es in der Einleitung zur Philosophie der Geschichte: "Auch das Tier hat als
     Lebendiges die Quelle seiner Bewegung in sich selbst. Aber es wird von dem Äußeren nicht erregt, wenn
     nicht der Reiz schon in ihm liegt; was nicht seinem Innern entspricht, ist für das Tier nicht vorhanden."
     (Ver 57).
     Vgl. : "Das Tier hat einen beschränkten Kreis von Mitteln und Weisen der Befriedigung seiner gleichfalls
     beschränkten Bedürfnisse." Rechtsphilosophie § 190, sh. auch Zu

Berechtigung durch die höheren Entwicklungsstufen des Progressus im emphatischen Sinne aufgehoben und, da Hegel diese als Auslegungen des Geistes in der ihm adäquaten Sphäre des Denkens begreift, selbst 'vergeistigt' oder 'idealisiert' worden. Diese idealistische Überhöhung wird noch anzusprechen sein, ich werde diese Dimension aber vorläufig bewußt zurückstellen. Unmittelbare Naturbestimmtheit also soll transzendiert werden. Diese Nötigung der Geistentwicklung impliziert ein Aufbrechen der unmittelbaren Beziehung von Trieb und Befriedigung. Die ausweglos mechanistische Verklammerung mit Natur, wie es das Verhältnis von Tier und tierischer Umwelt kennzeichnet, kann dann für den Menschen nicht gelten. Seiner anthropologischen Konstitution fehlt das spezifische Verhältnis zu einer äußeren Welt der Objekte potentieller Befriedigung, wie es sich über den Mechanismus des in der Natursphäre versenkten Instinktes vermittelt, seine Bedürfnisbefriedigung setzt also Formierung, Zubereitung, ein 'sich die Natur adäquat machen' voraus. "Das Tier ... kann zwischen seinem Trieb und dessen Befriedigung nichts einschieben; es hat keinen Willen, kann die Hemmung nicht vornehmen. Das Erregende fängt bei ihm im Innern an und setzt eine immanente Ausführung voraus. Der Mensch aber ist nicht darum selbständig, weil die Bewegung in ihm anfängt, sondern weil er die Bewegung hemmen kann und also seine Unmittelbarkeit und Natürlichkeit bricht."(Ver 57)[19].

Die 'Hemmung der Begierde', die den strategischen Binnenraum für die Entfaltung der intelligiblen Potenz des Menschen eröffnet, hat sich deutlich als eine erzwungene Konsequenz aus den Anforderungen, die aus einer feindlichen Außenwelt ergehen, gezeigt: "Die Materie leistet mir Widerstand (und sie ist nur dies mit Widerstand zu leisten) ..."(Rphil § 52)[20]. Von dieser Ausgangssituation her gesehen, fällt ein bezeichnendes Licht auf die strategische Bedeutung der Nötigung und des Zwangs: Die 'Hemmung der Begierde' ist, bevor sie sich weit später erst verselbständigt und der Kontrolle des Subjekts selbst unterstellt wird, zunächst undurchsichtig von außen aufgenötigt, eben durch die beschriebene Unangepaßtheit von menschlichem Organismus und Natur. Entscheidend daran ist, daß die kurzgeschlossene Beziehung zwischen Trieb/ Bedürfnis und Befriedigung, wie die Zitate deutlich zum Ausdruck bringen, für den Menschen nicht gilt: zwischen beiden klafft eine konstitutive Differenz, die überwunden werden muß, die die tätige Zurichtung des 'Objekts der Begierde' an die Begierde selbst verlangt. Schmerz, Hunger, Furcht, die diese Differenz organisieren und die damit in einem noch weiter auszuführenden Sinne als konstitutiv für den Humanisierungsprozeß gelten müssen, markieren die Randbedingungen der elementaren Matrix; sie verweisen auf einen formbaren Organismus, der diese Nötigung aushalten und in Aktivitäten umsetzen kann, durch die sich sein Verhältnis nach außen, aber auch, indem diese Erfahrungen in eine Selbsterfahrung umgebogen werden können, nach innen verändert und entwickelt. Der grundsätzliche Unterschied zum tierischen Organismus: nicht einfaches 'So-sein' und 'So-bleiben', sondern zunächst nur als Möglichkeit, als abstraktes 'an-sich' zu sein (wie die teleologische Ableitungsfigur den Sachverhalt aufnehmen muß), das auf ein erst viel späteres 'wahres' oder 'eigentliches' Menschsein hinweist und so also zwar an dieses unmittelbare Naturverhältnis angeschlossen zu sein, aber erst jenseits dieser Schranke in einem geistig-kulturellen Produktionsprozeß die eigentliche Bestimmung zu finden, führt zu einer entscheidenden Neubewertung des Mediums der 'Bildung' und derem hervorragenden 'Mechanismus', der menschlichen Arbeit. Sie nämlich ist dann konstitutive Bedingung des

---

19 "Der Mensch, als das allgemeine, denkende Tier, hat einen viel ausgedehnteren Kreis und macht sich alle Gegenstände zu seiner unorganischen Natur, auch für sein Wissen."(Enz II §361 Zu). Ebenso heißt es in der Rechtsphilosophie: " Das Tier ist ein Partikulares, es hat seinen Instinkt und die abgegrenzten, nicht zu übersteigenden Mittel der Befriedigung... aber es tritt immer ein Beschränktes gegen den Kreis ein, welcher für den Menschen ist. Das Bedürfnis der Wohnung und Kleidung, die Notwendigkeit, die Nahrung nicht mehr roh zu lassen, sondern sie sich adäquat zu machen und ihre natürliche Unmittelbarkeit zu zerstören, macht, daß es der Mensch nicht so bequem hat wie das Tier und es als Geist auch nicht so bequem haben darf." (Rphil §190 Zu) Vgl. auch Rhil § 185 Zu

20 "Die Naturgegenstände sind mächtig und leisten mannigfachen Widerstand."(PdG 295).

'wirklichen' Menschen, in ihr werden die beiden Seiten der elementaren Matrix, das bedürftige Subjekt und seine äußere Welt mit ihren 'Monstrositäten' (Enz II 502), Gefahren, Herausforderungen, wie potentiellen Verheißungen zu dem komplementären Prozeß der Ausbildung innerer Subjektkompetenz, der Subjektivität und der Herrschaft über die äußere Natur verknüpft, sie schiebt sich zwischen den Trieb und die Befriedigung und baut die für die weitere Bildung so wichtige 'Hemmung der Begierde' aus. "Der Mensch dagegen muß sich selbst zu dem machen, was er sein soll; er muß sich alles erst selbst erwerben, eben weil er Geist ist; er muß das Natürliche abschütteln. Der Geist ist also sein eigenes Resultat."(Ver 58)[21]. Und konsequent: Nur der Mensch arbeitet: "Das Tier arbeitet nicht, nur gezwungen, nicht von Natur..." (PdR II 259)[22], eben weil Arbeit eine notwendige Bedingung für den Menschen als einem von seinem 'Wesen' her genötigten Produzenten seiner Verhältnisse darstellt, 'Menschsein' sich nur in der Rückkoppelung mit der Bearbeitung der gegenständlichen Welt und den in ihr aufgehenden Beziehungen vermittelt.

Zu Beginn dieses Kapitels habe ich schon auf J.-J. Rousseaus 2. Discours hingewiesen, dem Hegel, ohne die Bedeutung der aristotelschen Naturphilosophie abschwächen zu wollen, entscheidende Anstöße verdankt[23]: Die von Rousseau diagnostizierte unaufhaltsame 'Dynamik des Niedergangs' bei der Entfaltung der menschlichen 'Perfekteabilität', der potentiellen Vervollkommnungsfähigkeit, und die entsprechend ambivalente Wertung der menschlichen Arbeit, hat in nuce eine positive Aufnahme der konstitutiven Bedeutung von Arbeit vor dem Hintergrund der unumstößlichen Faktizität der komplexen bürgerlichen Gesellschaft vorbereitet. Die Entfremdung und Zerrissenheit des modernen Menschen, der Rousseau nur präventiv in der konservativen Wendung gegen die moderne Gesellschaft gegenzusteuern sucht, ist für Hegel jedoch ein Problem, das positiv, in das Wesen des wirklichen, d.h. auch unter den Bedingungen der Gesellschaft lebenden, Menschen aufgenommen werden muß - der Verfallsprozeß der Gesellschaft bei Rousseau ist bei Hegel selbst notwendige Emanation des metaphysischen Subjekts; ihre kritische Wertung, die Hegel, wie wir noch sehen werden, durchaus als eine Kritik der bürgerlichen Ökonomie anlegt, wird in der ontologischen Ausstaffierung des Staates positiv befriedet. Alle Entwicklungsstufen der zunehmenden Vergesellschaftung, des Ausbaus der Subjektkompetenz, die bei Rousseau die zwiespältige bis negative Bedeutung einer Gefährdung der Ausgewogenheit der anthropologischen Prämissen annimmt, sind mit der radikalen Umstellung auf einen Menschen, der sich wesentlich im Prozeß aktiver Selbstherstellung konstituiert, umgewertet: "Das was der Mensch ist, ist seine Tat, ist die Reihe seiner Taten, ist das, wozu er sich gemacht hat."(Ver 114)[24]. Der Schwerpunkt der philosophischen Analyse verlagert sich entsprechend auf diesen dynamischen Aspekt; wo Rouseau der irreversibel verlorenen ungebrochenen Einheit mit der Natur nachtrauert, führt Hegel auf die Höhe seiner Gegenwart als dem angeblichen Gipfel der Evolution, versucht Philosophie die spekulative Integration der Antinomien der Zeit, indem sie sie aus der Totalen des transparent gewordenen Gesamtprozesses als Bedingung der Verwirklichung des Wesens des Menschen einzuholen behauptet. Rousseau ist für diese Intention der ständige agent provocateur (wie in anderer Hinsicht die Platonische Staatskonzeption und natürlich die erkenntnistheoretische Position Kants zur Präzisierung des rechtsphilosophischen Systems beiträgt), eine Bedeutung, die allgemein unterschätzt wird.

Die als anthropologische Notwendigkeit oder Bestimmung begründete Dynamisierung der elementaren Matrix, die den natürlichen Menschen im Prozeß seiner Bildung von 'tierischer Menschlichkeit' (Ver. 161) zum sittlichen Subjekt emanzipiert, vermittelt sich, wie schon ange-

---

21 "Die Entwicklung ist auf diese Weise nicht das harm- und kampflose bloße Hervorgehen, wie die des organischen Lebens, sondern die harte, unwillige Arbeit gegen sich selbst." (ebd 152)

22 Vgl. auch Nürnberger Schr. S. 258, Frühe pol. Systeme S. 297

23 Hegel hatte sich besonders in seiner Tübinger Zeit ausführlich mit Rousseau beschäftigt; Verweise auf Rousseau finden sich auch im ganzen Werk verteilt.

24 Vgl. auch Rechtsphilosophie § 57 Anm

deutet, als zweiseitige, komplementäre Bewegung: als zunehmend komplexere Selbsterfahrung des Subjekts - vom Selbstgefühl zum Selbstbewußtsein, zur Ausbildung der Subjektautonomie und zur Chance der bewußten Expansion der Perspektive auf einen eigentlich sittlichen oder vernünftigen Standpunkt -, zum anderen als Fortschritt theoretischer und praktischer Herrschaft über Natur, den Hegel als eine aufsteigende Reihe immer adäquaterer Wissensstrukturen analysiert, die die auf der Ebene der archaischen Bewußtseinsbildung zunächst noch in der Gegenlage fixierte Objektwelt allmählich durchdringen und ihre widerständige sinnliche Gewalt im genaueren Wissen um ihre inneren Gesetzmäßigkeiten, letztlich mit der Rekonstruktion des dialektischen Erkenntnisprozesses selbst unter dem erklärten Ziel einer Überwindung der Kantschen Differenz zwischen Subjekt und Objekt, einer metakategorialen Perspektive der Versöhnung unterwerfen wollen[25].

Die ersten Schritte der Transzendierung des statischen Verhältnisses von begehrendem Subjekt und der Befriedigung bereithaltenden Objektwelt liegt im Ausbau der Distanz zwischen den beiden 'Polen' oder Extrema dieser Elementarbeziehung: Begierde verlöscht in ihrer Erfüllung, sie ist unmittelbar kurzgeschlossene Beziehung zwischen Organismus und Außenwelt, kein ausgebildetes Bewußtsein ist dazwischen geschaltet und die Umsetzung des Bedürfnis oder seine Vermittlung ist vom Bedürfnis selbst noch ungeschieden. Hegel schreibt in der Realphilosophie: "Begierde muß immer von vorne anfangen, sie kommt nicht dazu, die Arbeit von sich abzutrennen."(Frühe pol. Systeme 219).

Arbeit ist diese Vermittlung zwischen Bedürfnis und Befriedigung[26]; es kommt jetzt eben darauf an, die spurenlose Wiederholung der Begierde aufzuhalten, indem die Vermittlung beide Seiten festhält, d.h. indem das Bedürfnis und das potentielle Objekt der Begierde in der Vermittlung, der Arbeit, überdauern. Arbeit leistet dies deshalb, weil beide Seiten in sie eingehen und als Erfahrung objektiv werden, Spuren hinterlassen: Das Subjekt wird sich in seiner Arbeit gegenständlich, es muß sich entäußern, ist tätig: "Arbeit ist das diesseitige Sich-zum-Dinge-Machen" (Frühe pol. Systeme 219), wie andererseits Arbeit auf das begehrte Objekt ausgerichtet sein muß, sich dem Gegenstand anpassen, ihn sich einpassen muß, um ihn an das Bedürfnis anschließen zu können. Dieses Anschmiegen an das begehrte Objekt scheint Hegel zunächst so zentral, daß die anfängliche Ausbildung des menschlichen Bewußtseins ganz von der Veränderung der Objektwelt im Fortgang des angepaßteren Zugriffs auf das Objekt dominiert wird. "Der Mensch verhält sich mit seinen Bedürfnissen zur äußerlichen Natur auf praktische Weise und geht dabei, indem er sich durch dieselbe befriedigt und sie aufreibt, vermittelnd zu Werke. Die Naturgegenstände nämlich sind mächtig und leisten mannigfachen Widerstand."(PdG 295).

Arbeit transformiert die Objektwelt, Natur, schmiegt sich immer enger und genauer ihrem Gegenstandsbereich an, der sich in dieser Bewegung selbst verändert, dem Zugriff immer neue, tiefschichtigere Seiten entgegenstellt und immer wieder bezwungen werden muß. Arbeit zielt hier auf die Überwindung dieses Widerstands, auf die 'Assimilation' der Natur an das menschliche Bedürfnissystem, sie ist auf dieser Stufe der unmittelbaren Auseinandersetzung aber noch nicht eigentlich bildend. Dieser Bildungsaspekt von Arbeit ist die entscheidende Einsicht Hegels, die die Aristotelische Trennung von Praxis und Techne als Ausdruck einer noch selbstverständlichen Rechtfertigung der Sklavenwirtschaft, der sozialen Dichotomie von Sklave und Herr, ablöst durch ein grundlegenderes Verständnis der Arbeit als einem herausragenden Medium der Organisation der Subjektstruktur, wie auch des grundsätzlichen sozialen Zusammenhangs von gesellschaftlicher

---

25 Dem Perspektivenwechsel von der Ausbildung innerer Subjektautonomie zu den abgelösten Strukturen eines beide, Subjekt und Objekt, zusammenhaltenden Wissens korrespondiert die spätere analytische Trennung in die Systeme der Phänomenologie und der Psychologie innerhalb der Enzyklopädie - die hierbei auftretenden Probleme interner Verschiebungen im System können hier nicht weiter verfolgt werden.

26 "Menschenschweiß und Menschenarbeit erwirkt dem Menschen die Mittel des Bedürfnisses." Rechtsphilosophie §197

40

Ordnung überhaupt. Auf das Verhältnis gegenüber Natur bezogen gewinnt Arbeit eine notwendig emanzipatorische Funktion: Sie ist das Medium der Herrschaft über äußere Natur und innere Naturbestimmtheit - in Gang gesetzt durch die erzwungene Hemmung, die Frustration, auf die sie wiederum zurückwirkt - indem sie den Spielraum der Matrix erweitert und ausbaut, die Triebe und Leidenschaften einzäunt, kontrolliert und letztlich dem Subjekt unterstellt, aber auch indem sie neue Begierden eröffnet, die den Vermittlungsvorgang zwischen Bedürfnis und Befriedigung erweitern und subtiler gestalten, insgesamt aber, das ist die große Tendenz, die Hegel feststellt, indem sie die theoretische und praktische Zugriffskompetenz des Subjekts erhöht. Unter dem Aspekt ihrer bildenden Funktion transzendiert sie die Unmittelbarkeit von Natur, macht sie nutzbar, gebrauchsfähig, durchdringt ihre scheinbare Selbständigkeit, indem sie den Blick auf die innere Gesetzmäßigkeit, auf ihre verstellte Vernunft öffnet: "dem Proteus Gewalt antut, d.h. sich an die sinnliche Erscheinung nicht kehrt" und sie so zwingt "die Wahrheit zu sagen", "sie zu einem Subjektiven, von uns Produzierten, uns Angehörigen und zwar uns als Menschen Eigentümlichen" (Enz II S. 19 u. S. 16) zu machen. Eine frühe Form der Herrschaftskompetenz des Subjekts, die Hegel insbesondere in den Jenaer Schriften herausstellt, ist die im Werkzeuggebrauch ausgedrückte vermittelte Bearbeitung von Natur. Im Werkzeuggebrauch drückt sich sozusagen der Eigenwert der Arbeit, ihre selbst zum organisierenden Faktor der elementaren Matrix werdende Bedeutung aus[27]. Natur wird gegen sich selbst gewendet: "Welche Kräfte die Natur auch gegen den Menschen entwickelt und losläßt, Kälte, wilde Tiere, Wasser, Feuer - er weiß Mittel gegen sie, und zwar nimmt er diese Mittel aus ihr, gebraucht sie gegen sie selbst; und die List seiner Vernunft gewährt, daß er gegen die natürlichen Mächte andere natürliche Dinge vorschiebt, diese jenen zum Aufreiben gibt und sich dahinter bewahrt und erhält. ... da unser Zweck das Letzte ist, nicht die natürlichen Dinge selbst, wir sie zu Mitteln machen, deren Bestimmung nicht in ihnen selbst, sondern in uns liegt."(Enz II 14). Schon im System der Sittlichkeit schreibt Hegel: "Diese Mitte ist das Werkzeug. ... Hier ist die Vernichtung gehemmt... Nach einer Seite ist es subjektiv, in der Gewalt des arbeitenden Subjekts, und ganz bestimmt durch dasselbe, zubereitet und bearbeitet, nach der anderen objektiv gegen den Gegenstand der Arbeit gerichtet. Durch diese Mitte hebt das Subjekt die Unmittelbarkeit des Vernichtens auf."(Frühe pol. Systeme 27)[28]. Das Werkzeug als Mittel der Arbeit ist manifester Ausdruck der zunehmenden Distanz innerhalb der elementaren Matrix; der motivationale Ausgangspunkt: Bedürfnis, Begierde hat sich in ein strategisches Verhältnis zu seinem Gegenstand gesetzt. Die historisch-systematische Verortung des Werkzeuggebrauchs bleibt in den frühen Systemen jedoch auf eine 'vorstaatliche' (d.h. vorgesellschaftliche)[29] Stufe begrenzt, d.h. legt man die spätere Struktur des Systems an, auf ein vorreflexives Entwicklungsniveau des Bewußtseins. Die Stufenfolge des Bewußtseins in der Enzyklopädie reflektiert diesen Prozeß[30]: Vom bloßen sinnlichen Bewußtsein ausgehend, das nur ein unmittelbares Erfahrungswissen im 'Hier' und 'Jetzt' gewinnt, kommt Hegel auf die Stufe der 'Wahrnehmung', die schon die innere Organisation des Äußeren als einer Welt von Objekten und Relationen zwischen einzelnen Objekten einholt und den Zusammenhang, die Konstanz des Dings als ein 'für-sich-seiendes Eins', d.h. ein gegenüber der nur unmittelbar sinnlichen Erfahrung 'Allgemeines' zur Grundlage der Auseinandersetzung

---

27 Vgl. Realphilosophie S. 317
28 Vgl. auch ebd S. 317 und Logik II 2. Abschnitt, Drittes Kapitel: Die Teleologie, S. 452f
29 Im Zusammenhang der Darstellung der geschichtsphilosophischen Theoreme werde ich auf diese Gleichsetzung noch eingehen.
30 Es ist klar, daß Hegel in der Phänomenologie und den entsprechenden Abschnitten der Enzyklopädie keinen diachronen genetischen Prozeß der Bewußtseinsevolution rekonstruieren wollte, vielmehr eine phänomenologische Analyse und Hierarchisierung der differenten Bewußtseinsschichten in ihrer Gleichzeitigkeit vorzunehmen beabsichtigte. Allerdings greift er zur Illustration häufig auf historische Bezugspunke zurück, auch unternimmt er später in der PdG selbst explizit den Versuch die Evolution von Bewußtseinsstrukturen geschichtlich zu verfolgen.

mit der Objektwelt macht, wobei sich allerdings das Bewußtsein als 'das allgemeine Medium' dieser Organisation noch nicht zureichend in den Blick nehmen kann[31]. Der Zugriff gewinnt an Effizienz: Auf der Stufe des Verstandes ist dem Bewußtsein das 'Hören und Sehen usw. vergangen'(Phän 107), die äußere Struktur des Dings wird aufgebrochen: Innen und Außen, 'An sich' und Oberfläche werden unterschieden, das Ding wird auseinandergelegt in die Erscheinung, die auf eine hinter seiner äußeren Vielschichtigkeit verborgene Wesensstruktur, seinen 'Kern', verweist, von dem aus der Zusammenhang des Ganzen organisiert wird. Kraft und Ursache als immanente Bewegungszentren können dem Ding im gleichen Verhältnis wie Wesen und Erscheinung zugedacht werden, das 'Reich der Gesetze der Erscheinungen' (Enz §422) wird zumindest praktisch handlungsrelevant: das Gesetz ist entdeckt, wenn auch noch nicht aufgedeckt.

Der nur sehr vereinfacht angedeutete Fortschritt ist somit noch mit einem entscheidenden Mangel behaftet: er ist noch nicht als Wissen gewußtes Wissen, d.h. das Subjekt, das dieses Wissen gegenüber seiner Objektwelt erarbeitet hat, hat sich in seinem Tun (nicht Handeln! Das kennzeichnet eine entwickeltere Stufe) nicht selbst im Blick, es ist nicht hinter sich zurückgetreten oder es hat, so Hegel, noch kein Selbstbewußtsein. Alle Veränderung kann deshalb nur als eine Veränderung des Gegenstands erfaßt werden, der sich das Bewußtsein anpaßt bzw. anpassen muß, die es aber nicht aktiv *für sich* heraussetzt. Die gegenständliche Welt ist für sich bestehend, selbständig, gegeben; ihre Widerständigkeit nötigt dem bedürftigen Subjekt die Anstrengung der Arbeit auf, und der sich über sie vermittelnde Fortschritt in der Erfahrung ist allein eine Annäherung an die eigentliche Struktur des Objekts, aber nicht ein Wissen von der Macht des Geistes über die Materie (die Negation des Objekts im Bewußtsein).

Die Überwindung des einseitigen Bewußtseins durch die Verdoppelung zum Selbstbewußtsein bringt das bisher verdeckte komplementäre Moment der Bewegung in der Vermittlungsstruktur von Arbeit hervor bzw. zu Bewußtsein: Das Subjekt macht auch Erfahrungen mit einem ganz spezifischen Gegenstand: mit sich, seinem Körper, seinem Tun. Die in der praktischen Vernunft aufgebaute Objektstruktur eines Zusammenhangs von Wesen, Kern und Erscheinung, Oberfläche ist in ihrer Dynamisierung ein Modell des Lebendigen, in dem sich das Subjekt selbst feststellt, oder seine Erfahrungen mit sich, seine Innerlichkeit erkundet. "Das Erklären des Verstandes macht zunächst nur die Beschreibung dessen, was das Selbstbewußtsein ist."(Phän 133). "Indem daher das Bewußtsein, als Verstand, von den Gesetzen weiß, so verhält sich dasselbe zu einem Gegenstande, in welchem das Ich das Gegenbild seines eigenen Selbstes wiederfindet und somit auf dem Sprung steht, sich zum Selbstbewußtsein als solchem zu entwickeln."(Enz III 212).

Das Selbstbewußtsein holt die in der Auseinandersetzung mit der äußeren Welt gemachten Erfahrungen in seine Binnenstruktur hinein: es ist sich Gegenstand, es hat "in *einem und demselben* Bewußtsein *Ich* und die *Welt*" (Enz III 213) und stellt damit seine bisher wesentlich auf die Objektseite fallenden Fortschritte in der Erkenntnis auf einen radikal neuen Bezugspunkt: Die reflexive Beugung des Wissens in sich zerstört die Eigenmächtigkeit des Objekts, setzt das im eigenen Ich gegenüber seiner Gegenständlichkeit erfahrene Prius des Geistes in ein Verhältnis gegenüber der Objektwelt überhaupt um. Ich und Objekt konvergieren dann in einer beiden gemeinsamen geistigen Tiefenstruktur: der hegelsche Geist als solcher hat sich als Perspektive in der Bewußtseinsstruktur des Subjekts freigearbeitet.

Mehrmals schon ist der dialektisch verschlungene Aufbau der philosophischen Systematik angesprochen worden: Immer ist das Resultat bei Hegel auch seine eigene Voraussetzung, zurückgebogen, kann die logische Aufeinanderfolge mit der historischen Ausbildung konfligieren, das Nacheinander doch ein Gleichzeitiges sein - das System ist komplex verschachtelt und trotz der oberflächlich betrachtet strengen Durchstrukturierung in sich vielschichtig verwoben. In erster Linie liegt das an der unterliegenden absolutistischen Deutungslogik, aber auch näher an dem schwierigen Versuch prozessuale Entwicklungsstrukturen, dialektische Interdependenzen mit

---

31 Vgl. Phänomenologie S. 100ff, Enzyklopädie I S. 208ff

einem noch unterentwickelten erkenntnistheoretischen Zugang einzufangen und abzubilden. Das ist auch hier für die Entwicklung des Bewußtseins zum autonomen Ich zu bedenken: Die Ausbildung des Subjekts ist ein Vorgang der formalen und inhaltlichen Durchbildung eines abstrakt schon vorausgesetzten 'Ich an-sich', einem in der 'tierischen Menschlichkeit' angelegten Potential, das sich durch die Arbeit gegen die Widerständigkeit von Natur seine Natürlichkeit transparent macht und dadurch aufhebt, sich als Ich konstituiert und in Besitz nimmt. Der Vorgang kann von zwei Seiten entwickelt werden: Als Ausfüllung eines das Ziel schon immer enthaltenden absoluten Anfangs, dem damit alle Last der Erklärung zukommt, oder als retrospektiv verfolgte genetische Bewegung zu einer bestimmten, als erklärbedürftig aufgenommenen, Erfahrung. Hegel verklammert beide Seiten, daran will ich festhalten. Er durchtränkt damit jede Aussage mit Metaphysik, die Spekulation konstruiert manchmal kuriose Zusammenhänge. Er versucht aber andererseits eine explizite Beweisführung mit seinem philosophischen System und d.h. unter den Diskursbedingungen nach der naturwissenschaftlichen Revolution eine an der Empirie kontrollierte Argumentation. Da es nun nicht das Ziel ist, Hegel allein aus Hegel zu verstehen, sondern seine Philosophie schärfer als bisher als eine Antwort auf die Problemstellungen seiner Zeit zu präzisieren, muß sie in diesem letzteren Aspekt auch ernst genommen werden. Wenn also den Kategorien Arbeit und Anerkennung nachgespürt wird, ist das 'Fleisch' der Philosophie zunächst wichtiger als ihr esoterischer Gehalt.

Bisher war der Vorgang der Evolution des Bewußtseins aus der Perspektive des 'Für- uns' rekonstruiert worden, 'wir' als Wissende, 'uns' auf dem Weg der Phänomenologie Entlangbewegende haben das innere Wissen des Bewußtsein 'nach'-gedacht. Jetzt, mit dem Selbstbewußtsein, ist es das Bewußtsein selbst, 'für das' ein solches Wissen wird. Die elementare Matrix wird von innen durch die zum praktischen Verhalten komplementäre Bewegung des Ausbaus der Binnenstruktur des Subjekts aufgebrochen: Bedürftiges Subjekt und Objekt der Begierde verlieren ihre unmittelbare Ankopplung, Arbeit eröffnet eine spezifisch rückbezogene Qualität ihres Gegenstandes im Wissen des Subjekts, der damit zum negierenden Anderen, zum 'Nicht-Ich' (Enz III 214ff) bestimmt, eben explizit als Objekt der Begierde perzipiert wird: Das Subjekt "... weiß, daß dieser die Möglichkeit der Befriedigung der Begierde enthält... Die Beziehung auf das Objekt ist dem Subjekt daher notwendig. Das letztere schaut in dem ersteren seinen *eigenen Mangel*, seine eigene Einseitigkeit an, sieht im Objekt etwas zu seinem Wesen Gehöriges und dennoch ihm Fehlendes."(Enz III 217).

Die Tätigkeit des Subjekts gewinnt damit erstmalig ein bestimmt subjektbezogenes Verhältnis gegenüber der äußeren Welt oder, um es hegelisch auszudrücken, eine erste Vermittlung von Subjekt- und Objektbewußtsein. Den Gegenstand explizit als ein mir 'Anderes' zu fassen, heißt gleichzeitig ihn mir auszuliefern: "Das Objekt muß dabei zugrunde gehen."(ebd). Die funktionale Bedeutung des Objekts für das gefühlte Bedürfnis, die das Subjekt als das Verhältnis von Ich zu Anderem wahrnimmt, 'zerstört' das einzelne Objekt der Begierde zwar noch wie auf der Stufe tierischer Begierde, d.h. der in der Begierde fixierte Gegenstand wird noch nicht praktisch bearbeitet oder gebildet, im Sinne einer bewußten Transformation seiner äußeren Gestalt, seiner Zurichtung; es wird ihm nichts hinzugefügt, so daß sich Arbeit als solche gegenständlich werden könnte, indem sie sich im bearbeiteten Objekt aufspeichert[32], wohl aber hat sich das Verhältnis zur Welt der Objekte im Wissen des Subjekts ausgefällt und ein erster Schritt zum Ausbau der Distanz der elementaren Matrix im Bewußtsein des Subjektes ist erreicht. "In der Arbeit entreißt die Begierde den zu vernichtenden *Gegenstand* überhaupt seinem Zusammenhange, besondert ihn und setzt ihn als auf ein Begehrendes bezogen..."(Frühe pol. Systeme 316). Damit verschwindet das Objekt mit seiner Zerstörung, dem 'Verzehr', Verbrauch, nur als ein 'Einzelnes', als das konkret hier und jetzt begehrte Objekt, als solches hat es sich aber erhalten, d.h. die über das Bedürfnis verklammerte Beziehung von Subjekt und Objekt überdauert die einzelne Befriedigung

---

32 Vgl. Enzyklopädie III § 428

und hat sich als Struktur im Bewußtsein fixiert: Natur, als die naturale Grundlage der menschlichen Bedürftigkeit ist für das Bewußtsein in eine Gegenlage gerückt, konturiert ein dem Ich Anderes, dem Permanenz zukommt. Die Erfahrung des Nicht-Ich im Anderen, einer widerständigen Welt von Objekten, die potentielle Befriedigung verheißen, ist im Subjekt zurückgebogen: das begehrte Objekt ist ein 'Anderes' das nur als ein Befriedigung Verschaffendes, als ein *mir* Anderes oder *mein* Anderes erfahren wird; kurz, es ist als ein von mir begehrtes Triebobjekt bestimmt. Das in der Hegelschen Systematk zunächst ganz abstrakt von außen konstruierte, als an-sich noch unentfaltete 'Ich=Ich' füllt sich mit der inhaltlichen Bestimmung des begehrten Objekts zum begehrten Anderen: es ist mein Anderes, das Begehrte ist ein von mir Begehrtes, d.h. über diese Differenz nimmt sich das Subjekt selbst als ein Begehrendes in den Blick. "Das Produkt dieses Prozesses ist, daß Ich sich mit sich selbst zusammenschließt und hierdurch *für sich* befriedigt, wirklich ist." (Enz III §428). Das Subjekt hat sich damit sozusagen in sich verdoppelt: es ist als Negation des Anderen als seinem Anderen in sich zurückgekehrt; ein erster Kreis der Reflexion ist geschlossen. Die Vergegenständlichung des Mangels im Objekt ist ja der eigene Mangel des Selbst, den es durch Arbeit zu beheben sucht: Es erfährt sich in sich gespannt gegen eine Außenwelt der gegenüber seine Tätigkeit, sein 'Tun' selbst gegenständlich werden muß oder es 'schaut' sich in diesem Tun als ein Anderes an, das es selbst, das Ich, und gleichzeitig das Andere, Gegenstand des Ich ist.

"Was zustande kommt, ist unsere Befriedigung, unser Selbstgefühl, welches gestört wurde durch einen Mangel irgendeiner Art. Die Negation meiner Selbst, die im Hunger in mir ist, ist zugleich vorhanden als ein Anderes, als ich selbst bin, als ein zu Verzehrendes; mein Tun ist, diesen Gegensatz aufzuheben, indem ich dies Andere mit mir identisch setze oder durch Aufopferung des Dinges die Einheit meiner mit mir selbst wiederherstelle. " (Enz II 14).

2. Anerkennung

Das bis auf diese Stufe entwickelte Selbstbewußtsein organisiert das Verhältnis von Subjekt-Objekt aus der Perspektive des einzelnen Subjekts als eine egozentrische Wissensstruktur, in die Außenwelt auf die subjektive Bedürfnislage bezogen und durch Arbeit 'assimiliert' wird. Hegel führt die isolierte Betrachtungsweise, die 'Robinsonade' des Subjekts, an die Grenze ihrer Aussagefähigkeit für die Binnenstruktur des menschlichen Bewußtseins. Er verfolgt damit eine kritische Intention gegen den individualistischen Ansatz der Naturrechtslehre, die das konstitutive Moment sozialer Beziehungen für die Ausbildung der Subjektivität nicht zureichend erfaßt und Gesellschaft erst als späte Nötigung eines anders nicht mehr zu stabilisierenden Naturzustands, über die sich die Subjekte frei oder auch gezwungen verständigen, denkt. In der Phänomenologie heißt es einleitend: "Das Selbstbewußtsein ist *an* und *für sich*, in dem und dadurch, daß es für ein Anderes an und für sich ist; d.h. es ist nur als ein Anerkanntes."(ebd 145). Und: "Das Selbstbewußtsein erreicht seine Befriedigung nur in einem anderen Selbstbewußtsein."(ebd 144).

Gegenstand der nun folgenden Erörterung ist das berühmte Kapitel 'Herrschaft und Knechtschaft' aus der Phänomenologie und das in ihm entwickelte Verhältnis von Arbeit und Anerkennung. Dies Kapitel ist nicht von ungefähr in der Interpretation sehr umstritten, seine systematische Stellung als nur 'eine Episode'[33] in der aufsteigenden Linie der Phänomenologie und die selten klare Sprache, die mehrfache historische Verortung, konfligieren miteinander; es liegt nahe, einen dieser Aspekte zu vernachlässigen. Ich werde versuchen die Aussage der Phänomenologie unter Berücksichtigung thematischer Parallelstellen in einen weiteren Zusammenhang zu stellen.

Die Ausbildung des Selbstbewußtseins allein im Verhältnis von Subjekt und naturaler Außenwelt ist nicht 'wirklich' möglich, Hegel markiert diese Grenze in der Enzyklopädie als den noch zu überwindenden Widerspruch von Bewußtsein und Selbstbewußtsein: Die in der Arbeit sich ausbauende Distanz, durch die Außenwelt zu einem aus der Egozentrik des Subjekts erschlossenen 'Anderen' wird und korrespondierend sich im Binnenverhältnis des Subjekts als ein Verhältnis zu sich selbst als Bewußtsein des Eigendaseins niederschlägt, kann ohne die Verarbeitung dieser Erfahrungen in einem spezifisch sozialen Kontext nicht in eine die innere Spaltung integrierende Einheit - das 'wirkliche' Ich - übersetzt werden. Denn dieses Selbstbewußtsein heißt "nicht *neben* sich das Bewußtsein zu haben, nicht äußerlich mit diesem verbunden zu sein, sondern dasselbe wahrhaft zu durchdringen und als ein aufgelöstes in sich selber zu enthalten."(Enz III 214). Das aber impliziert notwendig die Konstitution der Subjektstruktur als einem "*Ich* das wir, und wir, das *Ich* ist." (Phän. 145).

Ausgangspunkt der Entwicklung des Prinzips der Anerkennung, eben dieser Bewegung zu einem sozial verifizierten Selbstbewußtsein, ist die atomistische Fiktion des Naturzustandes. Das für sich einzelne Subjekt macht Erfahrungen mit einem spezifischen Gegenstand, einem ihm gegenübertretenden anderen Subjekt[34]. Bis zur Phänomenologie hat das Aufeinanderprallen der isolierten Subjektatome noch einen konkreten materiellen Unterbau: Die in der elementaren Matrix angelegte zunehmende Herrschaft über Natur wird gebrochen an einem Naturobjekt, das

---

33 Vgl. Ottmann, Arbeit und Praxis bei Hegel, in: Hegel-Jahrbuch 1977/78
34 In den frühen Schriften ist dieses Subjekt als Familienverband gedacht, der, gleichsam instinktiv zu einem nur in sich differenzierten Organismus verschweißt, auch außen Erfahrungen mit einem gleichfalls in sich autonom organisierten Familiensubjekt macht. Vgl. etwa Frühe pol. Systeme S. 226

gleichzeitig ebensosehr Subjekt ist; an ihm stößt die für Hegel in der Natur der Dinge selbst gerechtfertigte 'Negation' an ihre interessierte Grenze, indem das Tun des Einen gleichzeitig das Auschließen des Anderen impliziert. Arbeit hat hier notwendig durch die exklusive Besitznahme der Außenwelt einen sozialen Nebeneffekt: "Aber indem ich es unmittelbar, d.h. als ein solches, das keinem angehört, in Besitz nehme, schließe ich ihn (den Anderen, L.S.) *an sich* aus. ... Ich nehme das, was sein Besitz werden könnte."(Frühe pol. Systeme 228). Die Besitznahme des Einen verletzt das Interesse des Anderen, dessen Einspruch dann transzendiert die elementare Matrix: Die Frage nach dem Geltungsanspruch von Besitz wird gestellt. Sie aber zielt nur noch indirekt auf das konkrete gemeinsame Objekt der Begierde, sondern führt eine explizit soziale Auseinandersetzung herbei. Der Einspruch des Einen gegen die Besitznahme des Anderen berührt deshalb "... nicht die eigene Form des Dings, sondern die Form der Arbeit oder des Tuns des Anderen."(Frühe pol. Systeme 230). Damit ist das grundsätzliche Problem bezeichnet: Es geht Hegel nicht eigentlich um die Frage des Ausgleichs einer materiellen Interessenkollision, um einen Kampf um die Sicherung von Besitz[35], sondern um die in dieser Situation entstehende Spannung zwischen den beiden sich gegenüber stehenden Subjekten als solchen. Der Kampf geht somit primär um die Anerkennung als Subjekt, während die marginale Frage nach dem Besitz nur ein abgeleitetes Problem darstellt. Phänomenologie und Enzyklopädie setzen deshalb erst unmittelbar bei der 'Bewegung des Anerkennens' ein, Bewegung deshalb, weil Anerkennung keinen anthropologischen Status, sondern einen Prozeß elementarer sozialer Interaktion bezeichnet, in dem unterschiedliche Perspektiven zusammenkommen, sich aneinander abreiben und letztlich einen gemeinsamen Kontext herstellen. Zunächst, in der Konsequenz ihrer naturzuständlichen Einzelheit, erfahren sich die beiden Subjekte gegenseitig als besonders widerständige Objekte, d.h. nicht in ihrer allgemeinen Subjektqualität oder Subjekthaftigkeit; ihre Konfrontation zielt auf die Beherrschung, Vernichtung - Negation - des jeweils gegenüberliegenden Subjekt-Objekt[36]. Sie setzt also an der Objektqualität des Anderen an[37], seinem Körper, seiner unmittelbaren Existenz. Es ist so ein Kampf auf 'Leben und Tod', ein Kampf aber, dessen reziproke Struktur sich fundamental von der Auseinandersetzung zwischen Subjekt und Natur unterscheidet, wo Natur, wie Hegel auf der Stufe des begehrenden Bewußtseins gezeigt hat, dem Subjekt nichts entgegenzusetzen hat: in der Arbeit aufgerieben, vernichtet wird. Jetzt ist die Situation anders: Nicht ein Objekt, das sich "seiner eigenen Natur nach aufheben" (Enz III 217) muß, sondern ein anderes Subjekt, das prinzipiell die gleiche egozentrische Perspektive, d.h. hier den konkreten Wunsch der Vernichtung des Gegenüber mitbringt, ist Gegenpol der signifikanten Matrix. Zum ersten Mal entsteht so die Chance über die eindimensionale Beziehung zur Natur hinauszukommen, sie in eine interaktive, eine soziale zu transformieren.

Hegel versteht den Kampf unter diesem Aspekt als Bewährprobe: Der Einsatz des Lebens ist Ausdruck bewußten Abstreifens der unmittelbaren Natürlichkeit; es geht um mehr als um bloßes leben, existieren, wenn das in der beginnenden Herrschaft über Natur aufblitzende Selbstbewußtsein durch die Potenz des Anderen bedroht wird. Das ist dann schon ein wichtiger Schritt zu der weiteren Integration des Selbstbewußtseins, es verdichtet sich damit gleichsam in sich. "Nur durch *Kampf* kann also die Freiheit erworben werden, ... nur dadurch, daß der Mensch sich

---

35 Vgl. Ottmann, a.a.o. S. 30
36 Hegel spricht deshalb auch von dem "ungeheuren Widerspruch, daß ... die beiden sich hier aufeinander beziehenden Selbste eine Identität, sozusagen ein Licht ausmachen und dennoch zweie sind, die, in vollkommener Starrheit und Sprödigkeit gegeneinander...von dem Anderen absolut Unterschiedenes und Undurchbrechbares bestehen." Enzyklopädie III S. 219
    Vgl. auch Phänomenologie S. 148, wo es noch deutlicher heißt: "... es tritt ein Individuum einem Individuum gegenüber auf. So unmittelbar auftretend, sind sie füreinander in der Weise gemeiner Gegenstände, selbständigen Gestalten...".
37 Vgl. Enzyklopädie III § 431 u. Zu

selber, wie andere, in die *Gefahr des Todes* bringt, beweist er auf diesem Standpunkt seine Fähigkeit zur Freiheit."(Enz III 220)[38]. Gleichzeitig kommt jedoch alles darauf an, diesen Kampf zu begrenzen, ihn nicht bis zur Vernichtung zu führen, denn das würde ja den völligen Abbruch der eingeleiteten Sequenz wechselseitiger Verhaltenssteuerung bedeuten und nichts wäre gewonnen. Fortschritt impliziert die Kontinuität der sozialen Gegenlage, eine Lösung der bedrohlichen Konfrontation, in der sich beide Kontrahenten erhalten. Das aber ist nur möglich, wenn sich die anfängliche egozentrische Perspektive der reduzierten Subjekt-Objekt-Beziehung verändert, wenn der bedrohliche Kontrahent in seiner Subjektqualität wahrgenommen werden kann. Es geht Hegel hier nicht in erster Linie um die Bezeichnung einer historisch realen Entwicklungsstufe der menschlichen Gattungsgeschichte, auch wenn dieser Aspekt durchaus, wie die Darstellung der Enzyklopädie zeigt, eine Rolle spielt und der Naturzustand bei Hegel weniger einen fiktiven als tatsächlich empirisch konkreten Sinn hat[39]. Die Stufe des anerkennenden Selbstbewußtseins erfaßt, vorsichtig abgelöst von der ontologischen Rahmenstruktur, den Aufbau menschlicher Subjektivität im konstitutiven Prozeß wechselseitiger sozialer Interaktion. Das ist kein bloß historischer, sondern ein eminent anthropologischer Vorgang: Herrschaft und Knechtschaft stellen ein wesentliches Moment in der Entwicklung des Menschen als Gattung wie als Einzelner dar, nur die unterschiedliche Ausgangslage, die die Bewegung des Anerkennens einleitet, bleibt auseinanderzuhalten. Ich werde weiter hinten darauf zurückkommen. Hier soll nur auf die entwicklungs-psychologische Tiefendimension aufmerksam gemacht werden, die bei Hegel genauer herauszuarbeiten sehr wohl eine eigene Untersuchung wert wäre.

Die 'Bewegung des Anerkennens' ist nur zwischen Subjekten möglich, die sich in einem reziproken Prozeß aufeinander bezogenen Handelns - zunächst in der beschriebenen Situation des Kampfs, der existentiellen Konfrontation, Nötigung - als solche erfassen, bzw. erfassen lernen. Hegel trennt die einzelnen 'Schichten' der Interaktionssequenz in der Phänomenologie analytisch scharf:

Die Einnahme einer sozialen Perspektive impliziert

a) einen 'ersten Doppelsinn': Der Andere wird wahrgenommen als ein Gleicher, er ist ebenso Subjekt und Ich, muß seine egozentrische Perspektive aufgeben: Ich ist auch Anderer oder ein Allgemeines. Damit aber ist die harte Trennung von Ich und Objekt aufgehoben: der Andere ist nicht nur Anderer, sondern auch Selbst; Ich sieht "*sich selbst* im *Anderen*" , d.h. der Andere ist ein konstitutives Moment der Selbstbeziehung des Ich.

b) einen 'zweiten Doppelsinn': diese Erfahrung reflexiv zurückgebogen ist Selbsterfahrung auf einer höher integrierten Ebene, die beide Perspektiven zusammenbringt. Das Aufheben des Anderen im Ich durch die Erkenntnis: "Ich ist Anderer und Anderer ist Ich" (Phän 146) konstituiert ein in sich zentriertes absolut selbstgewisses, selbstreflexives Subjekt, das gleichzeitig um seine Einheit mit dem Anderen weiß. Ebenso entläßt diese Perspektive ein selbständiges anderes Subjekt, von dem ich nicht nur weiß, daß es wie ich, sondern daß es auch für sich Ich ist, d.h. ich habe nicht nur das Konzept des 'Selbst', sondern die höhere Integrationsform des sowohl Bewußtsein als auch Selbstbewußtsein zusammendenkenden Ich, oder die Erfahrung der Identität erarbeitet.

c) Der Vorgang ist reziprok und nur als solcher findet die angedeutete Bewegung zwischen den Polen der unterschiedlichen Perspektiven von Ich und Anderem überhaupt statt. Zwischen beiden etabliert sich eine gegenseitige Erwartungsstruktur über die sie ihr Verhalten aneinander anbinden können: "Die Bewegung ist also schlechthin die gedoppelte beider Selbstbewußtseine. Jedes sieht *das Andere* dasselbe tun, was es tut; jedes tut selbst, was es an das Andere fordert, und tut darum, was es tut, auch *nur* insofern, als das Andere dasselbe tut; das einseitige Tun wäre

---

38 Vgl. Phänomenologie S. 149
39 Vgl. auch L. Siep, Anerkennung als Prinzip der praktischen Philosophie. Untersuchungen zu Hegels Jenaer Philosophie des Geistes, Freiburg/ München, 1979, S. 205f, 259ff

unnütz, weil, was geschehen soll nur durch beide zustande kommen kann." (ebd 146). Und: "Jeder ist dem Anderen die Mitte, durch welche jedes sich mit sich selbst vermittelt und zusammenschließt, und jedes sich und dem Anderen unmittelbares für sich seiendes Wesen, welches zugleich nur durch diese Vermittlung so für sich ist. Sie *anerkennen* sich als *gegenseitig sich anerkennend.*"(ebd 147).

Das letzte Zitat faßt die Bewegung zusammen: Wirkliches Selbstbewußtsein ist nur in einem sozialen Bezugssystem denkbar; Selbstbewußtsein ist deshalb eine in sich gespannte soziale Kategorie, die nur als selbstreflexive Differenzierung aus einer konstitutiven Sozialbeziehung heraus möglich wird. Eine Sozialbeziehung, die sich in der reziproken Steuerung signifikanter Verhaltenserwartungen herstellt - die Situation des Kampfs ist ein extremes Beispiel einer solchen Sequenz, die aber den Vorteil hat das Moment der Gewalt, der Nötigung, die sie zunächst organisiert, anschaulich zu machen. Gegenseitige Anerkennung meint den Aufbau einer beide verklammernden sozialen Perspektive, des allgemeinen Selbstbewußtseins, wie es Hegel als dritte Stufe in der Phänomenologie ansetzt; ihre Ausbildung ist der wesentliche Schritt aus der unter der Vorherrschaft der Natur stehenden primären Egozentrik heraus, hin zum Aufbau der Sozialwelt, der eigentlichen 'vernünftigen', 'geistigen' Welt des Menschen. Die Reduktion der Analyse auf das isolierte Subjektatom hat sich als völlig unzureichend erwiesen: Nicht vom einzelnen Ich, sondern, um es noch einmal zu zitieren, vom "*Ich*, das *Wir*, und *Wir*, das *Ich* ist" muß ausgegangen werden.

Damit hat Hegel, systematisch gesehen, die höhere Analyseebene des 'Geistes', der Vernunft erreicht.

Die Analyse der einzelnen Schichten im Aufbau einer generalisierenden sozialen Perspektive unterstellt in ihrer 'reinen' Betrachtung eine symmetrische Beziehung zwischen den beteiligten Akteuren. Der theoretische Ausgangspunkt naturzuständlicher Einzelheit reflektiert eine derartige Symmetrie jedoch nur abstrakt in der gegenseitigen tödlichen Bedrohung. Aus dieser Situation heraus ist eine durch vernünftige Einsicht allein getragene soziale Verständigung nicht denkbar: Gewalt, Furcht, Bedrohung, Macht - das wird bei der Betonung der Rolle der Arbeit oft vergessen - sind für Hegel konstitutive Bedingungen der Transzendierung ursprünglicher Naturabhängigkeit. Die Subjekte sind vor ihrer Entwicklung zum autonomen Subjekt der Neuzeit nur erst 'an-sich' das, was sie hinterher 'für-sich' werden; dazwischen steht eine Geschichte der Gewalt und Herrschaft, zu der sich die Philosophie der Geschichte, immer die teleologische Struktur der Entwicklung vor Augen, auch eindeutig bekennt[40]. Es ist jetzt noch vor der Darstellung der Herr-Knecht-Beziehung auf eine m.E. meist übersehene Ausweitung der hier entwickelten Thematik einzugehen. Der sich hinter der notwendig asymmetrischen Struktur von Herrschaft vollziehende Prozeß ist nicht allein theoretisch-hypothetische Konstruktion, die nur durch die Nötigung des totalen Zugriffs philosophischer Erkenntnis eine befriedigende Beziehung von Natur- und Kulturgeschichte, d.h. auch von Natur und menschlicher Freiheit herstellen zu müssen, motiviert wäre, die also sozusagen das metaphysische Geistsubjekt am Übergang dieser Sphären beobachten will. Er bezeichnet vielmehr ein grundsätzliches Problem der Selbstverwirklichung des Menschen, das sich immer und überall, wenn auch unter ganz anderen Bedingungen stellt. Das Episodische des Herr-Knecht-Topos beruht nur auf der exemplarischen Ausführung des Themas am Beginn der eigentlichen oder wirklichen Geistesgeschichte, als die "*Erscheinung*", wie Hegel im Anschluß an die logische Kategorie schreibt, "aus welcher das Zusammenleben der Menschen, als ein Beginnen der *Staaten*, hervorgegangen ist." (Enz III § 433). Geschichte als 'Fortschritt im

---

40 Das Bild von der Geschichte als einer 'Schlachtbank' (Vernunft 80) ist hinlänglich bekannt. Ich werde weiter hinten, im Zusammenhang der Entwicklung der Hegelschen Geschichtsphilosophie noch ausführlich auf diesen Punkt zurückkommen.

Bewußtsein der Freiheit' trägt diese Hypothek ab, insofern können, das hat Ottmann versucht zu zeigen, bestimmte historische Konstellationen, so die Sklavenhaltergesellschaft der Antike (aber nicht nur, wie gegen Ottmann einzuwenden sein wird) mit dem Abschnitt der Phänomenologie in Beziehung gesetzt werden[41]. Aber dieser Anfang reproduziert sich ebenfalls permanent als eine konstitutive Episode in der individuellen Geschichte des Subjekts. Der Unterschied zu einer historischen Verortung des Herr-Knecht-Verhältnis besteht darin, daß die dort erst zu begründenden sozialen Verkehrsformen hier schon ausgebildet vorliegen - es gilt allein den noch in seiner 'tierischen Menschlichkeit' verhafteten Noch-nicht-Menschen zu einem sozial handlungsfähigen Subjekt heranzubilden. Die strategische Bedeutung der Herrschaft korrespondiert derart der veränderten Aufgabenstellung der Erziehung, in eine schon gegebene Gesellschaftsordnung einzuführen (in der Anerkennung als soziales Prinzip schon realisiert und nur die Übernahme einer dezentralisierten sozialen Perspektive durch das neue Gesellschaftsmitglied eingefordert wird); in beiden Fällen beschreibt der Vorgang ein Abarbeiten von Natur und unmittelbarer Naturverhaftetheit. Die Analogisierung biographischer Entwicklungsstadien mit geschichtlichen Epochen findet sich mehrere Male von Hegel explizit ausgesprochen. So besonders deutlich in der Einleitung zur Philosophie der Geschichte: "In dieser Rücksicht kann daran erinnert werden, daß jedes Individuum in seiner Bildung verschiedene Sphären durchlaufen muß, die seinen Begriff des Geistes überhaupt gegründet und die Form gehabt haben, in vorheriger Zeit jede für sich selbständig sich gestaltet und ausgebildet zu haben." (Ver 183)[42]. Am Ausgang des Naturzustandes der Gattung und am Beginn der Bildung der kindlichen Natur steht gleichermaßen die 'Zucht': "Das Erzittern in der Einzelheit des Willens, das Gefühl der Nichtigkeit der Selbstsucht, die Gewohnheit des Gehorsams ist ein notwendiges Moment in der Bildung jedes Menschen. Ohne diese den Eigenwillen brechende Zucht erfahren zu haben, wird niemand frei, vernünftig und zum Befehlen fähig. Um frei zu werden, um die Fähigkeit zur Selbstregierung zu erlangen, haben daher alle Völker erst durch die strenge Zucht der Unterwerfung unter einen Herrn hindurch gehen müssen." (Enz III 225)[43]. Nachdem Hegel auf das wesentlich aktive Moment des kindlichen Lernens hingewiesen hat (resultierend aus der Spannung zwischen Sein und Sollen, also aus dem gleichen Widerspruch, den in der Phänomenologie die Differenz von 'an-sich' und 'für-sich-sein' organisiert) schreibt er: "Da aber der Knabe noch auf dem Standpunkt der Unmittelbarkeit steht, erscheint ihm das Höhere in der Gestalt eines gegebenen, eines Einzelnen, einer Autorität. ...was näher die eine Seite der Zucht betrifft...Der Gehorsam ist der Anfang aller Weisheit; denn durch denselben läßt der das Wahre, das Objektive noch nicht erkennende und zu seinem Zwecke machende, deshalb noch nicht wahrhafte selbständige und freie, vielmehr unfertige Wille den von außen an ihn kommenden vernünftigen Willen in sich gelten und macht diesen nach und nach zu seinem eigenen." (Enz III 81).[44] Hegel stellt also offensichtlich einen Zusammenhang zwischen der Gattungsgeschichte und der Geschichte des Einzelindividuums her; der Übergang aus der Natur wird in beiden Fällen nicht als symmetrischer Interaktionsprozeß, als

---

41 Marcuse, Lukacs und Kojeve überziehen allerdings mit der Vernachlässigung des ontologischen Gehalts den Stellenwert der durch die weitere Stufenentwicklung relativierten Bedeutung des bloß "äußerlichen oder erscheinenden Anfangs" (ebd).

42 Vgl. etwa Vernunft S. 156f, S. 244 - 253
    Enzyklopädie I S. 255, Enzyklopädie III S. 59, PdG S. 275, Rechtsphilosophie § 121 Zu

43 Vgl. auch Vernunft S. 58

44 Und: "Die Erziehung und Bildung des Kindes besteht dann darin, daß es das, was es zunächst nur an sich und damit für andere (die Erwachsenen) ist, auch für sich wird. Die im Kinde nur erst als innere Möglichkeit vorhandene Vernunft wird durch die Erziehung verwirklicht, und ebenso umgekehrt wird dasselbe der zunächst nur als äußere Autorität betrachtete Sittlichkeit, Religion und Wissenschaft sich als seines Eigenen und Inneren bewußt. " (Enz I S. 276).
    Vgl. Nürnberger Schr. S. 227, Rechtsphilosophie § 152 Zu, § 174
    Auch hier findet sich wieder ein bezeichnender Verweis auf Rousseau, auf seinen Emile und die Funktion des Erziehens

'reine Bewegung des Anerkennens' begriffen, sondern wesentlich als asymmetrische, gewalttätige Struktur, die als solche jedoch notwendig und unverzichtbar bleibt[45]. Auch der beschriebene Aufbau des Bewußtseins und der ihm korrespondierenden Wissensstruktur kann eine Ausweitung der konstitutiven Bedeutung des Herr-Knecht Topos begründen; ich will auf diesen Punkt aber nur hinweisen, eine Diskussion insbesondere auf dem vergleichenden Hintergrund moderner entwicklungspsychologischer Ansätze wäre sicherlich ausgesprochen interessant, kann hier jedoch nicht geleistet werden[46].

Doch zurück zum Problem der Anerkennung am Ausgang des Naturzustandes, bzw. zur Überwindung der jener primären Interaktionssequenz korrespondierenden Bewußtseinsqualität: Der Kampf, so wurde gesagt, läßt eine symmetrische Wechselbeziehung der beiden Akteure nicht zu; die Einnahme einer solchen Perspektive ist erst Resultat des Prozeß, nicht die Voraussetzung. Gleichzeitig bleibt auch die unmittelbare Konsequenz des Kampfs kontraproduktiv - der Tod eines der Kontrahenten hat die Chance zur Transzendierung der naturalen Verklammerung vertan; auf sie aber kommt es gerade an. Einer der beiden muß vor der letzten Konsequenz zurückschrecken, muß sich unterwerfen, sich in ein - unnatürliches - Herrschaftsverhältnis einstellen, d.h. aber auch erstmals einen von der Naturabhängigkeit abgelösten sozialen Zusammenhang konstituieren. Herrschaft ist derart zwar naturwüchsig entstanden, aus der Natur heraus - selbstverständlich mit ontologischer und anthropologischer Notwendigkeit kontaminiert - sie ist aber alles andere als Natur, vielmehr eine ihr entgegenstehende, 'geistige', vernünftige Produktion des Menschen. Ihre noch defiziente Erscheinungsform aktualisiert sich in einer Spannung von 'Begriff' und Realität, die die Evolution über diesen Widerspruch weiterentwickelt und voranbewegt. Die innere Dynamik des Herrschaftsverhältnis hat jetzt aufzuzeigen, wie das eigentliche, in der reinen Betrachtung vorweggenommene Resultat, sich mit Notwendigkeit herstellt, wie Herrschaft emanzipativ wird, indem sie die menschliche Subjektivität und damit seine Freiheit fortentwickelt.

Herrschaft wird in der Phänomenologie unter ihrem 'uneigentlichen', praktisch-endlichen Aspekt als ein Produktionsverhältnis entwickelt. Weil also offensichtlich die Ausbildung sozialer Verkehrsformen mit Macht- und Arbeitsbeziehungen zusammenhängt, ist die ausführliche Darstellung dieses Abschnitts unverzichtbar. Vordergründiger Benefiziar der asymmetrischen Herrschaftsstruktur ist der konsequente Kämpfer, der 'Krieger-Herr' wie ihn Kojève treffend genannt hat[47]. Der Herr hat an der Unterordnung des Anderen die soziale Bestätigung seines Selbstbewußtseins, ohne selbst genötigt zu sein eine entsprechende Investition zu erbringen, d.h. er kann den Anderen als mittelbares *Objekt* der Begierde, eben als Knecht ('Arbeiter-Knecht' schreibt Kojève) fixieren, als Mittel oder Werkzeug zwischen sich und Natur stellen. Sein Verhältnis gegenüber Natur ist unmittelbarer Genuß, Verbrauch, er "schließt sich dadurch nur mit der Unselbständigkeit des Dinges zusammen..." (Phän 151). Damit ist die elementare Matrix, über die Subjekt und Objekt durch die Arbeit verbunden sind, gesprengt; mit ihr aber auch ihre innere, vorwärtstreibende Dynamik. Herr sein heißt also gerade den notwendigen Stachel, die Reibung zur Veränderung, zum Fortschritt verloren zu haben. Die Asymmetrie der Herrschaftsbeziehung begrenzt darüber hinaus die angelaufene Interaktionssequenz wechselseitiger Anerkennung, denn die Fixierung des Knechts als einem Werkzeug unterläuft mit der dehumanisierenden Zuschreibung jede vernünftige Organisation der Sozialwelt; nicht der Herr als Subjekt, sondern der Herr als Machtfaktor, Machtquelle wird anerkannt: Anerkennung bleibt somit letztlich reduziert auf ein Gewaltverhältnis, das den Naturzustand unzureichend aufgehoben, ihn vielmehr nur in ein rudimentäres Sozialverhältnis implementiert hat. Kojève spricht dann auch von der

45 Vgl. Enzyklopädie III 225, Rechtsphilosophie § 57
46 Im Zusammenhang der Darstellung der Hegelschen Geschichtsphilosophie in einem späteren Kapitel dieser Arbeit werde ich die einzelnen Entwicklungsstadien in ihrem diachronen Verlauf noch genauer ansprechen.
47 A. Kojève, Hegel, Frankfurt 1975 , Vgl. hier insbesondere Kap I u. II

'existentiellen Sackgasse' der Herrschaft[48]. Nach der Überarbeitung der Phänomenologie in der Enzyklopädie betont Hegel jedoch einen in der bisherigen Interpretation vernachlässigten Aspekt, der andere Akzente setzt: Die spezifische Stellung des Knechts als Mittel der Herrschaft wird auf ihre sozialen Implikationen hin analysiert, ein dynamisches Moment auch auf der Seite des Herrn, das diesen vom Stigma des 'bloßen Katalysators' der Entwicklung (Kojève) befreit, wird sichtbar. Der Knecht nämlich, als Mittel, Werkzeug der Begierde des Herrn ist selbst kein unmittelbar zu zerstörendes Objekt, sondern begründet eine auf Dauer angelegte soziale Verpflichtung des Herrn, die Subsistenz des Knechtes zu erhalten; das asymmetrische Produktionsverhältnis beinhaltet darum über die Nötigung zur sozialen Organisation von Reproduktionsbedürfnissen, so Hegel, die Chance zur dauerhaften Transzendierung der kurzgeschlossenen Beziehung von Bedürfnis und 'Objekt'; eine Distanz tut sich auf, in der sich beide Pole erhalten können und schärfer konturieren, d.h. in der die eingeleitete Interaktionssequenz überhaupt jene Kontinuität bekommt, die Voraussetzung einer Entwicklung wird, über die auch die Reduktion des Knechts zum Objekt letztendlich einmal überwunden werden kann. Hinter diesem Motiv steht nicht allein ein Anklang an das feudale Prinzip der Reziprozität, das auch eine eingeschränkte Verantwortlichkeit des Grundherrn gegenüber seinen Abhängigen kannte, sondern deutlich eine Projektion der modernen Gesellschaft, die den gesellschaftlichen Charakter der Arbeit, den Zusammenhang von Lohn und Profit (hier von Subsistenz versus Genuß), die soziale Dimension der Produktionsverhältnisse thematisch macht. Die asymmetrische Struktur der Herrschaftsbeziehung impliziert mit dieser Transformation in ein Produktionsverhältnis ein sozial organisiertes Muster der Bedürfnisbefriedigung, d.h. sie hat gegenüber der naturzuständlichen Vereinzelung eine allgemeine, beide, Herr und Knecht integrierende Ordnung der *'Gemeinsamkeit* des Bedürfnisses' (Enz III §434)[49] etabliert, dessen zunehmende Transparenz einerseits potentiell auf die Übernahme einer diesem System korrespondierenden Perspektive drängt, andererseits beide Seiten, also auch den Herrn, in eine veränderte, distanzierte Stellung gegenüber der unmittelbaren Natur setzt. Die in der 'Gemeinsamkeit' aufscheinende Gleichheit der Bedürfnisstruktur erlaubt endlich die Ausbildung eines bewußten Konzepts des Menschen in seiner allgemeinen Qualität, durch das der Herr gezwungen ist, seine anfängliche Egozentrik aufzugeben. An der jeweiligen Stellung der Antipoden im Produktionsverhältnis ändert sich mit dieser Differenzierung des Bewußtseins zunächst allerdings wenig: aus dem menschlichen Ding ist erst der verdinglichte Mensch geworden.

Die Seite des knechtischen Bewußtseins ist für unsere Fragestellung um einiges interessanter: Die Unterwerfung bedeutet zunächst einmal den Verzicht auf die Verwirklichung der Subjektqualität; der Knecht ist für den Herrn nur Werkzeug, Ding. Seine Stellung im Produktionsverhältnis mutet ihm die alleinige Auseinandersetzung mit der gegenständlichen Welt zu; der Knecht ist nach dieser Seite wesentlich Arbeitender (wie unter dem Aspekt der Herrschaft Dienender oder Gehorchender). Allerdings bleibt die elementare Matrix, zwischen der die Arbeit vermittelt, an einer entscheidenden Stelle durchbrochen: Sie zielt nicht auf die Befriedigung der eigenen Begierde, sondern auf die eines anderen, auf die des Herrn. Das hat ungeheure Konsequenzen für das Verhältnis gegenüber Natur, Sozialwelt und für die Binnenstruktur des knechtischen Bewußtseins selbst: Anders als bei der unmittelbaren Assimilation des Objekts an die Begierde ist jetzt "Arbeit hingegen ... *gehemmte* Begierde, *aufgehaltenes* Verschwinden, oder sie *bildet*. Die

---

48 Kojève, a.a.o. S.38, 64
49 "Dies Verhältnis ist einerseits, da das Mittel der Herrschaft, der Knecht in seinem Leben gleichfalls erhalten werden muß, Gemeinsamkeit des Bedürfnisses und der Sorge für dessen Befriedigung. An die Stelle der rohen Zerstörung des unmittelbaren Objekts tritt die Erwerbung, Erhaltung und Formierung desselben als des Vermittelnden, worin die beiden Extreme ... sich zusammenschließen; - die Form der Allgemeinheit in Befriedigung des Bedürfnisses ... " (ebd)
Vgl. auch ebd § 435 Zu

negative Beziehung auf den Gegenstand wird zur *Form* desselben und zu einem *Bleibenden*, weil eben dem Arbeitenden der Gegenstand Selbständigkeit hat." (Phän 153).

Arbeit als ein Tun des knechtischen Subjekts kann sich im Bearbeiteten aufspeichern "... das arbeitende Bewußtsein kommt also hierdurch zur Anschauung des selbständigen Seins *als seiner selbst.* ... in dem Bilden wird das Für sich sein als *sein eigenes* für es, und es kommt zum Bewußtsein, daß es selbst an und für sich ist." (Phän 154). Arbeit ist also entscheidend einmal Bildung, Formierung des Objekts, die als solche durch das Bewußtsein eingeholt wird, d.h. auch gegenständlich werden kann; die Distanz zwischen Subjekt und Objekt hat sich vergrößert und eine neue Qualität der Auseinandersetzung mit Natur wird aufgrund des strategischen Moments der 'Hemmung' der unmittelbaren Bedürfnisspannung möglich (ganz verkürzt kann dieser Vorgang mit der Ablösung des psychoanalytischen Lustprinzips durch das Realitätsprinzip in Verbindung gebracht werden): "... es ist im Arbeiten die Differenz der Begierde und des Genusses gesetzt; dieser ist gehemmt und aufgeschoben, er wird ideell ..." (Frühe pol. Systeme 21). Zum anderen wird Arbeit als Bildung zum Medium der Selbsterfahrung des Menschen, sie wird als das konstitutive Moment, als conditio sine qua non selbstbewußten, d.h. eigentlichen Menschseins konzeptualisiert. "Die Form wird dadurch, daß sie *hinausgesetzt*, ihm nicht ein Anderes als es; denn eben sie ist sein reines Für sich sein, das ihm darin zur Wahrheit wird. Es wird also durch dies Wiederfinden seiner durch sich selbst *eigener* Sinn, gerade in der Arbeit, worin es nur *fremder Sinn* zu sein schien." (Phän 154). Die Arbeit des Knechts ist weiter entscheidend gesellschaftliche Arbeit, d.h. Arbeit für andere oder Arbeit, die einen sozialen Zusammenhang konstituiert (dieser Aspekt wird noch stärker in der Enzyklopädie betont): "Indem der Knecht für den Herrn, folglich nicht im ausschließlichen Interesse seiner eigenen Einzelheit arbeitet, so erhält seine Begierde die *Breite*, nicht nur die Begierde eines *Diesen* zu sein, sondern zugleich die eines *Anderen* in sich zu enthalten. Demnach erhebt sich der Knecht über die selbstische Einzelheit seines natürlichen Willens ... Jene Unterwerfung der Selbstsucht des Knechtes bildet den *Beginn* der wahrhaften Freiheit des Menschen." (Enz III §435 Zu).

Allein, Arbeit als Medium der Vergesellschaftung hat die Aneignung fremder Arbeitskraft zur Voraussetzung, d.h. die gelungene Unterwerfung: Todesfurcht, Zwang, Gehorsam, Dienst sind, wie Hegel rekonstruiert, unverzichtbare Rahmenbedingungen des zur äußeren Formierung komplementären Fortschritts im inneren Ausbau der Subjektqualität und zu der Ausdifferenzierung eines intersubjektiven, sozialen Beziehungsgeflechts (weiter vorne schon wurde auf die Strukturanalogie zur Sozialisation des Kindes hingewiesen)[50]. Herrschaft und Gewalt sind damit als notwendige Erscheinungsformen der Geschichte legitimiert, oder, positiver formuliert, in ihrer konstitutiven Bedeutung für den Bildungsprozeß der Gattung (wie des Einzelnen) erkannt, sie schaffen den sozialen Binnenraum, in dem sich die 'tierische Menschlichkeit' durch die gesellschaftliche Dynamik der Arbeit zur sittlichen Welt befreit. Die urspüngliche Auseinandersetzung des fiktionalen Subjektatoms mit Natur transformiert sich im Laufe der Geschichte der 'Bewegung des Anerkennens' in das wesentlich soziale Handeln innerhalb eines gemeinsamen Lebens- und Produktionszusammenhangs, auf den der Einzelne gerade im radikalen Ausbau innerer Autonomie immer rückverwiesen bleibt (Kant hat diese Beziehung sehr schön mit dem Ausdruck der 'ungeselligen Geselligkeit' des Menschen gekennzeichnet)[51]. Die Logik der Hegel-

---

50 Ein Zitat dazu noch aus den weniger bekannten Nürnberger Schriften: "Ursprünglich folgt der Mensch seinen natürlichen Neigungen ohne Überlegung oder mit noch einseitigen, schiefen und unrichtigen, selbst unter der Herrschaft der Sinnlichkeit stehenden Reflexionen. In diesem Zustand muß er gehorchen lernen, weil sein Wille noch nicht der vernünftige ist. Durch dies Gehorchen kommt das Negative zustande, daß er auf die sinnliche Begierde Verzicht tun lernt, und nur durch diesen Gehorsam gelangt der Mensch zur Selbständigkeit." ebd S. 229
Vgl. auch Phänomenologie S. 154, Enzyklopädie III S. 225

51 I. Kant, Werke Bd 9, Wissenschaftliche Buchgesellschaft, 1983 , S. 37

schen Begriffsbildung überholt zwar immer wieder die Rekonstruktion der Ausbildung des Bewußtseins und der korrespondierenden Qualität des Umgangs mit der Subjektaußenwelt, indem sie das produktive Moment dieser Entwicklung sogleich in einen metaphysischen Zusammenhang einstellt; sich die Produktivität des Menschen durch den Prozeß der Selbstverwirklichung des Geistsubjekts vorgeben läßt, so daß Resultat und Anfang im teleologisch organisierten Evolutionsmodell zusammenfallen: "Zucht kommt her von ziehen, zu etwas hin, und es ist irgendeine feste Einheit im Hintergrunde, wohin gezogen und wozu erzogen werden soll, damit man dem Ziele adäquat werde." (PdG 388). Damit wird eine am praktischen Interesse orientierte Lesart zunächst fragwürdig, zumindest einseitig, aber, daran muß gerade im Zusammenhang des Herrschaftskapitels der Phänomenologie erinnert werden: Medium der Geistentwicklung ist nur das praktische Tun des Menschen, oder: die Metatheorie der Geschichte ist isoliert von der Geschichte des Menschen nicht denkbar. "Nach der Schöpfung der Natur tritt der Mensch auf, und der bildet den Gegensatz zu der natürlichen Welt; er ist das Wesen, das sich in die zweite Welt erhebt. ... Das Reich des Geistes ist das, was von dem Menschen hervorgebracht wird." (Ver. 50).[52]

Das knechtische Selbstbewußtsein hat jetzt, solange es die Unterdrückung seiner Subjektqualität zuläßt, d.h. im äußerlich erzwungenen Abarbeiten seiner Egozentrik, der aufoktroyierten Bildung qua Arbeit, seine Freiheit, sein 'Bei-sich-selbst-sein' nur negativ, oder: unter der Bedingung von Herrschaft ist Freiheit nicht 'wirklich' möglich, sie verstellt dem Knecht ein explizites Bewußtsein seiner eigenen Subjektqualität, obwohl sie ihn über die Arbeit an diese Erfahrung nahe heranführt. Dieser Zustand ist für Hegel jedoch nur als notwendige Entwicklungsstufe legitimiert; das empirische Korrelat dieses Zustands - die Sklaverei[53] steht quer zur vernünftigen Organisation der 'wirklichen' geistigen Welt, deren integrales System die Freisetzung der geistigen Potenz des Menschen, seine Freiheit als autonomes Subjekt impliziert. Die an der Objektqualität des Knechts ansetzende Asymmetrie des Herrschaftsverhältnis muß durchbrochen werden, der Knecht muß sich befreien: mir scheint, daß erst jetzt der eigentliche Kampf um Anerkennung geführt wird, denn jetzt erst besteht der sich in seiner Arbeit gegenständlich gewordene Knecht auf seiner substantiellen Gleichheit mit dem Herrn als Mensch, als Subjekt, d.h. er rekurriert auf eine hinter den besonderen Typen Knecht und Herrn und ebenso hinter der Erfahrung als 'für sich seiendes' Subjekt liegende 'allgemeine' Qualität des Menschseins, auf die Wahrheit der sozialen Perspektive, der 'Allgemeinheit des Selbstbewußtseins'. Wie Hegel in der Rechtsphilosophie ausführt, hat die in der 'Bewegung des Anerkennens' sich aktualisierende Freiheit die typische begriffliche Struktur, sie ist zunächst nur ein 'an sich', ein 'von Natur' frei sein des Menschen[54], d.h. ihre Realisation ist geschichtliches Tun, bewußtes Vollbringen, Befreien des Menschen, so daß Sklaverei wohl als historische 'Erscheinung', aber nicht als emphatische 'Wirklichkeit' des Menschen gerechtfertigt werden kann. "Es liegt in der Natur der Sache, daß der Sklave ein absolutes Recht hat, sich frei zu machen." (Rphil § 66 Zu). Es ist deshalb noch ganz kurz die historischen Verortung des Herr-Knecht Topos innerhalb der Hegelschen Systematik zu diskutieren.

Die Einordnung der Enzyklopädie hat einen eindeutigen Bezug zur antiken Sklaverei hergestellt[55]; als bloßes Bewußtseinsphänomen aufgefaßt, das zeigt auch schon die sprachliche

---

52 Und: "Der Weltgeist ist der Geist der Welt, wie er sich im menschlichen Bewußtsein expliziert." (Ver 60)
53 Vgl. z.B. Enzyklopädie III §433 Zu, § 435, Rechtsphilosophie § 57 u. ebd Zu
54 Vgl. Rechtsphilosophie § 57
55 Vgl. Enzyklopädie III § 433 Zu : "Was das Geschichtliche des in Rede stehenden Verhältnisses (von Herrschaft und Knechtschaft, L.S.) betrifft, so kann hier bemerkt werden, daß die antiken Völker, die Griechen und Römer, sich noch nicht zum Begriff der absoluten Freiheit erhoben hatten, da sei nicht erkannten, daß der Mensch als solcher, als dieses allgemeine Ich, als vernünftiges Selbstbewußtsein zur Freiheit berechtigt ist."
Vgl. auch PdG S. 403

Suggestivkraft der Ausführungen, verfehlt die Analyse die praktischen Implikationen der Hegelschen Darstellung. Bewußtsein wird wohl als Untersuchungsobjekt analytisch isoliert, aber doch auch auf einen geschichtlichen Prozeß, dem ein bestimmtes Verhältnis gegenüber Natur und, korrespondierend, ein bestimmter Stand der sozialen Organisation entspricht, bezogen. Das ist in der vielschichtigen Anlage der Phänomenologie noch deutlicher als in der strengeren Sytematik der Enzyklopädie. Ottmann ordnet die einzelnen Entwürfe Hegels: "Nicht erst ab 1817, schon ab 1806 ist 'Herrschaft und Knechtschaft' historisch als Sklaverei und systematisch als ein von seiner modern-naturrechtlichen Bedeutung entlasteter 'Naturzustand' zu verstehen, der für Hegel keine grundlegende Legitimationsfunktion mehr besitzt."[56] Diese in der Tat ziemlich eindeutige Bestimmung wird jedoch durch die spannungsreiche Beziehung von Begriff und Realität in der Hegelschen Philosophie dynamisiert: der Knechtschaft in der antiken Sklavenhaltergesellschaft korrespondiert ein systematisch angebbarer Bewußtseinsstand (das eigentliche Analyseobjekt), d.h. beide, Herrschaftsverhältnis und Bewußtseinsstruktur müssen als unmittelbar zusammenhängend analysiert werden. Die weitere Entwicklung zeigt dann die notwendige Transformation dieser interdependent verknüpften Ausgangsfigur auf. Die Kritik der anachronistischen Feudalstruktur liegt z.B. ganz auf dieser Linie: auch hier geht es noch um Herrschaft und Knechtschaft; die Leibeigenschaft ist so sehr wie die Sklaverei eine asymmetrische Beziehung, nur hat sich mit ihr der historische Prozeß schon auf ein weit fortgeschritteneres Maß bewegt, denn das allgemeine 'Wissen' der Freiheit ist mit der Ideologie des Christentums schon thematisch geworden und steht in explizitem Widerspruch zu den faktischen Unrechtsverhältnissen, d.h. der Knecht hat sich schon ein Bewußtsein seines sozial bedingten Status erworben und zwar als ein Resultat der erfahrenen 'Zucht', die strukturell in die feudalen Verhältnisse eingebaut war[57]. Natürlich kann Hegels Geschichtskonzeption nicht als Klassenkampf interpretiert werden, und es ist auch sicherlich falsch, die Episode von 'Herrschaft-Knechtschaft' in der Phänomenologie in das Zentrum der Hegelschen Philosophie zu rücken; aber ebenso falsch scheint mir, wie z.B. bei Ottmann geschehen, die Entschärfung des analytischen Potentials durch eine zu enge historische Fixierung des angesprochenen Entwicklungsmechanismus. Was das Herrschafts-Knechtschaftskapitel der Phänomenologie noch zusammenhalten und insofern als eine notwendige Entwicklungsstufe rechtfertigen kann, tritt mit der weiteren Entwicklung auseinander, wird zum praktisch aufzuhebenden Widerspruch, der erst mit der Liquidation des Feudalismus und konkreter dem hegelschen Staat gelöst wird, einem historischen Resultat, das die 'wirkliche' Freiheit aktualisiert. Gerade die Einsicht Hegels in den Anachronismus spätfeudaler Herrschaftsstrukturen hat ja mit sein früheres Bild des antiken Griechenland modifiziert; die Eintrübung der anfänglich unkritischen Verherrlichung der Antike durch die Kenntnisnahme der damaligen Sklavenwirtschaft reflektiert so gesehen das gesteigerte Bewußtsein über die Antinomien des Übergangs zur Neuzeit, die eben nur noch im Aufzeigen ihrer genetischen Verbindungen, ihrer historischen Entwicklungslogik - spekulativ gebrochen, das ist keine Frage - verstanden werden können. Ich werde weiter hinten noch ausführlich auf die Geschichtsphilosophie zurückkommen und versuchen, diese Logik anhand des 'weltgeschichtlichen Gangs', den Hegel skizziert, präziser zu fassen.

---

56 Ottmann, a.a.o. S. 28ff u. H. Ottmann, Arbeit und Praxis bei Hegel, in: Zeitschr. f. phil. Forschung, Bd 35 1981, S. 365ff. Das Zitat findet sich hier auf Seite 380

57 Vgl. Rechtsphilosophie § 62, § 185, PdG S. 31f, S. 403, S. 478, Enzyklopädie III S. 302 Ich werde darauf weiter hinten grundsätzlicher zurückkommen.
Hier einige Stellen: "Die slawischen Nationen waren ackerbauernde. Dieses Verhältnis führt aber das von Herren und Knechten mit sich." (PdG 500) Und: "Ebenso hat die Leibeigenschaft, wodurch der Leib nicht dem Menschen eigen ist, sondern einem anderen gehört, die Menschheit durch alle Rohheit der Knechtschaft und der zügellosen Begierde hindurchgeschleppt, und diese hat sich an ihr selbst zerschlagen. Es ist die Menschheit nicht sowohl *aus* der Knechtschaft befreit worden, als vielmehr *durch* die Knechtschaft." (PdG 487).

Einheit und Distanz, als Grundstrukturen der auf der beschriebenen Stufe der Phänomenologie noch defizienten interpersonalen Anerkennung, werden in der weiteren Entwicklung zunehmend konkretisiert; der entscheidende Sprung liegt in der expliziten Transposition der Analyse der Struktur der Anerkennung auf das Verhältnis von Individuum und Allgemeinheit/Gesellschaft. Der phänomenologische Ausgangspunkt von der begrenzten Perspektive des analytisch isolierten Subjekts, bzw. Subjektbewußtseins, holt seine tiefere gesellschaftliche Wahrheit ein: Das Subjekt beginnt seine Situiertheit in einem umfassenderen gesellschaftlichen Kontext wahrzunehmen, während sich für die Perspektive des rekonstruierenden Philosophen daran grundsätzlicher die Einsicht in die Bedeutung von Gesellschaft, in die Bedeutung des 'objektiven Geistes' ergibt. Doch verfolgen wir das phänomenologische Experiment weiter:

Die Bewegung durch die Asymmetrie der Herr-Knecht-Dyade hatte zum Ergebnis das *"allgemeine Selbstbewußtsein*, d.h. dasjenige freie Selbstbewußtsein, für welches das ihm gegenständliche andere Selbstbewußtsein nicht mehr ... ein *unfreies*, sondern ein *gleichfalls selbständiges* ist."(Enz III 226). Dies allgemeine Selbstbewußtsein, das sich in der beschriebenen Bewegung gleichsam hinter dem Rücken der isolierten Subjekte als der maßgebliche Bezugspunkt von Einheit und Distanz ergeben hatte, wird jetzt selbst durch die notwendige Expansion des Anderen (und des Ich im Anderen) auf *die* Anderen oder *die* 'Allgemeinheit' zum Gegenstand des Wissens und der Erfahrung der Subjekte[58]. Das konstitutive Moment sozialer Reziprozität erweitert sich auf ein Verhältnis, das die bisher verdeckte Substanz einer allgemeinen-geistigen Welt gegenüber den Einzelnen vindiziert.

Das soziale Herrschaftsverhältnis von Herr und Knecht hat schon das Primat des Geistigen über die Abhängigkeit von der Natur, aber als noch individuelles, willkürliches Verhältnis demonstriert; jetzt wird die Anerkennungsbewegung zwischen der antizipierten gesellschaftlichen Perspektive, die sich als der 'vernünftige' Standpunkt erwiesen hat, und dem einzelnen Individuum als die eigentliche Matrix des Vermittlungsprozeß begriffen. Der subjektiven Perspektive eines prinzipiell sozial vermittelten Selbstbewußtseins, zu der sich die unmittelbare Egozentrik des naturzuständlichen Subjekts in der isolierten Bewegung der Anerkennung sozusagen geläutert hat, steht nun ein objektiver Zusammenhang in den Emanationen der allgemeinen Substanz, der Realität des 'Allgemeinen' oder den 'Gestalten' von Gesellschaft und Staat gegenüber. Beide sind, das liegt in der schon aufgezeigten Struktur der Anerkennung, wechselseitig miteinander verklammert[59]. In den späteren Ausführungen stellt der Bezug auf das Gesamtsystem diese Beziehung her: 'Subjektiver' und 'Objektiver Geist' sind dann analytisch in eigene Systemteile getrennt. Die Phänomenologie ist in der Enzyklopädie nur noch sehr komprimiert zwischen die Abschnitte 'Anthropologie' und 'Psychologie', ausgehend von der Objektivität des Selbstbewußtseins, eingedrängt. Eine Diskussion dieser Verschiebungen kann hier jedoch nicht geleistet werden, ich werde mich zur Darstellung der Situation des Subjekts gegenüber der im Konzept des 'objektiven Geistes' eingelassen 'allgemeinen' oder gesellschaftlichen Institutionen auf die zeitlich spätere Systematik der Enzyklopädie beschränken. Mit dem Teil C: 'Psychologie. Der Geist.'[60] kippt die systematische Analyseebene des 'erscheinenden Wissens', die das einzelne Bewußtsein als Perspektive der Betrachtung fixiert und in seinem inneren Aufbau gegenüber einer naturalen und zuletzt, mit der Beziehung auf den Anderen, sozialen Außenwelt rekonstruiert hatte. Die mit der Konstitution des Selbstbewußtseins notwendige Ausbildung einer die anfäng-

---

58 Dagegen faßt Hegel die Abweichung der Herrschaftsbeziehungen von der reinen Bewegung der Anerkennung als die defiziente Form eines bloß 'gemeinsamen' und zwar unter dem Diktat des Herrn stehenden, nicht aber 'allgemeinen' Willens. Vgl. dazu 'Bewußtseinslehre für die Mittelklasse' (1809), in: Nürnberger Schriften S. 81

59 Sh. dazu auch J. Habermas, Können komplexe Gesellschaften eine vernünftige Identität ausbilden? in: Zur Rekonstruktion des Historischen Materialismus, Frankfurt, 1976, S. 92ff
    Habermas übersieht hier nur die Asymmetrie des Bildungsprozeß!

60 Enzyklopädie III § 440ff

liche Egozentrik transzendierenden sozialen Bezugsebene, von der aus Gleichheit und Unterschied von Ich und Anderem zu einem tatsächlichen Wissen für das einzelne, sich so erst wirklich erfassende Bewußtsein wird, überwindet den für die Stufe des 'erscheinenden Wissens' maßgeblichen Gegensatz von Subjekt und Objekt: hier, da das Bewußtsein sich jetzt selbst weiß und analysieren kann, also sich gleichzeitig als Subjekt und Objekt erfassen gelernt hat, ist ein Standpunkt des Wissens bezeichnet, der den begrenzten Ausgangspunkt der Analyse in eine Metaperspektive überführt: Nicht aus der Sicht des einzelnen ausgegrenzten Bewußtseins heraus, sondern explizit von einer Position her, die dieses Bewußtsein in seiner Allgemeinheit selbst, in seiner allgemeinen inneren Struktur, den inneren 'Gestalten' des Wissens erfassen kann, wird gedacht. Sehr schön findet sich dieser Gedanke in der philosophischen Propädeutik ausgedrückt: "Das allgemeine Selbstbewußtsein ist die Anschauung seiner als eines nicht besonderen, von anderen unterschiedenen, sondern des an sich seienden, *allgemeinen Selbsts*. So anerkennt es sich selbst und die anderen Selbstbewußtsein(e) in sich und wird von ihnen anerkannt." (Nürnb. Schr. 121).

Diese Perspektive, die auch das selbstreflexive Bewußtsein gleichsam aus der Distanz denken, sich verdoppeln, sich in ihren einzelnen Schichten präzise freilegen kann, die, weil sie das Verhältnis zwischen Subjekt und Objekt noch hintergeht und als 'sich selbst' weiß, nach der Untersuchung des theoretischen und praktischen Erkenntnisvermögens, die hier geleistet wird, nichts prinzipiell Äußeres mehr kennt, heißt bei Hegel 'Geist'. Geist verklammert beides, die Konstitution einer selbstreflexiven Innenwelt des Subjekts, der eine durch Wissen zubereitete Außenwelt korrespondiert (die so ihre Fremdheit verloren hat, im Denken des Subjekts aufgezehrt, zu seiner Welt aufgrund der perennierenden Struktur der Vernunft geworden ist), wie auch eine materiale Verbindlichkeit, Aussagekraft bezüglich des vernünftigen Inhalts, den der innere Fortschritt des Wissens als 'Bildung' einholt, ein Inhalt, der 'an sich' immer schon gegeben oder aber: eine ontologische Dimension hat, jetzt aber auch inhaltlich bestimmt und gewollt wird: Wissen und Wirklichkeit konvergieren in der Entwicklung des Geistes aufeinander.

Die Rechtsphilosophie setzt diesen Bildungsprozeß schon voraus, sie unterstellt ein Subjekt, das sich seine innere Autonomie erarbeitet hat und reflektiert auf die äußeren Bedingungen unter denen sich dieses Selbstbestimmen realisieren kann und die ihm historisch und ontologisch entsprechen. Den systematischen Zusammenhang des Binnenverhältnisses des Subjekts mit bestimmten Strukturen der sozialen Organisation hat das historisch qualifizierte Herrschaftsverhältnis schon gezeigt. Das war aber erst der Anfang der Bewegung, der den eigentlichen Bildungsprozeß angestoßen hat, gewesen. Die Entwicklung der Seiten von Herr und Knecht war wechselseitig verklammert; die Bewegung an den beiden Polen impliziert den Zusammenhang. Auf der jetzt als das eigentliche Thema dieses Kapitels zu betrachtenden Stufe der 'Sittlichkeit', der bürgerlichen Gesellschaft, hat sich diese Struktur ungeheuer verschärft. Auf der einen Seite hat sich der konstitutive Zusammenhang zu einer nicht mehr zu hintergehenden Macht verdichtet: In allen Dimensionen seiner Lebensäußerungen stößt das Subjekt auf sozial vorgeformte Strukturen der Vermittlung. Die Organisation der Bedürfnisse, Arbeit, die in der Rückprojektion den Naturzustand als noch isolierte Matrix von Subjekt und Natur analysiert werden konnte, ist jetzt vollends vergesellschaftet oder 'allgemein', d.h., wie sich zeigen wird, nur noch als 'abstrakte Arbeit'. Auf der anderen Seite korrespondiert dem allgemeinen Zusammenhang die radikale Selbstrepräsentation des Subjekts als einem alle Anderen aus sich ausschließenden Einzelnen. Die innere Individuierung des Subjektes, metaphorisch ausgedrückt im Bild des für sich abgeschlossenen, unteilbaren - einsamen - 'Atoms' im gesamten Meer der Atome, ist ja gerade wieder die Kehrseite jener bewußt erfahrenen Inanspruchnahme durch das Allgemeine und der ihr korrespondierenden Kompetenz der moralischen Perspektive. Diese Spannung, über die sich die in der Rechtsphilosophie ausgetragene Anerkennungsbewegung von Individuum und Gesellschaft (der objektiven Produktion des Allgemeinen) vermittelt, kann Hegel nur deshalb in seine Konzeption des Staates auflösen, weil der Ausgang vom 'freien Willen' nicht nur die formale

Kompetenz personaler Autonomie feststellt, sondern die Geschichte, den Bildungsprozeß dieser Kompetenz miteinbegreift, d.h. sich über die Bedingungen, unter denen sich Freiheit überhaupt herstellt, über die gesellschaftliche Bedingtheit von Subjektautonomie, verständigen kann. Der atomistische Einzelne, auch wenn er in der Selbstrepräsentation des Subjekts als eine innere Realität erfahrbar wird, ist derart eine zurückzuweisende Fiktion und ein aus dieser unhistorischen Abstraktion abgeleiteter Begriff von Freiheit muß als ideologisch erkannt werden. Von einer solchen monadologischen Konzeption aus kann auch der gesellschaftliche Zusammenhang, die Konstitutionsprinzipien von gesellschaftlicher Ordnung, die in die sozialen Institutionen eingegangene Vernunft, nicht rekonstruiert und begründet werden. Das mit der Neuzeit aufgenommene kompetente Subjekt ist nicht voraussetzungslos, es hat eine Geschichte, impliziert einen Bildungsprozeß, den es hinter sich gebracht haben muß: die Bewegung der Anerkennung und die elementaren Erfahrungen, die sich über die durch diese Bewegung strukturierte Arbeit vermitteln, stellen konstitutive Voraussetzungen dieser entwickelten Stufe der Subjektivität dar.

Jetzt, auf der Stufe des entfalteten rechtsphilosophischen Systems, kann das Subjekt von der allgemeinen Perspektive aus als abstrakte 'Rechtsperson' fixiert werden. Die Rechtsperson differenziert den für sich festgestellten einzelnen Willen, das "... vollkommen abstrakte Ich, in welchem alle konkrete Beschränktheit und Gültigkeit negiert und ungültig ist" (Rphil §35), also eine Perspektive, durch die das empirisch konkrete Subjekt hinter seine Besonderheit zurücktritt und auf seine abstrakte Qualität, sein abstrakt 'Allgemeines' reflektiert. Das Konzept der Person impliziert damit die zwei vorstehend entwickelten strategischen Entwicklungsdimensionen *Arbeit* und *Anerkennung*:

Arbeit als Abarbeiten der Naturabhängigkeit, als Versachlichung von Natur, gegenüber der der Mensch so abstrakt als Person betrachtet ein 'absolutes Zueignungsrecht' (ebd §44) besitzt. Dazu zählt wesentlich auch die eigene Inbesitznahme, d.h. das Abarbeiten der eigenen menschlichen Naturhaftigkeit. Arbeit war bisher unter dem grundsätzlich dynamischen Aspekt der Vermittlung zwischen Bedürfnis und Bedürfnisbefriedigung in der elementaren Matrix diskutiert worden, als eine basale Komponente menschlichen Seins. Die eigentliche herrscherliche Attitüde, die das moderne Verständnis der Arbeit als einem zielgerichteten Zugriff auf Naturgegenstände beschreiben will, ist erst eine Funktion des denkenden Subjekts, impliziert also die soziale Transformation von Arbeit im Prozeß der beschriebenen wechselseitigen Anerkennung, bzw. deren defiziente Vorform, die institutionalisierte Herrschaft. Mit der Begründung institutionalisierter Formen sozialer Organisation verbindet sich erst die Chance zur Binnendifferenzierung des Subjekts und d.h. auch zu einem eindeutig subjektbezogenen Standpunkt gegen die Außenwelt. Vorher, und hier verortet Hegel wie gezeigt auch noch den Werkzeuggebrauch, bleibt praktisches Verhalten unreflektiert und unkontrolliert, eben bloßes Verhalten und nicht zielgerichtetes Handeln. Entsprechend kann hier von einem freien, selbstbestimmten 'Willen', einem selbstreflexiven 'für-sich-seienden' motivationalen Entscheidungszentrum keine Rede sein: Naturabhängigkeit dominiert noch. "Der Mensch hat insofern seine Triebe nicht selbst, sondern hat sie unmittelbar, oder sie gehören seiner Natur an. ... Insofern der Mensch ummittelbar bestimmte Triebe hat, ist er der Natur unterworfen und verhält sich als ein notwendiges und unfreies Wesen". (Nürnb. Schr 219). Auf dem Niveau dominanter Triebbestimmtheit spricht Hegel erst von der Möglichkeit des Menschen als einem denkenden Subjekt. Der entscheidende Wendepunkt hat sich mit der Ausbildung des Selbstbewußtseins ergeben: Die reflektierte Distanz des Subjekts zu sich als Konsequenz der konstitutiven sozialen Beziehung zerstört das unmittelbare Naturverhältnis vollends und etabliert innerhalb des Subjekts eine autonome Instanz der Selbstkontrolle, den 'Willen' des Menschen. 'Wille' ist damit genetisch betrachtet ein historisch-soziales Produkt; er impliziert die Institutionalisierung eines sozialen Verhältnis und einen bestimmteren, sozial geformten Begriff der Arbeit. Ohne Furcht, Dienst, Gehorsam, also ohne den den die einfache 'Widerständigkeit von Natur' hinsichtlich ihrer Nötigung zur bildenden Arbeit potenzierenden sozialen Zwang, wäre der Mensch ein unentfaltetes Naturwesen geblieben. Erst äußere Herrschaft als ein Produktionsverhältnis, das Arbeit durch die fremde Aneignung aus ihrem unmittelbaren Zusammenhang von Bedürfnis und Befriedigung herausreißt, schafft die nötige Qualität der 'Hemmung von Begierde' aus der eine innere Kompetenz gegenüber der eigenen Naturhaftigkeit und gegenüber der äußeren Welt resultieren kann. Das soziale Gewaltverhältnis, selbst noch Natur im Sinne von naturwüchsig, besteht mit der Ausbeutung fremder Arbeitskraft auf der einseitigen Unterdrückung von Sinnlichkeit, Natürlichkeit, auf der Trennung von Arbeit und Genuß. Die 'Wahrheit' des knechtischen Bewußtseins war ja die Arbeit für den Herrn, die radikale Zurücksetzung der eigenen Bedürfnisse und Begierden zugunsten eines aufoktroyierten sozialen Zusammenhangs gewesen, durch den sich der Knecht über die Arbeit aus dem unmittelbaren Naturverhältnis erzwungenermaßen emanzipieren muß. Die Asymmetrie der Herr-Knecht-Beziehung stellt freilich den Genuß noch über die Arbeit, deshalb wird hier Arbeit in ihrer emanzipativen Funktion noch nicht begriffen, also auch nicht als Medium reziproker Anerkennung erkannt. Aber schon die einseitige Struktur der Herrschaftsbeziehung war immerhin eine auf Kontinuität hin angelegte Institution, die die Organisation der einzelnen Bedürfnisse zu einer sozialen Aufgabe, zu einer gesellschaftlichen Vermittlung machte, wie Hegel in der Enzyklopädie besonders hervorhebt. Institutionalisierte Herrschaft etabliert somit eine zwar asymmetrische, aber doch allgemeine oder gesellschaftliche Beziehungsstruktur, die in ihrer weiteren Entwicklung in die 'reine Bewegung der Anerkennung', in ein, das Mißverhältnis von einseitigem Genuß und einseitiger Arbeit aufhebendes, reziprokes Verhältnis prinzipiell gleichwertiger Subjekte, überführt werden soll. Hegel formuliert von dieser archaischen Stufe aus das Programm: "Erst durch das Freiwerden des Knechtes wird folglich auch der Herr vollkommen frei." (Enz. III 227). Die konstitutive Differenz des gewaltsam durchgesetzten Herrschaftsverhältnisses muß also historisch aufgelöst werden: Der Knecht wird nur frei, wenn er sich aus der Abhängigkeit eines persönlichen Herrn emanzipieren, wenn er die Sklaverei, die Leibeigenschaft abschütteln kann. Das setzt weitreichende Veränderungen im Bewußtsein des Knechtes voraus, die ihn seine Situation überhaupt als veränderungsbedürftig, als ungerecht und unnatürlich wahrnehmen lassen. Eine solche Stufe wird erst nach einem langen Prozeß historischer Entwicklung mit der Neuzeit und da mit der schon diskutierten welthistorischen Bedeutung der Französischen Revolution verbindlich erreicht. Auch die andere Seite, der Herr, steuert auf die Auflösung der Asymmetrie zu, wenn sich auch sein Anteil weit moderater ausnimmt. Hier setzt Hegel auf die Einsicht des Herrn in das 'Wahrhafte', das sich in der "Anschauung der ihm im Knecht gegenständlichen Aufhebung des unmittelbaren einzelnen Willens..." (Enz. III 225) aktualisiert und verlangt entsprechend "seinen eigenen selbstischen Willen dem Gesetze des an und für sich seienden Willens", d.h. der auf einen gesellschaftlichen Standpunkt dezentrierten Perspektive der Selbstwahrnehmung "zu unterwerfen" (ebd). Von beiden Seiten her verfolgt der konstitutive Bildungsgang also die Zurückdrängung der eigenen Naturbestimmtheit in Richtung auf die zunehmende Selbstbestimmtheit, Selbststeuerung des Subjekts, die zu ihrer Voraussetzung die Aufgabe der ursprünglichen Egozentrik zugunsten einer allgemeinen Perspektive, über die sich beide als prinzipiell Gleiche in Beziehung setzen und anerkennen können, hat.

3. Subjektautonomie und das Recht der Besonderheit

Das moderne Subjekt bleibt immer rückverwiesen an seinen historischen Bildungsprozeß; es kann diesen Prozeß zwar rekonstruieren, nichts anderes versucht ja auch das philosophische Wissen, es vermag sich aber niemals aus diesem Prozeß zu dispensieren. Hegel hatte diese Einsicht schon für die Kritik der Französischen Revolution fruchtbar gemacht, die ja zentral den aufklärerischen Anspruch auf frei verantwortete Umgestaltung der gesellschaftlichen Verhältnisse, auf die Auslieferung der Wirklichkeit an das autonom gestaltende Subjekt zurückgewiesen und mit den Beharrungsmomenten historischer Veränderung konfrontiert hatte. In dem Sinne freier Planung, kluger Berechnung kann Hegel den Menschen nicht als einen Produzenten seiner Welt verstehen, auch das 'Sollen' und die Utopie, das allerdings ist schon eine gewichtigere Hypothek seines Denkens, finden keinen Raum. Gleichwohl ist es, wie es auch die positive Bedeutung der Kategorie der Arbeit unterstreicht, allein menschliches Tun, das menschliche Wirklichkeit erzeugt, und auch die metaphysische Überhöhung des Vorgangs als einem Bewußtseinsprozeß des absoluten Geistsubjekts, die ihn wieder ontologisch rückübersetzt, stellt diese konkrete Basis nicht in Frage. Der Mensch ist ein Produzent seiner Verhältnisse: Der "Mensch muß sich selbst formieren. Ist geschichtlich, d.h. gehört in die Zeit, in die Geschichte vor Freiheit - da ist Geschichte "(Rphil §57 Zu), merkt Hegel in der Rechtsphilosophie an. Das heißt nicht, daß ihm deshalb seine Produktion einfach verfügbar wäre, er bleibt selbst in sie verstrickt, kann sich überhaupt nur auf einem bestimmten Stand ihrer Entfaltung als solcher 'auf den Begriff bringen'. Bei menschlichem Produzieren ist zu unterscheiden nach dem bewußten Anteil, den das Subjekt an seiner Geschichte nimmt und ebenso danach, was in seine subjektive Verfügbarkeit fällt. Auch wenn Hegel die Berechtigung dieses Subjekts aufnimmt, ist es somit nicht 'geschichtslos', sondern wesentlich Teil einer Geschichtsentwicklung, d.h. aber auch, nur in Beziehung auf die konstitutiven Bedingungen seiner Genese geschichtlich gerechtfertigt. Mit der Legitimation der modernen Subjektautonomie verbindet sich also notwendig auch eine Legitimation der gesellschaftlichen Rahmenbedingungen ihrer Genese. Das ist, bei aller zugegebenen Deformation, durchaus soziologisch argumentiert. Hegel leitet daraus seine materiale Fassung des Freiheitsverständnis ab, die er der schrankenlosen Willkürfreiheit, aber auch der rationalen, liberalen Freiheitskonzeption entgegenhält: Freiheit bleibt gebunden an die notwendigen Inhalte und Anforderungen sozialer Organisation, wie sie die eben erwähnten Rahmenbedingungen markieren, an Bedingungen, die Freiheit erst 'wirklich' werden lassen, die sie historisch organisieren. Das entfaltet auf der einen Seite ein durchaus kritisches Potential, denn an diesen Inhalten muß sich Wirklichkeit messen lassen: es sind damit keine esoterischen Gebilde, sondern ganz konkrete Verhältnisse gemeint, hinter die auch nicht mehr zurückgegangen werden kann. Die Phänomenologie setzt in diesem Sinne der bloßen Theorie oder Ideologie der Freiheit im Stoizismus, Skeptizismus, der Trennung von Welt und Jenseits in der Vorstellung des Christentums, auch den fiktionalen Konstruktionen der Aufklärung die Forderung nach konkreter Verwirklichung entgegen, d.h., und hier zeigt sich die 'antiidealistische' Tendenz des Hegelschen Denkens, das Bewußtsein der Freiheit allein macht nicht frei, sie ist vielmehr ein konkretes Wissen, das konkrete Bedingungen verlangt, auf einem konkreten sozialen Transformationsprozeß aufruht, der erst mit der Wende zur Neuzeit, mit der Durchsetzung des bürgerlichen Rechts und der ihm komplementären gesellschaftlichen Institutionen eingelöst wird. Es wird aber auch zu fragen sein, inwieweit diese Perspektive, die angedeutete Aufnahme der Gegenwart als einem Realisat der emphatischen Wirklichkeit, andererseits den Prozeß stillstellt und gegen weitere Kritik immunisiert; ich werde diesen Punkt aber zurückstellen und erst weiter hinten diskutieren.

Die Logik der 'reinen Bewegung der Anerkennung' hatte programmatisch ein Verhältnis der Reziprozität zwischen den beteiligten Subjektpolen verfolgt, war aber an die Realität des hierzu erforderlichen Bildungsprozeß gewiesen worden. Organisator der 'Bildung zum Wesen' des Menschen war die Nötigung, der Zwang; in seiner folgenreichsten Gestalt als Herrschaft: Sklaverei, Leibeigenschaft, alle Formen einseitiger Ausbeutung menschlicher Arbeitskraft, aber auch die erzieherische Autorität müssen hier genannt werden. Arbeit vermittelt "die Reinigung der Triebe" (Rphil §19), die notwenige Beherrschung der eigenen Sinnlichkeit, Natürlichkeit und ist der Ort von Selbsterfahrung und Selbstverwirklichung. Hegel bricht mit der positiven Einsicht in die emanzipative Funktion von Arbeit mit einer langen Tradition politischer Theorie, die über die Verarbeitung ihrer gesellschaftlichen Gewaltverhältnisse noch auf der Trennung von Praxis und Techne bestanden hatte; umso näher kann er dann an die Realität der aufkommenden Industriegesellschaft herankommen. Arbeit ist ein bleibendes Moment, sie ist eine Nötigung der menschlichen Bedürfnisstruktur, die aber in ihrem dynamischen Aspekt das Verhältnis zu Natur, Sozialwelt und auch den Selbstbezug des Subjekts nachhaltig verändert: Fortschritt, Höherentwicklung produziert. Damit werden die anfänglich notwendigen äußeren Organisationsformen der Anerkennung 'positiv', zu überholten Relikten einer mit der Veränderung nicht länger schritthaltenden Entwicklungsstufe. Herrschaft war legitimiert als Konsequenz eines Naturzustands, der als "Stand der Gewalt und der Ungerechtigkeit" (Nürnb. Schr. 247)[1] ganz im Sinne des Hobbesschen 'bellum omnium contra omnes' unbedingt aufzuheben war: "Ursprünglich folgte der Mensch seinen natürlichen Neigungen ohne Überlegung oder mit noch einseitigen, schiefen und unrichtigen Reflexionen. In diesem Zustand muß er gehorchen lernen, weil sein Wille noch nicht der vernünftige ist. Durch dies Gehorchen kommt das Negative zustande, daß er auf die sinnliche Begierde Verzicht tun lernt, und nur durch diesen Gehorsam gelangt der Mensch zur Selbständigkeit."(Nürnb. Schr. 229). Herrschaft aber bleibt als personales Machtverhältnis defizitär, sie gibt ihr eigentliches Ziel, die Autonomie des Subjekts nicht frei, d.h. sie verhindert gerade die in ihrer historischen Legitimation gesetzte Aufgabe, indem sie eine einseitige Machtbeziehung verstetigt. Oder: Mit der Ausbildung des autonomen Subjekts ist das Herr-Knecht-Verhältnis endgültig hinfällig, es ist damit schlechthin unvereinbar[2]. Hegel zieht diese Konsequenz schon in den frühen politischen Schriften und auch die Rechtsphilosophie mit den ihr nachgesagten Reminiszenzen an den absolutistischen Staat läßt keinen Zweifel an der Notwendigkeit einer Überwindung feudalistischer Abhängigkeitsverhältnisse zu; ihr Konstruktionsprinzip reflektiert das freie Subjekt als ein Grundelement der Gesellschaftsordnung. Die ambivalente Wertung der Französischen Revolution, die als eine wichtige Herausforderung der Hegelschen Philosophie angesprochen wurde, war in ihrer positiven Einschätzung an dieser Freisetzung des modernen Subjekts orientiert gewesen und hatte sie als nicht mehr hintergehbares Moment der Neuzeit begrüßt: "Das Prinzip der Freiheit des Willens hat sich gegen das vorhandene Recht geltend gemacht. ... denn die Forderung der Freiheit ist, daß das Subjekt sich darin wisse und das seinige dabei tue, denn sein ist das Interesse, daß die Sache werde." (PdG 528/529). Die 'Gleichheit vor Gott', mit der das Christentum das historische Projekt schon früh thematisch macht, stellt auf der Ebene des Bewußtseins einen Wendepunkt dar, der zwar erst eine 'abstrakte', d.h. eine noch nicht auf die konkreten Lebensverhältnisse durchschlagende, Befreiung des Menschen ankündigt, der aber, wie Hegel im Verfolg der weiteren Geschichte zeigt, durch den mit ihm manifest zutage getretenen Widerspruch zwischen Begriff und Dasein notwendig Wirklichkeit selbst zu verändern beginnt: "... die Sklaverei ist im Christentum unmöglich, denn der Mensch ist jetzt als Mensch nach seiner allgemeinen Natur in Gott angeschaut; ... Ganz ohne

---

1   "Das Recht der Natur ist darum das Dasein der Stärke und das   Geltendmachen der Gewalt, und ein Naturzustand ein Zustand der Gewalttätigkeit und des Unrechts, von welchem nichts wahreres gesagt werden kann, als daß aus ihm herauszugehen ist." (Enz III § 502 Vgl. auch PdG S. 58, Frühe pol. Systeme S. 226

2   Vgl. dazu etwa Frühe pol. Systeme S. 265

alle Partikularität, an und für sich hat also der Mensch, und zwar schon als Mensch, unendlichen Wert, und eben dieser unendliche Wert hebt alle Partikularität der Geburt und des Vaterlandes auf. - Das andere, zweite Prinzip ist die Innerlichkeit des Menschen in Beziehung auf das Zufällige. Die Menschheit hat diesen Boden freier Geistigkeit an und für sich, und von ihm aus hat alles andere sich selber und weiß sich als absolute Macht alles Endlichen. ... der Mensch ist als unendliche Macht des Entschließens anerkannt." (PdG 403f). Die weitere Geschichte, so Hegel ausdrücklich, ist die Geschichte der "Realisation dieser Freiheit" (ebd 402). Was das inhaltlich heißt, hatte die Französische Revolution als der Kulminationspunkt dieser Entwicklung angedeutet: es ist die Durchsetzung der modernen Arbeitsgesellschaft und die ihr korrespondierende Entwicklung des bürgerlichen Subjekts - Freiheit der Person, des Eigentums, Gewerbefreiheit, etc. - es ist die philosophische Legitimation der modernen bürgerlichen Gesellschaft.

Die anthropologischen Implikationen der Elementarkategorien Arbeit und Anerkennung haben schon den an der Neuzeit gewonnenen generalisierten Begriff des 'Mensch als Menschen' unterlegt und den Zustand einer noch exklusiven Definition des 'Freien', wie sie ein Verhältnis personaler Herrschaft kennzeichnet, nur als eine Stufe auf dem Weg der Realisation allgemeiner Freiheit bestimmt. Anerkennung verwirklicht sich als reziproke Beziehung prinzipiell gleich freier Subjekte, sie ist damit, wie schon gesagt, mit feudalen Herrschaftsstrukturen unvereinbar. Hegel sieht das teleologisch anvisierte Ziel auf der Ebene der sozialen Verkehrsformen, die 'Bewegung der reinen Anerkennung', dann auch erst als historisches Ergebnis des bürgerlichen Verfassungsstaats und seiner allgemeinen Rechtskodifikationen erreicht. Dann erst treten sich die Subjekte bewußt als "an und für sich vollkommen frei, selbständig, absolut spröde, widerstandsleistend - und doch zugleich miteinander identisch, somit nicht selbständig ..." (Enz III 227) gegenüber. Der Hegelsche Rechtsbegriff differenziert sich mit der unterschiedlichen Perspektive der Analyse dieses Zusammenhangs. Von außen gleichsam, als abstraktes Recht, betrachtet er die vernunftrechtlich notwendigen Bedingungen unter denen sich diese substantielle Gleichheit der abstrakt Einzelnen herstellen kann. Dieser Teil unterscheidet sich formal nicht wesentlich von den 'apriorischen' Konstruktionsversuchen Kants, gegen die Hegel ansonsten anschreibt; er kann ihn denn auch noch mit 'Naturrecht' überschreiben. Grundlage des abstrakten Rechts ist die Allgemeinheit herstellende Zurücknahme der nicht generalisierungsfähigen Besonderheit des Subjekts, die Reduktion des 'partikularen Einzelnen', wie es im Text heißt, auf seine abstrakte Qualität als autonomes oder freies Subjekt, auf die Person[3]. Das Konzept der Person impliziert die kognitive Fähigkeit des selbstbewußten Subjekts, sich in sich zurücknehmen und auf seine allgemeine Natur reflektieren zu können. Recht ist dann die zur Objektivität geronnene Allgemeinheit des sich als frei denkenden subjektiven Willens[4]. Der Ausgangspunkt von den isoliert gedachten Individuen darf aber die in der Rechtsphilosophie nur noch angedeutete Vorgeschichte nicht übersehen lassen: Die Person als abstrakte Idee und gar, wie hier schon unterstellt, als konkrete Realität, ist logisch und historisch Resultat des konstitutiven Zusammenhangs von eingeleiteter Anerkennung und der durch dieses Verhältnis strukturierten Arbeit, d.h. sie setzt den vorgängig skizzierten Bildungsprozeß voraus oder ruht ihm auf[5]. Die zwei Dimensionen der sich über Arbeit vermittelnden Herrschaft über äußere und innere Natur, in denen sich das Subjekt im Rahmen des sozialen Bezugssystems feststellt, sind deshalb im Begriff der Person und ihren konkreten Aktualisierungsformen immer mitgedacht. Hegel betont dies unter ausdrücklicher Bezugnahme auf das Herrschafts-Knechtschaftskapitel der Phänomenologie: "Der Standpunkt des freien Willens, womit das Recht und die Rechtswissenschaft anfängt, ist über den unwahren Standpunkt, auf

---

3 Vgl. dazu Kant, Metaphysik der Sitten, Werke Bd VIII, S. 347 II
4 Vgl. Rechtsphilosophie § 35 Zu
5 Vgl. dazu noch einmal die Entwicklung des freien Willens durch seine Vorstufen: natürlicher und reflektierter Wille in Enzyklopädie III, Praktischer Geist

welchem der Mensch als Naturwesen und nur als an sich seiender Begriff, der Sklaverei daher fähig ist, schon hinaus." (Rphil § 57). Und als pointierte Zusammenfassung von § 39 der Rechtsphilosophie heißt es in der handschriftlichen Anmerkung: "Mensch Herr über alles in der Natur." Was im Recht zustande kommt, ist eben die Anerkennung des Subjekts als einem aus der Natur emanzipierten, sich in der versachlichenden Distanz zu ihr festgestellten, herrschaftsmächtigen Akteur, der sich als solcher erfährt. Diese Perspektive ist jedoch als Resultat der wechselseitigen Anerkennung nur als universale Bestimmung der 'Natur' des Menschen selbst zu denken, d.h. der sich selbst als 'frei' denkende und wollende Wille muß diese Selbsterfahrung notwendig generalisieren, bzw. sie ist überhaupt nur als eine generalisierte einholbar.

Ihre konkrete Anerkennung als zur Freiheit gebildetes Subjekt erfährt die Person in ihrer Bestimmung als Eigentümer; Freiheit des Eigentums stellt für Hegel insofern ein Konstituens von Freiheit überhaupt dar, mit der sich die erwähnte Herrschaftsmächtigkeit des Menschen über die gegenständliche Außenwelt unmittelbar aktualisiert. Mit anderen Worten: Erst als Eigentümer ist das Subjekt wirklich Person, oder Freiheit ist nur unter Verhältnissen denkbar, die das allgemeine Recht des Einzelnen auf Privateigentum respektieren, also erst mit dem bürgerlichen Verfassungsstaat. In der propädeutischen Rechtslehre drückt Hegel diese Überzeugung deutlich aus: "Der allgemeine Rechtsgrundsatz, von welchem die anderen nur besondere Anwendungen sind, heißt: 'du sollst das Eigentum eines anderen ungekränkt lassen!'" (Nürnb. Schr. 234). Die festgestellte Unvereinbarkeit mit feudalen Abhängigkeiten ist hier auf ihren Punkt gebracht: Mit der grundsätzlichen Anerkennung der Person als berechtigtem Eigentümer ist ein auf totaler Ausbeutung beruhendes Produktionsverhältnis nicht mehr zu legitimieren; das Subjekt als Rechtsperson ist gegenüber der gewaltsamen Enteignung seiner Verfügungsgewalt über seinen Körper, seine Arbeit, das Produkt seiner Arbeit, insofern sie notwendige Voraussetzungen der faktischen privaten Aneignung darstellen, sichergestellt, während "Herrenschaft hier nichts als eine Abhängigkeit von einem anderen im Gebrauch meines Eigentums" (Rphil 134) meint. Es ist als Herr über die Welt der Sachen dem Status der Sache selbst entzogen.

Das für sich freie oder autonome Rechtssubjekt, die Person, drückt derart wesentlich die Forderung der herangereiften bürgerlichen Gesellschaft nach der institutionellen Garantie des Eigentums, nach der Sicherung der privaten Verfügung des bürgerlichen Subjekts über die 'Früchte der eigenen Arbeit'[6] aus. Hegel nimmt den historischen Prozeß der Ausbildung der bürgerlichen Gesellschaft damit in seinen Begriff der Rechtsperson hinein: anders als J. Locke, der den Menschen als Person unmittelbar in einen als historisches Faktum konzipierten Naturzustand hineinstellt und Eigentum über die 'Vermischung von Natur und individueller Arbeit zur Befriedigung der Bedürfnisse', also als vorsoziale Kategorie bestimmt[7], setzt der Begriff der als Eigentümer anerkannten Person die leidensvolle Vorgeschichte, während der der Mensch sich und Natur qua Arbeit erst in Besitz nehmen lernt, also gerade noch kein Eigentum an sich hat und nicht über seine Arbeit verfügt, voraus. Das Verhältnis von bloßem, äußerem Besitz und Eigentum, die jeweils einem verschiedenen Entwicklungsniveau angehören, ist deshalb bei Hegel weit schärfer gefaßt: Besitz und die verschiedenen Weisen der Besitznahme gehen zwar als notwendige Bedingungen in das Eigentum ein (die durch die Bedürfnislage motivierte Zurichtung von Natur, ihre wie auch immer erfolgte Inbesitznahme ist Voraussetzung des im Privateigentum implizierten Ausschluß eines interessierten Dritten), Eigentum läßt sich jedoch aus empirischer Besitznahme nicht ableiten, sondern erfordert die reflektierte Distanz gegenüber dem Besessenen, eine Distanz, die dieses erst zur disponiblen Sache und korrespondierend das Subjekt zum absoluten Herrscher über das Ding macht[8]. Eigentum qualifiziert damit ein bestimmtes Verhältnis von Subjekt und Ding/Sache das erst mit der dem Subjekt thematisch gewordenen Herrschaftskompetenz, d.h.

6   Vgl. A. Smith, a.a.o. S. 203
7   Vgl. J. Locke, Über die Regierung, Stuttgart 1974, Buch V Das Eigentum Kap 27, S.22
8   Vgl. Rechtsphilosophie § 41 Zu, § 45, § 50 Zu, § 52

historisch mit der theoretischen und praktischen Zurichtung der Welt auf das Subjekt der Aufklärung und der politischen Revolution umgesetzt wird. Indem Hegel diese Entwicklung als eine Transformation der Gesamtgesellschaft begreift, in der sich die durch ihre Widersprüche vorangetriebene Anerkennungsbewegung im komplementären Verhältnis zugleich strukturell allgemeiner, gleicher und doch individuell besonderer Subjekte, eben der abstrakten rechtsfähigen Person und dem interessegeleiteten Subjekt, realisiert, sind sowohl der Begriff der Person als auch deren 'Dasein' als potentieller Eigentümer universales Prinzip: Wenn die Freiheit des Herrn an die Freisetzung des Knechts gekoppelt wird, kann erst ein Verhältnis auf der Basis reziproker Anerkennung als Person und Eigentümer die anvisierte Bewegung beschließen. Zwischen derart bestimmten Rechtspersonen kann es dann keine personale Herrschaft, sondern logisch-formal nur noch am Prinzip der Reziprozität orientierte Rechtsbeziehungen geben. Die genetische Ableitungsfigur des modernen, rechtsfähigen Subjekts, die als unmittelbare Wendung gegen die exklusive Bestimmung des Personkonzepts der Antike gedacht ist, stellt dabei das argumentative Rüstzeug einer Kritik der als oberflächlich und 'abstrakt' empfundenen Vorstellung einer Vertragskonstruktion von Gesellschaft und Staat durch die kompetenten Subjektatome zur Verfügung: Anerkennung ist die basale, den Bildungseffekt von Arbeit implizierende Bewegung, die als ihr Resultat die Autonomie des Subjekts und die Generalisierung der rechtsfähigen Person evoziert. Diese Endfigur der Entwicklung kann nicht plötzlich aus einem unhistorischen Raum heraus selbst als planvoller Konstrukteur seines gesellschaftlichen Bedingungszusammenhangs auftreten. Person und Eigentum als integrale Momente der Neuzeit sind entsprechend einer totalen Reduktion auf Vertragsbeziehungen entzogen und es ist nur konsequent, wenn Hegel das Recht der Person und die prinzipielle Fähigkeit, Eigentum zu bilden, als unveräußerlich betrachtet[9]. Die in einem privatrechtlichen Vertragsverhältnis zustande kommende konsensuelle, also auf der Basis gemeinsam ausgehandelter Situationsspezifikationen organisierte Regelung der versachlichten Beziehung zwischen Personen, Eigentümern, aktualisiert nur die reziproke Anerkennung der beteiligten Subjekte, stellt sie aber selbst nicht her: Anerkennung im strategischen Verhältnis sich gegenübertretender kompetenter Subjekte, so kann Hegel schreiben, "hat nicht den Grund der Gegenseitigkeit. Ich anerkenne es (das Eigentum, L.S.) nicht darum, weil du es anerkennst und umgekehrt, sondern Grund dieses gegenseitigen Anerkennens ist die Natur der Sache selbst. Ich anerkenne den Willen des anderen, weil er an und für sich anzuerkennen ist." (Nürnb. Schr. 237).[10] Person und Privateigentum, ebenso wie natürlich die über diese Institutionen organisierte Gesamtheit der bürgerlichen Gesellschaft und die integrierende Totalität des Staates, beruhen somit nicht auf unhistorisch projizierten Konventionen, sondern sind das historische Produkt eines tieferliegenden Transformationsprozesses, der sich im Ergebnis der formalen Freisetzung des Subjekts - auch wenn die ontologische Gesamtkonstruktion nicht übersehen werden darf - zurecht als Emanzipationsprozeß, als konkrete Verwirklichung von Freiheit, der bürgerlichen Freiheit nämlich, interpretieren läßt. Das abstrakte Recht, konsequent vom kompetenten Einzelnen ausgehend, blendet ihren Ableitungszusammenhang aus, um definitiv nur die Bedingungen anzugeben, unter denen die allgemein ausdifferenzierte Privatautonomie der Subjekte gedacht werden kann; sie wird also als Faktum im Konzept der rechtsfähigen Person verallgemeinert und, so Hegel, negativ in der typischen Form des Rechtssatzes als Rechtsverbot abgesichert[11]. Selbstverständlich nimmt Hegel die Diskrepanz zwischen dem abstrakten Prinzip universaler personaler Freiheit sowie Eigentumsfähigkeit und den tatsächlichen Eigentumsverhältnissen wahr. Die Anschauung der unter dem Stichwort der Pauperisierung diskutierten Verelendung der bäuerlichen Bevölkerung und der deklassierten städtischen Schichten waren Erscheinungen der sozialen und ökono-

---

9   Vgl. Rechtsphilosophie § 66, § 67, § 70
10 Und in der Rechtsphilosophie schreibt er: "Der Vertrag setzt voraus, daß die darein Tretenden sich als Personen und Eigentümer anerkennen; da er ein Verhältnis des objektiven Geistes ist, so ist das Moment der Anerkennung schon in ihm enthalten und vorausgesetzt." (Rhil § 71).
11 Vgl. Nürnberger Schr. S. 234, Rechtsphilosophie § 38

mischen Umwälzung, an denen der Anspruch: philosophisch Wirklichkeit auf den Begriff zu bringen, nicht vorbeikommen konnte; die genauere Darstellung der Konzeption der bürgerlichen Gesellschaft wird das noch zeigen. Abstraktes Recht hat mit der individuellen Lebenslage der Subjekte jedoch gerade nichts zu tun, es schattet mit der Reduktion auf die allgemeine Struktur der Person die empirische Seite bewußt ab und gibt sie als definierten Freiraum der individuellen Willkür frei: abstraktes Recht bleibt streng formalistisch. Mit aller wünschenswerten Klarheit unterstreicht Hegel die diesem Rechtsverständnis korrespondierende formale Gleichheit des Subjekts als Person und Eigentümer: "Im Verhältnis zu äußerlichen Dingen ist das *vernünftige*, daß Ich Eigentum besitze; die Seite des *Besonderen* aber begreift die subjektiven Zwecke, Bedürfnisse, die Willkür, die Talente, äußere Umstände usf.; hiervon hängt der Besitz bloß als solcher ab, aber diese besondere Seite ist in dieser Sphäre der abstrakten Persönlichkeit noch nicht identisch mit der Freiheit gesetzt. *Was* und *Wieviel* Ich besitze, ist daher eine rechtliche Zufälligkeit.... Hier wäre die Gleichheit nur Gleichheit der abstrakten Personen als solcher, *außer welcher* eben damit alles, was den Besitz betrifft, dieser *Boden der Ungleichheit*, fällt." (Rphil § 49)[12]. Es ist also nicht so, daß Hegel die sozialen Probleme völlig verkennt, die mit einer rein formalistischen Fixierung von Freiheit und Gleichheit einhergehen. Das Konzept der Person und die mit ihr zusammenhängenden Rechtsinstitute werden sehr bewußt als ein funktionales Pendant der entfesselten Gewalt der 'Besonderheit' der Subjekte, ihrer empirischen Kehrseite in der Gestalt des egoistischen Bourgeois analysiert. Das zeigt auch die systematische Verortung des abstrakten Rechts in der Sphäre der bürgerlichen Gesellschaft selbst, wo in Teil B: 'Die Rechtspflege', das positive Privatrecht als integrales Moment der Beziehung der autonomen Privatsubjekte unter den Bedingungen der Neuzeit entwickelt wird. Die apriorische Konstruktion des Rechts, der abstrakte naturrechtliche Ausgangspunkt, wird hier erst als positives Gesetzessystem realisiert, also auch hier erst eigentlich 'wirklich': "Was *an sich* Recht ist, ist in seinem objektiven Dasein *gesetzt*, ... das Recht ist durch diese Bestimmung *positives* Recht überhaupt." (Rphil § 211)[13]. Gesetzesrecht, zumindest die Positivierung von Recht, wird als eine der Ausbildung der bürgerlichen Gesellschaft komplementäre Entwicklung begriffen: "Einerseits ist es durch das System der Partikularität, daß das Recht äußerlich notwendig wird als Schutz für die Besonderheit. Wenn es auch aus dem Begriffe kommt, so tritt es doch nur in die Existenz, weil es nützlich für die Bedürfnisse ist." (ebd §209 Zu)[14]. Von dieser funktionalen Bedeutung her interpretiert, stellt das abstrakte Recht den regulativen Ordnungsrahmen her, der das zweckrationale Handeln der Individuen in der bürgerlichen Gesellschaft äußerlich organisiert, nach innen aber die egoistischen Potenzen des bürgerlichen Subjekts in einer neutralen, Hegel: 'entsittlichten', Sphäre privater Autonomie freisetzt.

---

12 Und: "Denn die Menschen sind freilich gleich, aber nur als Personen, das heißt rücksichtlich der Quelle ihres Besitzes. Demzufolge müßte jeder Mensch Eigentum haben. Will man daher von Gleichheit sprechen, so ist es diese Gleichheit, die man betrachten muß. Außer derselben fällt aber die Bestimmung der Besonderheit, die Frage, wieviel ich besitze ... Vielmehr ist die Besonderheit das, wo gerade die Ungleichheit ihren Platz hat..." (ebd Zu)
     Vgl. auch Nürnberger Schr. S. 227f
13 Vgl. auch ebd § 208, § 209
     Vgl. dazu auch Habermas, Theorie und Praxis, a.a.o. S. 133
14 Vgl. auch ebd § 157: "... bürgerliche Gesellschaft, eine Verbindung der Glieder als selbständiger Einzelner in einer somit formellen Allgemeinheit, durch ihre Bedürfnisse und durch die Rechtsverfassung als Mittel der Sicherheit der Personen und des Eigentums und durch eine äußerliche Ordnung...".
     Und noch ein Zitat das die Einsicht Hegels in die historischen Zusammenhänge belegt: " Das Individuum im Stande des Gewerbes an sich gewiesen und biedern Selbstgefühl hängt mit der Forderung eines rechtlichen Zustandes aufs engste zusammen. Der Sinn für Freiheit und Ordnung ist daher hauptsächlich in den Städten aufgegangen. " ebd § 204 Zu
     Vgl. zum Thema auch S. Blaschke, Natürliche Sittlichkeit und bürgerliche Gesellschaft, in: Materialien, a.a.o. S. 315

Das zentrale Institut des Privateigentums, das wie gezeigt als Qualifizierung der Rechtsperson praktisch die Obernorm des positiven bürgerlichen Privatrechts darstellt[15], war von Hegel als manifester Ausdruck der Herrschaftsmächtigkeit des Subjekts eingeführt worden, als Konsequenz der unbedingten Versachlichung der dem Menschen angeeigneten Natur. Die "Materie ist nichts gegen den Willen" (Rphil §52 Anm) artikuliert nicht in erster Linie ein Postulat der idealistischen Erkenntnistheorie, sondern soll auf die grundsätzliche Differenz zwischen dem autonomen Subjekt und der frei disponiblen Sache aufmerksam machen. Der Prototyp des Tauschvertrags demonstriert die Konsequenz dieser Versachlichung mit der Reduktion der zu tauschenden oder zu veräußernden Sache auf ihren abstrakten Wert[16]. Vertrag kennzeichnet ein Verhältnis zwischen privatautonomen Subjekten, das sich durch " eine aus der Willkür entstandene Übereinkunft und über eine zufällige Sache " (Enz III §495) herstellt, durch eine Übereinkunft also, die die reziproke Anerkennung als Eigentümer unter dem emanzipativen Aspekt der Freisetzung des Subjekts zwar genetisch impliziert, aber ausdrücklich in ein versachlichtes Verhältnis zwischen Warenbesitzern, in eine Warenbeziehung, überführt, d.h. Anerkennung auf ein ökonomisches Verhältnis abbildet. "Die Sache ist die *Mitte*, durch welche die Extreme, die in dem Wissen ihrer Identität als freier zugleich gegeneinander selbständiger Personen sich zusammenschließen." (Enz III § 491). Marx hat diesen Zusammenhang dann später so übersetzt: " Die Personen existieren hier nur füreinander als Repräsentanten von Ware und daher als Warenbesitzer. ... Um diese Dinge als Waren aufeinander zu beziehen, müssen die Warenhüter sich zueinander als Personen verhalten, deren Willen in jenen Dingen haust...sie müssen sich daher wechselseitig als Privateigentümer anerkennen."[17] Die Ausbildung des abstrakten Rechts reflektiert zwar einen Prozeß der konkreten Befreiung des Menschen und beansprucht somit zurecht ihre philosophische Sanktion, aber die Abkoppelung der um das neue Prinzip der Subjektautonomie organisierten Sphäre der bürgerlichen Gesellschaft von ihren historischen Wurzeln setzt das System dieser Freiheit in eine problematische Spannung zu seinem genetischen Bedingungszusammenhang. 'Stufe der Differenz', 'Verlust der Sittlichkeit', 'System der Atomistik', 'sittliches Verderben', lauten die wenig schmeichelhaften Zuschreibungen, mit denen Hegel das ökonomische System bedenkt; sie zeigen an, daß es ihm darauf ankommt, diesen verlorenen Zusammenhang wiederherzustellen, daß die Darstellung der bürgerlichen Gesellschaft keinesfalls im Zentrum der Rechtphilosophie stehen, vielmehr explizit als ein in sich gegliederten 'Kreis', d.h., modern gesprochen, als ein Subsystem in das Gesamtsystem integriert werden soll.

Die Rationalisierung des modernen Rechts (Legalitätsprinzip, Formalität, Generalität) war ein zur Ausbildung der bürgerlichen Gesellschaft komplementärer Vorgang. Modernes Recht definiert "ein Handlungssystem, in dem unterstellt wird, daß sich alle Systemmitglieder strategisch verhalten, indem sie erstens Gesetzen als öffentlich sanktionierten, aber jederzeit legitim änderbaren Konventionen gehorchen, indem sie zweitens ohne sittliche Rücksichten ihre Interessen verfolgen und drittens nach diesen Interessensorientierungen im Rahmen geltender Gesetze ... optimale Entscheidungen treffen; es wird, mit anderen Worten, unterstellt, daß sie ihre private Autonomie zweckrational nutzen."[18] Habermas' knappe Zusammenfassung artikuliert konzentriert eine systematische Grundeinsicht der Hegelschen Rechtsphilosophie: bürgerliche Gesellschaft ist der sittlich neutralisierte Freiraum partikularer Interessen, nur reguliert durch das bürgerliche Recht und die Imperative des, wie es bei Hegel heißt, 'äußeren Not- und Verstandesstaats'. Bürgerliches Recht organisiert die Koexistenz kompetenter Einzelner auf der Basis ihrer abstrakten Gleichheit als Rechtssubjekte. Der Rechtsperson als dem verallgemeinerungsfähigen öffent-

---

15 Vgl. auch Rphil § 33 Zu
16 Hegel macht von der Unterscheidung zwischen Tausch- und Gebrauchswert allerdings noch keinen systematischen Gebrauch
17 Das Kapital Bd I 2. Kap : Der Austauschprozeß S. 99 MEW
18 J. Habermas, Zur Rekonstruktion des historischen Materialismus, Frankfurt 1982, S. 264

lichen Aspekt korrespondiert die freigesetzte Binnenperspektive, das 'Für Sich-Sein', die individuelle, exklusive Selbstrepräsentanz des empirischen Subjekts[19]. Beide Seiten sind für Hegel charakteristisch neuzeitliche Ausprägungen der Wirklichkeit; die Perzeption der 'allgemeinen', d.h. prinzipiell universalen, Subjektstruktur auf der das bürgerliche Recht 'an sich' gründet, und die absolut distanzierte Subjektivität werden als komplementäre Endpunkte einer beide umfassenden, ontologisch ausstaffierten, Entwicklungsdynamik interpretiert. Die Anerkennung der Subjektautonomie ist bei dieser genetischen Sichtweise nicht mehr zurückzuweisen; Hegel spricht deshalb ausdrücklich von einem "Recht der *Besonderheit* des Subjekts, sich befriedigt zu finden ...", wobei historisch gesehen " das Recht der *subjektiven Freiheit* ... den Wende - und Mittelpunkt in dem Unterschiede des *Altertums* und der *modernen Zeit*" (Rphil § 124), also den entscheidenden Umbruch markiert. 'Formell' übernimmt Hegel damit den Kantschen Standpunkt[20] einer individuelle Verantwortung begründenden Handlungsfreiheit des Menschen, d.h. die Konzeption des Subjekts als einer selbstbestimmten, intelligiblen Entscheidungsinstanz, emanzipiert von unmittelbarer sinnlicher Nötigung[21] oder äußerem Zwang. Selbstbestimmung impliziert die Vorgeschichte der 'Bildung des Willens'. Zucht und Arbeit, die beiden strategischen Entwicklungsmedien des Transformationsprozeß zur Neuzeit, verklammern die Innenwelt des Subjekts mit den äußeren Bedingungen seiner Existenz. Von hier leitet sich auch wieder der Hegelsche Angriff gegen den 'inkonsequenten Formalismus' Kants[22] ab: Die Überprüfung subjektiven Handelns auf seine moralische Legitimation, die das bloße Verhalten reflexiv hintergeht und der selbstbewußten Steuerung des Subjekts unterstellt, die inhaltliche Begrenzung der formalen Willkür- und Entscheidungsfreiheit durch eine nur subjektive Explikation des 'Vernünftigen' und 'Richtigen', kann mit der prinzipiell allgemein zugänglichen Einsicht in die genetischen Grundlagen der Subjektautonomie über das formale Prinzip des kategorischen Imperativs hinauskommen und in eine konkrete, materiale Ethik, eine das empirische Subjekt und seine objektiven Lebensverhältnisse integrierende sittliche Perspektive, überführt werden. Willkürfreiheit, die auf der formalen Handlungskompetenz des Subjekts, auf der Freiheit des Wählens, der Entscheidung, beharrt, wird dann eingestellt in ein material definiertes, inhaltsvolles Freiheitsverständnis, das die konstitutiven Bedingungen von Subjektautonomie mit reflektiert und als Ermöglichungsgrund von Freiheit positiv bestätigt. Die Figur der sittlichen Perspektive, die diese Identität zwischen den beiden Spannungspolen subjektiv bestimmter Moralität und harter, objektiver Legalität, bzw. den Legalität garantierenden Institutionen, herstellt, greift über den hier relevanten Zusammenhang schon hinaus; sie bezeichnet schon wieder die Überwindung des eben als berechtigt aufgenommenen einseitigen Subjektstandpunkts. Es soll deshalb zunächst einmal genauer festgehalten werden, in welcher Beziehung die Sphäre der Moralität, also eine vom Standpunkt des Subjekts ausgehende Handlungsorientierung, zu der hier verhandelten Konzeption der bürgerlichen Gesellschaft steht.

Unter Moralität, das stellt Hegel in der Enzyklopädie explizit fest[23], ist mehr befaßt als die Reflexion des Subjekts auf die normative Dimension seines Handelns und die hieraus ableitbaren Regeln und Prinzipien. Zunächst geht es grundsätzlich um die Rekonstruktion des Binnenverhältnisses des Subjekts, um die von der generalisierenden Abstraktion des Rechts nicht berührte, bzw. ausdrücklich ausgeschlossene, besondere Individualität. Nicht eine hypothetisch eingenommene systemische Perspektive, die den Zusammenhang prinzipiell Gleicher vernünftig, rational organisieren will, sondern die radikale handlungstheoretische Konstruktion der Beziehungen von Subjekt und Außenwelt (zu denen auch das spezifische Verhältnis gegenüber der eigenen Gegen-

---

19   Vgl. z.B. Vernunft S. 83, S. 109
20   Vgl. PdG S. 525
21   Vgl. etwa Kant, Metaphysik, a.a.o. S. 318, S. 333
22   Vgl. z.B. Rechtsphilosophie § 135
23   Vgl. Enzyklopädie III § 503

ständlichkeit gehört) aus der selbstreflexiven Sicht des Subjekts ist also Gegenstand der Analyse. Subjektautonomie setzt den beschriebenen Herrschaftsprozeß, die Vergegenständlichung des Subjekts in seiner Arbeit als Bedingung von Selbstbewußtsein, Selbstdefinition, voraus; hier wird die Selbstbestimmung als eine reflektierte Erfahrung des Subjekts selbst thematisch: als das Ich, das sich als interessegeleitet Handelnder gegenüber einer Außenwelt zur Geltung bringt und dieses Verhältnis entsprechend seinem 'Bildungsstand', d.h. auf unterschiedlich weit entwickelter Stufe der Wahrnehmung des gesellschaftlichen Phänomenbereichs konzeptualisiert; seine Bedürfnisse, seine Wünsche, seine Vorstellungen von 'Glück', 'Wohl', von 'Richtig', 'Gut und Böse' ausbildet und formuliert. Das Subjekt, so wie es Hegel in der Rechtsphilosophie aufnimmt, greift handelnd in die Wirklichkeit ein, d.h. steht in keinem unmittelbar natürlichen, sondern in einem über die Auseinandersetzung mit dieser Wirklichkeit entwickelten intentionalen, zweckgerichteten Verhältnis zu seiner äußeren Welt. In mehreren Dimensionen wird dieses Verhältnis problematisch: Das Subjekt kann sich über den Kontext täuschen, gegenüber dem es tätig werden will; es kann ein falsches Bild von den geltenden Normen, Gesetzen haben; seine subjektive Überzeugung kann in bewußten Widerspruch zur geltenden 'Wahrheit' geraten[24]. Das muß hier nicht weiter diskutiert werden, entscheidend bleibt, daß Hegel das sich im Handeln aktualisierende Interesse des Subjekts als ein objektiv notwendiges und berechtigtes Moment aufnimmt, als 'objektiver subjektiver Geist'. In der Enzyklopädie schreibt er deshalb: "Dies Moment der *Einzelheit* muß in der Ausführung auch der objektivsten Zwecke seine Befriedigung erhalten; ich als dieses Individuum will und soll in der Ausführung des Zwecks nicht zugrunde gehen. Dies ist mein *Interesse*." (Enz III § 475 Zu). Handeln aber können nur kompetente Individuen und sie werden nur tätig aufgrund ihres Interesses, also: "Es kommt daher nichts ohne Interesse zustande." (ebd)[25]. Diese Einsicht hat Hegel in der Philosophie der Geschichte wohl am deutlichsten Ausdruck verliehen. Es ist klar: Hegel versteht unter Interesse mehr als nur die zweckrationale Verfolgung natürlicher Bedürfnisse; insofern der Mensch als intelligibles Wesen an der Selbstauslegung des metaphysischen Geistsubjekts partizipiert, kann es letztlich kein 'wirkliches' Interesse gegen das höhere Interesse der Vernunft geben. Allein, die 'Lebendigkeit' des Subjekts gehört dazu, der natürliche Wille ist trotz seiner in Hinsicht auf die eigentliche Bewegung ontologischer Höherentwicklung defizienten Bedeutung ein notwendiges und deshalb berechtigtes Moment. Aufheben, um es noch einmal zu wiederholen, heißt bei Hegel eben nicht nur überwinden, zurückweisen, abschaffen, sondern auch bewahren, mitnehmen - unter einer allerdings angemesseneren Form. Moralität nimmt auf einer elementareren Ebene die Berechtigung des Bedürfniswesens Mensch, die auf dem beschriebenen Niveau der Subjektentwicklung selbstrepräsentative Qualität des natürlichen Willens, auf: "Es ist erlaubt ... sein Wohl zum Zweck zu machen" schreibt Hegel (Rphil § 123 Anm)[26]. Bedürfnisse, Begierden, elementare Selbstbehauptung sind die unverzichtbaren motivationalen Ausgangspunkte jeder evolutiven Sequenz, sie halten sich deshalb in ihrer konstitutiven Bedeutung durch. Nur die Kompetenz des Subjekts hat sich entscheidend verändert: Mitgedacht ist hier die Herrschaft des Subjekts über seine Bedürfnisnatur, die über die Nötigung zum arbeitenden Umgang mit äußerer Natur erzwungene

---

24 Dafür kann es gute Gründe geben, wie Hegel in § 138 Rechtsphilosophie exemplarisch an Sokrates aufzeigt Vgl. auch Vernunft S. 71

25 Vgl. auch Vernunft S. 78ff, S.81f

26 Im Zusatz heißt es genauer: " Daß der Mensch ein Lebendiges ist, ist aber nicht zufällig, sondern vernunftgemäß und insofern hat er ein Recht, seine Bedürfnisse zu seinem Zweck zu machen. Es ist nichts Herabwürdigendes darin, daß jemand lebt, und ihm steht keine höhere Geistigkeit gegenüber, in der man existieren könnte." (ebd Zu).
In der philosophischen Propädeutik heißt es im gleichen Sinne, die spezifische Qualität des skizzierten moralischen Niveaus der Subjektkompetenz noch näher angebend: "Die Freiheit des Menschen von natürlichen Trieben besteht nicht darin, daß er keine hätte und also seiner Natur zu entfliehen strebt, sondern daß er sie überhaupt als ein Notwendiges und damit Vernünftiges anerkennt und sie demgemäß mit seinem Willen vollbringt." (Nürnb. Schr. S. 261).

'Hemmung der Begierde', die den Kompetenzzuwachs des Subjekts strukturiert und über diesen Prozeß auch die eigenen Bedürfnisse der Selbstbestimmung unterstellt hat: "Die Individuen treten in sich zurück und streben nach eigenen Zwecken ... jeder setzt sich nach seinen Leidenschaften seine eigenen Zwecke." (Ver. 71). Denn: "Hierin liegt die Selbständigkeit des Menschen; was ihn determiniert, weiß er." (ebd 57). Bevor Moralität, die Analyse dieser Kompetenz aus der Binnenperspektive des Subjekts, mit der Expansion der Selbstwahrnehmung und -erfahrung die subjektive Perzeption des allgemeinen oder sozialen Zusammenhangs also näher untersucht, gibt sie das hinter der postulierten Handlungsfreiheit stehende Recht der Partikularität, der Besonderheit, des subjektiven Interesses zu. Die Kehrseite der abstrakten Gleichheit des bürgerlichen Rechts ist der konkrete, reale, empirische Mensch, der sich in der Verfolgung partikularer, privater - seiner - , d.h. gerade nicht allgemeiner, ihnen sogar potentiell widersprechender Zwecke manifestiert[27]. Grundsätzlich gilt:

"Dieser partikuläre Inhalt ist so eins mit dem Willen des Menschen, daß er die ganze Bestimmtheit desselben ausmacht und untrennbar von ihm ist; er ist dadurch das, was er ist. Denn das Individuum ist ein solches, das da ist, nicht Mensch überhaupt, denn der existiert nicht, sondern ein bestimmter." (ebd 85). Nimmt man die soziale Wirklichkeit als eine Produktion des empirischen Menschen, d.h. bindet man sie an menschliches Handeln - und daran besteht auch für Hegel kein Zweifel, obwohl die absolutistische Logik der Konstruktion ein 'eigentliches' Subjekt der Geschichte unterstellt, das dem Menschen immer wieder seinen Status als Akzidenz entgegenhält - dann kann sich die so erzeugte Wirklichkeit nur als eine durch die Macht der partikularen Interessen vermittelte erweisen, denn, so Hegel, es ist geradezu "absurd zu meinen, man könne etwas tun ohne sich befriedigen zu wollen". (ebd 102). Eine 'vernünftige' Theorie der menschlichen Geschichte muß entsprechend voraussetzen, daß der Zusammenhang zwischer 'objektiver' Produktion, der faktischen Macht institutionalisierter Wirklichkeit, wie sie sich in Recht und Staat darstellt, und dem subjektivem Interesse, der menschlichen Bedürfnisstruktur, aufgezeigt werden kann.

---

27 "Was das Moralische der Leidenschaften betrifft, so streben sie freilich nach dem eigenen Interesse." (ebd 84)

4. Das System der bürgerlichen Gesellschaft

Im System der bürgerlichen Gesellschaft nimmt Hegel die in Recht und Moralität jeweils analytisch für sich entwickelten Momente zusammen: 'Sittlichkeit' kennzeichnet im Unterschied zu Moralität die Einnahme einer Perspektive, die sowohl den systemischen Zusammenhang, das 'Allgemeine', Gesellschaft als konkrete Totalität, wie auch die Subjektperspektive auf einer Metaebene zu integrieren weiß. Bürgerliche Gesellschaft widerspricht in der realistischen Darstellung Hegels zunächst diesem Begriff: sie ist ja gerade die Sphäre einseitiger Egoismen, der Verlust des Allgemeinen - 'entsittlicht'. Ihre Zuordnung in das 'System' der Sittlichkeit im dritten und abschließenden Teil der Rechtsphilosophie bleibt unverständlich ohne ihre begriffslogisch notwendig defizitäre Positionierung: Sie wird in der Konzeption des Staats wieder aufgehoben, d.h. sie muß an sich selbst die Notwendigkeit dieser Aufhebung erweisen. Bürgerliche Gesellschaft ist das System der gebrochenen Sittlichkeit, sie verweist aber damit zugleich über sich hinaus, und exakt darin aktualisiert sie die 'wahre' und 'wirkliche' Sittlichkeit. Die Konzeption ist ideologisch, sie zielt darauf, einen bestimmten Staatsbegriff und seine institutionellen Ausprägungen zu legitimieren; es wird noch zu diskutieren sein, inwieweit hier konkrete historische Vorbilder (das Wort vom Preußischen Staatsphilosophen wurde zu einem bekannten Interpretationskorsett) maßgeblich sind. Die Darstellung der bürgerlichen Gesellschaft ist von vornherein funktional auf diesen Nachweis ausgerichtet, sie verfolgt ein kritisches Interesse und bezieht von daher ihre analytische Schärfe. Ihre strategische Bedeutung darf aber nicht vergessen lassen, daß Hegel diese Kritik nicht als konservative Zivilisationskritik anlegt oder etwa vom Rousseauschen Pessimismus her denkt; daß es also nicht darum geht, einen überholten historischen Entwicklungsstand zu konservieren oder zu restaurieren, sondern bürgerliche Gesellschaft wird als ein historisch konkretes Handlungssystem der Neuzeit aufgenommen, in dem sich die globale, welthistorische Bewegung zur Freiheit des Menschen mit aktualisiert: Bürgerliche Gesellschaft bleibt für Hegel als integrales Moment des historischen Transformationsprozesses, als die Sphäre, in der sich das zu den antiquierten Verhältnissen konkurrierende Prinzip ökonomischer Produktion und sozialer Organisation am deutlichsten manifestiert, grundsätzlich legitimiert. Hinter die bürgerliche Gesellschaft will Hegel nicht zurück, sie ist ein konstitutiver Faktor der Moderne, wie Hegel weitsichtig aufgeht. Hegel nimmt den eigenen Anspruch einer intendierten philosophischen Bewältigung von Wirklichkeit durchaus ernst, so daß er zurecht als einer der ersten umfassenden Analytiker der modernen bürgerlichen Gesellschaft gelten kann.

"Die konkrete Person, welche sich als besondere Zweck ist...ist das eine Prinzip der bürgerlichen Gesellschaft."(Rphil §182). Und: "In der bürgerlichen Gesellschaft ist jeder sich Zweck, alles andere ist ihm nichts."(ebd Zu).[28]

Der Ausdruck 'konkrete Person' und Privatperson führt die beiden voranstehenden Systemteile der Rechtsphilosophie zusammen: Das empirische Subjekt und seine gesellschaftliche Natur, das selbstbewußte, autonome Subjekt und die komplementären, gesellschaftlich institutionalisierten, d.h. hier 'objektiven' Formen sozialer Organisation, die das Handeln der Subjekte koordinieren, werden umfassend berücksichtigt und ergänzt. Privatperson ist der kompetente Einzelne, der, in sich zentriert, weiß, was er will (was nicht heißt, daß er das 'Richtige', 'Wahre' will), der strategisch sein Interesse zu verfolgen in der Lage ist. Die Privatperson ist das Subjekt der Ökonomie, der egoistische, auf die Befriedigung seiner Bedürfnisse und die Verbesserung seiner Lebensver-

---

28 "Die Individuen sind als Bürger dieses Staates Privatpersonen, welche ihr eigenes Interesse zu ihrem Zwecke haben."(ebd § 187).

hältnisse abzielende 'Mensch', wie ihn auch die englische Nationalökonomie ihrer Konzeption zugrundegelegt hat[29]: "Hier auf dem Standpunkte der Bedürfnisse ist es das Konkretum *der Vorstellung*, das man *Mensch* nennt; es ist also erst hier und auch eigentlich nur hier vom *Menschen* in diesem Sinne die Rede." (Rphil § 190). Anders als die ideologische Konstruktion der rein abstrakten Rechtsperson, oder der christlichen Gleichheit vor Gott, nimmt die Anerkennung als 'Mensch' das konkrete Subjekt in seiner Bemühung um Selbsterhaltung unter den Bedingungen allgemeiner subjektiver Freiheit und formaler Gleichheit in den Blick: "Der *Mensch gilt so, weil er Mensch ist*, nicht weil er Jude, Katholik, Protestant, Deutscher, Italiener usf. ist."(ebd § 209). Gemeint ist also das von Sklaverei und Leibeigenschaft emanzipierte bürgerliche Subjekt am Ausgang der Freiheit verwirklichenden Anerkennungsbewegung. Politisch bedeutet diese Freiheit zunächst einmal die Ablösung personaler Herrschaftsverhältnisse durch den neuzeitlichen Verfassungsstaat; ökonomisch die Befreiung des Privateigentümers. Personale Herrschaft hatte auf der einseitigen Ausbeutung der Arbeitskraft des Knechts beruht; das war philosophisch gesehen nur solange legitim, wie sie den über Arbeit organisierten Herrschaftsprozeß über äußere und innere Natur beförderte.[30]

Mit der eingeholten Autonomie - manifester Ausdruck war die französische Revolution - dem 'sich frei Wissen' des Subjekts, wurde diese Asymmetrie 'überflüssig'[31], ja offen anachronistisch: Das ökonomische Verhältnis kennt nur noch die reziproke Beziehung zwischen sich gegenseitig in ihrer Herrscherrolle, d.h. als potentielle Eigentümer anerkennenden Subjekte. Zum Prototyp dieser Beziehung, so die Darstellung des abstrakten Rechts, generiert das theoretisch herrschaftsfreie Tausch- und Vertragsverhältnis zwischen den privatautonomen Warenbesitzern, die auf der Basis prinzipieller Gleichheit ihr ökonomisches Interesse verfolgen. Der Übergang wird dabei explizit als eine Veränderung der Produktionsweise thematisiert: "Das Prinzip der Industrie kam von England hinüber, und Industrie enthält in sich das Prinzip der Individualität: der individuelle Verstand bildet sich in der Industrie aus und herrscht in ihr vor." (Ver. 206)[32].

Dabei erreicht Hegel auch eine soziologisch einfühlsame Vorstellung des umfassenderen Transformationsprozesses, vor allem bei der, allerdings nicht systematisch eingebauten, Analyse der gesellschaftlichen Verhältnisse in Nordamerika: "Daß ein Staat die Existenz eines Staates bekommen könne, dazu gehört ... daß sich die ackerbauende Klasse nicht mehr nach außen drängen kann, vielmehr sich in sich zurückdrängt, sich zu Städten und städtischen Gewerben zusammenfaßt. Erst so kann ein bürgerliches System entstehen und das ist die Bedingung für das Bestehen eines organisierten Staates." (ebd 208f).[33]

Das 'Prinzip der Individualität' oder der Subjektautonomie wird von Hegel also deutlich als ein der Modernisierung der Gesellschaft komplementärer Vorgang verstanden - dieses Prinzip ist konstitutiv für die neue Produktionsweise: "Die Gewerbetreibenden mußten bald einen notwendigen Vorrang vor den Ackerbauern gewinnen, denn diese wurden mit Gewalt zur Arbeit getrie-

---

29 Vgl. etwa Smith, a.a.o. S. 282, 452, 570
30 So heißt es an einer Stelle der Philosophie der Geschichte:
    "Sklaverei ... ist ein Moment des Übergangs zu einer höheren Stufe."(PdG 226).
31 Vgl. dazu Frühe pol. Systeme S. 265
32 Es soll hier einschränkend angemerkt werden, daß die Konzeptualisierung der industriellen Gesellschaft
    bei Hegel alle möglichen Formen auch vorindustrieller Betriebsverfassungen abdeckt, daß also der eigent-
    liche Industriebetrieb keine große Rolle spielt und der industrielle Unternehmer, der Fabrikant, sozial-
    strukturell durchfällt. Ich werde auf diesen Punkt noch ausführlich zurückkommen.
33 " ... Erst wenn wie in Europa die bloße Vermehrung der Ackerbauer gehemmt ist, werden sich die Bewohner,
    statt hinaus nach Äckern zu drängen, zu städtischen Gewerben und Verkehr in sich hineindrängen, ein
    kompaktes System bürgerlicher Gesellschaft bilden und zu dem Bedürfnis eines organischen Staates kommen."
    (ebd).
    Die Bedeutung des städtischen Milieus hatte auch eine Stelle in der Rechtsphilosophie näher betont: "Der
    Sinn für Freiheit und Ordnung ist daher hauptsächlich in den Städten aufgegangen."(Rphil § 204Zu).

ben; jene aber hatten eigene Tätigkeit, Fleiß und Interesse am Erwerb." (PdG 462). Die Wertung schließt dabei ganz offensichtlich an die von der englischen Nationalökonomie aufgearbeitete Einsicht in den tieferen Zusammenhang zwischen der ökonomischen Mentalität des Subjekts und dem Entwicklungsstand der Gesellschaft an. Smith etwa hatte im 'wealth of nations' ganz ähnlich wie Hegel geschrieben: "Jemand der kein Eigentum erwerben kann", und diese Möglichkeit ist ja sowohl bei den Ökonomen wie bei Hegel die 'Wirklichkeit' der Autonomie, "kann auch kein anderes Interesse haben, als möglichst viel zu essen und so wenig wie möglich zu arbeiten. Was er auch immer an Arbeit leistet, die über die Deckung des eigenen Lebensunterhalts hinausgeht, kann nur durch Gewalt aus ihm gepreßt werden..."[34]. Der entfalteten bürgerlichen Gesellschaft entspricht also eine andere Wirtschaftsmentalität, eben die des egoistischen Bourgeois, der nicht nur um den Erhalt der bloßen Subsistenz, sondern um der Wahrung und Vermehrung ökonomischer Vorteile willen mit einem zum Selbstzweck verklärten Arbeitsverständnis tätig wird. Die Gegenüberstellung der traditionalen und der modernen Wirtschaftsgesinnung macht klar: Die Freisetzung des Subjekts markiert einen Umbruch der Produktionsweise; sie ist gegenüber der funktional noch wenig differenzierten naturalwirtschaftlichen Produktion an die Zunahme der gesellschaftlichen Interdependenzen im Innern der Gesellschaft, an die Ausbildung eines Tauschmarktes gekoppelt, über den die Subjekte als Eigentümer in ein auf rationalem Kalkül basierendes Verhältnis miteinander treten können. Die mit der bürgerlichen Gesellschaft implizierte strategische Handlungskompetenz des egoistischen Individuums ist somit die subjektive, bewußte Seite einer das gesellschaftliche Handeln dieser Subjekte integrierenden und organisierenden ökonomischen Struktur: Der radikalen Atomisierung der Gesellschaft, wie sie die Vorstellung der Rechtsperson unterlegt, korrespondiert die Nötigung der Unterwerfung unter ein unbewußt aktualisiertes Produktionssystem. So wird von Hegel gleich nach der rechtsphilosophischen Legitimation der freigesetzten 'Besonderheit' des Bürgers der notwendige Bedingungszusammenhang dieser Entwicklung, die komplementäre Verfestigung sozialer und ökonomischer Abhängigkeiten aufgezeigt, deren Analyse den 'bloßen Schein'[35] der Selbstbestimmung demaskiert: "Aber ich bin eigentlich darüber (über die scheinbare Autonomie des Subjekts, L.S.) nur im Irrtum, denn indem ich das Besondere festzuhalten glaube, bleibt doch das Allgemeine und die Notwendigkeit des Zusammenhangs das Erste und Wesentliche."(ebd §181 Zu).

Denn: "... ohne Beziehung auf andere kann er (das egoistische Subjekt, L.S.) den Umfang seiner Zwecke nicht erreichen; ... Indem die Besonderheit an die Bedingung der Allgemeinheit gebunden ist, ist das Ganze der Boden der Vermittlung, wo alle Einzelheiten, alle Anlagen, alle Zufälligkeiten der Geburt und des Glücks sich frei machen, wo die Wellen aller Leidenschaften ausströmen, die nur durch die hineinscheinende Vernunft regiert werden."(ebd § 182 Zu).[36] Die konkrete Person impliziert den gattungsgeschichtlichen Prozeß des Abbaus von Naturabhängigkeit: Die Befriedigung der elementaren Bedürfnisse, der Triebhaushalt, ist hier der bewußten Kontrolle des Subjekts unterstellt und wird als subjektives Interesse zur Geltung gebracht. Die 'Vermischung von Naturnotwendigkeit und Willkür' (ebd § 182)[37] von der Hegel spricht, kennzeichnet diesen motivationalen und kognitiven Ausgangspunkt: Das Subjekt verfolgt seine Bedürfnisse zweckrational gegenüber einer potentielle Befriedigung verheißenden Außenwelt. Das entscheidende Medium der Vermittlung von Bedürfnis und Befriedigung war die vom Menschen aufgewendete Arbeit; sie war gleichzeitig, hervorgerufen und angetrieben durch anthropologische

---

34 Smith, a.a.o. S. 319
    Vgl. auch ebd S. 70, S. 320, S. 580
35 Vgl. Rechtsphilosophie § 181 u. Zu, § 184 Zu
36 Und analog heißt es weiter: "Der selbstsüchtige Zweck in seiner Verwirklichung, so durch die
    Allgemeinheit bedingt, begründet ein System allseitiger Abhängigkeit..."(ebd § 184).
    " Indem in der bürgerlichen Gesellschaft Besonderheit und Allgemeinheit auseinander gefallen sind, sind
    sie dennoch beide wechselseitig gebunden und bedingt. "(ebd 184 Zu).
37 Vgl. auch Enzyklopädie III § 529

Notwendigkeit, Medium der 'Bildung', d.h. des Ausbaues der Subjektkompetenz, der Selbstverwirklichung des Menschen. Die durch die Widerständigkeit von Natur und dann mit verstärkter Potenz durch die Gewalt des aufoktroyierten Herrschaftsverhältnis provozierte Erweiterung der durch Arbeit zu überbrückenden Distanz hält die in die Arbeit einfließende Vergegenständlichung des Subjekts fest[38]. Arbeit wird nicht allein zum Medium der Assimilation der Objektwelt an die menschliche Bedürfnisstruktur, sondern induziert, eingebunden in diesen Prozeß, die Verwandlung des Menschen selbst; sie wird zum Medium der Selbsterfahrung des Menschen als Subjekt. Im 'Wesen' der Arbeit liegt die Befreiung des Menschen[39] oder der Mensch produziert mit seiner Welt sich selbst, wie Hegel (wenn wir die ontologische Rahmenhandlung einmal ausblenden) Marx vorwegnimmt, bzw. vorbereitet. Eine anthropologische Voraussetzung dieser Potenz der Arbeit war die 'Offenheit' der menschlichen Bedürfnisstruktur. Die Befriedigung der elementaren Bedürfnisse ist nur eine Bedingung der Eröffung weiterer, 'verfeinerter' und differenzierterer Bedürfnisse, für die Menschen tätig werden können, d.h. auch: die die Herrschaftskompetenz über äußere und innere Natur ausweiten. Während die inflationäre Wucherung der Bedürfnisse für Rousseau noch Ausdruck der unvermeidlichen Versklavung und Degeneration des Menschen war, eröffnet sie bei Hegel die Chance zur Transzendierung der naturalen Verklammerung; sie etabliert gegenüber der noch unmittelbaren Abhängigkeit von Natur eine 'selbstgemachte Notwendigkeit' zu der sich der Mensch "statt nur zu äußerlicher, zu innerer Zufälligkeit, zur *Willkür* verhält"(ebd § 194). Freiheit fängt erst jenseits der Befriedigung von elementaren Bedürfnissen an "weil das Naturbedürfnis als solches und dessen unmittelbare Befriedigung nur der Zustand der in der Natur versenkten Geistigkeit und damit der Roheit und der Unfreiheit wäre und die Freiheit allein in der Reflexion des Geistigen in sich, seiner Unterscheidung von dem Natürlichen und seinem Reflexe auf dieses liegt." (ebd). Das dem Willen unterstellte Bedürfnis impliziert den bewußten Genuß, die Verfeinerung, also eine Bewegung gegen das 'Rohe, Wilde und bloß Tierische' (Nürnb. Schr. 256), die ihre eigene Dynamik des Fortschritts entfaltet: "Insofern also der Verstand sich mit den Mitteln Bedürfnisse überhaupt zu befriedigen, beschäftigt, erleichtert er dadurch diese Befriedigung und erhält dadurch die Möglichkeit, sich höheren Zwecken zu widmen." (ebd). Die Darstellung der Kategorie der Anerkennung und genauer die historische Übersetzung dieser Bewegung in das soziale Verhältnis von Herrschaft und Knechtschaft hat die intuitive Einsicht Hegels in die Abhängigkeit der Arbeit von den durch die soziale Organisation der Gesellschaft vorgegebenen Produktionsverhältnissen gezeigt: Weder Freier noch Sklave, Grundherr noch Leibeigener/Knecht schöpfen das emanzipative Potential von Arbeit vollständig aus; beide können sich aufgrund der Verformung der Arbeit durch die bestehende Situation einseitiger Ausbeutung nicht weit genug aus der naturalen Abhängigkeit lösen, um sich als wirklich frei zu erkennen - so dominiert auf der einen Seite noch immer die Furcht, auf der anderen der exzessive Genuß. Die Charakterisierung des Bauernstandes belegt die Abhängigkeit einer solchen Befreiung von der Entwicklung der Produktivkräfte, denn in der traditionsverhafteten ländlichen Lebenswelt hat sich noch wenig geändert. Vor allem in der Jenaer Realphilosophie findet Hegel für den bäuerlichen, nur auf seine Subsistenzsicherung bedachten naturalwirtschaftlichen Produzenten äußerst abwertende Formulierungen; er ist ihm noch "ein rohes, wildes Tier, das in seiner Dumpfheit zufrieden ist" (Frühe pol. Systeme 272), dem man daher am besten mit Befehl und Gewalt kommt. Befreiung liegt dagegen in einer Wirtschaftsweise, die auf Diversifikation und Differenzierung des Bedürfnisspektrums und der vorausschauenden, rational geplanten Befriedigung desselben beruht, wie sie vor allem mit der Ablösung der archaischen Formen der Arbeitsteilung[40] durch die zunehmende gesellschaftliche Organisation der Bedürfnisbefriedigung

---

38   Vgl. Frühe pol. Systeme S. 234
39   Vgl. Rechtsphilosophie § 194. Hier spricht Hegel vom "Moment der Befreiung, die in der Arbeit liegt..."
40   Schon in der Realphilosophie analysiert Hegel die 'natürliche' Arbeitsteilung innerhalb des Familienverbands.

möglich wird. Einmal entlastet von den Beschränkungen der traditionalen Produktionsweise können die Bedürfnisse eine prinzipiell "ins unendliche fortgehende Vervielfältigung" (Rphil § 191) nehmen. Voraussetzung war dabei, wie schon gesagt, nicht zuletzt der Produktionszuwachs des primären Sektors selbst, das Durchbrechen des permanenten Drucks der 'natürlichen Begierde' durch die dauerhafte Sicherung der elementaren Bedürfnisse, d.h. die Erzeugung eines Überschuß. A. Smith hatte diesen Punkt deutlich herauszuarbeiten versucht; Hegel schließt an ihn unmittelbar an, auch wenn er sich weniger eindeutig erklärt. So interpretiert er die angesprochene Vervielfältigung der Bedürfnisse als ein "Zeichen, daß die Not überhaupt nicht so gewaltig ist" (Rphil §190 Zu)[41] und auch die an Montesquieu angelehnten Ausführungen über den Zusammenhang von geographischer Lage, Klima, etc. und ökonomischer Entwicklung am Beginn der Philosophie der Geschichte versuchen die Bedingungen sozialen und ökonomischen Wandels genauer anzugeben[42]. Voraussetzung wird aber auch die Etablierung eines Marktes, auf dem dieser Überschuß dann gegen die durch die Arbeit anderer erbrachten 'Mittel' der Befriedigung getauscht werden kann. Die gegenseitige Befriedigung von Bedürfnissen qua Tausch impliziert ein bestimmtes Verhältnis der sich im Tausch begegnenden Subjekte, ein Verhältnis, das unvereinbar mit der einseitigen Abhängigkeit in personalen Herrschaftsstrukturen ist. Tausch beruht, wie Hegel bei der Entwicklung des abstrakten Rechts ausgeführt hat, auf der Verfügungsgewalt der Subjekte über das Tauschobjekt, setzt Eigentum und die wechselseitige Anerkennung als Eigentümer voraus, ist also nur möglich auf der Basis zumindest formaler Reziprozität, wie sie mit der expliziten Freisetzung des Subjekts aus personalen Bindungen positiv sanktioniert wird.

Mit dem Bewußtsein, daß Hegel ein für seine Zeit ausgesprochen sensibles Verständnis für genetische Verlaufsprozesse entwickelt hat, soll nun die zeitgenössische Gegenwartsanalyse genauer dargestellt werden. Sowohl in der Rechtsphilosophie als auch der Enzyklopädie, den beiden ausgereiften Darstellungen, geht Hegel selbstverständlich von der sich ihm am englischen Beispiel zeigenden Verflechtung und Verdichtung der Gesellschaft aus; der Übergang zur bürgerlichen Gesellschaft ist schon als offenkundiges historisches Faktum perzipiert: Die Analyse setzt dort am Ist -Zustand der historischen Entwicklung an. Bedürfnisdifferenzierung und -vielfalt, die Autonomie des Subjekts wird hier vorausgesetzt, d.h. der 'Wille' des Einzelnen ist frei im Sinne der Kompetenz selbstreflexiven, zweckrationalen Handelns. Gefragt wird nach den gesellschaftlichen Bedingungen, unter denen sich das individuelle, partikulare Interesse überhaupt verfolgen läßt, und danach, welche notwendigen institutionellen Voraussetzungen oder Sicherungen dieser 'entschränkten Besonderheit' korrespondieren müssen; auch hier also steht das Problem der Stabilität im Fokus der Aufmerksamkeit.

Grundsätzlich ist mit der Ausdifferenzierung der bürgerlichen Gesellschaft die Befriedigung der Bedürfnisse nur noch gesellschaftlich vermittelt möglich: Soziale und ökonomische Kooperation gibt die nicht mehr hintergehbare Basis individueller Interessenverfolgung ab. "Die Möglichkeit der Befriedigung ist hier in den gesellschaftlichen Zusammenhang gelegt... Die *unmittelbare* Besitzergreifung ... findet ... nicht mehr oder kaum statt; die Gegenstände sind Eigentum. Deren Erwerb ist einerseits durch den Willen der Besitzer ... bedingt und vermittelt, sowie andererseits

---

41 Vgl. Smith, a.a.o. S. 151f

42 Grundsätzlich allerdings springt die ontologische Rahmenstruktur in die Bresche: Wenn es nur darauf ankommt ein historisches Faktum als solches zu sanktionieren, ist es unter ihrer Vorgabe einfach nicht notwendig eine konsequent materialistisch-empirische Analyse durchzuziehen. Ebenso wie Kant zeigt sich auch Hegel beispielsweise an den empirisch konkreten Bedingungen, die zur Entstehung des modernen Staates geführt haben, nicht eigentlich oder nur zu illustrativen Zwecken interessiert: es reicht ihm die vernünftige Notwendigkeit der Existenz des Staates überhaupt nachzuweisen, ein Nachweis, in ihm bloßen Faktum der Existenz durchaus erschöpft; das empirische wie und warum kann dabei vernachlässigt werden. Hegel äußert sich hierzu mit wünschenswerter Klarheit: " Wo etwas hergekommen ist, das ist vollkommen gleichgültig; die Frage ist nur: ist es wahr an und für sich? " PdG S. 400

durch die immer sich erneuernde Hervorbringung austauschbarer Mittel durch *eigene Arbeit.*"
(Enz III §524)[43]. In einer Gesellschaft voneinander formal unabhängiger, privatautonomer Eigentümer werden die notwendigen Mittel der Bedürfnisbefriedigung nicht mehr im unmittelbaren Verhältnis zur Natur, sondern nur noch mittelbar über den Markt erworben; der Unabhängigkeit der Produzenten korrespondiert die durchgängige gesellschaftliche Abhängigkeit des Menschen als Bedürfniswesen. Der Vorgang ist bei Hegel äußerst komplex gesehen: Die Multiplikation und Differenzierung der Bedürfnisse steht in dialektischem Zusammenhang mit der gesellschaftlichen Organisation der Arbeit sowie mit dem Verhältnis der Subjekte zueinander und gegenüber der Natur. Die Ausweitung des Bedürfnisspektrums setzt die Ausweitung der Arbeitsteilung, über die sich erst ein Markt konstituiert, voraus; andererseits eröffnet die Produktivitätszunahme, die mit der Verbesserung der Arbeitsorganisation einhergeht, einen weiteren Schub in Richtung der prinzipiell unbegrenzten Verfeinerung der Bedürfnisse, der wiederum stimulierende Effekte auf die Differenzierung der Arbeitsorganisation auslöst. Diese Teilung folgt einer bestimmten Logik: Hegel berücksichtigt nicht nur die Trennung und Spezialisierung in differente Handwerke und Gewerbe, er sieht auch sehr deutlich die zunehmende Zerlegung der einzelnen Produktionsabläufe in immer weniger komplexe Einzelschritte bis hin zur Möglichkeit der Automation in der industriellen Fertigung: "Die Abstraktion des Produzierens macht das Arbeiten ferner immer mehr *mechanisch* und damit am Ende fähig, daß der Mensch dann wegtreten und an seine Stelle die *Maschine* eintreten kann." (RPhil § 198)[44]. Das ist keine späte Einsicht, Hegel hatte diese Dynamik in der Entwicklung der Produktivkräfte schon in den Frühen Schriften - und dort hinsichtlich der Konsequenzen noch weit schärfer - analysiert. Angeführt sei eine Stelle aus dem 'System der Sittlichkeit' von 1802/03 : " ... diese Arbeit, die auf den Gegenstand als ein Ganzes geht, verteilt sich in sich selbst und wird ein einzelnes Arbeiten; und dieses einzelne Arbeiten wird eben dadurch mechanischer, weil die Mannigfaltigkeit aus ihm ausgeschlossen, also es selbst ein allgemeineres, der Ganzheit fremderes wird. Diese Art des Arbeitens, die sich so verteilt, setzt zugleich voraus, daß das Übrige der Bedürfnisse auf eine andre Weise erhalten wird, da diese auch bearbeitet sein müssen, - durch die Arbeit anderer Menschen. In dieser Abstumpfung der mechanischen Arbeit liegt aber unmittelbar die Möglichkeit, sich ganz von ihr abzutrennen... Es kommt nur darauf an, ein ebenfalls totes Prinzip der Bewegung für dasselbe zu finden, eine in sich differentiierende Gewalt der Natur wie die Bewegung des Wassers, des Windes, des Dampfs usw., und das Werkzeug geht in die *Maschine* über ..." (Frühe pol. Systeme S. 32f)[45]. Arbeitsteilung impliziert die Spezialisierung oder Beschränkung der Produzenten auf einen zunehmend geringeren Ausschnitt der zur Befriedigung der Gesamtheit aufzuwendenden Arbeit; sie (ebenso wie die Bedürfnisse selbst) werden abstrakt, d.h. Arbeit verliert nicht nur ihre unmittelbare Beziehung auf das konkrete Bedürfnis, sondern ist von vornherein Produktion für den Markt, gesellschaftliche Produktion. Hegel schreibt: "Der Mensch erarbeitet sich nicht mehr das, was er braucht, oder er braucht das nicht mehr, was er sich erarbeitet hat; sondern es wird statt der Wirklichkeit der Befriedigung seiner Bedürfnisse nur die Möglichkeit dieser Befriedigung; seine Arbeit wird eine *formale*, abstrakt *allgemeine*, eine einzelne; er schränkt sich auf die Arbeit für *eins* seiner Bedürfnisse (ein) und tauscht sich dafür das für seine anderen Bedürfnisse Nötige ein." (Frühe pol. Syteme S. 332f)[46]. Ziel der Differenzierung der Arbeitsorganisation bleibt die Steigerung der Produktivität: je gegliederter, zerlegter, mechanisierter und schließlich automatisierter,

---

43 Vgl. auch Rechtsphilosophie § 217
44 Vgl. auch die Parallelstelle in Enzyklopädie III § 526
45 Vgl. dazu auch Frühe pol. Systeme S. 235 u. S. 332f
46 Vgl. auch Frühe pol. Systeme S. 235
    Bekanntlich hat Marx dieses Verhältnis als den Unterschied von Tausch- und Gebrauchswert analysiert: "
    Seine Ware hat für ihn (den Produzenten) keinen unmittelbaren Gebrauchswert. Sonst führte er sie nicht zu
    Markt. Sie hat Gebrauchswert für andere. Für ihn hat sie unmittelbar nur den Gebrauchswert, Träger von
    Tauschwert und so Tauschmittel zu sein." Kapital Bd 1 S. 100

desto mehr beschleunigt sich die Güterproduktion. Bis in die Details orientiert sich Hegel hier an A. Smith: Das berühmte Beispiel der Stecknadelproduktion am Beginn des 'wealth of nations' findet sich beinahe wörtlich in den beiden Versionen der Realphilosophie, aber auch z.b. in den von Ilting editierten Vorlesungsmitschriften der Rechtsphilosophie; ein erster Hinweis auf die Kontinuität im Werk Hegels. Die Produktionssteigerung allgemein und die durch die Automation induzierte im Besonderen wird dabei in erster Linie unter dem positiven Aspekt einer zunehmenden Entlastung von unmittelbarem Bedürfnisdruck und der entsprechenden Nötigung zur Arbeit gesehen: Sie gibt über die allgemeine Chance der Befriedigung elementarer Bedürfnisse das Bedürfnis nach höheren Zwecken frei und sie erleichtert die unbedingt notwendige Arbeit, die die Bedürfnisnatur des Menschen zur Sicherung der materiellen Reproduktion, zur bloßen Subsistenzsicherung verlangt. Hegel sieht so den Fortschritt zunächst als Garanten der menschlichen Freiheit. Der Komplexität der Arbeitsorganisation und der Notwendigkeit der Spezialisierung des Produzenten korrespondieren aber auch wachsende Anforderungen aus dem ökonomischen System selbst: Das im Verfolg seiner Interessen auf das 'System der Bedürfnisse' angewiesene Subjekt ist gezwungen, sich den Bedingungen, die das jeweilige Niveau der Organisation der gesellschaftlichen Arbeit verlangt, anzupassen, es muß die Voraussetzungen potentieller 'Verwertbarkeit' für die Bedingungen des Markts mitbringen, kurz: es ist theoretische und praktische 'Bildung', wie Hegel in § 197 Rechtsphilosophie näher ausführt, erforderlich. Arbeit 'bildet' dann nicht nur in dem allgemein anthropologischen Sinne einer Vergegenständlichung des Menschen, als Matrix der Selbsterfahrung, sondern setzt, je mehr sie sich von den unmittelbaren Bedürfnissen der Produzenten ablöst, je mehr sie sich abstrakt auf ein gesellschaftliches Bedürfnis bezieht, selbst Bildung voraus; die Produktion übt einen 'objektiven Zwang' aus, verlangt die Anpassung des Subjekts an die Verwertungsbedingungen des Marktes. Der 'Furcht' und 'Zucht', der Gewalt in den feudalen Grundverhältnissen entspricht dann der erzieherische Zwang von Familie, Schule und beruflicher Ausbildung[47]. Das hat unmittelbare Konsequenzen für die Stellung der Produzenten im allgemeinen Tauschverkehr: Die nur formale Reziprozität der sich als Eigentümer, d.h. Warenbesitzer begegnenden Subjekte wird durch die faktische Realität der Tauschbeziehung unterlaufen - dazu jedoch ausführlich im nächsten Abschnitt.

Die Nötigung der Reduktion des für sein Interesse tätigen Subjekts auf ein funktionales Element der gesellschaftlichen 'Gesamtarbeit' oder 'Gesamtproduktion' bringt, wie Hegel rekonstruiert, mit zunehmender Beschleunigung der gesellschaftlichen Verdichtung und damit der Verlängerung der Handlungsketten die schon zitierte unausweichliche Abhängigkeit aller von Allen in der bürgerlichen Gesellschaft hervor: "In dieser Abhängigkeit und Gegenseitigkeit der Arbeit und der Befriedigung der Bedürfnisse schlägt die *subjektive Selbstsucht* in den *Beitrag zur Befriedigung der Bedürfnisse aller anderen* um, ... so daß, indem jeder für sich erwirbt, produziert und genießt, er eben damit für den Genuß der übrigen produziert und erwirbt." (Rphil § 199).[48] Die arbeitsteilige Produktion der bürgerlichen Gesellschaft, die das unmittelbare Verhältnis Mensch-Natur immer mehr zugunsten einer nur mittelbaren, also schon durch die Arbeit anderer vermittelten Beziehung verschiebt[49], d.h. aber gesellschaftliche Arbeit zu einer notwendigen Vor-

---

47   Vgl. dazu Rechtsphilosophie § 197
     Hinweise finden sich auch in der Gymnasialrede von 1811 in Nürnberger Schriften S. 349 u. S. 352, sowie in
     der Enzyklopädie III S. 82

48   Diese "allseitige Verschlingung der Abhängigkeit aller" (ebd) hatte Hegel schon in der frühen Phänomeno-
     logie thematisch gemacht: "Es meint wohl in diesem Momente jeder Einzelne eigennützig zu handeln ...
     allein auch nur äußerlich angesehen zeigt es sich, daß in seinem Genusse jeder allen zu genießen gibt, in
     seiner Arbeit ebenso für alle arbeitet als für sich und alle für ihn. Sein Fürsichsein ist daher an sich
     allgemein." (Phän 368).

49   Vgl. Rechtsphilosophie § 196

aussetzung der individuellen Bedürfnisbefriedigung macht[50], verbindet sich zwangsläufig zu einem dem Individuum machtvoll gegenüberstehenden Komplex, der dem Einzelnen zwar formal die Freiheit beläßt, um ihn dafür gleichzeitig umso fester unter sein Primat zu zwingen. Der Egoismus der Einzelnen ist so zwar der subjektive Ausgangspunkt - von ihm her, aus dem 'Wissen' und 'Wollen' der interessegeleiteten Subjekte wird die bürgerliche Verkehrsform abstrakt rekonstruiert -, ihre strategische Zielperspektive bricht sich jedoch an den Rahmenbedingungen des ökonomischen Systems und erweist sich derart als selbst bedingt und abhängig. So sehr sie sich als autonome Akteure gegenüber ihrer Außenwelt begreifen, sind sie doch gezwungen "ihr Wissen, Wollen, und Tun auf allgemeine Weise (zu, L.S.) bestimmen und sich zu einem *Gliede* der Kette dieses *Zusammenhangs* (zu, L.S.) machen." (Rphil § 187). Das genau ist der bildende Effekt, den Hegel mit der disziplinierenden Gewalt der entwickelten Produktionsverhältnisse verbindet: Hinter dem Rücken der Subjekte etabliert sich mit den notwendigen Bedingungen der arbeitsteiligen Kooperation ein sozialer Zusammenhang, den Hegel als die bewußtlose Durchsetzung von 'Vernunft', als das metakategoriale Interesse der 'Idee' begründen will[51]. Von diesem Stand der Einsicht aus gesehen, erweist sich das partikulare Interesse des Subjekts nur als ein Mittel der Herstellung und Aktualisierung 'objektiver' Vernunft; das 'entsittlichte' Moment, das in der durchsichtig gewordenen Konkurrenzgesellschaft liegt, wo der Andere und die Gesellschaft einer strategischen Perspektive untergeordnet werden, hebt sich dann mit der bewußten Reflexion auf das konstitutive Verhältnis von Individuum und Gesellschaft endlich auf - die sittliche Perspektive einer zugleich sich und das 'Ganze' erfassenden Erkenntnisstufe ist erreicht und zwingt den bürgerlichen Standpunkt unter den überlegenen Anspruch der vernünftigen Organisation des Staatswesens. Auf Hegels Staatsverständnis wird weiter hinten zurückzukommen sein.

Die ausgewählten Zitate haben die große Nähe insbesondere zur klassischen Ökonomie A. Smiths herausgestellt: Das egoistische Interesse des Einzelnen befördert notwendig, gleichsam 'mechanisch,' das Wohl des Ganzen - "Arbeit Aller und für Alle und Genuß - Genuß Aller" - wie es in der Realphilosophie[52] epigrammatisch heißt. Die berühmte 'invisible hand'[53] schwebt über einem System, das sich durch das 'Wimmeln von Willkür' (Rphil § 189), der Anarchie der Interessen hindurch vermittelt und das dem äußeren Anschein zum Trotz eine der Gesetzmäßigkeit des 'Planetensystems' vergleichbare Ordnung aufweist. Obwohl Smith keinesfalls völlig blind gegenüber den Defiziten des aufkommenden Industriekapitalismus war, wendet er seine kritischen Einsichten doch niemals in eine Kritik des ökonomischen Systems selbst um; der in Expansion begriffene Markt fungiert ihm letztlich zuverlässig als äquilibrierendes Ventil: Das einzelne Schicksal kann über die Versicherung der generellen Tendenz einer Ausweitung des materiellen Wohlstands unterschlagen werden[54]. Hegels Rezeption übernimmt den analytischen Rahmen einer

---

50 Eine Stelle aus A. Smith, die diese Beziehung sehr schön zusammenfaßt, soll, auch wegen ihrer offenkundigen Wirkung auf Hegel, noch kurz angeführt werden: " Hat sich die Arbeitsteilung einmal weithin durchgesetzt, kann der Einzelne nur noch einen Bruchteil seines Bedarfs durch Produkte der eigenen Arbeit decken. Er lebt weitgehend von Gütern, die andere erzeugen und die er im Tausch gegen die überschüssigen Produkte seiner Arbeit erhält. So lebt eigentlich jeder vom Tausch, oder er wird in gewissem Sinne ein Kaufmann, und das Gemeinwesen entwickelt sich letztlich zu einer kommerziellen Gesellschaft. " Der Wohlstand der Nationen, a.a.o. S. 22

51 Vgl. ebd § 187 und Phänomenologie S. 368

52 Frühe pol. Systeme S. 234

53 Vgl. Wohlstand, a.a.o. S. 371

54 Besonders aufschlußreich ist hierbei die nüchtern gehaltene Analyse der Markteffekte auf den schwächsten Punkt des Systems, den Arbeiter. Vgl. Wohlstand, a.a.o. S. 68ff, S. 742
    Natürlich kannte auch Smith dysfunktionale Momente der Ökonomie, insbesondere das Handelskapital, die großen Kaufleute, vertreten bei ihm ein dem Allgemeinwohl gegenläufiges oder widersprechendes Interesse; allein, ihm scheint die Pervertierung des Systems durch die konsequent marktwirtschaftliche Begrenzung der regulativen Funktionen des Staats vermeidbar: Smith war noch mehr mit der Kritik des merkantilistisch

durch Gesetze angebbaren Wechselbeziehung von privatautonomem Subjekt und ökonomischem System; die theoretisch postulierte Geschlossenheit dieses Systems war aber in den 40 Jahren seit Erscheinen des Wealth of nations (1. Auflage 1776) praktisch fragwürdig geworden. Die These Avineris[55], daß sich das kritische Potential in Hegels Darstellung der bürgerlichen Gesellschaft wesentlich der konsequenten theoretischen Weiterentwicklung der englischen Nationalökonomie verdankt, übersieht die erheblich veränderte sozio-ökonomische Situation von der aus Hegel den erneuten Versuch einer philosophischen Bewältigung von Wirklichkeit unternimmt: Pauperismus und Proletarisierung waren Probleme, die zunehmend in die öffentliche Diskussion Eingang gefunden hatten und einen entsprechenden staatlichen, öffentlich-allgemeinen Regulationsbedarf anforderten. Ich habe schon erwähnt, daß Hegel bis zu seiner letzten politischen Schrift über die englische Reformbill an dieser Problematik und ihren möglichen Konsequenzen für die Stabilität des politischen Systems lebhaften Anteil nahm. Aber auch bei Hegel wird die Kritik der bürgerlichen Gesellschaft aus noch näher zu untersuchenden Gründen nicht praktisch, sie wird durch das einsichtige Wissen von der Notwendigkeit des objektiven Zwangs gesellschaftlicher Institutionen absorbiert - das ontologische Gefälle zwischen den beiden Systemen Gesellschaft und Staat läßt aber zumindest einer zutiefst ambivalenten, wenn auch politisch folgenlosen, Analyse Raum.

Ich rekapituliere im Folgenden noch einmal die positiven Aspekte in der Hegelschen Deutung der bürgerlichen Gesellschaft. Die Ablösung der traditionalen Produktionsweise durch die bürgerliche Gesellschaft ist zunächst durch ihre bloße Faktizität sanktioniert; sie stellt ein Merkmal der 'modernen Zeit' dar, das in den differenten Schichten des Hegelschen Wirklichkeitsbegriffs zwar ontologisch abgewertet, aber jedenfalls nicht übergangen werden kann. Dies umso weniger, als die Auseinandersetzung mit den Antinomien der Zeit eine unbedingte Voraussetzung, ja Nötigung des totalen Anspruchs der Hegelschen Philosophie darstellt. Bürgerliche Gesellschaft hat ihre Vorgeschichte, ihr konstituierendes Prinzip hat sich 'im Schoß der alten Produktionsweise' vorbereitet: Die Französische Revolution und die eingeleitete industrielle Revolution in England haben diesen Prozeß deutlich ins Bewußtsein der Zeitgenossen gehoben. Philosophie ist nach Hegel rekonstruktiv, sie versucht ihren Gegenstand herzuleiten, indem sie ihn in einen teleologischen Gesamtzusammenhang einbindet, aus dem heraus ihm Notwendigkeit zuerkannt werden kann. Trotz aller noch anzusprechenden Schwächen idealistischer Systembildung, trotz der Beschränkung auf das, *was ist*, der Denunziation jeder philosophischen Extrapolation in die Zukunft als 'eitlem Räsonnement', erreicht er unter den Diskursbedingungen der Neuzeit eine beispiellose Qualität.

Als Basis, Element der bürgerlichen Gesellschaft bestimmt Hegel analog der Nationalökonomie und der modernen Naturrechtslehre das autonome, egoistische Subjekt. Das Bedürfniswesen Mensch als generalisierte Kategorie findet unter den Bedingungen der bürgerlichen Verkehrsformen zum ersten Mal in der Bildungsgeschichte der Gattung seine allgemeine Anerkennung. Die ein gewaltsames Ausbeutungsverhältnis anzeigende Trennung von einseitiger Arbeit und einseitigem Genuß war mit der Ausbildung dieser Subjektkompetenz und der ihr korrespondierenden gesellschaftlichen Verhältnisse überwunden: keiner sollte im Genuß der Früchte seiner Arbeit durch die unrechtliche Gewalt eines Anderen gehindert werden. Die positive Wertung hat eine tiefere Grundlage: Bürgerliche Gesellschaft ist das System sozialer Beziehungen mit dem sich die Freiheit des Subjekts formal durchsetzt; der strategisch in Ansatz gebrachte Egoismus ist

---

abgesicherten Handelskapitalismus als mit der Realität des Industriekapitalismus befaßt. Vgl. ebd S. 211, 373,385,407,478,538,558

55   Avineri, a.a.o. S. 120

nur eine Seite der Bewegung, deren Kern die Ausbildung der Herrschaftsmächtigkeit des Subjekts überhaupt darstellt. Denn der Freisetzung der Willkürfreiheit oder Entscheidungsautonomie, die der subjektive Egoismus ja impliziert, korrespondiert die Entwicklung des Subjekts, d.h. der Ausbau seiner Binnenstruktur: Subjektivität, sowie, als formaler Abschluß der Bewegung, die Anerkennung des generalisierten Konzepts der Person und der es flankierenden rechtlichen Institutionen. Die Voraussetzung hierfür war eben der Prozeß der Aneignung einer 'Herrschaft über die Natur', ein Prozeß, in dem das Subjekt in tätiger Auseinandersetzung mit der 'Widerständigkeit von Natur', diese und ebenso sich selbst in Besitz zu nehmen gelernt hatte. Der Zusammenhang der für diesen Prozeß zentralen Faktoren Arbeit und Anerkennung hatte sich an der Dynamik der Herrschaft-Knechtschaftsbeziehung gezeigt: Die emanzipative Funktion von Arbeit impliziert das soziale Verhältnis; erst ein sozial implementiertes Machtverhältnis leitet die gewaltsame Unterdrückung der Sinnlichkeit, Naturunmittelbarkeit - 'die Hemmung der Begierde' - ein, die Grundvoraussetzung der Konstitution des Subjekts in der Gegenlage zu Natur und auch zu dem naturwüchsigen Herrschaftsverhältnis wird. Mit der herrscherlichen Attitüde des Subjekts ist diese Distanz nach außen und innen erreicht, eben deshalb und erst dann kann sich das Subjekt egoistisch nach außen werfen und seinen Anspruch zur Geltung bringen. Bürgerliche Gesellschaft ist das System, das diese Freiheit organisiert: Das Rahmenwerk des bürgerlichen Rechts setzt einerseits mit dem 'System der Bedürfnisse' einen Bereich partikularer (aber sozial orientierter) Willkür frei, um andererseits auch explizit einen Raum privater Innerlichkeit, exklusiver Subjektivität auszublenden, in dem sich das Subjekt seiner einzigartigen Individualität bewußt werden kann. Diese epochale Wende wird von Hegel als ontologisch sanktioniertes Resultat einer teleologischen Geschichtsbewegung eingeholt; in ihr drückt sich die Emanzipation der menschlichen Geistnatur über den äußeren Naturzwang aus, wenn auch, wie sich zeigt, zunächst nur, indem sie den Zwang der Natur durch die objektive Zwangsnatur der selbstgeschaffenen Verhältnisse ersetzt. Von dieser Spannung: zugleich Ausdruck der Emanzipation des Subjekts zu sein und doch äußerer Zwang zu bleiben, ist die bürgerliche Gesellschaft durchdrungen. Bedürfnisse haben sich ausgeweitet und differenziert, sie beziehen sich auf schon von Menschen bearbeitete Natur, sind selbst explizit sozialer Natur, artifiziell erzeugt und gesellschaftlich organisiert. Sozial induzierte Bedürfnisse haben eine grundsätzlich andere Qualität als natürliche, elementare Bedürfnisse: sie markieren eine erarbeitete Distanz gegenüber der Natur; deren Vormächtigkeit ist gebrochen, d.h. der Mensch hat einen Prozeß der Befreiung von Trieben, Instinkten hinter sich gebracht - er setzt artifizielle, selbst erzeugte, 'geistige' Notwendigkeiten. Die 'selbstgemachte Notwendigkeit' (Rphil § 144) aber ist, auch wenn sich das Subjekt jetzt als ein handlungsautonomer Akteur des Systems wahrnehmen kann, so sehr Notwendigkeit wie die vormalige Naturabhängigkeit. Eine bekannte Stelle aus der Rechtsphilosophie lautet : "Die bürgerliche Gesellschaft ist vielmehr die ungeheure Macht, die den Menschen an sich reißt, von ihm fordert, daß er für sie arbeite und daß er alles durch sie sei und vermittels ihrer tue." (ebd § 238 Zu). Arbeit ist nicht mehr nur eine elementare Lebensäußerung des Menschen, die die Spannung zwischen Bedürfnis und Natur bewältigt und auch nicht mehr auf den erpresserischen Zwang innerhalb der Herr- Knecht- Beziehung zurückzuführen; Arbeit ist tatsächlich dem planvoll sein Interesse verfolgenden Subjekt unterstellt. Allein, es war eine Emanzipation in die Abhängigkeit von dem systemischen Zusammenhang aller Einzelnen für ihr Interesse Arbeitenden: Der Einzelne ist gezwungen zu arbeiten. Dabei leitet sich der Zwang immer weniger von der Widerständigkeit der Natur und immer mehr von den Bedingungen kollektiver Produktion ab; Arbeit, und d.h. die Bedingung der Befriedigung der Bedürfnisse, impliziert Wissen und praktische Anpassung an den Produktionsprozeß, d.h. Ausbildung und Übung praktischer Geschicklichkeit, Eignung unter dem Aspekt der Verwertbarkeit[56]. Arbeit wird derart 'abstrakt', verliert mit der Organisation über den zwingend institutionalisierten Tauschmechanismus den überschau-

---

56   Vgl. Rechtsphilosophie § 197

baren Zusammenhang mit der konkreten Bedürfnislage. Anerkennung wiederum realisiert sich historisch konkret mit der bürgerlichen Gesellschaft zum ersten Mal; es ist von *dem* Menschen, *der* Person, *dem* Subjekt in einem universalen, nicht länger exklusiven Sinne die Rede; andererseits schneidet bürgerliche Gesellschaft die genetischen Wurzeln der Bewegung der Anerkennung ab und reduziert sie auf die gegenseitige Anerkennung als Eigentümer im Tausch- oder Vertragsverhältnis. Anerkennung wird an die Warenbeziehung ausgeliefert, eine Beziehungsqualität, in der sich die Subjekte nur noch strategisch begegnen. Die ambivalente Wertung ist hier in einem sehr konkreten Sinne zu nehmen: Auch wenn das rezipierende Interesse sich bevorzugt auf den gleich zu vertiefenden kritischen Aspekt der Hegelschen Gesellschaftstheorie konzentriert, kann kein Zweifel daran bestehen, daß bürgerliche Gesellschaft und der mit ihr verbundene Prozeß der Entdifferenzierung von Gesellschaft und Staat ihm eine entscheidende Zäsur für die Emanzipation des Menschen darstellen. Die Kritik ihrer defizitären Momente darf also auf keinen Fall vergessen lassen, daß für Hegel erst das Aufkommen und die Durchsetzung der bürgerlichen Produktionsweise die Voraussetzung für die Verwirklichung von 'wirklicher' Freiheit abgibt.

5. Kritik der bürgerlichen Gesellschaft

Der vorhergehende Abschnitt hat die positiv-emanzipatorischen Aspekte der Durchsetzung der bürgerlichen Produktionsweise nicht von ihren vorerst nur angedeuteten negativen Implikationen isolieren können; ihre logisch-dialektische Stellung in der Rechtsphilosophie als erste Stufe der Negation übersetzt die inhaltliche Ambivalenz der Hegelschen Analyse auf die systematische Struktur der philosophischen Konzeption. Bürgerliche Gesellschaft verfällt selbst noch einmal der Negation: die Vernunft ist in ihr zwar aktualisiert, aber auf eine Weise, die sich erst durch die übergeordnete Perspektive des Staats legitimiert. Perspektive meint hier sehr präzise eine bestimmte Sichtweise, eine bestimmte kognitive Wissenstruktur oder auch einen Bewußtseinsstand, d.h. die Überwindung des defizitären Gehalts der bürgerlichen Gesellschaft wird nicht mit der realen Transformation der konstitutiven Produktionsverhältnisse erreicht, durch die Konfrontation des historisch Gegebenen mit der konkreten Utopie des jetzt oder zukünftig Möglichen, sondern durch das einsichtige 'Verstehen' der ambivalenten Natur der Gesellschaft, ein Verstehen, das die Einnahme einer das Extrem des isolierten, atomisierten Subjekts der bürgerlichen Gesellschaft noch einmal transzendierenden Metaperspektive behauptet. In den frühen Schriften wurde dies noch als die Differenz von Bourgeois und Citoyen gefaßt[57]; die politischen Konnotationen, die sich mit dem Begriff des um seine politischen Partizipationsrechte kämpfenden Staatsbürger verbanden, haben Hegel jedoch später dazu bewogen, diesen Terminus wieder aufzugeben; geblieben aber ist die Auszeichnung einer systemischen Sichtweise, die vom Interesse des Ganzen, des 'Allgemeinen', wie es bei Hegel heißt, aus Wirklickeit zu rekonstruieren sucht[58]. Marx hat die mit diesem Perspektivenwechsel verbundene Spannung zwischen dem empirischen Menschen als Bedürfniswesen, d.h. dem Subjekt der bürgerlichen Gesellschaft, und der von seiner Konzeption her gesehen abstrakten Gesinnung des Citoyens, eben die Einnahme dieses Standpunkts des 'Allgemeinen', scharf kritisiert. Ihm war der von der Ökonomie abgekoppelte, rein am 'Allgemeinen' partizipierende Staatsbürger ein illusionärer Ausdruck der Freiheit, der nur der Legitimation faktischer Ungleichheit dienen konnte. Für Hegel dagegen ist die Spannung selbst illusionär, es gibt keinen 'wirklichen' Widerspruch zwischen dem empirischen Subjekt und der Gesinnung des Staatsbürgers; die postulierte Differenz ist eben bloß scheinbar oder nur für das nicht weit genug entwickelte Bewußtsein vom Wesen des Menschen. Ich habe schon zu zeigen versucht, wie sehr Hegel die Emanzipation des Menschen an den Bildungsaspekt der Arbeit bindet; Bildung, die von der elementaren Hemmung der Begierde über die reflexive Organisation und Kontrolle der Bedürfnisse durch den menschlichen Willen schließlich zur bewußten Aktualisierung der eigentlichen 'geistigen' Potenzen, dem 'geistigen' Wesen des Menschen reicht. "Die *Bildung* ist daher in ihrer absoluten Bestimmung die *Befreiung* und die *Arbeit* der höheren Befreiung, nämlich der absolute Durchgangspunkt zu der nicht mehr unmittelbaren, natürlichen, sondern geistigen, ebenso zur Gestalt der Allgemeinheit erhobenen unendlich subjektiven Substantialität der Sittlichkeit. Diese Befreiung ist im Subjekt die *harte Arbeit* gegen die bloße Subjektivität des Benehmens, gegen die Unmittelbarkeit der Begierde sowie gegen die subjektive Eitelkeit der Empfindung und die Willkür des Beliebens." (Rphil § 187). Ganz anders als später Marx also, versucht Hegel die Verwirklichung des Menschen eben idealistisch erst jenseits der Notwendigkeit materieller Reproduktion zu gewinnen: Die Kritik des egoistischen

---

57 Vgl. Frühe pol. Systeme S. 266
58 Ein ähnlicher Ansatz findet sich auch schon bei Rousseau; Hegel mißinterpretiert den Begriff des Allgemeinen Willens im Contrat Sociale.

Bourgeois speist sich wesentlich aus der Erkenntnis der Täuschung über die wirkliche Bedürfnislage des Subjekts, der das ausschließlich auf sein materielles 'Wohl' fixierte Interesse angeblich unterliegt. Der Sprung von der sinnlichen zur 'intelligiblen Welt' (Nürnb. Schr. S. 204), zu der Recht, Sittlichkeit, Religion, Staat - die 'geistigen', objektiven Produktionen des Menschen - gehören, markiert ein ontologisches Gefälle, das den Bereich der verselbständigten Ökonomie zwar aufnimmt, aber gleichzeitig gegenüber der übergeordneten Sphäre des Staates, der bei Hegel weit mehr als der funktionale sogenannte 'Not-und Verstandesstaat', vielmehr die Totalität der sich geschichtlich objektivierenden Vernunft meint, stillstellt und unterordnet. Die Kritik an der bürgerlichen Gesellschaft zielt von hier aus gesehen zunächst auf die Verfestigung des Widerspruchs zwischen der Realität und dem Begriff des menschlichen Wesens, wobei Realität in erster Linie eine defizitäre Bewußtseinsqualität und nicht ein bestimmtes konkretes Produktionsverhältnis bezeichnet. Bürgerliche Gesellschaft bzw. das bürgerliche Subjekt ist inhaltsloses, abstraktes Prinzip, das zwar eine unbedingt notwendige Voraussetzung 'wahrer' Freiheit abgibt, aber diese eben nicht hinreichend definiert. Entsprechend der Verortung des Problems auf der Wissens- und Bewußtseinsebene der Subjekte setzt Hegel auf die disziplinierende Erfahrung von Erziehung und Bildung; nicht die empirische Wirklichkeit des bürgerlichen Produktionsverhältnis selbst steht zur Disposition, sie bleibt dem planvollen Zugriff des Menschen vielmehr entzogen, sondern seine 'Vergeistigung' über die Erzeugung von Einsicht in den vernünftigen Aufbau der Wirklichkeit, mit der die scheinbare Spannung von individuellem und allgemeinem Interesse verschwinden soll, definiert die philosophische Aufgabe. Die Argumentationsstruktur führt durch den penetrierenden Charakter von Vernunft auf das Prinzip der Identität zwischen den beiden Polen der scheinbaren Differenz: Das selbstbestimmte Subjekt erkennt, daß die Grundlage seiner Autonomie, seiner Individualität mit der 'objektiven' Welt, der ihm machtvoll gegenüberstehenden 'allgemeinen', gesellschaftlichen Institutionen zusammenhängt und daß selbst das partikularste und gesellschaftsfeindlichste Interesse doch noch auf einer Tiefendimension gesellschaftlich vermittelt ist. Hegel hat diesen Punkt analog des Smithschen Theorems der 'invisible hand' analysiert und als einen entscheidenden Schritt zur 'Negation der Negation', d.h. der Transzendierung der bürgerlichen Gesellschaft aufgefaßt. Nötig und auf dem Stand der Moderne möglich ist die bewußte Reflexion des Subjekts auf seine Besonderheit und die über diesen Denkprozeß eingeholte Selbstwahrnehmung als ein Einzelnes, das in einem notwendigen Verhältnis zum Allgemeinen oder zum gesellschaftlichen Zusammenhang steht: Notwendig ist also die Dezentralisierung der Perspektive auf einen explizit gesellschaftlichen Standpunkt. Diese Bewußtseinsqualität bezeichnet den Stand der 'Vergeistigung' dem Hegel die konkrete Aktualisierung der Vernunfttotalität zusprechen kann. In § 258 Rechtsphilosophie heißt es: " Die Vernünftigkeit besteht, abstrakt betrachtet, überhaupt in der sich durchdringenden Einheit der Allgemeinheit und der Einzelheit und hier konkret dem Inhalte nach in der Einheit der objektiven Freiheit, d.i. des allgemeinen substantiellen Willens und der subjektiven Freiheit als des individuellen Wissens und seine besonderen Zwecke suchenden Willens - und deswegen der Form nach in einem nach *gedachten*, d.h. *allgemeinen* Gesetzen und Grundsätzen sich bestimmenden Handelns. - Diese Idee ist das an und für sich ewige und notwendige Sein des Geistes. "[59] Interessant ist jetzt nur, daß diese Höhe der 'Vergeistigung' in der bürgerlichen Gesellschaft gerade nicht erreicht wird, daß in ihr das 'Extrem der Besonderheit' fixiert bleibt und damit Freiheit nur 'formell', im anerkannten Prinzip der Selbstbestimmung realisiert, aber noch nicht in der Qualität 'wahrer' oder 'wirklicher' Freiheit aufgehoben oder integriert wird: "Diese Befreiung ist *formell*, indem die Besonderheit der Zwecke der zugrundeliegende Inhalt bleibt." (ebd § 195)[60]. Hegel konstatiert vom Standpunkt des exklusiven Wissens seiner Philosophie aus das Auseinanderfallen von Wesen/ Begriff und faktischer Realität und versucht bürgerliche Gesellschaft von dieser Differenz her kritisch auf die Metakategorie Staat zu

---

59 Vgl. auch " Auf die Einheit der Allgemeinheit und Besonderheit im Staate kommt alles an." (ebd § 261 Zu)
60 Vgl. auch ebd § 229 Zu

beziehen; bürgerliche Gesellschaft und die ihr korrespondierende Freisetzung der egoistischen Willkür werden derart 'vernünftig' nur als ein Subsystem, dessen Dynamik und Reichweite durch die Systemimperative der übergeordneten Totalität des Staats begrenzt werden, systematisch eingebunden. Bürgerliche Gesellschaft wird - nachdem sie ja erst als ein für die Überwindung der traditionalen Lebensverhältnisse und damit auch zur Verwirklichung von Freiheit wichtiger Faktor perzipiert wurde - nicht kategorisch zurückgewiesen, ihre ontologische Diskreditierung ordnet die Sphäre der Ökonomie jedoch dem Staatsorganismus eindeutig unter. Dabei gilt ihm insbesondere die machtvolle Präsenz des kriegsführenden Nationalstaats, der sein ökonomisches Potential seinen Kriegsinteressen unterstellt, als ein empirischer Beleg der Präponderanz des Allgemeinen[61].

Die Qualität der Hegelschen Kritik an der bürgerlichen Gesellschaft kann so am systematischen Interesse Hegels nicht aufgezeigt werden; die Diskrepanz formell oder abstrakt versus wirklich, konkret vermittelt nur, daß es ihm darauf ankommt 'Vernunft' gegenüber liberalistischen Theoremen und Gesellschaftsmodellen abzugrenzen und kritisch zuzuspitzen. Eine Analyse der dysfunktionalen Momente der bürgerlichen Produktionsweise ist damit noch nicht geleistet. Ich hatte schon gesagt, daß die teleologische Anlage der Konstruktion eine wichtige Bedingung der nüchternen Aufrichtigkeit dieser Kritik dastelle; dem kommt entgegen, daß die 'wissenschaftliche' Intention der philosophischen Beweisführung, die Hegel anleitet, vorgibt, die 'Bewegung des Begriffs' selbst zu entwickeln: "Dieser Entwicklung der Idee als eigener Tätigkeit ihrer Vernunft sieht das Denken als subjektives, ohne eine Zutat hinzuzufügen, nur zu. Etwas vernünftig betrachten heißt, nicht an den Gegenstand von außen her eine Vernunft hinzubringen und ihn dadurch bearbeiten, sondern der Gegenstand ist für sich selbst vernünftig ... die Wissenschaft hat nur das Geschäft, diese eigene Arbeit der Vernunft der Sache zum Bewußtsein zu bringen."(Rphil § 31). Und im Zusatz zum folgenden Paragraphen heißt es: "... wir wollen nur zusehen, wie sich der Begriff selbst bestimmt, und tun uns die Gewalt an, nichts von unserem Meinen und Denken hinzuzugeben ... (wir wollen) eben das Wahre in Form eines Resultates sehen..."[62]. Die natürlich offenkundig von einer substanzlogischen Deutungslogik her inspirierten Prämissen sollen an dieser Stelle noch nicht grundsätzlich problematisiert werden; es kommt mir hier nur darauf an festzuhalten, daß sich der ontologische Entwicklungsverlauf als immanente Entfaltung einer 'an sich' oder immer schon vorhandenen 'Subjekt- Substanz' darstellt, die sich über ihre inneren Widersprüche zu immer höheren und angemesseneren 'Gestaltungen' vorantreibt[63], d.h. zugleich, daß sich die Notwendigkeit der Aufhebung einer defizienten Entwicklungsstufe an ihr selbst expliziert: Von der genetischen Konzeptualisierung profitiert die Analyse der bürgerlichen Gesellschaft, insofern trotz aller spekulativen Brechung zumindest im Ansatz der Versuch unternommen wird, die reale Geschichte des Menschen und seiner Produktivität philosophisch zu organisieren. Und das heißt bezogen auf die bürgerliche Gesellschaft: Hegel kann ihren ontologisch defizienten Status nicht einfach nur behaupten, er muß ihn an ihren unausgetragenen inneren Widersprüche festmachen, diese also herausarbeiten und näher untersuchen; gerade ihre Unauflösbarkeit gibt ein entscheidendes Ergebnis ihrer dann spekulativ im metakategorialen System des Staates zu leistenden Befriedung ab.

Hegel fängt in der Rechtsphilosophie mit einem Motiv an, das schon in den frühen Frankfurter Fragmenten eine wichtige Rolle gespielt hatte: Hegel beklagt dort die Zerstörung der naturwüchsigen Sittlichkeit, wie er sie (übrigens in Übereinstimmung mit der allgemeinen Griechenlandverehrung nach dem erneuten Rezeptionsschub der griechischen Literatur) für die

---

61   Vgl. dazu z. B. Rphil § 323, § 324
62   Vgl. u.a. auch Enz I §83 Zu : " ... beweisen heißt in der Philosophie soviel als aufzeigen, wie der Gegenstand durch und aus sich selbst sich zu dem macht, was er ist. " Vgl. auch Logik I S. 19
63   Zur Rolle der 'Antinomien' Vgl. Enz § 48 u. Zu

Blüte der griechischen Antike noch gegeben sah, durch die hier erstmals einsetzende stärkere Konturierung der Subjektivität und dem mit ihr einhergehenden Partikularinteresse[64]. Das Kardinalproblem der Ausdifferenzierung eines in sich stärker zentrierten Subjekts bestand für den Systembauer Hegel in der Frage nach den Bedingungen der weiteren Kontinuität gesellschaftlicher Ordnung, in der Frage: Wie ist gesellschaftliche Ordnung möglich, ohne hinter den erreichten Stand subjektiver Kompetenz zurückfallen zu müssen. Die Konzeptionen des modernen Naturrechts und die daran anschließenden Modellvorstellungen der Nationalökonomie haben diese Autonomie fraglos unterstellt und nur versucht, einen Mechanismus zu finden, der das gesellschaftsgefährdende Moment der Partikularität begrenzt. Hegel will mit seiner Kritik an der bürgerlichen Gesellschaft zeigen, daß dieser Ansatz zu kurz greift, daß von ihm aus eine befriedigende Theorie gesellschaftlichen Handelns nicht zu gewinnen ist. Das egoistische Subjekt der bürgerlichen Gesellschaft ist prinzipiell unbegrenzt, entfesselt, es ist gerade die historische Leistung der bürgerlichen Produktionsweise mit überkommenen Solidaritäten und Verpflichtungen, natürlich auch Abhängigkeiten aufgeräumt zu haben: "Die Besonderheit für sich ist das Ausschweifende und Maßlose, und die Formen dieser Ausschweifung selbst sind maßlos." (Rphil § 185 Zu). Konsequent zu Ende gedacht pervertiert der individuelle Hedonismus und greift notwendig seine eigene Grundlage an, d.h. er 'zerstört', wie es nachdrücklich heißt, die Illusion der Koexistenz autonomer Subjekte auf der die liberalistische Konzeption aufbaut. Hegel schreibt: "Die Besonderheit für sich, einerseits als sich nach allen Seiten auslassende Befriedigung ihrer Bedürfnisse, zufälliger Willkür und subjektiven Beliebens, zerstört in ihren Genüssen sich selbst und ihren substantiellen Begriff; andererseits als unendlich erregt und in durchgängiger Abhängigkeit von äußerer Zufälligkeit und Willkür sowie von der Macht der Allgemeinheit beschränkt, ist die Befriedigung des notwendigen wie des zufälligen Bedürfnisses zufällig." (ebd § 185). Der Nachsatz steckt voller erklärbedürftiger Einsichten, halten wir aber zunächst fest, daß Hegel gerade den eigentlichen Zweck der bürgerlichen Gesellschaft in den verschiedenen naturrechtlichen Konstruktionen, nämlich die Sicherung der Bedürfnisnatur des Menschen, die mit ihr zum ersten Mal überhaupt generelle Anerkennung gefunden hat, auch gleich wieder gefährdet sieht: Nicht nur die zufälligen Bedürfnisse - d.h. die artifiziell induzierten, die Mode, der Luxus, die subjektiven Vorlieben -, sondern selbst die 'notwendigen' oder existentiellen Minimalbefriedigungen sind durch ihre 'Mechanik'[65] notwendig bedroht: "... die bürgerliche Gesellschaft bietet in diesen Gegensätzen und ihrer Verwicklung das Schauspiel ebenso der Ausschweifung, des Elends und des beiden gemeinschaftlichen physischen und sittlichen Verderbens dar", wie es im gleichen Paragraphen weiter heißt. Die Produktion ist mit der bürgerlichen Gesellschaft wohl gesellschaftlich organisiert, d.h. die Arbeit jedes einzelnen ist auf die Befriedigung eines gesellschaftlichen Bedürfnis bezogen, Arbeit ist 'abstrakte' Arbeit, gleichzeitig ist die Chance an dem durch diese Arbeit erwirtschafteten Reichtum zu partizipieren ungleich verteilt. Die Grundaussage ist denkbar deutlich: Die harmonisierenden Theoreme der Ökonomie sind unhaltbar; bürgerliche Gesellschaft erzeugt notwendig ein Gefälle von Arm und Reich, von Elend und Überfluß. "Wo auf der einen Seite derselbe (der Luxus, L.S.) sich auf seiner Höhe befindet, da ist auch die Not und Verworfenheit auf der anderen Seite ebenso groß, und der Zynismus wird dann durch den Gegensatz der Verfeinerung hervorgebracht." (ebd § 195 Zu)[66].

Die soziale Polarisierung der Gesellschaft ist der bürgerlichen Produktionsweise immanent, das ist die zentrale, von der klassischen Ökonomie eines Smith (der zwar auch gegenüber dem 'Pauperismus' seiner Zeit nicht blind war, dem aber tendenziell der wachsende gesellschaftliche

---

64 Vgl. z.B. Rphil § 185
    Ich werde weiter hinten, im Zusammenhang der Beschäftigung mit der Hegelschen Geschichtsphilosophie noch
    eine Fülle an Belegstellen nachliefern.

65 Vgl. Enz III S. 533

66 "Ebenso ist aber auf der anderen Seite die Entbehrung und Not ein Maßloses..." (ebd § 185 Zu); " ... der
    Luxus - ist eine ebenso unendliche Vermehrung der Abhängigkeit und Not..." (ebd § 195).

Wohlstand aufgrund der steigenden Produktivität eine die Lage aller gesellschaftlichen Schichten verbessernde Entwicklung andeutete) abweichende Wertung Hegels. Sie ist ihr deshalb immanent, weil das der bürgerlichen Gesellschaft zugrunde liegende Prinzip der Ungleichheit nicht nur die natürliche Ungleichheit (des Geschlechts, des Alters, der natürlichen Fähigkeiten, etc.) einfach aufnimmt, sondern diese mit der Freisetzung des homo oeconomicus ständig reproduziert und zwangsläufig ungeheuer verschärft, mit der Überformung durch Einflußgrößen wie Macht, Geld, Prestige exponentiell beschleunigt. Hegel schließt hier an Rousseau an, der auch erst in der sozialen Verlängerung natürlicher Unterschiede die eigentliche, bei ihm dann unaufhaltsame, 'Dynamik des Niedergangs' eingeleitet sah[67]. Die Sogwirkung des aufkommenden Industriekapitalismus in England und die Dynamik der Erosion der überkommenen feudalen Verhältnisse in Deutschland vor Augen, stellt Hegel fest: "Im Gegenteil ist zu sagen, daß eben die hohe Entwicklung und Ausbildung der modernen Staaten die höchste konkrete *Ungleichheit* in der Wirklichkeit hervorbringt..."(Enz III § 539).   Dem scheint zu widersprechen, daß das kodifizierte bürgerliche Recht, mit der universalen Struktur des zugrundeliegenden Begriffs der Rechtsperson, als historische Errungenschaft gerade erst das Prinzip der Gleichheit verbindlich gemacht hatte. Hegel durchschaut jedoch die Tendenz zur Rechtsvereinheitlichung und - universalisierung als konstitutive Bedingung der Entfesselung des egoistischen Interesses: Die abstrakte Gleichheit der Person definiert nur die minimalen Handlungsnormen, die den rationalen, d.h. nur noch strategisch, auf den durch den Markt organisierten Zusammenhang gesellschaftlicher Arbeit bezogenen Verkehr der ihre Interessen   verfolgenden Subjekte regulieren. Die universale Struktur garantiert so zwar formale Partizipation, die prinzipielle Möglichkeit eines jeden als Warenbesitzer auf dem Tauschmarkt auftreten zu können, sie garantiert aber keineswegs auch den Erfolg - nicht einmal hinsichtlich der elementaren Subsistenzsicherung. Das abstrakte Recht wertet gesellschaftsbezogenes Handeln streng nach seiner Legalität; 'moralische' Überlegungen, individuelle Lebensschicksale gehen es nichts an, sondern bleiben der ebenfalls freigegebenen Sphäre des 'Gewissens' und der individuellen Lebensplanung überlassen, einem ausgesprochen schwachen Regulativ wie Hegel weiß. Recht ist so wesentlich das Recht der Besitzenden, des Eigentums: "Aber dies Recht, ein bloß begrenzter Kreis, bezieht sich nur auf die Beschützung dessen, was ich habe; dem Rechte als solchem ist das Wohl ein Äußerliches." (ebd § 229 Zu). Um die Bedingungen zu analysieren, die die reale Verteilung des gesellschaftlich erarbeiteten Reichtums organisieren, muß der Tauschmechanismus der bürgerlichen Gesellschaft selbst untersucht werden. Und hierbei wird deutlich, wie sehr die Forderung nach sozialer Gleichheit eine dem Wesen der bürgerlichen Gesellschaft fremde, 'leeren Verstande' (ebd § 200)[68] angehörende Formel bleibt, denn der Markt teilt denen, die über ihn versuchen ihr Interesse zu befriedigen - und dazu gibt es ja auf dem erreichten Differenzierungsstand der Beziehung zwischen Bedürfnissen und notwendiger Arbeit keine Alternative mehr - nicht das Gleiche zu, ja er tauscht nicht einmal Äquivalente, wie noch die Ideologen der bürgerlichen Ökonomie suggerieren konnten: "Die *Möglichkeit der Teilnahme* an dem allgemeinen Vermögen, das *besondere* Vermögen, ist aber *bedingt*, teils durch unmittelbare eigene Grundlage (Kapital), teils durch die Geschicklichkeit, welche ihrerseits wieder selbst durch jenes, dann aber durch die zufälligen Umstände bedingt ist, deren Mannigfaltigkeit die *Verschiedenheit* in der *Entwicklung* der schon *für sich ungleichen* natürlichen körperlichen und geistigen Anlagen hervorbringt - eine Verschiedenheit, die in dieser Sphäre der Besonderheit nach

---

67   Dieses Motiv findet sich ebenfalls bei Smith, der in seinem schönen Beispiel die fundamentale Differenz der Lebensstile zwischen dem Beruf des Philosophen und Lastenträgers, nicht oder weniger als ein Unterschied der natürlichen Anlagen, denn als das Resultat ungleicher sozialer Entwicklungsvoraussetzungen deutet, ohne aber, in der langfristigen Sicht, die Konsequenzen ähnlich scharf zu skizzieren. Vgl. A. Smith, a.a.o. S. 18

68   In der Realphilosophie spricht Hegel vom 'leeren Gerede' einer Abschaffung der Ungleichheit zwischen den Ständen. Vgl. ebd. S. 277 unten.

allen Richtungen und von allen Stufen sich hervortut und mit der übrigen Zufälligkeit und Willkür die *Ungleichheit des Vermögens und der Geschicklichkeiten* der Individuen zur notwendigen Folge hat." (Rphil § 200). Deskriptiv hatte Hegel die zunehmende Polarisierung der Gesellschaft festgestellt: Gewinn, Luxus auf der einen und Elend, Not auf der anderen Seite, aber der innere Zusammenhang zwischen diesen Polen war noch ungeklärt geblieben. Jetzt wurden die ungleichen Chancen auf dem Markt, hervorgerufen durch die sich weiter reproduzierenden unterschiedlichen Voraussetzungen der Teilhabe am 'allgemeinen Vermögen', des gesellschaftlich produzierten Reichtums, als Ursache sozialer Differenzierung ausgemacht: Explizit hebt Hegel das Kapital als Bedingung von Marktmacht, von überproportionalem Einfluß auf die Verteilung der gesellschaftlichen Produktion hervor. In der Realphilosophie von 1805/06 hatte Hegel diese Potenz des Kapitals folgendermaßen beschrieben: "Der Reichtum wie jede Masse macht sich zur Kraft ... Er ist ein anziehender Punkt in einer Art; der (seinen) Blick über das allgemeine Weitere wirft, (er) sammelt um sich her - wie eine große Masse die kleinere an sich zieht. Wer da hat, dem wird gegeben." (Frühe pol. Systeme 251f).

Doch bei aller scheinbaren Klarheit der Aussage darf nicht der Fehler gemacht werden, Hegel von hinten, von Marx her, zu interpretieren: Hegel verfügt noch nicht über ein vergleichbar kritisch zugespitztes begriffliches Instrumentarium der Analyse ökonomischer Vorgänge, vor allem aber entschärft Hegel das kritische Potential sogleich wieder durch die Integration in die spekulative Rahmenhandlung. Aber auch näher: Hegel macht den Unterschied zwischen Tausch- und Gebrauchswert[69] nicht systematisch fruchtbar. Die konkrete Untersuchung des Zusammenhanges zwischen der Konzentration der Produktionsmittel einerseits und Lohnarbeit andererseits, des genauen Mechanismus der Ausbeutung, wird nicht geleistet, nicht einmal die mit der Industrialisierung aufkommende Klasse der Arbeiter findet bei der sozialstrukturellen Differenzierung der bürgerlichen Gesellschaft[70] nähere Berücksichtigung. Ohne Zweifel sind ihm auch die Analysen der englischen Nationalökonomie an Subtilität und Detailreichtum in vielen Punkten überlegen, wenngleich Hegel auf einer grundsätzlicheren Ebene die tiefere Einsicht aufbringt. Eine Bewertung hat deshalb nur Sinn, wenn der spezifische Horizont der Hegelschen Kritik erfaßt wird: Sie hat nicht den entfalteten Industriekapitalismus zum Gegenstand, d.h. als ein begrifflich in die Distanz gebrachtes Analyseobjekt vor sich, wie ihn eben 30 oder 40 Jahre später die Marxsche Werttheorie fixieren kann, sondern Hegel steht, obwohl die Entwicklung faktisch schon weit fortgeschrittener ist, analytisch noch mitten im Übergang zur bürgerlichen Produktionsweise - er ist entsprechend mit den spezifischen Problemen dieser Transformation und nur den ersten Krisenerscheinungen des Frühkapitalismus befaßt. Das ist insbesondere bei der, allerdings spärlichen, Verwendung des Terminus 'Klasse' zur Kennzeichnung der verarmten Schichten zu berücksichtigen: Gemeint ist nicht ein durch den Kapitalismus hervorgerufenes Arbeiterproletariat, vielmehr gilt das Interesse Hegels der im Zuge der Durchsetzung des Kapitalismus angegriffenen vorindustriellen Sphäre der Produktion. Er diskutiert unter dem Stichwort der Pauperisierung das Schicksal der von ihren feudalen Abhängigkeiten befreiten, aus allen solidarprotektionistischen Bindungen entlassenen, bäuerlichen Massen und der durch den Konkurrenzdruck von Manufaktur und Industriebetrieb verdrängten Handwerker und Gewerbetreibenden, vor dem Hintergrund der zugleich gesehenen existentiellen Abhängigkeit des Einzelnen von dem gesell-

---

69   Die ausführlichsten Überlegungen finden sich bei der Charakterisierung des Kaufmanns in der Realphilo-
      sophie. Es heißt dort: " Die Arbeit des Kaufmanns ist der reine Tausch ... und Tausch ist die Bewegung,
      das Geistige, die Mitte, das vom Gebrauch und Bedürfnisse so wie von dem Arbeiten, der Unmittelbarkeit
      Befreite. Diese Bewegung, die reine, ist hier Gegenstand und Tun; der Gegenstand selbst ist entzweit in
      den besonderen, den Handelsartikel, und das Abstrakte, das Geld - eine große Erfindung. Alle Bedürfnisse
      sind in dies eine zusammengefaßt. Das Ding des Bedürfnisses ist zu einem bloß vorgestellten, ungenießbaren
      geworden. Der Gegenstand ist also hier ein solches, das rein nur nach seiner Bedeutung gilt, nicht mehr an
      sich, d.h. für das Bedürfnis. " Frühe pol. Systeme S. 273f, Vgl. auch die Stelle weiter
70   Vgl. etwa Frühe pol. Systeme S. 271ff und Rphil, Bürgerliche Gesellschaft, Teil C 'Die Korporation'

schaftlich organisierten 'System der Bedürfnisse'. Der Ansatz zu einer Verelendungstheorie wird von Hegel deshalb auch nur soweit entwickelt, als er versucht, exakt diesen Prozeß genauer zu rekonstruieren. Die spezifische Situation industriekapitalistischer Verhältnisse jedoch wird eigentlich nur unter dem Aspekt der Entfremdung gegenüber der Arbeit und dem Produkt der Arbeit (auch hier konnte sich Hegel u.a. auf Smith stützen) thematisch. Das kann den Verdienst Hegels allerdings nicht schmälern, denn abgesehen von den deutschen Verhältnissen, wo mit der preußischen sog. Bauernbefreiung gerade erst Ansätze einer bewußt eingeleiteten Industrialisierung geschaffen worden waren, betrafen die ersten dysfunktionalen Auswirkungen der kapitalistischen Produktionsweise, wie Hegel sehr schön am Beispiel der englischen Baumwollindustrie beobachten konnte, ja tatsächlich zentral die ländliche Arbeitsverfassung und den sogenannten alten Mittelstand; Marx hat dieses soziologische Theorem später noch ausdrücklich bestätigt. Dieses Problem schien ihm keinesfalls durch das ökonomische System selbst kompensierbar; der berühmte § 245 aus der Rechtsphilosophie stellt mit ausdrücklichem Bezug auf die englischen Verhältnisse fest:

"Es kommt hierin zum Vorschein, daß bei dem *Übermaße des Reichtums* die bürgerliche Gesellschaft *nicht reich genug* ist, d.h. an dem ihr eigentümlichen Vermögen nicht genug besitzt, dem Übermaße der Armut und der Erzeugung des Pöbels zu steuern." In der Realphilosophie von 1805/06 findet sich eine längere Passage, die geeignet ist, das Verständnis Hegels für die Logik ökonomischer Zusammenhänge zu verdeutlichen. Ausgangspunkt ist die vom Einzelnen nicht mehr durchschaubare Abhängigkeit von der Gesellschaft: "Er hat seine bewußtlose Existenz in dem Allgemeinen; die Gesellschaft ist seine Natur[71], von deren elementarischer, blinder Bewegung er abhängt, die ihn geistig und physisch erhält und aufhebt" (ebd S.250) - die ihn von der Arbeit für ein konkretes Bedürfnis zur abstrakten Arbeit, d.h. zur gesellschaftlichen Arbeit verpflichtet. Obwohl er also nur für sich arbeitet (und das historisch zum ersten Mal) und explizit sein Interesse verfolgt, kann er das nur unter den Imperativen einer ihm nicht mehr transparenten Notwendigkeit. 'Abstrakte Arbeit' im System der Arbeitsteilung hat gegenüber der autarken Produktion im Rahmen des familialen Haushalts Effiziensvorteile, die sich in Produktivitätssteigerungen umsetzen[72]. Die Produktion von Überschuß ist ein soziales Faktum, es betrifft sowohl das ökonomische System als Ganzes, wie die Stellung des einzelnen Produzenten gegenüber diesem Zusammenhang: "Er kann mehr verarbeiten, aber dies vermindert den Wert seiner Arbeit; er tritt dann nicht aus dem allgemeinen Verhältnisse heraus." (ebd). Auf der anderen Seite nimmt die schon dargestellte Vervielfältigung und Differenzierung der gesellschaftlich artikulierten Bedürfnisse zu, die Komplexität des Systems und damit auch die gegenseitige Abhängigkeit verdichtet sich; eine Dynamik die wiederum auf die Organisation der Produktion zurückwirkt. Arbeit wird weiter zergliedert, rationalisiert, mechanisiert und schließlich automatisiert[73]. Die Produktion selbst hat ihren Bezug auf die Befriedigung existentieller Bedürfnisse längst verloren, ihre ungebremste Progression zwingt sie dazu, Bedürfnisse künstlich zu erzeugen, in immer neue Richtungen zu lenken[74], sie erzeugt aus der ihr eigenen Rationalität die Irrationalität, den Zufall: Mode, Meinung, bloßen Reiz, die Logik der Veränderung - "Ihre Veränderung ist wesentlich und vernünftig, viel vernünftiger, als bei einer Mode zu bleiben, in solchen einzelnen Formen etwas Festes behaupten wollen"(Frühe pol. Systeme S. 251). Der Kampf um den Markt[75] fordert seine Opfer; Hegel beschreibt ihn in der Realphilosophie als Konzentrationsprozeß: " Der Erwerb wird

---

71 Hier setzt Hegel übrigens explizit das ominöse 'Allgemeine' mit der menschlichen Gesellschaft gleich!

72 Vgl. dazu die schon angeführte Rezeption des Smithschen Stecknadelbeispiels

73 "Ebenso unablässig ist das Ringen nach Vereinfachung der Arbeit, Erfindung anderer Maschinen usf." (ebd 251)

74 Vgl. dazu Rphil § 191 Zu, die Stelle wurde weiter vorne schon zitiert

75 Der bürgerlichen Gesellschaft als einer Sphäre des bellum omnium contra omnes um Marktanteile und Gewinn, aber auch um die bloße Subsistenz, ist Hegel in der Rechtsphilosophie noch ein 'Rest des Naturzustands' immanent. Vgl. dazu Rphil § 200

ein vielseitiges System, das nach allen Seiten einbringt, die *ein kleineres Geschäft nicht benutzen* kann. Oder die höchste Abstraktion *der Arbeit greift durch* desto mehr einzelne *Arten durch* und erhält einen um so *weiteren Umfang.*" (ebd 252). Also: Gegen die Konkurrenz des (Handels-)Kapitals ist das kleine Gewerbe und die hauswirtschaftliche Produktion machtlos, sie werden mit dem Fortschritt der technischen Entwicklung und der verbesserten Organisation der Produktionskräfte absorbiert. Die sozialen Konsequenzen waren Hegel wohlbekannt: "Das Gewerbe wird freilich verlassen von selbst, aber mit Aufopferung dieser Generation und Vermehrung der Armut. *Armentaxen* und Anstalten (werden erfordert)."(ebd). Auf die Diskussion der angesprochenen Armenfrage werde ich gleich noch zurückkommen; zunächst soll die, vor allem auch in der späteren Rechtsphilosophie analysierte, Verschärfung der gesellschaftlichen Widersprüche genauer verfolgt werden. Der Ansatz ist sehr komplex angelegt; Hegel erreicht hier eine überaus klare Einsicht in den interdependenten Zusammenhang gesellschaftlicher Prozesse und nimmt so tatsächlich einige spätere Theoreme Karl Marx' vorweg.

Wie gezeigt hatte Hegel schon in den Frühschriften über die Rezeption der Nationalökonomie und als Beobachter der englischen Industrialisierung ein Verständnis für die Dynamik der industriellen Arbeitsorganisation entwickelt. Zusammenfassung bisher organisatorisch getrennter und funktionale Zerlegung von komplexen Arbeitsabläufen innerhalb eines Produktionsganzen waren die Tendenzen, die Hegel als komplementäre Entwicklung des später sogenannten 'System der Bedürfnisse' erkannte. 'Abstrakte Arbeit' war für Hegel ein Terminus zur Kennzeichnung der Stellung des Einzelnen in diesem System, sie war positiv bestimmt worden, als Moment der Emanzipation des Subjekts, insofern sie einmal die Ablösung aus unmittelbarer Naturabhängigkeit, zum anderen die Konstituierung eines den partikularen Zweck transzendierenden Gesamtzusammenhangs der Produktion signalisierte. Es spricht viel dafür, anzunehmen, daß Hegel hierbei zunächst den Tauschverkehr zwischen für sich autonomen Händler-Produzenten im Auge hatte[76]. Aber der angegebene Progress der Arbeitsteilung läßt den Gewinn der Abstraktion inflationär verfallen: 'Abstrakte Arbeit' wird zur entfremdeten Arbeit. Sehr plastisch hat Hegel diesen Vorgang in der ersten Fassung der Realphilosophie beschrieben - die immer weiter reichende Zerlegung der Arbeitsschritte auf immer einfachere Teilfunktionen, die nicht einmal mehr den Menschen selbst benötigen, sondern an dessen Stelle die Maschine treten kann, schlägt gegen den Menschen selbst um: "Aber jener Betrug, den er (der Mensch, L.S.) gegen die Natur ausübt (nämlich mit der Maschinenarbeit, L.S.) ... rächt sich gegen ihn selbst: was er ihr abgewinnt, je mehr er sie unterjocht, desto niedriger wird er selbst. Indem er die Natur durch mancherlei Maschinen bearbeiten läßt, so hebt er die Notwendigkeit seines Arbeitens nicht auf, sondern schiebt es nur hinaus, entfernt es von der Natur, und richtet sich nicht lebendig auf sie als eine lebendige, sondern ... das Arbeiten, das ihm übrigbleibt, wird selbst *maschinenmäßiger*; er *vermindert* sie nur fürs Ganze, aber nicht für den Einzelnen, sondern vergrößert sie vielmehr, denn je maschinenmäßiger die Arbeit wird, desto weniger Wert hat (sie), und desto mehr muß er auf diese Weise arbeiten." (Frühe pol. Systeme. 332).[77] An welche Arbeit Hegel dabei denkt wird in der Realphilosophie noch deutlich ausgesprochen: "Es werden also eine Menge zu den

---

76 Vgl. dazu eine Stelle aus der Realphilosophie: " Das Individuum tritt als erwerbend durch Arbeit auf; hier ist sein Gesetz bloß, daß ihm gehört, was er bearbeitet und was er eintauscht." ebd S. 250
77 Vgl. auch ebd S. 334
   In der Realphilosophie II bestätigt Hegel diese Einschätzung nochmals: "Aber ebenso wird er (der arbeitende Mensch, L.S.) durch die Abstraktion der Arbeit mechanischer, abgestumpfter, geistloser. Das Geistige, dies erfüllte selbstbewußte Leben wird ein leeres Tun. Die Kraft des Selbsts besteht in dem reichen Umfassen; dieses geht verloren. Er kann einige Arbeit als Maschine freilassen; um so formaler wird sein eignes Tun. Sein stumpfes Arbeiten beschränkt ihn auf einen Punkt, und die Arbeit ist um so vollkommener, je einseitiger sie ist." (ebd 251).
   Vgl. dazu auch Rphil § 243, § 253, Enz III § 526

ganz abstumpfenden, ungesunden und unsicheren und die Geschicklichkeit beschränkenden Fabrik-, Manufaktur- Arbeiten, Bergwerken usf. verdammt..." (ebd 251)[78]. Hegel, dem es in der idealistischen Zuspitzung um die Verwirklichung der geistigen Potenz des Menschen geht, muß über den Widerspruch einer Realität stolpern, die die erforderliche Bewußtseinsbildung paradoxerweise gerade dann, wenn sie die historischen Voraussetzungen der emphatischen Freiheit des Individuums eingelöst hat, zunehmend versagt. Die Aufnahme der Entfremdungsproblematik, das nur ergänzend, ist keine originäre Leistung Hegels; abgesehen natürlich von Rousseau, kann er sich auf eine wenig bekannte Stelle aus A. Smith beziehen, die, weil es ja besonders auf die Ausleuchtung des Hintergrunds der Ausbildung der Hegelschen Gesellschaftstheorie ankommt, ausführlicher zitiert werden soll: "Mit fortschreitender Arbeitsteilung wird die Tätigkeit der überwiegenden Mehrheit derjenigen, die von ihrer Arbeit leben, also der Masse des Volkes, nach und nach auf einige wenige Arbeitsgänge eingeengt, oftmals auf nur einen oder zwei. Nun formt aber die Alltagsbeschäftigung ganz zwangsläufig das Verständnis der meisten Menschen. Jemand der tagtäglich nur wenige einfache Handgriffe ausführt, die zudem immer das gleiche oder ein ähnliches Ergebnis haben, hat keinerlei Gelegenheit, seinen Verstand zu üben. .. so ist es ganz natürlich, daß er verlernt, seinen Verstand zu gebrauchen, und so stumpfsinnig und einfältig wird, wie ein menschliches Wesen nur eben werden kann. ... Seine spezifische berufliche Fertigkeit, so scheint es, hat sich auf Kosten seiner geistigen, sozialen und soldatischen[79] Tauglichkeit erworben. Dies aber ist die Lage, in welche die Schicht der Arbeiter, also die Masse des Volkes, in jeder entwickelten und zivilisierten Gesellschaft unweigerlich gerät, wenn der Staat nichts unternimmt, sie zu verhindern."[80]

Die Übereinstimmung mit den Aussagen Hegels ist frappant und ein direkter Beleg für die Bedeutung der Rezeption der englischen Nationalökonomie für das Denken Hegels. Hegel bezieht die Kritik der Entfremdung im Arbeitsprozeß jedoch nicht nur wie Smith auf das Problem einer durch die Anhebung des allgemeinen Bildungsstands prinzipiell lösbaren legitimatorischen Absicherung des kapitalistischen Systems[81], sondern stößt bei der genaueren Analyse auf eine damit in Verbindung stehende ökonomische Gesetzmäßigkeit, die die Steuerungskapazität der bürgerlichen Gesellschaft grundsätzlich in Frage stellt.

Entfremdung stellt sich ein mit der Pervertierung der an sich emanzipativen 'abstrakten' Arbeit zur monotonen, einseitigen Handlangertätigkeit im Rahmen hochorganisierter Arbeitsteilung. Entfremdung meint den Verlust der eigentlich bildenden Funktion von Arbeit: Der Mensch erkennt sich nicht mehr in dem was er tut und was er produziert, das strategische Moment der 'Vergegenständlichung', das ein konstitutiver Faktor im Prozeß der zunehmenden Herrschaft über das Selbst und die Natur darstellt, wird unterlaufen[82]. Hegel verbindet mit der Entfremdung jedoch noch eine bestimmter ökonomische Aussage: Sie reflektiert einen Verdichtungsgrad gesellschaftlicher Arbeit, der die Arbeit des Einzelnen unausweichlich an das Schicksal der Gesamtproduktion bindet; das Schicksal des Einzelnen hängt nicht von seiner Arbeit oder seiner Bereitschaft zur Arbeit, sondern über seine grundsätzliche Verwertbarkeit hinaus von der Stabilität der ökonomischen Rahmenbedingungen ab. Und diese Stabilität sieht Hegel durch die innere Dynamik der bürgerlichen Produktionsweise notwendig immer wieder gefährdet. Die allgemeine Kategorie unter der er ihre dysfunktionalen Tendenzen subsumiert, ist die des 'Zufalls'. Der Zufall betrifft zum einen die Stellung des einzelnen Produzenten in seiner Abhängigkeit von der gesellschaft-

---

78   Vgl. dazu auch System der Sittlichkeit S. 94
79   Das steht bei Smith für die Staatsgesinnung, die patriotischen Tugenden - Hegel sieht hier ebenfalls das
      zentrale Defizit
80   Smith, a.a.o. S. 662f
      Vgl. auch S. 111
81   Vgl. Smith, a.a.o. S. 667f
82   Nur am Rande: Die Nähe des jungen Marx der Pariser Manuskripte zu Hegel wird nicht umsonst betont; ohne
      Zweifel werden dort Gedanken weiterentwickelt, die sich schon bei Hegel finden.

lichen Produktion und den Voraussetzungen, von denen aus er sein Interesse gegenüber der Gesellschaft zur Geltung bringen will und kann: " Die Geschicklichkeit des Einzelnen ist die Möglichkeit der Erhaltung seiner Existenz. Diese ist der völligen Verwicklung des Zufalls des Ganzen unterworfen."(Frühe pol. Systeme 251). Entgegen der Überzeugung, daß der Staat diesem Zufall gegensteuern kann - die Sicherung der Subsistenz "muß", wie er schreibt, "unvollständig bleiben" (Rphil § 237) - , wird sie vielmehr in ihrer Verbindung mit der sozialen Ungleichheit als ein konstitutives Prinzip der bürgerlichen Gesellschaft erkannt[83]. In § 238 der Rechtsphilosophie formuliert Hegel diesen Gedanken besonders deutlich: "Die bürgerliche Gesellschaft ... substituiert ferner statt der äußeren unorganischen Natur und des väterlichen Bodens, in welchem der Einzelne seine Subsistenz hatte, den ihrigen und unterwirft das Bestehen der ganzen Familie selbst, der Abhängigkeit von ihr, der Zufälligkeit. So ist das Individuum *Sohn der bürgerlichen Gesellschaft* geworden..."[84] Und: "Aber ebenso als die Willkür können zufällige, physische und in den äußeren Verhältnissen (§ 200) liegende Umstände Individuen zur Armut herunterbringen, einem Zustande, der ihnen die Bedürfnise der bürgerlichen Gesellschaft läßt und der - indem sie ihnen zugleich die natürlichen Erwerbsmittel (§ 217) entzogen (hat) und das weitere Band der Familie als eines Stammes aufhebt (§ 181) - dagegen sie aller Vorteile der Gesellschaft, Erwerbsfähigkeit von Geschicklichkeit und Bildung überhaupt, auch der Rechtspflege, Gesundheitssorge, selbst oft des Trostes der Religion usf. mehr oder weniger verlustig macht." (ebd § 241).

Hier ist der zweite Aspekt angesprochen: Zufall, Willkür bestimmt nicht nur die Chance existentieller Sicherung des Subjekts in der Verfolgung seiner Interessen, er ist dem ökonomischen System als solchem inhärent, oder: bürgerliche Gesellschaft ist notwendig bestimmt durch ihre Störanfälligkeit, ihre Krisen. In den beiden Realphilosophien hat sich das 'chaotische' und 'anarchische' Moment bürgerlicher Produktion angedeutet; es war von der 'elementarischen, blinden Bewegung' die Rede, in der Realphilosophie I wird sie als "ein sich in sich bewegendes Leben des Toten" bezeichnet, "das in seiner Bewegung blind und elementarisch sich hin und her bewegt, und als ein wildes Tier einer beständigen strengen Beherrschung und Bezähmung bedarf" (Frühe pol. Systeme 334), die Rechtsphilosophie spricht vom 'Wimmeln der Willkür', vom 'Rest des Naturzustands'(Rphil §200), in der Enzyklopädie weist Hegel auf die Rolle des Zufalls in 'der Mechanik der Notwendigkeit der Gesellschaft' und auf die potentiellen " Irrtümer und Täuschungen, welche in einzelne Teile des ganzen Räderwerks gebracht werden können und dasselbe in Unordnung zu bringen vermögen..." (ebd §533) hin. Hegel blickt unter die Oberfläche, ihm geht die Logik der 'Anarchie' bürgerlich-industrieller Produktion auf: Während er in der Realphilosophie die Entstehung ökonomischer Krisensituationen auf falsche Marktanpassung und fehlende Konkurrenzfähigkeit zurückführt[85], kann aus der späteren Rechtsphilosophie die Einsicht in die Selbstinduktion von Krisenerscheinungen durch das Prinzip der bürgerlichen Gesellschaft erschlossen werden. Hier nämlich wird die Unfähigkeit der bürgerlichen Gesellschaft, die durch sie produzierte Armut zu kompensieren, ökonomisch begründet: Verelendung ist hier die unmittelbare Konsequenz zu progressiver Zunahme industrieller Produktivität: immer mehr, immer billiger - eine Dynamik, die notwendig, und fast möchte man sagen 'zyklisch', über das Ziel hinausschießt und eine typische Überproduktionskrise auslöst. Die unrentabel gewordene Produktion wird aufgegeben oder zurückgefahren, die überflüssigen Arbeitskräfte werden entlas-

---

83   Vgl. Rhil ebd
84   Vgl. auch die weiter vorne schon zitierte Stelle aus Rhil § 200
85   " ...Zweige der Industrie, die eine große Klasse Menschen erhielten, versiegen auf einmal wegen der Mode oder Wohlfeilerwerdens durch Erfindungen in anderen Ländern usf., und diese ganze Menge ist der Armut, die sich nicht helfen kann, preisgegeben. " (Frühe pol. Systeme 251) Oder: " ... der Zusammenhang der einzelnen Art von Arbeit mit der ganzen unendlichen Masse der Bedürfnisse wird ganz unübersehbar und eine blinde Abhängigkeit, so daß eine entfernte Operation oft die Arbeit einer ganzen Klasse von Menschen, die ihre Bedürfnisse damit befriedigen, plötzlich hemmt, überflüssig und unbrauchbar macht." (ebd 334)

sen oder mit ihrem Lohn unter das Existenzminimum gedrückt. Der Widerspruch der bürgerlichen Gesellschaft ist offen manifest geworden: Weder kann sich der Einzelne ohne Arbeitsplatz durch seine Arbeit erhalten, d.h. er ist auf die öffentliche Wohlfahrt, auf Almosen angewiesen - die Illusion der Autonomie ist zerstört - , noch kann die öffentliche Beschaffung von Arbeit eine Lösung darstellen, denn "... so würde die Menge der Produktionen vermehrt, in deren Überfluß gerade das Übel besteht, das auf beide Weisen sich nur vergrößert."(Rphil §245)[86]. Es folgt die weiter vorne schon zitierte Quintessenz der Hegelschen Analyse: "Es kommt hierin zum Vorschein, daß bei dem *Übermaße des Reichtums* die bürgerliche Gesellschaft *nicht reich genug* ist...dem Übermaße der Armut und der Erzeugung des Pöbels zu steuern." In den folgenden Paragraphen führt Hegel dann weiter aus: "Durch diese ihre Dialektik wird die bürgerliche Gesellschaft über sich hinausgetrieben..." (§246), d.h. "die bürgerliche Gesellschaft wird dazu getrieben, Kolonien anzulegen. Die Zunahme der Bevölkerung (von Hegel als eine Begleiterscheinung wachsender Produktivität erkannt, L.S.) hat schon für sich diese Wirkung; besonders aber entsteht eine Menge, die die Befriedigung ihrer Bedürfnisse nicht durch ihre Arbeit gewinnen kann, wenn die Produktion die Konsumption übersteigt." (ebd § 248 Zu).

Die Dialektik der bürgerlichen Gesellschaft, d.h. ihre immanente Bewegung, Gesetzmäßigkeit führt somit unvermeidbar zu Krisenzuständen; sie ist nicht in dem Maße steuerbar oder gar selbststeuernd, wie es die harmonisierenden Modellvorstellungen der Ökonomie unterstellen. Selbst der Staat (hier im Sinne des 'Not- und Verstandesstaates' genommen) bleibt der Anarchie der Warenproduktion gegenüber ohnmächtig; Hegel weist ihm neben der Leistung allgemeiner ergänzender Ordnungsfunktionen (z.B. Infrastruktur, Konsumentenschutz etc., sh. § 236) hinsichtlich der bürgerlichen Gesellschaft nur noch die Verwaltung des durch die Dynamik kapitalistischer Produktion erzeugten Elends zu: verhindern, das ist der springende Punkt, kann es auch der staatliche Eingriff jedenfalls nicht. Die deskriptiv aufgenommene Polarisierung der Gesellschaft in extremen Reichtum und korrespondierend extreme Verarmung hat sich derart in ihrer Tiefendimension als das Resultat einer ökonomischen Gesetzmäßigkeit erwiesen, die dem Prinzip der bürgerlichen Gesellschaft inhärent ist: Die Beschleunigung der Produktivität durch die Industrialisierung zerstört einmal die nicht mehr konkurrenzfähigen vorindustriellen Produktionsformen, wie das alte Gewerbe, die Hausproduktion, sie verschärft aber auch den Widerspruch - und zwar unausweichlich - innerhalb der bürgerlichen Produktionsverhältnisse selbst, indem sie gerade nicht den von der klassischen Ökonomie prognostizierten allgemeinen Wohlstand schafft, sondern durch ihre unkontrollierbare Verselbständigung, das ihr immanente Moment des 'Zufalls', der Anarchie, immer wieder - und dann zu Lasten der in den Produktionsprozeß eingespannten Arbeitskräfte - in sich zusammenfällt: Die bürgerliche Gesellschaft erkauft sich ihren Reichtum um den Preis der Verelendung der Massen. "Der Gegensatz großen Reichtums und großer Armut tritt auf - der Armut, der es unmöglich wird, etwas vor sich zu bringen."(Frühe pol. Systeme 251). Und an einer vergleichbaren Stelle in der Rechtsphilosophie schreibt Hegel: "Das Herabsinken einer großen Masse unter das Maß einer gewissen Subsistenzweise, die sich von selbst als die für ein Mitglied der Gesellschaft notwendige reguliert - und damit zum Verluste des Gefühls des Rechts, der Rechtlichkeit und der Ehre, durch eigene Tätigkeit und Arbeit zu bestehen -, bringt die Erzeugung des Pöbels hervor, die hinwiederum zugleich die größere Leichtigkeit, unverhältnismäßige Reichtümer in wenige Hände zu konzentrieren, mit sich führt."(ebd § 244)[87]. Die ungleiche Teilhabe am gesellschaftlichen Reichtum, der die differente Stellung im Produktionsprozeß korrespondiert, reproduziert sich mit der Entwicklung der bürgerlichen Gesellschaft entsprechend auf immer neuen Stufen dieses Gegensatzes oder Widerspruchs: Der Klassencharakter der bürgerlichen Gesellschaft verschärft sich notwendig. Einer 'Klasse' von Benefiziaren des Systems steht eine verelendete, rein um ihren

---

86   Vgl. dazu Smith, a.a.o. S. 63 - eine Stelle, die Hegel hier vor Augen gestanden haben mag.
87   Vgl. ebd Zu

Subsistenzerhalt kämpfende 'Klasse' gegenüber: "Durch die *Verallgemeinerung* des Zusammenhangs der Menschen durch ihre Bedürfnisse und der Weisen, die Mittel für diese zuzubereiten und herbeizubringen, vermindert sich die *Anhäufung der Reichtümer* - denn aus dieser gedoppelten Allgemeinheit wird der größte Gewinn gezogen - auf der einen Seite, wie auf der anderen Seite die *Vereinzelung* und *Beschränktheit* der besonderen Arbeit und damit der *Abhängigkeit* und *Not* der an diese Arbeit gebundenen Klasse, womit die Unfähigkeit der Empfindung und des Genusses der weiteren Freiheiten und besonders der geistigen Vorteile der bürgerlichen Gesellschaft zusammenhängt." (Rphil § 243)[88]. Am Ende steht der Systembestand selbst zur Disposition: Als letzter Ausweg vor dem Sturz in die Anarchie gilt die Kolonialisierung, die Expansion des Marktes nach außen und der Versuch einer Entlastung des gesellschaftlichen Bürgerkriegs vom Druck der depravierten Massen durch dessen Exportation: Hegel erreicht hier tatsächlich eine Vorwegnahme der späteren kritischen Überlegungen zum Imperialismus.

Wenn ich an der einschränkenden Qualifizierung der Hegelschen Analyse auch angesichts der hier ausgebreiteten, sicherlich äußerst scharfsichtigen, Gesellschaftskritik festhalten möchte, so aus zwei Gründen:

Erstens muß die zunächst erstaunliche Tatsache berücksichtigt werden, daß Hegel die Dialektik der bürgerlichen Gesellschaft zwar als zunehmende Verschärfung der sozialen Polarisierung, geradezu als Klassengegensatz bestimmt, daß er aber die in ihrer ökonomischen und sozialen Stellung vergleichbare Fabrikarbeiterschaft am einen Ende der Stratifikationsachse sozialstrukturell nicht zur Kenntnis nimmt. Die wenigen Äußerungen der frühen Jenaer Schriften die bereits zitiert wurden, belegen insbesondere unter dem Aspekt der entfremdeten Arbeit durchaus die Wahrnehmung der neuen Produktionsform Fabrik als einem System, das den sozialen Widerspruch produziert und eine 'Klasse' von Menschen auf ein ähnliches Verhältnis zur Arbeit und eine gemeinsame Lebenslage festlegen. Die Fabrik ist dabei für Hegel der Kulminationspunkt in der Entwicklung der Arbeitsorganisation hin zu zunehmender Abstraktion, d.h., wie gezeigt, zur Entfremdung, zur monotonen, formalisierten, routinisierten Arbeit, indem sie es ist, die die 'tote' Arbeit, die Maschinenarbeit als strukturierendes Prinzip der Produktion durchsetzt. Das ist aber zugleich der einzige Aspekt unter dem sie von den anderen Produktionsformen unterschieden wird, denn das diskriminierende Kriterium der Nichtverfügung über Produktionsmittel, die industrielle Lohnarbeit, d.h. das eigentliche industriell-kapitalistische Produktionsverhältnis wird von der Hegelschen Analyse nicht oder nur intuitiv erfaßt. So bleibt die Unterscheidung zwischen dem theoretischen Verständnis der bürgerlichen Gesellschaft als einer Sphäre des willkürlichen Tauschverkehrs konkurrierender, aber für sich autonomer Kleinproduzenten, von dem Hegel zunächst ausgeht, und die empirisch-praktische Einsicht in die zunehmende Verelendung einer von ihrer Dynamik überrollten Klasse, d.h. gerade der Verlust der behaupteten Subjektautonomie, seltsam verschwommen und ungeklärt. Der Zusammenhang zwischen der Konzentration von Reichtum und der Entstehung von Armut wird von Hegel deutlich gesehen, jedoch ohne daß ihm auch der genaue ökonomische Nexus dieser Beziehung analytisch ausreichend verfügbar wäre. Das führt dann entsprechend dazu, daß eine präzisere soziologische Abgrenzung der verarmten, bzw. von der Verarmung bedrohten Klasse nicht möglich ist, sie vielmehr, wie auch in der damaligen Diskussion üblich, einfach unter den amorphen Begriff des Pauperismus subsumiert bleibt, während der gesellschaftliche Widerspruch dann in der Form der prinzipiellen Nichtinte-

---

88 In § 245 der Rechtsphilosophie stellt Hegel die 'Masse' der Armen der 'reicheren Klasse' gegenüber. Und in den frühen politischen Systemen war die Sprache noch deutlicher; so heißt es in der schon mehrfach zitierten Realphilosophie: "Fabriken, Manufakturen gründen gerade auf dem Elend einer Klasse ihr Bestehen."(ebd 274).
    Vgl. auch Realphilosophie S. 251, S. 256

grationsfähigkeit der vom Produktionsprozeß ausgeschlossenen Massen diskutiert wird. Allerdings, darauf wurde schon hingewiesen, dürfen die erheblichen Schwierigkeiten bei der theoretischen Qualifizierung des ökonomischen und sozialen Transformationsprozeß, zumal von den rückständigen Verhältnissen in Deutschland aus, nicht übersehen werden: Denn obwohl sich mit dem Aufkommen der modernen Industrie auch im Bewußtsein der Zeitgenossen[89] qualitativ eine Revolution der vorindustriellen Produktionsweise verband, blieb quantitativ betrachtet die moderne Fabrik und der Fabrikarbeiter neben den landwirtschaftlichen Erwerbsstellen und dem Verlagswesen zunächst noch eine eher marginale Erscheinung[90]. Ihr Einbruch in vorindustrielle Produktionsformen hatte zudem sehr selektive Effekte, d.h. sie führte nur in den Gewerbezweigen, die unmittelbar mit der industriellen Revolution konkurrierten, zur Vernichtung der Erwerbsbasis, während sie in anderen, wie z.b. der Weberei, vorübergehend sogar einen exorbianten Aufschwung der hauswirtschaftlichen Produktion beförderte, bevor auch diese ihrer Dynamik erlagen. Zu den vom Pauperismus bedrohten Massen zählten demnach höchst unterschiedliche soziale Gruppen: Die aus den feudalen Strukturen befreite Landbevölkerung, die kleinen Handwerker - Produzenten (zünftige und außerzünftige Meister, Gesellen), die unter Druck geratene hauswirtschaftliche Produktion und schließlich die unter die entwürdigenden Bedingungen der frühkapitalistischen Fabrikarbeit gepreßten eigentlichen Fabrikarbeiter, deren Frauen und Kinder. Der Kontrast der offenbaren Not dieses Konklomerats von vorindustriellen und eigentlich industriellen Deklassierten gegenüber der wachsenden Prosperität am anderen Ende des sozialen Bezugssystems, konnte leicht den internen Unterschied und den differenten Nexus verdecken, den Marx später als unterschiedliche Produktionsverhältnisse untersucht hat. Die Theorie begrenzt sich dann zum einen darauf, die defizitären Aspekte der Arbeitsorganisation, die Entfremdung, aufzuzeigen, die ja in ihren Dimensionen Spezialisierung und Differenzierung im industriellen Sektor den höchsten Zerlegungsgrad oder das höchste Maß an 'Abstraktion' erreicht hat, aber doch auch viel tiefer und früher den ganzen Bereich gesellschaftlicher Produktion berührt; zum anderen erreicht sie über die Beobachtung der sozialen Polarisierung Armut/Not/Elend versus Reichtum/Macht/Luxus zwar eine starke sozialkritische Aussagekraft, die ihre Zuspitzung in der expliziten Behauptung eines 'Zweiklassen - Antagonismus' erhält, die aber erst ansatzweise die ökonomische Tiefenstruktur dieser Beobachtung aufhellt, kurz: die noch keine befriedigende Theorie des modernen Industriekapitalismus sein kann und dies auch nicht sein will. Auch wenn Hegel die Einsicht in die Dynamik der Industriegesellschaft voranbringt, muß seine Leistung noch vom Verständnis dieser Begrenzung her gewürdigt werden.

Zweitens, und das ist der letztlich entscheidende Aspekt, muß die systematisch verengte Reichweite der Kritik gesehen werden. Hegel kann aus den analysierten Antagonismen der bürgerlichen Gesellschaft keine Konsequenzen ziehen, die auf eine konkrete Veränderung der defizienten Verhältnisse abzielen: eine solche Veränderung wird von der idealistischen Konzeption des Systems her ausgeschlossen. Das geht zwar nicht ohne innere Verspannungen, wie die Diskussion des Pauperismus und die Stellung der Stände in der Rechtsphilosophie zeigt, wird aber unausweichlich durch die Logik der Hegelschen Philosophie vorgegeben. Unmittelbar konkret wird die idealistische Überformung an der Verwendung der sozialen Kategorie 'Pöbel' in der Rechtsphilosophie, ich will deshalb die systematische Hypothek der Hegelschen Philosophie an diesem Punkt kurz entwickeln.

W. Conze hat in seinem immer noch lesenswerten Aufsatz 'Vom Pöbel zum Proletariat'[91] der ursprünglichen Wortbedeutung nachgespürt: "Pöbel - das war das Volk unterhalb der ständischen Geltung, 'außerhalb der Ehren der Arbeit' (W.H. Riehl). Es war die zahlreiche Schicht unterhalb

---

89   Vgl. dazu Hobsbawn, a.a.o. S. 66f
90   Vgl. P. Deane, a.a.o. S. 39. Vgl. auch R. Koselleck, Preußen zwischen Reform und Revolution, Stuttgart 1967, S. 608
91   W. Conze In: Moderne deutsche Sozialgeschichte, Hrsg H.-U. Wehler, Köln, Berlin 1966 , S. 113

der Vollbauern und zünftigen Handwerksmeister, gleichsam die Unterständischen, die aber doch ständisch gebändigt waren: 'ordo plebejus' oder 'Pöbelstand'. Diese Schicht unterhalb der ständischen Ehre war stets in der Gefahr bitterer Armut, da die Zahl ihrer Erwerbsstellen beschränkt blieb und sie in ihrer Grenzexistenz gegenüber Krisen und Katastrophen besonders anfällig war." Der Transformationsprozeß zur bürgerlichen Gesellschaft während des 18. Jahrhunderts war begleitet durch eben das Aufbrechen der ständischen 'Bändigung': Heiratsbeschränkungen, ständische Abhängigkeiten, das eingeschränkte Recht der Freizügigkeit lockerten sich immer mehr[92], der Bevölkerungszuwachs trug ein übriges zur überproportionalen Vermehrung der unterständischen Schichten bei. Unabhängig von den sehr differenten Mechanismen, die eine Klasse von Menschen auf diese Randexistenz reduzierte, war das massenhafte des Phänomens das entscheidende beunruhigende Moment für das Bewußtsein der Zeitgenossen: Der 'Pöbel' nahm überhand, wurde bedrohlich, die Gefahr des 'Pauperismus' wurde zu einem heftig diskutierten Krisenphänomen lange bevor in den 40er Jahren der Höhepunkt der sozialen Mißstände erreicht war. Conze[93] nennt Hegel zurecht als einen der Beobachter, denen das Anwachsen des 'Pöbels' die Integrationsfähigkeit der Gesellschaft zu überfordern schien, die den Pauperismus als eine Bedrohung für die gesellschaftliche Ordnung empfanden. "Die niedrigste Weise der Subsistenz, die des Pöbels, macht sich von selbst: dies Minimum ist jedoch bei verschiedenen Völkern sehr verschieden. In England glaubt auch der Ärmste sein Recht zu haben; dies ist etwas anderes, als womit in anderen Ländern die Armen zufrieden sind. Die Armut an sich macht keinen zum Pöbel; dieser wird erst bestimmt durch die mit der Armut sich verknüpfende Gesinnung, durch die innere Empörung gegen die Reichen, gegen die Gesellschaft, die Regierung usw. ..." (Rphil § 244 Zu). Bedeutsam ist jetzt nicht so sehr die Extrapolation des gesellschaftlichen Antagonismus auf eine bedrohliche Formierung der unteren Klassen (sh. dazu auch Hegels letzte Schrift zur englischen Reformbill, in der er eindringlich vor einer Ausweitung der politischen Partizipationsrechte auf breitere Bevölkerungsschichten warnt), als vielmehr der Unterschied, den Hegel zwischen materieller und ideeller Deprivation macht: Nicht soziale Ungleichheit, nicht Elend und Not als solche sind das Problem, das waren Merkmale, die, wie Conze gezeigt hat, schon immer der unterständischen Position des Pöbels entsprochen hatten, problematisch wird die kritische Perzeption dieser Lage durch die Unterschichten selbst und die Erkenntnis von deren gesellschaftlicher Bedingtheit.

"Somit entsteht im Pöbel das Böse, daß er die Ehre nicht hat, seine Subsistenz durch seine Arbeit zu finden, und doch seine Subsistenz zu finden als sein Recht ausspricht. Gegen die Natur kann kein Mensch ein Recht behaupten, aber im Zustande der Gesellschaft gewinnt der Mangel sogleich die Form eines Unrechts, was dieser oder jener Klasse angetan wird." (ebd)[94]. Wenn das dysfunktionale Moment in erster Linie ein Bewußtseinsphänomen darstellt und gerade nicht aus der konkreten Erfahrung materieller Verelendung abgeleitet werden kann - es gehört zu den Widersprüchen der Hegelschen Gesellschaftsphilosophie, die Beziehung zwischen dem Verlust der Subsistenzbasis und dem kritischen Bewußtsein hergestellt, dann aber beide Seiten wieder

92   Vgl. Kosellek, a.a.o. S. 146
      P. Marschalck, Bevölkerungsgeschichte Deutschlands im 19. und 20. Jahrhundert, Frankfurt 1984, S. 14 - 40
93   Conze, a.a.o. S. 115
94   Hingewiesen werden soll noch auf die inhaltlich analoge Deutung in der späteren Analyse des konservativen Kulturgeschichtlers W.H. Riehl. Weil sie auch Hegels Perspektive illustrieren, will ich zwei aufschlußreiche Stellen aus seinem 1851 zuerst erschienenen Buch 'Die bürgerliche Gesellschaft' zitieren: " Nicht in dem Verhältnis der Arbeit zum Kapital liegt für uns der Kern der sozialen Frage, sondern in dem Verhältnis der Sitte zur bürgerlichen Entfesselung. Die soziale Frage ist zuerst eine ethische, nachher eine ökonomische. Der Arbeiter bricht zuerst mit seiner Sitte, und nachher fühlt er sich arm, nicht aber umgekehrt bricht er darum mit seiner Sitte, weil er sich jetzt erst arm fühlte, denn arm ist er immer gewesen, meist sogar früher viel ärmer." ebd S. 249
      Und: " Nicht die (täglich abnehmende) Massenverarmung als solche bildet das Gespenst des Pauperismus, sondern das täglich zunehmende Bewußtsein der Massen von ihrer Armut." ebd S. 266

systematisch getrennt zu haben - ist es nur konsequent, ein praktisches Interesse der Philosophie auszuklammern und die Überwindung der gesellschaftlichen Widersprüche nicht als Überwindung realer Produktionsverhältnisse anzulegen. Dann scheint es aussichtsreicher gegenüber den kritischen, Ordnung zersetzenden Impulsen nach den kohäsiven und integrativen Kräften sozialer Organisation zu fragen und diese gegen ihren weiteren Zerfall zu stabilisieren. In diesem Zusammenhang muß neben der 'Bildung'[95] die Bedeutung der korporativen Struktur der bürgerlichen Gesellschaft gesehen werden: Hegel versucht gegen die Zersplitterung der bürgerlichen Gesellschaft in die einzelnen Subjektatome, den egozentrischen Standpunkt strategischen Handelns, das Primat des verbindenden 'Allgemeinen' festzuhalten, indem der zügellose Luxus, die Selbstsucht, der inhaltslose Partikularismus, der Kampf um Anerkennung, der auf dem Boden der bürgerlichen Gesellschaft nurmehr zum Kampf um Prestige, Status geworden war, und der Zufall der gesellschaftlichen Verwertbarkeit dauerhaft durch die Mitgliedschaft in der Korporation gebunden wird[96]. Die aus dem traditionalen Inventar der Gesellschaft reaktivierte Korporation ist ihm eine Institution, die das Prinzip der bürgerlichen Gesellschaft: individuelle Leistung und das Recht auf privates Eigentum, aufnimmt, aber deren selbstdestruktiven und gesellschaftszerstörerischen Auswuchs zu binden sucht. Hegel spricht in der Enzyklopädie III von dem 'relativ allgemeinen Zweck' (ebd § 534) der in der Korporation verfolgt wird, um damit die bewußte Integration von individuellem Interesse und korporativem Standesinteresse zu bezeichnen; hier ist ihm neben der Familienbindung die "zweite...*sittliche* Wurzel" (Rphil §255) der vollständigen oder 'wahren' Expansion der sozialen Perspektive auf den Hegelschen Staat. Wie die sozialstrukturelle Aufgliederung in der Rechtsphilosophie noch näher zeigen wird, ist auch das Verständnis der Korporation von jener Ambivalenz gekennzeichnet, die den Hegelschen Systementwurf in seiner Auseinandersetzung mit den Problemen und Widersprüchen am Übergang zum 19. Jahrhundert überhaupt bestimmt. Sie ist als Vermittlungsagentur, als intermediäre Institution zwischen dem autonomen Subjekt und dem modernen Staat unter einem funktionalen Aspekt der Systemstabilität gesehen, d.h. die Korporation übernimmt nach Hegel die affirmative Funktion einer Begrenzung der anomischen Effekte der bürgerlichen Gesellschaft, indem sie gegen die soziale 'Desorganisation' (ebd) mit der Standesehre, dem 'Geist der Korporation', basale Solidaritäten mobilisieren will, die einer Entwurzelung der einzelnen Subjekte gegensteuern sollen. Die Transposition ständischer Organisationsformen auf den Boden der bürgerlich-industriellen Produktionsweise reflektiert somit zum einen die Problematik des Orientierungs- und Sinnverlusts des Subjekts unter der komplexen Anforderungen des modernen Gesellschaftssytems für die Legitimation des Systems selbst - das ist das Problem, auf das sie antworten will, wobei sie den typischen Fehler macht, das anomische Bewußtsein für das eigentliche Problem zu nehmen und sich einer an den tatsächlichen sozialen Mißständen ansetzenden Praxis zu entheben. Sie impliziert auch, indem sie auf dem Boden der bürgerlichen Gesellschaft selbst steht, die Autonomie des Subjekts, das Privateigentum, die Gewerbe- und die Vertragsfreiheit festhalten will, eine Modernisierung des traditionalen Organisationsprinzips der korporativen Institution, ihre Ablösung von den altständischen und geburtsrechtlichen zugunsten von formal

---

95   Vgl. dazu auch Smith, a.a.o. S. 664. Er schreibt hier im Anschluß an die Schilderung der negativen Auswirkungen der gesellschaftlichen Arbeitsteilung: " In einer entwickelten und kommerzialisierten Gesellschaft sollte sich die Öffentlichkeit vielleicht mehr um die Erziehung des einfachen Volkes kümmern als um die der oberen Schicht." Und weiter S. 667f: "... je gebildeter die Bürger sind, desto weniger sind sie den Täuschungen, Schwärmerei und Aberglauben ausgesetzt, die in rückständigen Ländern häufig zu den schrecklichsten Wirren führen. Außerdem ist ein aufgeklärtes und kluges Volk stets zurückhaltender, ordentlicher und zuverlässiger als ein unwissendes und ungebildetes. ... Es ist dann auch eher geneigt, die Ziele hinter dem Geschrei nach Zwietracht und Aufruhr kritisch zu prüfen und fähiger, sie zu durchschauen, so daß er sich weit weniger zu irgendeinem leichtsinnigen oder unnötigen Widerstand gegen die Maßnahmen der Regierung verleiten läßt." Vgl. auch diesen Abschnitt weiter.

96   Die Ausführungen Hegels erinnern frappant an die soziologischen Analysen E. Durkheims. Vgl. dazu insbes. das Vorwort zu 'Über die Teilung der sozialen Arbeit', Frankfurt

gefaßten berufsständischen Zuordnungskriterien. Auf der anderen Seite dokumentiert sich in der Entwicklung der korporativen Struktur der verengte Analyserahmen der Hegelschen Gesellschaftskonzeption: Bürgerliche Gesellschaft wird hier deutlich noch auf eine vorindustrielle, kleinbürgerliche Produktionsweise bezogen und reduziert. Es scheint möglich, gegen den nackten Subsistenzkampf der freigesetzten Einzelnen, d.h. des gerade aus jeder Bindung, Abhängigkeit und Verpflichtung emanzipierten homo oeconomicus, das integrierende Moment der Gruppensolidarität traditionaler ständischer Strukturen behaupten zu können - um den Preis, daß die ständisch-korporativ nicht gebunden Gruppen, wie etwa die Fabrikarbeiter, aber auch die kapitalistischen Unternehmer, aus dem Schema einfach herausfallen. In der Rechtsphilosophie differenziert Hegel bezeichnenderweise sehr deutlich den 'Stand des Gewerbes' als die eigentliche Basis der bürgerlichen Gesellschaft, dem, ganz im Sinne der angesprochenen Verengung, daher 'vornehmlich auch die Korporation eigentümlich' (ebd §250)[97] sei - die gewerbliche Produktion, Handwerk, Handel, etc. steckt den Horizont der bewußten Perzeption von Gesellschaft und Ökonomie ab.

Aber auch hier ist bei der Kritik Vorsicht angebracht: Das Hegelsche Konzept erscheint nur von hinten gesehen sozialstrukturell eindeutig rückschrittlich; es reflektiert vielmehr sehr genau die typischen Verspannungen in Deutschland, die unter dem gleichzeitigen Druck vielfach abgestufter, noch wirksamer ständischer Organisationsformen und einem diese tendenziell aushöhlenden, von den liberalistischen Reformen getragenen Transformationsprozeß der Gesellschaft ausgingen. Preußen gibt dafür das bekannteste Beispiel ab: Hier treffen Maßnahmen der Reformbürokratie, wie die Städteordnung und die neue Gewerbeverfassung, auf noch überaus starke ständische Vorbehalte, die eine Modernisierung der Gesellschaft behindern und verzögern. Die Gemengelage von sozial und politisch rückständigen Elementen mit der Durchsetzung von ökonomisch fortschrittlichen, liberalen Rahmenbedingungen war durchaus typisch für die Phase vor der Revolution von 1848. Der Widerstand gegen die Auflösung der alten Gesellschaftsstruktur, der sich im Sog dieser antagonistischen Dynamik auftat, hat unterschiedlichste Interessen vereinigt: Die alte feudale Elite, die im großen Ganzen zwar ihre politischen Privilegien und handfesten sozialen Interessen behaupten konnte, gleichwohl aber, wie die hohe Fluktuationsrate der Gutsbesitzer in Preußen zeigt, sich der Kommerzialisierung der Gesellschaft anpassen mußte und dies letztlich auch erfolgreich getan hat; die städtischen Eliten, die Zunftmeister und Kaufleute, die sich durch die liberale Gewerbepolitik bedroht sahen; die Hausindustrie, über die die Verbesserung der Produktionsformen hinwegrollte; die Masse der ländlichen Pauper, die, aus allen Bindungen entlassen, keinen kompensationsfähigen industriellen Arbeitsmarkt vorfanden und zu armseliger Tagelöhnerarbeit auf dem Land oder in den Städten gezwungen waren. Aus der Sicht der interessierten Zeitgenossen lag das Übel in der Erosion der ständischen Bindungen, im Zerfall des vielschichtigen und abgestuften Systems sozialer Ein- und Unterordnungen, das es entsprechend gegen die diffundierenden Tendenzen zu bewahren galt. Dies führte auch zu der historisch bemerkenswerten Situation, daß eine reformistische, aufgeklärte Administration wenigstens kurzfristig die Bedeutung der Avantgarde des ökonomisch-sozialen Übergangs annehmen konnte. Korporative Organisation war vor diesem Hintergrund weit mehr als die von der Neuzeit her gedachte intermediäre Institution zwischen Bürger und Staat[98]. Man kann Hegel aber auch nicht unterstellen, wie dies Avineri in der Tendenz versucht, mit der Revitalisierung der Korporation weitsichtig die typischen Interessenorganisationen im Industriekapitalismus, insbesondere der Arbeiterorganisationen, der Gewerkschaften oder in politischer Hinsicht der Parteien antizipiert zu haben, dazu bleiben seine Ausführungen zu deutlich an einem vorindustriellen Gesellschaftsmodell orientiert. Alles was sich sozialstrukturell unter dem Gewerbe und Handwerk abspielt, ist wesentlich unterständisch und gerade deshalb der Gefahr der Desintegra-

---

97   Vgl. auch Enz III § 534
98   Avineri, a.a.o. interpretiert die Korporation ähnlich unzureichend

tion, der nicht allein materiellen, sondern schlimmer noch 'ideellen Pauperisierung', der destabilisierenden Entwicklung zum Pöbel ausgesetzt. Die Korporation darf somit nur als Artikulation des Problems der Sozialintegration auf der einen und der Legitimation des politischen Systems auf der anderen Seite in eine rein funktional bestimmte intermediäre Institution übersetzt werden; immer dann aber, wenn inhaltlich konkret bezeichnet werden soll, was Hegel damit meint, ist auf ein Gesellschaftsbild zu verweisen, das sich noch aus Reminiszensen an traditionale ökonomisch-soziale Strukturen speist, auf Strukturen, die mit der gesellschaftlichen Transformation zum Industriekapitalismus aber immer unhaltbarer werden und eine beschleunigte Erosion erfahren[99]. Die Korporation war in diesem System einer gebrochenen Staatsunmittelbarkeit eine eigenständige, relativ autonome, politische und soziale Struktur von umfassender Bedeutung für das einzelne Korporationsmitglied. Wie auf dem Land der Gutsbesitzer gleichzeitig administrative und herrschaftsrechtliche Funktionen ausübte (und sie nur gegen größte Widerstände allmählich an den modernen Staat abgab) und darüber alle unter diesen Herrschaftsradius fallenden Schutzbefohlenen und Hintersassen einem unmittelbaren Verhältnis zur staatlichen Verwaltung und zu öffentlicher Gerichtsbarkeit entzog, brachte auch die Korporation ihre Mitglieder in ein ähnlich vermitteltes Verhältnis nach oben, d.h. sie war totale Institution[100], die ihre wirtschaftlichen, politischen und sozialen Interessen weitgehend selbständig und für ihre Mitglieder verbindlich organisierte. Neben der Ausgrenzung der außerzünftigen Konkurrenz durch eine Vielzahl von Aufnahmeregelungen kannte die Korporation tatsächlich in gewissem Umfang eine subsidiär über der Familie ansetzende konkrete Fürsorgeverpflichtung gegenüber verarmten Korporationsmitgliedern, wie sie Hegel am Ende des § 253 der Rechtsphilosophie als eine ihrer wesentlichen Funktionen anspricht: "In der Korporation verliert die Hilfe, welche die Armut empfängt ihr Zufälliges...". Eine ganz ähnliche, dem Prinzip der Subsidiarität folgende Abstufung hatten auch die Ausführungen des Allgemeinen preußischen Landrechts impliziert, wenn sie von der Verpflichtung des Staates in Beziehung auf die 'Armenfrage' handelten[101]. Entsprechend qualifiziert sich die 'Wohlfahrtsstaatlichkeit' der staatlichen Armenfürsorge, die Hegel in § 241 anzudeuten scheint: Sie stützt sich ganz auf die sozialen Organisatoren der alten societas civilis[102]; die staatliche Sozialverpflichtung selbst, hier zeigt sich wieder deutlich der spezifisch 'bürgerliche' Aspekt der Hegelschen Philosophie, will sowenig wie möglich in die Autonomie des Marktes, in die Autonomie der bürgerlichen Gesellschaft eingreifen, wie sich an der Übernahme der Polemik gegen das englische 'speedhamland-System' etwa in den Anmerkungen zu § 245 dokumentiert. Hegel spricht sich hier dafür aus " die Armen ihrem Schicksal zu überlassen und sie auf den öffentlichen Bettel anzuweisen." Das hier Gemeinte hat die englische Armengesetzgebung im brutalen 'poorlaw' von 1834 umgesetzt[103].

---

99 Die sich mit der Freisetzung der Arbeitskraft aus traditionalen Bindungen und der Gewerbefreiheit verbindende Auflösung korporativer Strukturen war dem zeitgenössischen Bewußtsein unmittelbar eingängig. Ich zitiere nur zwei Beispiele aus der Materialsammlung von W. Pöhls 'Deutsche Sozialgeschichte 1815- 1870): " Der Handwerksbrauch scheint hier auch ganz ausgestorben zu sein, wo die meisten in Fabriken arbeiten, wie sie sich allerorten jetzt etablieren, und unter den Gesellen kein Zusammenhang mehr zu finden ist..." S. 226 Und: " Ist überhaupt in einer Fabrik, wie der hiesigen, anders, als in einem meisterischen Hause und kein Zusammenhalt mit unter den Gesellen. Läuft jeder seinen Weg und dreht sich nit viel nach dem anderen. Eine zunftmäßige Aufführung ist überall unter den Kollegen nit zu finden und kein Umgang, wie unter ordentlichen Gesellen. Zudem gefällt mir das Arbeiten nit, dieweil jeder den langen Tag die gleiche Arbeit verrichten muß und dabei das Ganze aus den Augen verliert. Muß wohl in einer Fabrik solchweis geschehen, kann mich aber nit darein schicken und mein immer, ich triebe mein Gewerb nur halb." (ebd) Die Zitate sind entnommen aus Dewald, Biedermeier auf der Walze

100 Vgl. dazu Rphil § 308 System der Sittlichkeit S. 45

101 Vgl. § 1, II 19 ALR, näher Koselleck, a.a.o. S. 129ff

102 Vgl. Koselleck, ebd S. 131

103 Vgl. dazu auch Hobsbawm, a.a.o. S. 89f

Aber zurück: Die Gewerbefreiheit, die Freiheit des Arbeitsvertrags, die die ständische Basis der Korporation unterspülte, hatte natürlich zugleich diese traditionalen Solidaritäten des korporativ organisierten Gewerbes und Handwerks beseitigt, ein Argument, das der bedrohte alte Mittelstand auch häufig gegen die Reformpolitik vorgebracht hatte[104] - besonders mit dem Hinweis auf die mit ihr verbundene 'Anarchie', den 'Sittenverfall', wie sich der Umbruch im zeitgenössischen Bewußtsein darstellte. Je drängender das Problem des Pauperismus wurde, je mehr sich Staat und Kommunen die finanzielle Verantwortung für das Problem gegenseitig zuschoben, desto lauter wurde der Ruf nach der Revitalisierung korporativer Organisationen; Hegels Rechtsphilosophie reflektiert hier ohne Frage eine damals durchaus verbreitete Überzeugung. Es zeichnet Hegel allerdings aus, daß er gleichzeitig die Unmöglichkeit einer restaurativen Begrenzung der einmal losgetretenen Dynamik der bürgerlichen Produktionsweise zugibt und diesen inneren Widerspruch auch unaufgelöst stehen läßt.

Die verengte gesellschaftliche Basis der Hegelschen Gesellschaftskonzeption kann an einem weiteren Punkt aufgezeigt werden, der auch die Reichweite der gesellschaftlichen Funktion der Korporation qualifiziert. Schon in der Ständeschrift hatte Hegel gegen den 'französischen Atomismus' des allgemeinen und gleichen Staatsbürgers die korporative Gliederung der Gesellschaft verteidigt; der abstrakte Einzelne ist ihm 'Nichts', 'Nullität': "... das Alter, inngleichen das Vermögen sind Qualitäten, welche bloß den Einzelnen für sich betreffen, nicht Eigenschaften, welche sein Gelten in der bürgerlichen Ordnung ausmachen. Ein solches Gelten hat er allein kraft seines Amtes, Standes, einer bürgerlich anerkannten Gewerbsgeschicklichkeit und Berechtigung nach derselben, Meisterschaft, Titel, usf. ..." (Nürnb. Schr. 482)[105].

In der Rechtsphilosophie subsumiert Hegel die bürgerliche Anerkennung und Geltung, in die die elementare Anerkennungsbewegung historisch eingemündet ist, im gleichen Sinne unter den Begriff der 'Standesehre'[106], was nichts anderes als die Zugehörigkeit zum Bürgerstand, d.h. die Innehabung der Bürgerrechte meint. Verglichen mit der gesamten Stadtbevölkerung waren die privilegierten Bürger eine reichlich exklusive und elitäre Minderheit; Koselleck schätzt ihren Anteil bezogen auf die preußischen Verhältnisse auf selten mehr als 6% - 8% der Bevölkerung[107]. Entscheidend war dabei, daß das Recht, ein Gewerbe oder ein Handwerk auszuüben an die Verleihung des Bürgerrechts gebunden war, d.h. politische und handfest ökonomische Interessen blieben unmittelbar verknüpft. Wenn Hegel jetzt, wie überall die städtischen Eliten, die Erosion der systemstabilisierenden Orientierungsmuster des alten Mittelstands beklagt, so muß diese Kritik vor dem Hintergrund der durch die Reformpolitik erzwungenen Trennung dieses Nexus von politischen, sozialen und ökonomischen Funktionen gesehen werden: Die liberale preußische Gewerbeverfassung hat die Verbindung von Bürgerrecht und Berufsberechtigung unterbunden und die ökonomische Basis des alten Standesbegriffs, damit ihn selbst und seine normative Verbindlichkeit desavouiert. Die Konfrontation der Korporationen mit der außerzünftigen Konkurrenz zerschlug so in der Tat mit den verschiedenen Privilegien auch die traditionale Berufsethik und die solidarprotektionistischen Sicherungen, so daß dem restaurativen Ruf nach der Revitalisierung der Korporationen oder gar nach Zwangskorporationen mit dem Verweis auf die Eindämmung der diffundierenden Tendenzen eine gewisse Berechtigung zukam. Allein, die Abwehrhaltung des etablierten Bürgertums beruhte auf einer völligen Fehleinschätzung der Dynamik der gesellschaftlichen Vorgänge: Der Druck der technologischen und arbeitsorganisatorischen Umstellung auf der einen und, damit zusammenhängend, die Expansion der unterständischen Bevölkerung auf der anderen Seite, wirkten trotz aller Proteste und Widerstände ungebrochen gegen die Anachronismen der alten societas civilis. Die Hervorhebung der kohäsiven Funktion der korporativen

---

104   Vgl. Koselleck S. 595f
105   Vgl. diese Stelle auch weiter
106   Vgl. Rphil § 253
107   Koselleck S. 572

Organisationsstruktur in der Rechtsphilosophie impliziert diese Fehleinschätzung: Die unterständischen Massen sind davon überhaupt nicht erfaßt; sie, das hat auch die Begriffsklärung von Conze gezeigt, üben keinen Beruf im Sinne der ständischen Definition aus, haben auch keine Bürgerrechte und ergo keine Standesehre. Es gibt im ganzen Werk eigentlich nur einen einzigen Hinweis, daß Hegel die soziale Basis der Korporationen auch auf eine neue soziale Klientel ausgeweitet sehen könnte:

"Man hat seit einiger Zeit immer von oben her organisiert, und dies organisieren ist die Hauptbemühung gewesen, aber das Untere, das Massenhafte des Ganzen ist leicht mehr oder weniger unorganisch gelassen; und doch ist es höchst wichtig, daß es organisch werde, denn nur so ist es Macht, ist es Gewalt, sonst ist es nur ein Haufen, eine Menge von zersplitterten Atomen." (Rphil § 290 Zu)[108]. Berücksichtigt man aber die inhaltlich in die gleiche Richtung zielende Stelle aus der Landständeschrift, dann wird deutlich, daß sich Hegel in keiner Weise von einer vorindustriell bestimmten Gesellschaftskonzeption gelöst hat:

"Nachdem in den neuesten Zeiten die Ausbildung der *oberen Staatsgewalten* sich vervollkommnet hat, sind jene *untergeordneten* Zunftkreise und Gemeinheiten aufgelöst oder ihnen wenigstens ihre politische Stelle und Beziehung auf das innere Staatsrecht genommen worden. Es wäre aber nun wohl wieder Zeit, wie man bisher vornehmlich in den Kreisen der höheren Staatsbehörden organisiert hat, auch die unteren Sphären wieder zu einer politischen Ordnung und Ehre zurückzubringen und sie, gereinigt von Privilegien und Unrechten, in den Staat als eine organische Bildung einzufügen." (Nürnb. Schr. 483). Das Zitat beschränkt sich ganz offensichtlich auf die alten bürgerlichen Stände, denn nur sie hatten Privilegien zu verlieren und eine Domestikation durch den modernen Zentralstaat zu befürchten. Die unterständischen Schichten fallen aus der Analyse weitgehend heraus; von ihnen ist eine sittliche, d.h. eine das egoistische Interesse transzendierende Perspektive nicht zu erwarten. Sie sind nur in Beziehung auf die Stabilität des Systems von Interesse, insofern Hegel deutlich die mit der Pauperisierung einhergehende Gefahr eines wachsenden revolutionären Potentials registriert[109], ohne jedoch aufgrund des eingeengten analytischen Rahmens zu einer angemessenen Diskussion des Problems zu gelangen. Denn: materielle Verelendung ist ja zunächst nicht das eigentliche Problem, sondern entscheidend wird die ideelle Auszehrung und die ist grundsätzlich kein außerständisch kompensierbares Defizit. Mit der Hegelschen Gesellschaftsphilosophie wird also im Kern nur der exklusive Bürgerstand berücksichtigt[110]; er soll institutionell gegen den Sog der Veränderung sichergestellt werden. An dieser ausgesprochen engen sozialen Klientel ändert auch die prinzipielle Öffnung der Korporation aus geburtsrechtlichen Beschränkungen nicht allzu viel, denn der ständische Charakter der Institution wird weiter behauptet. Hegel begründet die sittlich-kohäsive Funktion der Korporation jedoch nicht nur mit dem Argument der Bewahrung korporativer Solidaritäten gegenüber der akuten Bedrohung des alten Mittelstands von außen, die eben ständisch abgefedert werden müssen, so daß sich der Pauperismus allein als ein sozial unterhalb dem Bürgertum definiertes Phänomen und nicht als Ausdruck eines die Gesamtgesellschaft überformenden Klassenantagonismus, der den Mittelstand mit aufreibt darstellt. Wir haben gesehen, daß sich bei Hegel ein unaufgelöster Widerspruch auftut: Der soziale Transformationsprozeß hat tatsächlich tiefere Spuren hinterlassen, die eine Wiederbelebung spätmittelalterlicher Verwaltungs- und Organisationsstrukturen letztlich verhindern. Dies drückt sich in der gesehenen negativen Dynamik der bürgerlichen Gesellschaft aus, die weder durch den Staat, wie dies nach Smith noch begrenzt möglich wäre, noch durch die berufsständischen Korporationen zu bewältigen sind: Hegel spricht in den Frühschriften von der notwendigen Aufopferung der gesellschaftlichen

---

108   Vgl. auch Avineri, a.a.o. S. 200
109   Im übrigen nimmt die Sensibilität der Wahrnehmung dieses kritischen Potentials gegen Ende des Werkes deutlich zu: Nach den Erfahrungen der Julirevolution in Frankreich beschwört Hegel in der Reformbillschrift immer häufiger die Gefahr einer revolutionären Erschütterung der politischen Ordnung.
110   Vgl. dazu deutlich Rphil § 252

Randexistenzen, die sozusagen einen zwar bedauerlichen, aber unvermeidlich in Kauf zu nehmenden Reibungsverlust der intendierten Stabilisierung des 'Ganzen' darstellen[111]. Das Rezept der korporativen Solidarität bricht sich faktisch an der Einsicht in die Notwendigkeit der sozialen und ökonomischen Polarisierung, ohne daß Hegel diesen Punkt zureichend reflektiert hätte. Sieht man über den Widerspruch zwischen der deutlich gewordenen Dynamik des Systems und der, zumal unter der begrenzten analytischen Reichweite, wenig geeigneten Beschwörung der korporativen Sittlichkeit einmal hinweg und läßt sich auf die Intention, die Hegel mit dem Konzept der Korporation verfolgt, näher ein, so zielt die Reaktivierung ständischer Organisationsformen auf die sozialintegrative Wiedereinbindung ansonsten anomischer Gesellschaftsgruppen, d.h. die Ausbreitung der unterständischen Basis soll verhindert werden. Anomie umschreibt bei Hegel eine Konsequenz der Auflösung der normativen Bindungen korporativer Verfassung, wobei die Auflösung nicht nur von außen durch die Freisetzung der Konkurrenzgesellschaft, sondern ebenso von innen durch die Ausbildung der spezifisch bürgerlichen Handlungsorientierung eines strategischen, auf Gewinnmaximierung gehenden Interesses vorangetrieben wird. Hegel versucht also auch die mit dem aufkommenden Industriekapitalismus emporgekommenen homo novi, die ja meist aus dem etablierten Bürgertum aufgestiegenen Unternehmer und Fabrikanten, als eine soziale Klasse, die prototypisch durch ihre Ausrichtung auf den Profit auffällt, wieder ethisch zu verpflichten - nicht zuletzt deshalb, weil ihm die empirische Brutalität der neuen Produktionsweise hinter dem juristisch generalisierten Begriff der Rechtsperson und der hierauf gegründetetn Freiheit aufgegangen war. In gewisser Weise spielt Hegel hier eine Argumentation der englischen Nationalökonomie gegen sie selbst aus, nachdem er ihre harmonistischen Versicherung angesichts der realen Spannungen nur noch bedingt übernehmen konnte: Smith erschien die regulative Funktion der korporativen Struktur und des übergeordneten Staats angesichts der quasi natürlichen Ausgleichstendenzen des Markts sogar überflüssig, wenn nicht kontraproduktiv[112]. Mit dem Brüchigwerden dieser ideologischen Versicherung dienten sich gerade die abgelehnten Strukturen wieder als geeignete Steuerungsinstrumente an: Denn, so Hegel, ohne die ethische Rückbindung, ohne die korporative Identität in der 'Standesehre' zu der sich die bisher nur 'abstrakt' rekonstruierte Anerkennung als Moment der Sittlichkeit verdichtet, bleibt das bürgerliche Subjekt dem als Bedrohung wahrgenommenen Transformationsprozeß zur kapitalistischen Produktionsweise schutzlos ausgeliefert, bleibt es ohne den inneren Halt, der Voraussetzung jener prinzipienfesten Lebensführung wird, die als bürgerliches Ideal auch in der Rechtsphilosophie ihren Niederschlag findet. Ohne dieses Korrektiv auf der Ebene innerer Werte und Überzeugungen vereinzelt das Subjekt wieder zu einer verkümmerten, unsozialen Egozentrik, bei der sich Anerkennung nicht an der Qualität individueller Eigenschaften und Leistungen, an dem 'was es ist'[113] bemißt, sondern sich ausschließlich an der Quantität äußerlichen materiellen Reichtums und Erfolges, die deshalb auch grenzenlose Habgier und ausschließliches Profitinteresse nach sich zieht, manifestiert. "Ohne Mitglied einer berechtigten Korporation zu sein (und nur als berechtigt ist ein Gemeinsames eine Korporation), ist der Einzelne ohne Standesehre, durch seine Isolierung auf die selbstsüchtige Seite des Gewerbes reduziert, seine Subsistenz und Genuß nichts Stehendes. Er wird damit seine Anerkennung durch die äußerliche Darlegungen seines Erfolgs in seinem Gewerbe zu erreichen suchen, Darlegungen, welche unbegrenzt sind, weil seinem Stande gemäß zu leben nicht stattfindet, da der Stand nicht existiert ... sich also auch keine ihm angemessene allgemeinere Lebensweise macht." (Rphil § 253)[114]. Die Standesehre, der Hegel ersichtlich eine exponierte Bedeutung einräumt, meint nichts anderes als den Versuch der Reaktivierung jener mentalen Verankerung sozialer Kontrolle, wie sie für

---

111   Vgl. beispielsweise System der Sittlichkeit S. 94
112   Vgl. z. B. hinsichtlich der Bewertung der Korporationen und Zünfte, Wohlstand, a.a.o. S. 113
113   Vgl. Rphil § 253 u. Nürnberger Schr. S. 481ff
114   Vgl. in diesem Zusammenhang auch Vernunft S. 136f

den noch weitgehend in seiner traditional geprägten Lebenswelt verorteten Handwerker-Produzenten durchaus typisch war[115]. Die Korporation erfüllt ihre affirmative Funktion bei Hegel also von zwei Seiten: Einmal, indem sie gegen die Dynamik der gesellschaftlichen Polarisierung basale Solidaritäten reaktiviert, zum anderen, indem sie als eine 'geistige Ordnung' (Nürnb. Schr. 482) das kapitalistische Prinzip der Gewinnmaximierung, die nackte Profitsucht ethisch zu korrigieren und zu kontrollieren sucht. In beiden gleichlaufenden Fällen konzipiert Hegel die Korporation als eine Institution, die sich im Interesse des alten Mittelstands gegen die aufkommende Industriegesellschaft sperrt. Hegel fängt an mit dem Prinzip des Egoismus als Grundelement der bürgerlichen Gesellschaft, es soll aber nach der Analyse ihrer defizienten Effekte nur ein begrenzter Egoismus, eine durch die Normen und Werte korporativer Integration gebremste kapitalistische 'Ethik' zugelassen werden: Mit der Rückbesinnung auf vorkapitalistische Organisatoren der Gesellschaft nimmt Hegel einen Teil seiner intuitiven Einsichten in die verhängnisvolle Dynamik der industriellen Gesellschaft wieder zurück[116]. Dahinter steht unverkennbar das alte vernunftrechtliche Argumentationsschema der Selbstbegrenzung des Wissenden. Der Widerspruch zwischen der Entgrenzung des subjektiven Interesses und der Einbindung in kollektive Normen wird scheinbar gelöst durch die Integration dieser disperaten Anforderungen in ihrem substanzlogischen Zusammenhang - das "natürliche Recht seine Geschicklichkeit auszuüben und damit zu erwerben, was zu erwerben ist" (Rphil § 254), diese schöne Umschreibung für das versachlichte Verhältnis gegenüber einer zur Ware gewordenen Außenwelt, diese Kardinalforderung der bürgerlichen Revolution, soll durch den Verweis auf das 'wahre Wesen' des Menschen, seine 'wirklichen Bedürfnisse', vor "der eigenen Gefahr, wie vor der Gefahr für andere befreit.." (ebd) werden. Der homo novi wird als eine pervertierte Gestalt der Moderne mit dem Blick auf die eigentliche Natur des Menschen noch einmal hintergangen und damit befriedet.

---

115   Vgl. auch H. Rosenbaum, a.a.o. S. 132
116   Vgl. dazu sehr schön: System der Sittlichkeit S. 95

100

6. Die sozialstrukturellen Annahmen der Rechtsphilosophie

Nach den Erläuterungen des letzten Abschnitts kann dieser abschließende Teil der Diskussion des Konzepts der bürgerlichen Gesellschaft bei Hegel relativ knapp gehalten werden. Aussagen, die die sozialstrukturellen Annahmen der Rechtsphilosophie berühren, finden sich über das ganze Werk verteilt, insbesondere in den enger politischen Schriften sind entsprechende Klassifikationen impliziert. Ich konzentriere mich hier aber auf die von Hegel systematisch entwickelte Analyse in der Jenaer Realphilosophie II und der Rechtsphilosophie, wobei die Realphilosophie in vielen Punkten die ausführlichere Darstellung abgibt.

Die schon zu Anfang häufiger angeführte Arbeit Hegels über die politische Situation des deutschen Reichs um die Jahrhundertwende, der sog. Verfassungsschrift, hatte sich, deutlich sichtbar in den Lösungsansätzen des Schlußkapitels, noch entscheidend an dem feudalen Institut der Reichslandschaft und, darunter, auf die Ebene der eximinierten territorialen Teilgebiete, der altständischen Landschaft, orientiert. Dominiert vom Interesse an der Revitalisierung des deutschen Kaiserreichs, als dem damals einzig perzipierten Bezugssystem einer modernen Zentralstaatsbildung, unterblieb die genauere Analyse des hinter dem Zusammenbruch auch stehenden sozialen Gärungsprozesses. Der Reformvorschlag der Verfassungsschrift sah zwar die Verstärkung des Städtekollegiums durch vom Volk gewählte Abgeordnete vor [117], die mit diesem Zugeständnis aber implizierte Verschiebung der gesellschaftlichen Kräfteverhältnisse wurde jedoch noch nicht ausdrücklich thematisch. Die späteren Arbeiten reflektieren die zunehmende analytische Differenzierung in der Wahrnehmung sozialer Phänomene. Natürlich hat Hegel nirgendwo den idealistischen Anspruch seiner Philosophie aufgegeben, und immer bleibt die Untersuchung des 'objektiven Geistes', zu dem auch der Gegenstand dieses Abschnitts systematisch gehört, rückbezogen auf eine äußerst komplex angelegte spekulative Konstruktion. Bevor Hegel in der Realphilosophie auf die einzelnen Stände zu sprechen kommt, stellt er deshalb zunächst einmal den substanzlogischen Zusammenhang her: "... er (der Geist, L.S.) ist sich daseiender Organismus. Er bildet sein Bewußtsein. < am Rande: Das Bewußtsein ist sein Stoff, woraus er sich sein Dasein macht. > ... In jedem Stand hat er eine bestimmte Arbeit, Wissen von seinem Dasein und Tun in demselben und einen besondern Begriff, Wissen von der Wesenheit."(ebd 271). Und in der Rechtsphilosophie leitet Hegel diesen Komplex folgendermaßen ein: " Ferner ist es die im Systeme menschlicher Bedürfnisse und ihrer Bewegung immanente Vernunft, welche dasselbe zu einem organischen Ganzen von Unterschieden gliedert." (ebd § 200). Das aktive, 'wahre' Zentrum der Bewegung wird hinter die sichtbaren Konstellationen von Gesellschaft und Staat verlegt; die einzelnen Ausprägungen sind letztlich, auch und entscheidend in ihren Widersprüchen, Emanationen einer tieferliegenden Dynamik, die Hegel als Selbstbewußtwerdungsprozeß des Weltlogos begreift. Auch die Modernisierung der Staatskonzeption, durch die sich das anachronistische System sozialer Zuordnung mit der Verschiebung der Zuordnungskriterien von einem primär geburtsrechtlichen auf ein enger berufsständisches Prinzip an die veränderten Bedingungen anzupassen sucht, verliert keinen Augenblick ihre Verbindung mit dem Ableitungszusammenhang der Theorie; es ist unmittelbar klar, welch ungeheures affirmatives Legitimationspotential die Philosophie so für ihre Konstruktionselemente bereithält. Aber auch darin unterscheidet sich Hegel nicht wesentlich von anderen politischen Theoretikern vor ihm. Über eine rein philosophiegeschichtliche Bedeutung hinaus kommt die Hegelsche Gesellschaftskonzeption gerade durch die Totalität ihres Wirklichkeitsbegriffs: Sie will ausdrücklich auch die Seite des empirischen 'So und nicht anders

---

117 Vgl. Frühe Schriften S. 578

Geworden-seins', die konkrete Realität der zeitgenössischen Gesellschaft als ein Produkt des göttlichen Logos rechtfertigen, d.h. eine Theorie der Wirklichkeit in einem konkreten Sinne versuchen. Das ist keine mit einem einfachen metaphysischen Pinselstrich zu erledigende Aufgabe, sondern hier wird dem Philosophen eine, seinem Anspruch und dem Anspruch seines Publikums an die Qualität der historisch möglichen Beweisführung angemessene, Bewältigung des empirischen Materials abverlangt, die die Konzeption insgesamt an die Grenze der idealistischen Systembildung heranbringt. Die von ihrem Ansatz her idealistisch-spekulative, von der intendierten Beweisführung jedoch genetisch-prozessurale Konstruktion, beinhaltet so eine Spannung, die schon immer als ein philosophiegeschichtlicher Wendepunkt wahrgenommen wurde: Hegel steht gegen seine Intention schon mit einem Bein jenseits der Geschichtsmetaphysik.

Die metaphysischen Implikationen erfüllen dabei m. E. eine durchaus hilfreiche Funktion: Sie erlauben Hegel über das Theorem der pervasiven Vernunft die Herstellung der komplexen Beziehungen zwischen Mensch und Gesellschaft, so daß weder die gestalterische Potenz des Subjekts, das ja gleichzeitig als Akteur und Akzidenz der Entwicklung verstanden wird, noch die dem einzelnen Subjekt vorgeordneten, es präformierenden Wirkungen der Gesellschaft, denen es sich als gegenüber einer 'unendlich festen Autorität und Macht' (Rphil § 146) vorfindet, vernachlässigt werden müssen, sondern die beide Momente eben in eine Entwicklungslogik, in eine integrierende Form des Verstehens überführt. Bei all dem muß klar sein, daß die Reduktion der Hegelschen Gesellschaftsphilosophie auf ihre konkreten Aussagen, auf die in ihr geleistete Erfassung bestimmter sozialer Phänomene, die systematische Intention Hegels verfehlt und insofern, gemessen an der Komplexität des totalen Anspruchs, für eine Interpretation einseitig und problematisch bleibt; die Diskussion der spekulativen Tiefendimension kann deshalb nicht ausgespart bleiben, auch wenn sich das Interesse jetzt primär auf das empirische Fundament der Konzeptualisierung von Gesellschaft und Staat konzentriert. Ich werde auf diesen Punkt weiter hinten in einem eigenen Kapitel zurückkommen.

Hegel geht bei der philosophischen Begründung der Sozialstruktur des 'vernünftigen' Staates von der Faktizität der modernen differenzierten, funktional vernetzten Gesellschaft aus: Die gesellschaftliche Gesamtproduktion ist, und zwar notwendig, gegliedert in ein System funktional spezifizierter, sich gegenseitig ergänzender sozialer Aggregate oder Stände. Jeder Stand konstituiert sich über die verbindende Gemeinsamkeit von ähnlicher Lebenslage, Bedürfnissen, Ansprüchen, gleichen Arbeitserfahrungen, d.h. der gleichen Stellung im Produktionsprozeß, und gleicher Bewußtseinslage, bzw. gemeinsamem kulturellem Hintergrund. Mit anderen Worten: Hegel verfolgt eine äußerst differenzierte, geradezu soziologische Bestimmung der sozialstrukturellen Organisation der Gesellschaft. Die inhaltliche Nähe auf die enger ökonomische Definition reduzierten Klassenbegriff bei Marx ist tatsächlich frappant - allerdings, dazu auch die einleitende Warnung, ist die theoretische Ableitungsfigur diametral entgegengesetzt[118]. Ich will den entscheidenden Paragraphen ausführlich zitieren: "Die unendlich mannigfachen Mittel und deren ebenso unendlich sich verschränkende Bewegung in der gegenseitigen Hervorbringung und Austauschung *sammelt* durch die ihrem Inhalte inwohnende Allgemeinheit und *unterscheidet* sich in *allgemeinen Massen*, so daß der ganze Zusammenhang sich zu *besonderen Systemen* der Bedürfnisse, ihrer Mittel und Arbeiten, der Arten und Weisen der Befriedigung und der theoretischen und praktischen Bildung - Systemen, denen die Individuen zugeteilt sind - , zu einem Unterschiede der *Stände* ausbildet." (Rphil § 201). Der systematische Ort der Bestimmung: die bürgerliche Gesellschaft, und die klare inhaltliche Aussage dokumentieren den Bruch in der Perzeption sozialer Phänomene nach dem Naturrechtsaufsatz von 1802: Die Unterscheidung von Gesellschaft und Staat, die Hegel als einer der Ersten in seiner Philosophie

---

118 Vgl. dazu auch richtig: Avineri, a.a.o. S. 128f

reflektiert, ist unvereinbar mit dem mittelalterlichen Ständebegriff, der beide Sphären noch ungeschieden verklammert hatte. Hegel setzt dagegen ein Ordnungskriterium, das, so auch die Reihenfolge der Aufzählung im wiedergegebenen Zitat, ganz aus dem Zusammenhang der Produktion gewonnen ist; sein Ständebegriff ist bei aller Komplexität der einzelnen, eine kohäsive Struktur organisierenden Faktoren, letztlich (d.h. natürlich nur vom logischen Status des Systemteils 'Bürgerliche Gesellschaft' aus gesehen) funktional aus der notwendigen Arbeitsteilung der Gesellschaft abgeleitet. Die analoge Stelle in der Enzyklopädie formuliert diesen Gedanken noch präziser: "Die konkrete Teilung aber des allgemeinen Vermögens, das ebenso ein allgemeines Geschäft ist, in die besonderen, nach dem Momente des Begriffs bestimmten Massen, welche eine eigentümliche Subsistenzbasis und im Zusammenhange damit entsprechende Weisen der Arbeit, der Bedürfnisse und der Mittel ihrer Befriedigung, ferner der Zwecke und Interessen sowie der geistigen Bildung und Gewohnheit besitzen, macht den *Unterschied der Stände*."(ebd §
527)[119]. Die Vorstellung, die Hegel mit dem Stand verbindet, hat sich von der Legitimation geburtsständischer Zuordnungen freigemacht, die Abstammung geht nur als *ein* sozialer Faktor in die soziale Positionierung des Einzelnen ein: "... welchem besonderen Stande das *Individuum* angehöre, darauf haben Naturell, Geburt und Umstände ihren Einfluß, aber die letzte und wesentliche Bestimmung liegt in der *subjektiven Meinung* und der *besonderen Willkür*, die sich in dieser Sphäre ihr Recht, Verdienst und ihre Ehre gibt, so daß, *was in ihr durch innere Notwendigkeit* geschieht, zugleich *durch die Willkür vermittelt ist* und für das subjektive Bewußtsein die Gestalt hat, das Werk seines Willens zu sein." (Rphil § 206). Die zitierten Formulierungen verdeutlichen die idealistisch gebrochene Überzeugung Hegels vom Recht der 'Besonderheit', d.h. von der Berechtigung der bürgerlichen Forderung nach der Liquidation ständischer Schranken und nach der Autonomie des Einzelnen: Leistung statt Herkunft soll über die soziale Position entscheiden. Idealistisch gebrochen, weil Hegel zwar gegen die ideologischen Verzerrungen der liberal-individualistischen Sozialtheorien die Spannung von Gesellschaft und Individuum systematisch aufnimmt, indem er die zugestandene Herrschaftsmächtigkeit des Subjekts gegenüber seinen Verhältnissen nicht verselbständigt, sondern gerade an eine zusammenhängende Entwicklungslogik anbindet, die von den differenten Perspektiven des Systems und dem sich gegenüber diesem System konturierenden Subjektstandpunkt weiß, sie als unterschiedene und doch strukturell aufeinander bezogene Momente aufnimmt, sie aber durch die substanzlogische Rahmenkonstruktion eben doch wieder spekulativ auflöst. Gesellschaftliche Ordnung ist 'objektive Ordnung' (ebd S. 358), die ein bestimmtes Maß an subjektiver Autonomie, das Recht der Willkür anerkennt, wie Hegel in seiner Abgrenzung gegen die rigide Konzeption der Platonischen Politeia ausführt, die aber auf der Metaebene immer die sich über die immanente Entfaltung der Vernunft legitimierende Präponderanz des Systems festhält. Auf der Seite der Subjekte eröffnet sich derart ein Spielraum individuellen Handelns, der aber nirgendwo aus der konkreten Erfahrung individuellen Leidens eine Rechtfertigung zur praktischen Kritik des Systems selbst ableiten kann.

Mit der endgültigen Zerstörung der politischen Struktur des alten Kaiserreichs hatte sich der Blick Hegels für den Aufbau der gesellschaftlichen Organisatoren geschärft, zumindest für den engeren Bereich der bürgerlichen Gesellschaft wurde ihm die altständische Sozialordnung obsolet. Hegel nimmt hier die schlagenden Ergebnisse der Französischen Revolution auf; er ist inhaltlich ganz bürgerlicher Philosoph. Gleichwohl war im letzten Kapitel zu zeigen versucht worden, in welch engen Grenzen sich die Explikation der Sozialstruktur der modernen Gesellschaft noch bewegt: Die messerscharfe Untersuchung sozio-ökonomischer Defekte der bürgerlichen Produk-

---

119 Und in den Vorlesungen über die PdG heißt es apodiktisch: " Diese Sphären trennen sich andererseits in besondere Stände, denen die Individuen zugeteilt werden; diese machen das aus, was der Beruf des Individuums ist." (ebd 137)

tionsweise wird von zwei Seiten her aufgeweicht und neutralisiert. Zum einen von den Prämissen des philosophischen Systems selbst, die die bürgerliche Gesellschaft als eine notwendige Stufe der Entzweiung begreifen, die auf der Ebene des Staats aber wieder versöhnt werden kann, so daß die sozialen Konflikte nur eine sehr begrenzte Reichweite haben können und grundsätzlich bedeutungslos gegenüber der Verwirklichung des Subjekts als Staatsbürger werden. Zum anderen, und das ist die momentan anvisierte Seite, weil es um die inhaltliche Bestimmung der als vernünftig sanktionierten Ordnung geht, wird der kritische Gehalt von der restaurativen Grundtendenz der Gesellschaftskritik wieder abgedeckt, indem Hegel gerade aus der Einsicht in die unaufhebbaren Probleme der prototypisch am englischen Beispiel analysierten Industriegesellschaft die Revitalisierung, oder konkreter auf die preußischen Verhältnisse gewendet, die Konservierung einer vorindustriell, von der kleinbürgerlichen Produktion (rechnet man den agrarischen Sektor einmal dazu) dominierten Gesellschaft fordert. Die Entwicklung der Sozialstruktur in Realphilosophie und Rechtsphilosophie reflektiert exakt diese durch die metaphysischen Vorgaben abgesicherte Reduktion der sozialen Basis: Hegel differenziert nur drei Hauptstände, deren schematische Abgrenzung in der Rechtsphilosophie durch die logische Begriffshierarchie von der 'Einzelheit' des 'substantiellen Stands' oder des Bauernstands über die 'Besonderheit' des 'reflektierenden Stands', des Bürgertums zu der 'Allgemeinheit' des Beamtenstands strukturiert wird. Die frühere Realphilosophie verfügt noch nicht über diese formale Schematik, Bürgerstand und Bauernstand werden gemeinsam als 'niedere Stände' vom 'Stand der Allgemeinheit', der Beamten, Wissenschaftler und Soldaten unterschieden. Auffallend ist zunächst das schon diskutierte Fehlen der im Sprachgebrauch der Zeit unterständischen Schichten: die Masse der ländlichen Häusler, Hintersassen, Tagelöhner, des städtischen Proletariats, die zwar noch absolut gesehen geringe, aber überproportional anwachsende Zahl der Manufaktur- und Fabrikarbeiter bleiben sozialstrukturell ausgeblendet. Die 'objektive' Bewegung der bürgerlichen Gesellschaft, die als notwendige soziale Polarisierung, als 'Klassenantagonismus' von Luxus und Pauperisierung angedeutet worden war, findet bei der 'objektiven' Gliederung dieser Gesellschaft keine Berücksichtigung, diese Gruppen sind ihm vom saturierten bürgerlichen Bewußtsein aus gesehen ein 'Nichts'.

Im folgenden soll in kurzen Zügen die Charakterisierung der Stände in den beiden angesprochenen Arbeiten Hegels skizziert werden.

6.1 Der substantielle Stand

Der 'substantielle Stand' bestimmt sich über sein wesentlichstes Produktionsmittel, den Boden oder den Grundbesitz. Dieser Boden muß als Privateigentum besessen werden, ein Kriterium, das den Bauernstand gegen den ländlichen Tagelöhner abgrenzt und den eigentlichen Status als Stand sanktioniert. Seine Arbeit ist noch in die elementarische Matrix Mensch - Natur eingespannt; er verhält sich unmittelbar zur Natur, oder sein Arbeitsprodukt sind Naturprodukte. In der Realphilosophie kontrastiert Hegel diese 'rohe konkrete' Form der Arbeit mit dem 'Arbeiter der abstrakten Form' (ebd 271), dessen Arbeit in einem vermittelten Verhältnis zur Natur steht, die als Rohstoff schon aufbereitete Natur, d.h. die Arbeit Anderer, voraussetzt und sich auf diese bezieht. Die grundsätzliche Bedeutung der Vermittlungsfigur zwischen Mensch und Welt über die Arbeit für den Aufbau der Subjektkompetenz wurde schon angesprochen, hier werden nun bestimmte Formen der Arbeit, ein bestimmtes Verhältnis zum Arbeitsprodukt mit korrespondierenden Bewußtseinslagen und Wissensstrukturen verknüpft. Zur 'konkreten' Arbeit gehört, daß der Bauernstand nach Hegel nicht für einen Markt produziert, also auf die Bedürfnisse Anderer hin bezogen, die es zu befriedigen oder auch erst zu wecken gilt, sondern subsistenzwirtschaftlich orientiert bleibt; Arbeit wird aufgewendet zur Befriedigung existentieller Bedürfnisse unter vom Menschen nur eingeschränkt kontrollierbaren Bedingungen des Klimas, der jahreszeitlichen Bedingungen, etc. und nicht zur Erzielung eines Gewinns oder zur Akkumulation von Macht und Kapital. Hegel hat das sehr schön in der Rechtsphilosophie ausgedrückt: "Was er bekommt, reicht ihm hin; er braucht es auf, denn es kommt ihm wieder. Das ist die einfache, nicht auf Erwerbung des Reichtums gerichtete Gesinnung; man kann sie auch die *altadelige* nennen, die, was da ist, verzehrt." (ebd §203 Zu)[120]. Hegel nennt das naive Vertrauen das typische Weltverständnis des Bauernstands, wobei sich natürlich im Moment der 'Vorsorge auf die Zukunft' (Rphil § 203), die sich in der Organisation der bäuerlichen Arbeit im Jahresablauf ausdrückt, gegenüber dem 'schweifenden Leben des Wilden' (ebd) ein gewaltiger Fortschritt in der Planungskompetenz des Menschen dokumentiert[121]. Die fixierte Position des substantiellen Stands auf der Achse aufsteigender kognitiver Strukturen des Wirklichkeitsverständisses reflektiert das noch weitgehend distanzlose Verhältnis der Arbeit im Prozeß der Formierung von Natur: Es dominiert ein unproblematisch-unreflektiertes Verhältnis von Selbst und Außenwelt[122], das Bewußtsein hat nicht die Schärfe der kritischen Reflexion auf seine objektive Herrschaftsmächtigkeit. Hegel beschreibt dieses Weltverhältnis als Totalität; es strahlt in alle Dimensionen des Umgangs mit äußeren und inneren Erfahrungen aus. Dieser Gedanke wird in der Realphilosophie vor allem für den Aspekt der moralischen Urteilsqualität des Bewußtseins entwickelt: "Steuern und Abgaben bezahlt er, weil es eben *so ist*: diese Äcker, Häuser sind seit allen Zeiten so belegt; es *ist so*, weiter nichts. (Es sind) ältere Rechte; und wenn Neues ihm auferlegt wird, so versteht er es nicht warum, sondern sieht es als eine individuelle Herrschaft an, daß die vornehmen Herren viel brauchen, daß im Allgemeinen der Staat dessen wohl bedarf. Aber unmittelbar sieht er dies nicht ein, sondern (nur, daß) eben Geld von ihm gezogen wird... So läßt er sich das Recht auch mehr wie einen Befehl auferlegen und verlangt nur, nicht daß er die Sache einsehe, sondern daß nur mit ihm gesprochen werde, daß ihm gesagt werde, was er tun (solle) und (wozu er) kommandiert sei. (Er verlangt) eine derbe Anregung, daß er merkt, es sei hier eine Gewalt vorhanden..." (ebd 272). Hegel ordnet dem Bauernstand also eine mindere Entwicklungsstufe der moralischen Kompetenz zu; das Ordnungssystem auf das Bezug genommen

---

120 Vgl. Frühe pol. Systeme S. 271
121 Ich werde diese entwicklungslogische Differenz im Zusammenhang der Besprechung der Hegelschen Geschichtsphilosophie noch näher ausführen.
122 Vgl. Frühe pol. Systeme S. 271: " Der Bauernstand ist also dies individualitätslose Vertrauen...".

wird, ist eingelebt, es steht der Reflexion nicht zur Verfügung, d.h. es kann nicht kritisch überprüft werden, es fehlt ein Rechtsbewußtsein, das zwischen Legitimität und Legalität zu unterscheiden weiß: Der konkreten Arbeit korrespondiert das konkrete Denken und die konkrete Moral. Entsprechend fehlt dem substantiellen Stand auch im Falle der existentiellen Bedrohung des Staatsorganismus, dem Kriegszustand, den Hegel als die höchste Bewährprobe der sittlichen Kompetenz auffaßt, ein staatsbürgerliches Bewußtsein, das eine Begründung der eigenen potentiellen Aufopferung für das Ganze liefern könnte; er macht deshalb " im Kriege die rohe Masse aus - ein rohes blindes Tier, das in seiner Dumpfheit zufrieden (ist), wenn ihm sein Recht nicht widerfährt..." (Frühe pol. Systeme 272).

S. Avineri macht auf einen signifikanten Unterschied zwischen Real- und Rechtsphilosophie in der Darstellung des substantiellen Stands aufmerksam: In der späteren Rechtsphilosophie erfährt der allgemein gefasste 'Stand der Güterbesitzer' (ebd §306 Zu) eine Differenzierung in den einfachen Stand der Kleinbauern und den der aristokratischen Gutsbesitzer, als 'dem gebildeten Teil derselben' (ebd), der ihm Ausdruck einer offensichtlichen 'Verbeugung vor der Restauration' ist[123]. Richtig daran ist, daß der Adel als Stand in der Realphilosophie keine Erwähnung findet, die Erklärung Avineris greift jedoch zu kurz; sie zeigt, wie sehr ihm ein Verständnis für den historischen Ort der Hegelschen Philosophie und ihre hieraus bestimmten, bzw. bestimmbaren Widersprüche fehlt. Sein Einwand übersieht, daß Hegel die am Beispiel des englischen Oberhauses und der landständischen Potenz des preußischen Adels orientierte Einführung eines 'aristokratischen Mittelglieds' erst im letzten Systemtriel, wo er auf die Totalität des Staats und die entsprechend sanktionierten Staatsinstitutionen zu sprechen kommt, vornimmt (genauer in den §§ 305 - 307), der in der Realphilosophie nicht annähernd die spätere ausgearbeitete Form aufweist. Vorher, in § 303 Rechtsphilosophie, hat Hegel zwar unter dem affirmativen Erkenntnisinteresse den Gewinn der analytischen Trennung von bürgerlicher Gesellschaft und Staat wieder zurückzunehmen versucht, indem er gegen die revolutionäre Theorie vom gleichunmittelbaren Staatsbürger eine staatsorganismische Modellvorstellung stellt, die unter explizitem Bezug auf das feudalistische Herschaftssystem[124] die beiden unterschiedenen Sphären von Gesellschaft und Staat institutionell integrieren will. Diesen Widerspruch, daß Hegel erst beide Systeme voneinander differenziert, um dann letztlich doch wieder politisch eine Synthese zu versuchen, die sich aus Reminiszenzen an anachronistische Gesellschaftsstrukturen zusammensetzt, hat Marx pronociert herausgearbeitet. In der Quintessenz seiner Analyse sieht er Hegels Philosophie beherrscht von den beiden widersprüchlichen Zielvorstellungen, einmal der Freisetzung der Ökonomie bei dem gleichzeitigen Versuch einer Konservierung der politischen Machtverhältnisse. Aber auch wenn Hegel auf der Metaebene des Staats nach einer Integrationsform dieser gesellschaftlichen Spannungspole sucht, so bleibt ihm doch immer klar, daß sie nicht einfach im historischen Rückgriff gefunden werden kann, dazu hat sich der Ständebegriff zu sehr gewandelt. Eine Konsequenz wird daher die versuchte Neutralisierung der politischen Partizipationsrechte des Bürgertums, die ihm ja faktisch, zumindest für die eximinierten Städte, durchaus zukamen. Dieser Punkt wird weiter hinten noch näher zur Sprache kommen. Die Trennung von Gesellschaft und Staat wird also nur soweit aufgehoben, als gewährleistet bleibt, daß die Gesellschaft gerade keinen entscheidenden Einfluß auf die Politik bekommt, d.h., die 'politischen Stände', die Hegel mit den 'bürgerlichen Ständen' identifiziert, bleiben politisch zahnlos. Die grundbesitzende Aristokratie als explizit politischer Stand bildet hier eine Ausnahme, eine Ausnahme aber, die die analytische Trennung tatsächlich bestätigt, weil sie sich eben sozial-

---

123   Avineri, a.a.o. S. 188f
124   "Obgleich in den Vorstellungen sogenannter Theorien die Stände der bürgerlichen Gesellschaft überhaupt und die Stände in politischer Bedeutung weit auseinanderliegen, so hat doch die Sprache noch diese Vereinigung erhalten, die früher ohnehin vorhanden war." Rechtsphilosophie § 303

strukturell nicht reproduziert: Der Adel hat innerhalb des Hegelschen Systems sozial seine privilegierte Stellung verloren, er kann unter diesem Aspekt, hier bleibt Hegel konsequent, auch nicht als gesonderter Stand ausgewiesen werden, allein politisch behauptet er seine historischen Funktionen. Er impliziert damit, entgegen der Behauptung des oben angeführten Zitats einer Entsprechung der Stände in sozialer und politischer Bedeutung, eine Neubestimmung der Standschaft, hier um das maßgebliche Kriterium des Großgrundbesitzes. Diese subtile Unterscheidung Hegels entgeht Avineri, sie reflektiert aber sehr genau die in Preußen gegebenen Tendenzen zumindest am Beginn der Reformzeit: Politisch hatte sich der Adel in den einzelnen Provinziallandtagen seine dominante Stellung sichern können, ökonomisch dagegen, das zeigt die hohe Fluktuationsrate an der Eigentümerschaft des preußischen Großgrundbesitzes, das Eindringen des Bürgertums in die ehemaligen Rittergüter[125], verlor der Grundbesitz als ökonomische Basis seine diskriminierende soziale Bedeutung für die Konstituierung des Adels als Herrschaftsstand. Das waren wohlgemerkt nur Tendenzen, tatsächlich konnte der Adel langfristig neben einer Reihe von Herrschaftsrechten seine politischen Privilegien durchaus auch zur Stabilisierung seiner ökonomischen Bedeutung umlenken, zumal der alte Mechanismus der Assimilation des bürgerlichen Kapitals über die Nobilitierung noch immer funktionierte - sie bleiben gleichwohl nicht folgenlos für das politische und ökonomische System. Hegel zeichnet die zwei wesentlichen Effekte dieses Prozesses in der Rechtsphilosophie nach: Mit der Erosion der ökonomischen Basis politischer Herrschaft aufgrund der Potenz der bürgerlichen Produktionsweise[126] mußte Herrschaft seine traditionale soziale und ökonomische Verankerung verlieren; politische Herrschaftsstandschaft war unter dem vorherrschenden Interesse an der Konservierung des status quo nur noch auf ein personales Prinzip widerspruchslos rückführbar, d.h. sie wurde wieder zur persönlichen Standschaft oder zur allein durch Geburt legitimierten, während die historisch unmittelbar dem Grundbesitz anhaftenden Rechte und Privilegien an Bedeutung verlieren mußten[127]. Hegel sieht in § 307 Rechtsphilosophie den Adel zur politischen Standschaft entsprechend ausschließlich durch Geburt berufen. Damit greift er den faktischen preußischen Verhältnissen sogar voraus: Hier war bis in die 30er Jahre des 19. Jahrhunderts formal nur der Grundbesitz als solcher maßgeblich für die politische Standschaft, er war entsprechend für die eximinierte Beamtenschaft und das bürgerliche Kapital die Umwegstrategie zur, wenn auch eingeschränkten, politischen Partizipation, eine Strategie, die erst das geburtsrechtliche Kriterium wieder verschloß. Der Blick auf Preußen darf unter dem Aspekt des Zeitpunkts der Abfassung der Rechtsphilosophie nicht überschätzt werden, so daß bei der Wertung der politischen Stellung der Aristokratie auch an die in der württembergischen Verfassungsschrift zugestandenen adligen Virilstimmen gedacht werden muß[128]. Auf der anderen Seite signalisiert die Auszehrung der ökonomischen Herrschaftsbasis des Adels durch das eindringende Bürgertum einen Wandel in der agrarischen Produktion selbst, die zu Beginn mit der Kommerzialisierung der subsistenzwirtschaftlichen Produktionsweise angegeben worden war. Hegel konzediert diesen Transformationsprozeß, der nichts mehr mit der 'altadeligen Gesinnung' des früheren Feudaladels (die er, wie zitiert, noch immer dem Kleinbauern zuspricht) zu tun hat, eher beiläufig in einem von Gans notierten Zusatz: "In unserer Zeit wird die Ökonomie (d.h. hier die Bewirtschaftung der größeren Güter, L.S.) auch auf reflektierende Weise, wie eine Fabrik, betrieben und nimmt

---

125   zur Besitzumschichtung sh. Koselleck S. 511ff
     Bis 1842 etwa waren schon über ein Drittel der Rittergüter in bürgerlichem Besitz
126   Koselleck zitiert Bülow-Cammerow: " Es ist nun aber leicht zu berechnen, daß wie die Sachen gegenwärtig
     liegen, die bei weitem größere Mehrzahl der Güter in die Hände des Bürgertums kommen wird. ... Der Bürger
     verfüge über alle Quellen ... die zum Wohlstand und Reichtum führen." Koselleck, a.a.o. S. 516
127   Vgl. dazu Koselleck S. 346f u. S. 518f
128   Sehr detailliert diskutiert Hegel die wichtige politische Unterscheidung von Großgrundbesitzer und
     adeligem Großgrundbesitzer in der Vorlesungsmitschrift Wannenmanns, sh. dazu: G.W.F. Hegel, Die Philoso-
     phie des Rechts, Hrsg. K.H. Ilting, Stuttgart 1983, S. 182

dann einen ihrer Natürlichkeit widerstrebenden Charakter des zweiten Standes an." (Rphil § 203 Zu).

Die Interpretation Avineris ist im übrigen auch schon deshalb falsch, weil sich Hinweise auf die staatsrechtliche Stellung des Adels schon lange vor der veröffentlichten Rechtsphilosophie finden. In der Analyse der Verhandlungen der württembergischen Landstände, geschrieben in seiner Heidelberger Zeit, gibt Hegel z.B. sogar in explizitem Zusammenhang einer Kritik der Adelsprivilegien den Hinweis, daß der Adel als der 'Mittelstand' zwischen Fürst und Volk "statt das Band von beiden auszumachen, wie es seine Bestimmung ist, (sich, L.S.) auf Privilegien und Monopole steifte..." (ebd 576), d.h. die Hegelsche Grundposition, und das ist angesichts der württembergischen Verhältnisse besonders interessant, weil hier dem Adel eine ungewöhnlich geringe Bedeutung zukam, spricht sich nicht gegen die Berechtigung der politischen Standschaft aus, sondern nur gegen die feudalen Privilegien, so vor allem gegen die Patrimonialgerichtsbarkeit und die Ausübung des Polizeirechts. Diese Argumentation liegt ganz auf der schon zu Beginn besprochenen Linie, die den noch feudal geprägten Gehalt der Landstandschaft als Konkurrenz zum Gewalt- und Steuermonopol des modernen Anstaltstaats begreift und sie deshalb auf eine verfassungsmäßig begrenzte, enger politische Repräsentation reduzieren will. Gegen den feudalen Partikularismus soll der absolutistische Nationalstaat mit aller Macht durchgesetzt werden; der Aristokratie kommt aber auch im konstituierten Staat eine politisch privilegierte Stellung zu, die Hegel über die spekulative Figur der Vermittlung zwischen den gesellschaftlichen Organisatoren legitimiert. So hatte Hegel schon zu Beginn der eben zitierten Schrift das 'aristokratische Institut' als ein 'Moment des vernünftigen Staatsrechts' bestimmt (ebd 472). In der Realphilosophie, auf deren Aussagen sich Avineri kontrastierend stützt, versteckt sich der Adel vermutlich in der letzten Stufe des höheren 'Standes der Allgemeinheit', dem Soldatenstand: Hegel weist ihm hier m.E. in der offensichtlichen Abgrenzung gegen die 'rohe Masse' der bäuerlichen Kriegsknechte die alte mittelalterliche Bestimmung als Kriegerstand zu - der Bezug ist aber, in diesem Punkt muß man Avineri Recht geben, nicht explizit hergestellt.

6.2 Der Stand des Gewerbes

Der 'reflektierende oder *formelle...Stand*' (Rphil §202), bzw., wie es in § 204 einfach heißt, der '*Stand des Gewerbes*' deckt den Kernbereich der bürgerlichen Klientel ab. Die Grundunterscheidung gegenüber dem Bauernstand konstruiert Hegel über das veränderte Verhältnis der Produzenten zu seiner Arbeit und zum Produkt seiner Arbeit: Der Bürger ist mit schon formierten Ausgangsmaterialien, zumindest den weiterverarbeitbaren Naturprodukten, befaßt, denen er eine weitere Spezifikation oder 'Veredelung' durch seine Arbeit zufügt. Die 'Natürlichkeit' des Ausgangsmaterials wird also völlig aufgebrochen und eine eigentliche Werktätigkeit beginnt. Der Bürger erkennt und definiert sich damit in weit höherem Maße als der noch naturabhängige Bauer durch seine Arbeit. "Er hat die Arbeit der Natur genommen und das Formieren aus der Bewußtlosigkeit herausgehoben." (Frühe pol. Systeme 273). Und: "Was er vor sich bringt und genießt, hat er vornehmlich *sich selbst*, seiner eigenen Tätigkeit zu danken." (Rphil § 204).

Damit ist gleichsam eine höhere Stufe der Distanz gegenüber der Natur, auch der eigenen Natur als Bedürfniswesen, erreicht, die Hegel mit der Kategorie der 'abstrakten Arbeit' umschreibt. Nicht mehr das unmittelbare, elementare Bedürfnis, das bei aller 'Planung' der bäuerlichen Produktion Hintergrund einer subsistenzwirtschaftlichen Produktionsweise bleibt, sondern ein höheres Bedürfnisniveau, das die Differenzierung des elementaren Bedürfnisspektrums impliziert und reproduziert, ist Kontext der aufgewendeten Arbeit. Die Befriedigung der eigenen Bedürfnisse kann nur noch strategisch verfolgt werden, die eigene Arbeit befriedigt höchstens noch einen Teilaspekt des Gesamtspektrums. Arbeit ist damit genauer genommen gesellschaftliche Arbeit: Sie setzt einen gesellschaftlichen Zusammenhang der Gesamtproduktion voraus, da sie

a) auf der Arbeit Anderer aufbaut und diese weiterführt, verlängert

b) für die Bedürfnisse Anderer produziert

c) die eigenen Bedürfnisse nur durch die Arbeit Anderer, bzw. deren Arbeitsprodukte und d.h. vermittelt über ein System, das die Arbeit der Einzelnen miteinander austauschbar, kommensurabel macht, befriedigen kann.

Das 'Wissen vom Allgemeinen' (Frühe pol. Systeme 272) generiert damit zur Grundvoraussetzung einer sich über den Markt, das konstituierte 'System der Bedürfnisse', abwickelnden Produktion - 'Verstand', Reflexion sind entsprechend die spezifischen Umschreibungen der bürgerlichen Weltsicht, für die Qualität des bürgerlichen Bewußtseins. Ebenso ist unmittelbar einleuchtend, daß der 'Stand des Gewerbes' ein wesentliches Interesse an der dauerhaften Sicherung eines staatlich garantierten Rechtszustandes hat, d.h. auch ein strukturell höheres Bewußtsein über die moralische Qualität des Handelns durch den strategischen Rückbezug auf die Legalität desselben besitzt. Das reflexiv gebrochene Verhältnis zur Arbeit und zu ihrem Produkt reproduziert sich somit auch als eine spezifische Qualität des Selbstbewußtseins und, korrespondierend, der moralischen und sozialen Perspektive. Sehr subtil und mit beeindruckender Klarheit macht Hegel dies in der Realphilosophie für das Kleinbürgertum deutlich: "Er weiß sich bestimmt als Eigentümer, und nicht nur weil er besitzt, sondern weil es sein Recht ist, behauptet er es; er weiß sich als Anerkannter in seiner Besonderheit und drückt dieser allenthalben den Stempel auf. Er genießt nicht so wie der Bauer in seiner Roheit sein Glas Bier oder Wein, um sich zu seiner allgemeinen Dumpfheit zu erheben, teils in ihr eine Bewegung seines Geschwätzes und Verstandes zu geben, sondern sich damit zu zeigen, wie mit einem Rocke und dem Putze seiner Frau und Kinder, daß er so gut ist wie ein Anderer und es so weit gebracht hat. Er genießt darin sich selbst, seinen Wert und Rechtschaffenheit; dies hat er sich erarbeitet und vor sich gebracht. Nicht den Genuß des Vergnügens genießt er, sondern daß er diesen Genuß hat, die Einbildung von sich selbst." (ebd 273).

Wie sich hier andeutet, wird der 'Stand des Gewerbes' von Hegel noch intern differenziert, wobei sich die bekannte, immanent zurückgebogene Schlußfigur herstellt. Weniger deutlich in der Realphilosophie, wo die Zwischenstufe nur in einem Nebensatz erwähnt wird, dagegen explizit in der Rechtsphilosophie[129] unterscheidet Hegel in aufsteigender Reihe den Handwerksstand, den Fabrikantenstand und den Kaufmanns- oder Handelsstand[130]. Die schon diskutierte Schwäche der Hegelschen Gesellschaftsanalyse wird hier noch einmal offensichtlich: Einziges Differenzierungskriterium ist der Grad der Abstraktion der Arbeit, berechnet vom konkreten Bedürfnis des einzelnen Individuums. Seine größte Schärfe erreicht dieses Kriterium, wenn es unter dem Aspekt der Entfremdung die Qualität der Arbeitsorganisation und die Distanz zum Produkt der Arbeit analysiert. Das Verhältnis zu den Produktionsmitteln, obwohl es durchaus im Horizont der Hegelschen Überlegungen auftaucht, man denke an die Stellung des Werkzeugs und der Maschine, wird jedoch nicht als ein diskriminierendes Merkmal der Produktion erfaßt, eine spezifisch industrielle Produktionsweise und das mit ihr verbundene Produktionsverhältnis bleiben somit theoretisch ausgeblendet, auch wenn in der Beschreibung einiges vom Elend und Leiden der depravierten Massen im Frühkapitalismus anklingt. Während der Handwerker konkrete Arbeit für ein individuell zurechenbares einzelnes Bedürfnis leistet - Hegel spricht damit als Kennzeichen der handwerklichen Kleinproduktion die Produktion auf Bestellung im Unterschied zur Vorratsproduktion an -, hat sich der Manufaktur- und Fabrikbesitzer vom individuellen Auftrag schon gelöst: Er produziert zwar "für einzelne Bedürfnisse, aber eines allgemeineren Bedarfs" (ebd), wobei sich die Arbeit in der Organisationsform der Manufaktur oder Fabrik zur "abstrakteren Gesamtmasse der Arbeit" verdichtet, d.h. auf ein durch die Arbeit vieler Einzelner hindurchgreifendes Produktionsziel zu konvergiert, das sich in der Zusammenfassung der voneinander getrennten Teilarbeiten realisiert. Den Höhepunkt der Abstraktion stellt der Kaufmannsstand[131] dar: Dieser hat sich sowohl von der konkreten Arbeit, als auch von der spezifischen Form des Produkts, als auch dem einzelnen Bedürfnis, das mit diesem Produkt befriedigt werden soll, gelöst; er ist allein Vermittlungsagentur zwischen den Produzenten als Warenbesitzer und den Konsumenten als Geldbesitzer. Hegel untersucht diese Beziehung auf der einen Seite als die absolute Abstraktion von der konkreten Qualität des hergestellten Gegenstands, seinem Gebrauchswert: "... der Gegenstand selbst ist entzweit in den besondern, (den) Handels- artikel, und das Abstrakte, das *Geld...*" (Frühe pol. Systeme 273f); der Gegenstand wird auf die Warenform reduziert, er zählt für den Kaufmann nur noch in seiner Wertform, in seiner Potenz, sich in Geld umzuwandeln. Hegel schreibt: "Alle Bedürfnisse sind in dies Eine zusammengefaßt. Das Ding des Bedürfnisses" zu einem bloß *vorgestellten*, ungenießbaren geworden. Der *Gegenstand* ist also hier ein solches, das rein nur nach seiner *Bedeutung* gilt, nicht mehr *an sich*, d.h. für das Bedürfnis. Er ist ein schlechthin *Innres*." (ebd 274).

Geld und Kaufmannsstand gehören zusammen: Die Tauschbeziehung, als deren Agent der Kaufmann fungiert, setzt die Verfügungsgewalt über den Gebrauch und den Wert einer Sache, d.h., wie es in den Anmerkungen zu § 63 Rechtsphilosophie heißt, seine "sich erhaltende Möglichkeit, ein Bedürfnis zu befriedigen", voraus. Allerdings müssen diese Passagen mit Vorsicht gelesen werden: Wert ist hier nicht gleich Tauschwert, sondern vielmehr nur der abstrakt ausgedrückte Gebrauchswert. Hegel sieht sehr richtig, daß diese Aufspaltung dazu führt, den Gegenstand seiner spezifischen Qualität, seines unmittelbaren Bezugs auf ein Bedürfnis zu

---

129   Vgl. ebd § 204
130   Die Reihenfolge ist allein schon recht interessant, sie zeigt als die dominierende Qualität der bürger- lichen Gesellschaft das Handelskapital und den Kaufmann, verweist in dieser Zuspitzung also auf ein deutlich vorindustrielles Bezugssystem.
131   Vgl. dazu auch die Überlegungen von Fr. Engels, in: Der Ursprung der Familie, abgedruckt in K.Marx/Fr.Engels, Staatstheorie, Frankfurt 1974 S. 303

berauben, daß er zum bloßen 'Zeichen' wird, oder "sie (die 'Sache',L.S.) gilt nicht als sie selber, sondern als das was sie wert ist", wobei der Wert, so abgelöst vom konkreten Bedürfnis, nur durch ein Medium ausgedrückt werden kann, in welchem eben jeder konkrete Unterschied der Gegenstände verschwindet: "Das Geld repräsentiert alle Dinge..." (ebd)·[132] Marx schreibt später ganz im gleichen Sinne: "Da dem Geld nicht anzusehen ist, was in es verwandelt ist, verwandelt sich alles, Ware oder nicht, in Geld. Alles wird verkäuflich und kaufbar."[133] Da alle Dinge im Geld repräsentiert sind, ist auch die Befriedigung aller Bedürfnisse durch die Verfügung über Geld erreichbar und die Anhäufung von Geld, eine Sucht, von der der Kaufmann nach Hegel getrieben ist, ist somit die abstrakte Befriedigung aller Bedürfnisse. Der Kaufmann befriedigt also nicht ein einzelnes, konkretes Bedürfnis, sondern ihm reicht die Vorstellung der möglichen Befriedigung, da das Geld selbst keinen konkreten Gebrauchswert hat[134]. Es ist nur die 'Bedeutung', die im Geld 'Dasein' hat. Für Hegel ist aber damit ein ontologisch höheres Niveau bezeichnet, ein Niveau, wie es sich auch in der systematischen Stellung des Kaufmannsstands innerhalb der entwickelten Sozialstruktur ausdrückt: Geld, "der Wert einer Sache, worin ihre wahrhafte Substantialität bestimmt und Gegenstand des Bewußtseins ist" (ebd) fällt für die Ware Geld, so Hegel, mit ihrem konkreten Sein, d.h. diesem Goldstück zusammen - 'Wesen' und 'Sein' kommen zur Einheit, "der *Wert* ist klingende Münze" (Frühe pol. Systeme 274)[135]. Diese Grundbeziehung überträgt Hegel in einer kritischen Wendung auf das Bewußtsein des Kaufmanns selbst: Im Geld verschwindet nicht nur das konkrete Bedürfnis und die spezifische Qualität des Gegenstands, sondern für den Kaufmann reduziert sich auch die Beziehung zum anderen Menschen auf eine Warenform; ihn interessiert nicht das konkrete Sein des Anderen noch dessen Anschein oder Geltung, er fragt nur nach einem: Wieviel hat er und wieviel kann er bezahlen. Die Wirklichkeit des Anderen reduziert sich auf seinen Geldbeutel: "So reell ist einer, als er Geld hat. ... - es ist die Abstraktion von aller Besonderheit, Charakter usf., Geschicklichkeit des Einzelnen. Die Gesinnung (des Kaufmanns) ist diese Härte des Geistes, worin der Besondere, ganz entäußert, nicht mehr gilt, (nur) striktes *Recht*. Der Wechsel muß honoriert werden, es mag zugrunde gehen, was will, Familie, Wohlstand, Leben usf., gänzliche Unbarmherzigkeit." (Frühe pol. Systeme 274). Und Hegel fährt fort, den 'Geist des Kapitalismus' hier tatsächlich prägnant auf den Begriff bringend: "Fabriken, Manufakturen gründen gerade auf das Elend einer Klasse ihr Bestehen." Die Systematik der Realphilosophie differenziert noch nicht zwischen dem Fabrikanten und dem Handelsstand; das Zitat gehört entsprechend zur Charakterisierung des Kaufmanns, der ökonomisch gesehen dominierenden Klasse. Hegel schließt damit an eine analytische Unschärfe an, die sich bezeichnenderweise auch im preußischen Allgemeinen Landesrecht findet[136]. Das Übergewicht, das dieser Stand damit analytisch behauptet, wirkt weiter bis in die Rechtsphilosophie, wo sich die Gewichtung in der angegebenen Begriffshierarchie manifestiert: Das Handelskapital bringt die Gesetze der bürgerlichen Gesellschaft am reinsten auf den Begriff; es markiert zugleich den Höhepunkt und den notwendigen Umschlag dieser Sphäre des 'objektiven Geistes'. Insofern auch ist die Charakterisierung des Kaufmannstands in der Realphilosophie eine der deutlichsten Stellen, an denen die bürgerliche Produktionsweise 'auf den Begriff gebracht' wird. Es gab ja auch tatsächlich gute Gründe in einer Phase noch stark merkantilistisch geprägter Wirtschaftspolitik, in der Zeit der großen Handelsgesellschaften, ganz abgesehen vom geringen Industrialisierungsgrad in Deutsch-

---

132   Vgl. auch Nürnberger Schr. S. 240 § 15 : "Geld ist die allgemeine Ware..".
       ebenso System der Sittlichkeit S. 74 unten
133   K.Marx, Das Kapital, a.a.o. S. 145
134   Vgl. Rhil § 63
135   Der hegelisch inspirierte Marx schreibt dazu in den Pariser Manuskripten: " Das Geld, indem es die
       Eigenschaft besitzt, alles zu kaufen, indem es die Eigenschaft besitzt, alle Gegenstände sich anzueigen,
       ist also der Gegenstand im eminenten Sinn." MEW Ergänzungsbd 1 S. 563
136   Vgl. Koselleck S. 111

land, gerade den Kaufmann ins Zentrum der Analyse zu stellen. Im ökonomisch zurückgebliebenen Deutschland dominierte innerhalb der gewerblichen Produktion noch der handwerkliche Warenproduzent, und nur in der Hausindustrie fand sich schon in größerem Ausmaß der gewerbliche Unternehmer: Das war eben der Kaufmann, der die Kontrolle über den Produktionszyklus immer weiter nach hinten, also auch auf die Vorprodukte und Grundstoffe der Produktion, auszuweiten suchte. Gleichwohl wird gerade an dieser systematischen Bedeutung des Kaufmanns die im Kern noch vorindustrielle Orientierung des Hegelschen Analyserahmens deutlich; Interpretationsversuche, die Hegel zum veritablen Kapitalismuskritiker ummünzen wollen, unterstellen ihm retrospektiv einen Gegenstand, den er so nicht hatte und nicht haben konnte.

6.3 Der Stand der Allgemeinheit

Ich komme zum letzten Stand, dem Stand der 'Allgemeinheit', oder dem 'öffentlichen Stand', dem innerhalb der Hierarchie der Stände die höchste Auszeichnung zukommt und der in der Realphilosophie explizit von den vorausstehenden 'niederen' Ständen abgegrenzt wird. Hegel zählt dazu die staatlichen Beamten in Verwaltung, Justiz, Polizei, sowie in der Realphilosophie den in Staatsdiensten stehenden Gelehrten und Wissenschaftler. Der Soldatenstand bildet in beiden Systemen wegen der ihm unterstellten Aufopferungsbereitschaft für das Gemeinwesen, das 'Ganze', und der deshalb von Hegel so interpretierten 'habituellen' Identität von individuellem und allgemeinem Willen, die Spitze der internen Differenzierung[137]. Die Wertung des Beamtenstands als dem qualitativen Abschluß der sozialstrukturellen Hierarchie markiert am deutlichsten die Ablösung des altständischen Schichtungsmodells mit dem Klerus und dem Adel in den exponierten Positionen. Das Allgemeine Preußische Landesrecht führte die Beamten dagegen noch als eine 'Nebenklasse'; ihre Aufwertung zum wichtigsten Stand der Gesellschaft bezeichnet, über die Motivation durch das persönliche Selbstverständnis hinaus, die Perzeption einer grundsätzlichen sozialen Transformation der Gesellschaft, einen Umbau mit einer veränderten Rekrutierungsbasis der sozialen und politischen Elite. Dabei konnten aufgrund der besonderen Situation in Deutschland die enger kapitalistischen 'Archetypen', der Großkaufmann und der Unternehmer/Fabrikant schon allein quantitativ nicht die beherrschenden Positionen besetzen - durch die Entwicklung strukturell begünstigt waren eben zunächst Beamte, Gelehrte und die literarische Intelligenz (Habermas analysiert diese Zusammensetzung des gehobenen Bürgertums auch als die soziale Basis der entstehenden politischen Öffentlichkeit)[138] - die Ausbildung einer bürgerlichen Klasse befand sich somit in den Anfängen. Erst später, im Kaiserreich, haben sich die Gewichte entscheidend verschoben.

Schon zu Anfang wurde anhand der frühen politischen Schriften Hegels Einsicht in die Bedeutung eines effizienten Verwaltungsstabs für die Ausdifferenzierung des modernen Staats - unabdingbare Voraussetzung der Organisation der beiden Schlüsselmonopole, dem Gewalt- und dem Steuermonopol - hingewiesen. Die traumatische Erfahrung des Untergangs des deutschen Reichs römischer Nation bildete dabei den historischen Hintergrund für die Analyse der elementaren Bestandsbedingungen eines funktionsfähigen Staatswesens, bzw. von gesellschaftlicher Ordnung überhaupt. Der aus diesen Erfahrungen abgeleiteten notwendigen Mediatisierung der feudalen Zwischengewalten korrespondiert in Hegels Analyse die Konzentration der Macht auf die eigentlichen Staatsinstitutionen - der Zentralherr ist nicht nur der mächtigste Fürst aufgrund der relativ größeren Potenz seiner Hausmacht, er ist es, weil er allein legitim über die ausdifferenzierte Herrschaftsapparatur verfügt. Die in diesem Prozeß der Ausbildung einer konstitutionellen Grundlage des Staats angelegte potentielle Abkoppelung von bloßer personaler Verfügungsgewalt und rechtmäßiger Herrschaft, die die Ausübung von Herrschaftsfunktionen selbst normativ verpflichtet (ohne zunächst den Charakter eines absoluten Staates zu verlieren), wird von Hegel an vielen Stellen variiert. Nachstehend ein Zitat aus der Verhandlungsschrift: "Dieser Übergang von der Verwaltung eines Privatbesitz in Verwaltung von Staatsrechten ist einer der wichtigsten, welcher durch die Zeit eingeleitet wurde... es ist eine der Veränderungen, welche dann mit dem allgemeinen Übergange eines nicht souveränen Fürstentums in einen Staat sich befestigt und vollendet hat." (Nürnb. Schr. 479). Den Zusammenhang der Entstehung des modernen Staats als einem explizit institutionalisierten System mit einer Veränderung der Gesellschaft überhaupt und im Besonderen des ökonomischen Systems, hat Hegel wohl gesehen,

---

137 In der Rechtsphilosophie kommt das nicht so klar zum Ausdruck, weil der Soldatenstand erst in einem Unterkapitel des dritten Teils der Rechtsphilosophie über den Staat aufgeführt wird.
138 Vgl. Habermas, Strukturwandel, a.a.o.

auch wenn die Tiefenstruktur des philosophischen Ansatzes eine Wertung der Determinanten dieser gesamtgesellschaftlichen Umwälzung behindert hat. Der Bezug auf soziogenetische Ableitungsfiguren wird auch für die Positionierung des Beamtenstands verbindlich, denn dieser konstituiert sich historisch gesehen als Stand in eben dem Prozeß des Strukturwandels der Herrschaft: Der Stand der Fürstendiener wird zum Stand der in ihrem Status geschützten Staatsdiener[139]. Dabei konzipiert Hegel die sozialstrukturelle Verortung dieses Stands durchaus konsequent aus der funktionalen Arbeitsteilung der Gesamtgesellschaft: Der Beamtenstand ist mit den gesamtgesellschaftlichen Regulationen befaßt, er organisiert den administrativen, rechtlichen Rahmen der in diesen Grenzen freigegebenen Privatautonomie und ist ihm deshalb im Unterschied zum Preußischen Landrecht regulärer Hauptstand. In der Rechtsphilosophie zeigt Hegel die hier angesprochene funktionale Verflechtung des ökonomischen Systems mit den übergeordneten, durch die Beamtenschaft repräsentierten, Systemimperativen sehr schön im Abschnitt über die Polizei[140]. Ihr kommt insbesondere die Aufgabe der organisatorischen Begrenzung der destabilisierenden Effekte der modernen Produktionsverhältnisse, der Ausgleich der "verschiedenen Interessen der Produzenten und Konsumenten" , die 'allgemeine Vorsorge und Leitung' gegenüber der Krisenanfälligkeit des Marktes, nebst der Sorge für die " Straßenbeleuchtung, Brückenbau, Taxation der täglichen Bedürfnisse, sowie der Gesundheit" (ebd § 236) zu. Der Schwerpunkt der inhaltlichen Bestimmung der Organisationsfunktion der Administration liegt in den angesprochenen Paragraphen auf der Gegensteuerung der durch die Dynamik der bürgerlichen Ökonomie provozierten antagonistischen Tendenzen; die Bedeutung der Pauperismusfrage, die hier aufgeführt werden muß, wurde weiter vorne schon angesprochen. Sehr poetisch heißt es zusammenfassend in der Realphilosophie: "Der öffentliche Stand ist unmittelbar dies Eingreifen des *Allgemeinen* in alles Einzelne oder die Blutgefäße und Nerven, die sich durch alles hindurchschlingen, es beleben, erhalten und ins Allgemeine zurückbringen." (ebd 274f). Die 'invisible hand' A. Smith's hat sich bei Hegel schon deutlicher zu einer als notwendig erkannten staatlichen Planungs- und Steuerungskompetenz materialisiert; die fraglose Harmonie des Marktes gibt es bei Hegel nicht[141], soviel war ihm an den Problemen seiner Zeit klargeworden - am weitesten reicht die Hegelsche Analyse, wo sie über das Postulat der grundsätzlichen Harmonisierbarkeit der gesellschaftlichen Antagonismen hinauskommt und den Widerspruch unaufgelöst stehen lassen muß.

Der für die Wahrnehmung dieser Funktionen erforderliche Verwaltungsstab verlangt eine den Kriterien der Effizienz und Rationalität genügende hierarchische Organisationsstruktur, die ihrerseits den Nachweis der Qualifikation und die im Pflichtgedanken verinnerlichte Gehorsamsbereitschaft des einzelnen Standesmitglieds impliziert[142] - geburtsrechtlichen Kriterien kommt dabei keine Bedeutung mehr zu. Hegel ermittelt hier das Bildungsbürgertum als die soziale Basis der modernen Bürokratie, zumindest für die leitenden Funktionsstellen. "Für ihre Bestimmung zu denselben (den Regierungsgeschäften, L.S.) ist das objektive Moment die Erkenntnis und den Erweis ihrer Befähigung - ein Erweis, der dem Staate sein Bedürfnis und als die einzige Bedingung zugleich jedem Bürger die Möglichkeit, sich dem allgemeinen Stande zu widmen, sichert."(Rphil § 291).[143] Wie sehr sich die Bürokratie dabei unter dem Aspekt der Effizienz der intern arbeitsteilig spezialisierten und isolierten Teilaspekte der Arbeit, die sich wieder zu einem

---

139   Vgl. dazu ebd S. 478f

140   'Polizei' umfaßt noch im traditionalen Sinne die Gesamtheit der Verwaltungsfunktionen,
      sh. Rphil § 231 - § 249

141   Allerdings hat auch Smith nicht einen derart naiven Ansatz vertreten, wie ihm häufig angedichtet wird.

142   Vgl. Rphil § 244

143   Und: "Das Individuum, das durch den souveränen Akt einem amtlichen Beruf verknüpft ist, ist auf seine
      Pflichterfüllung, das Substantielle seines Verhältnisses, als Bedingung dieser Verknüpfung angewiesen."
      (ebd § 294).
      Vgl. auch ebd. weiter und Frühe pol. Systeme S. 277

Gesamtzusammenhang verbinden sollen, der Produktionsform der Fabrik angleicht, analysiert Hegel in einem Absatz der Realphilosphie. Auf die Untersuchungen Max Webers vorwegweisend schreibt er: "Der öffentliche Stand arbeitet für den Staat... Aber dessen Arbeit ist selbst sehr geteilt, abstrakt, Maschinenarbeit. Sie ist wohl unmittelbar für das Allgemeine, aber nach einer beschränkten und zugleich feststehenden Seite, bei der er nichts ändern kann. *Seine Gesinnung* ist, daß er seine Pflicht erfüllt." (ebd 276f)[144]. Gleichzeitig betont Hegel immer wieder, daß der Staat und damit die mit der Umsetzung der Staatsfunktionen befaßten Organe nicht auf die bloße funktionale Komplementarität zur Sphäre der bürgerlichen Gesellschaft, d.h. auf den liberalen 'Not- und Verstandesstaat' reduziert werden können, daß Staat darüber hinaus eine ontologisch höhere Qualität bezeichnet, ebenso wie sich der 'allgemeine Stand' aufgrund der "habituellen Beschäftigung mit den allgemeinen Angelegenheiten" (Nürnb. Schr. 476) und der sich darüber herstellenden, wahrhaft vernünftigen Staatsgesinnung, gegenüber dem nur auf sein Partikularinteresse fixierten Bourgeois abgrenzt und das eigentliche Gravitationszentrum der den Staat fundierenden Sittlichkeit und Intelligenz ausmacht. Hegel bezeichnet ihn deshalb auch explizit als die 'Grundsäule' des Staates (Rphil § 297 Zu). Auf den Hegelschen Staatsbegriff wird im entsprechenden Kapitel dieser Arbeit noch einzugehen sein, ich will dies solange zurückstellen.

Die positive Wertung des Beamtenstands muß jedenfalls, einmal davon abgesehen, daß Hegel als Rektor und später als Universitätsprofessor ja selbst ein Repräsentant dieses Standes darstellt - und sich als der Denker seines totalen philosophischen Systems gleichsam unmittelbar im Zentrum der Vernunft verortet - aus der historischen Bedeutung der Bürokratie und deren Selbstverständnis im allgemeinen und der preußischen Bürokratie im Besonderen abgeleitet werden. Das hier gleich verfügbare Wort von der 'Revolution von oben' trifft durchaus auf Grundzüge der gesellschaftlichen Realität des Vormärz: Die deutschen Staaten waren nach den napoleonischen Kriegen finanziell ausgeblutet, dabei im Vergleich zum entwickelteren England ökonomisch rückständig, d.h. agrarwirtschaftlich dominiert, mit einer vorindustriellen Kleinproduktion. Das vorhandene Kapital wurde entsprechend nach wie vor nicht in die modernen Industrien, sondern bevorzugt in Grundbesitz investiert. Angesichts der traditionalen ökonomischen Struktur fehlte der bürgerlichen Gesellschaft ihre eigentliche Potenz, es fehlte der dem politischen System gegenüberstehende sozial-strukturelle Widerpart einer starken, um ihr Interesse kämpfenden Bourgeoisie; nur ansatzweise gab es eine kritische politische Öffentlichkeit[145]. Wenn das Bildungsbürgertum durch seine eximierte Stellung politisch nicht ganz stillgestellt war (der Ausgrenzung von intermediären Verwaltungsebenen korrepondierte keine politische Standschaft auf der gesamtstaatlichen Ebene), wurde es weitgehend durch den staatlichen Verwaltungsapparat absorbiert: Die Bürokratie war damit das Sammelbecken der bürgerlichen Intelligenz par excellence; juristische und kameralistische Ausbildungsgänge an den Universitäten, eine Voraussetzung höherer wissenschaftlicher und verwaltungstechnischer Qualifikation, dienten nahezu ausschließlich der Selbstrekrutierung der Beamtenschaft. In einer der Abschlußreden als Rektor des Nürnberger Gymnasiums spricht Hegel diese enge Beziehung von Bildung und Bürokratie explizit an: "Diejenigen, welche studieren, widmen sich vorzugsweise dem Staatsdienste. Die öffentlichen Studieninstitute sind vornehmlich Pflanzschulen für Staatsdiener.." (Nürnb. Schr. 362).

Die Dominanz des oberen Bürgertums innerhalb der Bürokratie dokumentierte sich auch in ihrem anteiligen Verhältnis an den Verwaltungsämtern im Vergleich zu dem hier konkurrierenden Adel: Für das Beispiel Preußen mit seiner sehr vitalen Aristokratie gibt Koselleck bis zum Schnittpunkt 1820, ab dem mit den Karlsbader Beschlüssen wieder eine Restaurationsphase einsetzte, ein Verhältnis von 1 : 3 für das Bürgertum an; später sank dieser Anteil auf ein

---

144 Vgl. auch Avineri, a.a.o. S. 192f
145 Vgl. dazu auch die Analyse Deutschlands durch K. Marx bei der Wertung der Hegelschen Philosophie in : Einleitung zur Kritik der Hegelschen Rechtsphilosophie, MEW Bd1

Verhältnis von 1 : 2[146]. Zum Zeitpunkt der Abfassung der Rechtsphilosophie konnte Hegel noch durchaus berechtigt behaupten: "Die Mitglieder der Regierung und die Staatsbeamten machen den Hauptteil des *Mittelstands* aus, in welchen die gebildete Intelligenz und das rechtliche Bewußtsein der Masse eines Volkes fällt." (Rphil § 297)[147]. Ich will hier noch einmal auf R. Koselleck als einen der profundesten Kenner der preußischen Entwicklung im Vormärz zurückgreifen, der zu der eben zitierten Stelle bei Hegel ausdrücklich bestätigend schreibt:

"Um 1820 freilich traf völlig zu, was Hegel in seiner Rechtsphilosophie über das Beamtentum gesagt hatte. Wenn Hegel die Behörden mit dem Kampfplatz verglich, auf dem besondere gesellschaftliche Interessen und allgemeine staatliche Gesetze sich miteinander messen, wenn er den Beamtenstand als den allgemeinen Stand bezeichnete, dessen jeweils persönliches Engagement mit den Interessen der Allgemeinheit zusammenfalle, wenn er ihn - mehr soziologisch - als den "Hauptteil des Mittelstandes" bezeichnete, in dem die gebildete Intelligenz und das rechtliche Bewußtsein der Masse eines Volkes zusammenfielen, wenn er als die schwierige Aufgabe der Behördenorganisation die Kombination konkreter Regierung und abstrakter Spezialisierung der Verwaltungszweige erblickte, wenn er schließlich der Beamtenschaft eine von unten und oben kontrollierte Stellung zwischen Volk und Herrscher einräumte, die gleichwohl das "beratende Moment" der Gesetzgebung darstellte, so hat Hegel mit allen diesen Feststellungen nicht nur das Bild gezeichnet, das die preußischen Beamten von sich hatten, sondern die wirkliche Lage selber. ... Die Schärfe und Unmittelbarkeit der Hegelschen Beobachtung erfaßte die damalige Behördenorganisation und ihre verfassungsmäßige Stellung ohne Zugabe und ohne Abstrich, als habe er persönlich Einblick in den inneren Dienstverkehr erhalten."[148]

Die Rechtsphilosophie rekonstruiert eine historische Situation, in der der Bürokratie vor dem Hintergrund der enormen Staatsverschuldung in Preußen, aber auch in den anderen Staaten, die Bedeutung eines Organisators der unvermeidlichen Anpassungsleistungen an die sich international schon abzeichnende neue Produktionsweise zukam: Sie initiierte die Rationalisierung und Durchsetzung des bürgerlichen Rechts, die Schaffung eines einheitlichen Wirtschaftsraums, die Gewerbefreiheit, die Reform des Bildungssystems und der staatlichen Verwaltung. Die berühmte Städteordnung und die Heeresreform waren alles Maßnahmen, die nach innen den Aufbau einer ständisch entpflichteten Wirtschaftsgesellschaft und, zumindest im anfänglichen Schwung der Reformzeit, auch einer freien Staatsbürgergesellschaft verfolgten. Im rückständigen Deutschland setzte die Administration damit Rahmenbedingungen, die dem tatsächlichen Entwicklungsstand der Ökonomie voraus waren; der starke Widerstand gerade des korporativ organisierten Stadtbürgertums dokumentiert diese Verschiebung. Insofern hat die Wertung der administrativen Maßnahmen als einer 'Revolution von oben' durchaus eine gewisse Berechtigung, es war allerdings eine Revolutionierung der Verhältnisse, die von vornherein unter der Ambivalenz widerstreitender Anforderungen stand. Während nämlich die Freisetzung der Privatautonomie innerhalb der ökonomischen Sphäre im Großen und Ganzen erfolgreich vorangetrieben wurde und die Industrialisierung mit der infrastrukturellen Voraussetzung eines leistungsfähigen Eisenbahnnetzes ab den 40er Jahren des 19. Jahrhunderts ihre Beschleunigung erfuhr, blieben die anfänglichen Tendenzen in Richtung des gleichunmittelbaren Staatsbürgers stecken: Das System war politisch restaurativ. Dafür sind mehrere Gründe anzugeben, herausgehoben werden sollen zwei:

---

146 Vgl. Koselleck, a.a.o. S. 245, S. 434ff
147 Avineri verwischt die Betonung des Bildungsbürgertums, wenn er das Schichtungskriterium des 'Mittelstands' auf den ganzen Umfang des Gewerbestandes der bürgerlichen Gesellschaft ausdehnt: Vom Mittelstand wird hier in einem enger politischen Sinne gesprochen, der sich noch an einem altständischen Ordnungsmodell orientiert; nur so kann ja auch ein Mittelstand, der wesentlich den allgemeinen Stand der Beamten erfaßt, von einem darüberstehenden Adelsstand abgegrenzt werden - die bürgerliche Gesellschaft kennt eine solche Unterscheidung gerade nicht!
148 Reinhart Koselleck, Preußen zwischen Reform und Revolution, Allgemeines Landrecht, Verwaltung und soziale Bewegung von 1791 bis 1848, Stuttgart 1967, S. 263

einmal, das besonders auch in Preußen, war für die finanzielle Konsolidierung des Staats und damit natürlich für die Bestandssicherung des politischen Systems der absoluten Monarchie die Kooperation mit der alten Aristokratie unverzichtbar; der preußische Staat mußte zur Abdeckung der Staatsschulden auch auf die Kreditinstitute des grundbesitzenden Adels zurückgreifen[149], was selbstverständlich zu einer Stärkung der Position der Aristokratie beitrug, bzw. die Reformmaßnahmen von vornherein gegenüber der politischen Sphäre neutralisierten. Zum anderen mußte der projektierte Wirtschaftsliberalismus mit dem zunehmenden Maß seines Erfolges einen kontraproduktiven Effekt auf das politische System selbst auslösen: sowohl von den sozialen Defekten der Transformation der Produktionsweise her (sh. die Zunahme der pauperisierten Massen), als auch natürlich mit dem Ausbau der bürgerlichen Gesellschaft im engeren Sinne, dem quantitativen Anwachsen eines politisch aufgeklärten Bürgerstands, mußte sich der Legitimationsdruck auf das als Entscheidungszentrum identifizierte politische System erhöhen, und das konnte unter dem vordringlichen Interesse einer Aufrechterhaltung des überkommenen Staatsabsolutismus nur eine Verhärtung der gesellschaftlichen Widersprüche provozieren. Der Obrigkeitsstaat war, gerade weil er sich politisch zu reformieren suchte, politisch immer stärker auf eine restaurative Politik und entsprechend eine Aufwertung der alten Eliten verpflichtet; eine Entwicklung, die die Integrationsfähigkeit des Systems selbst früher oder später sprengen mußte. Der Verlust der Integrationsfähigkeit des Systems berührte unmittelbar die integrative Kraft der staatlichen Administration als dem entscheidenden politischen und sozialen Ordnungsfaktor der gesellschaftlichen Modernisierung: In sich ja schon nicht homogen, brach sich die Legitimation des Beamtenstands als einer 'geistigen Avantgarde', der der progressive Impetus des frühen Vormärz zurechenbar war, an der relativen Abnahme ihres Eigengewichts gegenüber den reaktionären Kräften auf der einen und der zunehmenden Forderung nach politischer Selbstrepräsentation des angewachsenen Bürgertums auf der anderen Seite - mit dem Überlebenskampf des Obrigkeitsstaats war die Bürokratie, in diesen Kampf selbst hineingezogen, verknöchert und hatte ihren gestalterischen Einfluß verloren, bzw. die bürgerliche Gesellschaft hatte sich ihr gegenüber emanzipiert. Hegels ontologische Sanktion des Staatsbeamtentums zeichnet noch ein Bild, das es, folgt man Koselleck, zutreffend als eine fortschrittliche Kraft der Gesellschaft aufnimmt und so im Schnittpunkt der Vernunftevolution fixieren kann. In der Verdoppelung von Staatsstand und Sozialstand leistet er ihm allein die gesinnungsethische Integration der auseinandergefallenen Sphären von Staat und Gesellschaft, auf die sein System abzielt - das Wollen und Wissen des Allgemeinen. Die Kritik an dem württembergischen Verfassungsvorschlag von Friedrich II, der die Nichtwählbarkeit der staatlichen Beamten vorsah, wird von dieser Überzeugung angeleitet: Der politische Ausschluß einer Elite, die, im Unterschied zum einfachen Volk, als einzige im emphatischen Sinne 'weiß, was sie will', d.h. auf der Höhe der historisch möglichen Vernunft ist, heißt schlechthin auf den entwickelsten Bildungsfaktor einer ansonsten noch unterentwickelten öffentlichen Meinung, auf den durch die Aufgabe des geburtsrechtlichen Kriteriums dynamisierten 'Wächterstand' der Platonischen Staatskonzeption verzichten.

---

149 Vgl. Koselleck, a.a.o.S. 171

Kapitel III

Die philosophische Sanktion der bürgerlichen Familie

1. Familie und Gesellschaftsstruktur – die 'eheliche Liebe' als Ausdruck der neuzeitlichen Subjektivität

Die bisherige Darstellung hat die Systematik der Rechtsphilosophie ignoriert: Hegel behandelt die Familie vor der bürgerlichen Gesellschaft und integriert beide in der abschließenden Darstellung des übergeordneten Staates. Die Umstellung läßt sich jedoch begründen, sie antizipiert den systematischen Zusammenhang der Analyse der bürgerlichen Gesellschaft mit der ideologischen Aufwertung eines historisch bestimmten Familientypus durch Hegel - dem Typus der bürgerlichen Kleinfamilie. Auch gegen die Hegelsche Intention, die darauf geht, das virulent gewordene Problem der sich abzeichnenden Industriegesellschaft auf einer metakategorialen Ebene wieder zu begrenzen und systematisch einzuordnen, bleibt doch festzuhalten, daß jeder Versuch einer philosophischen Antwort eben durch die historisch aufgenommenen Spannungen motiviert bleibt und also nur aus ihnen verständlich werden kann. Insofern hatte Ritter recht, als er die bürgerliche Gesellschaft ins Zentrum der Hegelschen Rechtsphilosophie rückte, wenn er nur genauer die Grenzen seiner, Hegels, Analyse angegeben hätte[1]. Die Rechtsphilosophie gibt ja nicht nur vor, auf der Höhe der Zeit zu sein, sie will die Wirklichkeit selbst - und zwar endgültig - auf ihren Begriff bringen. Bei aller Belastung der Konzeption von 'Wirklichkeit' durch das selektive Paradigma und dem hierüber eröffneten ideologischen Mißbrauch verfolgt dieser Ansatz insgesamt doch ein vorwärtsweisendes Moment: Er versucht die Gesamtheit sozialer Tatbestände einem Entwicklungskriterium zu unterwerfen, das an die empirische 'Ungleichzeitigkeit im Gleichzeitigen' eine ordnende Logik heranzubringen versucht und Wirklichkeit als Totalität festhalten will. Hegel muß damit in reflexiv gewordenen genetischen Zusammenhängen denken, interdependente Entwicklungslinien rekonstruieren, Neues auf Altes, Höherentwickeltes auf archaischere Entwicklungsstufen beziehen, und das kann auf der Höhe der Reflexivität der Neuzeit nur heißen: Die Philosophie muß historisch werden, ein Verständnis für dynamische Prozesse entwickeln, d.h. einen Vernunftbegriff ausbilden, der sich selbst dialektisch noch einholt. Die scharfe Frontstellung gegen die Naturrechtstheorien und ihre Emanzipationsformel in der Gesellschaftsvertragslehre markiert eine Konsequenz dieser eingeleiteten Geschichtlichkeit der Philosophie. Das erkenntnistheoretische Theorem der 'Immanenz' der philosophischen Begriffsbildung nimmt diese Einsicht auf, zeigt aber noch die Hypothek des sich darüber bildenden idealistischen Systems. Es impliziert die Ableitung aller Bewegung aus sich selbst, ohne jede Vorgabe[2], oder: dieses Theorem steht einer metaphysischen Denkfigur insofern kritisch gegenüber, als es die Beweiskraft eines Argumentes enger an die empirische Belegsituation bindet, d.h. aber auch, indem es den Wissenden auf die Explikation des Bedingungszusammenhangs seines Denkens verpflichtet, da die Trennlinie zwischen dem Erkenntnissubjekt und dem Objekt der Erkenntnis erneut problematisch wird[3] und eine historische Auflösung verlangt. Es ist deshalb absolut kein Zufall, daß Hegel dem Konstitutionsprozeß des Subjektbewußtseins soviel Aufmerk-

---

1   Vgl. auch S. Blaschke der explizit schreibt: "Hegels Rechtsphilosophie ist eine Theorie der Bürgerlichen Gesellschaft." in: Materialien, a.a.o. S. 312
2   Besonders deutlich unterstreicht dies eine Stelle aus der Logik. Sh. dazu Logik II S. 438
3   Vgl. dazu die Kritik Hegels an der Philosophie Kants

samkeit entgegenbringt und daß 'Arbeit' hierbei eine hervorragende Rolle spielt: Das Subjekt kann nur noch als ein geschichtliches, als ein selbst in Geschichte verstricktes, thematisiert werden und die Bestimmung seiner Rolle, seiner Verantwortlichkeit für den historischen Prozeß, wird zu einem Kardinalproblem der philosophischen Rekonstruktion.

Es sind für das hier anzusprechende Problem zwei Entwicklungslinien zu unterscheiden: eine bestimmte historische Entwicklungsachse, die die Ausbildung aufeinander folgender Entwicklungsformationen von Gesellschaft und Subjekt (beide bleiben bei Hegel immer aufeinander bezogen) in ihrem zeitlichen, diachronen Zusammenhang rekonstruiert. Sie wird ganz ausdrücklich (wenn auch nicht immer überzeugend) in den Vorlesungen über die Philosophie der Geschichte entwickelt. Daneben finden sich, verstreut über das ganze Werk, historische Rückbezüge, die als Belegstellen für den eben auch in seiner historischen Dimension zu erweisenden Fortschritt der Vernunftevolution angeführt werden. Die Rechtsphilosophie selbst ordnet sich in ihrem letzten Abschnitt über die Weltgeschichte in die historische Entwicklungsachse ein, hier bestimmt sich die welthistorische Potenz der in ihr fixierten Emanationsformen objektiver Vernunft. Die Reihenfolge ist also streng genommen verkehrt: Die Geschichte geht der letzten Gestalt des 'objektiven Geistes' eigentlich voraus - wobei natürlich die Philosophie der Geschichte nach Hegel diesen Zusammenhang erst aus dem Wissen des sich teleologisch vermittelnden Resultats explizieren kann, bzw. dieses voraussetzt und nur rekonstruiert. In der Rechtsphilosophie geht es aber nur implizit um das Aufzeigen historischer Verbindungslinien, es geht hier um den Nachweis der objektiven Vernünftigkeit des Resultats einer nur in der Dimension der Zeit an Geschichte gebundenen Evolution - für den 'Weltgeist' spielt Zeit keine Rolle - , d.h. Hegel untersucht eine zwar auch für ihn historisch vermittelte Formation der Gesellschaft, er fragt dabei aber nicht mehr ausdrücklich nach deren historischer Genese, sondern isoliert sie als ein System, das in seinem inneren Funktionszusammenhang als eine 'vernünftige' Beziehung von Teilsystemen aufeinander und auf ein verbindendes Ganzes zu entwickeln bleibt. Unterhalb also der spekulativen Vorentscheidungen, auf die noch später eingegangen werden soll, bleibt als eine zweite Ebene der konkreten Beweisführung, zu der sich Hegel genötigt sieht, neben der Rekonstruktion geschichtlicher Beziehungen, eine systemische Perspektive herauszustellen, die methodisch besonders in der Rechtsphilosophie zum Tragen kommt: Die einzelnen Organisatoren der Gesellschaft: Recht, Moral, Ehe, Familie, Ökonomie, Staat werden für sich genauer analysiert und in ihren Interdependenzen, ihrem unterschiedlichen Gewicht, ihrer Stellung im Gesamtsystem (Hegel: Gesamtorganismus) Staat, den Hegel als die umschließende Totalität begreift, bestimmt; Hegel gibt gleichsam eine Querschnittsanalyse der modernen Gesellschaft unter spekulativem Vorbehalt. Die systematische Reihenfolge, in der Hegel diese Organisatoren diskutiert, ordnen sich deshalb nicht in den Kontext ihrer historischen Ausdifferenzierung, sondern vielmehr in die Topik der analytisch ausgegrenzten Gesellschaftsformation: hier eben in das, was Hegel als *den* Staat und *die* Gesellschaft seiner Zeit verstehen kann, ein.

Hegel sieht also den Zusammenhang, der zwischen dem Entwicklungsstand einer Institution und den umfassenderen Bedingungen einer Gesellschaftsformation besteht. Eine Institution, hier die Familie, ist selbst geschichtlich, verändert sich mit dem gesellschaftlichen Kontext und erweist sich deshalb in ihrer systematischen Stellung innerhalb des übergreifenden Gesellschaftssystems, in dem sie historisch situiert ist und ihrer spezifischen Bedeutung für dasselbe auch als abhängig vom Stand der umfassenderen gesellschaftlichen Differenzierung. Sie zu verstehen und in ihrer Vernunft zu erkennen heißt, sie auf diesen Kontext zu beziehen, ihre Funktionalität herauszuarbeiten: Es genügt nicht auf ihre bloße historische Existenz zu verweisen, wie Hegel ganz allgemein und mit besonderem Nachdruck gegen die Positionen der Historischen Rechtsschule hervorhebt. Natürlich findet sich dieser Gedanke bei Hegel nur verdeckt, eingekleidet in eine durch und durch spekulative Gesamtdeutung. Die historische Wandelbarkeit von Institutionen wird perzipiert als deren immanente Entwicklungsgeschichte, die teleologisch auf ihren eigentlichen oder 'wahren' Gehalt führt, einen Gehalt, der schon immer ihre Bestimmung gewesen ist. Das führt dazu, daß da, wo die spezifisch historische Funktionalität einer Institution in den Blick genommen wird, die damit zugleich erfaßten gesellschaftlichen Rahmenbedingungen als implizite Voraussetzungen in die Wesensbestimmung dieser Institution mit eingehen, also zum 'Wesen' dieser Institution gehören, ihr begriffslogisch zugeordnet werden[4]. Allgemein äußert sich Hegel zu dieser Differenz von begriffslogisch sanktionierter funktional-struktureller und historischer Reihenfolge in § 32 der Rechtsphilosophie: "Es ist aber zu bemerken, daß die Momente, deren Resultat eine weiter bestimmte Form ist, ihm als Begriffsbestimmungen in der wissenschaftlichen Entwicklung der Idee vorangehen, aber nicht in der zeitlichen Entwicklung als Gestaltungen ihm vorausgehen." Er konkretisiert die allgemeine Aussage gleich anschließend an diese Stelle am Beispiel der Familie: "So hat die Idee, wie sie als Familie bestimmt ist, die Begriffsbestimmungen zur Voraussetzung, als deren Resultat sie im folgenden dargestellt werden wird. Aber daß diese inneren Voraussetzungen auch für sich schon als Gestaltungen, als Eigentumsrecht, Vertrag, Moralität usf. vorhanden seien, dies ist die andere Seite der Entwicklung, die nur in höher vollendeter Bildung es zu diesem eigentümlich gestalteten Dasein ihrer Momente gebracht hat."(ebd). Die Familie als gesellschaftliche Institution geht historisch als 'Gestaltung' der Ausbildung von Recht, von bürgerlicher Moral, des bürgerlichen Warenverkehrs voraus, sie erreicht jedoch ihre eigentliche emphatische Wirklichkeit erst mit der Ausdifferenzierung und Realisierung dieser Bedingungen in der Neuzeit. Oder: Vor der Heraussetzung dieser Momente als eigenständige Institutionen, Gestalten, sind sie ihr als noch unentfaltete Voraussetzungen inhärent, so daß Familie selbst auf einem noch unter ihrer 'wirklichen' Vernunftgestalt situierten Entwicklungsstand steht. Die Familie kann deshalb nur über Voraussetzungen verstanden werden, die historisch gesehen neueren Datums sind, die der Familie als der Umschreibung naturwüchsiger sozialer Grundbeziehungen, die es, wie Hegel ausführt, auch schon vor dem Anfang der Geschichte gab, historisch folgen. Wirklichkeit als Gesamtheit empirischer Ereignisse und Wirklichkeit als Emanationsformen der Vernunftevolution stehen sich hier wieder gegenüber: "Das, was wirklich ist, die Gestalt des Begriffes, ist uns somit erst das Folgende und Weitere, wenn es auch in der Wirklichkeit selbst das erste wäre." (ebd Zu). Übersetzt meint die angesprochene Konkretisierung die Fixierung der Familie auf einen ganz bestimmten Familientypus, auf den an der Wende vom 18. zum 19. Jahrhundert entstandenen Typus der bürgerlichen Kleinfamilie, d.h. Hegel zeichnet in der Systematik der Rechtsphilosophie eine historisch im Zusammenhang der Ausbildung der bürgerlichen Gesellschaft sich ausdifferenzierende Familienform als die vernünftige Gestalt der Institution Familie überhaupt aus (diese Logik der Konstruktion beschränkt sich natürlich nicht nur auf die Familie, sie kann an ihr nur exemplarisch diskutiert werden). Von dieser real vor dem Hintergrund der gesellschaftlichen Transformation entstandenen Familienform kann dann behauptet werden, das erfüllte Telos der Gestaltungsfolge historisch früherer (aber auch von als defizient erachteter historisch gleichzeitiger, sh. etwa den Typus der proletarischen Familie in England) Familienformen zu sein; sie wird gleichsam mit einem ontologischen Status ausgezeichnet, eine problematische Immunität daraus bezieht, daß Hegel Geschichte mit seiner Gegenwart generell abschließen läßt. Das ontologische Gefälle nach vorne begrenzt Geschichte dann zwangsläufig auf das rekonstruktive Interesse an der Legitimation der gegenwärtigen Gesellschaftsformation und der in ihr identifizierten 'notwendigen' Teilsysteme, hier der bürgerlichen Familie - Vernunft und Wirklichkeit wachsen zusammen, das philosophische System verkapselt sich an den durch die Konstruktionslogik vorgegebenen Grenzen. Daß die Zukunft der gestalterischen Kompetenz des Subjekts entzogen wird, ist dabei der bedenklichste Aspekt; die Hegelkritik hat diesen Punkt zurecht immer wieder betont. Das Verfahren ist jedoch nicht nur willkürlich und bloß affirmativ, es eröffnet innerhalb seiner strukturellen Grenzen den Durchbruch zu einer dynamisch-genetischen Betrachtungsweise, die komplexe Transformationsprozesse gleichzeitig zusammenhalten und doch

---

4   Zur Differenz zwischen der 'Ordnung der Zeit' und der 'Ordnung des Begriffs' Vgl. § 32 u. Zu, § 182 Zu

als Ausdifferenzierung von analytisch isolierbaren Teilsystemen untersuchen kann. Es ist nicht nur willkürlich, weil Hegel gerade durch den absoluten Anspruch seiner Theorie auf den Boden der Realität gezwungen wird: Auch wenn Geschichte nichts als die Geschlossenheit des Systems und den ontologischen Status der gegenwärtigen Emanationsformen des 'objektiven Geistes' erweisen soll, bleibt sie eine harte Bewährprobe der Theorie, die mit der Statik früherer Theoriekonzeptionen völlig unvereinbar wird. Ideologische Konstrukte nehmen die gegebenen Verhältnisse zwar nur selektiv auf, sie können aber vor einem Publikum, das nach Beweisen verlangt, nicht mehr straflos die empirische Beobachtung und den Wert der Erfahrung ignorieren - Spekulation muß mit dem modernen Verständnis von Wirklichkeit und dem modernen Selbstverständnis des Subjekts kompatibel gemacht werden. Wenn Hegel in der Einleitung zum 2. Entwurf der Philosophie der Geschichte seine metakategoriale Perspektive preisgibt, die sich der Vernunft der Gegenwart als einem "Resultat, das mir bekannt ist, weil mir bereits das Ganze bekannt ist" (Ver. 30) versichert, so wird ihm diese Behauptung entsprechend nur beweisbar, wenn sie sich am sperrigen 'Chaos' der empirischen Geschichte bewähren kann: "Die Geschichte aber haben wir zu nehmen, wie sie ist; wir haben historisch, empirisch zu verfahren. Als die erste Bedingung konnten wir somit aussprechen, daß wir das Historische getreu auffassen..."(ebd). Mit der Absicht der Rekonstruktion wird, das ist auch Hegel völlig klar, nicht voraussetzungslos an Geschichte herangegangen. Aber wenn die Vernunft der Gegenwart durch den Nachweis einer Entwicklungslogik in der Geschichte, und zwar der realen Geschichte, bewiesen werden muß, dann ist mit der falschen Schlußfigur nicht auch schon der Gewinn des operationalen Zugangs verspielt. Das Resultat der Geschichte muß nicht zugleich mit dem Anfang substanzlogisch gekoppelt sein, wenn der Weg gewürdigt werden soll, auf dem Hegel seine idealistische Systemphilosophie aufspannt. Hier geht es ja nicht darum eine immanente Exegese der philosophischen Konzeption zu geben: Ich frage nach dem Zusammenhang von gesamtgesellschaftlichen Veränderungen am Übergang zum 19. Jahrhundert mit bestimmten philosophisch sanktionierten Bestimmungen der Hegelschen Gesellschaftsphilosophie, die insofern ernst genommen wird, als sie behauptet, diese gesellschaftliche Realität, die sie vor die Anstrengung der philosophischen Bewältigung stellt, adäquat abzubilden und zu verstehen.

Die Stellung der Familie in der Rechtsphilosophie, um wieder auf den Ausgangspunkt zurückzukommen, muß von den idealistisch-spekulativen Implikationen, die sie auf ein rein 'logisches' Verhältnis zu den anderen systematisch isolierten Organisatoren interpretieren (sh. ihre Stellung als erste Stufe der Sittlichkeit), analytisch getrennt werden: Vom Interesse dieser Arbeit her gesehen, beschreibt Hegel die Familie a) als ein bestimmtes Evolutionsprodukt der Moderne, das sich gegen ältere Familienformen abhebt (ohne daß dieser 'Strukturwandel' als solcher allerdings explizit rekonstruiert wird) und b) als einen gesellschaftlichen Organisator, der in einer bestimmten Beziehung zu dem ihn umgebenden gesellschaftlichen Kontext steht. Die weiter oben verkürzt auseinandergehaltenen Dimensionen einer genetischen und einer funktionalen Analyseebene sind dabei aufeinander bezogen: Der in der Rechtsphilosophie analysierte (und philosophisch sanktionierte) Familientypus reflektiert eine Bewegung der Gesellschaft als Totalität, d.h. als ein interdependent in sich verschlungenes Ganzes, innerhalb dessen er wohl eine eigene Geschichte hat und als eine eigenständige Teilstruktur isoliert werden kann, ohne dessen systematische Berücksichtigung er jedoch schlechthin unverständlich bleiben muß: Die Geschichte der Familie ist untrennbar verbunden mit der Geschichte des Gesellschaftsganzen, oder, um eine biomorphe Metapher Hegels zu benützen, die Binnendifferenzierung eines 'Organs' der Gesellschaft steht in engstem Zusammenhang mit der Entwicklung des Gesamtorganismus[5].

Genealogisch gesehen stellt Hegel die Familie an den Beginn der eigentlichen Geschichte, sie steht im Schnittpunkt von Natur- und Kulturgeschichte. Familie als eine auf Dauer angelegte Lebensgemeinschaft gegeneinander individualisierter Subjekte setzt nach Hegel jedoch den

---

5   Vgl. z.B. Vernunft S. 135

Übergang zur Seßhaftwerdung und damit den Übergang zur agrarischen Produktion voraus. Vorher, in der archaischen, unorganisierten Horde dominiert die instinktive Regulation des Verhaltens, die 'dumpfe' Naturbindung des 'schweifenden Wilden'[6]. Mit entgegengesetzter Wertung schließt Hegel dabei an Ausführungen Rousseaus in seinem 2. Discours an: Wo bei Rousseau mit der Entstehung sozialer Bedürfnisse in der Binnenstruktur der Familie, der Liebe, und der Notwendigkeit sozialer Regulationen, ausgelöst durch die private Aneignung der Substistenzmittel und der hierüber entstehenden Konkurrenzsituation zwischen den einzelnen Familieneinheiten, die Korrumpierung der menschlichen Natur einsetzt, beginnt bei Hegel der eigentliche Kulturationsprozeß, der die 'wahre', die geistige Natur (oder die 'zweite Natur', wie Hegel auch schreibt) des Menschen freilegt, so daß die äußeren Rahmenbedingungen zugleich zu 'objektiven', 'vernünftigen' Bedingungen, d.h. zu objektiven Emanationen des 'Geistes' kristallisieren. Mit dem Aufkommen des Eigentums an Grund und Boden verbindet Rousseau den Verlust des Naturgleichgewichts und die verhängnisvolle Bewegung auf die Höhe des zeitgenössischen Niedergangs[7], für Hegel stabilisieren sich erst hier die konstitutiven Voraussetzungen dessen, was Menschsein ausmacht, was den Menschen positiv aus bloßer Natur herauskatapultiert und emanzipiert. Der Unterschied in der konzeptuellen Anlage beider Philosophen wird an diesem Punkt besonders deutlich: Alles was den solitären Gleichgewichtszustand verletzt ist für Rousseau letztlich ein devianter Vorgang, er ist 'von Natur' nicht intendiert, Zufall, d.h. die Analyse des weiteren Niedergangs bekommt, wenn die Ausgangsfiktion einmal aufgegeben werden muß, einen aus dem Rousseau eigenen Pessimismus erwachsenden materialistischen Impetus. Naturkatastrophen: Dürrezeiten, Überschwemmungen stehen am Beginn der weiteren Entwicklung, nur eine geschichtsmächtige Idee, die auf ein fernes Resultat planmäßig zusteuert. Anders bei Hegel: Wenn ein Naturzustand überhaupt diskutiert wird, dann nicht als ahistorische Fiktion, sondern immer unter der teleologischen Perspektive einer Überführung von Natur- in Kulturgeschichte: das bloß Mögliche oder der Zufall, so die entsprechenden Passagen in der Logik oder der Enzyklopädie zur Wirklichkeit und über die Kategorie der Notwendigkeit, werden im Hegelschen System eliminiert zugunsten einer fortschrittsoptimistischen Konzeption der notwendigen Aktualisierung von Vernunft[8]. In der Jenaer Realphilosophie hat Hegel die Bedeutung der Hypothesen über den Sprung in die eigentliche Geschichte noch systematisch berücksichtigt: Die später anthropologisch generalisierte Herr-Knecht-Beziehung, durch die sich das Individuum zum selbstreflexiven Subjekt heranbildet, wird historisch als Kampf konkurrierender Familien um die Subsistenzsicherung des Familienverbands aufgenommen; die reziproke Anerkennungsbewegung, der entscheidende Gewinn der Konfrontation, verläuft zwischen den Familien und nicht zwischen Einzelsubjekten, die sich als solche ja gerade noch nicht gegeneinander differenziert haben. Innerhalb der Familien dominiert das Naturverhältnis, die archaische Liebe. Sie wird in einem spezifisch anderen Sinne als die eheliche Liebe der Rechtsphilosophie, als beherrscht von Instinkt, von der natürlichen 'Anziehung der Geschlechter' beschrieben[9]. Familie ist hier noch keine 'sittliche', d.h. durch einen kulturell interpretierten, allgemeinen Sinn getragene Institution, sondern eine naturwüchsige, durch den biologischen Trieb vermittelte Beziehung, die sich im Kind und, wichtig, über die 'gemeinschaftliche Arbeit' (Frühe pol.Systeme 224) allerdings immer mehr in sich verdichtet und individualisiert. Der Familienbegriff hält somit zwei Grundverhältnisse fest: Einmal die familiale Binnenstruktur, innerhalb der sich an die biologisch-instinktiven Bindungskräfte soziale Solidarität und Intimität anbinden und ausbauen. Die elementare Matrix Mensch-Natur, die Hegel, darin Rousseau folgend, bis auf die Stufe des Werkzeuggebrauchs noch nicht als sozial vermitteltes Verhältnis faßt, wird dann durch den

---

6   Vgl. Rphil § 203
    Vernunft S. 195, S. 238
7   Vgl. die sehr schöne Stelle in 2. Discours, a.a.o. S. 230
8   zum Folgenden vgl. ebd S. 223ff
9   Vgl. den Verweis auf die Enz II § 220ff in Rphil§ 161

Rückbezug auf ein gemeinsames Interesse der Familie dynamisiert: die 'gemeinschaftliche Arbeit' der Familienmitglieder, die auf "Sicherung, Befestigung, Dauer der Befriedigung der Bedürfnisse..." abzielt, impliziert eine qualitativ veränderte Distanz zwischen Bedürfnis und Arbeit: Es wird 'gemeinschaftlich' für ein gemeinsames Bedürfnis gearbeitet, ein altruistisches Motiv (das hier aber noch eine Selbstlosigkeit ohne fixiertes Selbst meint) schiebt sich zwischen die unmittelbare Verklammerung von Mensch und Natur und eröffnet Chancen nicht nur der Effizienzsteigerung hinsichtlich der Befriedigung der Grundbedürfnisse, sondern wesentlicher für den Bildungsprozeß des Menschen zum selbstreflexiven Subjekt.

Hegel schreibt am Rande des Manuskripts zu einer Passage, die die Bedeutung des familialen Binnenraums für das Kind als die 'Objektivation' der elterlichen Liebe (hier im noch elementaren Sinne) 'allgemein' beschreibt: "... aber Ich, der Begriff, (ist) selbst die Bewegung. Es bewegt durch *Andres*, schlägt dies in Selbstbewegung um und diese umgekehrt in Anderssein, Gegenständlichwerden des Ich, und *Fürsichsein*, und zwar nicht als das abstrakte der Begierde, sondern als Ganzes, das aus dem Ganzen, der *Liebe*, hervorgegangen ist. Zwei Ganze stehen jetzt einander gegenüber." (ebd 225)[10].

Dem korrespondiert zum anderen das Außenverhältnis: Die Familie konstituiert sich nach außen als geschlossenes Ganzes über den durch die gemeinschaftliche Arbeit ausgegrenzten Familienbesitz. Hegel denkt dabei an die exklusive, dauerhafte Besitznahme von Boden, "eines Stückes der Erde"(ebd 226), als der gemeinsamen Subsistenzbasis der Familie. Entscheidend am Besitz ist der soziale Effekt exklusiver Aneignung: Er schließt alle anderen Familien (die sich ebenfalls als Ganzheiten konstituiert haben und als solche jetzt gegenüberstehen) von seiner Nutzung aus[11]. Anders als der bloße Verbrauch von unmittelbaren Naturprodukten zielt die Verfügungsgewalt über Boden damit auf ein Produktionsmittel, sie reklamiert einen Anspruch nicht nur auf ein einzelnes 'Objekt der Begierde' sondern auf die dauerhafte Befriedigung, auf die materielle Basis dieser Befriedigung oder die allgemeine Ressource. Die Naturabhängigkeit, die das konkrete Bedürfnis und die konkrete Arbeit noch immer überschattet, ist zugunsten eines weiteren Zusammenhangs materieller Produktion, eines planvoll, instrumentellen Verhältnisses zwischen Bedürfnis und Befriedigung zurückgedrängt. Hegel unterstreicht dieses Moment durch den Vergleich mit dem Werkzeug: Der Besitz an Boden ist wie dieses ein Mittel, das die Entkopelung von Arbeit und bloßer Begierde impliziert, das die 'List', wie es in der Realphilosophie heißt, vor den Trieb geschoben hat. "In dem Werkzeuge oder in dem bebauten, fruchtbar gemachten Acker besitze ich die *Möglichkeit*, den *Inhalt* als *einen allgemeinen*." (ebd 226)·[12] Die exklusive Besitznahme von Land ist jedoch, im Unterschied zum auf das einzelne Ding gehenden Werkzeug, etwas Stehendes: Sie verletzt systematisch die prinzipielle Gemeinschaftlichkeit aller natürlichen Ressourcen, die Hegel, wie vor ihm Locke, Rousseau, Kant, dem Eigentumsbegriff ursprünglich unterlegt[13]. Locke zum Beispiel[14] begründet das Eigentum gleichsam organisch aus der 'Vermischung' von menschlicher Arbeit und Natur, Eigentum drückt also kein primär soziales Verhältnis aus, sondern beschreibt ein naturgesetzlich fundiertes Recht auf Subsistenz, das erst mit der Einführung des Geldes und das "stillschweigende Übereinkommen der Menschen, ihm einen Wert zuzumessen"[15] auch eine soziale Positivierung verlangt, die die

---

10 Die Passage wird eingeleitet durch einen Vorspann, der das aktive-konstruktive Moment der Ich-entwicklung gegen das nur von außen deutbare Modell der Maschine abhebt: "Ein getriebnes Rad behält eine Zeitlang die Bewegung an ihm, ob es gleich nicht mehr getrieben wird, aber Ich ..." (ebd). Weiter sh. Text.

11 Vgl. dazu nochmals Rousseau, a.a.o. S. 230, S. 241

12 Vgl. auch Rphil § 60

13 Von Gemeinschaftlichkeit zu sprechen ist jedoch genau genommen absurd beim instiktgeleiteten Subjekt, ebensogut könnte man den gemeinschaftlichen Besitz einer Tiergattung anführen; hier liegen bedeutsame Unterschiede zur Naturzustandskonzeption der Naturrechtslehre, die gesehen werden müssen!

14 Vgl. Locke, a.a.o. S. 22 ff

15 ebd Kap V S. 36

jetzt mögliche soziale Ungleichheit absichert. Für Hegel wird dagegen der Unterschied von Besitz und Eigentum wichtig als verschiedene Entwicklungsmargen der Differenzierung des Individuums zum selbstbewußten Subjekt. Die Inanspruchnahme von ausschließendem Privatbesitz konstituiert sich für Hegel als ein zweidimensionales 'Willens'- verhältnis, einmal in der schon beschriebenen Emanzipation aus der primären Naturvormächtigkeit, eine Entwicklung, die das Subjekt gegenüber dem 'Ding' (dem Stück Land) als einem bloßen Mittel seiner Verfügungsgewalt, als 'Herr der Welt' feststellt, und zum anderen, indem das monologische Willensverhältnis gegenüber dem Ding unvermeidlich einen sozialen Kontext aktualisiert, der wiederum im weiteren die Ausgangslage grundlegend verändert. Das ist der entscheidende Aspekt des 'Kampfs um Besitz' in der Realphilosophie, auf den weiter vorne schon hingewiesen wurde: Ich kann nicht 'Mein' sagen, ohne auf das 'Dein' zu stoßen, bzw. ohne die problematische Konfrontation mit dem ausgeschlossenen Dritten zu vermeiden. Es ist deshalb für Hegel nicht bedeutsam, worum der Kampf der Familiensubjekte geführt wird und daß hier, wie es Rousseau sogleich beklagt, Anfänge einer sozialen Ungleichheit bezeichnet sind, die die 'Natur' des Menschen in der Folge korrumpieren. Allein, daß hier der Zyklus sozialer Interaktion dynamisiert wird oder für Hegel erst eigentlich beginnt, daß hier explizit soziale Normierungsprozesse eingeleitet werden, an deren Ende die Korrelate Recht und Rechtsperson stehen, macht die erste Besitznahme, die veränderte Stellung des Menschen zur Natur durch ihre Unterwerfung zum Produktionsmittel so entscheidend. Auch mit Bezug auf die angedeutete Endfigur ist, wie schon gezeigt, die Universalisierung des abstrakten Rechts der welthistorisch interessante Entwicklungsschritt: Das Konzept der Rechtsperson, die formale Eigentums- und Geschäftsfähigkeit markieren eine bestimmte Perspektive der Wahrnehmung der Außenwelt, eine Perspektive, die als eine qualitative Stufe des intersubjektiven Wissens der Subjekte das evolutive Niveau des geschichtsmächtigen 'Weltgeists' manifestiert - diese kognitive Qualität, und nicht etwa die sich hieraus vielleicht ableitende Forderung nach sozialer Gerechtigkeit, findet positive Würdigung. Die dieser Stufe korrespondierende Entfaltung der Produktionsweise soll nur noch als der konkrete materielle Hintergrund derselben eingesehen und so gerechtfertigt werden, der selbst aber dabei zurücktritt und die Bühne für das 'immanente Weben' des Geistes in sich freigibt. Ein erster Ausdruck der idealistischen Gewichtsverschiebung ist jetzt schon das relative Zurücktreten des 'Besitzes' selbst beim Kampf der Familien um Besitz: Im Zentrum steht hier der identitätsstiftende Kampf und nicht die auslösende Besitzfrage. Das wiederholt sich im Verhältnis von Herr und Sklave, wo der Ausschluß des Sklaven von Eigentum nicht primär als ein Produktionsverhältnis, sondern als ein Willensverhältnis deklariert wird - "Aber daß jemand Sklave ist, liegt in seinem eigenen Willen, so wie es im Willen eines Volkes liegt, wenn es unterjocht wird." (Rphil § 57 Zu)[16]. Entsprechend begnügt sich Hegel mit der formal allgemeinen Eigentumsfähigkeit, dem 'formalen Lebendigsein', wie es im System der Sittlichkeit heißt[17]. Mit dem Aufkommen von Familien als dauerhaften Produktionsgemeinschaften sind somit Rahmenbedingungen gesetzt, die für den Konstitutionsprozeß personaler Identität, für das, was weiter vorne Subjektkompetenz genannt wurde, unverzichtbar sind: Hegel entwirft hier einen ersten historischen Bezugspunkt für die später grundsätzlicher gehaltene Anerkennungsbewegung[18].

Die Familie auf dieser Stufe der Realphilosophie und ihre spätere Darstellung in der Rechtsphilosophie unterscheiden sich in typologischer Hinsicht; offensichtlich bleibt Familie an den Vorgang der Veränderung des Gesamtsystems angeschlossen, und Hegel weiß um ihre

---

16 Immerhin darf das progressive Moment nicht übersehen werden: Herrschaft ist kein Naturverhältnis, man kann auch anders wollen!
17 ebd S. 39
18 Vgl. hierzu z.B. die Ableitung der Familie in: Frühe pol.Systeme S. 295f, insbesondere auch die später von Hegel gestrichene Passage auf S. 296 unten Anm. 3

historische Bedingtheit. Gleichzeitig kommt ihr jedoch auch ein beharrendes Moment zu, das ihn dazu berechtigt, noch immer, trotz aller Veränderung, von 'Familie' zu sprechen. Da ist zum einen die 'Naturgrundlage' der Familie, die Reproduktion der Gattung, auf die sich Hegel noch in § 161 der Rechtsphilosophie bezieht. Da ist zum anderen das weiter oben vom Außenverhältnis unterschiedene spezifische Milieu der familialen Binnenstruktur, die Hegel mit der Beziehungsqualität der 'Liebe' umschreibt. Auch 'Liebe' verändert ihre Gestalt durch die Geschichte: Die Unterscheidung von unmittelbarer Liebe und 'ehelicher' Liebe in der Realphilosophie verweist auf die späteren Ausführungen der Rechtsphilosophie, in denen die Gattenliebe als ein hochpersonalisiertes, bewußtes Verhältnis charakterisiert wird, sich also weit von der archaischen, instinktiven Verklammerung des 'Geschlechtsverhältnisses' entfernt hat. Aber auch dann hat sich Liebe gerade nicht soweit rationalisiert, daß sie allein auf Vernunft zurechenbar wäre; sie hält dann immer noch ein Moment natürlicher 'Unmittelbarkeit' (§161, §176) fest: Gefühl und Empfindung gelten Hegel gegenüber dem völlig transparenten Wissen als noch defizitäre Formen, die gleichwohl bestimmend für das 'unmittelbar sittliche Verhältnis' innerhalb der Familie bleiben und die in der Familie des 'modernen Staats' eben nur bewußte Momente im Willen der Subjekte sind. Damit unterscheidet sich die Sittlichkeit des Staats grundlegend von der Sittlichkeit der Familie: "In dem Staate ist also die Selbständigkeit der Individuen vorhanden; denn sie sind Wissende, d.h. sie setzen ihr Ich dem Allgemeinen gegenüber. In der Familie ist diese Selbständigkeit nicht vorhanden; es ist ein Naturtrieb, der ihre Mitglieder bindet." (Ver. 120).

Hegel beschwört als 'Substanz der Familie' eine natürliche 'Familienpietät' (Rphil §163, 166), allegorisch bewacht von den Penaten, den altrömischen Schutzgöttern der Familie. Diese Pietät ist, weil natürlich, eine geschichtliche Konstante. Die Differenz zwischen Innen und Außen hält sich deshalb durch, auch wenn sie gegeneinander keineswegs isoliert sind: während Hegel nach innen von der Liebe spricht und ein sittliches Ganzes, d.h. ein dominierendes Gefühl der Einheit ausgrenzt, tritt die Familie nach außen, integriert zu einer 'Person', anderen solchen 'Personen' in einer kämpferischen, aggressiv gefärbten Konfrontation gegenüber; also innen Liebe, außen Kampf. Diese klare Gegenüberstellung scheint der Übertragung des Herr-Knecht-Topos auf ein allgemeines Entwicklungsmodell für den Aufbau der Subjektidentität zu widersprechen; in der Erziehung etwa, auf die ich das Modell weiter vorne auch bezogen hatte, wirken Liebe und Zwang sich ergänzend zusammen. Aber auch hier differenziert Hegel: Der erzieherische Zwang innerhalb der Familie unterscheidet sich von dem Anforderungsdruck der Gesellschaft, ein Druck, der sich dem Kind zunächst über die Institution der Schule vermittelt - ich werde darauf zurückkommen[19]. Mit dem Binnenverhältnis der Familie ist offensichtlich ein institutioneller Raum bezeichnet, in dem Beziehungen auf eine andere Art und mit anderer Qualität geregelt werden als im Verhältnis nach Außen. Die Kritik der 'entarteten' und 'entsittlichten' Familienbindung an der 'Römischen Welt' in der Philosophie der Geschichte demonstriert den Bedeutung dieses 'Grundverhältnis der Sittlichkeit' noch einmal indirekt[20]. Hegel schreibt da: "Wir finden also bei den Römern das Familienverhältnis nicht als ein schönes freies Verhältnis der Liebe und der Empfindung, sondern an die Stelle des Zutrauens tritt das Prinzip der Härte, der Abhängigkeit und der Unterordnung. Die Ehe hatte ... die Art und Weise eines dinglichen Verhältnisses; die Frau gehörte in den Besitz des Mannes...". (ebd 348). Analoge Stellen finden sich in der Realphilosophie und der Rechtsphilosophie[21], meist verbunden mit einer Zurückweisung der

---

19 Vgl. dazu Enz III § 396 Zu u. Nürnberger Schr. S. 344ff
20 In der Rechtsphilosophie § 43 rettet Hegel selbst gegen diesen Zustand äußerster 'Entsittlichung' einen
    davon unberührten sittlichen Kern: "Nach der unrechtlichen und unsittlichen Bestimmung des römischen
    Rechts waren die Kinder Sachen für den Vater ... und doch wohl stand er auch im sittlichen Verhältnisse
    der Liebe zu ihnen (das freilich durch jenes Unrecht sehr geschwächt werden mußte)."
21 sh. Frühe pol.Systeme S. 247, Rphil § 43, §75, §161 Zu, § 175, sh. auch System der Sittlichkeit S. 44f

Kantschen Position, auf der Hegels Rezeption des Römischen Rechts wesentlich beruht[22]. Was Hegel an der Position Kants stört, ist die Versachlichung der Familienbeziehungen, die Reduktion einer in der Gefühlsbindung verankerten basalen Solidarität auf eine Warenform, die Aushöhlung eines sittlichen Bezugssystems durch den Formalismus eines Vertragsverhältnisses zwischen den sich als Rechtspersonen gegenübertretenden Vertragspartnern. Das ist im Beispiel der römischen Familie sogar ein Vertrag, bei dem der eine Partner in seine völlige zukünftige Rechtlosigkeit einwilligt[23]. Um es zu wiederholen: Die historischen Unschärfen und Fehlinterpretationen sind nicht so sehr von Interesse, es geht grundsätzlicher um eine bestimmte Organisation des historischen Materials und um den Ansatz zu einer Gesellschaftstheorie der Moderne den die Rechtsphilosophie, mehr oder weniger verdeckt, zu leisten versucht. Das merkwürdig konstruktivistische Moment in der geschichtsphilosophischen Aufarbeitung der römischen Epoche muß für das Verständnis der rechtsphilosophischen Familienkonzeption umgedeutet werden. Soviel ist klar: Die Periode der römischen Herrschaft wird mit der Ausbildung der Personstruktur in Beziehung gesetzt, sie ist deren historisches Pendant[24]. Hervorragender Ausdruck für diesen Prozeß ist Hegel das abstrakte römische Recht, die Formalisierung aller Beziehungen zu Rechtsbeziehungen[25]. Die 'Person' der römischen Welt ist jedoch noch mit einem entscheidenden Mangel behaftet, sie scheint eigentümlich blutleer, es fehlt dem äußerlichen Korsett formaler Regulationen das Korrelat einer innengeleiteten 'Lebendigkeit'. Der römische Mensch ist allein abstrakt partikulares Interesse[26], er hat die fraglose Übereinstimmung mit dem ihn umgebenden sozialen Kontext, die Hegel noch für die organische Sittlichkeit der griechischen Polis diagnostiziert hatte, verloren und dafür ein Bewußtsein der Differenz von Innen und Außen gewonnen, ohne allerdings, weil der selbstreflexive Blick nach innen noch versperrt bleibt, eine Vermittlung zwischen diesen beiden Polen herstellen zu können. "... so hat sich hier der Staatsorganismus in die Atome der Privatpersonen aufgelöst. Solcher Zustand ist jetzt das römische Leben: auf der einen Seite das Fatum und die abstrakte Allgemeinheit der Herrschaft, auf der anderen die individuelle Abstraktion, die Person, welche die Bestimmung enthält, daß das Individuum an sich etwas sei, nicht nach seiner Lebendigkeit, nach seiner erfüllten Individualität, sondern als abstraktes Individuum." (PdG 384[27]). Die Epoche ist rein negativistisch, es dominiert der Zerfall naturwüchsiger Sittlichkeit, das 'politische Kunstwerk' der griechischen Polis wird abgelöst durch die römische Gewaltherrschaft, die Despotie; die noch dem griechischen Oikos zugeschriebene emotionale Substanz[28] wird in der römischen Familie verspielt. Die Logik des Systems weist erst der folgenden Epoche, der 'germanischen Welt', die 'Negation der Negation', hier der Rekonstruktion der verlorenen Sittlichkeit auf der Basis der in der römischen Welt eröffneten Chance subjektiver Freiheit zu.

---

22 so z.B. M. Villey, Das Römische Recht in Hegels Rechtsphilosophie, in: Materialien, a.a.o. S. 131ff
    In der von Hegel inkriminierten Passage aus Kants Metaphysik der Sitten heißt es höchst prosaisch:
    "Geschlechtsgemeinschaft ... der wechselseitige Gebrauch, den ein Mensch von eines anderen
    Geschlechtsorganen und Vermögen macht..." (Das Eherecht, § 24) und: "... in diesem Akt macht sich ein
    Mensch selbst zur Sache..." (ebd § 25).
23 sh. hierzu auch die analoge Argumentation bei der Kritik eines Arbeitsvertrags, durch den die eine Seite
    ihren Personstatus selbst zur Disposition stellt: Die Ideologie rechtlicher Autonomie impliziert zumindest
    die Immunität der Rechtsperson - dem freien Eigentum an seiner Arbeitskraft korrespondiert die Ablehnung
    der Willkürherrschaft des Mannes in der Ehe
24 Vgl. PdG S. 383
    Ich werde dies weiter hinten noch ausführlicher im Zusammenhang der Weltgeschichte zeigen.
25 Vgl. PdG S. 351
26 Vgl. PdG 374
27 Vgl. auch ebd S. 387
28 Vgl. ebd 348
    zum Thema auch Frühe Schriften S. 206

Vergleicht man jetzt die Ausführungen über den Zustand der Familie in der 'römischen Welt' mit der Darstellung der bürgerlichen Gesellschaft, so reicht die Übereinstimmung weiter als die beidmalige Qualifizierung als 'entsittlicht'. Die Beziehungsstruktur der römischen Familie kennzeichnet ein verdinglichtes Verhältnis, das ganz nach dem Modell der Warenbeziehung zwischen den formal autonomen Subjekten der bürgerlichen Gesellschaft ausgestaltet ist. Ehefrau und Kinder
(und natürlich der Sklave) sind Objekte der hausväterlichen Machtstellung, ebenso wie der in den gesellschaftlichen Arbeitsprozeß eingespannte 'homo oeconomicus' nur eine strategische Perspektive im 'System der Bedürfnisse' einnimmt. Der historische Unterschied zwischen beiden Stufen besteht nach Hegel darin, daß sich das moderne Subjekt in seinem Partikularismus nicht erschöpft, daß gerade durch die Ausgrenzung einer 'entsittlichten Sphäre' der Raum zur Aktualisierung einer bewußt gefühlten Sittlichkeit in der Familie und einer bewußt erkannten und gewollten Sittlichkeit im Staat eröffnet wird. Hier sieht Hegel selbst für das System der Ökonomie einen, wenn auch indirekten Bezugspunkt der Sittlichkeit gewährleistet: Der Andere behauptet, zumindest in der Ideologie des freien Tauschmarkts, seinen Rechtsstatus als Person. Das fällt bei der Beschreibung der 'römischen Welt' noch fort; hier fehlt selbst dieser sittliche Bezugspunkt: Die Menschen sind nur äußerlich zusammengezwungen, der Gewalt, der Despotie des römischen Imperators, korrespondiert die Gewalt des Hausvaters - der Egozentrismus ist nicht durch das Wissen, das Bewußtsein eines 'Allgemeinen' befriedet. Unverdeckter also zeigt sich hier die Realität der frühkapitalistischen Welt und ihrer, im Horizont Hegels auftauchender, Vorläufer: Die Ideologie der Integrität der Person erweist sich als illusionär, das versachlichte Verhältnis von Mann und Frau wird zum expliziten Herrschaftsverhältnis, ebenso wie die Unterdrückung der Einzelnen offen als eine Bedingung des Systemerhalts äußerlich imponierter Herrschaft eingeholt wird: "Dies Privatrecht ist daher ebenso ein Nichtdasein, ein Nichtanerkennen der Person, und dieser Zustand des Rechts ist vollendete Rechtlosigkeit. Dieser Widerspruch ist das Elend der römischen Welt." (PdG 387).[29]

Unter dem Aspekt einer begriffslogischen Typologie der Familienformen gesehen, steht die römische Familie als antithetische Entwicklungsform in der Mitte: Sie wird von der modernen bürgerlichen Familie des 18./19. Jahrhunderts aufgehoben, neben der, entwicklungslogisch ungleichzeitig, nur noch die archaische, naturwüchsige Familienbindung in der bäuerlichen Familie Bestand hat. Beiden gemeinsam ist ihr Gegenentwurf zum sittlich neutralisierten System der ökonomischen Interessen, ein Gegenentwurf, der allerdings die zwei völlig verschiedenen Entwicklungsstufen der zugehörigen Gesellschaftsformationen berücksichtigt. Die bäuerliche Familie aktualisiert die unmittelbare Familiensittlichkeit auf eine gleichsam organische Weise: Die Verhärtung der sozialen Beziehungen der Familienmitglieder ist hier deshalb nicht gegeben, weil sich der Familienverband in sich nur wenig differenziert hat. Die Sittlichkeit dieses Familientypus ist archaisch oder historisch ungleichzeitig in dem Sinne, daß er historisch und nach der Logik des Begriffs dem Umbruch der familialen Binnenstruktur in der 'römischen Welt' vorausgeht. Im Lebenszusammenhang der bäuerlichen Familie erwirbt das einzelne Familienmitglied nicht, oder jedenfalls nur in geringem Ausmaß, die Kompetenzen, die das Personkonzept impliziert: Es kann sich so weder innerhalb noch außerhalb der Familie als selbstbewußtes Subjekt radikalisieren und zu einer entsprechend strategischen Weltsicht gelangen. Die hier aktualisierte Familiensittlichkeit, das Einordnen des Einzelnen als Mitglied eines übergeordneten Ganzen, dem Familienverband, beruht also im wesentlichen darauf, daß sich die Alternative der Distanz gar nicht stellt, nicht stellen kann, daß der Einzelne noch in spezifisch anderem Sinne Einzelner ist wie das moderne Subjekt, das neben dem Wissen um seine prinzipielle Gleichheit

---

29 "Hier ist keine Froheit und Freudigkeit mehr, sondern harte und saure Arbeit. Das Interesse löst sich ab von den Individuen..." (Ver. 251).

mit dem, den anderen auch ein Bewußtsein seiner Einzigartigkeit hat und beide aufeinander beziehen kann. Die Analyse der Grundlagen der bürgerlichen Gesellschaft hat gezeigt, daß Hegel die Ausbildung der Subjektkompetenz im Zusammenhang von gesamtgesellschaftlichen Transformationsprozessen sieht[30]: Das moderne Subjekt reflektiert einen bestimmten Entwicklungsstand der gesellschaftlichen Produktionsweise, der eine bestimmte institutionelle Ausprägung des Staats, eine bestimmte Entwicklung von Religion, Kunst und Philosophie etc. zugehört[31]. So ist die Rechtsperson, das gesellschaftlich generalisierte Korrelat der exklusiven Innenwelt des Subjekts, funktional bezogen auf die Organisation der materiellen Reproduktion über einen Tauschmarkt prinzipiell autonomer Warenbesitzer. Dagegen verbindet sich der unterkomplexe Differenzierungsgrad des Individuums in der bäuerlichen Familie mit einer entsprechend unterkomplexen Organisation der gesellschaftlichen Verhältnisse: Die Einbindung in den Markt und die Abhängigkeit vom Markt bleibt auch in der Darstellung der Rechtsphilosophie eher marginal. Der 'substantielle Stand' ist hier zwar als ein integraler Bestandteil der bürgerlichen Gesellschaft aufgenommen, aber er bleibt, von seinen Lebensverhältnissen her gesehen, doch vorbürgerlich, denn er produziert, wesentlich subsistenzwirtschaftlich orientiert, Gebrauchsgüter, ist ihr 'unbeweglicher Teil' (sh. Rphil § 308). In § 250 Rechtsphilosophie unterscheidet ihn Hegel von den anderen Ständen der bürgerlichen Gesellschaft explizit durch seine funktionale Geschlossenheit; die Reichweite des institutionellen Rahmens der Familie umschließt, als ein selbstgenügsames Ganzes, das ganze Spektrum des Lebensvollzugs - sie hat hier eine "größere und umfassendere Totalität"[32]. Das Leben beschränkt sich auf die Auseinandersetzung mit Natur innerhalb einer als naturwüchsig erfahrenen totalen Institution. Das unmitelbare Verhältnis dieses Standes gegenüber Natur reproduziert sich somit in einer noch natürlich gefangenen, alternativelosen Beziehungsqualität, d.h. die Beschränkung auf eine noch elementare Form der Auseinandersetzung mit der widerständigen Außenwelt, die eben noch wesentlich naturale und nicht soziale Außenwelt ist, begrenzt auch nach innen die Chance der Ausbildung und Entwicklung des 'Kulturwesens' des Menschen - in den schon zitierten Formulierungen der Realphilosophie beschreibt Hegel den Bauernstand beinahe als eine 'Tierform', eine 'Rohfassung' des Menschen. Die andere Seite dieses archaischen Familientypus ist jedoch die pervasive Potenz unmittelbarer Sittlichkeit: Sittlichkeit dokumentiert sich nicht allein in einer bestimmten, affektiven Beziehungsqualität des Familienverbands, sie durchdringt, eben weil die bäuerliche Lebensweise in allen Aspekten Familienleben ist, auch alle Bereiche familialen Handelns. Der typische Zusammenfall von Haushalt und Produktionsgemeinschaft, einerseits Ausdruck des geringen Differenzierungsgrads der bäuerlichen Lebenswelt und für Hegel das Korrelat des von der Moderne her gedachten defizienten Entwicklungsstands des Subjekts, ist andererseits auch die Voraussetzung dafür, daß die Bedürfnisbefriedigung nicht, wie in der ausdifferenzierten bürgerlichen Gesellschaft, als ein 'entsittlichter' Raum verstanden werden muß, sondern selbst zum konstitutiven Medium sittlicher Betätigung werden kann. Die 'gemeinschaftliche Arbeit' für den gemeinsamen Konsum vergegenständlicht, wie das exklusive Produkt der Geschlechtsbeziehung, das gemeinsame Kind, die familiale Sittlichkeit: "... beide erkennen ihre gegenseitige Liebe durch die gegenseitige Dienstleistung, vermittelt durch ein Drittes, das Ding ist... Hier tritt erst eigentlich die Begierde selbst als solche ein, nämlich als vernünftige, geheiligte, wenn man so will. Sie wird durch die gemeinschaftliche Arbeit befriedigt. Die Arbeit geschieht nicht für die Begierde als einzelne, sondern allgemein. Der dies bearbeitet, verzehrt nicht gerade dieses, sondern es kommt in den gemeinsamen Schatz und aus diesem werden alle erhalten." (Frühe

---

30 Ein Zusammenhang, der selbst wiederum in Begriffen der Identitätsbildung eines metakategorialen Subjekts gedeutet wird

31 Vgl. z.B. Rphil § 124

32 "Der ackerbauende Stand hat an der Substantialität seines Familien- und Naturlebens in ihm selbst unmittelbar sein konkretes Allgemeines, in welchem er lebt."
Vgl. auch § 203

pol.Systeme 224)[33]. Daß das 'konkrete Allgemeine' der bäuerlichen Familie tatsächlich in der fehlenden Dissoziation der Lebenswelt besteht, verdeutlicht folgende Passage, in der die einzelnen, von Hegel unterschiedenen, 'Funktionen' der Familie auf ein untrennbar 'Ganzes' bezogen werden : "Die Familie ist beschlossen in diesen Momenten a) der Liebe als natürlicher, Erzeugung von Kindern. b) die selbstbewußte Liebe, Empfindung und Gesinnung und Sprache derselben, c) die gemeinsame Arbeit und der Erwerb, die gegenseitige Dienstleistung und Sorge, d) die Erziehung. Kein Einzelnes kann zum ganzen Zweck gemacht werden." (Frühe pol.Systeme 225).

Ich habe die frühen politischen Systembildungen Hegels etwas ausführlicher zitiert, weil nur in ihnen deutlichere Hinweise auf sein Verständnis der Familienform des 'substantiellen Stands' zu finden sind; in den späteren Schriften, so in der Rechtsphilosophie, konzentriert sich Hegel allein auf die philosophische Begründung der bürgerlichen Familie. Um den Unterschied und den evolutiven Progress der Familienformen nun richtig zu deuten, muß die Dimension schärfer gefaßt werden, an der Hegel den Fortschritt festmacht. S. Blaschke hat in seinem Aufsatz[34] den m.E. sehr richtigen Versuch unternommen, die Hegelsche Familienkonzeption auf der Folie der modernen Familiensoziologie zu interpretieren und von daher Hegels Einsicht in den mit der Ausdifferenzierung der bürgerlichen Gesellschaft zusammenhängenden Strukturwandel der Familie zu würdigen. Dabei haben sich, bei aller Berechtigung einer die philosophische Darstellung an einen realen Transformationsprozeß der Gesellschaft anbindenden Analyse, aber doch einige kleine Fehldeutungen eingeschlichen. Nach Blaschke setzt Hegel sein Verständnis der bürgerlichen Familie gegen den traditionalen bäuerlichen Haushalt als einer 'Wirtschaftsgroßfamilie', die aufgrund der charakteristischen Verschränkung von "bedürfnisgebundener und interaktionsgebundener Praxis ... nicht als ein sittliches ... System zu begreifen ist"[35] ab. Das kann so anhand der Hegelschen Schriften nicht bestätigt werden, denn weder nimmt Hegel an irgend einer Stelle die bäuerliche Familie systematisch als das 'ganze Haus' in der Definition O. Brunners auf[36], wie das Blaschke wahrnimmt[37] noch, das haben die weiter oben wiedergegebenen Zitate gezeigt, kommt der Übernahme von Produktionsfunktionen durch die Familie eine per se 'entsittlichende' Wirkung zu. Mehr noch, sie kann diese nach der Hegelschen Konzeption auch gar nicht haben. Der Familienbegriff bei Hegel insistiert immer schon - sei es, und das ist am wahrscheinlichsten, weil der dominierende Eindruck der bürgerlichen Familie den rückwärtsgewandten Blick präformiert, oder sei es deshalb, weil sich der Mythos der bäuerlichen Großfamilie erst mit den späteren Arbeiten W.H. Riehls verbreitet[38] - , auf der Beschränkung auf die Kernfamilie. Hegel klärt das noch einmal deutlich an einer Stelle in der Einleitung zur Philosophie der Geschichte, die explizit auf die Sittlichkeit des archaischen Familientypus eingehen will: "Die Familie ist nur eine Person; die Mitglieder derselben haben ihre Persönlichkeit ... entweder gegeneinander aufgegeben ... oder dieselbe noch nicht erreicht. ... Die Erweiterung der Familie aber zu einem patriachalischen Ganzen geht über das Band der Blutsverwandschaft, die Naturseite der Grundlage, hinaus, und jenseits dieser müssen die

---

33 Eine entsprechende Stelle im 'System der Sittlichkeit' analysiert: "Die Arbeit ist ebenso nach der Natur eines jeden Gliedes verteilt, aber ihr Produkt gemeinschaftlich; jedes arbeitet eben durch diese Verteilung einen Überschuß aus, aber nicht als sein Eigentum. Der Übergang ist kein Tausch, sondern es ist unmittelbar, an und für sich selbst gemeinschaftlich."(ebd 43).

34 S. Blaschke, a.a.o. S. 312 ff

35 ebd S. 319

36 Vgl. dazu Familie und Gesellschaftsstruktur, hrsg. v. H. Rosenbaum, Frankfurt 1978, S. 375ffS. 83ff

37 Vgl. auch G. Göhler in seinem Kommentar zu Hegels ' Frühen politischen Systemen', ebd S. 533

38 Vgl. dazu auch M.Mitterauer, R. Sieder, 'Vom Patriachat zur Partnerschaft', München 1980, S. 38ff

Individuen in den Stand der Persönlichkeit treten," (Ver. 118f)[39]. Dazu gehört auch der römische patriachalische Oikos, dem dann, neben den entsprechend zur Person verdinglichten Kindern und Ehefrau, noch die Sklaven zugehören. Ebenfalls in dieser Einleitung, im Zusammenhang der eurozentristischen Abqualifizierung des 'tierischen' Afrika (ebd 218), gibt Hegel einen durchaus soziologisch gefärbten Hinweis, den wir indirekt als grundsätzliche Bestätigung der kleinfamilialen Familienstruktur als einer Prämisse der Hegelschen Gesellschaftstheorie interpretieren können: "In Ansehung der Ehe und des Haushalts herrscht Vielweiberei, und damit ist Gleichgültigkeit der Eltern untereinander, der Eltern und Kinder, der Kinder untereinander gegeben. Es gibt so überhaupt kein Band, keine Fessel für die Willkür. Aus solcher Bestimmung kann der größere Zusammenhalt der Individuen nicht entstehen, den wir Staat nennen..." (ebd 228).[40]

Die wichtigsten sozio-ökonomischen Verschiebungen, die der Übergang von einer agrarisch dominierten zu einer bürgerlich-industriellen Gesellschaft impliziert, werden von Hegel, das hat das Kapitel über die bürgerliche Gesellschaft zu zeigen versucht, in sein System durchaus eingearbeitet. Trotzdem ist zu unterscheiden, inwieweit diese Prozesse nicht nur indirekt, gleichsam noch verdeckt und damit auch vorwiegend erst für die Interpretation des historisch distanzierten Lesers, mitlaufen, oder inwieweit sie selbst als ein bewußt perzipierter Vorgang, den es als solchen explizit zu klären gilt, analysiert werden. Dabei geht es letztlich auch um die Frage, unter welcher Perspektive und anhand welcher Kriterien der gesellschaftliche Fortschritt dargestellt und gemessen wird.

Im Vordergrund der Rechtsphilosophie steht nicht die historische Ableitung ihres Gegenstands, sondern, wie Hegel schon in der Einleitung (sh. ebd § 3) behauptet hat, das Aufzeigen der Vernünftigkeit, der 'Wahrheit' der Ausprägungen einer bestimmten gesellschaftlichen Institution, bzw. des sie übergreifenden Gesamtsystems[41]. Hegel entwickelt jedenfalls in der Rechtsphilosophie auch seinen Begriff der bürgerlichen Familie nicht als historisch nach hinten abgesichertes Resultat einer Auseinandersetzung mit der traditionalen Familie, indem er beide direkt miteinander konfrontierte und den entwicklungslogischen Zusammenhang klärte, d.h. er verfolgt in der Rechtsphilosophie kein dezidiert historisches Interesse, sondern begreift Familie aus dem unmittelbaren Kontext des rechtsphilosophischen Systems: Familie wird in der Selbstverständlichkeit ihrer gegenwärtigen Präsenz für Hegel gefaßt und philosophisch legitimiert. Blaschke hat natürlich Recht, wenn er die hinter der Darstellung der bürgerlichen Familie stehenden Voraussetzungen auf einen gesellschaftlichen Transformationsprozeß bezieht, von dem ihm Hegel selbst in der Rechtsphilosophie mit der analytischen Trennung von bürgerlicher Gesellschaft und Staat ein Bewußtsein dokumentiert. Aber das eigentliche Gravitationszentrum der Analyse liegt bei der Explikation der sich im Bewußtsein und dem handlungsrelevanten Wissen der Subjekte aktualisierenden 'Geiststruktur' dieses Vorgangs. Die Übereinstimmung der inhaltlichen Implikationen mit Ergebnissen der modernen Familiensoziologie macht Hegel nicht auch zum Familiensoziologen; so kann er erst nach der Korrektur der idealistischen Hypothek interpretiert werden - dann allerdings mit Gewinn, wie im folgenden gezeigt werden soll.

Die wichtige Unterscheidung mit der Hegel seine Darstellung der Familie einleitet, ist die zwischen Person und Familienmitgliedschaft[42]. Für die moderne Familie ist mit beiden Positionen ein konstitutiver Gegensatz bezeichnet: konstitutiv in dem Sinne, daß ohne diesen Widerspruch

---

39 Vgl. auch Nürnberger Schr. S. 245f
40 Die korrespondierende positive Aussage findet sich im schon häufig in Anspruch genommenen § 203 der Rechtsphilosophie. Vgl. auch § 167 Rphil
41 Im Zusammenhang der Analyse des Staats hat er so die Frage nach den konkreten Entstehungsbedingungen aus der philosophischen Beobachtung einfach ausgeschlossen, wobei allgemein gilt: "Wo etwas hergekommen ist, das ist vollkommen gleichgültig; die Frage ist nur: ist es wahr an und für sich?" (PdG 400) Vgl. genauer Rphil § 258
42 Vgl. Rphil § 158

die bewußte 'Liebe', das Merkmal des familialen Binnenmilieus, nicht denkbar wäre; Gegensatz, weil sich beide auf konkurrierende Handlungssysteme beziehen. Person meint bei Hegel ja nicht die im heutigen Begriff der Persönlichkeit ausgedrückte exklusive Individualität eines Menschen, sondern vielmehr, abgeleitet von 'persona', der Maske des antiken Theaters, die Chiffre für seine abstrakte Qualität als autonomes Subjekt. Sie ist in der Rechtsphilosophie eingeführt als eine Perspektive, in welcher das Subjekt von seinem empirisch-konkreten Menschsein abstrahiert und sich als formal frei, als 'abstraktes Ich', schreibt Hegel, für sich objektiviert. Das Konzept der Person hat seine Vorgeschichte, es ruht dem beschriebenen, konstitutiven Bildungsprozeß qua Arbeit und Anerkennung auf: Distanz gegenüber der äußeren und inneren Natur, ebenso wie, das naturale Verhältnis überlagernd, die Feststellung der Selbsterfahrung gegenüber einem sozialen Bezugsfeld, sind Bedingungen der Kompetenz des Subjekts, sich selbstreflexiv als Monade, als mit einer konsistenten Identität versehen, die als solche gegenüber jedem konkreten Inhalt losgelöst erfahren werden kann, zu fixieren. Der umfassenderen, gesellschaftlichen Qualität dieses Vorgangs, wie sie von Hegel in der Bewegung zur reziproken Anerkennung allegorisch skizziert wird, entspricht, daß sinnvoll nicht von der Person, sondern immer nur von *den* Personen die Rede sein kann[43]: Die innere Distanz des Subjekts zu sich, die ihn erst erfahrbar vereinzelt, mit seiner 'natürlichen Einsamkeit' (Frühe pol.Systeme 249) konfrontiert, impliziert zugleich die Einnahme einer dezentralen Perspektive, mit der die gleiche Subjektstruktur zunächst dem 'Anderen', an dem der reziproke Arbeitsprozeß der Bewußtseinsbildung vollzogen wurde, dann aber allen anderen zugestanden wird: Die Person ist eine per se soziale Kategorie, die, so Hegel, als ideologisches Moment mit der Gleichheit vor Gott des Christentums angekündigt, ihre institutionelle Realisation oder Objektivation im Durchbruch des bürgerlichen Rechts als dem 'welthistorischen Prinzip' der Französischen Revolution gefunden hat; sie hat zum ersten Mal in der Geschichte die in der Anerkennungsbewegung implizierte symmetrische Struktur im Verhältnis prinzipiell gleicher Rechtssubjekte - zumindest als Anspruch - verwirklicht. 'Person' ist somit näher bestimmt als das prinzipiell universale Rechtssubjekt des bürgerlichen Rechts, dessen Autonomie materialiter auf der freien Dispositionsgewalt über Eigentum beruht, d.h. die sich typischerweise, so ganz zwanglos in der Rechtsphilosophie, im Zusammenhang der Sicherung der Institution des privaten Eigentums sowie der Vertrags- und Gewerbefreiheit definiert.

Die Zuordnung der sogenannten 'Rechtspflege' in die bürgerliche Gesellschaft hat jedoch die naturrechtliche Fiktion der freien Rechtsperson systematisch wieder unmittelbar auf den Boden der Transformation der Produktionsweise bezogen: Das Privatrechtssystem und die ihm korrespondierende autonome Rechtsperson sind sinnvoll nur als Entsprechung der freien Entfaltung des bürgerlichen Warenverkehrs zu begreifen, d.h. sie definieren die äußerlichen Bestandsbedingungen unter denen der Kampf der egoistischen Einzelinteressen ausgetragen werden kann. Das Konzept der Person, das den Menschen unter dem Verweis auf seine formale Gleichheit auf einen ebenso formalen Freiheitsbegriff reduziert, reißt den konkreten gesellschaftlichen Zusammenhang auseinander, indem es gegen den historisch gewachsenen Gleichklang von Herrschafts- und Produktionsverhältnissen, aber auch gegen die in ihnen institutionalisierten Solidaritäten, das Problem des Überlebens in der Gesellschaft allein zu einem Problem des für sich verantwortlichen Einzelnen erklärt. Der formalen Freiheit der bürgerlichen Ideologie korrespondiert damit die sehr reale konkrete Unfreiheit, die die Dynamik der bürgerlichen Produktionsweise durch die 'entsittlichte', d.h. verdinglichte Struktur der Beziehung zwischen den nur als Warenbesitzer füreinander auftretenden Individuen erzeugt. Eben weil 'Person' als Chiffre funktional auf den egoistisch motivierten Teilnehmer der bürgerlichen Gesellschaft

---

43 Vgl. Enz III § 490, Nürnberger Schriften S. 232f
    Rphil § 49: "In der Persönlichkeit sind die mehreren Personen, wenn man hier von mehreren sprechen will, wo noch kein solcher Unterschied stattfindet, gleich."

bezogen bleibt, d.h. den Anderen nur als Objekt des eigenen Interesses fixiert - auch wenn der so strategisch perzipierte 'Gegner als eine rechtliche Person' (Nürnb. Schr 242) dann einen Rest privater Unantastbarkeit behaupten kann -, steht sie in konstitutivem Widerspruch zu einer Beziehungsstruktur, in der Subjekte sich als konkrete, empirische Individualitäten unmittelbar anerkennen und behaupten wollen. Die antithetische Konstruktion der römischen Familie hat diese Unvereinbarkeit zum Thema gehabt und nachdrücklich unterstrichen. Nicht erklärt ist bisher das konstitutive Moment dieses Widerspruchs für die bürgerliche Familie in der Darstellung Hegels. Die Rechtsphilosophie behandelt vor der Familie die beiden Systemteile 'Recht' und 'Moralität', beide sind ihr begriffslogisch, aber, bezogen auf die moderne bürgerliche Familie, auch genealogisch vorausgesetzt: Das Subjekt, das sich in der Rechtsphilosophie zur Familie entschließt, bringt schon eine bestimmte Entwicklung der Subjektstruktur mit sich[44]. Was Hegel mit dem "Recht der *Besonderheit* des Subjekts, sich befriedigt zu finden, oder was dasselbe ist, das Recht der *subjektiven Freiheit*"(ebd) meint, umschreibt nicht nur die positive Wertung der Kodifikation formaler Freiheits- und Bürgerrechte, sondern ebenso die Anerkennung der selbstreferentiellen Binnenstruktur des Subjekts, dem, was Hegel mit der moralischen Autonomie, der verantwortlichen Selbstbestimmung und der damit implizierten entwickelten Bewußtseinsqualität (erst da, wo das Subjekt auf sich als Denkendes noch reflektieren kann, ist ihm Denken im emphatischen Sinne überhaupt möglich) erfaßt. Die strenge Fixierung einer äußeres Verhalten regulierenden Rechtskodifikation ist ein dem Ausbau der Subjektbinnenperspektive komplementärer Differenzierungsprozeß: Dem moralischen Subjekt wird die Kompetenz der Selbstbestimmung im Rahmen definierter Bestandsbedingungen des Gesamtsystems freigegeben, indem, in Anerkennung der exklusiven 'Einsamkeit' im Selbstbewußtsein des Subjekts, die Reichweite des Zugriffsrechts von Staat und Gesellschaft beschränkt wird; Religions- und Gewissens/Gesinnungsfreiheit sind die hier im Namen der Subjektautonomie reklamierten Forderungen. Der Formalismus des Römischen Zivilrechts hat "...die Freiheit des Geistes gewonnen, nämlich die innere Freiheit, die dadurch von jenem Gebiete des Endlichen und des Äußerlichen frei geworden ist. Geist, Gemüt, Gesinnung, Religion haben nun nicht mehr zu befürchten, mit jenem abstrakt juristischen Verstande verwickelt zu werden." (PdG 351). Hegel sieht sehr wohl die historische Dimension der Ausdifferenzierung von Rechtsperson und moralischem Subjekt; die Fiktion einer naturzuständlich kompetenten Monade, die diese Voraussetzungen noch ausklammert, ist ihm ideologischer Ausdruck einer veränderten Stellung von Subjekt und Welt, die sich nicht über ihren genetischen Bedingungszusammenhang verständigen kann. Er bringt in der Philosophie der Geschichte diesen Vorgang weit folgerichtiger mit der Idee des Christentums und, als Wendepunkt der Umsetzung des Begriffs in die Wirklichkeit, mit dem über Reformation und Aufklärung sich vollziehenden Übergang zur Neuzeit in Verbindung. Es bietet sich an, hierzu eine Stelle aus der Geschichtsphilosophie zu zitieren: "Der Mensch hat selbst ein Gewissen und (ist) daher frei zu gehorchen." (ebd 503)[45]. Die kritische Potenz der neuentdeckten Innerlichkeit ist dann nicht nur gegen den Autoritätsanspruch der Kirche gewendet, sie markiert vielmehr, als weltgeschichtliches Prinzip, die Auslieferung der gesellschaftlichen Verhältnisse an die kritische Reflexion des Subjekts, die zwar noch idealistisch gebrochene Ahnung des Menschen als einem Produzenten seiner Lebenswelt.[46]

---

44 Vgl. z.B. Rphil § 124
45 Sh. dazu die ausführliche Stelle in PdG S. 405 und PdG S. 497
46 "Gegen den Glauben auf Autorität ist die Herrschaft des Subjekts durch sich selbst gesetzt worden. ... die Natur ist nun ein System bekannter und erkannter Gesetze, der Mensch ist zu Hause darin, und nur das gilt, worin er zu Hause ist, er ist frei durch die Erkenntnis der Natur. Auch auf die geistige Seite hat sich dann das Denken gerichtet: man hat Recht und Sittlichkeit als auf dem präsenten Boden des Willens des Menschen gegründet betrachtet, da es früher nur als Gebot Gottes, äußerlich aufgelegt ... oder in Form besonderen Rechts in alten Pergamenten, als Privilegien oder in Traktaten ... vorhanden war." (ebd 522).

Die Autonomie des Subjekts wird von Hegel jedoch nur mit Einschränkungen konzediert. Dadurch, daß er die Ausdifferenzierung der Subjektkompetenz an den gesamtgesellschaftlichen Transformationsprozeß anbindet (der auf der Tiefenebene als Evolutionsprozeß des Bewußtseins des Weltgeists verstanden wird), also selbst als einen historischen Vorgang, als ein erst modernes Phänomen, das historisch bedingt ist, begreift, bleibt auch die Emanzipation des Subjekts zu einem 'für sich seienden Einzelnen' niemals abgelöst von der Vermittlung mit der Gesellschaft oder dem 'Allgemeinen': Die Kritik der Französischen Revolution, die Intention hinter der Entwicklung des Systemteils 'Moralität' in der Rechtsphilosophie, versucht noch in der respektvollen Anerkennung der einzigartigen Individualität des Subjekts, gerade weil Hegel den Respekt vor der Autonomie des Subjekts tiefer ansetzt, die Rückführung aus der zugestandenen formalen Willensfreiheit radikalisierter Subjektivität auf eine materiale, sprich gesellschaftlich bestimmte Grundlage, von der aus Subjektivität allein einen mehr als abstrakt- formalistischen Sinn gewinnen kann. Der alle Voraussetzungen übersehende Blick auf die Individualität des Einzelnen als solche, reduziert ihn auf ein aus jeglichem sozialen Zusammenhang abgekoppeltes 'Willensatom', auf die äußerste Abstraktion des logischen 'Eins' und verliert darüber gerade die Wirklichkeit des Subjekts, indem keine inhaltliche Aussage über dieses Verhältnis von Lebenswirklichkeit und Subjektinteresse, sondern nur noch die Deduktion abstrakter Prinzipien - Hegel kritisiert hier den korrumpierbaren Formalismus des Kantschen kategorischen Imperativs - möglich ist. Aber eine nur als abstraktes Prinzip fixierbare Vernunft widerspricht dem genetischtotalen Zugriff der Hegelschen Philosophie: Vernunft kann nicht jenseits der das Leben und Denken der Subjekte fundierenden naturalen und sozialen Entwicklungsgesetzlichkeiten gefunden werden; eben deshalb ist der systematische Einbezug der Voraussetzungen der modernen Subjektkompetenz unabdingbar, die Bedingtheit des Subjekts selbst ist miteinzubedenken. Mit der Ausbildung der selbstreferentiellen Autonomie fällt zwar auch die Prüfung der Wirklichkeit auf ihre Vernunftgemäßheit in das Subjekt, es ist sein Recht, daß sich ihm die Legitimität seiner Verhältnisse erweist, allein, die Kriterien dieser Prüfung können nur der Einsicht in die Entwicklungslogik der Geschichte selbst entnommen sein. Hegel geht noch weiter, und dann wird die Konstruktion bekanntlich fragwürdig: Die Entwicklungslogik wird zum teleologischen Entwicklungsplan, der kritische Anspruch auf Prüfung wird durch die metaphysische Sanktion der gegenüberstehenden Wirklichkeit um seine praktische Dimension beraubt - Hegel fordert unter dem Freiheit realisierenden Programm der Versöhnung die Anerkennung der Vernunft des gegebenen 'Objektiven' und denunziert deren utopische Möglichkeitsform, d.h. die Anerkennung von empirischem Subjekt und sozialer Wirklichkeit verfällt einer affirmativen Ungleichgewichtigkeit.

Ich will dies jetzt nicht weiter verfolgen, da es mir hier nur auf die Klärung der Voraussetzungen des in der Rechtsphilosophie entwickelten Begriffs der bürgerlichen Familie ankommt. Bezogen auf die eingangs gestellte Frage nach dem konstitutiven Widerspruch von Person und Familie hat sich zunächst einmal im Vergleich zur archaischen Familie veränderte Qualität des Subjektbewußtseins als eine entscheidende Voraussetzung ergeben: Das Subjekt verfügt über eine innere Repräsentation seiner erarbeiteten Autonomie sowie über deren äußere und zwar explizit kodifizierte Anerkennung in dem typisch reduzierten Korrelat der formal gleichen Rechtsperson. Über dieses Maß sozial reflektierter Binnendifferenzierung hat das Subjekt der instinktiven 'Geschlechtsgemeinschaft' nicht verfügt; Hegel hat diesen strukturellen Unterschied in der Jenaer Realphilosophie mit der terminologischen Abgrenzung von 'Liebe' und 'ehelicher Liebe' auseinandergehalten. In der Rechtsphilosophie, die den 'objektiven Geist' als einer Chiffre für die sich im Handeln und Wissen der Subjekt reproduzierenden Faktizität gesellschaftlicher Wirklichkeit auf seinen aktuellen und abschließenden Entwicklungsstand abbilden will, zeigt sich diese Differenz nur noch in der unterschiedlichen Qualität der Liebe zwischen den Ehepartnern und zwischen Eltern und Kindern; aber auch hier arbeitet Erziehung bewußt auf das 'Brechen der

Natur' im Kind und d.h. letztlich auf die Überwindung der archaischen Bindungskräfte hin. Der dramatische Unterschied der modernen Ehe zur archaischen Geschlechtsgemeinschaft (und der bäuerlichen Ehe) besteht darin, daß sich hier zwei sich gegenseitig als Personen anerkennende Subjekte gegenüber stehen, von denen jedes um seine und des anderen innere Autonomie weiß. Anders als auf der Basis ausschließlich natürlicher Anziehungskräfte begegnen sich die Subjekte äußerlich zunächst als Personen, in sich gefestigt im Wissen ihrer moralischen Autonomie[47]. Sie verfügen über ein Bewußtsein ihrer Eigenständigkeit, ihrer Getrenntheit vom Anderen, d.h. ihrer radikalen 'Einsamkeit'. Erst von diesem Wissen aus (hierin aktualisiert sich der oben so genannte konstitutive Widerspruch) eröffnet sich die Chance einer hochindividualisierten Form menschlicher Begegnung, gewinnt 'Liebe' ihren spezifisch modernen Gehalt, d.h. wird 'Liebe' zu einem bewußten Inhalt sozialer Beziehung[48]. Die natürliche Geschlechtsgemeinschaft ist dann "in eine *geistige*, in selbstbewußte Liebe, umgewandelt"(Rphil § 161), zu der auch individuelle Partnerwahl, die 'Neigungsehe', gehören.

"In den modernen Zeiten wird dagegen der subjektive Ausgangspunkt, das Verliebtsein, als der allein wichtige angesehen. Man stellt sich hier vor, jeder müsse warten, bis seine Stunde geschlagen hat; und man könne nur einem bestimmten Individuum seine Liebe schenken." (ebd § 162 Zu). Dies ist aber nur ein Aspekt ehelicher Liebe, den Hegel dem Autonomiestatus des modernen Subjekts konzedieren muß; sein Interesse in der Rechtsphilosophie gilt vor allem den institutionellen Aspekten von Ehe und Familie: Die Individualisierung der Ehe zur Liebesbeziehung wird nicht als Ergebnis bloß individueller Leidenschaft und Spontaneität gedeutet, sondern als eine soziale Struktur wahrgenommen, die in einem bestimmten Verhältnis zum Entwicklungsstand der Gesamtgesellschaft steht und von daher das Verhalten der einzelnen Familienmitglieder verbindlich organisiert - 'eheliche Liebe' aktualisiert in erster Linie eine soziale Institution, zu deren Merkmal nur gehört, daß sie nach innen die Möglichkeit der Anerkennung des Anderen im ganzen Umfang seiner Persönlichkeit zuläßt: "Ehe ist wesentlich ein sittliches Verhältnis. Früher ist ... dieselbe nur nach der physischen Seite hin angesehen worden, nach demjenigen, was sie von Natur ist. Man hat sie nur als ein Geschlechtsverhältnis betrachtet... Die dritte ebenso zu verwerfende Vorstellung ist die, welche die Ehe nur in die Liebe setzt, denn die Liebe, welche Empfindung ist, läßt die Zufälligkeit in jeder Rücksicht zu, eine Gestalt, welche das Sittliche nicht haben darf. Die Ehe ist näher so zu bestimmen, daß sie die rechtlich sittliche Liebe ist..." (ebd § 161 Zu). Gegen die individualistische Definition der Ehe, wie sie mit der Romantik ihre literarische Ausdrucksform gefunden hat - die 'amour-passion', oder 'romantic-love' -, setzt Hegel also die 'sittliche Liebe', die ihre Dignität aus ihrer überindividuellen Objektivität (der Begriff der 'vernünftigen Liebe' der Aufklärung stellt hier wohl das Modell)[49] gewinnt: "Leidenschaftliche Liebe und Ehe ist zweierlei..." (ebd § 162 Anm). Liebe als individualisierte Gefühlsbindung ist zwar ein anerkanntes Motiv der Eheschließung, aber selbst hier schränkt Hegel noch ein, indem er die Eheschließung bei der die "... Veranstaltung der wohlgesinnten Eltern den Anfang macht und ... die Neigung zur Folge hat..." (ebd § 162), als den 'sittlicheren Weg' hervorhebt. In dieser Gewichtung fängt Hegel die Realität des sozialen Zwangs ein, der die Eheschließung im Gegensatz zum romantischen Leitbild der ideologisch überhöhten Liebesbindung tatsächlich beeinflußt[50]. Die anarchische 'amour-passion'[51] jedenfalls, potentiell kritisch

---

47 "Ehe ist Verbindung Bewußter, Reflektierter" (Rphil § 163 Anm). "Der Vertrag geht also von der Willkür der Person aus, und diesen Ausgangspunkt hat die Ehe ebenfalls mit dem Vertrage gemein." (ebd §75 Zu).

48 Vgl. dazu ausdrücklich § 124 u. § 162 Rphil

49 Vgl. H. Rosenbaum, a.a.o. S. 264ff

50 Sicherlich ging in diese klare Abgrenzung auch die persönliche Erfahrung Hegels ein: Erst mit 40 Jahren (ein Hinweis auf die zwingend erforderliche materielle Basis der Eheschließung, sh. dazu weiter unten die Bemerkungen über die Bedeutung des 'Vermögens' für die Familie) konnte Hegel an seine eigene Eheschließung denken. Nachdem er zunächst die Frau F.J. Niethammers mit der Vermittlung einer passenden Ehefrau betraut hatte - hier also statt der 'Veranstaltung' der Eltern, die der Frau des Freundes -, " ging es ", wie A.

gegen den Mechanismus der Schichten- und Klassenendogamie, sowie gegen den institutionellen Aspekt der Verbindung von Ehe und Familie, hatte mit der Realität der Auswahl des Ehepartners nicht viel zu tun; ohne Frage dominierten hier vor der individualisierten Partnerbindung - ohne daß Neigung als eine Aktualisierungsform der entwickelten 'Besonderheit' abgelehnt werden sollte - eine deutliche Selektion der Partnerwahl nach handfesten Vernunftkriterien, sprich materiellen Interessen: soziale Position, Einkommen, Bildung, Mitgift, Abstammung, um nur einige in beliebiger Reihenfolge zu nennen[52]. Damit hatte die Eheschließung faktisch sehr wohl noch Vertragscharakter, oder, ausgedrückt in der Hegelschen Terminologie, begegneten sich die späteren Ehepartner zunächst als Personen, die sich, unabhängig von der affektiv-emotionalen Dimension der Liebesbeziehung, über das 'Wesen' der Institution Ehe und Familie und d.h. auch über ihre materiellen und sozialen Grundlagen verständigen müssen. Die schon angeführte Kritik an der Kantschen Bestimmung der Ehe in der Metaphysik der Sitten, die Konzeptualisierung der Familie als einer Gegenstruktur zur versachlichten Beziehung in der bürgerlichen Gesellschaft, umreißt jedoch schon, daß der Ehevertrag als eine besondere Vertragsform konzipiert sein muß, der gegenüber die sachlichen Überlegungen wie die sinnlich-emotionalen Antriebskräfte in gleicher Weise als nicht essentiell aufgefaßt werden: Es ist ein Vertrag, der seine Voraussetzung: die im Status der Person anerkannte abstrakte Subjektqualität, die Rolle des prinzipiell autonomen Warenbesitzers, selbst zur Disposition stellt. Ein Vertrag also, der regelt, daß die in den Vertrag eintretenden Personen die konstitutive gegenseitige 'Fremdheit' in der über Dinge vermittelten Beziehungsstruktur des Warentauschs gegeneinander aufzugeben haben.

Halten wir noch einmal fest: Die Ehe der Rechtsphilosophie setzt die ausgebildete Subjektkompetenz der potentiellen Ehepartner voraus, d.h. sie impliziert die selbstrepräsentative innere Distanz der beteiligten Einzelnen, die Hegel als Bedingung der (formalen) Willensfreiheit erkennt. Die Reziprozität dieser Subjektstruktur wird im Konzept der Person anerkannt; Ehe als Gegenstand des bewußten Willens der beteiligten Subjekte reflektiert damit als ein konstitutives Moment auch den Vertragscharakter der Beziehung von Personen . Das 'Wesen' der Ehe wird aber nur erreicht, wenn die Begrenztheit des 'Vertragsstandpunkts' von den beteiligten Subjekten gewußt und überwunden, der Selbstzweck der Ehe erkannt wird. : "... denn sie ist gerade dies, vom Vertragsstandpunkte der in ihrer Einzelheit selbständigen Persönlichkeit auszugehen, *um ihn aufzuheben*." (ebd § 163)[53]. Diese Denkfigur verlangt von den beteiligten Personen die Einnahme einer objektivierenden Perspektive, unter der sie sich selbst als Teil einer übergeordneten Struktur - der Institution der Ehe bzw. Familie - definieren können und zwar derart, daß gerade die Verwirklichung des radikal individuellen Interesses: 'das geliebt werden wollen um seiner selbst willen' oder die individualisierte Liebe zum Anderen, eine Form der Beziehung aktualisiert, die überindividuell, allgemein perzipiert werden kann und sich damit als überzufällig und notwendig

---

Gulyga in seiner Biographie schreibt, "jedoch ohne fremde Hilfe ab. Marie von Tucher hieß seine Außerwählte." Gulyga schildert anschließend die Schwierigkeiten, die Hegel hatte, Marie von Tuchers Eltern von seiner Standesgemäßheit zu überzeugen ("Mein Glück ist zum Teil an die Bedingung gebunden, daß ich eine Stelle auf der Universität erhalte."), die sich beide wegen seines geringen Einkommens der Verlobung und Heirat widersetzten. Wie sehr Hegel selbst die Eheschließung mit der materiell besser abgesicherten Position des Universitätsprofessors als Nachweis seiner Ehefähigkeit vor den kritischen Augen seiner Schwiegereltern verband, vermittelt folgende Aussage in einem Brief an Marie: "Es ist unter uns schon viel von dem Erlangen (Hegel machte sich damals Hoffnungen auf eine Professur in Erlangen, L.S.) die Rede gewesen, daß unsere Verbindung und Erlangen in der Phantasie ganz in eins zusammengewachsen sind, gleichsam wie Mann und Frau."
A. Gulyga, Georg Wilhelm Friedrich Hegel, Frankfurt 1981, S. 111f. Die Stelle findet sich zitiert bei Gulyga, a.a.o. S. 112
Vgl. dazu auch F. Wiedmann, Hegel rororo Biographien, Reinbeck, 1965 S. 43f
51 "Die Ehe soll nicht durch die Leidenschaft gestört werden, denn diese ist ihr untergeordnet." Rphil § 163 Zu
52 Vgl. dazu die im ALR reflektierten Heiratsbeschränkungen
53 Vgl. auch System der Sittlichkeit S. 44

legitimiert. Über die konkrete Erfahrung wechselseitiger Liebe[54], stellt sich ein Bewußtsein her, dem das 'Wir', dies Aufgeben des egozentrischen Anspruchs an den Partner im Erkennen der Einheit als dem wesentlichen 'Grund' der Ehebeziehung ('das Ich und Du im Wir')[55] aufgeht. In der Einleitung zur Philosophie der Geschichte schreibt Hegel sehr schön an einer Stelle, besonders das Aufgeben dieses egozentrischen Standpunkts betonend: "So indem ich jemanden liebe, so bin ich meiner im andern mir bewußt, wie *Goethe* sagt: ich habe ein weites Herz. Es ist eine Erweiterung meiner selbst." (Ver. 227). Während Personen sich immer über Dinge aufeinander beziehen, d.h. sich als Individualität hinter ihre Rolle als Person, Warenbesitzer, zurücknehmen, bringt sich der Einzelne in die Ehe als 'Ganzer' ein und 'vernichtet' sich damit innerhalb der Integrationsform Familie notwendig als Person[56]: "... der objektive Ausgangspunkt (der Ehe, L.S.) aber ist die freie Einwilligung der Personen, und zwar dazu, *eine Person auszumachen*, ihre natürliche und einzelne Persönlichkeit in jener Einheit aufzugeben..." (Rphil § 162).[57]

Losgelöst von den Zufälligkeiten der konkreten Partnerbeziehung und ihrer Modalitäten ist mit der Betonung der 'Mitgliedschaft' in einem metakategorial vorgeordneten Ganzen als dem entscheidenden Aspekt der Ehe der potentielle Konflikt zwischen Ehe und Familie, wie er etwa in der romantischen Eheauffassung angelegt war, entschärft: Das hochpersonalisierte Verhältnis der Ehepartner ist selbst (ohne, daß es ganz zurückgewiesen werden müßte) durch jene höhere Funktionsbestimmung des übergeordneten Systems der Familie bestimmt und in sie eingeordnet. Deshalb kann Hegel in der Rechtsphilosophie die rational-kalkulierte Planung der Ehe als den im Vergleich zur bloßen Neigung sittlicheren Weg ausgeben: Hier ist die Institution Ehe - wenn auch von von einem materiellen Interesse her - als solche Gegenstand bewußter Entscheidung. Die bezogen auf das archaische Gefühl höher bewerteten Erkenntnisweisen des Verstandes und der Vernunft fixieren einen Begriff dieser Institution, der ihre jenseits des subjektiven Beliebens bestehende normative Geltung bestätigt, auch indem ausdrücklich Kriterien adäquater Partnerschaft zugrundegelegt werden. Das 'Ganze' erfährt in der Zurückweisung der allein individualistischen Definition der Partnerbeziehung die Anerkennung seiner ontologisch höheren Dignität, es ist eben mehr als die Summe seiner Teile: Selbstzweck. Die Spannung zwischen sozialer Institution als dem 'Allgemeinen' und den konkreten Subjekten und ihrer subjektiven Interessenslage - dem Einzelnen - verschiebt sich bei der Hegelschen Konstruktion auf die übergeordnete Struktur, die sich so als ein überzeitliches Moment des Weltlogos enthüllt und alles unter sie Befaßte umschließt. Die Integration der Familie zu einem Familiensubjekt, ihre Einheit, Gemeinsamkeit im - hierin sittlichen - Bewußtsein der sie aktualisierenden Einzelnen, ist das eigentliche 'substantielle Verhältnis' (ebd § 164), abgegrenzt derart gegenüber der Zerrissenheit der bürgerlichen Gesellschaft, sowie gegenüber der ihr korrespondierenden Willkürfreiheit des Einzelnen. Das grundlegende Problem Hegels, die 'Versöhnung' von objektiver Wirklichkeit und emanzipiertem Subjekt, das sich ihm aus der Umbruchssituation seiner Zeit heraus gestellt hat, findet am Beispiel der Familie seine archetypische Lösung: Die freie Hingabe an einen gemeinsamen 'Zweck', dem der Einzelne in bewußter Entscheidung - dokumentiert durch die Förmlichkeit der Eheschließung - sich einordnet, die Anerkennung der gegenüber sinnlicher und emotionaler Anziehung erhabeneren Qualität 'geistiger Einheit' (ebd Anm.), die ihn zugleich auf die Imperative der diese Einheit organisierenden Institution verpflichtet, führt auf ein Verständnis von Freiheit, das noch hinter der Egozentrik des von Hegel systematisch mit der Französischen

---

54 "Das erste Moment der Liebe ist, daß ich keine selbständige Person sein will und daß, wenn ich dies wäre, ich mich mangelhaft und unvollständig fühle. Das zweite Moment ist, daß ich mich in einer anderen Person gewinne, daß ich in ihr gelte, was sie wiederum in mir erreicht."(Rphil § 158 Zu)

55 Th. Geiger, zitiert nach Bernsdorf, Wörterbuch der Soziologie, Frankfurt 1972, S. 170

56 Vgl. z.B. System der Sittlichkeit S. 44

57 Und: "Das Sittliche der Ehe besteht in dem Bewußtsein dieser Einheit als substantiellen Zweckes...". (ebd § 163).

Revolution identifizierten radikalen Subjektstandpunkts reicht. Subjektive Freiheit und objektiver Zwang des sozialen Kontext sind keine sich gegenseitig ausschließenden Extreme: Die Erfahrung der Spannung ist selbst erst das historisch moderne Resultat eines beide, Subjektbewußtsein und historisch konkrete Gestaltung des 'objektiven Geistes', übergreifenden Differenzierungsprozesses. Das Modell des Gesellschaftsvertrages hat die Struktur 'konkreter' Freiheit ausgedrückt mit der Anerkennung von notwendigem Zwang als Bedingung von Freiheit; Freiheit wird hier säuberlich von entfesseltem Trieb und willkürlicher Begierde, von Willkür unterschieden. Nichts zeigt dies deutlicher als die Interpretation der Bestrafung des Verbrechers als einem Akt der Wiederherstellung seiner wesensmäßigen Freiheit, der Verbrecher wird zu seiner Freiheit förmlich gezwungen[58]. Die Gesellschaftsvertragslehre hat jedoch ihre impliziten Voraussetzungen nicht geklärt, sie hat ihre Modellvorstellung einfach um das entwickelte bürgerliche Subjekt herum konstruiert - wenn auch nicht immer ohne ein Bewußtsein um dieses Problem[59]. Hier greift Hegels Kritik: Der kompetente Einzelne ist nicht isolierter Ausgangspunkt, er ist selbst nur aus dem Bedingungszusammenhang der Ausbildung seiner Kompetenz zu verstehen. Ebensowenig wie aus seiner individuellen Geschichte kann sich der Einzelne damit aus der vor ihm liegenden Menschheitsgeschichte suspendieren, er ist untrennbar verknüpft mit einem prägenden Geflecht 'objektiv' erfahrener gesellschaftlicher Produktionen, die sich historisch ausdifferenziert haben und seinen geschichtlichen Ort markieren. Die inhaltliche Bestimmung, die sich bei Hegel mit dem Begriff der 'konkreten Freiheit' verbindet, leitet sich dann letztlich nicht aus der zweckrationalen Entscheidung des autonomen Subjekts für eine aus dem Trieb zum Selbsterhalt gespeiste Selbstbegrenzung seiner Willkürdisposition, zu der er sich vertraglich verpflichtet, ab, sondern rekonstruiert den in der sozialen Bedingtheit des Subjekts angelegten 'notwendigen Zwang', der aller späteren Entscheidungsautonomie konstitutiv vorangeht und diese präformiert: Freiheit reflektiert gegenüber dem 'Wahn' reiner Individualität ebenso die Macht der Gesellschaft über das Individuum und die Notwendigkeit dieser Macht für die Chance vernünftiger Freiheit. Das kompetente Subjekt ist überhaupt nur verständlich in Beziehung auf seine gesellschaftliche Bedingtheit; personale Autonomie ist keine Natureigenschaft des Menschen, sondern korrespondiert einem bestimmten Entwicklungsstand der gesellschaftlichen Verhältnisse, der den inhaltlichen Spielraum dessen, was als Freiheit des Subjekts bezeichnet werden kann - wenn damit mehr als ein abstraktes Prinzip behauptet werden soll - strukturell begrenzt.

Schon mehrfach wurde angedeutet, wie jetzt der Gewinn der dynamisch-dialektischen Konfrontation von Subjekt und Gesellschaft durch den zwanghaften Konstruktivismus des philosophischen Systems wieder gefährdet wird, sich die Übersetzung der 'objektiven Notwendigkeit' in gesellschaftliche Bedingtheit, gemessen an der systematischen Intention Hegels, als verzerrende Interpretation erweist. Die metakategoriale Logik des Systems mit ihrem Anspruch auf Geschlossenheit, der Leitgedanke einer teleologischen Entfaltungsgeschichte, entschärft das revolutionäre Potential einer Dialektik, durch die sich der Mensch über das Bewußtsein seines gesellschaftlichen Charakters hinaus zum Kritiker und Planer der gegebenen gesellschaftlichen Verhältnisse hätte aufschwingen können. Das führt von den Interessen des konkreten empirischen Menschen wieder weg zugunsten einer nur ideell vollzogenen Versöhnung: Die Einsicht in die Bedingtheit selbstrepräsentativer Autonomie und die Rekonstruktion einer in der Geschichte wirksamen Logik auf die Höhe dieser Einsicht hat mit dem 'Verstehen' alles schon eingelöst, was zu haben ist - diese 'vernünftige' Weltsicht überdeckt mit ihrer ontologischen Qualität die mögliche Protestation des konkreten Bedürfniswesens Mensch. Gleichzeitig gewinnen die Formen gesellschaftlicher 'Objektivität', da wo es nur auf Erkenntnis, auf Einsicht in deren zwingende Notwendigkeit

---

58   Ich verweise hier nur auf Rousseau, z.B. 'Vom Gesellschaftsvertrag', S. 21
59   Vgl. dazu bei Rousseau die Einführung des Legislateurs, Rousseau erreicht insgesamt schon einen viel differenzierteren Ansatz. Auf die wichtige Arbeit 'Discours über den Ursprung und die Grundlagen der Ungleichheit unter den Menschen' wurde schon mehrfach hingewiesen.

ankommt, eine ungeheure Legitimation; mit dem Aufkommen eines Bewußtseins, das dieses Verstehen leisten kann, d.h. mit dem Durchdenken der Hegelschen Philosophie, genießen die gegenwärtigen sozialen Verhältnisse das, was als 'wahre' Wirklichkeit des Willens der Subjekte ausgegeben werden kann. Von hier erklärt sich auch die Präponderanz der Institution von Ehe und Familie, um die es in diesem Kapitel zu tun ist, eine Präponderanz, die sich in der Qualifizierung zum 'substantiellen Verhältnis' ausdrückt. Konsequent wird von Hegel das Primat der Institution gegenüber dem partikularen Interesse der unter sie befaßten Subjekte zur Geltung gebracht: einmal in ihrer lebenslangen Verpflichtung ("*an sich* unauflöslich" Rphil § 163) an den Ehevertrag, dann, das ist der für uns interessante Aspekt, in der Typisierung von Geschlechter- und Familienrollen, die als Leitbilder 'vernünftiger' Lebensführung allgemein verbindlich gemacht werden sollen. Hegel kann zwar, bei aller Betonung des geistig-sittlichen Gehalts der Ehe, nicht übersehen, daß 'Liebe' als modernes Phänomen auch eine betont sinnlich-affektive Dimension hat, daß die bewußte Verschmelzung zu einer Familienperson im Binnenverhältnis die konkret erfahrene, hochpersonalisierte Beziehung freigibt, für die neben aller intellektuellen Versicherung der geistigen Gemeinschaft eben auch Neigung und Gefühl kohäsive Faktoren darstellen, daß die eheliche Gemeinschaft sich nach Aufgabe der reduzierten Wahrnehmung als Person wesentlich als 'Empfindung' der Einheit aktualisiert[60]. So ausdrücklich etwa in Rechtsphilosophie § 180: "Die Liebe, das sittliche Moment der Ehe, ist als Liebe Empfindung für wirkliche, gegenwärtige Individuen, nicht für ein Abstraktum." Die Kritik der 'amour-passion', die ja den Übergang zu einer verstärkt individualisierten Partnerbindung reflektiert, versucht durch das Aufzeigen der ontologischen Differenz zwischen dem 'Recht' der Institution und dem 'Recht' des Subjekts[61] eine Gewichtung vorzunehmen, die die Bedeutung des Gefühls abdämpft, aber nicht aufhebt (bzw. nur aufhebt im Sinne der Hegelschen Terminologie). Hegel gibt insofern auch die Möglichkeit der Ehescheidung zu, sie wird dem 'endlichen' Aspekt der Ehe, eben der mehr zufälligen emotionalen Harmonie der Ehepartner geschuldet[62]. Allerdings will er sie konsequenterweise nicht deren alleiniger Entscheidung überlassen, denn ebensowenig, wie Zuneigung das 'Wesen' der Institution Ehe ausfüllt, reicht die bloße Abneigung und Entfremdung zu ihrer Auflösung: Sie ist entsprechend zufällig, willkürlich. Die Behandlung der Scheidung in der Jenaer Realphilosophie hat den Konflikt noch differenzierter gesehen: Dem bewußt abgeschlossenen Ehevertrag korrespondiert logisch der bewußt gefaßte Wille zu ihrer Auflösung. Ausdrücklich dokumentiert sich dann die Präponderanz der Institution im Zweifel an der Qualität des Bewußtseins der betroffenen Subjekte: "Aber die Frage ist, ob (es), wie sie es ansehen, auch *an sich* so ist und umgekehrt, ob (das), was an sich ist, die Partien auch so *ansehen* wollen." (ebd 248). Diese Logik der Konstruktion erzwingt die Bestätigung der Eheauflösung durch eine 'sittliche Autorität' (Rphil §176). Hegel benennt im Zusatz Kirche und Gericht, die die Dignität der Institution Ehe gehörig zu würdigen wissen in exklusiver Erkenntnis des hinter dem formalen Willen der Subjekte verborgenen 'wahren' Willen.

---

60 Rphil § 158, § 163 Zu
61 Vgl. ebd § 162
62 Vgl. ebd § 163 Zu, § 176 u. §176 Zu

2. Die Typisierung von Geschlechterrollen - die bürgerliche Familie

Der zweite oben erwähnte Aspekt, die Typisierung von spezifischen Geschlechtsrollen, führt nach ihrem Nachweis in der Rechtsphilosophie auf die grundsätzlichere Analyse der von Hegel implizit nachvollzogenen Veränderung der gesellschaftlichen Rahmenbedingungen. Indem Hegel die Institution Ehe/Familie[63] als übergeordnete Entität eingeführt hat, die das einzelne Subjekt über die Mitgliedsrolle vollkommen in sich 'absorbiert' (Frühe pol.Systeme 247), ist eine ideologische Modellvorstellung impliziert, aus der sich normative Positionszuschreibungen zwanglos ableiten und legitimieren lassen. Die metakategoriale Bestimmung der Institution wird zum unhintergehbaren Definiens dessen, was als 'wirklicher' Wille oder als Verwirklichung der darunter befaßten Subjekte erklärt werden kann. Die Grundaussage ist dabei die generalisierte Behauptung, daß, völlig losgelöst von der je individuellen Konstellation, beide, Mann und Frau, erst in der Ehe bzw. Familie ihr 'Wesen' vollgültig realisieren. Aus der spekulativ begründeten Dignität einer historisch bestimmten Ehe- und Familienform wird die in ihr vorgefundene Rollenstruktur und Arbeitsteilung allgemein verbindlich gemacht und als natürlich behauptet. Die für sich unvollkommenen 'Charaktere' werden in der Ehe zu einer ergänzenden Einheit, dem 'wahrhaft vernünftigen Verhältnis' (Rphil § 164Zu), zusammengeführt, wobei die Modellvorstellung der 'Ergänzung' erlaubt, den geschlechtsspezifischen Unterschied innerhalb der familialen Macht- und Arbeitsorganisation zwanglos als Transformation schon natürlich-biologisch fixierter Geschlechtsunterschiede auf soziale Verhältnisse zu deuten. Die mit dem Christentum angesprochene 'Gleichheit vor Gott', übernommen von den zunehmend auf universalistische Aussagen verpflichteten Vernunftkonzeptionen der aufklärerischen Philosophie als die 'Gleichheit der Menschen von Natur', erfährt dann durch die Festlegung wesensmäßiger Geschlechtscharaktere eine Verlagerung des Bezugspunkts auf den Aspekt der Komplementarität: Beide Geschlechter sind 'an sich' völlig gleichwertig, d.h. ideell-formal werden die spärlichen Ansätze einer Aufwertung der Frau bestätigt, aber nur um die faktische Ungleichheit darüber desto besser legitimieren zu können. Natürlich steht dahinter mehr als nur die Frage nach der Absicherung patriachalischer Machtverhältnisse. Die Polarisierung der Geschlechtercharaktere reflektiert in ihrer Tiefendimension den Übergang zur bürgerlichen Produktionsweise, zur arbeitsteiligen Tauschwirtschaft mit ihren Rückwirkungen auf die familiale Organisation. Damit die Darstellung nicht in der Luft hängt, zunächst zum Material: Hegel konzediert in der Rechtsphilosophie eine prinzipielle Gleichwertigkeit der Geschlechter nur in den Anmerkungen zu § 167. Hier heißt es knapp: "Zwei Extreme
a) Vielweiberei - Frauen, Sklavinnen; ...
b) Rittertum - unendliche Erhebung der Frau - ...
... die Frau als *sich gleich achten* und setzen - nicht höher..." (ebd). Und weiter unten:
"Gleichheit, Dieselbigkeit der Rechte und Pflichten - Mann soll nicht mehr gelten als Frau - nicht niedriger, - in Sklaverei - oder Vielweiberei - behält noch seine Individualität für Andere - ".
Diese Gleichheit wird auch durch die grundsätzlich symmetrische Struktur der sich im Binnenraum der Familie aktualisierenden Liebe nahegelegt; die wechselseitige Anerkennung als ganzheitliche Individualität, nicht nur als Person, füllt die nach außen geforderte Anerkennung abstrakter Rechtsgleichheit gewissermaßen substantiell auf: Die Familie/Ehe konstituiert sich nach

---

63 Obwohl Hegel die Ehe in der Logik der Rechtsphilosophie ganz ausdrücklich auf die Familie bezieht, ist es nicht ganz richtig, sie völlig zu identifizieren: Mit dem Mündigwerden der Kinder erfährt die Familie ihre 'sittliche Auflösung' und die Neubegründung einer Kernfamilie, während das Gattenpaar als lebenslange Ehegemeinschaft verbleibt und sich damit als die eigentlich stabile Beziehungsstruktur erweist.

innen als im Prinzip herrschaftsfreier Raum, eben unter der Voraussetzung der beschriebenen Einlagerung von Machtdifferentialen und geschlechtsspezifisch unterschiedlichen Rollendefinitionen in die verbindliche Bestimmung von natürlichen - und damit absolut legitimierten - Wesensungleichheiten. Unangetastet also bleibt die entscheidende Diskrepanz von ideell versicherter Gleichwertigkeit und faktischer Ungleichheit hinsichtlich der elementaren Rechtspositionen, den politischen Partizipationschancen, im Zugang zu Bildung und allgemein über den häuslichen Rahmen hinausführenden Entfaltungsmöglichkeiten. Die Präponderanz der metakategorialen Institution wirkt zurück auf die in ihr integrierten Individuen und weist ihnen die in ihr - historisch-konkret - ausgebildeten Positionen als überzeitlich-vernünftige zu. Ich will diese Stelle exemplarisch für die affirmativen Konsequenzen der Logik der Hegelschen Systembildung ausführlicher zitieren: "Die *natürliche* Bestimmtheit der beiden Geschlechter erhält durch ihre Vernünftigkeit *intellektuelle* und *sittliche* Bedeutung. Diese Bedeutung ist durch den Unterschied bestimmt, in welchen sich die sittliche Substantialität als Begriff an sich selbst dirimiert, um aus ihm ihre Lebendigkeit als konkrete Einheit zu gewinnen." (Rphil § 165). Die so spekulativ-vernünftig legitimierten Geschlechtscharaktere zerfallen einmal in den 'aktiven', mächtigen, außenorientierten Mann, den 'geistigen' Pol der Geschlechtsgemeinschaft (ebd § 166), während die Frau, begrenzt auf den häuslichen Wirkungskreis als ihre substantielle Bestimmung, das 'Passive und Subjektive' (ebd) einbringt, zum Hort der 'Innerlichkeit', der Empfindung, der familialen Pietät generiert.[64] Die sozialen Konsequenzen der beschriebenen Geschlechterpolarisierung zieht Hegel dann in aller Deutlichkeit: "Der Mann hat daher sein wirkliches substantielles Leben im Staate, der Wissenschaft und dergleichen, und sonst im Kampfe und der Arbeit mit der Außenwelt und sich selbst, so daß er nur aus seiner Entzweiung die selbständige Einigkeit mit sich erkämpft, deren ruhige Anschauung und die empfindende subjektive Sittlichkeit er in der Familie hat, in welcher die Frau ihre substantielle Bestimmung und in dieser Pietät ihre sittliche Gesinnung hat." (Rphil § 166)[65]. Die Geschlechterpolarität grenzt also entscheidend nicht nur unterschiedliche 'Wesensqualitäten' gegeneinander ab, sie fixiert gleichzeitig über diesen ideologischen Mechanismus, und das ist ihr tieferer Sinn, eine bestimmte funktionale Zuordnung zu differenten Sphären der Gesellschaft, oder, aus der Perspektive der Gesellschaft gesehen: die Spannung im Verhältnis der ausdifferenzierten gesellschaftlichen Sektoren untereinander reproduziert sich als 'tragischer' Gegensatz, der "in der Weiblichkeit und Männlichkeit daselbst individualisiert ist" (ebd § 166) innerhalb der familialen Arbeitsteilung.

Die Zitate belegen offensichtlich die in der oben genannten Arbeit Blaschkes angestellte Analyse des in der Rechtsphilosophie angegebenen Familientypus: Hegel bezieht sich auf eine historisch moderne Familienform, die typischerweise mit dem gesamtgesellschaftlichen Struktur-

---

64   "Die Bestimmung des Mädchens besteht wesentlich nur im Verhältnis der Ehe..." (ebd § 164 Zu); "Frau - Kindernatur - erscheint als inkonsequent - Laune, Zufälligkeit - aber bei Mann Grundsätze - Mann - Kraft ..." (ebd § 165 Anm); "Frauen können wohlgebildet sein, aber für die höheren Wissenschaften, die Philosophie und für gewisse Produktionen der Kunst, die ein Allgemeines fordern, sind sie nicht gemacht. Frauen können Einfälle, Geschmack, Zierlichkeit haben, aber das Ideale haben sie nicht. Der Unterschied zwischen Mann und Frau ist der des Tieres und der Pflanze: das Tier entspricht mehr dem Charakter des Mannes, die Pflanze mehr dem der Frau, denn sie ist mehr ruhiges Entfalten, das die unbestimmtere Einigkeit der Empfindung zu seinem Prinzip erhält. Stehen Frauen an der Spitze der Regierung, so ist der Staat in Gefahr, denn sie handeln nicht nach den Anforderungen der Allgemeinheit, sondern nach zufälliger Neigung und Meinung." (ebd § 166 Zu). Noch ausführlicher wird Hegel in der Vorlesungsmitschrift von Hohmeyer (Vgl. Ilting, Hrsg. a.a.o. S. 254); immerhin können die Frauen hier "Doktor der Hebammenkunst werden. Ganz positive Wissenschaften passen auch noch auf sie, (z.B.) Kochkunst und Jurisprudenz." Aber auch das geht schon etwas weit: "Wer etwas Geniales in der Speisezubereitung will, hält sich (freilich) einen Koch." Ganz unbestritten bleibt aber "die ungeheure Fertigkeit im Klavierspielen".

65   "Die Familie als rechtliche Person gegen andere hat der Mann als ihr Haupt zu vertreten. Ferner kommt ihm vorzüglich der Erwerb nach außen, die Sorge für die Bedürfnisse sowie die Disposition und Verwaltung des Familienvermögens zu."(ebd § 171)

wandel zu einem komplex vernetzten 'System der Bedürfnisse' zusammenhängt. Gegenüber der Dissoziation der Sphären von Gesellschaft und Staat hebt sich die Institution Familie als ein eigenständiges, abgesetztes Sozialsystem ab, das innerhalb des gesamtgesellschafftlichen Bezugssystems spezifische Funktionen und spezifische 'Interdependenzen' zu den anderen gesellschaftlichen Organisatoren übernimmt, bzw. aufweist. Der sogenannte 'konstitutive Widerspruch' hatte mit der strategischen Bedeutung der Rechtsperson und der moralischen Autonomie des Subjekts die Ablösung von der subsistenzwirtschaftlich dominierten Feudalgesellschaft schon impliziert und einen deutlichen Hinweis auf die historische Situierung des behandelten Familientypus gegeben: Familie wird in der Rechtsphilosophie ohne Zweifel unter den Bedingungen der bürgerlichen Gesellschaft und des modernen Staats entwickelt, dabei auch, gemessen an der tatsächlichen Verbreitung dieses Typus zu Beginn des 19. Jahrhunderts, weit überzeichnet. Die oben angeführten Zitate müssen so kontrastierend zur Analyse des Familientypus des 'substantiellen Stands' gesehen werden; hier war noch, man denke an die deutliche Stelle aus dem 'System der Sittlichkeit'[66] offensichtlich auf die gemeinsame, wenn auch individuell verteilte, Arbeit der Familie als einer Haushalts- *und* Produktionsgemeinschaft Bezug genommen. Entsprechend geringer war der Differenzierungsgrad geschlechtsspezifischer Rollen, bzw. überhaupt der Ausbau der Persönlichkeitsstruktur - Aussagen über eine 'Wesensdifferenz' auf der Folie gegeneinander abgegrenzter Familienfunktionen finden sich in den frühen Systembildungen nicht. Die Darstellung der Rechtsphilosophie reflektiert dagegen einen entscheidenden Strukturwandel der Familie: Der vormals verklammerte Zusammenhang von Haus, Konsumption und Erwerbsleben, Produktion hat sich typischerweise getrennt. Dieser Vorgang wird jedoch von Hegel nicht als ein explizit ökonomisch motivierter Prozeß, in den die Familie hineingerissen worden wäre und der zur Auslagerung ihrer produktiven Funktionen geführt hätte, eingeholt und in der Analyse historisch nach hinten abgesichert; er läuft vielmehr nur verdeckt als Hintergrund der beschriebenen Ideologisierung von polaren Geschlechterrollen, in der Diagnose einer spezifischen familialen Beziehungsqualität, in der noch anzusprechenden Erziehungsfunktion der Familie mit. Das ist umso leichter möglich, als Hegels Analyse der bürgerlichen Gesellschaft, wie gezeigt, noch nicht als Auseinandersetzung mit dem Industriekapitalismus und damit der für ihn typischen Arbeitsorganisation verstanden werden darf (gemeint ist hier die räumliche und sachliche Konzentration der Arbeitskräfte in Fabrik, Betrieb, Büro, Behörde): Analytisch erfaßt wird die Komplexitätszunahme der gesellschaftlichen Verflechtung, der Zwangscharakter gesellschaftlicher Produktion, - die Produzenten aber sind typischerweise nicht die ihrer Produktionsmittel beraubten Arbeiter, sondern der vorindustrielle Händler, Handwerker, Kleinproduzent, für den die hier relevante Entflechtung von Wohn- und Arbeitsstätte i.d.R. noch nicht gegeben war (sh. dazu die umfassende integrative Funktion, die Hegel der Korporation zuerkennt: sie umfaßt ausdrücklich nicht nur das jeweilige Mitglied, sondern dessen ganze Familie als einer Produktionsgemeinschaft). Was Hegel als Momente der modernen Familie auszeichnet, konvergiert in seiner Perspektive auf den strategischen Bezugspunkt einer institutionell festzumachenden Bewußtseinsevolution: die Ehe als bewußt reflektierte Verbindung, das Ausschöpfen der Individualität des Anderen in der Liebe, die Umdeutung familialer Rollen als Realisat der 'wahren' Freiheit der unter sie befaßten Subjekte, d.h. der Strukturwandel folgt einer Inszenierung des Weltlogos, für den die ökonomische Tiefendimension selbt nur ein Epiphänomen des idealistischen Bewegungszentrums darstellt. Familie kann in der Konsequenz dieser Deutung so dezidiert als Sphäre privater, prinzipiell herrschaftsfreier Interaktion, als Ort substantieller Verwirklichung der Subjekte begriffen und ausdrücklich nach außen, gegenüber der 'fremden', 'kalten' Welt verzerrter Rationalität der Ökonomie abgegrenzt, gegen deren dysfunktionale Effekte immunisiert werden. Ihre grundsätzliche Abhängigkeit vom und Funktionalität für den Umbau der Produktionsweise bleibt so verdeckt, auch wenn die Interdependenzen zwischen den

---

66 ebd S. 43

ausdifferenzierten gesellschaftlichen Organisatoren durchaus gesehen werden. Familie konstituiert sich als überzeitliche, universale Gegenstruktur, als die Sphäre 'natürlicher Sittlichkeit', zur versachlichten Außenwelt der bürgerlichen Gesellschaft und zur Öffentlichkeit politischen Handelns. Mittler zwischen diesen getrennten Lebenswelten, so die ideologische Bestimmung der familialen Arbeitsteilung, ist der 'aktive' Mann, der sich dem 'Kampf' mit der Außenwelt stellen kann, dessen Bewußtsein die 'Zerrissenheit' (Rphil § 166) der disperaten Lebenssphären zu integrieren sucht und so als Chance begreift, seine 'Identität' im Ausgleich der widerstreitenden Handlungsanforderungen von Familie, Berufsleben und Staatsbürgerrolle durch die allseitige soziale Anerkennung zu gewinnen. Dem korrespondiert empirisch eine Produktionsweise, die sich von geburtsständischen Zuordnungskriterien gelöst hat, bzw. zu lösen beginnt, deren neue Selektionsmechanismen Anpassungsfähigkeit, Flexibilität, Leistungsbereitschaft und Effizienz prämieren, die derart den Konkurrenzkampf um ökonomische Vorteile vor dem Hintergrund des Mythos von der prinzipiell gleichen Ausgangschance zur verbindlichen Bewährprobe, über die der Einzelne seinen jeweiligen 'Wert' zugewiesen bekommt[67], stilisieren kann. Die von Produktionsfunktionen entlastete Familie etabliert sich dagegen als emotionales 'Refugium', als Ort, an dem der Einzelne ganzheitlich anerkannt, d.h. um seiner selbst willen, und nicht ob seiner Durchsetzungskompetenz am Markt wegen, geachtet, bzw. geliebt wird. Es ist deutlich, wie sehr die ideologische Aufwertung der Familie von der beschriebenen Entflechtung von Haus und Arbeitsstätte lebt: Erst unter dieser Voraussetzung, also mit dem Ausschluß der für die vorindustrielle Produktion dominanten ökonomischen und arbeitsorganisatorischen Handlungsorientierungen innerhalb der Familie, bekommt die Intimisierung und Individualisierung des familialen Bezugssystems ihre eigentliche Chance, kann sie ein nach Außen abgeschottetes, erkennbar emotionales Binnenmilieu ausbilden.

Haus und Familie, so Hegel weiter, fallen dann komplementär zur Zuordnung des Erwerbslebens an den Mann in die Zuständigkeit der Frau: "Stand der Frau - ist Hausfrau" (ebd § 167 Anm) heißt es da programmatisch. Ideologisch abgesichert wurde diese familiale Arbeitsteilung[68] durch die Definition entsprechend zugespitzter Geschlechtscharaktere. Wir haben gesehen, wie über diese Konstruktion die formale Anerkennung der Gleichheit von Mann und Frau in der Vorstellung der Komplementarität mit der faktischen Zementierung patriachaler Machtdifferenzen vereinbart werden kann: Die Dissoziation beider Lebensweisen und Lebensperspektiven potenziert so - auch wenn sich mit der Individualisierung der Ehebeziehung sicherlich auch Chancen der Emanzipation auftun - den Statusvorteil für den erwerbstätigen Mann; es stabilisiert sich die auf seiner Bedeutung für die materielle Versorgung und soziale Positionierung der Familie beruhende starke Stellung als Familienoberhaupt (bei gleichzeitiger Abwertung der häuslichen, nicht monetär quantifizierbaren Arbeit der Frau), die die Psychologie später als ein Merkmal der bürgerlichen Familie für ihre Erklärungen hervorheben wird. Der Vorgang ist rekursiv: Er produziert seine 'sachliche' Berechtigung kontinuierlich mit der geschlechtsspezifischen Sozialisation: "Das ist das Schöne im weiblichen Charakter: Blumenartigkeit, Stille. Die Frau bleibt in der Familie und tritt beim Herausgehen (aus ihr) in eine neue Familie über, nicht in den Zwiespalt der Welt, sondern in eine Welt des Stillebens."[69]

Der Strukturwandel der Familie reflektiert einen Umbruch der gesellschaftlichen Produktionsweise: "Die Skizzierung der Entwicklung vom ganzen Haus zur < privatisierten Kernfamilie > (Tyrell) zeigt m.E. sehr deutlich, daß < Familie > als gesonderter, vornehmlich gefühlsbetonter, privater Lebensbereich in seiner Existenz und Denkbarkeit gebunden ist an die kapitalistische

---

67   Vgl. dazu ebd § 206 u. § 207
68   Die ja unter den Bedingungen der damaligen Vorratswirtschaft eine beträchtliche Arbeitsbelastung der Frau bedeutete, sh z.B. M. Freudenthal, 'Bürgerlicher Haushalt und bürgerliche Familie...' in Familie und Gesellschaftsstruktur, hrsg. v. H. Rosenbaum, Frankfurt 1978, S. 375ff
69   Nachschrift Homeyer, in: Ilting, Hrsg., a.a.o. S. 254

Gesellschaft", schreibt H. Rosenbaum[70]. Diese Behauptung ist ganz richtig, wenn der zeitliche Analyserahmen ausgedehnt und die pervasive Potenz des bürgerlichen Familienleitbilds im Zuge der Durchsetzung und Behauptung der Industriegesellschaft beschrieben werden soll. Für die im Zusammenhang der Hegelschen Arbeit erfaßte Übergangsphase ist sie jedoch zu stark: Von einer ausgebildeten kapitalistischen Gesellschaft jedenfalls - auch wenn sich z.b. in der zunehmenden Kapitalisierung des Bodens die Richtung des gesellschaftlichen Modernisierungsprozesses immer deutlicher abzeichnete - kann nur sehr verkürzt die Rede sein. Im Vergleich mit den frühkapitalistischen Exzessen in England war Deutschland und gerade Preußen ökonomisch bis weit ins 19. Jahrhundert noch eine rückständige Agrargesellschaft. Offensichtlich begrenzt sich damit die soziale Klientel, für die der neue Familienbegriff Bedeutung erhält, auf die Sektoren der Gesellschaft, in denen sich der gesellschaftliche Modernisierungsprozeß am frühesten ausgewirkt hat, in den Bereichen also, die gerade in der Übergangsphase zum Kapitalismus strukturbildend geworden sind.

Die für den Strukturwandel der Familie als entscheidend erkannte Auslagerung produktiver Funktionen verlangt als komplementäre Voraussetzung die Zentralisierung der Arbeit in komplexer zusammengefaßten Produktionseinheiten. Prototypisches Beispiel einer derartigen Arbeitsorganisation ist die Fabrik oder ihr arbeitsorganisatorischer Vorläufer, die Manufaktur[71], in der Arbeit unter dem Gesichtspunkt der Rationalisierung und Effizienzsteigerung der Produktion räumlich und sachlich konzentriert wird. Abgesehen davon, daß die Fabrik in Deutschland erst zu einem späteren Zeitpunkt als dominante Form kapitalistischer Arbeitsorganisation behauptet werden kann (vor 1820 gab es nur sehr wenige Fabrikgründungen, so etwa Henschel (1810), Krupp in Essen (1811), die Maschinenfabrik DEMAG in Duisburg (1819)), zeigt sich an ihr zugleich die bisher unzureichende Bestimmung der strukturellen Voraussetzungen des bürgerlichen Familientypus: Allein die Trennung von Arbeits- und Wohnstätte, das belegen die Untersuchungen des frühkapitalistischen Arbeiterhaushalts überdeutlich, garantiert ja im mindesten jene häusliche Intimität und Geborgenheit, mit der das bürgerliche Familienideal kokettierte. Sie ist, bezogen auf das Beispiel der proletarischen Familie, im Gegenteil zunächst eine funktionale Voraussetzung effektiverer Ausbeutung: Kinder- und Frauenarbeit waren bei der ständigen existentiellen Bedrohung des Arbeiterhaushalts eine unbedingte Notwendigkeit, die in Verbindung mit der exzessiven Arbeitsdauer und -belastung die Reproduktionsleistungen der Familie auf das Minimum der Wiederherstellung der Arbeitsfähigkeit zusammenschrumpfen ließ - es muß nicht besonders ausgeführt werden, daß diese Situation modifiziert auch auf die Hauptmasse der unterständischen 'handarbeitenden Klasse', die Tagelöhner, die ländlichen Pauper zutraf, die nach dem Wegfall der Heiratsbeschränkungen den relativ größten demographischen Wachstumsschub im Vormärz erlebten. Der Erwerbsarbeit muß also, damit Familie als ideale 'Gegenstruktur' zur Gesellschaft überhaupt eine definierte Eigenständigkeit beanspruchen kann, ein Entlohnungsniveau entsprechen, das die innerfamilialen Beziehungen von dominant materiellen Sorgen freisetzt, erst dann auch ist eine geschlechtsspezifische Arbeitsteilung, die sachlich die Sphären des Privaten vom äußeren 'Lebenskampf' abgrenzt, denkbar. Mit Blick auf den hier relevanten Zeitraum ist deshalb, wie schon angedeutet, die soziale Klientel der bürgerlichen Familie äußerst begrenzt. Sie kann dann nur im Schnittpunkt einer Lebensweise, für die a) die Dissoziation von Haushalt und Erwerbsarbeit verbindlich ist, oder die sie zumindest zuläßt, und b) darüber hinaus über eine ausreichende materielle Versorgungslage verfügt, gesucht werden. Das traf aber in Deutschland nur für das organisatorisch bis dahin am weitesten in den gesamtgesellschaftlichen Modernisierungsprozeß hineingezogenen Bereich zu, nämlich für den sich im Prozeß der Durchsetzung der Zentralmonopole formierenden Verwaltungsapparat. Während die bürgerliche Gesellschaft selbst noch kaum die typischen Formen der industriellen

---

70 H. Rosenbaum, a.a.o., S.31
71 Vgl. dazu K. Marx berühmtes 13. Kapitel des Kapitals 'Maschinerie und große Industrie', MEW Bd 23

Produktionsweise hervorgebracht hatte, ein eigentliches Wirtschaftsbürgertum: Unternehmer, Fabrikanten, Manufakturisten[72] weitgehend fehlte[73], hatte der an den gleichen gesellschaftlichen Differenzierungsprozeß angeschlossene Umbau vom feudalen Herrschaftssystem zum modernen Verwaltungsstaat deutlichere Konturen ausgebildet. Untrennbar wechselseitig verknüpft mit dem allmählichen Durchbruch der Geldwirtschaft expandierte und organisierte sich der zunächst vordringlich mit der Zurückdrängung der intermediären Zwischengewalten befaßte Verwaltungsapparat[74]. Je mehr Aufgaben und auch Leistungen der Staat im Prozeß seiner Konsolidierung an sich zog: zentrale Finanzverwaltung, Polizei, Verwaltung und Finanzierung des Militärs, merkantilistische Wirtschaftspolitik, nach der Allodifizierung der Lehen die einer leistungsfähigen Steuerverwaltung, sozialpolitische Aufgaben (sh. die Verlagerung der Pauperismusfrage) - um nur einige Hauptfunktionen zu nennen -, desto größer wurde natürlich auch der Bedarf nach einer effizienten und wirtschaftlichen bürokratischen Struktur. Im Zusammenhang dieses Kapitels sollen die Professionalisierung und die arbeitsorganisatorische Konzentration der Amtstätigkeit in der Behörde betont werden[75]. Dazu zwei Zitate aus M. Webers 'Herrschaftssoziologie', der sich bekanntlich umfassend mit dem Phänomen der bürokratischen Herrschaft beschäftigt hatte: "Das Amt ist 'Beruf'. Dies äußert sich zunächst in dem Erfordernis eines fest vorgeschriebenen, meist die ganze Arbeitskraft längere Zeit hindurch in Anspruch nehmenden Bildungsganges und in generell vorgeschriebenen Fachprüfungen als Vorbedingungen der Anstellung."; "Die Gesamtheit der bei einer Behörde tätigen Beamten mit dem entsprechenden Sachgüter- und Aktenapparat bildet ein 'Büro' (in Privatbetrieben oft 'Kontor' genannt). Die moderne Behördenorganisation trennt grundsätzlich das Büro von der Privatbehausung. Denn sie scheidet überhaupt die Amtstätigkeit als gesonderten Bezirk von der privaten Lebenssphäre, die amtlichen Gelder und Mittel von dem Privatbesitz des Beamten."[76] Hegel hatte schon im Zusammenhang der sozialstrukturellen Differenzierung die unmittelbare personelle Verklammerung von gebildeter bürgerlicher 'Intelligenz' und höherer Beamtenschaft als ein Charakteristikum der beschriebenen bürgerlichen Gesellschaft behauptet[77]: Der an professionellen, d.h. an juristisch und 'kameralistisch' (finanz- und verwaltungswissenschaftlich) ausgebildeten Beamten interessierte Staat war (neben der Kirche) quasi monopolistischer Abnehmer der Universitätsabsolventen. Von hier rührt auch Hegels Wort von der Universität als einer 'Pflanzschule für Staatsdiener' her (Nürnb. S. 362)[78]. Der Beamte erhielt in der Regel ein Gehalt - damals noch vielfach eine Mischung von naturaler und pekuniärer Entlohnung -, allerdings mit beträchtlichen Unterschieden je nach der Stellung innerhalb der Ämter- und Laufbahnshierarchie. Einfache Beamte, Volksschullehrer waren fast schon proletaroide Existenzen[79], darüber konnte man einigermaßen leben - die Sicherheit der

---

72 Vgl. dazu die Definitionsprobleme, die das ALR mit dem Begriff des Fabrikanten hatte, Koselleck, a.a.o. S. 117ff

73 Vgl. W. Siemann, Die deutsche Revolution von 1848/49, S. 21ff und
    V. Valentin über das sog. 'Geldpatriziat' , in: Geschichte der Deutschen Revolution, Köln 1977, S. 293

74 Vgl. dazu die Schilderung L.v. Rankes über die Organisation der Verwaltung unter Friedrich Wilhelm in: Preußische Geschichte, E. Vollmer Verlag München, S. 500 u. S. 516
    Vgl. auch Boldt, a.a.o. S. 232f; M.Weber, Wirtschaft und Gesellschaft, S. 556ff

75 Vgl. Jenaer Frühe pol.Systeme S. 276

76 M. Weber, a.a.o. S. 552

77 Vgl. auch Rphil § 297
    Vgl. dazu auch den überproportionalen Anteil der Beamten auf den deutschen Landtagen, z.B. Siemann, a.a.o. S.25

78 Ausführlich zitiert heißt es da: "Diejenigen welche studieren wollen, widmen sich vorzugsweise dem Staatsdienste. Die öffentlichen Studieninstitute sind vornehmlich Pflanzschulen für Staatsdiener."
    Vgl. auch Botzenhart, a.a.o. S. 48
    H. Gerth, Die sozialgeschichtliche Lage der bürgerlichen Intelligenz um die Wende des 18. Jahrhunderts, Dissertation Frankfurt a.M. 1935, S. 41

79 W.H. Riehl spricht an einer Stelle von 'Beamtenproletariat', sowie von 'Schreibtischstubenproletariat', sh. Riehl, a.a.o.S. 212 u. S. 215, S. 235f

lebenslänglichen Stellung, die regelmäßige Bezahlung (mit Abstrichen, sh. Hegels Nürnberger Rektoratszeit), die spätere Pension wogen vieles auf. Die monopolistische Stellung des Staates verschärfte aber auch die Stellung der akademischen Intelligenz: Der Ausbau des Verwaltungsapparats stagnierte im Vormärz, d.h. die mit dem Bevölkerungswachstum schritthaltende Zunahme auch der Universitätsabsolventen[80] führte, zumal wegen der engen Berufsorientierung, zu einem Nachfragestau nach öffentlichen Ämtern. Nicht zuletzt wirkte sich hier auch der stärkere Druck des Adels auf die höheren Beamtenstellen aus, denn nach 1820 stieg dessen Anteil wieder beträchtlich - mit entsprechenden Konsequenzen für die nachdrängende bürgerliche Intelligenz. Ergebnis war die prekäre materielle Situation des Beamtenanwärters, der oft mehrere Jahre ohne Bezahlung auf die Zuteilung einer regulären Amtsstelle warten mußte[81]. Ohne ausreichendes privates Vermögen, mit dem die Anwartschaft überbrückt werden konnte, war das offensichtlich nicht zu schaffen.

Die Frage nach dem Kern der dem neuen bürgerlichen Familienideal zuzuordnenden sozialstrukturellen Klientel weist zusammengefaßt sowohl von den arbeitsorganisatorischen Voraussetzungen, der materiellen Lage und der bildungsabhängigen Bewußtseinslage vor allem auf das höhere Beamtentum. Daneben bleibt die sogenannte 'literarische Intelligenz' zu nennen, die sich bei vergleichbarem Bildungshintergrund, einmal aufgrund der verengten Zugangschance zum Verwaltungsapparat, zum anderen wegen des Nachfragedrucks einer wachsenden politischen Öffentlichkeit, auf dem Markt der Buchproduktion, der Zeitschriften und Zeitungen ausbreitete[82]. Ebenso müssen die Angehörigen der 'freien' Berufe, Ärzte, Advokaten, sowie die auf halbem Sprung ins industrielle Zeitalter stehenden, vergleichsweise wenigen Großkaufleute, Verleger, Manufakturisten und Industriellen[83] dazugezählt werden. Allen gemeinsam war die Umbruchserfahrung einer nach hinten aus den Verkrustungen der Feudalgesellschaft abgelösten, aber nach vorne weder politisch noch sozial tiefer integrierten Klassenlage (sh. dazu die erwähnten Definitionsprobleme des ALR mit dem Beamtenstand, der über eine Hilfskonstruktion, die Deklaration zur 'Nebenklasse', in das gesellschaftliche System eingebaut wurde). Das ganze 'Syndrom' der angedeuteten sozialen Rahmenbedingungen, prototypisch entwickelt bei der höheren Beamtenschaft, induzierte nach H. Rosenbaum nicht zufällig besondere Affinitäten hinsichtlich der Stabilisierung einer abgegrenzten und ideologisch aufbereiteten Privatsphäre:

"Für das Bürgertum hingegen existierten auf Grund seiner herausgelösten sozialen Situation keine derartigen Kontrollinstitutionen und - bindungen wie es Zunft, Dorfgemeinde, Nachbarschaft waren. Damit war jene 'unvollständige Integration' erreicht, die die Voraussetzung für Privatisierung, d.h. die Abschließung bestimmter Lebensvollzüge nach außen, bildet."[84]

Rückgewendet auf die Darstellung der Rechtsphilosophie kann zunächst festgestellt werden, daß Hegel einen im Vergleich zu seiner gesellschaftlichen Verbreitung sehr spezifischen Familienbegriff entwickelt, der aus seiner eigenen Erfahrung, bzw. aus der seines 'Standes', dem

---

80 Diese Entwicklung ging bis ca. 1830, danach sind berufliche Umorientierungen erkennbar, sh Koselleck, a.a.o. S. 443ff
    Zum ganzen Komplex, sh Koselleck, a.a.o. S. 438ff
81 Vgl. auch Siemann, a.a.o. S. 25f
82 Vgl. H. Gerth, a.a.o. S.96ff
    Gerth spricht von ca. 6000 Schriftstellern die 1787 gezählt worden sein sollen.
83 H. Rosenbaum beschreibt die sich immer mehr durchsetzende Trennung von Haushalt und Kontor, die sich z.B. auch in architektonischen Veränderungen bei der Anlage des Wohnhauses manifestierte. Vgl. Rosenbaum, a.a.o. S. 302
84 Rosenbaum, a.a.o. S. 276. Bekannt ist in diesem Zusammenhang die Praxis, Verwaltungsbeamte grundsätzlich in anderen als ihren Geburtsprovinzen einzusetzen. Vgl. dazu W.H.Riehl, a.a.o. S. 184: "Es galt freilich für staatsklug, gerade die jüngeren, die ärmeren Beamten recht häufig zu versetzen, damit sie sich an keinem Orte recht einbürgerten, damit sie, bürgerlich heimatlos, bloß im Staate schlechthin sich seßhaft dächten."

Bildungsbürgertum abgeleitet ist. Diese Erfahrung wird nicht durch eine Auseinandersetzung mit anderen Familienformen relativiert, sie wird vielmehr generalisiert und zum Familientypus schlechthin hypostasiert. Die systematische Stellung innerhalb des rechtsphilosophischen Systems legitimiert den hier entwickelten Familientypus, indem sie ihn ohne weitere Einschränkung ontologisch absichert, d.h. als 'auf ihren wahren Begriff gebrachte' und damit gegen alle zukünftige Veränderung festgestellte Form der Familie behauptet. Natürlich greift an dieser Stelle sogleich die Kritik einer aus dem Wissen um den Fortgang des sozio-ökonomischen Wandels gespeisten Familiensoziologie: Hegel beschreibt "nur einen bestimmten historischen Übergangstyp der Familie", er sieht nicht, "daß der *bürgerliche* Typ sich zum *kleinbürgerlichen* weiterentwickelt", seine Analyse sei deshalb "fragwürdig"[85]. Das Argument ist ebenso richtig, wie aussagelos: Es ist ziemlich absurd, Hegel mit Entwicklungen zu konfrontieren, die vom damaligen rückständigen Deutschland aus unmöglich überblickt werden konnten. Die Virulenz der im Zuge der Konsolidierung des Kapitalismus wiederbelebten, bzw. neu aufgekommenen Mittelschichten, die mit der gesellschaftlich nahezu allgemein gemachten Trennung von Haushalt und Erwerbsleben von ihrer sozialen Lage her der Attraktivität der großbürgerlichen Familienideologie entgegenkamen, die zudem typischerweise zu ausschließlichen Lohn- und Gehaltsempfängern wurden, und zwar auf einem (mühsam erkämpften) Entlohnungsniveau, das die Ausgrenzung einer - für das ökonomische System ja durchaus funktionalen - privaten Sphäre materiell zuließ, war angesichts der Erfahrungen mit der gesellschaftlichen Polarisierung im frühkapitalistischen England, aber auch gerade mit Blick auf die proletaroiden Handwerkerexistenzen während des gesellschaftlichen Umbruchs in Deutschland, kaum absehbar. Erinnert werden soll in diesem Zusammenhang nur an die oft kritisierte analytische Schwäche der ein gutes Stück später ansetzenden Marxschen Kapitalismuskritik, der bekanntlich aus der unmittelbaren Erfahrung der Verschärfung der sozialen Gegensätze heraus das Überleben eines sozial zwischengelagerten Mittelstandes überhaupt unmöglich erschien. Das Kleinbürgertum, zu Hegels Zeit jedenfalls, hatte sich noch gerade durch seine vorindustrielle Arbeitsorganisation und -mentalität ausgezeichnet, d.h. die verengte Perspektive Hegels leitete sich damit durchaus aus der genauen Wahrnehmung gesellschaftlicher Tatbestände ab; deren Hypostasierung zur einzig vernünftigen Form ist so auch eher eine Funktion des ontologisch gewendeten avantgardistischen Bewußtseins des damaligen Bildungsbürgertums (das sich zumindest in der Reformphase ganz berechtigt gegen den Rest der Gesellschaft wahrnehmen konnte), als eine ernsthafte soziologische Prognose, deren Schwäche man ihm zum Vorwurf machen könnte. Hegels Rechtsphilosophie ist im Gegenteil insgesamt gesehen eine ausgesprochen hohe deskriptive Qualität zu bestätigen, zumal in der gesehenen Verbindung von Besitz und Bildung als konstitutive Merkmalen des 'modernen' Familientypus. Wenn Hegel in §205 Rechtsphilosophie schreibt: "Der allgemeine Stand ... (muß, L.S.) der direkten Arbeit für die Bedürfnisse ... daher entweder durch Privatvermögen oder dadurch enthoben sein, daß er vom Staat, der seine Tätigkeit in Anspruch nimmt, schadlos gehalten wird ...", so ist mit dem expliziten Hinweis auf die Bedeutung des privaten Vermögens über die persönliche Situation Hegels hinaus (sh. seine Zeit als unbezahlter Privatdozent in Jena; ein Großteil seiner Privatkorrespondenz wird von der Klage über seine prekäre materielle Situation beherrscht) die soziale Lage des Beamtenstands, insbesondere die schwierigen materiellen Bedingungen zu Beginn der Beamtenlaufbahn, genau bezeichnet[86]. Insofern ausreichende materielle Versorgung von der Familiensoziologie, neben der strukturellen Trennung von Haushalt und Beruf, als Voraussetzung der Etablierung einer gefühlsintensiven Privatsphäre erkannt wird, reflektiert die 'objektivierende' Funktion, die dem 'Vermögen' für die Familie zukommt - die konstitutive Bedeutung des Vermögens ist Hegel so offensichtlich, daß er

---

85 so Blaschke, a.a.o. S. 322
86 Vgl. dazu noch einmal W.H.Riehl, a.a.o. S. 235f

ihm bei der Analyse der Familie einen eigenen systematischen Rang zuweist[87] -, nur die idealistische Deutung der gleichen Erkenntnis. In § 169 heißt es knapp: "Die Familie ... das Dasein ihrer substantiellen Persönlichkeit nur als in einem *Vermögen* hat." Hier, vor allem aber im folgenden Paragraphen, gibt Hegel dem Begriff des Vermögens sogar eine unbestimmtere Deutung, die, von der Überwindung des problematischen Einstiegs in die höhere Beamtenlaufbahn einmal abgesehen, zumindest für den Beamten die Gleichsetzung von stehendem Familienvermögen und regelmäßigem Beamtengehalt mit späterer Pension, d.h. bloßem Einkommen, anzudeuten scheint. Mit Einschränkungen verifizieren ließe sich diese Hypothese durch Hegels eigene Biographie: das relativ kleine ererbte Vermögen (ca. 3000 Gulden) "reichte aus um das akademische Wirkungsfeld zu betreten"[88], hatte jedoch mit der zehn Jahre späteren Eheschließung nichts mehr zu tun. Die Chance der Familiengründung hing vielmehr allein von seinem (allerdings auch nicht gerade regelmäßigen) Einkommen als Rektor und später als Universitätsprofessor ab - von den Schwierigkeiten auf dieser zunächst höchst ungenügenden Basis das Einverständnis des Vaters seiner Braut zu gewinnen wurde schon berichtet.[89] Diese Überlegung deutet vorsichtig an, daß Hegel einen Familientypus entwirft, der, wie Blaschke in Anlehnung an die Arbeit Habermas[90] vorgibt, nicht nur seine 'Funktionen '*in* der Produktion', sondern auch '*für* die Produktion' verloren hat und damit zur ausschließlich konsumptiv dominierten Privatsphäre zusammenschnurrt. Blaschke kritisiert, daß Hegels Familienbild nur den ersten Teil konzediert, mit der Wertung des Vermögens an der Funktion der Familie für die Produktion jedoch festhält. Ich würde hier aber genauer zwischen der Familie des Beamtentums und der historisch erst späteren des ausgeprägten Wirtschaftsbürgertums unterscheiden wollen, für die dieser Funktion eine weit größere Bedeutung zukommt. Es läßt sich ein scheinbares Paradoxon formulieren: Hegels Familienbegriff ist so spezifisch auf die Familie des höheren Beamtentums zugeschnitten, daß er, bezogen auf den weiteren Strukturwandel der Familie, weit unspezifischer erscheint als der dezidierte 'Übergangstyp' der patriarchalischen Kleinfamilie des Wirtschaftsbürgertums, die noch "wesentlich auf dem Familieneigentum, das kapitalistisch fungierte"[91], beruhte. Aber das ist, wie gesagt, nur mit aller Vorsicht so zu interpretieren, die Textstellen sind bei der vordergründig deskriptiven Darstellung einfach zu dürftig, zumal die Bedeutung eines Familienvermögens auch für den Beamten, zumindest für gewisse Phasen seiner Karriere, außer Zweifel steht und entsprechend eine ausdrückliche Bestätigung in der Rechtsphilosophie findet.

---

87   Vgl. § 160
88   Gulyga, a.a.o. S. 42
89   Vgl. Fußnote 50
90   Vgl. Habermas, Strukturwandel, a.a.o. S. 187
91   Habermas, a.a.o.S. 187ff

3. Das Verhältnis von Familie und Gesellschaft in der Rechtsphilosophie

Mit der Frage nach den materiellen Voraussetzungen der 'modernen' Familie ist der Zusammenhang von Familie und Gesellschaft schon unmittelbar berührt: Familie als hochindividualisierte Intimsphäre, ideologisch zur Gegenstruktur der Gesellschaft hypostasiert, erweist sich als ein ihr komplementärer sozialer Tatbestand in den Wandlungsprozeß der Produktionsweise einbezogen. Die Erhöhung des ökonomischen Verflechtungsgrades, die Kommerzialisierung der gesellschaftlichen Beziehungen, interdependent verknüpft mit der Ausdifferenzierung des Staatsapparats, beschreiben Entwicklungstendenzen, denen mit der zunehmenden Vergesellschaftung der Arbeit eine Arbeitsorganisation korrespondiert, die auf der Trennung von Produktions- und Konsumptionssphäre beruht und die bei den Benefiziaren des Systems, d.h. bei denen, die sich ein ausreichendes materielles Reproduktionsniveau zu sichern verstanden, typischerweise zusammenfällt mit der innerfamilialen geschlechtsspezifischen Arbeitsteilung: Mann - Beruf; Frau - Haushalt und Kindererziehung. Hegel hat in der Rechtsphilosophie ein besonders weitreichendes Bespiel gegeben, wie diese Arbeitsteilung durch die Definition feststehender Geschlechtscharaktere legitimiert werden kann. Die Chance Familie als Ort der vom Lebenskampf entlasteten ganzheitlichen Liebe zu begreifen, entsteht also erst mit, bzw. ist eine Funktion der Etablierung der bürgerlichen Gesellschaft als einem Handlungssystem, an das der Lebenskampf in der Form eines Kampfes der Warenbesitzer um Marktchancen abgegeben wurde - hier fungiert die Familie, vertreten durch ihr 'Haupt', den erwerbstätigen Mann, als 'eine Person' im allgemeinen 'System der Bedürfnisse'. In der Systematik der Rechtsphilosophie sind Familie, bürgerliche Gesellschaft und Staat ausdrücklich als historisch gleichzeitige 'Gestaltungen' gegeneinander abgegrenzt, d.h. Hegel reflektiert den notwendigen Zusammenhang der ausdifferenzierten Teilsysteme, auch wenn er die Logik dieses Zusammenhangs einer idealistischen Deutung unterordnet. Während klar ist, daß der Typus der bürgerlichen Familie[92] der bürgerlichen Gesellschaft und dem 'modernen' Staat notwendig korrespondiert, verwischt sich darüber die Gewichtung der unterschiedenen Sphären in ihrer wechselseitigen Beeinflussung. Das entscheidende Motiv der inhaltlich scharf beleuchteten Dominanz der bürgerlichen, mit Einschränkung: kapitalistischen Produktionsweise verliert so an Bedeutung; sie wird zunächst einmal rein konstruktiv-formal von der Metakategorie Staat integriert, in ihren dysfunktionellen Effekten absorbiert. Ebenso rettet die Familie gegenüber den Zwängen der Gesellschaft ihren Kern unangreifbarer Innerlichkeit, archaischer Sittlichkeit: Die - anarchische - familiale Liebe bleibt gegen die deutlich gesehene 'Anarchie' der gesellschaftlichen Produktionsweise immunisiert. An den Übergangsstellen enthüllen sich dann aber die Verspannungen der scheinbaren Autonomie. Dabei findet Hegel zu deutliche Worte, als daß ihm die Wahrnehmung des Problems nur verdeckt, 'hinter seinem Rücken', zurechenbar wäre. Die eigentümliche Inkonsequenz der Analyse muß als unaufgearbeiteter Widerspruch so stehen gelassen werden, er entspricht der unbefriedigenden Auflösung der gesellschaftlichen Antinomien im Staatsorganismus: Hier schrammt die idealistische Konstruktion hörbar über die nüchterne Wirklichkeit hinweg. Je mehr sich aber diese Widersprüche verschärfen, je deutlicher sich die Potenz der kapitalistischen Produktionsweise dokumentiert, desto mehr verliert sich die analytische Kraft der idealistischen Systemkonstruktion - Wirklichkeit kann dann nicht mehr länger überzeugend nur als ein Derivat der 'Idee', des göttlichen Logos behauptet werden, dessen endliche Berechtigung durch das Aufzeigen des 'Unendlichen im Endlichen' determiniert wird;

---

92 Das heißt nicht, daß Hegel eine Typologie der Familie entwickelt, er hypostasiert nur diesen Typ zur Familie schlechthin, eine explizite Abgrenzung fehlt!

ihre inneren Widersprüche lassen sich nicht mehr konstruktivistisch harmonisieren, sondern zwingen zur Analyse auf der Ebene der nackten Tatsachen selbst. Hegels Inkonsequenz hängt zusammen mit einer Deutungsperspektive, die den Idealismus bis an die Grenzen seiner Leistungsfähigkeit, d.h. an den Punkt seines offensichtlichen Versagens, gebracht hat: der dynamisch-dialektische Problemzugang hat ebensosehr die 'Wahrheit', Idealität des Endlichen, wie die Notwendigkeit einer Realisation der Idee konzediert, d.h. empirische Wirklichkeit wird nicht einfach von der Metaphysik als belanglos ignoriert, ihr kommt ein - allerdings idealistisch umgebogener - Eigenwert zu, der ausdrücklich in Beziehung zum Systemgedanken gesetzt werden muß. Das führt zu einem gesteigerten Bewußtsein der konkreten Probleme dieser Wirklichkeit selbst, zu einer analytischen Genauigkeit, die für deren Widersprüche offen sein muß, ein Bewußtsein, das sie aber gleichzeitig noch oberhalb dieser Wahrnehmung auf die Bedürfnisse des Gesamtystems zurichten will. Hier verliert sich dann auch der praktische Anspruch, der der Philosophie aus der nüchternen Konfrontation mit Wirklichkeit erwächst. Dazu noch weiter hinten.

In § 178 Rechtsphilosophie registriert Hegel die anomischen Effekte der bürgerlichen Gesellschaft auf die Familie, wo von dem "Zustande, der die Personen und Familien verselbständigenden Zerstreuung der bürgerlichen Gesellschaft ...", in dem "die Gesinnung der Einheit sich um so mehr verliert ...", die Rede ist. Die moderne Familie impliziert nicht nur einfach die Abgabe produktiver Funktionen, sie verliert mit der Auslieferung an den gesellschaftlichen Produktionszusammenhang auch weitgehend ihre früheren subsidiären materiellen Versorgungsaufgaben: Schutz vor Krankheit, Alter, Pauperisierung als Folge der Verschärfung der gesellschaftlichen Antagonismen können von der den Marktgesetzen unterworfenen Familie nicht mehr garantiert werden. Hegel versucht diesen Zerfall familialer Solidarität, wie schon gezeigt, durch die Wiederbelebung ständischer inermediärer Institutionen aufzuhalten. "Zunächst ist die Familie das substantielle Ganze, dem die Vorsorge für diese besondere Seite des Individiums, sowohl in Rücksicht der Mittel und Geschicklichkeiten, um aus dem allgemeinen Vermögen sich (etwas) erwerben zu können, als auch seiner Subsistenz und Versorgung im Falle eintretender Unfähigkeit angehört. Die bürgerliche Gesellschaft reißt aber das Individuum aus diesem Bande heraus, entfremdet dessen Glieder einander und anerkennt sie als selbständige Personen; sie substituiert ferner statt der äußeren unorganischen Natur und des väterlichen Bodens, in welchem der Einzelne seine Subsistenz hatte, den ihrigen und unterwirft das Bestehen der ganzen Familie selbst, der Abhängigkeit von ihr, der Zufälligkeit." (Rphil § 238).[93] Die Familie wird von Hegel in der Rechtsphilosophie also definitiv unter zwei relevanten Perspektiven betrachtet. Einmal für sich stehend, als eigenständige Institution; hier wird vorwiegend ihre Binnenstruktur untersucht. Zum anderen analysiert er sie aus dem übergeordneten Systemzusammenhang der Gesellschaft heraus, als deren kleinste Einheit sie fungiert. Von letzterer aus erweist sie sich als den Systemimperativen untergeordnet: Die bürgerliche Gesellschaft erzwingt mit dem Ende der auf der Basis des Familieneigentums betriebenen Subsistenzwirtschaft und der sich hierüber konstituierenden Familiensolidarität die Auflösung der Familie. Sie kann dann die dauerhafte Versorgung ihrer Mitglieder nicht mehr organisieren, d.h. sie kann weder materielle Sicherheiten für die Kinder über den Zeitpunkt ihrer Geschäftsfähigkeit (ihrer Handlungskompetenz im 'System der Bedürfnisse') hinaus garantieren, noch die Kosten des Verlusts dieser Geschäftsfähigkeit auf Seiten der Eltern als lebenslange Verpflichtung der Kinder einklagen. Die Familie als ein Beziehungssystem von Eltern und ihren Kindern reicht gerade soweit wie der gesellschaftlich definierte Status der Kindheit. Es ist damit nicht ganz richtig, wenn weiter vorne Familie und Ehe

---

93 Familie, heißt es ganz ausdrücklich im Zusatz zu dieser Stelle, "...ist in der bürgerlichen Gesellschaft ein Untergeordnetes und legt nur den Grund; sie ist nicht mehr von so umfassender Wirksamkeit. Die bürgerliche Gesellschaft ist vielmehr die ungeheue Macht, die den Menschen an sich reißt, von ihm fordert, daß er für sie arbeite und daß er alles durch sie sei und vermittels ihrer tue."
Vgl. auch ebd § 241

immer selbstverständlich gleichgesetzt wurde. Zwar gibt es bei Hegel keine Ehe ohne Familie, dem Kind kommt systematisch ungleich mehr als dem Familieneigentum objektivierende Bedeutung für die Gattenbeziehung zu; im Kind dokumentiert sich aufs konkreteste das überindividuelle Moment der Ehe, der ihr notwendige Zweck, oder: Erst die Familie realisiert die Ehe[94]. Aber, konsequent gefaßt als bürgerliche Kernfamilie, reduziert sich mit dem Erwachsenenstatus der Kinder, d.h. bei Hegel: ihrer Anerkennung als Person und als potentieller Gründer einer eigenen Familie, die Abstammungsfamilie auf das verbleibende Elternpaar. Nur die 'natürliche Auflösung', der Tod, stellt über die Erbschaft des Familienvermögens noch einmal einen Zusammenhang zwischen den ansonsten verselbständigten Familienmitgliedern her; die Erbschaft hat also, anders als bei der traditionalen Familie, prinzipiell nichts mehr mit der Neugründung einer Familie durch die erwachsenen Kinder zu tun[95].

Schwerpunkt des in der Rechtsphilosophie skizzierten Familientyps ist also die Kernfamilie, die sich 'natürlich' auflöst mit dem Tod des Elternpaares, 'sittlich' aber mit dem Erreichen der Geschäftsfähigkeit der Kinder. Für diese Arbeit ist weiter nur die 'sittliche' Auflösung interessant, sie markiert die sowohl zeitliche wie inhaltliche Reichweite der Familie, definiert ihre wesentliche Aufgabe, mit deren Erfüllung sie ihren Sinn realisiert hat, an ihre eindeutige Grenze gestoßen ist. Als diese Aufgabe wird von Hegel die Aufzucht und Erziehung der Kinder hervorgehoben, ein Aspekt, den ich bisher für die Diskussion des relevanten Zusammenhangs von Familie und Gesellschaft zurückgestellt hatte. Das Kind, so Hegels Interpretation, vergegenständlicht die Liebe des Elternpaares, in ihm tritt ihnen ein objektiv 'Gemeinsames', eine unmittelbare Entsprechung der übergeordneten Integrationsfigur Ehe/Familie gegenüber. Die an das Kind aufgewendete Arbeit aktualisiert den sittlichen Familienzweck schlechthin, so sehr, daß, wie schon gesagt, mit dem Ende der Kindheit, das Ende der Familie in ihrer sittlichen Bedeutung selbst einhergeht. Diese Betonung war keineswegs selbstverständlich, sie war wie die gesehene Individualisierung der Ehebeziehung historisch ein Reflex der Auslagerung produktiver Funktionen auf das spezialisierte System der Ökonomie, also ein relativ modernes Phänomen. Zur Bestimmung des relevanten Zeitpunkts ist nur auf die bahnbrechende Wirkung des berühmten 'Erziehungsromans' (er ist weit mehr!) Emile von J.J. Rousseau zu erinnern, der als einer der ersten auf spezifisch kindliche Bedürfnisse und Entwicklungsgesetzmäßigkeiten hinwies. Die 'Entdeckung der Kindheit', wie sich dieses Phänomen in einer prägnanten Formulierung von Ariès[96] in der Literatur niedergeschlagen hat, setzt voraus, daß die Familie strukturell Chancen zum Aufbau einer emotional aufgewerteten Eltern-Kind-Beziehung anbieten kann, die über das Minimum elementarer Sozialisationsleistungen hinausgeht. Sie war zunächst einmal unvereinbar mit der exorbianten Säuglings- und Kindersterblichkeit noch zu Beginn der Neuzeit. Verbesserte Hygienebedingungen ermöglichen erst die Kontinuität des Umgangs, die Voraussetzung verstärkt individualisierter Beziehung werden kann, wie umgekehrt die Emotionalisierung natürlich die Qualität der familialen Sorgeleistung beeinflußt. Die gesteigerte Wahrnehmung einer spezifischen Kindheitsphase als Vorstufe des Erwachsenendaseins implizierte jedoch ganz entscheidend die Verschärfung der Distanz zwischen spezifischen Kindheits- und Erwachsenenrollen und das heißt den Verlust einer weitgehend kollektiv geteilten Lebenswelt der Familie. Richtig verstehen läßt sich also der Ausbau der familialen Innerlichkeit, zu dem die schon beschriebene Intimisierung der Ehebeziehung, wie jetzt die Emotionalisierung insbesondere der Mutter-Kind-Beziehung

---

94 Vgl. z.B. § 173ff
    "Das Kind ist gegen die Erscheinung das Absolute, das Vernünftige des Verhältnisses.."System der Sittlichkeit, S. 45
95 Mit der Diskussion des Testaments stolpert Hegel übrigens über den Widerspruch zwischen dem sittlichen Bezugssystem der Familie und der gesellschaftlich sanktionierten, entsittlichten freien Verfügungsgewalt über Eigentum.
96 P.Ariès, Geschichte der Kindheit, 8.Aufl. München 1988; sh. insbes. Erster Teil S.69 ff

gehört, nur im Zusammenhang des Aufbrechens traditionaler Produktionsweisen: Mit der Ausgrenzung des Berufslebens des Vaters aus dem unmittelbaren Kreis der Familie ist

a) strukturell die Chance entsachlichter Beziehungsdefinitionen vorbereitet, die das Verhältnis der Familienmitglieder untereinander tendenziell von der Wertung nach ihrer Leistungsfähigkeit für die materielle Reproduktion der Familie freisetzt und damit die von Hegel analysierte Liebesbindung, die Anerkennung des Anderen um seiner Selbst willen, ermöglicht.

b) Mit dieser Auslagerung verbindet sich die Entkoppelung der früher zusammenhängenden familialen Lebenssphäre. Die Berufsrolle des Vaters wird für den Rest der Familie entfernter und undurchschaubarer. Die Kompetenzen, die der Vater im 'äußeren Kampf' um das wirtschaftliche Überleben der Familie benötigt, sind aus den Interaktionen der Familie weitgehend ausgeblendet, ja sie werden sogar als ihnen substantiell widersprechend empfunden (das widerspricht natürlich nicht der Erfahrung, daß sich die monopolistische Konzentration der produktiven Funktionen auf die Berufstätigkeit des Mannes tatsächlich als Aufwertung seines innerfamilialen Autoritätsstatus reproduziert). Eine gleichsam naturwüchsige Einübung in die spätere Erwachsenenrolle durch das unmittelbare Lernen am Vorbild der Eltern ist so höchstens noch für das weibliche Kind, das auf die gesellschaftlich eng definierte Rolle der Hausfrau vorbereitet wird, gegeben; die Situation des männlichen Nachkommen ist davon grundsätzlich verschieden. Hier gibt es im Prinzip keine notwendige Übereinstimmung mehr zwischen dem Beruf des Vaters und dem des Kindes, die Bedeutung der Familie für die soziale Positionierung der Nachkommen hat nachgelassen[97], diese rechnet sich vielmehr - abgesehen durch eine gesellschaftlich verbindlich gemachte Leistungsideologie - verstärkt individueller Leistung und Durchsetzungskraft zu. Ebensowenig ist die Kontinuität der Lebensverhältnisse, wie sie für die bäuerliche Familie immer noch typisch bleibt, weiter gewährleistet. Die Dynamik der bürgerlichen Gesellschaft verlangt schnelle Anpassungsleistungen, Flexibilität, offene Lernorientierung - die Welt der Kinder unterscheidet sich von jener ihrer Eltern. Der Übergang der Generationen wird so als ein dynamisches Fortschreiten erfahrbar, Wissen wird nicht nur einfach weitergegeben und quasi statisch verwaltet; es erweist sich vielmehr als eine historisch erarbeitete Grundlage, über die zwingend hinausgegangen werden muß, "die den Grund zur Möglichkeit eines anderen, des wesentlichen Werks" abgibt, wie Hegel in einer seiner Schulabschlußreden vorgetragen hatte[98]. Die erfolgreiche Übernahme der späteren Rolle des 'Versorgers' einer Familie erfordert erhebliche Investitionen in den Erwerb theoretischer und praktischer Erkenntnisse, die auf ihre Verwertbarkeit im Produktionszusammenhang der bürgerlichen Gesellschaft hin orientiert sein müssen, die sich also, um es zu wiederholen, nicht über das konkrete Beispiel der väterlichen Berufstätigkeit vermittelt, sondern strategisch auf die Erfordernisse des Marktes berechnet sind. Die Übernahme der Erwachsenenrolle verschiebt sich mit steigendem Investitionsaufwand nach hinten, eine spezifische Kindheits- und Jugendphase, in der die Grundlagen des Erwachsenendaseins gelegt werden müssen, zeichnet sich als ausgeprägter biographischer Einschnitt ab[99]. Zunächst sozialstrukturell begrenzt auf das von Hegel isolierte Bildungsbürgertum wird Erziehung zu einer Aufgabe, die explizit institutionalisiert werden muß, die sich mit der Komplexitätssteigerung der

---

97 Sh. hierzu das oben wiedergegebene Zitat Rphil § 258 Zu

98 Vgl. Nürnberger Schr. S. 353

    Im Anhang zur Jenaer Realphilosophie hatte Hegel dieses evolutive Moment im Erfahrungsübergang der Generationen schon betont: "Das Bewußtsein der Eltern ist seine (des Kindes, L.S.) Materie, auf deren Kosten es sich bildete ... die Welt ist schon eine zubereitete, und die Form der Idealität ist es, was an das Kind kommt." ebd S. 320

99 Es ist klar, daß dies nur für den bügerlichen Familientypus zutrifft; für die proletarische Familie war bei der strukturell gleichen Bedingung einer Trennung von Haus und Beruf die durch die Mechanisierung ermöglichte Vereinfachung der Arbeitsanforderungen und damit die radikale Entwertung vorwiegend handwerklicher, fachlicher Kompetenz maßgeblich, mit dem Effekt, daß bei der schlechten materiellen Entlohnung nicht nur Kinder, Frauen und Männer gleichzeitig arbeiten mußten, sondern sogar um den gleichen Arbeitsplatz konkurrierten.

Gesellschaft von naturwüchsiger Mitahmung[100] zu einer bewußten Anstrengung der Gesellschaft differenziert. In der Rechtsphilosophie sind Schule und Universität als spezifische Agenturen der 'Bildung' explizit angesprochen. Erziehung betrifft damit einen Aspekt der Familie, der unmittelbar an ein gesellschaftliches Interesse stößt, an dem der latente Widerspruch von funktionaler Komplementarität und differentem Beziehungsmilieu von Familie und Gesellschaft (Leistung, Markt, Macht versus Liebe) in der Hegelschen Analyse auch am schärfsten erkannt wird. In Rechtsphilosophie § 239 spricht er der bürgerlichen Gesellschaft "die Pflicht und das Recht gegen die Willkür und Zufälligkeit der Eltern auf die Erziehung, insofern sie sich auf die Fähigkeit, Mitglied der Gesellschaft zu werden, bezieht ... Aufsicht und Einwirkung zu haben" zu; der Zusatz zum gleichen Paragraphen konstatiert es als problematisch, "die Grenze zwischen den Rechten der Eltern und der bürgerlichen Gesellschaft zu ziehen." Zwischen Familie und Gesellschaft stellt sich in der Frage der Erziehung eine Art Arbeitsteilung ein: Während die Familie die basalen Kompetenzen und Dispositionen zu vermitteln hat, kommt der Schule und mehr noch der Universität die konkrete Vorbereitung auf die 'wirkliche Welt' zu[101], d.h. auf die Rolle in der bürgerlichen Gesellschaft und in der politischen Öffentlichkeit. Was ist mit basalen Kompetenzen und Dispositionen, dem 'Grund' den die Familie 'legt'(§ 238 Zu), gemeint? Hegel sieht sehr deutlich, daß eine Gesellschaft, die auf die Disponibilität der Individuen setzt, d.h. positiv, die Emanzipation von ständischer Gebundenheit impliziert, die, wenn auch nur in ihrer Ideologie, den Einzelnen die prinzipiell gleiche Chance der Teilhabe am 'allgemeinen Vermögen' einräumt, individuelle Leistung prämiert, eine bestimmte Entwicklung der Subjektstruktur voraussetzt, die die relativ alternativelose Lebenslage des 'substantiellen Stands' noch nicht verlangt. Dieses 'Nachfrageprofil' der Gesellschaft verweist schon unmittelbar auf das moderne Konzept der Subjektautonomie. Hegel nimmt diese entwickelte Form des Subjektbewußtseins als ein unhintergehbares Resultat und eine Bedingung der Moderne auf; unter Autonomie ist dann auch eine eminent bürgerliche Forderung - in ihrer universalistischen Anlage, gegenüber der ständisch gebundenen Gesellschaft, der 'Tiergeschichte der Menschheit' (Marx) - von ungeheurer emanzipatorischer Wirkung antizipiert. Es ist jetzt zu sehen, inwieweit Hegel die Familie in die Ausbildung dieser Subjektautonomie verwickelt sieht.

Das definitive Ende der Kindheit, um zunächst einmal den äußeren Rahmen abzustecken, wird ihm durch das Erreichen der Geschäftsfähigkeit, d.h. mit dem Status der Person, des freien Warenbesitzers, angezeigt. Die gesellschaftlichen Imperative zerbrechen dann die familiale Solidarität, sie erzwingen die Eingliederung in den allgemeinen Produktionszusammenhang; das neue vollwertige Gesellschaftsmitglied muß sein Interesse im Kampf um Marktchancen selbst verfolgen. Die Leistung der Familie für die Ausbildung der hierzu erforderlichen Persönlichkeitsstruktur umreißt Hegel mit zwei voneinander abgesetzten Teilaufgaben: Erziehung verfolgt

a) 'positiv' die Vermittlung von 'Liebe, Zutrauen', um die "Sittlichkeit in ihnen zur unmittelbaren, noch gegensatzlosen *Empfindung*" (Rphil § 175) zu bringen. "Als Kind muß der Mensch im Kreise der Liebe und des Zutrauens bei den Eltern gewesen sein. ... Vorzüglich ist in der ersten Zeit die Erziehung der Mutter wichtig, denn die Sittlichkeit muß als Empfindung in das Kind gepflanzt worden sein." (ebd Zu)[102],

b) "die ... *negative* Bestimmung, die Kinder aus der natürlichen Unmittelbarkeit, in der sie sich ursprünglich befinden, zur Selbständigkeit und freien Persönlichkeit ... zu erheben." (ebd). Hegel formuliert also zwei notwendig zusammenhängende und doch in eine andere Richtung weisende Erziehungsziele. Es geht ihm einmal um das, was man modern Soziabilisierung nennen könnte, die Integration des Kindes in den familialen Verband, die auf der Basis eines durch die

---

100 Dieser anschauliche Begriff findet sich bei H. Rosenbaum, a.a.o., S.94
101 Vgl. Nürnberger Schriften S. 348, S. 352
102 Vgl. auch Mitschrift Homeyer, Ilting, Hrsg., a.a.o. S. 257

Kontinuität der elterlichen Liebe erzeugten Vertrauens geleistete Vermittlung von Emotionalität, gemeinschaftsbezogenen Regeln und Werten, die Ausbildung jener altruistischen Motivation, die sich hinter seinem Begriff der Sittlichkeit mit verbirgt. Zum anderen hat Familie, über die im Kontext der eigentlichen Erziehungsanstrengungen geförderte Verdichtung eines beständigen Persönlichkeitskerns, die Ermöglichung der zentrifugalen Tendenzen Distanz und Trennung zuzulassen, sodaß sich das Subjekt über die selbstrepräsentative Erfahrung der Autonomie in einer zunächst primären Zäsur von dem es unmittelbar verpflichtenden Familienverband absetzen kann, um dann seinen eigenen Platz in der Gesellschaft einzunehmen. Es ist nicht nötig an Hegels Ausführungen den Maßstab des Wissensstands und der Verfeinerung der Modellvorstellungen moderner Entwicklungspsychologie und Sozialisationsforschung anzulegen, um zu erkennen, daß in den - vergleichsweise spärlichen - Stellen zentrale Aspekte des Aufbaues der Subjektkompetenz eingeholt sind[103]. Der von Hegel in unterschiedlichem Sinne verwendete Begriff des 'Charakters' erreicht, je nach Zusammenhang, eine verblüffende Nähe zu dem Konzept der Ich-Identität, das die gelungene psychische Struktur eines kompetenten Subjekts am Ausgang zum Erwachsensein bezeichnen soll. An einer Stelle in der Enzyklopädie, die systematisch zwar die defiziente 'Seele' abhandelt, aber in ihren Ausführungen auf die hier für uns relevante Stufe des 'freien Geistes' verweist[104] heißt es in fast wörtlicher Entsprechung zu einer Formulierung E. Eriksons[105]: "Dagegen bleibt der Charakter etwas, das die Menschen immer unterscheidet. Durch ihn kommt das Individuum erst zu seiner festen Bestimmtheit. Zum Charakter gehört erstlich das Formelle der Energie, mit welcher der Mensch, ohne sich irremachen zu lassen, seine Zwecke und Interessen verfolgt und in allen seinen Handlungen die Übereinstimmung mit sich selber bewahrt. Ohne Charakter kommt der Mensch nicht aus seiner Unbestimmtheit heraus oder fällt aus einer Richtung in die entgegen gesetzte." (Enz III S.73)[106]. D. Riesman hat in seiner Schilderung des 'innengeleiteten Menschen' für diesen gegenüber wechselnden äußeren Handlungs-/Rollenanforderungen stabilen Persönlichkeitskerns, das einprägsame Bild des 'inneren Kreiselkompasses' verwendet. Die Metapher versucht die Verlagerung handlungsrelevanter Steuerungen aus der zwingenden Eindeutigkeit der unmittelbaren Lebenswelt in die Persönlichkeitsstruktur des Subjekts hinein, als Selbstzwang, als inneren Steuerungsmechanismus in Beziehung auf eine unaufhaltbar dynamisierte Außenwelt, nachzuempfinden. Mit dem Verlust der Kontinuität traditional eingespielter Lebensverhältnisse muß die Persönlichkeit in sich ein Gravitationszentrum gegenüber den bedrohlich wechselnden äußeren Anforderungen ausbilden; gerade über die Auseinandersetzung mit der Diskontinuität der einzunehmenden Rollen, mit widersprüchlicher Erwartungen, wird die selbstrepräsentative Erfahrung der Autonomie, die Identität entwickelt. Hegel schreibt der aus der Abhängigkeit des Kindes resultierenden Macht[107], der Autorität der Eltern, wesentliche Bedeutung für diesen Prozeß zu: Erziehung ist ein aktiver Vorgang, bei dem auf das Kind notwendig Zwang ausgeübt werden muß, ein Zwang, der durch das 'sittliche Motiv' (ebd), entscheidend aber durch die kulturelle Definition des kompetenten Menschen, legitimiert wird. Der Zwang und korrespondierend die Forderung nach Gehorsam werden damit nicht gegen

---

103 Interessant hierzu ist insbesondere der Zusatz zu § 396 in der Enz III
104 Vgl. Enz III S. 74
105 Vgl. E. Erikson, Identität und Lebenszyklus, Frankfurt/M, 1979, S. 18, S.106
106 Die Stelle findet sich genauer im Zusatz zu § 395 Enz III, deren Authentizität ja teilweise umstritten sind. Allerdings weisen die zur Erläuterung des Familienbegriffs herangezogenen Stellen, auch der hier angeführte Zusatz, sehr große Übereinstimmungen mit den über das Werk versprengten Primärtextstellen auf (vor allem in der Rechtsphilosophie und den wichtigen Schulreden Hegels finden sich entsprechende Passagen). Eine Verwendung scheint mir deshalb ganz unproblematisch möglich, zumal die in den Zusätzen der Enzyklopädie gegebenen, sehr ausführlichen, Kommentierungen viel zur Klärung der kürzer gehaltenen Paragraphen beitragen können.
Vgl. auch Nürnberger Schriften S. 348: dort spricht Hegel von der Schule, "welche eine wesentliche Stufe in der Ausbildung des ganzen sittlichen Charakters" ausmache.
107 Vgl. Rphil § 174 Anm

die elterliche Liebe abgesetzt, er ist vielmehr ein unverzichtbarer Ausdruck dieser Liebe[108]: "Was der Mensch sein soll hat er nicht aus Instinkt, sondern er hat es sich erst zu erwerben. Darauf gründet sich das Recht des Kindes erzogen zu werden..." (ebd). Erziehung verfolgt das Ziel, über den natürlich-animalischen: 'vegetativen' (Enz III S.81) Ausgangszustand des Kindes hinauszukommen, es aus der anfänglich gegensatzlosen "bloß natürlichen Einheit mit seiner Gattung und mit der Welt überhaupt" (ebd) in eine Distanz zu setzen, aus der heraus Selbsterfahrung erst möglich wird. Was sich zunächst mehr naturwüchsig über die Widerständigkeit der 'Außendinge' und die besondere Qualität der Eltern-Kind-Beziehung vermittelt[109], wird mit der zunehmenden geistigen Entwicklung zu einer bewußten Erziehungsanstrengung: Die disziplinierende Erfahrung der Gehorsam fordernden Autorität erzeugt jenen Umbau des 'natürlichen', d.h. trieb/lustbestimmten 'Willens', den das Konzept der Autonomie mit der Bedingung der Selbstkontrolle voraussetzt. Hegel schreibt sehr konkret: "Erziehung hat den Zweck, den Menschen zu einem selbständigen Wesen zu machen, d.h. zu einem Wesen von freiem Willen. Zu dieser Absicht werden den Kindern vielerlei Einschränkungen ihrer Lust auferlegt. Sie müssen gehorchen lernen, damit ihr einzelner oder eigener Wille, ferner die Abhängigkeit von sinnlichen Neigungen und Begierden aufgehoben und ihr Wille also befreit werde." (Nürnb. S.227). Die verlangte Triebunterdrückung und -kontrolle, die durch die elterlichen Verbote und Drohungen 'angezüchtet' werden soll und der eine positive Sozialisierung von Normen und Werten korrespondiert, muß entscheidend als Selbstzwang, um eine moderne Vokabel zu benützen, 'verinnerlicht' werden. Auch hierzu finden sich neben der mehr indirekt auszuwertenden Darstellung des moralisch-autonomen Subjekts im Abschnitt 'Moralität' der Rechtsphilosophie (insbesondere auf der hier abgehandelten Stufe des 'Gewissens')[110], die sozusagen den entwickelten Zustand betrachtet, Formulierungen, in denen Hegel ein weitgehendes, wenn auch eher intuitives, Verständnis für diesen komplexen Vorgang dokumentiert: Als Mechanismen der Differenzierung der Persönlichkeitsstruktur benennt er etwa die 'Nachahmungssucht', die aus dem "Wunsch, zu werden, wie die Erwachsenen sind, in deren Umgebung sie leben" (Enz III S. 80), resultiert[111], die Orientierung des Kindes an der höheren Autorität, die zum anzustrebenden 'Ideal', zum Vorbild wird. Daß gerade dieser letztere Aspekt durchaus mit dem psychoanalytischen Begriff der 'Verinnerlichung' in Verbindung gebracht werden kann, zeigt die folgende Passage: "Der Gehorsam ist der Anfang aller Weisheit; denn durch denselben läßt der das Wahre, das Objektive noch nicht erkennende und zu seinem Zwecke machende, deshalb noch nicht wahrhaft selbständige und freie, vielmehr unfertige Wille den von außen an ihn kommenden vernünftigen Willen in sich gelten, und macht diesen nach und nach zu dem seinigen." (ebd).[112] Der hier offensichtlich beschriebene Vorgang einer Übernahme äußerer Regeln, Normen, Werte in das Subjekt hinein, konstituiert über die dann innere Austragung des Kampfes zwischen den auferlegten Versagungen und den hochschießenden Wünschen[113] jene Autonomie, jenen selbstregulierten 'tüchtigen inneren Grund' oder 'inneren Kern', auf den die Erziehung hinleiten sollte und der das Erreichen sozialer Handlungsfähigkeit markiert: "... um mit Tüchtigkeit und Vorteil erscheinen zu können, muß der innere Grund gepflegt und stark gezogen worden sein..." (Nürnb. S. 374f).

---

108 Vgl. die Polemik gegen die sog. 'spielende Pädagogik' in Rphil § 175, Enz III S. 81
109 "Während das Gefühl der unmittelbaren Einheit mit den Eltern die geistige Muttermilch ist, durch deren Einsaugung die Kinder gedeihen..." (ebd S. 81), ein Prozeß, der die Voraussetzung legt, daß das Kind "das Äußere aus sich hinaus ...(wirft)" und "indem es zum Gefühl der Wirklichkeit der Außenwelt gelangt, selbst zu einem wirklichen Menschen zu werden und sich als solchen zu fühlen beginnt" (ebd S.80)
110 Vgl. dazu auch die sehr frühe Stelle in 'Der Geist des Christentums', Frühe Schriften S. 356
111 In der Rphil heißt es epigrammatisch: "Wunsch, groß zu sein, an dem die Kinder großgezogen werden" § 174 Anm, sh auch § 175
112 Vgl. auch Enz I § 276
113 Es geht hier auch um eine Übertragung des Herr-Knecht-Topos auf einen inneren Konflikt des Individuums: Hegel hat in der Phänomenologie den Kampf als eine anthropologische Instanz explizit von einem äußeren Produktionsverhältnis in eine Entwicklungskrise der Entwicklung der Subjektkompetenz thematisiert.

'Zucht', Gehorsam hat für die Entwicklung des Kindes dieselbe Bedeutung wie der weiter vorne beschriebene gattungsgeschichtliche Disziplinierungsprozeß: Die Widerständigkeit von Natur und der domestizierende Aspekt der Herrschaft, die beide über die 'Hemmung der Begierde' auf die bildende Potenz der Arbeit hinleiten, finden Entsprechungen in der familialen Erziehung, so in der elterlichen Machtposition, in der Organisation der möglichen Erfahrungen mit der 'wirklichen Welt', die diese Macht kontrolliert oder erzwingt. Die, in historischer Sicht[114], gattungsgeschichtlich naturwüchsige Anerkennungsbewegung wird in der Familie als ein bewußtes Erziehungsziel gesetzt. Dieses Ziel kann die bürgerliche Familie jedoch nicht vollständig erreichen, bzw. das in ihr verfolgte Erziehungsleitbild - Autonomie[115] - verweist auf eine Ebene der Anerkennung, die über den begrenzten Rahmen familialer Interaktion hinausgeht. Die Familie reflektiert ihren 'Mangel' systematisch in der Tatsache, daß sie explizit ihre Auflösung an das Ende einer gelungenen Erziehung setzt, d.h. 'wirkliche' Anerkennung ist vollständig nur jenseits der emotionalen Binnenstruktur in oder gegenüber der 'wirklichen Welt'[116] zu gewinnen. In der Phänomenologie hatte Hegel über die 'Pietät', das sittliche Band zwischen Eltern und Kindern, geschrieben. "Die der Eltern gegen die Kinder ist eben von dieser Rührung affiziert, das Bewußtsein seiner Wirklichkeit in dem Anderen zu haben und das Fürsichsein in ihm werden zu sehen, ohne es zurückzuerhalten; sondern es bleibt eine fremde, eigene Wirklichkeit, - der der Kinder aber gegen die Eltern umgekehrt mit der Rührung, das Werden seiner selbst oder das Ansich an einem anderen Verschwindenden zu haben und das Fürsichsein und eigene Selbstbewußtsein zu erlangen nur durch die Trennung von dem Ursprung - eine Trennung, worin dieser versiegt." (Phän 336). Die Forderung nach der Selbständigkeit des Kindes impliziert damit die Fähigkeit der Ablösung und Distanz aus dem familialen Kontext und die Erweiterung der Selbstwahrnehmung gegenüber dem umfassenderen Zusammenhang der Gesellschaft. Von den Prämissen dieser Identitätskonzeption aus gesehen, erweist sich der Übergang von der Familie zur bürgerlichen Gesellschaft als tatsächlich zwingend: Ich-Identität stabilisiert sich gegenüber den disperaten Erwartungen einer komplexen Umwelt, sie verlangt die Anerkennung personaler Individualität, Konsistenz nicht nur im Rahmen der partikularistischen Familienbeziehung, sondern durch den unbestimmten 'Anderen' als einem Repräsentanten der Gesellschaft. Die bürgerliche Familie formuliert also mit dem Leitgedanken der Autonomie ein Konzept, das von vornherein nur sinnvoll im Zusammenhang der bürgerlichen Gesellschaft zu verstehen ist - einmal mehr zeigt sich diese als ein Kristallisationspunkt der Hegelschen Konstruktion. Erwachsensein transzendiert den begrenzten Definitionsrahmen, den die Familie für das Kind bereithält; dieser muß aufgebrochen und zu einem, wenn auch wichtigen, Abschnitt der prinzipiell offenen Biographie integriert werden. Von der späteren Rolle des Gesellschaftsmitglieds aus gesehen, erweist sich das für die Einleitung des Bildungsprozesses unverzichtbare Erziehungsmilieu der Familie als hemmend: "Das Leben in der Familie nämlich ... ist ein persönliches Verhältnis, ein Verhältnis der Empfindung, der Liebe, des natürlichen Glaubens und Zutrauens; es ist nicht das Band einer Sache, sondern das natürliche Band des Bluts; das Kind gilt hier darum, weil es das Kind ist; es erfährt ohne Verdienst die Liebe seiner Eltern..." (Nürnb. 349)[117]. Hegels Argumentation bezieht ihre Kraft aus dem Wissen um die Kriterien, nach denen die Gesellschaft ihre 'Anerkennung' ausspricht; die mehr partikularistische, an den inhärenten Eigenschaften des Kindes ganzheitlicher orientierte und derart weniger fordernde Beziehungsqualität der Familie, stabilisiert ein mit diesen potentiell konfligierendes Wertmuster. Erziehung muß deshalb über die Anpassung an das familiale Beziehungssystem hinaus auf das Erlernen der für die Behauptung in der umgebenden Gesellschaft erforderlichen Kompetenzen hinwirken. Dabei bedingt die zunehmende Distanz aus

---

114 Vgl. das folgende Kapitel über die Hegelsche Geschichtsphilosophie
115 Vgl. noch einmal Nürnberger Schriften S. 350
116 Vgl. Nürnberger Schriften 4. Rede zum Schuljahresabschluß und Enz III S. 81
117 Vgl. auch Enz III S. 82 u. Phänomenologie S. 331

dem familialen Kontext eine Abnahme der partikularistischen, askriptiven Orientierungen zugunsten einer Neubestimmung der jetzt 'gesellschaftlichen' Rolle, Position nach 'allgemeinen' Kriterien, nach dem, was das Gesellschaftsmitglied in den Augen der 'Anderen' für einen 'Wert hat' (Enz III 82), nach seiner gesellschaftlich anerkannten Leistung: "Dagegen in der Welt gilt der Mensch durch das, was er leistet; er hat den Wert nur, insofern er ihn verdient. Es wird ihm wenig aus Liebe und um der Liebe willen; hier gilt die Sache, nicht die Empfindung und die besondere Person. Die Welt macht ein von dem Subjektiven unabhängiges Gemeinwesen aus; der Mensch gilt darin nach den Geschicklichkeiten und der Brauchbarkeit für eine ihrer Sphären, je mehr er sich der Besonderheit abgetan und zum Sinne eines allgemeinen Seins und Handelns gebildet hat." (Nürnb. 349)[118]. Die strukturelle 'Einseitigkeit' der Familie, die sich darin äußert, daß das einzelne Familienmitglied aufgrund der in ihr dominierenden Gefühlbindung nicht nur nach Maßgabe seiner gesellschaftlichen Verwertbarkeit angenommen wird, führt zu der weiter oben erwähnten Schwierigkeit der Abstimmung der Erziehungsleistungen von Familie und Gesellschaft: Familie bewahrt sich gewissermaßen den Rest eines zum Regulationsprinzip der bürgerlichen Gesellschaft konkurrierenden Wertmusters, das um die Stabilisierung der familialen Solidarität zentriert ist[119], (was allerdings nicht heißt, daß es deshalb dysfunktional wäre), demgegenüber die Gesellschaft selbst, bedingt durch ihren steigenden Bedarf an funktional sozialisierten Individuen, eigene Vorkehrungen treffen muß. Erziehung ist eben nicht allein eine Privataufgabe der Eltern, sondern tangiert das Überlebensinteresse des Systems selbst, das deshalb auch auf der Kontrolle der familialen Erziehungsleistung und deren 'systemangepasster' Weiterführung bestehen muß[120]. Als wichtigste Agentur der Gesellschaft, die die Ablösung aus der Familie und die Einübung in die Gesellschaft leisten soll, nennt Hegel die Schule: "Die *Schule steht nämlich zwischen der Familie und der wirklichen Welt* und macht das verbindende Mittelglied des Übergangs von jener in diese aus. ... In der Schule nämlich fängt die Tätigkeit des Kindes an, wesentlich und durchaus eine ernsthafte Bedeutung zu erhalten, ... es lernt sein Tun nach einem Zwecke und nach Regeln zu bestimmen; es hört auf um seiner unmittelbaren Person willen, und beginnt, nach dem zu gelten, was es leistet, und sich ein Verdienst zu erwerben." (Nürnb. 348f)[121]. Den endgültigen Platz in der Gesellschaft definiert die Berufsrolle, über die das kompetente Subjekt am 'System der Bedürfnisse' teilnimmt, sie bestimmt auch, wie noch näher zu zeigen sein wird, die öffentliche Stellung des Einzelnen. Die Einsicht in die dysfunktionalen Effekte der Bürgerlichen Gesellschaft, in ihre 'Anarchie', Krisenanfälligkeit, in den antagonistischen Charakter der gesellschaftlichen Gesamtproduktion sperrt sich dabei jedoch gegen die selbstverständliche Hypostasierung der Berufsrolle zum Realisat des verfolgten Leitbildes der Autonomie. So verhindert die kritische Diskussion der industriellen Arbeitsorganisation, die, angeleitet durch die Analysen der englischen Nationalökonomie, das Phänomen der Arbeitsteilung als 'Verlust der bildenden Funktion der Arbeit', eben als Entfremdung erkennt, die bruchlose Aufnahme der Sphäre des ökonomischen Handelns als einem Medium der 'wahren Identität' des Subjekts. Hegel faßt entsprechend den gesellschaftlichen Vollzug des Erwachsenseins in zahlreichen Stellen als eine zunächst einmal desillusionierende Erfahrung, die das Aufgeben der überschäumenden jugendlichen Ideale, die Beugung unter die Imperative der Produktion, deren Eintönigkeit, das Erstarren in der Gewohnheit, verlangt[122]. Die ausschließliche Geltung abstraktallgemeiner Kriterien für die Partizipation am 'gesellschaftlichen Vermögen' wird bei allem unbestritten emanzipatorischen Fortschritt gegenüber der ständischen Geschlossenheit der Feudalgesellschaft, als problematische Reduktion der herangebildeten Persönlichkeit auf ihre ökonomische

---

118 Vgl. auch ebd S. 352
119 Vgl. dazu Vernunft S. 119
120 Vgl. die weiter vorne zitierte Stelle aus Rphil § 239
121 Sie "bildet ... den Übergang aus der Familie in die bürgerliche Gesellschaft." (Enz III 82f).
   Vgl. auch Nürnb. Schr. S. 352
122 Vgl. Enz III S. 83, Nürnberger Schriften S. 262ff, S. 364f

Verwertbarkeit perzipiert. Die historisch eröffnete Chance der Autonomie erweist sich so in der Realität des ökonomischen Konkurrenzkampfs als illusionär: Sie bleibt beschränkt auf die abstrakte Anerkennung als Rechtsperson, auf die prinzipielle Fähigkeit Eigentum erwerben zu dürfen, d.h. auf die Autonomie des Warenbesitzers. Wenn Hegel häufig die Anerkennung an der ästhetisch-praktischen Leistung des alten Handwerker-Produzenten ausgewiesen hat, so sind das Reminiszensen an einen Begriff der bürgerlichen Gesellschaft, den er selbst schon fragwürdig gemacht hat. Die Autonomie verbürgende Anerkennung findet sich nicht in den konkreten Verhältnissen, unter denen die Subjekte leben, sondern allein auf der Ebene der intersubjektiv geteilten Interpretamente dieser Lebenswirklichkeit: Freiheit ist bei Hegel ein primär mentales Problem der Einsicht in die Notwendigkeit und Vernünftigkeit der je besonderen sozialen Verortung. Das zieht die Aufmerksamkeit aus den konkreten Verhältnissen ab und lenkt sie auf die Voraussetzungen der kognitiven Integration gesellschaftlicher Erfahrung, auf die 'Bildung' des Subjekts, die es befähigt, noch hinter seine gesellschaftliche Rolle zurückzutreten und sich in ihr aus der Distanz wahrzunehmen[123] - ohne diese Distanz jedoch kritisch werden zu lassen, sondern um sie im Gegenteil als eine nicht mehr überbietbaren Bestätigung der 'wirklichen Welt' zu nehmen. In den überaus aufschlußreichen pädagogischen Schriften Hegels aus der Nürnberger Zeit findet sich hierzu eine sehr deutliche Stelle, die aus der idealistischen Schwerpunktverlagerung resultierende Aufwertung der gymnasialen Schulbildung, als Katalysator der erwähnten Bildungsvoraussetzungen, bestätigt. Es heißt da auf die schon spezifischer an beruflichen Belangen orientierte Universität und die fragmentierte Selbsterfahrung in der bürgerlichen Gesellschaft bezogen: "... vergessen Sie also, meine Herren, dabei die Gymnasialstudien nicht, ... um sich die Grundvorstellung eines edlen Lebens fortdauernd gegenwärtig zu erhalten und sich einen inneren Ort zu befestigen, in den Sie aus der Vereinzelung des wirklichen Lebens gern zurückkehren, aber aus dem Sie ... gestärkt und erfrischt zu Ihrer Bestimmung und vorgesetzten Wirksamkeit herausgehen werden." (Nürnb. 365f). Die Mittelstellung zwischen Familie und Beruf, die der Schule zukommt, gewinnt unter diesem Aspekt einen emphatischen Sinn: Gleichermaßen weit entfernt von der emotional dominierten Familienbindung wie von der Erfahrung der diagnostizierten 'Vereinzelung' im Kampf um das materielle Überleben, soll das humanistische Gymnasium als Bildungsideal jene reine 'Menschenbildung' ermöglichen, die im freien Raum des 'leidenschaftslosen Denkens' (Nürnb. 352), der 'eigentümlichen Vernunft - und Geschmacksbildung' (ebd 395), vorwiegend durch die Beschäftigung mit der Antike eingeübt, die moralischen und kognitiven Kompetenzen zur Bewältigung der dissoziierten Lebenswelt gewährleisten. Grundlage der Schulbildung aber, um auf den in diesem Kapitel leitenden Gedanken eines von Hegel erfaßten Zusammenhangs von Familie und Gesellschaft zurückzukommen, ist die der Schulreife vorangehende und sie auch weiter begleitende Erziehungsleistung der Familie. Mit der Unterscheidung der eigentümlich familialen Funktion der 'Zucht', d.h. dem über die Erfahrung von elterlicher Liebe und Zwang organisierten Aufbau elementarer Grundlagen der Persönlichkeit, von der späteren 'Bildung der Sitten' (ebd 334), die die gesellschaftlich institutionalisierte Unterrichtung, die durchreflektierte explizite Wissensvermittlung meint[124], hat Hegel für die Persönlichkeitsbildung einen ergänzenden Zusammenhang verschiedener gesellschaftlicher Institutionen ausgemacht. Schulbildung schließt an Vorleistungen der 'häuslichen Verhältnisse' an, sie verlangt unter dem Stichwort der 'Disziplin' (ebd) die gelungene Vermitt-

---

123 Vgl. hierzu die grundsätzliche Aussage in einer der Schulreden:
   "Die wissenschaftliche Bildung hat überhaupt die Wirkung auf den Geist, ihn von sich selbst zu trennen, aus seinem unmittelbaren natürlichen Dasein, aus der unfreien Sphäre des Gefühls und des Triebs herauszuheben und in den Gedanken zu stellen, wodurch er ein Bewußtsein über die sonst nur notwendige, instinktartige Rückwirkung auf äußere Eindrücke erlangt und durch diese Befreiung die Macht über die unmittelbaren Vorstellungen und Empfindungen wird, welche Befreiung die formelle Grundlage der moralischen Handlungsweise überhaupt ausmacht. " Nürnberger Schriften S. 348
124 Vgl. dazu auch Enz III S. 81f

lung elementarer gemeinschaftsbezogener Handlungskompetenzen: "Die eigentliche Zucht kann nicht Zweck der Studieninstitute sein, sondern nur die Bildung der Sitten, und auch diese nicht in dem ganzen Umfange der Mittel. Ein Studieninstitut hat ... die Zucht ... vorauszusetzen. Wir haben zu fordern, daß die Kinder schon gezogen in unsere Schule kommen. Nach dem Geiste der Sitten unserer Zeit ist ohnehin die unmittelbare Zucht nicht, etwa wie bei den Spartanern, eine öffentliche Sache, eine Veranstaltung des Staats, sondern Geschäft und Pflicht der Eltern. ... Zum Besuche unserer Schulen gehört ruhiges Verhalten, Gewöhnung an fortdauernde Aufmerksamkeit, ein Gefühl des Respekts und Gehorsams gegen die Lehrer, ein gegen diese wie gegen die Mitschüler anständiges, sittsames Betragen." (ebd). An einer anderen Stelle der gleichen Rede betont Hegel die Bedeutung der familialen Sozialisation für die Ausbildung und 'Stärkung' der gesellschaftlich relevanten Anpassungs- und Leistungsbereitschaft: "Zur Beschäftigung derselben (der Schüler, L.S.) haben wir die Mitarbeit der Eltern wesentlich nötig, insofern das Ehrgefühl der Schüler im Verhältnis zu ihren Mitschülern, der Trieb, die Zufriedenheit der Lehrer sich zu erwerben und sich selbst die Befriedigung zu geben, seine Schuldigkeit getan zu haben, nicht die hinreichende Stärke erlangt hat, - am meisten in den ersten Jahren des Schulbesuchs ...". (ebd 333f).

Ich will das jetzt nicht im einzelnen kommentieren, es ging mir mit dieser Aufzählung nur darum, aufzuzeigen, wie differenziert Hegel den Zusammenhang der Familie mit anderen gesellschaftlichen Organisatoren sieht. Die Entlastung der Institution Familie von unmittelbaren - 'entsittlichten' - Produktionsaufgaben, konstituiert sie nicht als 'autonomen ... Intimraum', wie dies Blaschke in seinem Aufsatz unterstellt[125], vielmehr steht der Strukturwandel der Familie nicht nur in einem genetischen, sondern auch in einem dezidiert inhaltlich-funktionalen Verhältnis zum umgebenden gesellschaftlichen Kontext. Die Systematik der Rechtsphilosophie reflektiert in diesem Sinne mit der Stufenfolge der Sphäre der Sittlichkeit (Familie - bürgerliche Gesellschaft - Staat) einen 'notwendigen' Zusammenhang der unterschiedenen Teilsysteme, d.h. sie betont ausdrücklich deren Interdependenzen, wie unbefriedigend auch immer diese Beziehung durch die spekulative Überformung im einzelnen gefaßt sein mag. Insofern bestimmt sich die strukturelle Isolation der bürgerlichen Kleinfamilie nicht als ein gesellschaftsunabhängiges 'privates Glück', sondern als eine ihrem Entwicklungsstand komplementäre Erscheinung. Wenn es auch richtig ist, daß Hegel nicht explizit untersucht, ob und wie sich die dysfunktionalen Effekte der bürgerlichen Gesellschaft in Störungen des familialen Binnenraums umsetzen oder umsetzen können, wenn er die Familie also tatsächlich als "in sich intakt und in ihrem Kern unberührt von den Folgen"[126] der bürgerlichen Gesellschaft gegen die 'Entsittlichung' immunisiert darstellt, so kann das nach den bisherigen Ausführungen aber nicht heißen, daß sich die Familie als eine 'autonome Institution' konstituiert. Hegel sieht sehr deutlich, daß Familie und Gesellschaft zwei miteinander konkurrierende Wertesysteme aktualisieren und daß das mit den Erwartungen beider Sphären konfrontierte Subjekt vor dem Problem steht, diesen Konflikt austragen zu müssen. Schon für den Eintritt in die dem 'wirklichen Leben' näher stehende Institution der Schule macht Hegel auf die typische Gespaltenheit des modernen Subjekts aufmerksam; die Formulierung verweist auf die Verschärfung der unterschiedlichen Erwartungsstrukturen im späteren Berufsleben:

"Es tritt nunmehr für den Menschen die zweifache Existenz ein, in welche sein Leben überhaupt zerfällt und zwischen deren in Zukunft härteren Extremen er es zusammenzuhalten hat. Die erste Totalität seines Lebens verschwindet; er gehört jetzt zwei abgesonderten Kreisen an, deren jede nur *eine* Seite seiner Existenz in Anspruch nimmt." (Nürnb. 350). Daß sich Familie gleichwohl als Enklave ganzheitlicher Liebesbindung (oder auch nur der 'vernünftigen Liebe') erhalten kann, liegt nach Hegel jetzt nicht daran, daß sie mit der Gesellschaft nichts zu tun

---

125 Vgl. Blaschke, a.a.o. S. 328
126 Blaschke, a.a.o. S. 327

hätte[127], sondern daß sie, zusammen mit den auf spezifischere gesellschaftliche Werte, Normen, Kompetenzen ausgerichteten Sozialisationsagenturen, die unverzichtbare Voraussetzung der Stabilisierung einer unabhängig gegenüber wechselnden Anforderungen organisierten Integration der Selbsterfahrung und -wahrnehmung abgegeben hat. Die schon bei der Diskussion der Geschlechterrollentypisierung wiedergegebene Stelle aus der Rechtsphilosophie, die das 'substantielle Leben' des Mannes "im Kampfe und der Arbeit mit der Außenwelt und mit sich selbst, so daß er nur aus seiner Entzweiung die selbständige Einigkeit mit sich erkämpft..." (Rphil § 166) verortet, reflektiert diese Vorstellung eines kompetenten Subjekts, das seine Identität über die gelungene Integration der disperaten Orientierungmuster gewinnt - die Gespaltenheit der Lebenswelt wird im Bewußtsein des Mannes überwunden und damit befriedet. Dazu gehört allerdings, daß das Binnenverhältis der Familie selbst in seinen typischen Interaktionen aus dem Konflikt herausgehalten werden kann, d.h. daß die Interaktionen innerhalb der Familie ihre dominant ganzheitliche Orientierung ausreichend konsistent behaupten. Strukturell ist diese Forderung mit der Beschränkung auf die Kleinfamilie erfüllt; der potentielle Konflikt wird durch die Auflösung der Familie zum Zeitpunkt des Erreichens der Geschäftsfähigkeit der Kinder (und der damit verbundenen Umstellung auf die strategische Perspektive des autonomen Warenbesitzers) gelöst. Vermieden wird dann nämlich das Problem, das 'Haupt der Familie' und die in die Vaterrolle integrierte Funktion des Versorgers sowie der erzieherischen Autorität durch die möglicherweise konkurrierende (und damit diese Stellung untergrabende) Gleichzeitigkeit der Berufstätigkeit von Vater und männlichem Kind im selben Familienverband zu belasten, die innerfamilial notwendig zu einer Gemengelage von partikularistischen und sachlich-ökonomischen Beziehungsdefinitionen führen müßte. Sichergestellt bleibt also, daß der Konkurrenzkampf immer außerhalb der Familie - zwischen den 'Familiensubjekten'- sich abspielt, während das Binnenverhältnis sich als 'Hort' eigentlicher Ganzheitlichkeit, nicht über den Markt vermittelter Interaktionen, wenngleich aber auch in deutlicher funktionaler Komplementarität dazu, erhalten kann. Die Kritik an der Hegelschen Harmonisierungsstrategie bei der Konzeptualisierung der Familie findet dann einen anderen Ansatzpunkt: Es ist nicht die Konzeption von Familie als einer gesellschaftfreien oder unabhängigen Sphäre - die gesellschaftliche Funktionalität der Familie wird explizit thematisch -, es ist das Vertrauen auf die Stabilität der Persönlichkeit des modernen Subjekts, dem die gesellschaftlichen Widersprüche zugemutet und angeblich folgenlos aufgebürdet werden können, das den analytischen Gehalt der Hegelschen Philosophie weit überzieht. Gegen die atomistischen Subjektkonstruktionen der Naturrechtslehre besteht Hegel auf der Einsicht in die gesellschaftliche Bedingtheit des Subjekts, die konkrete Emanzipation in dem Sinne bedeutet, als es an deren Ende den eigenen Bedingungszusammenhang nicht nur ohnmächtig erfährt, sondern auch bewußt festhalten, reflektieren kann. Es gewinnt damit jene Kompetenz, die von den Verhältnissen selbst Vernünftigkeit einklagt, die den Angriff auf die naturwüchsige Macht des Faktischen startet und sie dem menschlichen Überdenken, Planen, Konstruieren aussetzt - nicht aber ausliefert. Hegel begrenzt die praktische Seite der Emanzipation durch seine geschichtsphilosophischen Prämissen: das Subjekt kann planen, jedoch nicht verändern, d.h. die Distanz gegenüber dem rekonstruierbaren Bedingungszusammenhang eröffnet nicht die Chance des praktischen Zugriffs. Die Macht der Faktizität bleibt bestehen, während sich die Kompetenz des Subjekts im Verstehen dieser Präponderanz bis in die tiefsten Schichten der geschichtsphilosophischen Ableitung erschöpft. Der Mensch bleibt so letztlich ein ohnmächtiger Produzent seiner Verhältnisse, seine bewußteste Produktion ist die Rekonstruktion seiner Ohnmacht. Diese

---

127 Vgl. dazu nur allein die Bedeutung des Vermögens, des Einkommens des berufstätigen Mannes. Von der anderen Seite her, der Bedeutung der Familie für die bürgerliche Gesellschaft, äußert sich Hegel in § 255 Rphil eindeutig: "Heiligkeit der Ehe und die Ehre in der Korporation sind die zwei Momente, um welche sich die Desorganisation der bürgerlichen Gesellschaft dreht." Hier wird explizit eine Kompensationsleistung angesprochen, die die Familie gegenüber den depravierenden Erfahrungen in der bürgerlichen Gesellschaft übernimmt.

Fähigkeit zum großen verstehenden Entwurf, die kontemplative Zurücknahme des Bedürfniswesen Mensch im gebildeten Kulturwesen ist Freiheitsgarantie genug: Der schnöde Zwang der entsittlichten materiellen Reproduktion ist eingestellt und damit beherrscht durch die Expansion der verstehenden Perspektive. Das Subjekt löst in sich den gesellschaftlichen Widerspruch, indem es alles 'Besondere' und 'Partikulare' aus der philosophischen Totalen bewertet und damit relativiert, sich von seinem eigenen Interesse ideell ablöst. Der Mensch ist so Mitglied der bürgerlichen Gesellschaft und doch zugleich darüber hinaus, es spielt eine Rolle von der es sich in der Binnenperspektive soweit absetzen kann, daß es durch deren imperativische Ansprüche nicht mehr erreicht wird. Mit der Überschätzung der Subjektkompetenz steht Hegel nicht allein, auch Marx hat noch in seinen Frühschriften die Perspektive des Staatsbürgers gegenüber dem konkreten Interesse des homo oeconomicus ontologisch ausgezeichnet, und, wie er später selbst bemerkte, mit diesem überscharfen Schnitt durch die differenten Handlungsperspektiven, einem 'Kultus des abstrakten Menschen' angehangen. Deutlich werden sollte, daß die Struktur der Persönlichkeit hinter dieser Erscheinung des 'abstrakten Menschen' bei Hegel ein maßgeblicher Eckpfeiler für den Versuch darstellt, die isolierten Systemteile wieder harmonisierend zusammenzuzwingen: "... indem er (der Mann, L.S.) als Bürger die *selbstbewußte* Kraft der *Allgemeinheit* besitzt, erkauft er sich dadurch das Recht der Begierde und erhält sich zugleich die Freiheit von derselben." (Phän 337).

Wenn die Gesellschaft auch den Menschen notwendig an sich 'reißt', so bewahrt ihn doch der zum Überleben in ihr erforderliche Bildungsprozeß in Familie und Schule vor der Korrumpierung durch den versachlichten Produktionszusammenhang: Diese aus dem Bewußtsein des Bildungsbürgertums abgeleitete Freiheit eben sichert auch der bürgerlichen Familie die Resistenz der 'natürlichen Sittlichkeit', wie sie auf der anderen Seite gegen die Dynamik der bürgerlichen Gesellschaft die integrative Potenz des Staates belegen muß.

Zum Schluß dieses Kapitels will ich noch eine Stelle aus der Heidelberger Mitschrift von Wannenmann (1817/18) zitieren, die dokumentiert, daß auch Hegel da, wo er genau beobachtet, angesichts der unterschiedlichen Anforderungen der verschiedenen gesellschaftlichen Handlungssysteme unter denen sich jene beschworene Stabilität der Persönlichkeit unbeschädigt behaupten können muß, kaum verhüllte Zweifel kommen. Das familiale Binnenmilieu schafft nicht einfach nur den Raum zur Erfahrung der ganzheitlichen Anerkennung in der Liebe, zur Verwirklichung des natürlichen Altruismus in der familialen Gemeinschaft, die zum 'Wesen' des Menschen mit gehört, sondern sie wird dann unmittelbar unter ihrer kompensativen Funktionalität für die bürgerliche Gesellschaft analysiert: "... der Mann ist nach der Familie nur hingekehrt nach substantiellen Bedürfnissen. Die Frau muß dem Mann seine Bedürfnisse reichen, und des Mannes Gemüt muß bei der Frau, in der Familie erquickt werden, um stark für das Allgemeine wieder aufzutreten."[128] Offensichtlich überfordert der 'Kampf' mit der Außenwelt die integrative Leistungsfähigkeit der modernen Subjektstruktur - was gestärkt werden muß, war schon geschwächt -, deutlich soll die Funktionsfähigkeit des erwerbstätigen Mannes durch spezifisch familiale Leistungen wiederhergestellt werden: Die dysfunktionalen Effekte schlagen durch auf die familialen Interaktionen; Familie übernimmt, modern gesprochen, die Funktion des 'Spannungsausgleichs' angesichts der Polarität von privatem und öffentlichem Leben. Die Passage unterstreicht einmal mehr, wie differenziert Hegel die Interdependenzen von Familie und Gesellschaft anlegt; noch allerdings bleibt ihm die Familie intakt, auch wenn ihr behaupteter 'Selbstzweck' fragwürdig wird - die Probleme der Gesellschaft reichen jedenfalls schon erkennbar in sie hinein.

---

128 Mitschrift Wannenmann, Ilting, Hrsg., a.a.o. S. 98

Kapitel IV

Geschichte und Staat bei Hegel

1. Von der Vorgeschichte zur Geschichte - die Bedeutung von
   Herrschaft

Mit dem Staat ist die Abschlußfigur des Systemteils 'Sittlichkeit', d.h. die höchste Integrationsebene des in der Rechtsphilosophie entwickelten 'objektiven Geistes' erreicht. Seine Konzeption ist zugleich eines der umstrittensten Bestandteile der Hegelschen Philosophie überhaupt. Dies einmal, weil sie sehr konkrete Position in der verfassungstheoretischen Auseinandersetzung des Vormärz bezieht und von daher zu einer unmittelbaren Qualifizierung der politischen Intentionen Hegels herausfordert. Zum anderen, weil sie als Abschlußfigur auf einer immanenten Logik aufzuruhen behauptet, deren innere Konsistenz bezweifelt werden kann. Marx etwa hatte versucht, sich in der 'Kritik der Hegelschen Rechtsphilosophie' auf diese Logik konsequent einzulassen, um gerade die willkürliche, affirmative 'Unlogik' in der Ableitung der philosophisch ausgezeichneten Resultate zu erweisen und damit den grundsätzlichen Zugang idealistischer Systembildung zu denunzieren. Die Abschlußfigur trägt auch die Hypothek des Gesamtsystems, insofern sich an ihr die systematischen Defizite der philosophischen Deutungsperspektive mitteilen und, sozusagen in der Anwendung, offensichtlich enthüllen. Die Prämissen, unter denen gedacht wird, sind dann nicht nur nicht überzeugend entwickelt, sie werden selbst grundsätzlich prekär. Dieser Aspekt betrifft insbesondere die behauptete Dignität des in der Rechtsphilosophie ausgebreiteten Staatsverständnisses. Äußerungen wie " ... es ist der Gang Gottes in der Welt, daß der Staat ist..."; "Der Staat ist göttlicher Wille als gegenwärtiger, sich zur wirklichen Gestalt und Organisation einer Welt entfaltender Geist" (Rphil S. 418); "Man muß daher den Staat wie ein Irdisch-Göttliches verehren..." (ebd 434) unterstreichen in ihrer Verbindung mit den konkreten Ausführungen über die Verfassung des 'wirklichen Staats' die legitimatorische Potenz der hegelschen Philosophie und ihrer tieferen Deutungslogik.

'Staat' reduziert sich in der Kritik jedoch häufig auf den konkreten Staat der Rechtsphilosophie: Durch den Materialreichtum, mit dem Hegel in der Rechtsphilosophie den Staat ausbreitet, verführt, stolpert die Kritik über die ganz offensichtliche historische Bedingtheit seiner Staatskonzeption; mit ihr können die zeitgenössischen Verfassungen und die Verfassungstheorie verglichen werden, sie liefert ein präzises Resultat, an dem die behauptete Logik überprüft werden kann, sie legt die Grenze des Systems in ihren affirmativen Konsequenzen überdeutlich fest - der Staat der Rechtsphilosophie steht so offenkundig parteiisch in der Diskussion des Vormärz, daß eine tiefere Beschäftigung mit den Grundlagen der Hegelschen Staatskonzeption häufig ausgespart bleibt.
Eine genaue Analyse des rechtsphilosophischen Staats ist natürlich auch für die Absicht dieser Arbeit unverzichtbar; Hegels Philosophie soll ja explizit als ein mit seltener Konsequenz unternommener Versuch, sich auf Wirklichkeit einzulassen und sie in eine neue Gesamtdeutung zu bringen, verständlich gemacht werden. Es wird zu zeigen sein, wie sehr die Rechtsphilosophie tatsächlich eine Theorie des Staats seiner Zeit gewesen ist, wie sich in ihr deren große verfassungstheoretischen Probleme wiederspiegeln. Geklärt werden aber muß auch, und das vordringlich, die wesentlich breitere Grundlage der Hegelschen Staatskonzeption gegenüber dem nur

konkreten Endprodukt des rechtsphilosophischen Staats. Nur von einer Einsicht in diese Tiefendimension des Staatsbegriffs her läßt sich m.E. auch der mit Hegels Philosophie fast schon untrennbar verknüpfte Vorwurf der Staatsvergottung oder -vergötzung überdenken.

In der Einleitung zu seiner Geschichtsphilosophie wendet sich Hegel selbst ausdrücklich gegen die Verkürzung seiner Staatskonzeption auf eine spezifische Verfassungslehre. Er schreibt da: "Das geistige Individuum, das Volk, insofern es in sich gegliedert, ein organisches Ganzes ist, nennen wir Staat. Diese Benennung ist dadurch der Zweideutigkeit ausgesetzt, daß man mit Staat und Staatsrecht im Unterschiede von Religion, Wissenschaft und Kunst gewöhnlich nur die politische Seite bezeichnet. Hier aber ist Staat in einem umfassenderen Sinne genommen... Ein Volk also fassen wir auf als geistiges Individuum, und in ihm betonen wir zunächst nicht die äußerliche Seite, sondern nehmen heraus, was auch schon der Geist des Volkes genannt worden ist, d.i. sein Selbstbewußtsein über seine Wahrheit, sein Wesen, und was ihm selbst als das Wahre überhaupt gilt, die geistigen Mächte, die in einem Volk leben und es regieren." (Ver. 114)[1].
Der Staatsbegriff zielt also nicht auf ein schon dezidiert ausdifferenziertes politisches System - den später sogenannten 'politischen Staat' -, sondern erfaßt, wenn wir den spekulativen Hintergrund vorläufig einmal abschatten, weit grundsätzlicher den konstitutiven Zusammenhang einer Gesellschaft überhaupt. Rein formal wird so verständlich, daß Staat in der Rechtsphilosophie unter dem Aspekt des besonderen Entwicklungsstands der ihr zugeordneten Institutionen Resultat, bezogen aber auf die diesen Differenzierungsprozeß strukturierende gesellschaftliche Tiefendimension zugleich die Voraussetzung und das Medium desselben abgeben kann. Was sich hier gegenübersteht, ist einmal der moderne, 'wirkliche' Staat, der sinnvoll nur in Verbindung mit einer bestimmten Entfaltung der Produktivkräfte und Produktionsverhältnisse (wie immer auch die Determinante in diesem Prozeß bestimmt sein mag) beschrieben werden kann, der Hegel sogar an einigen Stellen auf eine enger soziologische Perspektive führt: "... ein wirklicher Staat und eine wirkliche Staatsregierung entstehen nur, wenn bereits ein Unterschied der Stände da ist, wenn Reichtum und Armut sehr groß werden und ein solches Verhältnis eintritt, daß eine große Menge ihre Bedürfnisse nicht mehr auf eine Weise, wie sie es gewohnt ist, befriedigen kann." (Ver. 207)[2], zum anderen eine noch gegen die Analyse der Moderne abgehobene und sie integrierende Geschichtsphilosophie, für die "der *Staat* überhaupt vielmehr das *Erste*, innerhalb dessen sich erst die Familie zur bürgerlichen Gesellschaft ausbildet..." (Rphil §256)[3] darstellt. Die hier zu diskutierende letzte Deutung ist bei Hegel unmittelbar mit dem Geschichtsverständnis selbst gekoppelt: 'Wirkliche Geschichte', so erklärt Hegel in der Einleitung in die Geschichtsphilosophie, fängt mit dem 'Staat' an, alles andere ist bloße 'Vorgeschichte'[4], also bloße Vorbereitung eigentlicher Geschichte, oder, in der Logik der angedeuteten Beziehung, Vorbereitung der Staatenbildung. Der Punkt, um den es hier zunächst geht, ist, diese Differenz aufzuklären, die die Vorgeschichte von der 'eigentlichen Geschichte' trennt, d.h. transponiert auf unser Problem: das Spezifikum 'staatlicher' Organisation in der Hegelschen Philosophie herauszuarbeiten. In welcher Hinsicht bleibt die Sozialform der Familie oder die Aggregation von Familien zu 'Völkern', die Hegel für die Vorgeschichte annimmt und die "ohne Staat ein langes Leben fortgeführt haben" (Ver. 163) können, gegenüber dem Staat noch defizient? Ein erster Hinweis auf den entscheidenden Unterschied ergibt sich aus dem von Hegel vorgetragenen Vergleich der archaischen Fami-

---

1 Vgl. auch ebd S. 129, S. 264
2 Vgl. auch ebd S. 208f, Rphil § 263 Zu,
  G.W.F. Hegel, Philosopie des Rechts, Hrsg. D. Henrich, Frankfurt/M. 1983, Nachschrift der Vorlesung von 1819/20, S. 209
3 Vgl. auch Enz III S. 171; Rphil § 182 Zu,
  D. Henrich, Hrsg., Hegel..., a.a.o., S. 208
4 Vgl. dazu Ver. S. 163

liensittlichkeit, der Bindungskräfte innerhalb der Familie, mit der sittlichen Qualität staatlicher Organisation: "Sie sind damit in einer Einheit des Gefühls, in der Liebe, dem Zutrauen, Glauben gegeneinander... Aber diese Einheit ist in der Familie wesentlich eine empfundene, innerhalb der Naturweise stehenbleibende. ... Aber der Geist des Staates ist von dieser Sittlichkeit ... verschieden. Er ist der Geist nicht in der Form der Liebe, der Empfindung, sondern des Bewußtseins, des Wollens und Wissens. Der Staat hat dies Allgemeine als eine Naturwelt vor sich; die Sitten erscheinen als eine unmittelbare Weise des sittlichen Seins. Aber zu einem Staat gehören Gesetze, und das heißt, daß die Sitte nicht bloß in unmittelbarer Form, sondern in der Form des Allgemeinen als Gewußtes da ist. Daß dies Allgemeine gewußt wird macht das Geistige des Staates aus."(ebd 118ff).[5]

Der Vergleich konzentriert sich auf die Gegenpole der im vorherigen Kapitel beschriebenen 'Naturweise', 'natürlichen Einheit' und dem 'Wissen des Allgemeinen'. Die Sozialformen der Familie als primäre Vergesellschaftungsform und auch noch die von 'staatenlosen Stämmen oder Völkern' basieren auf einer naturwüchsigen Ordnung, in die die einzelnen Mitglieder distanzlos integriert sind, d.h. die als Ordnung, als Regelsystem nicht erfahren, geschweige denn thematisiert werden können. "Familie ist eine natürliche Gesellschaft" einmal, weil sich die Mitgliedschaft natürlich vermittelt "und zum anderen, weil die Verhältnisse und das Benehmen der Mitglieder zueinander nicht sowohl auf Überlegung und Entschluß, sondern auf Gefühl und Trieb beruhen. Die Verhältnisse sind notwendig und vernünftig, aber es fehlt die Form der bewußten Einsicht. Es ist mehr Instinkt." (Nürnb. 245f). Beziehungen auf dieser elementaren Entwicklungsebene, die "über das Band der Blutsverwandtschaft hinausgehen" (Ver. 119), rekonstruiert Hegel entweder als Erweiterungen von Familienbeziehungen, als "Verbindungen von Familien" (ebd), d.h. als das Verwandtschaftssystem eines Stammes, das nach wie vor an natürlich vorgegebenen Beziehungsmustern haftet (in Hegels Terminologie: an der 'unorganischen Existenz des Geistes', ebd S. 162) oder aber als den nichtorganisierten, regellosen, d.h. asozialen Naturzustand[6]. Entscheidend an Hegels Auffassung des Naturzustands als einem "Stand der Roheit, Gewalt und Ungerechtigkeit" (Nürnb. 247) ist nicht die Abwesenheit von elementaren Regeln überhaupt, sondern deren vorkulturgeschichtliche, ausschließlich instinktdeterminierte, natürliche Verankerung: "Das Natürliche ist das Herrschende" (Nürnb. 247), von 'ungebändigtem Naturtrieb', 'unmenschlichen Taten und Empfindungen', 'stumpfen Empfindungen und rohen Trieben'[7] ist die Rede. Hegel unterstreicht dabei das Fiktionale der aufgegriffenen Naturzustandskonzeption - da wo sich die Wissenschaft tatsächlich empirisch auf den Nachweis primitiver menschlicher Lebensweise einläßt, können zwar "Zustände der Wildheit ... freilich" nachgewiesen werden, "aber sie zeigen sich mit den Leidenschaften der Roheit und Gewalttaten verknüpft und selbst sogleich, wenn sie auch noch so unausgebildet sind, mit gesellschaftlichen, sogenannten für die Freiheit beschränkenden Einrichtungen verbunden."(ebd 116). Wir müssen, soviel sollte zunächst nur klargeworden sein, die Differenz zwischen der Familie, bzw. den noch dominanten Naturformen innerhalb eines naturverständlichen Kontinuums und der Stufe der staatlich organisierten Existenzweise des Menschen, deutlicher markieren.

Übersieht man die in der Enzyklopädie ausgebreitete Systematik der Hegelschen Philosophie, schließt die Geschichte menschlicher Lebensformen an die Naturgeschichte an. Mit ihr manifestiert sich jedoch ein ganz entscheidender qualitativer Sprung: Metakategorial ausgedrückt impliziert diese Evolution den Übergang vom 'schlafenden Geist' in der Natur zum 'erwachten

---

5   "Die natürliche, auch zugleich religiöse Sittlichkeit ist die Familienpietät. Das Sittliche besteht in dieser Gesellschaft eben darin, daß die Mitglieder nicht als Individuen von freiem Willen gegeneinander, nicht als Personen sich verhalten."(ebd 162).
6   so der Übergang in der Jenaer Realphilosophie, Vgl. ebd S. 226
7   alle Zitate Ver. S. 117

Geist'[8] in einer sich gegen bloßen Naturzwang durchsetzenden geistig-kulturellen Welt. Bei der Diskussion von Arbeit und Anerkennung wurde gezeigt, daß Hegel Triebe, Instinkte, Affekte nur in definiertem Sinne 'aufgehoben' denkt, daß sie also nach wie vor wichtige Motive menschlichen Handelns abgeben und der Mensch immer auch Naturwesen bleibt. Gerade in der Einleitung zur Philosophie der Geschichte wird die Bedeutung der 'menschlichen Leidenschaften', der konkreten Antriebskräfte und Motive der empirischen Subjekte, noch einmal ausführlich bestätigt: Die metaphysische Potenz, die Hegel hinter der Weltgeschichte wirken sieht, findet ausdrücklich erst in der menschlichen Bedürfnisstruktur die Energetik ihrer Verwirklichung; ohne diese naturale Grundlage hängt das Reich der 'Ideen' in der Luft. "Die Gesetze, Prinzipien leben, gelten nicht unmittelbar durch sich selbst. Die Tätigkeit, welche sie ins Werk und Dasein (setzt), ist des Menschen Bedürfnis, Trieb, und weiter seine Neigung und Leidenschaft ..." (ebd 81).

Die spezifisch menschliche Lebensweise geht in ihrer naturalen Grundlage aber nicht mehr auf, sie entwickelt sich in der praktischen Auseinandersetzung mit der widerständigen äußeren Natur und rückbezüglich der eigenen Naturhaftigkeit: Zunehmende Herrschaft über Natur und die Selbstdomestikation der eigenen Triebstruktur sind für Hegel konstitutive Entwicklungslinien in der Heraussetzung der geistigen Welt. "Sowie der Mensch als Mensch auftritt, steht er im Gegensatze zur Natur; dadurch wird er erst Mensch"(ebd 218)[9] - das Maß dieser Distanz definiert die Qualität seines Menschseins. Wenn also Instinkte, Triebe für das 'Bedürfniswesen' Mensch ihre Bedeutung haben und seine Lebensformen entscheidend mitstrukturieren, so betont Hegel doch zugleich, daß diese Feststellung alleine völlig unzureichend bleibt: Der unmittelbare oder totale Anschluß an Natur ist gerade verloren - der Gegensatz zu Natur ist Definiens, d.h. aber, daß die Vermittlungsformen von Mensch und Natur nicht festgelegt sind, sondern selbst erst organisiert werden müssen. Der Mensch hat so Bedürfnisse, Leidenschaften etc., die auf Befriedigung drängen und dem menschlichen Organismus Aktivitäten ultimativ abverlangen, die Befriedigung selbst ist aber nicht blind-mechanisch oder instinktiv gesichert: Sie erfordert, das wird von Hegel klar herausgestellt, einen kompetenten Umgang mit der potentielle Befriedigung bereithaltenden Außenwelt, kontrolliertes, planvolles, d.h. aber selbstreferentielles oder bewußtes Handeln. Hegel leitet aus dieser Einsicht sein Verständnis der von bloßem Verhalten scharf abgegrenzten Arbeit als einem elementaren Konstitutionsprinzip spezifisch humanen Daseins ab: Anders als die Stoffwechselprozesse in der Natur, als die alternativelose naturale Fixierung tierischen Lebens, die nicht mehr als die "gleichförmige Wiederholung derselben Weise der Existenz" (ebd 153) zulassen und wo alle Höherentwicklung sich selbst verdeckt bleibt, organisiert menschliche Arbeit eine dynamische, offene (gleichwohl teleologisch gebundene) Beziehung, in der Erfahrungen nicht nur einfach gemacht und in der immer gleichen Weise an natürlich vorgegebene Schemata angeschlossen werden, sondern einen permanent rückgekoppelten, selbstreflexiven, evolutionären Lernprozeß strukturieren[10]. In diesem Lernprozeß verändern sich als komplementäre Entwicklungsebenen das Verhältnis gegenüber äußerer Natur, das Verhältnis des Menschen zu sich selbst und sein Verhältnis zu anderen Menschen. Die Untersuchung der Tiefendimension des Hegelschen Staatsbegriffs verbindet sich mit der Vorstellung von diesem elementaren Prozeß der Veränderung. Der für menschliches Sein diagnostizierte Gegensatz zur Natur, die postulierte Freiheit von bloßem Naturzwang, meint die prinzipielle Substituierung blind-naturwüchsiger durch geistig-kulturell aktualisierte soziale Verkehrsformen. Noch einmal sei hierzu eine grundsätzliche Aussage zitiert: "Nach der Schöpfung tritt der Mensch auf, und er bildet den Gegensatz zur natürlichen Welt; er ist das Wesen, das sich in die zweite Welt erhebt. Wir haben in unserem allgemeinen Bewußtsein zwei Reiche, das der Natur und das des Geistes. Das Reich des Geistes ist das, was von den

---

8   Vgl. z. B. Enz III § 384 Zu)
9   Vgl. Ver. S. 50
10 Vgl. Ver. S. 153f

164

Menschen hervorgebracht wird." (ebd 50). Bevor der Prozeß dieser 'geistigen' Evolution genauer abgehandelt wird, muß noch einmal die Einschränkung, unter der er steht, angegeben werden. Hegel verwendet seine Begriffe mit Bedacht: es heißt hier 'hervorgebracht' und nicht 'gemacht'. Entsprechend korrigiert Hegel, folgt man der von Wannenmann angefertigen Vorlesungsmitschrift der Rechtsphilosophie, die starke Aussage: "Der Staat ist Einrichtung menschlicher Willkür" sogleich durch die Einschränkung: "Der Staat besteht durch göttliche Autorität, Obrigkeiten sind von Gott eingesetzt. ... Beides ist einseitig. Die Idee des Staates vereinigt beide Prinzipien in sich."[11] Die Geschichte menschlicher Produktivität ist also, aus der Distanz des Philosophen betrachtet, kein autonomer Prozeß, er bleibt eingebunden in eine vorgeordnete Substanzlogik, bezogen auf eine Metaebene, die ihr die substantielle Begründung und ihren materialen Richtungssinn vorgibt. Es ist klar: Geschichte wird über dieses Verfahren in die traditionale Logik der Deutung von Welt und Wirklichkeit wieder eingeholt. G. Dux[12] hat sich ausführlich mit der gegenseitigen Mediatisierung von Historizität und metaphysischer Logik in der Hegelschen Philosophie auseinandergesetzt und die hieraus hervorgehenden Verspannungen als Ausdruck einer grundlegenden Transformation in der Begründungsstruktur des 'Denkens' menschlicher Wirklichkeit analysiert. Ich möchte im folgenden den Schwerpunkt jedoch auf die inhaltlichen Anforderungen legen, mit denen Hegel die Verpflichtung des Denkens auf die traditionale Logik explizit begründet. Dem Zwangskorsett der umfassenden Metatheorie und ihrer substanzlogischen Begründungsfigur kann durchaus ein positiveres Moment abgewonnen werden. Hegel betont sie an dieser Stelle, um ein verkürztes Verständnis menschlicher Autonomie, Freiheit zu kritisieren. Im Hintergrund dieser Kritik stehen die mit der veränderten Selbsterfahrung des Menschen in der Neuzeit einhergehenden Staats- und Gesellschaftskonzeptionen, in denen sich der Mensch angesichts der in Fluß geratenen Verhältnisse seines geschichtlichen Standorts neu zu versichern suchte und eine Neubegründung der unter ein Legitimationsdefizit geratenen Gesellschaftsordnung verlangte. Exponierter Reibepunkt ist für Hegel dabei die Naturrechtslehre vom Gesellschaftsvertrag. Die unhistorische Aufnahme der Subjektautonomie, in Verbindung mit der gesehenen Verantwortung des Menschen für seine Verhältnisse, macht gesellschaftliche Ordnung zu einer scheinbar freien und beliebigen Entscheidung der versammelten Vertragspartner; prinzipiell jede Form, über die nur irgend Übereinstimmung erzielt werden könnte, scheint machbar. Als unmittelbar historischer Ausdruck dieser neuzeitlichen Omnipotenz des Subjekts gilt Hegel, wie schon gezeigt, der Anspruch der französischen Revolutionäre: Die Welt wird 'auf den Gedanken gestellt', sie wird abstrakt konstruiert, eine künstliche Welt wird um das autonome Subjekt herum gezimmert. Die Defizite des Verfahrens stellen sich für Hegel unweigerlich ein: Wo prinzipiell alle Ordnung möglich, alles Bestehende im Denken verflüssigt werden kann, bleibt letztlich keine mehr haltbar. Chaos, Anarchie und im Gegenzug Terror und Despotie, d.h. die dann nur offen repressive Chance der Stabilisierung von Ordnung, sind die notwendigen und gefürchteten Konsequenzen. Auch Hegel bestätigt den Ansatzpunkt des modernen Naturrechts, die Autonomie des Subjekts. Sie ist strukturell angelegt in dem Spezifikum menschlichen Daseins, sich in tätigem Gegensatz zu blindem Naturzwang evolutiv aufzubauen. Autonomie aber wird erst als Resultat dieses Aufbauprozesses geistig konstruierter Lebensformen und der über ihn gewonnenen Distanz gegenüber Natur konzediert. Damit kann der Prozeß selbst und die geschichtlichen Formen, über die er sich durchsetzt, nicht eine schon immer bewußte Produktion verständiger Subjekte sein: Bewußte oder planvolle Produktion der Lebensverhältnisse setzt frühestens mit dem entfalteten Bewußtsein kompetenter Subjekte ein. Wenn dieses Bewußtsein aber nicht apriorisch vorausgesetzt werden kann, steht es unter den Bedingungen seiner Ausbildung - es kann aus seiner Entstehungsgeschichte nicht heraustreten und d.h. es ist nicht mit beliebigen Entwürfen gesellschaftlicher Ordnung vereinbar, sondern material

---

11   D. Henrich, Hrsg., Hegel..., a.a.o., S. 211
12   Vgl. Dux, 'Stukturwandel der Legitimation', Freiburg/München 1976, S. 219 ff

auf einen konkreten gesellschaftlichen Kontext bezogen. Hegel analysiert Subjektautonomie deshalb auch erst als vollkommen realisiert im 'modernen' Staat, also im Zusammenhang der ausdifferenzierten bürgerlichen Gesellschaft. Naturrechtstheorien haben an den apriorischen Bestimmungen der 'Natur' des Menschen einen absoluten Maßstab zur Bewertung der Vernünftigkeit einer gesellschaftlichen Situation. Diese Bestimmungen zielen grundsätzlich auf die Begründung von Herrschaft und schärfen damit, indem sie es thematisch machen, das Bewußtsein von der Machbarkeit der Verhältnisse, auch wenn sie sie nachdrücklich bestätigen. Denn keine Ordnung ist dann allein deswegen legitim, nur weil sie ist. Dieses kritische Potential steht so sehr im Vordergrund, daß es häufig die Schwäche der Konstruktion verdeckt. Hegel geht tiefer, er greift die statischen Positionen des Naturrechts in ihren unhinterfragten Prämissen an. Bei ihm zeigt sich die 'Natur' (Natur als 'Wesen' des Menschen) offen erst als historisches Realisat. Sie ist nicht unmittelbar aus einem vorgegebenen Naturbegriff abzuleiten. Die o.a. Zitate haben vielmehr gezeigt, daß eine solche Bestimmung notwendig defizient bleiben muß - in der 'endlichen Geschichte' zurückgegangen, bleibt nur festzustellen, daß die angesprochene 'erste Natur des Menschen' sein "unmittelbares, tierisches Sein" (ebd 161) ist. Die Theorie muß den Zusammenhang klären, der zwischen dieser naturalen Ausgangslage der 'tierischen Menschlichkeit' (ebd) und der 'wahren Natur' des Menschen liegt, d.h. die für den Endpunkt behauptete 'Vernunft', weil sie ja im anthropologisch gesehen gleichen Menschen konvergiert, muß als Entwicklungsprozeß eben dieses Menschen eingeholt werden. Damit bekommt Geschichte für die Philosophie erstmals ein systematisches Interesse: Die behauptete Evolution zur Vernunft verlangt die Verifikation an der Geschichte. Geschichte aber, eingespannt zwischen den skizzierten Polen, kann dann nur auf der Folie menschlicher Praxis rekonstruiert werden, als Arbeitsprozeß, in dem die Menschen ihre naturale Ausgangslage transformieren und sich zu jenem 'geistigen Reich' erheben, von dem, im Gegensatz zum blinden Naturleben, die Rede war. Dabei eröffnet sich das angesprochene Problem: Es ist nach den Erfahrungen der Neuzeit kein anderer Akteur der Geschichte mehr auszumachen als der Mensch selbst. Das Wissen aber um die eigene Täterschaft ist selbst nur geschichtlich eingelöst denkbar - mit entsprechenden Konsequenzen für die reflexive Qualität seines 'Tuns' - das Subjekt und die Struktur seiner Selbstwahrnehmung verändert sich in der Geschichte oder: Geschichte ist auch eine Geschichte der Entwicklung menschlicher Subjektivität, ist 'Fortschritt im Bewußtsein der Freiheit', wie es in der Philosophie der Geschichte heißt[13]. Was unter dieser Voraussetzung dann rekonstruiert werden muß, ist die 'immanente Logik' in der Geschichte vom Ausgang 'tierischer Menschlichkeit' zum autonomen Subjekt und der ihm korrespondierenden Herrschaft über Natur, sowie dem ihm zugehörigen Entwicklungsstand der gesellschaftlichen Verhältnisse. Es gibt mit dieser Beschränkung auf das empirische Material zunächst, d.h. hypothetisch, keinen anfänglichen Willen, der den ganzen Prozeß anstößt, keinen intentionalen Richtungssinn in der Geschichte. Nicht nur die teleologisch eingebundenen Fragen nach dem 'Wozu', dem 'Zweck' einer als gegeben angenommenen Erscheinung in Natur und Sozialwelt, sondern auch die Frage nach dem 'Wie', nach den genetischen Zusammenhängen innerhalb eines konturierten geschichtlichen Raums, gewinnt an Bedeutung und übernimmt zunehmend die Beweislast für die Gültigkeit einer Behauptung. Dieser Zugang bleibt aber eben nur hypothetisch, d.h. ein bewußter Verzicht auf das an sich gültige Vorverständnis zum Zwecke des 'Beweisens' einer gerade nicht materialistisch konstituierten Welt. Der Richtungssinn von Geschichte ist also für den kompetenten Betrachter selbstverständlich 'wirklich': Die eigenen Verhältnisse 'machen' heißt, nach der Einsicht in das Spezifikum menschlichen Daseins, sich als Subjekt in einem Arbeits- oder Bildungsprozeß selbst erst historisch ausbilden zu müssen, sie notwendig nach einem vorgegebenen Plan zu gestalten. Wenn eine Logik der Entwicklung vorliegt, so verweist sie auf einen vorgeordneten Plan, an dem sich die Vernünftigkeit des Vorgangs legitimiert. Nicht nur die Entstehung eines Geschöpfes, das Natur notwendig transzen-

---

13 (Ver. 63)

dieren muß, dessen Lebensformen sinnhaft, geistig organisiert sind, sondern auch die naturalen Voraussetzungen, das System der Natur selbst, ihr unterstellter innerer Richtungssinn verlangen dann eine Erklärung, die sie programmatisch vorwegnimmt. Das Absolute steht für das Unvermögen ein, den Überstieg von der Natur in die Kulturgeschichte befriedigend nachvollziehen zu können. Das ist keine Frage nur der Wahl des Paradigmas der Deutung von Geschichte, sondern auch des erarbeiteten Wissens über den qualitativen Umschlag an dieser entscheidenden Trennlinie - das Paradigma hängt an der Kompatibilität mit dem verfügbaren Wissen. Bei dem noch defizitären Wissensstand ist der betonte Rückgriff auf eine traditionale Erklärstruktur ein konsequenter Schritt; er bestätigt sich überzeugend an der realen Verlegenheit, eine konsistente, auf wirkliche Geschichte anwendbare Theorie des Aufbaus der menschlichen Lebenswelt als menschlicher Geschichte mit dem Wissensvorrat der Zeit, d.h. ohne daß der Nexus zwischen Natur- und Kulturgeschichte schon ausreichend transparent geworden wäre, begründen zu müssen. Ein solcher Versuch, das haben die naiven Konzeptionen der Naturrechtslehre gezeigt, steht noch auf tönernen Füßen und ist in seiner verdeckten Begründung nicht minder metaphysisch, sondern nur weniger problembewußt. Die Theorie muß damit zurechtkommen, daß Geschichte nicht bruchlos auf das Handeln kompetenter Subjekte überführt werden kann, sondern daß dieses Handeln strukturierende Institutionen, Gesetzmäßigkeiten, Bedingungen begründet, die als äußere Macht, als unhintergehbare Gewalt, den schon ausgerufenen Produzenten 'Mensch' zugleich selbst in die Rolle des 'Produkts' zurückstufen. Gerade das problembewußt gewordene historische Denken weiß um diese Differenz und muß so aus der unzureichenden Einsicht in die Konstruktionsprinzipien menschlicher Wirklichkeit mit einer gewissen Folgerichtigkeit bei einer dem Subjekt vorgeordneten gesellschaftlichen Entität und deren reflektierter Ableitung ansetzen: Sie beginnt ihre Fragen genauer zu orientieren, wird aber ob der ungenügenden Antwort auf die intentionale Erklärung erneut und deutlicher zurückgeworfen. Ein Fortschritt liegt dann in der neu konturierten Transparenz dieser Erklärung, die damit mit dem neuen Wissen in eine grundsätzliche Kritik verwickelt werden kann.

Die Verantwortlichkeit des Menschen wird entsprechend zunächst wieder eingeengt: Der Mensch ist nur uneigentlicher Akteur der Geschichte. Er bleibt zwar einzig konkret benennbarer Produzent, aber er produziert nach einem höheren Telos, er 'bringt' die vernünftigen Verhältnisse nur 'hervor' im Sinne der Entfaltung einer vorgeordneten Idee. Philosophische Erkenntnis schneidet deshalb alle Scheinerklärung des Entwicklungsprozesses, alle 'bei-her-spielenden' Gestaltungen desselben als ein 'Faules' (ebd 78) weg und hebt zur entscheidenden Einsicht, "daß die Weltgeschichte nichts anderes darstellt als den Plan der Vorsehung, Gott regiert die Welt; der Inhalt seiner Regierung, die Vollführung seines Plans ist die Weltgeschichte, diesen zu fassen ist die Aufgabe der Philosophie der Weltgeschichte und ihre Voraussetzung ist, daß das Ideal sich vollbringt, daß nur das Wirklichkeit hat, was der Idee gemäß ist."(ebd 77).

In den voranstehenden Kapiteln wurde die Überlagerung des geschichtlichen Prozesses in eine, wie es Marx in der 'Kritik des Hegelschen Staatsrechts' ausgedrückt hat, 'doppelte Geschichte, eine esoterische und eine exoterische'[14] - also eine den Prozeß überwölbende teleologische Metaperspektive und eine ihn pragmatisch als Arbeitsprozeß des empirischen Menschen rekonstruierende Geschichtsbetrachtung -, ohne weitere Problematisierung einfach als gegeben unterstellt. Das Problem des 'Machens' von Geschichte lieferte jetzt einen Einblick in die grundsätzlichen Schwierigkeiten, mit denen sich Geschichtsphilosophie in der Neuzeit konfrontiert sah und die ihr anders als über die Revitalisierung einer noch selbstverständlichen teleologischen Konstruktionsfigur nicht lösbar schien. Die Fixierung des Menschen als einem Produzenten seiner Verhältnisse, nach dem Versagen der traditionalen metaphysischen Stabilitätstheoreme (man denke an die Abrechnung Voltaires mit Leibnitz in Candide), lenkte den Blick auf die Bedingungen dieser Produktion und die innere Logik des Produktionsprozesses. Im Ergebnis transponierte

---

14 MEW Bd I S. 206

die Konzentration auf das geschichtsmächtige Wirken des Subjekts das metaphysische Moment immer mehr aus der unmittelbaren Verzahnung mit konkreter Lebenswirklichkeit an den Anfang der zu erfassenden Bewegung der Geschichte selbst. Ohne daß sich die Logik der Erklärung selbst prinzipiell geändert hätte, differenzierte sie sich von der inhaltsschweren Gemengelage der vorneuzeitlichen Metaphysik zum nunmehr regulativen Prinzip eines als Geschichte erfahrbaren Entwicklungsprozesses. Der metaphysische Restbestand bleibt für die Theorie solange unverzichtbar, als es noch nicht gelingt, Natur- und Kulturgeschichte befriedigend aufeinander zu beziehen, bzw. die Kulturgeschichte in ihrer autonomen Entwicklungslogik - zumindest in den Grundzügen - zu rekonstruieren. Das oben mit dem 'Machen' der Geschichte angesprochene Problem stellt dabei die größten Anforderungen an die Konstruktionsversuche; erst die Lösung dieses scheinbaren Paradoxons, daß Menschen ihre Geschichte zugleich machen und nicht machen, d.h., daß der Erfahrung eines kompetenten bürgerlichen Subjekts die Erfahrung eines übermächtigen historischen - 'objektiven' - Prozesses gegenübersteht, verspricht einen Ausweg. Auch wenn der Mensch als Produzent der geschichtlichen Entwicklung zugegeben wurde, blieb die Tatsache, daß der größte Teil der bisherigen Geschichte dieser Produktion unbewußt oder blind - naturwüchsig - verlaufen war, eine derart dominierende Erfahrung, daß der Rückgriff auf spekulative Erklärungen zur Sicherstellung des Anschlusses des 'Zeitalters der Vernunft' an die grauen Vorformen naturwüchsiger Umwälzung selbstverständlich war. Das 'Machen' der Geschichte beschränkt sich dann auf die Anerkennung der Rolle des geschichtlichen 'Täters', der, getrieben von inflationierenden Bedürfnissen, von Leidenschaften und Geltungsdrang eine bedingte Verantwortung für die besonderen Modalitäten und den benötigen Zeitraum des historischen Ablaufs übernimmt. Allein, die Rolle des 'Lenkers' oder 'Planers' von Geschichte überfordert das menschliche Subjekt, sie kann nur einem nach vorne in den Anfang der historischen Bewegung verschobenen Subjektpol zugemutet werden, der in so unterschiedlichen Formen wie der 'Vorsehung' (Vico)[15], der 'invisible hand' (Smith), des göttlichen Logos oder eben des absoluten 'Werkmeisters'(Enz I § 8) den prinzipiellen Ablauf der Geschichte festlegt und organisiert: "Der große Inhalt der Weltgeschichte ist aber vernünftig und muß vernünftig sein; ein göttlicher Wille herrscht mächtig in der Welt und ist nicht so ohnmächtig, um nicht den großen Inhalt zu bestimmen. Dieses Substantielle zu erkennen, muß unser Zweck sein; und das zu erkennen muß man das Bewußtsein der Vernunft mitbringen, keine physischen Augen, keinen endlichen Verstand, sondern das Auge des Begriffs, der Vernunft, das die Oberfläche durchdringet und sich durch die Mannigfaltigkeit des bunten Gewühls der Begebenheiten hindurchringt."(Ver. 32). Es gibt eine Vernunft in der Geschichte, das ist, so Hegel, der leitende Gedanke, den der Philosoph schon apriorisch an Geschichte heranträgt - die 'Idee' des Ganzen wird, eingeschlossen in den selbsttätigen Anfang, vorausgesetzt[16]. Alles weitere ist derart eine Emanation dieser ursprünglichen Potenz: Das Resultat ist virtuell im Anfang vorweggenommen, eine Konsequenz, die Hegel an vielen Stellen mit der Wahl biomorpher Metaphern anschaulich umschreibt. Hegel hat den totalen Anspruch eines derart konstruierten Absoluten thematisch gemacht wie kein Denker vor ihm, sein ganzes System wird beherrscht von dieser Logik, ist überhaupt nur System in der Orientierung auf sie als ihr eigentliches Gravitationszentrum. Der metaphysische Überbau als solcher verliert sich aber mit zunehmender pervasiver Potenz - sein System sei panlogistisch lautet eine bekannte Charakterisierung - in der Anonymität: Das Absolute wird, je schärfer es fixiert werden muß, selbst immer mehr zum uneigentlichen Subjekt, d.h. es verliert seine mythische Stofflichkeit und reduziert sich auf die Funktion eines regulativen Prinzips. Dem steht auch der scharfe Widerspruch Hegels gegen eine derartige Qualifizierung nicht entgegen. Denn die ausweglose Konsequenz, mit der sich das Absolute am endlichen Material der Geschichte identifizieren lassen muß, bringt es um jegliche materiale Eigenständig-

---

15 Vgl. auch Ver. S. 39ff
16 Vgl. ebd S. 32

keit: Die philosophische Konzeption kann kein Reich des Idealen gegen das Endliche mehr abschotten, sondern ist gezwungen, die Idealität des (oder besser im) Endlichen aufzuzeigen; sie beginnt unweigerlich damit dem idealistischen Überbau das Wasser abzugraben.

Hegels Intention zielt dabei freilich auf das Gegenteil, er will das Absolute gegen dessen Destabilisierung durch das veränderte Wissen und den veränderten Umgang mit Natur und Sozialwelt ja erneut und diesmal endgültig bestätigen. Die Präponderanz des Allgemeinen ist zentraler Kulminationspunkt der Theorie, aller Durchgang durch Naturgeschichte und Kultur- oder Weltgeschichte bleibt, von der Logik der Konstruktion her gesehen, eine Zwischenstufe im Prozeß der Endfigur einer rein ideellen Selbstvermittlung des 'absoluten Geistes'. Unter diesem Blickwinkel hat sich nur die systematische Stellung des sogenannten 'Endlichen', nicht aber dessen Status gewandelt: Es wird nicht gleich als unwesentlich auf die Seite gesetzt, sondern Hegel läßt sich auf z.B. das endliche Material der Geschichte ein, aber nur um an ihm vorgeblich sein eigentlich 'wahres Wesen', sein geistiges 'Anderssein' zu demonstrieren[17]. Das Endliche, die materielle Welt, ist nur als von einem vorgeordneten Absoluten her inspiriert denkbar, das systematische Interesse zielt denn auch auf die Aufklärung der Vermittlungsformen zwischen den differenten Ebenen, und zwar auf

a) den Nachweis der logischen Notwendigkeit einer 'Materialisierung' des Unendlichen in Analogie zu dem an die Erfahrungen mit der Objektwelt rückgekoppelten Aufbau des Subjektbewußtseins,

b) aber im Kern der Konzeption auf die Einsicht in die Aufhebung des 'Endlichen' im 'Unendlichen', also auf die gegenläufige Vermittlung der materiellen Welt im vorgeordneten Absoluten. Die idealistische Stoßrichtung deutet das sogenannte 'Endliche' als substantiell bezogen auf sein 'wahres Anderes', seine geistig-ideelle Qualität, und läßt so keinen Zweifel an der Präponderanz des metaphysischen Prinzips. Hegel, so schreibt G. Dux, orientiert sich an dem "uralten Trick des Verfahrens: Das, was ist, muß mit seinem Ursprung vereint, das endliche Geschehen als Ausdruck des Unendlichen begriffen werden."[18] Wenn so auch außer Frage steht, daß Hegel in seltener Konsequenz ein durch und durch spekulatives System aufspannt, trifft doch die betonte Hypostasierung des Metaphysikers Hegel gegen die vorschnelle Vereinnahmung seiner Philosophie etwa durch die Interpretation Fr. Engels im 'Antidühring' auch nur die halbe Wahrheit. Zwar müssen die inneren Möglichkeiten des Systems scharf von der verfolgten Intention unterschieden werden, allein, sie geben doch entscheidende Hinweise auf die anspruchsvolle Qualität, unter der sich die Wirklichkeit der Theorie nunmehr präsentiert. Die Theorie steht jetzt deutlich unter Begründungs- bzw. Beweiszwang. Das muß noch lange keine Ablösung der alten Verarbeitungslogik implizieren, verstärkt aber insgesamt das Gewicht nichtspekulativer Erklärung. Die idealistische Metaphysik bleibt gleichsam subsidiär, sie setzt oberhalb des historisch veränderten Wissens an und versucht, dasselbe durch Integration in den spekulativen Rahmen zur eigenen Rechtfertigung zu instrumentieren. Die Komplexitätszunahme und Differenzierung idealistischer Theoriebildung und praktischen Wissens auf beiden Seiten sind somit komplementäre Entwicklungen, sie kennzeichnen das Problem, eine historisch bewährte Form der Deutung unter veränderten Bedingungen praktischer Kompetenz behaupten, zugleich aber auch nicht hinter den erreichten Stand dieser Kompetenz zurückfallen zu wollen. Die

---

17 Vgl. dazu den Übergang vom Sein zum Wesen in der Logik und in der Enzyklopädie I
18 G. Dux, Strukturwandel, a.a.o., S. 219. Vgl. dazu Logik I S. 70 Ich zitiere noch eine illustrierende Stelle aus Hegels Enzyklopädie: "Der Geist hat für uns die Natur zu seiner Voraussetzung, deren Wahrheit und damit deren absolut Erstes er ist. In dieser Wahrheit ist die Natur verschwunden, und der Geist hat sich als die zu ihrem Fürsichsein gelangte Idee ergeben..." (Enz III § 381). Und: "Der Sinn der Erhebung des Geistes ist, daß der Welt zwar Sein zukomme, das aber nur Schein ist, nicht das wahrhafte Sein, nicht absolute Wahrheit, daß diese vielmehr, jenseits jener Erscheinung nur in Gott ist, Gott nur das wahrhafte Sein ist." (Enz I § 50).

spekulative Erklärung konkurriert dann nicht mehr unmittelbar mit dem verfügbaren Wissen, sondern schmiegt sich an dasselbe an, indem sie nur dessen blinde Stellen besetzt, sich ansonsten aber vor den elaborierten Ableitungszusammenhang zurückzieht und ihn erst von einer dezidiert metakategorialen Perspektive aus idealistisch einholt. Wie immer man dann auch den - zugegebenermaßen großen - Restbestand krud spekulativer Interventionen bei der theoretischen Organisation des empirischen Materials bewerten mag, fest steht, daß die Aufnahme des 'Endlichen' als einen berechtigten Erkenntnisgegenstand, dessen immanente 'sinnvolle' Organisation, d.h. dessen eigene Gesetzmäßigkeiten nicht nur als Ausdruck, sondern als Beleg des göttlichen Logos expliziert werden können[19], eine entmystifizierende oder antimetaphysische Tendenz verstärkt. Der spekulative Rahmen legitimiert sich selbst erst durch den Nachweis eines aus dem Zusammenhang von Natur und menschlicher Wirklichkeit für sich sprechenden Sinns. Mit der Verengung des Blickwinkels auf den Metaphysiker Hegel und der Betonung des spekulativ-konstruktivistischen Moments, so etwa bei E. Topitsch, verschließt sich die Einsicht in diesen tieferen Widerspruch seiner Philosophie. Die Geschichtsphilosophie liefert dafür ein anschauliches Beispiel: Wohl, erklärt Hegel eingangs, stelle die Weltgeschichte nicht mehr als ein 'Abbild des Urbildes' (Ver. 30) der absoluten Idee dar, allein, wenn es darum geht inhaltlich aufzuzeigen, was 'Geist' essentiell ausmacht, wie sich 'Geist' aktualisiert, ist dies konkret nur am Abbild zu demonstrieren. Entsprechend bewahrheitet sich die apriorische Voraussetzung eines der Geschichte vorgelagerten Vernunftprinzips erst im genauen Nachweis der immanenten Vernunft geschichtlicher Veränderung, d.h. an der inhaltlich im Geschichtsverlauf festzumachenden Entwicklungslogik[20]. Die oben angesprochene geschichtsrelevante Arbeitsteilung zwischen einem für das 'Programm' des historischen Prozesses zuständigen metakategorialen Subjekt und den aus dieser Perspektive nur für den blinden Vollzug einer schon ohne sie 'an sich' fertigen Idee zuständigen empirischen Menschen affiziert eben beide Seiten: Die menschliche Produktion wird überlagert durch ein metakategoriales Telos, die konkreten Subjekte degenerieren zu bloßen 'Akzidenzen' einer übermächtigen Gewalt, andererseits bindet sich auch das 'Geistsubjekt' notwendig an menschliches Handeln als dem entscheidenden Medium seiner Realisation - und hat damit letztlich mehr zu verlieren.

Doch zurück zum Hegelschen Staatsbegriff: Die Unterscheidung zwischen 'Machen' und 'Hervorbringen' der Geschichte hat die kategoriale Stellung des empirischen Menschen im Hegelschen System beleuchtet: Der Mensch und seine Produktion sind ein 'unselbständiges', ein wesentlich auf ein übergeordnetes Subjekt bezogenes Medium dessen Offenbarung. Diese betonte Revitalisierung einer der aktuellen Erfahrung der Neuzeit widersprechenden Logik der Erklärung war paradoxerweise mit durch das an der Kritik der Naturrechtstheorien theoretisch geschärfte Bewußtsein über die Geschichtlichkeit menschlichen Daseins erneut bestätigt. Es war die offensichtliche Veränderbarkeit gesellschaftlicher Ordnung, die Erfahrung der Macht des zunehmenden Wissens, die verfeinerte Selbsterfahrung, die auf die Frage nach den Bedingungsfaktoren und der Entwicklungslogik der geschichtlichen Bewegung geführt hatte. Konsequent weiter gedacht, ergab sich die Schwierigkeit, den Menschen in seiner ambivalenten Stellung als Produzenten und als Produkt dieser Bewegung zugleich zu deuten. Dieses Problem verdichtete sich insbesondere bei der Rekonstruktion der geschichtlichen Ausgangslage: Es war nicht auszumachen, wie die geschichtliche Bewegung angestoßen wird, es gab an der Bruchstelle weder ein fixierbares Subjekt noch einen diesem korrespondierenden Gegenstandsbereich zwischen denen eine Bewegung im Sinne eines beide verklammernden Arbeitsprozesses denkbar gewesen wäre - die Lücke zwischen Natur- und Kulturgeschichte war nicht zu schließen. Die spekulative Interpreta-

---

19 Und dies möglichst exakt: ein Impetus, der mit der zunehmenden Überzeugungskraft zugleich die eigentliche
    Intention torpediert!
20 Vgl. ebd S. 30

tion erklärt hier zwar nicht mehr, entlastet aber vorläufig, d.h. solange diese Logik nicht selbst der Kritik verfällt, von der ständigen Provokation der Theorie durch ihre blinden Stellen. Denn wenn sich der historisch aufgenommene Zustand als Resultat einer schon immer keimhaft im Anfang verborgenen Teleologie auffassen läßt, bleiben gewisse Unschärfen der Ableitung sekundär; sie können im retrospektiv gewonnenen Wissen um den 'notwendigen' Entwicklungsgang einfach übergangen werden. Bis zu dem Bestimmungspunkt, an dem die Geschichte der menschlichen Gattung definitiv einsetzt, d.h. in ihrer 'Notwendigkeit' auch immanent 'bewiesen' oder als menschliche Geschichte rekonstruiert werden kann, übernimmt der göttliche Logos unverhüllt die Aufgabe der sinnvollen Ordnung der Welt. Der Schritt aus der Naturgeschichte leitet den Bruch ein, ab dem der Logos mit dem durch menschliches Handeln erzeugten Sinn zusammenfällt, bzw. sich über diesen verdeckt aktualisiert.

An diesen Wendepunkt auch setzt Hegel die Entstehung des 'Staates'. Staat, so wurde zu Beginn des Kapitels schon angedeutet, wird bei Hegel sowohl gegen die Institution der Familie und des erweiterten Familienverbands, als auch historisch gegen die 'moderne', ausdifferenzierte Gestalt des 'politischen Staats' abgehoben. Familie und Familienverband aktualisieren ein auf natürlichen Beziehungen beruhendes Beziehungssystem, d.h. sie sind in ihrem 'sittlichen' Gehalt, in ihren auf spezifisch soziales Verkehrsformen ausgerichteten Orientierungen von Natur festgelegt, instinktreguliert. Solche Regelungen gibt es entsprechend nur da, wo familiale oder verwandtschaftliche Systeme in concreto gegeben sind, außerhalb dieser natürlichen Institutionen findet sich gerade die Regellosigkeit, die Anarchie des gewaltbestimmten 'Natur'-zustands, hier müssen die natürlichen Bindungskräfte versagen. Systematisch gesehen liegt zwischen dem so gekennzeichneten Naturzustand und dem staatlichen Zustand die sogenannte 'Vorgeschichte'[21], die Phase des Übergangs von der Natur- zur Kulturgeschichte, der eigentlichen Geschichte im Verständnis Hegels. An der Aufklärung dieser residualen Zwischenstufe ist Hegel jedoch nicht besonders interessiert, ihm reicht die spekulativ gewonnene Gewißheit der notwendigen Überleitung in die Staatengeschichte. Sie kann vernachlässigt werden, weil Natur und die für menschliche Geschichte explizierten geistigen Lebensformen über die teleologische Gesamtdeutung sinnvoll aufeinander bezogen sind. Der 'Sinn' in menschlichen Beziehungsformen erklärt sich so als im naturübergreifenden Plan göttlicher Vorsehung intendiert und nicht als konsequente Umsetzung eines im Verlauf der, selbst sinnentleerten, Naturgeschichte möglich gewordenen neuen Organisationsprinzips, d.h. er muß nicht erst und nicht wesentlich aus der spezifisch naturalen Ausgangslage des Menschen verständlich gemacht werden. Der Naturzustand ist ein historisches Faktum, von dem aber nicht mehr auszusagen ist, "als daß aus ihm herauszugehen ist" (Ver. 116f)[22], dem jedenfalls nicht die Last der eigentlichen Erklärung für die elaborierten Formen menschlicher Vergesellschaftung zukommen kann.

Andererseits erhellen die wenigen Bemerkungen, die sich in Hegels Werk über diese Zwischenstufe finden, die spezifische Qualität des staatlichen Zustands, mit dem Hegel Geschichte erst beginnen läßt; die Hegelsche Deutungslogik unterlaufend, geben sie auch Hinweise auf eine enger soziologische Erklärstrategie, die sich im Hintergrund Bahn bricht. Ein solcher Zusammenhang hatte sich schon bei der Diskussion der grundlegenden Kategorien Arbeit und Anerkennung angedeutet: Entgegen der systematischen Stellung des hier bedeutsamen Herr-Knecht-Topos innerhalb der Analyse des 'subjektiven Geistes' hatte die inhaltliche Dichte der metaphorischen Konstruktion auch auf konkrete historische Zustände und reale Erfahrungen verwiesen. Die Stelle war interpretierbar als Charakterisierung einer grundsätzlich notwendigen Entwicklungsstufe im Aufbau der Persönlichkeit jedes Subjekts, wie als notwendigen gattungsgeschichtlichen Einschnitt im Prozeß geistig-kultureller Evolution. Auch die Subjektivierung des

---

21 Vgl. Ver. S. 162f
22 Vgl. auch Enz III S. 312, Realphilosophie S. 226

geschichtlichen Prozesses und damit die Verlagerung der ansonsten sehr differenziert gefaßten konstitutiven Kategorien Arbeit und Anerkennung auf einen Vorgang der Binnendifferenzierung des geschichtsmächtigen Weltgeists, kann die Aussagekraft dieses Abschnitts kaum abschwächen. Hegel entwirft den Gegensatz Vorgeschichte - Geschichte in den äußeren Konturen ähnlich der Konzeption von Th. Hobbes im Leviathan: Ein vorrechtlicher Zustand der Gewalt und Anarchie wird abgelöst durch einen Zustand zunächst äußerlich aufoktroyierten Rechts, durch politische Herrschaft. Hegel vermeidet dabei jedoch die fiktionalen Prämissen, die der naturrechtlichen Vertragskonzeption zugrundeliegen; es gibt keine kompetenten Subjekte, die sich aus dem Kalkül ihrer gefährdeten Sicherheits- und Besitzinteressen unter eine gemeinsame Obergewalt beugen. Der Naturzustand ist definiert durch die Vorherrschaft von Naturabhängigkeit, Sinnlichkeit, Trieb- und Instinktdetermination. Nur höchst elementare Erfahrungen im Umgang mit äußerer Natur und im - ebenfalls entscheidend natürlichen - familialen oder verwandtschaftlichen Binnenverhältnis weisen empirisch (spekulativ betrachtet sieht das ganz anders aus!) auf eine anthropologisch begründete Chance zur Transzendierung der Ausgangslage hin und deuten die Einsicht in die praktische Bedeutung von Arbeit für die Humanisierung des Menschen an. Wie Arbeit im Bild der Herr-Knecht-Beziehung ihre eigentliche Dynamik erst im Rahmen sozialer Abhängigkeitsverhältnisse entwickeln konnte, beginnt der geschichtliche Prozeß, sozusagen die gattungsgeschichtliche Arbeit, erst mit der Etablierung dezidierter Herrschaftsverhältnisse. Was ist aber das fundamental Neue an Herrschaft, und worin besteht ihre Bedeutung für den kulturgeschichtlichen Fortschritt?

Herrschaft wird von Hegel kontrastierend zu den beschriebenen, letztlich dominant instinktiven Regelungen in der Familie und einfachen Verwandtschaftssystemen gesehen. Diese bezeichnen ihm damit auch kulturelle Invarianten: "eben darum ist diese Familie in sich dieser Entwicklung entnommen, aus welcher die Geschichte erst entsteht" (Ver. 162). Die komplexeren Verwandtschaftssysteme, der Stamm, markieren den 'Zustand eines Übergangs' (ebd 118), ihnen liegt zwar immer noch 'das Familienverhältnis zugrunde' (ebd), das die Gemeinschaft organisierende 'Band' hat aber "bereits aufgehört ... nur ein Band der Liebe und des Zutrauens zu sein, und (ist, L.S.) zu einem Zusammenhang des *Dienstes* geworden..." (ebd). Sobald die durch die 'Blutsverwandtschaft' (ebd 119) definierte Reichweite des sozialen Systems, die 'Natureseite der Grundlage' überschritten wird, beginnt die instinktive Bindungskraft zu erosieren und es entsteht ein Bedarf an gerade nicht natürlich vorgegebenen Handlungsregeln. Die bloße Ergänzung natürlich-instinktiver durch gesellschaftliche Regeln differenziert jedoch den staatlich-geschichtlichen gegen den vorstaatlich-vorgeschichtlichen Zustand nur unzureichend. Weder bloße Sitten, Gebräuche, Riten, Kulthandlungen, die Ausbildung elementarer Regeln gesellschaftlicher Interaktion überhaupt, bedeuten einen signifikanten Übergang im Hegelschen Geschichtsverständnis. Sie sind zwar nicht natürlich, aber noch 'naturfest' (ebd 165), d.h. statisch, auf die ständige Wiederholung, auf die permanente Reproduktion des status quo ante, den 'gleichförmigen Verlauf' (ebd 164), wie Hegel schreibt, ausgerichtet. Die sehr stark eurozentristisch eingefärbte, alle zeitgenössischen Vorurteile kolportierende Beschreibung der afrikanischen Kultur, die gerade erst an der 'Schwelle der Weltgeschichte' (ebd 234) stehen soll, ist geeignet die entscheidende Differenz zu verdeutlichen. Hegel spricht in seiner systematischen Qualifizierung ganz allgemein von einem 'Kinderland' (ebd 214), in der Enzyklopädie von einer 'Kindernation' (Enz III S. 59), die, so heißt es ebenso poetisch wie überheblich, "jenseits des Tages der selbstbewußten Geschichte in die schwarze Farbe der Nacht gehüllt ist" (Ver. 214). Die afrikanischen Gesellschaften werden perzipiert als die empirischen Korrelate der Vorstellungen vom Naturzustand: "Wir finden also nichts als den Menschen hier in seiner Unmittelbarkeit". Und: "Der Neger stellt den natürlichen Menschen in seiner ganzen Wildheit und Unbändigkeit dar: Wenn wir ihn fassen wollen, müssen wir alle europäischen Vorstellungen fahren lassen. ... So finden wir in Afrika im ganzen das, was man den *Stand der Unschuld*[23], der Einheit des Menschen mit Gott und der Natur genannt hat." Naturzustand und Stufe der Kindheit gehören offensichtlich zusammen, die Wortwahl impliziert einen genetischen Zusammenhang mit der 'biographisch' fortgeschrittenen Stufe der Hegelschen Gegenwart (Kindheit - Jugend - Erwachsensein - Alter), d.h. eine Logik der Geschichte als teleologische Abfolge von aufeinander aufbauenden Entwicklungsstufen[24]. Entscheidende Dimension des Fortschritts ist der Umbau der Perspektive, unter der sich das Subjekt im Verhältnis zu Natur und Sozialordnung wahrnimmt. Dieser Umbau, der in Verbindung steht mit qualitativen Veränderungen in der Produktionsweise, mit der politischen Organisation, der Religion, dem elaborierten Wissen, folgt einer gattungsgeschichtlichen Abfolge von 'Prinzipien', deren jede neue Stufe auf der Weiterverarbeitung der vorhergehenden auf höherem Niveau basiert und die so insgesamt einen genetischen Zusammenhang konstituiert, bei dem in gewissem Sinne die höchste Stufe der Entwicklung auch die vorangegangenen als eine qualitativ umgebildete Grundlage enthält[25]. Wir haben schon öfters auf den 'dialektischen Impetus' im Begriff der 'Aufhebung' hingewiesen, der auch hier wieder strategische Bedeutung erhält. Hegel ordnet die unterschiedenen 'weltgeschichtlichen Prinzipien' als Totalität des historisch erreichten Differenzierungsniveaus voneinander abgegrenzten 'Volksgeistern' zu, einer Herder entlehnten Kategorie, deren systematische Staffette durch die Weltgeschichte wiederum mit der Konzeption eines sich im Prozeß der Selbstvermittlung auslegenden 'Weltgeists' problemlos integriert werden kann. Die unbestrittene Präponderanz der spekulativen Gesamtschau verhindert aber nicht jede aussagekräftige Einsicht, auch wenn sie deren systematischen Gebrauch verformt. Die Parallelisierung von weltgeschichtlicher Evolution und biographischer Entwicklung (hier im konkreten Fall von afrikanischer 'Primitivität' und kindlicher Natur), die Hegel über alle differenzierten Stufen sehr bewußt zieht[26], weist auf Merkmale hin, die beiden strukturell gemeinsam sind, die in der weiteren Transformation auch unter vergleichbaren strukturellen Bedingungen stehen, bzw. diese voraussetzen. Beiden gemeinsam ist in der Hegelschen Analyse eine noch unzureichende Distanz gegenüber Natur, insbesondere gegenüber der eigenen 'Naturhaftigkeit'. Der Status des 'Menschseins' bestimmt sich für Hegel wesentlich aus dem Gegensatz zur Natur. Dieser Status kann dem 'Wilden' (und ebensowenig dem Kind) zwar nicht grundsätzlich abgesprochen werden, er befindet sich aber erst auf einer 'ersten Stufe' dieser Differenz, auf der er sich "bloß von der Natur unterscheidet" (ebd 218). 'Für uns', den kompetenten Betrachter, wird die strategische Bedeutung der Gegenlage von Natur und Mensch für den geschichtlichen Prozeß einsichtig; der 'afrikanische Mensch'(oder das Kind) ist aber erst Mensch 'an sich', d.h., gemessen an der Kompetenz des Lesers der Philosophie der Geschichte, erst von seiner Möglichkeit her gesehen[27]. Bloß von Natur 'unterschieden' meint einen Zustand, der sich zu wenig weit aus dem Naturzu-

---

23 Als Stand der Unschuld beschreibt auch Rousseau seine Naturzustandskonzeption.

24 Nur am Rande: Schon Hegel diskutiert hierbei das Problem des hermeneutischen Zugangs zu primitiven Kulturen, er sieht die Gefahr der Fehlinterpretation durch die unkritische Analyse anhand der eigenen unhinterfragten Maßstäbe: "Dieser Charakter aber (der afrikanische, L.S.) ist schwer zu fassen, weil er so ganz von unserer Bildung abweicht, etwas der Weise unseres Bewußtseins gänzlich Entferntes oder Fremdes hat. Alle Kategorien, die für unser geistiges Leben Grundlage sind, und die Subsumtion unter diese Formen müssen wir vergessen, die Schwierigkeit liegt darin, daß doch das, was wir in unseren Vorstellungen haben, immer wieder mit unterläuft." (Ver. S. 217) Der genetische Zusammenhang mit der philosophischen Perspektive der Gegenwart erlaubt dann zwar nicht die authentische Erfahrung der Empfindungswelt eines solchen 'Wilden', aber die 'geistige' Rekonstruktion des Prinzips dieser Stufe als einer dem eigenen Entwicklungsstand unterliegenden elementaren Organisation des Verhältnisses des Subjekts zu sich selbst und gegenüber Natur und Sozialwelt. Vgl. z.B. ebd S. 218

25 Vgl. insbesondere Ver. S. 149 ff u. S. 157

26 Vgl. z.B. Ver. S. 154f
Ich werde weiter hinten dafür noch weitere Beispiele anführen.

27 Vgl. dazu übrigens auch Nietzsche, der ebenfalls den "Neger ... als Repräsentanten des vorgeschichtlichen Menschen" betrachtet.
Fr. Nietzsche , Zur Genealogie der Moral, Augsburg 1983, S. 55

sammenhang emanzipiert hat, um den Menschen schon auf sich zu verweisen und auf seine geistig-kulturellen Produktionen festzulegen. Hegel entwickelt ein zwiespältiges Bild: einen Menschen der nicht mehr Tier, aber auch noch nicht 'wirklich' Mensch ist, der so einerseits aus naturaler Determination herauskommt, andererseits noch nicht unter dem Einfluß der diese ablösenden sozialen Ordnung, von kulturellen Zwängen steht. Seine Bewertung ist so widersprüchlich: Hegel spricht von 'unterschiedsloser, gedrungener Einheit', von der noch 'tierischen' "Einheit des Menschen mit Gott und der Natur"[28], um das noch distanzlose Verhaftetsein in elementarem Naturleben auszudrücken, während er inhaltlich in Anlehnung an das Bild Th. Hobbes einen Zustand des Chaos, der Anarchie, des Zerfalls minimaler natürlicher Regulationen entwirft. Das Problem rührt offensichtlich von dem unzureichenden Verständnis archaischer Kulturen her; Hegel, selbstredend gebunden an die ihm zugänglichen Berichte und Abhandlungen, steht dabei ganz auf dem Wissensstand seiner Zeit. Man weiß noch wenig vom inneren Aufbau vorstaatlicher Gesellschaften, von den mehr oder weniger ausdifferenzierten normativen Ordnungen, über die sie ihren Zusammenhang und Bestand sicherstellen, ebensowenig von der Binnenstruktur der Subjektivität des 'primitiven' Subjekts. Was vordringlich ins Auge fällt, ist der Unterschied zur zivilisatorischen Höhe der eigenen Perspektive, die Lücke füllen die ethnozentristischen Vorurteile und der damals ungebrochene Fortschrittsmythos, der den urgeschichtlichen Anfang und die eigene Gegenwart über einen Geschichtsprozeß zum ausnahmslos Höheren, Besseren, Vollkommeneren teleologisch zu verknüpfen weiß. Hegels Fehldeutungen und Vorurteile interessieren hier aber nicht wegen ihrer 'wissenschaftlichen' Qualität, sondern aufgrund ihrer diskriminierenden Aussagekraft hinsichtlich seiner Unterscheidung der Geschichte von der Vorgeschichte, d.h. allein unter dem Aspekt seiner Definition der an dieser Schnittstelle sich konturierenden Staatlichkeit. Thematisch wird für Hegels Wahrnehmung die fehlende Distanz gegenüber Natur, sie reproduziert sich in allen Handlungsbezügen des 'rohen Menschen':

A) Das Verhältnis zur Natur scheint der obigen Aussage des bloßen 'Unterschiedenseins' zunächst zu widersprechen. Hegel charakterisiert das Grundverhältnis epigrammatisch: "Er (der Mensch, L.S.) und die Natur, einander gegenüberstehend, er aber als herrschend über das Natürliche"(Ver. 220); der Mensch sei "die höchste Macht", er ist "Herr über solche Naturgewalten". Hegel macht aber schnell klar, daß es sich hier um ein rückständiges Naturverständnis handelt, das eben "nicht ein Bewußtsein von ihrer Objektivität..." (ebd 224) impliziert und insbesondere im praktischen Umgang mit ihr äußerst begrenzt bleibt: "Ebenso aber ist es hier auch nicht der Verstand (die Perspektive des zweckrationalen Umgangs mit der Außenwelt bei Hegel, L.S.), der die Natur zu seinem Mittel macht, z.B. das Meer befährt und überhaupt die Natur beherrscht. Diese Macht des Negers über die Natur ist nur eine Macht der Einbildung, eine eingebildete Herrschaft."(ebd). Deutlich wird ihm dies an den handlungsrelevanten Deutungssystemen, in denen der Umgang mit Natur thematisch wird: der Zauberei und den magischen Praktiken. Hegel betont den Unterschied zu einem religiösen Weltverständnis, zu dem, so Hegel, "gehört, ... daß der Mensch ein höchstes Wesen anerkenne, das an und für sich, ein schlechthin objektives, ein bestimmendes absolutes Wesen und eine höhere Macht ist, gegen die sich der Mensch als ein Schwächeres, Niedrigeres stellt" (ebd 219), also eine Vorstellung, die, zunächst gleich in welcher Gestalt: Geist, Naturmacht, Naturgöttern wie der Sonne, Mond, etc. (ebd 219), auf ein "schlechthin selbständig Wirkendes" hin ausgerichtet ist. Diese Orientierung auf ein vorgeordnetes, selbsttätiges, subjektives Zentrum, ein 'festes Objektives'[29], die eine fortgeschrittenere Abstraktionsleistung signalisiert, wird in magischen Praktiken nicht erreicht: Die Menschen wenden sich nicht hilfesuchend an ein ihnen 'Höheres', sondern versuchen mittels Zauberei auf

---

28 Vgl. Ver. S. 218, Vgl. auch ebd S. 217
29 Vgl. ebd S. 217, 218, 221

die 'furchtbaren Naturmächte' direkt einzuwirken - "es sind Mächte für ihn, über die der Mensch wieder auf irgendeine Weise Meister sein kann." Natur springt den 'Wilden' gleichsam noch platt an, es gibt keine 'Pietät' vor dem Erhabenen, weil ein solch Höheres noch nicht thematisch geworden ist. Das Subjekt bläst dem Fetisch den Geist ein, kreiert den Gott und nimmt ihm damit seine Prädomination: "... ihr Gott bleibt in ihrer Gewalt, sie setzen ihn willkürlich ein und ab ..." (ebd 222).[30] "Auf diese Weise bleibt das Substanzielle immer in der Gewalt des Subjekts" (Ver. 223), aber nicht im Sinne der aufgeklärten herrscherlichen Attitüde, sondern wegen des archaischen Entwicklungsstandes des primitiven Bewußtseins, das gar nicht in der Lage ist, hinter die plane stoffliche Substanz zurückzufragen und die dort verborgene Subjektstruktur zu thematisieren; der 'Wilde' manipuliert das Geschehen mittels 'magischer Mechanik' an der Oberfläche, ohne auf den abgesetzten Kern, das Willenszentrum, als seinem wesentlichen Gegenspieler zu reflektieren, eine Kompetenz, die eine erst spätere Entwicklungsstufe ausgebildet hat. Der magische Nexus zwischen Mensch und Natur verklammert beide Seiten unmittelbar, er behindert dadurch, daß das Naturverständnis nicht durch die Unterscheidung zwischen Substanz und wirkendem Subjekt durchbrochen ist, die Rationalität des Umgangs mit Natur.[31]

B) Oben war vom willkürlichen Handeln des 'ursprünglichen Menschen' die Rede. Das kann mißverständlich sein, wenn an die Diskussion der Willkür im Zusammenhang des 'reflektierenden Willens' in der Einleitung der Rechtsphilosophie gedacht wird. Willkür im Sinne der Rechtsphilosophie, die die Kompetenz eines strategisch handelnden Subjekts impliziert, das über die Berücksichtigung hypothetisch durchgespielter Handlungsalternativen sein bewußtes Interesse zweckrational verfolgt, ist hier gerade nicht gemeint. Es ist eine 'kurzgeschlossene' Willkür, ohne die Vermittlung einer differenziert ausgebildeten Subjektstruktur; sie ist, im Gegensatz zur Rückbindung des Handelns an 'Vernunft' oder 'Verstand', durch eine von elementaren Trieben und Bedürfnissen ungebremst motivierte archaische Egozentrik dominiert. Hegel geht soweit, dem 'Wilden' jede Zurechnungsfähigkeit abzusprechen, es gibt kein reflektiertes 'Handeln' sondern nur ein 'Tun':
"Daher ist der Zustand, da der Mensch nicht in die Entzweiung getreten ist, aus der er sich wieder herstellen soll, so ein tierischer Zustand, nicht der des Geistes. Nur das Kind, das Tier (und eben auch der 'Wilde', L.S.) ist unschuldig; der Mensch muß Schuld haben. ... Schuld ist, daß dem Individuum zugerechnet wird, was es tut, und Zurechnung ist nur möglich im Zustande der Trennung, der Unterscheidung des Bewußtseins." (Ver. 267). Hegel unterläuft hier, nur weiter nach vorne geschoben und nicht ohne ein Bewußtsein des Problems, der gleiche Fehler, den er an den abstrakten Naturrechtstheorien kritisiert hatte: Das nicht mehr ausschließliche Naturwesen Mensch wird am Beginn der Naturgeschichte angesichts des Fehlens einer befriedigenden Theorie des Übergangs merkwürdig atomistisch konzipiert - ein Grund für die strukturelle Analogie von Naturzustand und bürgerlicher Gesellschaft[32]. Die 'Wilden' sind sozusagen entwurzelte Naturwesen, zunächst, von der natürlichen Institution Familie einmal abgesehen, außerhalb jeglichen sozialen Zusammenhangs stehend, der sich erst als Folge noch anzugebender Bedingungen komplementär zur Entwicklung der Subjektivität vermittelt. Das führt zu einer typischen Verkennung der normativen Qualität des Beziehungssystems primitiver Kulturen und zur Unterschätzung der Komplexität menschlicher Subjektivität schon auf dieser primitiven Stufe geschichtlicher Entwicklung. Der 'Wilde' weiß sich noch nicht als in sich zentriertes Subjekt, er verfügt über kein selbstreferentielles Bewußtsein seiner Subjektivität: "Es ist kein Zweck, kein

---

30 Und: "Sie übertragen dies Höhere auf den ersten besten Stein, machen diesen dadurch zu ihrem Fetisch und verwerfen diesen Fetisch, wenn er ihnen nicht geholfen hat." (Enz III S. 60).

31 Hegel nennt ein Beispiel: "So glauben sie auch, daß der Mensch nie natürlich sterbe, daß nicht die Natur, sondern der Wille des Feindes ihn durch Zauberei töte, und bedienen sich dagegen wie gegen alle Naturgewalt wieder der Zauberei." (ebd 220f).

32 Vgl. dazu Rphil § 200

Staat da, den man verfolgen könnte, keine Subjektivität, sondern nur eine Reihe von Subjekten, die sich zerstören."(ebd 217). Der an Afrika explizierte 'Stand der Unschuld' sei "der Stand der Unbewußtheit seiner selbst" (ebd 220). Auf dieser defizienten Binnenperspektive beruht auch der schon in der Rechtsphilosophie (§57 u. Zu) angesprochene 'Standpunkt' der Sklaverei: Sklaverei ist nicht so sehr ein konkretes Herrschaftsverhältnis, sondern "betrifft den Geist, welcher nur erst auf dem Standpunkte seines Bewußtseins ist" (ebd), d.h. der noch nicht über ein Selbstbewußtsein seiner prinzipiellen Gleichheit mit dem 'Anderen' verfügt, weil dieses Konzept des 'Anderen' und die zwischen beiden stattfindende Beziehung, über die sich der selbstreferentielle Bezug des Subjekts wesentlich organisiert (Hegel hat dies mit der Kategorie der 'Anerkennung' auszudrücken versucht), noch nicht ausgebildet hat.

C) Wir kommen damit zur dritten Dimension, dem Verhältnis des afrikanischen Primitiven zu seinem sozialen Kontext, zur gesellschaftlichen Organisation primitiver Kultur im Verständnis Hegels. Sklaverei muß vor dem Hintergrund der o.a. Stellung des Subjekts gesehen werden: Hegel spricht dem 'Wilden' die Selbsterfahrung der eigenen Individualität gegenüber einem, für die soziale Gemeinschaft stehenden, 'Allgemeinen' ab - der Zustand kennzeichnet sich vielmehr durch die schon zitierte 'unterschiedlose, gedrungene Einheit'. Der Gedanke ist nicht systematisch entwickelt, d.h. es gibt keine Auflösung etwa im Sinne eines Primats der Gesellschaft, der gegenüber sich das Subjekt erst allmählich emanzipierte (wie etwa bei E. Durkheim); 'Einheit' meint daher weniger die naturwüchsige Verschränkung von Subjekt und Gesellschaft (die es ja eigentlich noch gar nicht gibt), auf die das primitive Subjekt alternativelos, vergleichbar der instinktiven Fixierung des Tiers, festgelegt sei, sondern mehr die fehlende Rückbezogenheit oder Reflexivität innerhalb der Bewußtseinsstruktur des Subjekts. Hegels Auffassung der 'Afrikaner' folgt dem anschaulichen Beispiel des kindlichen Egozentrismus: So wie im magischen Verkehr mit der naturalen Außenwelt nicht ausreichend zwischen Dingen und Personen unterschieden wird, existiert für die eindimensional zentrierte Perspektive auch keine elaborierte Sozialwelt, in der dem eigenen Ich korrespondierende 'Andere' aufzufinden wären. Was immer Hegel als Kriterium der Überwindung der egozentrischen Fokussierung der Welt anzuführen weiß, die Vorstellung einer göttlichen Macht oder eines übergeordneten Gesetzes: eine 'feste Objektivität', wie es Hegel ausdrückt, die einen anderen Bezugspunkt der Handlungsorientierung anzeigt, gibt es hier noch nicht. Im Niemandsland zwischen Natur und Kultur fallen alle natürlichen Regulative fort, während die sozialen Bindungskräfte noch nicht vorhanden sind: ein Grund der maßlosen 'Roheit', 'Grausamkeit', "vollkommenen Verachtung des Menschen" (ebd 224), in deren Konsequenz die alles durchdringende Erscheinung der Sklaverei liegt. Folgt man der Darstellung Hegels, findet Sklaverei ihren extremen Ausdruck in der pervertierten Form des Kannibalismus: Die 'Verachtung' des anderen Menschen, sozusagen Ergebnis der Ablösung 'arterhaltender Schutzinstinkte' sowie der Unfähigkeit zur Transzendierung der eigenen Perspektive, zur Wahrnehmung des 'Anderen als einem Gleichen', drückt sich augenfällig in der völligen Versachlichung des menschlichen Gegenübers aus - "Fleisch ist Fleisch, es kommt auf den Geschmack an" (ebd 225). Hegel versteht, wie gesagt, offensichtlich wenig von archaischen Kulturen, die Substanzhaftigkeit primitiver Logik wird trotz einer Fülle weiterer Beispiele im Anschluß an das obige Zitat völlig falsch interpretiert, aber das soll uns hier nicht interessieren. Wo der Andere sogar zum 'Nahrungsmittel' versachlicht bleibt, kann er auch beliebig verkauft werden, ohne jede Rücksicht auf störende 'sittliche Empfindungen': die Sklaverei ist 'durchgreifend' (ebd 227), wie es an einer Stelle heißt. Sklaverei aber verstanden als Ausdruck der Asozialität des Naturzustands, nicht als Herrschaftsverhältnis oder als explizite Warenbeziehung, die auf der Entmenschlichung einer Klasse von Menschen gegenüber derjenigen der kompetenten Warenbesitzer beruht, genommen. Wenn Hegel für die afrikanischen Reiche feststellt, daß "nur aus der Willkür zwischen Herren und Sklaven unterschieden" (ebd 226) wird, so will er damit nicht auf den artifiziellen und deshalb veränderbaren Charakter von Herrschaft hinweisen, sondern nur auf die seines Erachtens völlige Regellosigkeit, die anarchischen Grundzüge vorstaatlicher Gesellschaften, die eben nicht einmal ein organisiertes Oben und Unten zustandebringen, d.h. in denen alles 'Feste', 'Objektive', permanent von der Auflösung bedroht ist. Das zeigt sich bei der Diskussion der rudimentären politischen Organisation, die Hegel - einigermaßen widersprüchlich - mit dem ansonsten unorganisierten Naturzustand in Verbindung bringt. Da gibt es Könige, Häuptlinge, Minister, sogar von einer Regierungsform, der 'patriarchalischen', ist die Rede[33]. Die Despoten lösen einander in Erbfolge ab, es gibt 'Gerichte und Prozesse' (ebd 231). Auch die genannten Beispiele afrikanischer Gesellschaften (etwa die Ashanti) belegen die äußerst enge Definition von Staatlichkeit bei Hegel - die eurozentristische Perspektive erschwert der differenzierten Wahrnehmung die adäquate Interpretation. Denn inhaltlich korrigiert Hegel den Anschein einer institutionalisierten politischen Ordnung: "Gerade wo wir den Despotismus in ganz wilder Weise walten sehen, zeigt es sich, daß man die Willkür durch Gewalt gegen sie auch wieder ausschließt... Denn weil die Untergebenen Menschen von ebenso wildem Sinne sind, so halten sie den Herrn wiederum in Schranken. Anderwärts sind Vermittlungen vorhanden ... Der Despotismus gewinnt dann die Gestalt, daß zwar ein Häuptling, den wir König nennen wollen, an der Spitze steht, unter ihm aber seine Großen, Chefs, Kapitäns, mit denen er alles beraten hat und ohne deren Beistimmung er insbesonders keinen Krieg anfangen, keinen Frieden machen, keinen Tribut auferlegen kann."(ebd 229f). Institutionalisierte staatliche Macht bleibt ersetzt durch persönliche Autorität: "Der afrikanische Despot kann dabei mehr oder weniger Autorität entwickeln... Außerdem besitzen die Könige noch gewisse Vorrechte." Aber: "Sind die Neger aber mit ihrem König unzufrieden, so setzen sie ihn ab oder bringen ihn um." Als Beispiel für Zustände in einer staatenlosen Gesellschaft berichtet Hegel von einem 'Staat' (die analytischen Schwächen zeigen sich unverhüllt), in dem das Amt des Scharfrichters die Vorläufigkeit, die prekäre Stabilität der Herrscherrolle plastisch unterstreicht: "... so hängt über dem Despoten eigentlich Tag und Nacht das Schwert" (ebd 230).[34]

Die systematische Stellung der afrikanischen Völker im Prozeß der Weltgeschichte weist ihnen einen vorgeschichtlichen, d.h. bei Hegel einen vorstaatlichen Status zu. Man will Hegel nach heutigem Wissensstand nicht ohne weiteres folgen: Die Konzentration der Gewalt auf den Despoten, die Ausbildung einer Ämterhierarchie im Bereich des Politischen geben Hinweise auf ein Organisationsniveau der erfaßten Gesellschaft, das Staatlichkeit signalisiert. Hegel fokussiert aber ein Moment, das in seiner Typologie diese Differenz deutlich zu Bewußtsein bringen soll: die permanente Bedrohtheit jeder politischen Ordnung auf dieser Stufe. Die Gewalt des Despoten ist auf der einen Seite total und unbeschränkt[35], auf der anderen aber hilflos und ohnmächtig, selbst prekär. Beides hängt zusammen, ist ein Kennzeichen der despotischen Herrschaft. Der Despot ist ein Gewaltherrscher, dessen Herrschaft auf der Ausübung von oder der Drohung mit unmittelbarer und zwar konkret auf die physische Integrität des Untertanen zielender Gewalt beruht. Von der Organisation eines Stammes oder Volkes kann folglich nur soweit gesprochen werden, als die unmittelbare Macht des Despoten reicht, es ist keine Organisation, die eine Absicherung in einem wie auch immer fundierten Legitimitätsglauben, einem Bewußtsein der normativen Qualität sozialen Handelns findet. Ein Bewußtsein gesellschaftlicher 'Regeln', von 'Gesetzen', einem objektiven 'Allgemeinen' fehlt - Handeln, genauer 'Tun', wird durch äußere Gewalt organisiert. Hegel erkennt in der despotischen Gewalt eine im Vergleich zu der elementaren 'natürlichen Gesellschaft' und dem nackten naturzuständlichen Chaos höhere Evolutionsstufe,

---

33 Vgl. Ver. S. 228f

34 Und, abschließend: "Die Würde des Oberhauptes ist meist erblich, wird aber selten auf ruhige Weise gewonnen. Der Fürst wird sehr hoch verehrt; aber seine Macht muß er doch mit seinen Tapfern teilen." (ebd 231); "Selten geht die Sukzession auf ruhige Weise fort; Chefs oder Verwandte bemächtigen sich des Throns. Gewaltsamer Umsturz der Dynastien ist an der Tagesordnung." (ebd 270).

35 "Andererseits hat der Monarch unbedingte Gewalt über das Leben seiner Untertanen. Wo das Leben keinen Wert hat, wird es eben rücksichtslos vergeudet." ebd 270

insofern hier zum ersten Mal überhaupt ein nicht natürliches - artifizielles - , d.h. von Menschen gesetztes (wenn auch nicht verantwortetes) Ordnungsprinzip sich manifestiert: "Den Zusammenhalt für die Willkür kann nur eine äußere Gewalt bilden; denn für sich selbst hat die Willkür nichts, was die Menschen treibt, einig zu sein, sondern ist dies, daß der Mensch seinen besonderen Willen gelten läßt. Deswegen besteht dort das Verhältnis des Despotismus; die äußere Gewalt ist selbst willkürlich, weil kein vernünftiger gemeinsamer Geist vorhanden ist, dessen Repräsentation und Betätigung die Regierung sein könnte. Es steht ein Herr an der Spitze; denn sinnliche Roheit kann nur durch despotische Gewalt gebändigt werden. ... Die Willkür das Alleinherrschers ist darum nach der formellen Seite achtenswert, weil sie den Zusammenhang überhaupt bewirkt und darum ein höheres Prinzip darstellt als das der partikulären Willkür. Die Willkür nämlich muß Zusammenhalt haben; sie sei sinnliche Willkür oder Willkür der Reflexion, so muß dieser Zusammenhalt die äußere Gewalt sein." (ebd 228f). Weiter vorne hatte Hegel, die Verbindung mit der Genese des Staates stärker betonend, schon geschrieben: "Diese erste Produktion eines Staates ist herrisch und instinktartig. Aber auch Gehorsam und Gewalt, Furcht gegen einen Herrscher ist schon ein Zusammenhang des Willens." (ebd 146). Der äußerlich erzwungene 'Zusammenhang des Willens' kann sich jedoch nicht zu einem normativ getragenen Ordnungsgefüge verdichten, ein politisches Institutionensystem wird nicht ausdifferenziert - Ordnung bleibt gebunden an die persönliche Autorität eines 'Häuptlings' oder Königs, dessen despotische Ambitionen durch eine gegenläufige Einflußnahme der Gesellschaft begrenzt bleiben. Die konstitutive Matrix, die nach Hegel die geschichtliche Bewegung dynamisiert, nämlich die Versagung auferlegende Herrschaftsbeziehung, die als ihre wesentliche Leistung über den Zwang zur Arbeit die Bildung des Subjektbewußtseins anregt, ist vorgeschichtlich nur in einer instabilen Vorform gegeben. Maßgeblich für die Instabilität der despotischen Herrschaft ist die begrenzte Reichweite ihrer integrativen Wirkung auf die unmittelbare Ausübung von Zwang; sie kann nicht auf die Überzeugung der Herrschaftsunterworfenen von ihrer Legitimität, von der Berechtigung ihrer Autorität zurückgreifen - eine solche Perspektive fehlt noch völlig im Bewußtsein des archaischen Subjekts. Ohne diese Voraussetzung aber muß die Stabilität, die Dauer von Herrschaft, prekär bleiben. In der Rechtsphilosophie hat sich Hegel zur Bedeutung der Legitimität von politischer Ordnung geäußert: "Das Zutrauen haben die Menschen, daß der Staat bestehen müsse und in ihm nur das besondere Interesse könne zustande kommen, aber die Gewohnheit macht das unsichtbar, worauf unsere ganze Existenz beruht. ... Durch die Gewalt, meint die Vorstellung oft, hänge der Staat zusammen; aber das Haltende ist allein das Grundgefühl der Ordnung, das alle haben." (Rphil § 268 Zu). Wo Herrschaft ausschließlich auf unmittelbarer physischer Gewalt oder der direkten Drohung mit derselben beruht, muß sie diese Gewalt immer präsent halten, sie muß notwendig "Leben ... rücksichtslos vergeuden" (Ver. 231). Ordnung haftet an der Persönlichkeit des Königs bzw. an dem Gewaltpotential, das dieser mobilisieren kann, und das ist niemals genug, um eine dauerhafte Ordnung zu garantieren. Mit dem Tod des Königs bricht deshalb die Ordnung zusammen: Es ist niemand mehr da, der das Leben der Einzelnen überzeugend genug bedroht[36]. Ihre Instabilität verliert Gewaltherrschaft erst da, wo sie tiefer greift, über das Ansetzen an der leiblichen Oberfläche der Unterworfenen hinauskommt, wo sie eine Dauer bekommt, die über die aktuelle Macht oder Autorität eines bestimmten Individuums hinausreicht.

Die Bestimmung der despotischen Herrschaft als bloß 'äußerlicher Gewalt' kennzeichnet eine defiziente Form der Ordnung: sie reicht, wie gesagt, nur so weit wie der Arm des Despoten; wo der egozentrische Wilde ihm ausweichen kann, wo die Gesellschaft Vorkehrungen trifft, die Gewalt zu balancieren, Gefolgschaft zu verweigern, ist die ordnungsstiftende Wirkung hinfällig, sie ist dann zumindest keiner politischen Zentralgewalt mehr zurechenbar. Daß der despotische Zugriff letztlich äußerlich bleiben muß, ist dabei eine unmittelbare Bedingung des Entwicklungs-

---

36 Vgl. dazu den Bericht Hegels in Ver. S. 232f

standes archaischer Völker: Der 'Wilde' ist gleichsam nur an seiner leiblichen Oberfläche zu packen, d.h. es gibt keine anderen, effizienteren Angriffspunkte für Herrschaft, oder: die potentielle Instabilität despotischer Ordnung ist eine Konsequenz der prekären Machtbasis. Ich habe weiter vorne schon auf die mißverständliche Verwendung der Beziehung von Sklave und Herr hingewiesen. Es ist entscheidend zu erkennen, daß auf der hier verhandelten Evolutionsstufe Sklaverei kein Produktionsverhältnis, sondern eine vorsittlich-dingliche, naturwüchsige Verkehrsform erst 'an sich seiender' Subjekte bezeichnet. Der 'Wilde' ist zunächst erst einmal Sklave, weil er noch keinen reflexiven Zugang zu sich gewonnen hat, erst ein Nichtbewußtsein seiner Subjektqualität hat und komplementär dazu auch die Subjektqualität des Anderen nicht wahrnehmen kann. Wenn Hegel berichtet: "Männer verkaufen ihre Frauen, die Eltern verkaufen ihre Kinder und ebenso diese jene..." (ebd 227), so ist damit trotz der scheinbar eindeutigen Anklänge nicht das Verhältnis von Warenbesitzer und Ware gemeint - ein solches kann es auf einer Stufe, die noch nicht einmal Subjekte kennt und die deshalb notwendig unterhalb spezifisch humaner Verkehrsformen bleiben muß, einfach nicht geben.

Hinweise auf die ökonomische Basis des Verhältnisses von Sklaven und Herren, bzw. dem Despoten fehlen: Der König hat nur 'noch gewisse Vorrechte', wie sich Hegel ausdrückt, als da wären: mehr Frauen, Besitzrechte an 'hinterlassenem Gut'. Die wichtigste ökonomische Grundlage der Entstehung und Absicherung von Klassenverhältnissen, die agrarische Produktion, bleibt einer höheren Entwicklungsstufe vorbehalten - Sklaverei im Sinne eines ökonomisch fundierten Klassenunterschiedes gibt es in der Vorgeschichte also nicht[37]. Das Gemeinte wird noch deutlicher, wenn man die Bedingungen analysiert, die Hegel für die Entstehung einer stabilen Herrschaftsstruktur, einer dauerhaft institutionalisierten Staatsorganisation, voraussetzt; mit ihnen sind auch die entscheidenden Unterschiede bezeichnet, die die Vorgeschichte von der Geschichte diskriminieren. Kernpunkt der strukturellen Transformation ist der Übergang zur agrarischen Produktion: "... der Ackerbau wird dort etabliert, und mit ihm setzen sich Rechte des gemeinschaftlichen Lebens fest. Der fruchtbare Boden führt von selbst den Übergang zum *Ackerbau* mit sich; darin liegt sogleich, daß der Verstand, die Vorsorge eintritt. Der Ackerbau muß sich nach der Jahreszeit richten; es ist nicht einzelne, unmittelbare Befriedigung des Bedürfnisses, sondern diese vollzieht sich auf allgemeine Weise. Die Sorge des Menschen ist nicht mehr bloß für einen Tag, sondern für lange Zeit. Werkzeuge müssen erfunden werden; Scharfsinn in Erfindungen, auch Kunst bildet sich aus. Es entsteht fester Besitz, Eigentum und Recht. Dadurch entsteht die Sonderung in Stände. Das Bedürfnis der Werkzeuge, die Notwendigkeit des Aufbewahrens führen zur Seßhaftigkeit, zur Beschränkung auf diesen Boden. Indem dieser Boden formiert wird, ergeben sich die Bestimmungen des Eigentums und des Rechts. Die natürliche Einsamkeit wird durch diese gegenseitig bestimmte, ausschließende, aber allgemeine Selbständigkeit durchbrochen; es tritt ein Zustand der Allgemeinheit ein, die das bloß Einzelne ausschließt. Somit *eröffnet sich die Möglichkeit* eines allgemeinen Herren und wesentlich die Herrschaft von Gesetzen. Es entstehen in diesen Ländern große Reiche, und die Stiftung mächtiger Staaten beginnt." (Ver. 195). "Nomaden" dagegen "kennen nichts von den Rechten, die das Zusammensein mit dem Ackerbau sogleich verbindlich macht." (ebd 192)[38]. Daß sich mit der Kultivierung des Bodens Eigentumsansprüche verbinden, die früher oder später auf eine soziale Differenzierung der Gesellschaft und auf die Notwendigkeit politischer Regelungsinstanzen führen, war keine neue Einsicht: Locke, Hobbes, Rousseau und Kant haben diesen Gedanken schon auf ihre Weise verarbeitet. Jede Vertragskonstruktion, die der Gesellschafts- oder Staatsgründung (man unterschied beide Sphären noch nicht voneinander) vorausging, verfolgte das Ziel, die schon

---

37 Man erinnere sich an 'das schweifende Leben des Wilden', von dem Hegel in der Rechtsphilosophie spricht.
    Vgl. Rphil § 203
38 Vgl. auch ebd 238
    Ebenso die sehr interessanten Ausführungen Hegels über die spezifische Situation in Nordamerika, Ver. S.
    207 ff

naturzuständlich angesetzten Eigentumsverhältnisse mit verbindlichen Rechtsgarantien auszustatten.

Hegel, der tiefer ansetzt, muß sich konsequenter auf die verschlungene Struktur historischer Entwicklungsprozesse einlassen: Die plötzlich 'flüssig' gewordene menschliche Natur, das Verhältnis von Mensch und Natur, seine gesellschaftlichen Lebensformen, erweisen sich als ineinander verwoben, sich gegenseitig beeinflussend und bedingend - der Schritt vor die bisher unhinterfragten Voraussetzungen zwingt auf die dialektische Vermittlung der unterschiedenen Entwicklungsdimensionen. Rechtsbeziehungen sind damit nichts ein für allemal Feststehendes, sondern konkreter Ausdruck eines bestimmten historischen Entwicklungsstands, sie reflektieren eine bestimmte Qualität des Umgangs mit äußerer Natur und der Deutung sozialer Phänomene[39]. Natürlich verfolgt Hegel die Entstehung von Rechtsbegriffen und -bewußtsein, sowie die der korrespondierenden gesellschaftlichen Institutionen, d.h. die Geschichtlichkeit der menschlichen Lebenswelt unter idealistisch-spekulativer Vorbesetzung: Es ist von Anfang an beschlossen, daß dieses Recht, nämlich das bürgerliche, und dieser Staat, der bürgerliche Verfassungsstaat, entstehen. Diese Entwicklung soll rekonstruiert werden, darin liegt zugleich die spekulative Rechtfertigung der logischen Notwendigkeit. Wenn von der 'Möglichkeit' des Staates die Rede ist, die sich vor dem Hintergrund einer veränderten Produktionsweise 'eröffnet', so wird hier nur aus didaktischen Gründen eine objektivierende Perspektive bei der Rekonstruktion der Geschichte eingenommen. In Wahrheit ist die Genese des Staates nicht ein bloß Mögliches, sondern die teleologische Inszenierung des geschichtsmächtigen Logos. Daß er wirklich entstanden ist, muß belegen, daß er entstehen sollte und mußte. Gegenüber dieser feststehenden Gewißheit verblaßt der konkrete historische Prozeß und reichert sich mit spekulativen Versatzstücken an. Ein Beispiel geben die in der Philosophie der Geschichte bemühten 'welthistorischen Individuen', die 'Geschäftsführer des Weltgeists' (Ver. 99), wie sie Hegel anschaulich beschreibt. Sie sind für den hier verfolgten Übergang vom vorstaatlichen in den staatlichen Zustand von strategischer Bedeutung, indem sie den entscheidenden Strukturwandel konkret herbeiführen. Sie stehen aber auch weiter an den Knotenpunkten der Geschichte, da, wo ein altes durch ein neues Entwicklungsprinzip abgelöst wird. Hier am Beginn der Staatlichkeit ist ihre Funktion besonders einsichtig: Eben weil sich eine unter idealistischen Vorgaben stehende Geschichtsphilosophie nicht mit dem 'bloß Möglichen' begnügen kann, muß sie an geeigneter Stelle den Vorsatz: nichts als die immanente Bewegung der Geschichte zu entwickeln, aufgeben und gleichsam zur Garantie des behaupteten Fortschritts intervenieren. Die widersprüchliche Ausstattung der 'Heroen', einmal als weitsichtige Organisatoren der Höherentwicklung, an anderer Stelle als ohnmächtige Vollstrecker eines ihnen unbegreiflich Höheren, das sich zwar in ihrem Handeln, aber hinter ihrem Rücken aktualisiert, verdeutlicht die Verspannungen einer Konstruktion, die die Täterschaft, oder: die Verantwortlichkeit des Menschen für seine Verhältnisse, zugleich anerkennen und überdeterminieren will. Die absolutistische Entfaltungslogik, auf die die Hegelsche Philosophie verpflichtet bleibt, unterläuft an den entscheidenden Punkten die behauptete vorurteilslose Rekonstruktion des historischen Prozesses auf die Höhe der zeitgenössischen Gegenwart und verhindert so eine nicht-spekulative Auseinandersetzung mit den Bedingungen gesellschaftlicher Entwicklung. Die strukturierende Logik des idealistischen Systems und die in illustrativer Absicht verfolgte Ge-

---

39 In den Nürnberger Schriften schreibt Hegel: "Die Wissenschaft von den Grundbegriffen des Rechts ist das Naturrecht genannt worden, als ob es ein Recht gäbe, das dem Menschen von Natur zukäme, und ein davon verschiedenes, welches in der Gesellschaft entspränge in dem Sinne, daß in dieser das natürliche Recht als das wahrhafte zum Teil aufgeopfert werden müsse. In der Tat entstehen durch die Gesellschaft noch besondere Rechte, welche nicht in dem Rechte, dem bloß die einzelne Persönlichkeit zugrunde liegt, enthalten sind. Zugleich aber ist sie die Aufhebung der Einseitigkeit jenes Prinzips und wahre Realisierung desselben." (Nürnb. S. 60). Man darf sich von der substanzlogischen Konstruktion nicht blenden lassen: Hegel spricht sich hier im Kern gegen ein unhistorisches, überzeitlich fixiertes Naturrecht aus! Die Spekulation versucht dann allerdings die Erfahrung der Geschichtlichkeit wieder in bewährter Weise zu bewältigen.

schichtsanalyse - die als 'wissenschaftlich' ausgegebener Ansatz jedoch einen ideologiekritischen Respekt vor der realen Erfahrung beibehält - stehen, zumal an den Knotenpunkten, an denen sich die multiplen Bezugsebenen der Hegelschen Konstruktion berühren, in einem überaus spannungsreichen Verhältnis. Hegel hat keine Mühe damit, Geschichte als nichtlinearen Prozeß zu begreifen, der durch innere Widersprüche vorangetrieben, über eine Abfolge qualitativer Sprünge verläuft: von der Horde zum despotischen Staat, zur griechischen Polis und, als Höhepunkt und Abschluß der Geschichte, zur bürgerlichen Gesellschaft und dem ihr korrespondierenden Verfassungsstaat. Die unterschiedenen qualitativen Niveaus bilden Entitäten, d.h. sie werden als umfassende Veränderungen der menschlichen Natur, der sozialen Verhältnisse, des Verhältnisses gegenüber der Natur, der Struktur religiöser und philosophischer Weltbilder analysiert - ich werde das weiter hinten noch genauer angeben. Problematisch bleibt aber die Bestimmung der qualitativen Umschlagspunkte, die, insofern zwar eine durchaus aussagekräftige Beschreibung der Transformationen, aber eben keine befriedigende nichtspekulative Theorie der Bewegungsgesetze geschichtlicher Prozesse vorliegt, sehr deutlich auf die spekulative Metatheorie zurückgreifen muß. Es ist schon öfters bemerkt worden, daß nicht einzusehen ist, warum der Weltgeist seine entwickeltste Gestalt nicht einfach aus sich heraussetzen kann; dieser logischen Schwäche korrespondieren die Probleme an den welthistorischen Schwellenzuständen. Die Heroen erfüllen hier eine ähnliche Funktion wie etwa der weise 'legislateur' bei Rousseau: Sie heben das Dilemma auf, einen Übergang annehmen zu müssen, ohne ihn letztlich erklären zu können. Rousseau schrieb, es "wäre nötig, daß die Wirkung zur Ursache würde, ... und daß die Menschen schon vor den Gesetzen wären, was sie durch sie werden sollen."[40] Ihn führt das Problem auf den Gesetzgeber, der eine neue Ordnung weise vorauszuplanen und zu organisieren weiß, den 'Baumeister' der Gesellschaft. Dessen Einsicht alleine reicht nicht aus, er muß die neue Ordnung gegenüber der alten Unordnung auch durchzusetzen verstehen, d.h. er benötigt einen gewissen legitimatorischen Rückhalt, der sich insbesondere durch die listenreiche Beziehung auf die anerkannten religiösen Mächte herstellt[41]. Bei Hegel, konsequenter denkend, entzieht die 'List' den 'Heroen' die strategische Verfügungsgewalt; 'List' ist eine geschichtsübergreifende Kategorie, die der teleologischen Anlage der Geschichtsentwicklung geschuldet ist, die also ganz auf das absolute Ausgangszentrum und seine Dynamik zu konvergiert. Die Helden erweisen ihre welthistorische Bedeutung nach Maßgabe ihres faktischen Einflusses auf die geschichtliche Entwicklung, interpretiert über eine Geschichtsauffassung, die Veränderungen wesentlich als Taten großer Einzelner beschreibt, die aber mit der Hegelschen Einsicht in dialektische Zusammenhänge auf diese Erklärung schon mißtrauisch geworden ist. Faktischer Einfluß aber hat mit dem intendierten Interesse der 'Heroen' nicht unbedingt etwas zu tun, er ist 'welthistorisches' Individuum nicht in dem, was er will, sondern in dem, was er bewirkt, d.h. aber in der Logik der spekulativen Philosophie: in dem, was er notwendig bewirken soll und muß. Bekannt ist die auf Goethe zurückgehende Kritik der 'Kammerdienerperspektive', die den Helden von seiner subjektiven Intention her bewertet, statt die nach Hegel einzig entscheidende 'objektive' Bedeutung für die gattungsgeschichtliche Höherentwicklung zu erkennen.

In welchem Zusammenhang mit der hier relevanten Frage nach der Entstehung von Staatlichkeit stehen jetzt die welthistorischen Individuen? Hegel spricht in der Rechtsphilosophie (wenn auch eher beiläufig, weil die Klärung dieser Frage für eine spekulativ dominierte Theorie wenig bedeutsam bleibt) mehrere Möglichkeiten der Genese des Staats an: "Die Erweiterung der Familie als Übergehen derselben in ein anderes Prinzip ist in der Existenz teils die ruhige Erweiterung derselben zu einem Volke, einer *Nation*, die somit einen gemeinschaftlichen natürlichen Ursprung hat, teils die Versammlung zerstreuter Familiengemeinden, entweder durch herrische Gewalt oder durch freiwillige, von den verknüpfenden Bedürfnissen und der Wechselwirkung ihrer Befriedi-

40 Rousseau, Vom Gesellschaftsvertrag, a.a.o. S. 46
41 Vgl. ebd

gung eingeleiteten Vereinigung." (ebd § 181). Im größeren Zusammenhang seines Werks zieht Hegel seit der Jenaer Realphilosophie eine dieser Möglichkeiten allerdings eindeutig vor. Es heißt hier in Teil III. 'Konstitution': "So sind alle Staaten gestiftet worden durch die erhabne Gewalt großer Menschen, nicht durch physische Stärke, denn viele sind physisch stärker als Einer. Aber der große Mensch hat etwas in seinen Zügen, das die Andern ihren Herrn nennen mögen: sie gehorchem ihm wider Willen; wider ihren Willen ist sein Wille ihr Wille. Ihr *unmittelbarer* reiner Wille ist sein Wille; aber ihr bewußter Wille ist Anderes. Der große Mensch hat jenen auf seiner Seite, und sie *müssen*, ob sie schon nicht wollen. ... Diese Gewalt ist nicht Despotismus, *sondern Tyrannei*, reine entsetzliche Herrschaft; aber sie ist *notwendig* und *gerecht*, insofern sie den Staat als dieses *wirkliche Individuum konstituiert und erhält*." (ebd 264). In der Verhandlungsschrift von 1815 vergleicht Hegel die Konstituierung Württembergs zum souveränen Staat mit der Leistung jener 'seltenen Individuen', denen in 'grauer Vorzeit' das "Schicksal das ausgezeichnete Los zuteilte, Staaten zu stiften." (ebd 464).

Auch hier steht zu Beginn der gewaltsame Akt, die Heraussetzung der 'Macht' (ebd 466) des Staates. Schon in der Verfassungschrift von 1802 hatte Hegel von einem 'Theseus' geträumt, der mit der 'Gewalt eines Eroberers' den Zerfallsprozeß des deutschen Reichs aufhebt, ein Gewaltmonopol und damit ein einheitliches und allgemein verbindliches Recht durchsetzt. Die Ausbildung eines derartigen politischen Machtzentrums war ihm hier, zusammen mit dem minimalen Bewußtsein der Zusammengehörigkeit der unter diese Gewalt organisierten Gesellschaftsmitglieder, Definiens eines konstituierten Staates gewesen. Die schon mehrfach angeführten Stellen aus der Enzyklopädie betonen die systematische Bedeutung der Entstehung von Herrschaft: "Der Kampf des Anerkennens und die Unterwerfung unter einen Herrn ist die *Erscheinung*, aus welcher das Zusammenleben der Menschen, als ein Beginnen von *Staaten*, hervorgegangen ist." (Enz III § 433). Die tyrannische Herrschaft des Peisistratos wird als ein Beispiel für die, einen Umbau der Rechtsbeziehungen bewirkende, 'bildende' Funktion der Gewalt angeführt[42]. Soviel ist deutlich: Zur conditio sine qua non der Entstehung von Staatlichkeit wird die Herstellung der 'Unterwürfigkeit unter einen Herrn' (ebd 225), die tyrannische Gewalt stößt den kulturschöpferischen Prozeß an. Interessant ist jetzt, unter der Perspektive der versuchten analytischen Abgrenzung von vorstaatlicher und staatlicher Organisation, die feinsinnige Unterscheidung von despotischer und tyrannischer Gewalt, die Hegel vornimmt. Während despotische Gewalt nach den vorstehenden Ausführungen nur eine sehr prekäre, ständig bedrohte Integration naturzuständlicher Familiensubjekte leistet, die, neben allem Reichtum vorstaatlicher primitiver Kultur (die Hegel sehr widersprüchlich konzediert), entscheidend "nur subjektive, für das Bedürfnis des Augenblicks genügende Befehle des Regierens" (Ver. 164) durchsetzen kann, etabliert tyrannische Gewalt die für ein "zum Staate sich erhebendes Gemeinwesen (erforderlichen, L.S.) Gebote, Gesetze, allgemeine und allgemeingültigen Bestimmungen" (ebd); sie konstituiert also eine auf Dauer angelegte 'Rechts'-ordnung. Der Tyrann unterscheidet sich vom Despot nicht in der excessiven Anwendung von Gewalt, sondern durch die gesellschaftsorganisierende Wirkung dieser Gewaltanwendung, die die einmal gewaltsam etablierte Ordnung auch ohne die permanente unmittelbare Präsenz herrscherlicher Gewaltandrohung überdauern läßt[43]. Ordnung beruht dann nicht mehr allein auf unmittelbar ausgeübter Gewalt, sondern sie tiefer in dem konstituierten Gemeinwesen, bzw. im Verhältnis der Mitglieder desselben verankert. Diese Wirkung ist, wenn die voranstehenden Einsichten Hegels jetzt zusammengetragen werden, jedoch nicht voraussetzungslos, sondern mit bestimmten Veränderungen auf der Ebene dessen, was man modern die

---

42   Vgl. auch Nürnberger Schr. S.121, Frühe pol. Systeme S. 264
43   Vgl. dazu auch die Unterscheidung Rousseaus im Contrat Sociale: "Um verschiedenen Dingen verschiedene Namen zu geben, nenne ich Tyrann den Usurpator der königlichen Gewalt und Despot den Usurpator der souveränen Gewalt. Der Tyrann ist derjenige, der sich widerrechtlich anmaßt, gemäß dem Recht zu regieren; der Despot ist jener, der sich selbst über die Gesetze stellt." ebd. Drittes Buch 10. Kapitel 'Vom Mißbrauch der Regierung und ihrem Hang zur Entartung', S. 96

materielle Basis nennen könnte, verbunden. Gewalt wird dann ordnungsstiftend, wenn sie auf soziale Bedingungen trifft, die eine Regulierung verlangen - deshalb beruht die integrierende Leistung des Gewaltherrschers nicht allein und nicht zuletzt auf seinem aktuellen Gewaltpotential, sondern auf dem insbesondere über Verteilungsprobleme entstehenden politischen Regelungsbedarf der sich sozial konstituierenden Gemeinschaft. Analog zu der Einsicht in den tiefen Einschnitt, den Rousseau schon im 'Discours sur l'inégalité' für den Übergang zur Seßhaftwerdung und zur agrikulturellen Produktion festgestellt hatte, verbindet auch Hegel die Entstehung des Staates mit einer Veränderung der Produktionsweise. Ich habe eine bezeichnende Stelle schon weiter vorne ausführlich zitiert und will deshalb nur noch kurz eine Passage aus der Rechtsphilosophie nachschieben: "Mit Recht ist der eigentliche Anfang und die erste Stiftung der Staaten in die Einführung des *Ackerbaues*, nebst der Einführung der *Ehe* gesetzt worden, indem jenes Prinzip das Formieren des Bodens und damit ausschließendes Privateigentum mit sich führt und das im Schweifenden seine Subsistenz suchende, schweifende Leben des Wilden zur Ruhe des Privatrechts und zur Sicherheit der Befriedigung des Bedürfnisses zurückführt..." (Rphil § 203). Der notwendige Hinweis auf die geschichtsphilosophischen Prämissen im Hintergrund einer solchen Aussage relativiert deren Bedeutung für den historischen Prozeß allerdings: Hegel sieht, wie gesagt, die Verbindung von ökonomischem Entwicklungsstand, den Produktionsverhältnissen, dem technologischen Niveau und der politischen Organisation, der Qualität der Rechtsbeziehungen, sowie, korrespondierend, dem Ausbau der Subjektkompetenz und der Qualität der elaborierten Formen der Weltdeutung sehr genau und systematisiert diese Interdependenzen zur Abgrenzung komplexer Formen oder Ganzheiten, einem 'organischen Ganzen' (Ver. 137), von Stadien, Prinzipien der Weltgeschichte. Hegels Philosophie selbst ist untrennbar verbunden mit dem Aufkommen der bürgerlichen Gesellschaft, dem bürgerlichen Recht und dem modernen Staat, so wie z.B. die griechische Polis nur vor dem Hintergrund einer Sklavenwirtschaft zureichend beschrieben werden kann. "Um der ursprünglichen Dieselbigkeit ihrer Substanz, ihres Inhalts und Gegenstandes willen sind die Gestaltungen in unzertrennlicher Einheit mit dem Geiste des Staats; nur mit dieser Religion kann diese Staatsform vorhanden sein, sowie in diesem Staate nur diese Philosophie und diese Kunst." (Ver. 123). Und: "Die Religion eines Volkes, seine Gesetze, seine Sittlichkeit, der Zustand der Wissenschaften, der Künste, der Rechtsverhältnisse, seine sonstige Geschicklichkeit, Industrie, seine physischen Bedürfnisse zu befriedigen, seine ganzen Schicksale und Verhältnisse zu seinen Nachbarn in Krieg und Frieden, alles das steht in innigstem Zusammenhang." (ebd 121)·[44] Ich halte diese an Montesquieu inspirierte Rekonstruktion historisch zusammenhängender Gesellschaftsformationen für eine der wichtigsten Leistungen der Hegelschen Geschichtsphilosophie: der Blick auf das 'Prinzip', auf das Spezifikum einer derart historisch konturierten Entität hat die späteren Modelle sozialer Evolution deutlich beeinflußt[45]. Historische Entwicklung wird verständlich als ein Umwälzungsprozeß der alle Teilbereichsstrukturen der Entität des gesellschaftlichen Systems berührt und in typischer Weise verändert. Qualitative Veränderungen sind damit keine nur ein Subsystem betreffenden isolierten Vorgänge, sondern beeinflussen alle anderen, das komplexe 'Ganze' konstituierenden gesellschaftlichen Dimensionen, bzw. die Chance zu solchen Veränderungen ist durch den historisch erreichten Entwicklungsstand aller anderen Dimensionen mit bedingt: Qualitative Veränderungen implizieren eine Veränderung der umfassenden Gesellschaftsformation und nicht nur eines Subsystems. Hegel wendet diese Einsicht zum Beispiel nachdrücklich bei der Bewertung des möglichen Erfolgs der einseitigen Veränderung der politischen Verfassung eines Staats für den Zustand des Gesamtsystems an: Ein solcher, den historischen Entwicklungsstand der Gesell-

---

44 Vgl. auch ebd S. 120, S. 141
45 Insbesondere die Soziologie Emile Durkheims erweist sich bei näherer Betrachtung, auch wenn sie sich selbst gegenüber ihren Quellen sehr bedeckt zeigt, als maßgeblich von der Hegelschen Gesellschaftsphilosophie inspiriert.

schaft vernachlässigender, äußerlich aufoktroyierter Umbau des politischen Systems muß gleichsam in der 'Luft hängen', bleibt abgekoppelt von realen Vermittlungsprozessen, die das erreichte Niveau der Entfaltung der unterschiedenen gesellschaftlichen Dimensionen markieren[46]. Man wird Hegel allerdings nur gerecht, wenn diese Aussagen immer wieder an der spekulativen Rahmenkonstruktion relativiert werden. Die idealistische Konzeption zeichnet in dem angesprochenen Strukturwandel, dem die Gesellschaft als ein interdependent verschlungenes Gesamtsystem historisch unterliegt, einen primären Konvergenzpunkt aus: die Qualität der systemrelevanten Orientierungen der jeweiligen Gesellschaftsmitglieder, die als die determinierende Variable die Entwicklung der Gesellschaft als Totalität, wie die der einzelnen gesellschaftlichen Sektoren begrenzt. Die historisch erreichte Kompetenz des Bewußtseins der Subjekte in seiner 'allgemeinen', d.h. gesellschaftsbezogenen Dimension - im Gegensatz zum Ausbau der exklusiven Binnenperspektive als Konstituierung eines intersubjektiven oder 'objektiven' Zusammenhangs, als der 'objektive Geist eines Volkes' perzipiert - ist in diesem prozessualen Geschehen der kulturgeschichtlichen Evolution die strategische Dominante. Geschichte kann von Hegel deshalb konsequent als Geschichte des 'Fortschritts im *Bewußtsein* der Freiheit', d.h. als eine Funktion des Bewußtseins und seiner historischen 'Bildung' ausgesprochen werden. Für unsere Überlegungen bleibt aber wichtig, daß dieser letzte, gewaltige Versuch metaphysischer Systembildung durch die Nötigung zu einer nur noch über historische Rekonstruktion zu leistende Beweisführung, wenn auch noch so sehr spekulativ durchsetzt und eben unter falscher Gewichtung, die genetische Struktur der Prozesse sozialen Wandels, das so gerühmte dialektische Moment prozessualer Verlaufsmuster, herausstellen muß. Die idealistische Logik und die in ihr ontologisch ausgezeichnete Dominante sind an die Erfahrungen der Neuzeit gebunden und müssen das erarbeitete historische Bewußtsein integrieren; auch sie muß, in den Grenzen einer immer noch vom Absoluten her denkenden Philosophie, historisch werden. Geschichte wird unter diesen Bedingungen in eine teleologische Ordnungsstruktur gebracht, die die philosophisch zu sanktionierende Gegenwart: der moderne Staat und die bürgerliche Gesellschaft, als Resultat einer geschichtlich notwendigen Entwicklungslogik erweisen soll. K. Marx hat in der 'Deutschen Ideologie' gegen die Junghegelianer diese Stuktur idealistischer Theoriebildung pointiert herausgearbeit und als das "Kunststück ... in der Geschichte die Oberherrlichkeit des Geistes ... nachzuweisen" kritisiert[47]. Seine Kritik konzediert aber gerade an der Stelle, die die Mystifikationen der spekulativen Geschichtsphilosophie in ihren Prämissen analysiert, den, wenn auch eben 'mystifizierten', Realitätsgehalt der behaupteten Konvergenz geschichtlicher Entwicklung auf die Struktur des Bewußtseins. Er bestimmt als den 'zweiten Kniff' der Geschichtsphilosophie: "Man muß in diese Gedankenherrschaft eine Ordnung bringen, einen mystischen Zusammenhang unter den aufeinanderfolgenden herrschenden Gedanken nachweisen, was dadurch zustande gebracht wird, daß man sie als 'Selbstbestimmungen des Begriffs' faßt (*dies ist deshalb möglich, weil diese Gedanken vermittelst ihrer empirischen Grundlage zusammenhängen und weil sie als bloße Gedanken gefaßt zu Selbstunterscheidungen, vom Denken gemachten Unterschieden, werden* (Hervorhebung von mir)."[48] So verliert Philosophie mit der 'kopernikanischen Wende' in der Gesellschaftstheorie wohl ihre frühere Existenzberechtigung[49]; diese Kritik verdankt sich aber

---

46 "Da ... der Staat, als Geist eines Volkes, zugleich das alle seine Verhältnisse durchdringende Gesetz, die Sitte und das Bewußtsein seiner Individuen ist, so hängt die Verfassung eines bestimmten Volkes überhaupt von der Weise und Bildung des Selbstbewußtseins desselben ab" ; " Was Napoleon den Spaniern gab, war vernünftiger, als was sie früher hatten, und doch stießen sie es zurück, als ein ihnen Fremdes, da sie noch nicht bis dahinauf gebildet waren. Das Volk muß zu seiner Verfassung das Gefühl seines Rechts und seines Zustandes haben, sonst kann sie zwar äußerlich vorhanden sein, aber sie hat keine Bedeutung und keinen Wert." (Rphil § 274 u. Zu). Und als Quintessenz dieser Einsicht formuliert Hegel: "Jedes Volk hat deswegen die Verfassung, die ihm angemessen ist und für dasselbe gehört." (ebd)

47 MEW Bd 3 S. 49
48 ebd
49 Vgl. Marx, ebd S. 27

selbst nur der Einsicht ihres Zusammenhangs mit dem 'wirklichen Lebensprozeß'. In der noch vordringlich durch die Absetzbewegung gegen den Idealismus (und damit auch der Überprüfung des eigenen Frühwerks) gekennzeichneten Positionsbestimmung der 'Deutschen Ideologie' spitzt Marx die Einbindung der Hegelschen 'Mystifikation' auf die einprägsame Metapher zu: "Wenn in der ganzen Ideologie die Menschen und ihre Verhältnisse wie in einer kamera obscura auf den Kopf gestellt erscheinen, so geht dies Phänomen ebensosehr aus ihrem historischen Lebensprozeß hervor, wie die Umdrehung der Gegenstände auf der Netzhaut aus ihrem unmittelbaren physischen. ... Auch die Nebelbildungen im Gehirn der Menschen sind notwendige Sublimate ihres materiellen, empirisch konstatierbaren und an materielle Voraussetzungen geknüpften Lebensprozesses."[50] Die notwendige und notwendig scharfe Zurückweisung der idealistischen Philosophie besteht gerade in ihrem Kern auf der Bewahrung ihres dann allerdings zu 'entmystifizierenden' Gehaltes. Marx rehabilitiert in diesem Sinne Hegel im Nachwort zur 2. Auflage des Kapitals noch einmal ausdrücklich gegen dessen Verkennung zum 'toten Hund' innerhalb des 'Epigonentums' der zeitgenössischen Philosophie: "Die Mystifikation, welche die Dialektik in Hegels Händen erleidet, verhindert in keiner Weise, daß er ihre allgemeinen Bewegungsformen zuerst in umfassender und bewußter Weise dargestellt hat. Sie steht bei ihm auf dem Kopf. Man muß sie umstülpen, um den rationellen Kern in ihrer mystischen Hülle zu entdecken."[51] Auf die problematische Vorstellung des 'Umstülpens' bei Marx soll nicht näher eingegangen werden, wichtig bleibt mir nur festzuhalten, daß Marx entgegen der bekannten Aneignung Hegels über die Unterscheidung von 'revolutionärer' Methode und konservativem System auch die inhaltliche Fruchtbarkeit der Hegelschen Philosophie anzuerkennen bereit ist[52]. Entmystifikation in der vereinfachenden Formel des 'Vom-Kopf-wieder-auf-die-Füße-Stellens' meint vor dem Hintergrund der materialistischen Rekonstruktion der 'Weltgeschichte' die Dialektik rekursiv auf das spekulative System selbst anzuwenden und so über die Klärung der historischen Bedingtheit seiner Prämissen und der aus ihnen resultierenden Verzerrung den historischen Gewinn der spezifischen Reformulierung der Weltdeutung durch Hegel verständlich zu machen. Mit anderen Worten: Auch die so überpointiert als 'Sublimat' aufgefaßte 'idealistische Superstruktur', hier das philosophische Deutungssystem, erreicht durch ihren notwendigen Rückbezug auf den 'materiellen Lebensprozeß' einen Aussagewert, der die vorangehenden Systembildungen nicht nur methodisch, sondern auch inhaltlich, durch den Zwang der Integration des historisch komplexen Wissens, übertreffen kann, einen Aussagewert, der mit der Kritik der Grundlagen der Systembildung in ihrer begrenzten Reichweite nicht unbedingt ungültig wird, sondern nur eine systematische Neuordnung unter einer Dominanten, die den realen Prozeß richtiger erklärt, verlangt.

E. Bloch hat in einem Vortrag die für unsere Zielsetzung richtige Frage gestellt: "Gibt es nicht auch am Systematischen Hegels ein Mächtiges, das auf die Füße zu stellen ist? ... Vielleicht also ist aus der Hegelschen Systematik gleichfalls, suo modo, eine gewisse Abbildung wirklicher Verhältnisse hinüberrettbar, schul- und weltgerecht zugleich."[53] Auch F. Engels, auf dessen Interpretation sich die angesprochene Unterscheidung meist - nicht ganz unberechtigt - zurückführt, gestand der 'kolossalen Fehlgeburt' des Hegelschen Systems, in dem "im Detail vieles

50   ebd S. 26
      Die Stelle gipfelt dann in den aufgrund ihrer Überpointiertheit häufig mißinterpretierten Aussagen über
      das Verhältnis von Sein und Bewußtsein. Vgl. dazu z.B. den Brief Engels an J. Bloch, abgedruckt in: Marx-
      Engels Studienausgabe Bd I, 1966, S. 226
51   MEW, Kapital Bd1, S. 27
52   Vgl. hierzu die Aufsätze von E. Bloch, Über Methode und System bei Hegel, Frankfurt, 1970, insbesondere
      S.49ff und S.70ff
53   E. Bloch, a.a.o. S. 75

geflickt, gekünstelt, konstruiert, kurz, verkehrt ausfallen" mußte, doch auch eine "in manchen Einzelzusammenhängen richtige, ja geniale" Rekonstruktion zu[54].

Der totale Zugriff einer Philosophie, vor deren Horizont ein multipolares Staatensystem mit unterschiedlicher ökonomischer Entwicklung, Kultur, Rechtssystem, etc. liegt, die sich mit einem schon elaborierten Geschichtswissen auseinandersetzen muß, die von zunehmend detaillierteren Berichten von Erfahrungen mit rezenten Gesellschaften, den bestaunten 'Wilden', überschwemmt wird, die sich vor allem mit dem neuzeitlichen Gestaltungsanspruch der französischen Revolutionäre konfrontiert weiß, verfolgt ein ersichtlich schwieriges Ziel. Die eigene Zeit 'in Gedanken zu fassen', verlangt auf dem Niveau der Erkenntnis dieser Zeit notwendig eine geschichtsphilosophische Rekonstruktion. Rekonstruktion, weil sich die eigene Zeit als ein dynamisches System zur Erfahrung gebracht, als Veränderungen unterworfen gezeigt hat und damit die Entwicklung eines Zustands über die Folge vorangehender Veränderungen, analog einer in den Naturwissenschaften schon länger gültigen Beziehung, zum Verstehen eines historisch bestimmten Zustands unabdingbar gehört. Geschichtsphilosophisch, weil immer noch an der teleologischen Perspektive festgehalten werden soll: Die eigene Zeit markiert bei Hegel den absoluten Höhepunkt der empirischen Geschichte. Dieser Höhepunkt ist spekulativ begründet, soll aber im Verfolg der empirischen Geschichte als ein zwingendes Resultat des Gesamtprozesses auch explizit bewiesen werden können. Geschichte kommt als Ganzes, als zusammenhängender Prozeß vor das Auge des Philosophen; das Verständnis der eigenen Zeit verlangt das Verständlichmachen den sinnvollen Anschluß an diesen Prozeß. Dabei müssen Kriterien angegeben werden, die den geschichtlichen Fortschritt organisieren. Die Behauptung, daß es in der Geschichte 'vernünftig zugehe'(Ver. 28ff), impliziert den Nachweis einer Entwicklungslogik, einer strukturellen Ordnung des nur oberflächlich betrachtet chaotischen Materials geschichtlicher Phänomene. Hegel zielt auf eine Tiefenstruktur, die Qualitätssprünge im Gang der Weltgeschichte rekonstruiert und derart eine Qualifizierung des erreichten historischen Niveaus erlaubt. Geschichtsphilosophisch ist das Rekonstruktionsvorhaben, insofern es ganz selbstverständlich mit eindeutigen Vorgaben besetzt ist: Die Weltgeschichte ist ein prädominierter Prozeß. Hegel formuliert das mit aller Deutlichkeit: "Die Philosophie geht zwar auch a priori zu Werke, insofern sie die Idee voraussetzt. Diese ist aber gewiß da; das ist die Überzeugung der Vernunft."(ebd 32). Man muß diesen strategischen Hintergrund, auch wenn er den glatten Durchgang durch das weltgeschichtliche 'Theater' behindert und der Argumentation in gewisser Weise die Lesbarkeit und ihre Schärfe nimmt, immer wieder herausstellen: das kommentierende Korrektiv ist unverzichtbar, wenn die Interpretation nicht zu sehr von ihrem Möglichkeitshorizont her aufgerollt werden soll; zu Hegel gehört das transitorische Moment, die weitsichtige Organisation genetischer Zusammenhänge und die spekulative Rahmenlogik. Ich werde darauf weiter hinten noch explizit eingehen. Vorerst will ich nach dem Hinweis auf die spekulative Folie der Gesamtkonzeption endlich den verlorenen Faden bei der Analyse des Übergangs von der Vorgeschichte in die Geschichte wieder aufnehmen.

Die Verbindung von Seßhaftwerdung, Ackerbau und der Entstehung des Staates auf der realgeschichtlich-sekundären Vermittlungsebene bildet die geschichtsphilosophisch ausgezeichnete Matrix des weiteren Evolutionsprozesses. Der Analyse wird dabei, wie gesagt, Bescheidenheit abverlangt: Entwicklungsfähig ist allein die genetische Rekonstruktionsabsicht, die die isolierte Beschreibung einzelner gesellschaftlicher Phänomene zugunsten einer Erfassung der Interdependenzen aller beteiligten Sektoren und Dimensionen im historischen Prozeß aufgibt. Worin besteht nun aber der evolutionäre Schub, den Hegel mit der Seßhaftwerdung und dem Ackerbau verbindet? Vor dieser Zäsur dominieren eindeutig rein naturale Kohäsionsfaktoren: familiale, instinktiv organisierte Bindungskräfte. Jenseits des familialen Rahmens herrschen anarchische Zustände,

54   Marx/Engels, Studienausgabe Philosophie, a.a.o. S. 161

Desorganisation, unterbrochen nur von gelegentlichen Ausbrüchen nackter, despotischer Gewalt, die einen, allerdings höchst prekären, Ansatz zu umfassenderer Organisation des Nichtorganisierten versuchen. Die Vorstellung Hegels ist kontrastierend bezogen auf die Fiktion des Naturzustands bei Rousseau: Beide bezeichnen übereinstimmend einen Zustand der Vorsozialität, aber mit völlig unterschiedlicher Wertung. Wo Rousseau gegenüber dem korrumpierenden Vergesellschaftungsprozeß die ursprüngliche Harmonie eines ungetrübten Verhältnisses von Mensch und Natur zeichnet, das nur durch exogene, zufällige Bedingungen unter dem Zwang der bloßen Selbstbehauptung, des Überlebens gestört und damit keineswegs teleologisch vorgedacht überschritten werden mußte, betont Hegel in seiner Kritik der Naturzustandstheorien nachhaltig die unbedingte Notwendigkeit der Transzendierung rein naturaler Verhältnisse und die konstitutive Sozialität humanen Seins. Der Naturzustand als ein vorsozialer und damit vorrechtlicher Zustand ist einfach unhaltbar, er muß verlassen werden. Der Unterschied liegt also nicht so sehr in der Beschreibung der naturzuständlichen Voraussetzungen - Abweichungen gibt es hier insbesondere in der Konzeption der Familie[55] - sondern in der grundsätzlichen Perspektive, unter der das 'Wesen' des Menschen gezeichnet wird. Rousseau versucht von seinem kulturkritischen Ansatz her, durch die Betonung der Ambivalenz des kulturgeschichtlichen Bildungsprozesses, eine dezidiert historisch-genetische Rekonstruktion auf die Höhe der 'bürgerlichen Gesellschaft' (verstanden noch im vorhegelschen Sinne), die als das aktuelle Resultat der Geschichte nur als eine konkret realisierte - höchst unbefriedigende - Möglichkeit auf die anthropologische Ausgangslage bezogen werden kann. Hegel dagegen unterstellt in seiner Rekonstruktionssystematik einen teleologischen Impetus, der all die 'Unglücke' und 'Zufälligkeiten': Erdbeben, Feuersbrünste, Überschwemmungen, Vulkanausbrüche, die die Rousseausche Schilderung vorantreiben, spekulativ übergreift, indem ihm jenseits des konkreten realgeschichtlichen Prozesses das Resultat finalistisch immer schon feststeht und so auch in die anthropologische Bestimmung eingegangen sein muß. Obwohl Hegel damit paradigmatisch hinter Rousseau zurückfällt, erreicht er das anthropologisch exaktere Verständnis (ein Grund, weshalb er die traditionale Deutung wieder revitalisieren muß), indem er den Aufbau sozialer Strukturen in seine Wesensbestimmung aufnehmen muß: 'Menschsein' impliziert die Überwindung 'tierischer Menschlichkeit' und damit notwendig die Einleitung der Bewegung reziproker Anerkennung, von der zu Anfang dieser Arbeit die Rede war. Sozialität ist dann nicht das Ergebnis eines aus kontingenten Umständen unhaltbar gewordenen Naturzustands, oder eine noch am Muster tierischer Organisation, über Triebe, Instinkte, ableitbare 'natürliche' Lebensform, sondern in einem radikalen Sinne konstitutive Matrix des biographischen und gattungsgeschichtlichen Bildungsprozesses zum kompetenten Subjekt, zur Aktualisierung 'eigentlichen' Menschseins. Sobald der rein naturale Zustand verlassen wird - dazu gehört nach Hegel noch die instinktiv organisierte Familie -, wird die 'Naturseite der Grundlage' überschritten, "und jenseits dieser müssen die Individuen in den Stand der Persönlichkeit treten" (Ver. 119). Aus der Rousseauschen Ambivalenz in der Frage der 'puissance' zur Perfekteabilität wird mit der hintergründigen teleologischen Absicherung konstitutive Eindeutigkeit, mit Konsequenzen auch für die philosophische Würdigung der anthropologischen Vorgaben. Ohne den im 2. Discours in aller Breite erörterten solitären Status des Wilden auf seine empirische Wahrscheinlichkeit weiter zu diskutieren, steht für Hegel fest, daß ein vorsozialer Zustand kein spezifisch menschlicher sein kann, ihn sogar ausschließt[56]. In Ermangelung einer befriedigenden Theorie des Übergangs zur vergesellschafteten Lebensweise, einem Mangel, dem, wie schon angedeutet, auch das tiefere Verständnis der 'primitiven' vorstaatlichen Gesellschaften zum Opfer fällt, wird ein Naturzustand zwar beschrieben, aber keinesfalls, wie bei

---

55 Nicht aber hinsichtlich dem Grad der Individualisierung der Mitglieder in diesem Beziehungssystem.

56 Vgl. dazu noch einmal die Beschreibung Afrikas und des Afrikaners: "... es ist nichts an das Menschliche Anklingende in diesem Charakter zu finden." Und: "Dieser erste natürliche Zustand ist der tierische." (Ver. S. 218)

Rousseau, gegen die anschließende Geschichte idealisiert. Er steht gleichsam als positiv nicht bestimmbares naturales Residuum zwischen Natur und menschlicher Geschichte - eine Verlegenheit der Ableitung. Wenn Hegel schreibt, daß über ihn nicht mehr auszusagen sei, als daß er unbedingt verlassen werden müsse, so meint er damit vor allem, daß das eigentliche menschliche Sein, die Geschichte des menschlichen Geistes, erst jenseits dieser Grenze rekonstruierbar wird. Insofern Familie noch keine soziale Institution im Sinne eines normativ regulierten Handlungssystems, sondern im Kern eine natürliche Organisationsform darstellt, konzentriert sich der Übergang zu spezifisch menschlicher Kulturgeschichte auf die Entwicklung der außerfamilialen Beziehungen; in der Jenaer Realphilosophie, die diesen Prozeß noch am genauesten verfolgt, auf die äußere Konfrontation der intern natural verknüpften Familiensubjekte. Die Entfiktionalisierung des Naturzustands durch die Zurückweisung des ihm zuerkannten Eigenwerts verdankt sich der Einsicht in die Notwendigkeit kulturell ausgebildeter Handlungsregulationen, die kompetentes Handeln verlangt, bzw. voraussetzt. Diese sind nicht 'von Natur' gegeben, entsprechend fehlt in der Übergangsphase der Vorgeschichte ja auch die spezifisch menschliche Geistigkeit, bzw. 'tierische Menschlichkeit' steht als Chiffre für die mit der defizitären Organisation des sozialen Handlungssystems einhergehende defizitäre Struktur des Subjekts. Die Verkennung der normativen Grundlage vorstaatlicher Gesellschaften bindet den Übergang von der Vorgeschichte in die eigentliche Geschichte an die explizite Setzung von Handlungsnormen. Entscheidend für Hegel ist der im Unterschied zu natürlichen Kohäsionen artifizielle Charakter der hier im weiteren Sinne von Recht verstandenen Rechtssetzung[57]. Wie schält sich eine solche Setzung heraus, wie 'objektiviert' sie sich und was leistet sie?

Phänomenologisch abstrakt kann das einzelne Subjekt aus der Totalität seines Lebenszusammenhangs herausgelöst und in seinen isolierten Handlungsdimensionen analysiert werden. Das Verhältnis von Subjekt und Natur ist eine solche Dimension, deren im Unterschied zur tierischen Koppelung zwischen Organismus und Umwelt prinzipielle Offenheit bei Hegel thematisch wird. Begehrendes Subjekt und das Objekt der Begierde sind in der Weise offener Rückkopplung (das primäre Grundverhältnis der Arbeit) aneinandergeschlossen, ein Prozeß in dem sich beide Seiten für das Bewußtsein objektivieren, sich Selbsterfahrung und Objekterfahrung herstellen. Auf einer nächst höheren Analyseebene kann die Struktur der Beziehung von Subjekt zu Subjekt untersucht werden; unter der phänomenologischen Perspektive als Frage nach der sozial vermittelten Ausbildung des selbstreflexiven Subjektbewußtseins - dem 'Prozeß des Anerkennens' (Enz III § 430), wie Hegel die Matrix der sozialen Dezentrierung anschaulich bezeichnet hat. Das idealistische Paradigma der Erklärung erlaubt den Vorgang als Entschluß einer schon 'an sich' begrifflich vorgebildeten Subjektqualität, die sich nun auch realiter, im 'empirischen Dasein' zu ihrem Begriff bestimmen will, zu verstehen[58]. Hier aber gelten nach aller Erfahrung eigene Gesetze: wechselseitige Anerkennung erfordert zunächst einmal einen Ausgleich der in den Prozeß involvierten Interessen. Das Resultat der 'Bewegung wechselseitiger Anerkennung' verweist auf der historisch-praktischen Ebene in die Zukunft, fällt für Hegel erst zusammen mit der Universalität des modernen Rechts als Hintergrund des bürgerlichen Tauschverkehrs prinzipiell gleicher Rechtspersonen. Die Einleitung in die Anerkennungssequenz, um die es hier zunächst nur geht, verlangt bei der explizit historischen Rekonstruktion jedoch eine Diskussion des Aufbaus von dauerhaften sozialen Beziehungen überhaupt. Gefunden werden muß die zwar teleologisch abgedeckte, nichts desto trotz aber im 'Medium' des 'Daseins' selbst aufzuzeigende Überführung von familial-instinktiven und naturzuständlich-anarchischen in organisierte, normativ fixierte Verkehrsformen. Dazu lassen sich die Subjekte mit ihrer erst 'an sich' und damit nur für den kompetenten Beobachter durchscheinenden Subjektstruktur nicht

---

57   In der Realphilosophie heißt es hierzu: "Recht ist die Beziehung der Person in ihrem Verhalten zur andern, das allgemeine Element ihres freien Seins...." (ebd S. 227)

58   Vgl. z.B. ebd § 431 Zu, sh dazu grundsätzlich Logik I, S. 70

einfach abstrakt gegeneinandersetzen, sondern es ist eine, wenn schon nicht tiefer analysierte Begründung, so doch Beschreibung auf der Ebene praktischen Handelns beizubringen, die die Ausweitung der familialen Interaktionen auf dezidiert soziale Verhältnisse nachzeichnet. An allen Stellen, wo Hegel das wichtige Herr-Knecht-Topos thematisiert, finden sich deshalb auch, mehr oder weniger ausgeführt, Querverweise, die einen diachronen, realhistorischen Hintergrund oder eine konkret biographische Zuordnung andeuten.

Die Hinweise in der Einleitung zur Philosophie der Geschichte bestätigen die Ausführungen der Jenaer Realphilosophie: Die Entstehung von sozialen Verkehrsformen über die sich der wechselseitige Aufbau der Subjektstruktur vermittelt, wird ausgelöst durch die Verletzung des Interesses des Einen durch den Anderen, durch die 'Beleidigung', wie Hegel schreibt. Dem liegt eine Unterscheidung zugrunde, die sich schon in der Fassung des Eigentumsbegriffs bei J. Locke findet. In seinem 'Second Treatise of Government' heißt es: "Gott gab die Welt den Menschen gemeinsam. ... Er gab sie dem Fleißigen und Verständigen zum Gebrauch (und seine Arbeit sollte seinen Rechtsanspruch darauf begründen) ... Derjenige, dem ebensoviel zur eigenen Bebauung blieb, wie bereits in Besitz genommen war, ... hatte sich nicht um das zu kümmern, was bereits durch eines anderen Arbeit bebaut worden war. Tat er es dennoch, und trachtete er offensichtlich nach dem Nutzen aus eines anderen Mühen - wozu er kein Recht hatte -, *nicht aber nach dem Boden*, den ihm Gott gemeinsam mit anderen zur Bearbeitung gegeben hatte..."[59]. Eine analoge Ausführung findet sich in der Jenaer Realphilosophie: "So erregt stehen beide gegenein-ander, und zwar der Zweite als Beleidiger, der Erste als der Beleidigte, denn dieser meinte nicht jenen in seiner Besitznehmung; dieser aber beleidigte, er meinte ihn: Was er vernichtete, war nicht die eigene Form des Dings, sondern die Form der Arbeit oder des Tuns des Andern. ... Der Erstere setzte sich in das herrenlose Ding, der Andere in das beseßne."(ebd S. 230f). Die Diffe-renz ist bei Locke klar: Das erste Verhältnis betrifft nur eine Beziehung zwischen Mensch und Natur - Land wird qua aufgewendeter Arbeit zum Eigentum. Nur indirekt entsteht hier (im Naturzustand) ein sozialer Effekt, insbesondere dann durch die Verknappung von Land. Die Annektion schon bearbeiteten Landes ist dagegen eine elementare soziale Konfliktkonstellation: Es geht primär nicht um das 'Ding an sich', die Besitznahme von Land, sondern um die Aneig-nung der schon investierten Arbeit und damit um die Kontrolle des Produzenten. In der Folge verabsolutiert sich diese Dimension des Konflikts bei Hegel gegenüber dem investierten materi-ellen Interesse und der ihm korespondierenden materiellen Basis des Konflikts. In den späteren Arbeiten verschwindet diese Grundlage fast bis zur Unkenntlichkeit, das unmittelbare Machtver-hältnis zwischen Herrn und Knecht, das sich jetzt zur konstitutiven Bildungsmatrix idealisiert, verdeckt den ökonomischen Grundkonflikt. Als Hintergrund steht er aber niemals in Frage: Die erst 'an sich' seienden, 'unmittelbaren' Subjekte prallen erstmals aufeinander durch die ausschließende Wirkung der Besitznahme von Land. Hegel orientiert sich dabei, gezwungen durch die Logik historischer Rekonstruktion und in Ermangelung qualifizierten Wissens, an einer Vorgabe Rousseaus: Vor der beziehungsstiftenden Ausgrenzung des in Bearbeitung genommenen Stück Lands, durch die sich der einschränkende Wille des Einen für den Anderen sinnlich un-mittelbar objektiviert, besteht offensichtlich ein Nichtverhältnis, ein Verhältnis, das, folgt man den wenigen Anmerkungen Hegels, als eine Grenzlage dem solitären Status des Wilden in der Rousseauschen Naturzustandskonzeption entspricht.
"Indem dieser Boden formiert wird, ergeben sich die Bestimmungen des Eigentums und des Rechts. Die natürliche Einsamkeit wird durch diese gegenseitig bestimmte, ausschließende, aber allgemeine Selbständigkeit durchbrochen; es tritt ein Zustand der Allgemeinheit ein, der das bloß

---

59 J. Locke, a.a.o. S. 26f
    Hervorhebungen von mir

Einzelne ausschließt", so Hegel in einer schon weiter vorne ausführlicher zitierten Passage[60].
Dabei verdankt sich die diesen solitären Zustand ablösende 'große Revolution'[61] einer veränderten Produktionsweise keineswegs einem "unheilvollen Zufall"[62], der Übergang geht vielmehr ganz unproblematisch vor sich: "Der fruchtbare Boden führt von selbst den Übergang zum Ackerbau mit sich..." (Ver. 195). Die Vorstellung eines Zufalls in dieser strategischen Frage der kulturellen Evolution schließt das Hegelsche System schon aus grundsätzlichen Erwägungen aus; diskutabel bleibt allein der genaue zeitliche Rahmen - eine Geschichte, geschrieben unter der Perspektive teleologischer Notwendigkeit, muß den Zufall begrenzen.

Die 'Etablierung' des Ackerbaus entsteht nicht plötzlich, sie signalisiert schon eine bedeutende vorangehende Veränderung in der Beziehung zwischen Mensch und Natur, eine Veränderung, die aber noch gleichsam natural eingefangen blieb. Kapitel II hatte sich mit dieser, übrigens ebenfalls schon bei Rousseau vorbereiteten, Dimension der menschlichen 'Perfekteabilität' ausführlich befaßt. Herausgestellt wurde die bildende Funktion, die Hegel der menschlichen Arbeit zuerkennt: Arbeit ist eine spezifisch menschliche Beziehung des Umgangs mit Natur, die in einem elementaren Sinne die prinzipielle Offenheit des Verhältnisses zwischen begehrendem Subjekt und dem Objekt der Begierde ausdrückt. Zwischen Mensch und naturaler Objektwelt besteht eine veränderbare Beziehung: Erfahrungen mit Natur lassen beide Seiten nicht unberührt, gehen durch die selbstreferentielle Qualität der Arbeit in künftiges Handeln ein. Dieser Gedanke findet sich in der kryptischen Sprache Hegels etwa an folgender Stelle ausgedrückt: "Der Mensch ist in seinem ersten Erwachen unmittelbar natürliches Bewußtsein im Verhältnis zur Natur überhaupt. Es ist dabei notwendig vorhanden ein Verhältnis zwischen beiden: alle Entwicklung enthält eine Reflexion des Geistigen in sich selbst gegen die Natur. Sie ist eine Besonderung des Geistigen in sich gegen diese seine Unmittelbarkeit, die eben die Natur ist." (Ver. 190). Entscheidend wird, daß sich die unter dem Druck der Bedürfnisbefriedigung gemachten Erfahrungen in Selbsterfahrung umsetzen: im Handeln lernt sich das Subjekt selbst kennen und hebt sich gegen den Hintergrund der Natur - auch seiner eigenen Naturseite - ab. Die Wege verlängern sich, zwischen Trieb und Triebobjekt schiebt sich die Reflexion - die Vormächtigkeit von Natur wird aufgebrochen. Die agrarische Produktionsweise, der Ackerbau, kennzeichnet einen schon weit noch vorne geschobenen Stand der Naturbeherrschung; der anfänglich kurzgeschlossene Nexus von Trieb und Befriedigung muß sich gewaltig entkoppelt haben. Das neue Niveau der materiellen Reproduktionssicherung wird bei Rousseau und Hegel unter dem Begriff der 'Vorsorge' beschrieben[63]. Vorsorge impliziert die Möglichkeit der Aufschiebung eines drängenden Bedürfnisses, die Fähigkeit der Antizipation von Befriedigungschancen, die sich erst in weiter Ferne auftun, die Realisation, daß sich der Bedürfnisdruck hier und jetzt auch morgen und zukünftig einstellt und daß ihm 'vorsorgend' - mit dem instrumentellen Zugriff auf Natur - begegnet werden kann. Rousseau versucht die kognitive Leistung nachzuempfinden: "... - abgesehen davon, daß man sich, um sich dieser Beschäftigung hinzugeben und die Felder zu besäen, entschließen muß, erst einmal etwas zu verlieren, um in der Folge viel zu gewinnen: Eine Vorsorge, die der Geistesverfassung des wilden Menschen höchst fern liegt, der, wie ich gesagt habe, große Mühe hat, am Morgen an seine Bedürfnisse für den Abend zu denken."[64] Hegel zielt auf die gleiche herrscherliche Attitüde, unter die der Mensch seine Bedürfnisnatur und die äußere Welt potentieller Befrie-

---

60 Ver. S. 195
61 Rousseau, a.a.o. S. 197
62 ebd S. 193
63 Vgl. Rousseau, a.a.o. z.B. S. 201
    Bei Hegel z.B. Ver. S. 195
64 Rousseau, a.a.o. S. 201

digung allmählich zu bringen verstanden hat: "Die Sorge des Menschen ist nicht mehr nur für einen Tag, sondern für lange Zeit." (Ver. 195).

Schon hier aber spielt Herrschaft eine entscheidende Rolle: Herrschaft verstanden als Beherrschung der eigenen Trieb-, Bedürfnisstruktur und korrespondierend als das Wissen, das Macht gibt über die vormals undurchschaubaren und bedrohlichen Zusammenhänge der 'furchtbaren Naturmacht' (ebd 220). Gleichwohl bleibt der so beschriebene Prozeß der Distanzierung als Resultat des in tätigem 'Gegensatz zur Natur' Stehens, da er immer noch primär vom Bedürfnisdruck des Subjekts determiniert wird, eng begrenzt. Es ist ein wichtiges Verdienst Hegels, erkannt zu haben, daß die Ausbildung menschlicher Subjektivität nur über soziale Interaktionen läuft. 'Sozialbilität' ist nicht nur, wie schon lange gesehen, eine Bedingung materiellen Überlebens, sondern die conditio sine qua non der Ausbildung jener differenzierten Subjektstruktur, die für Hegel Menschsein gegen die tierische Organisationsform abhebt. Es ist damit auch kein historischer Zufall, der bei Hegel die naturzuständliche Einsamkeit aufhebt, sondern das, wie immer auch noch spekulativ durchsetzte, Wissen um die konstitutive Bedeutung der Sozialität für die Fortsetzung des eingeleiteten Prozesses der Distanzierung, an dessen Ende dann das kompetente Subjekt steht. Aus der Einsicht in die im dialektischen Verkehr mit Natur und Anderem stattfindende Entwicklung zum differenzierten Subjektbewußtsein wird die Erfahrung spezifisch sozialer Beziehungen zur anthropologischen Nötigung. Die historische Rekonstruktion des geschichtlichen Übergangs, die implizit den Bildungsprozeß vom 'Tier-Menschen' zum eigentlichen Menschen mitvollziehen muß, führt unter dem verfügbaren Stand historischer Erkenntnis zur mangelnden Differenzierung zwischen der anthropologischen Grundkonstituante und deren kulturgeschichtlicher Transformation; beide überlagern sich im Hegelschen System. Eine Konsequenz dieser Verschmelzung besteht dann darin, daß die gattungsgeschichtliche Evolution zum Menschen einer kulturgeschichtlich gesehen viel späteren Stufe - eben dem Staat, wie noch gezeigt werden soll - zugeordnet wird, sowie die schon weiter vorne angesprochene Verkennung der Organisation vorstaatlicher Gesellschaften. Die von Hegel richtig vorgenommene Begründung der 'Bewegung wechselseitiger Anerkennung' als eine anthropologisch elementare Entwicklungsmatrix gegen die Vorstellung von einer bloßen vertraglichen Übereinkunft der wechselseitigen Anerkennung als Eigentümer - Anerkennung bei Hegel fragt hinter diese erst viel spätere Verkehrsform zurück[65] -, kann in der genetischen Rekonstruktion nicht durchgehalten werden und führt in der Folge dazu, den realhistorischen Prozeß der Ausbildung ausbeuterischer Produktionsverhältnisse und Herrschaft vorwiegend als Bedingungen im Bildungsprozeß zum kompetenten Menschsein spekulativ abzuschatten und somit gegen eine eigenständige kritische Analyse zu immunisieren. Es liegt auf der Hand, wie hier eine systematische Verzerrung im historischen Wissen um die elementare Organisationsform des Menschen und die Bedingungen ihrer Entstehung eine Deutung geschichtlicher Entwicklung bestätigt, die sowieso auf die idealistische Ebene der teleologischen Entfaltung von Bewußtseinsstrukturen abzielt. Die lange Geschichte der Gewalt kann bedenkenlos gerechtfertigt werden als notwendige Bildungsgeschichte der spezifisch menschlichen Subjektstruktur und der sich über sie herstellenden Vernunft.

Geschichtsphilosophisch muß jetzt, nach der Betrachtung der qua Arbeit vermittelten Distanzierung gegenüber Natur, die Verlängerung dieses Prozesses in soziale Interaktionsformen rekonstruiert werden. Hegel orientiert sich hierbei am konzeptuellen Stand seiner Zeit. Die politische Theorie vor Hegel hat, an den Verhältnissen der zeitgenössischen Gegenwart geschärft, Überlegungen zur gesellschaftlichen Verfaßtheit des Menschen angestellt, an die problemlos anzuschließen war. Übereinstimmend war die Entstehung der bürgerlichen Gesellschaft ein Reflex auf die Unabwendbarkeit der sozialen Effekte jeglichen Handelns. Im Zentrum stand dabei natürlich die Frage nach der ursprünglichen Transformation von Besitz in Eigentum, also nach der Legitimation materieller Ungleichheit, bzw. ungleicher ökonomischer Chancen. Das

---

65 Vgl. dazu sehr deutlich Nürnberger Schriften S. 237 § 11

Krisenszenario der Gegenwart, projiziert an den Ausgang des Naturzustands, zeigte fast überall die gleiche Problemkonstellation: Die exklusive Natur von Besitz tangiert zwangsläufig früher oder später die Interessen des ausgeschlossenen Anderen. Besitz, bei Locke schon immer naturrechtlich sanktioniertes Eigentum, entsteht aus der elementaren Nötigung zur Arbeit im Interesse des Überlebens: "Die Arbeit seines Körpers und das Werk seiner Hände, so können wir sagen, sind im eigentlichen Sinne sein. Was immer er also jenem Zustand entrückt, den die Natur vorgesehen und in dem sie es belassen hat, hat er mit seiner Arbeit gemischt und hat ihm etwas zugefügt, was sein eigen ist - es folglich zu seinem Eigentum gemacht. Da er jenem Zustand des gemeinsamen Besitzes enthoben, in den es die Natur gesetzt hat, hat er ihm durch seine Arbeit etwas hinzugefügt, was das gemeinsame Recht der anderen Menschen ausschließt."[66] Und Rousseau schließt sich an: "Dieser Ursprung ist um so natürlicher, als es unmöglich ist zu begreifen, wie die Vorstellung des Eigentums aus etwas anderem als der Handarbeit entstehen könnte; denn man vermag nicht zu sehen, was der Mensch beisteuern kann, um sich die Dinge anzueignen, die er nicht geschaffen hat, außer seiner Arbeit. Allein die Arbeit, die dem Bauern ein Recht auf das Produkt des Feldes gibt, das er bestellt hat, gibt ihm folglich ein Recht auf den Boden..."[67]. Kant bringt dagegen die brutalen Konsequenzen des abstrakten Rechts schon deutlicher zu Bewußtsein: Besitz kann nicht durch den berechtigten Gebrauch - die 'gerechte Nahrung' der vorbürgerlichen Eigentumsvorstellung - definiert und verstanden werden, sondern ist außerhalb einer gesellschaftlich verbindlichen Rechtsordnung prinzipiell nicht legitimierbar - die Macht des Faktischen begründet jeglichen Anspruch im Naturzustand. Die Frage: "... wie weit erstreckt sich die Befugnis der Besitznehmung eines Bodens?" beantwortet Kant mit: "Soweit, als das Vermögen, ihn in seiner Gewalt zu haben, d.i. als der, so ihn sich zueignen will, ihn verteidigen kann..."[68]. Die Reichweite der Kanonen (sh. ebd) entscheidet über den Besitzanspruch. Hegel übernimmt diese Einschätzung, auch ihm ist die Bearbeitung der Sache nur ein mögliches Zeichen der Besitznahme, deren eigentlicher Kern im Willen zum Besitz besteht. Besitznahme ist zunächst einmal der kognitive Akt des 'Habenwollens', die bewußte Realisation der qua Arbeit reflexiv eingeholten Herrschaftsmächtigkeit des Subjekts gegenüber der zur verfügbaren Dingwelt versachlichten Natur. Die Bindung, die Locke und Rousseau noch zwischen dem tatsächlichen Gebrauch und dem Recht auf Besitz betont hatten, verfällt zunehmend der neuzeitlichen Realität: der freien Disponibilität der besessenen Sache in der Hand des Eigentümers, bzw. Protoeigentümers[69]. Die Verlagerung läßt die Frage (wenn nur grundsätzlich die Möglichkeit des Eigentumserwerbs gewährleistet bleibt) nach materieller Gerechtigkeit und Gleichheit gar nicht erst aufkommen, entsprechend steht mit der Verletzung des Besitzanspruchs des Einen durch den Anderen nicht die materielle Schädigung, sondern die Verletzung eines humanen Grundverhältnisses, der Vormächtigkeit des Geistes gegenüber der Materie, zur Disposition. Zu dieser Verletzung aber muß es kommen: "Das Recht des *Besitzes* unmittelbar geht gegen die Dinge, nicht gegen einen Dritten. Der Mensch hat das *Recht*, in Besitz zu nehmen, was er als Einzelner kann. Er hat das Recht; dies liegt in seinem Begriffe, Selbst zu sein - dadurch hat er die Macht gegen alle Dinge. Aber seine Besitznahme erhält auch die Bedeutung, einen Dritten auszuschließen." (Frühe pol. Systeme 227). Der Umschlag der eindimensionalen Beziehung zwischen Mensch und Natur in den sozialen Kontext verdankt sich nicht äußeren kontingenten Umständen, sondern hängt untrennbar mit seiner 'Wesensbestimmung' zusammen: Mit der Aneignung der inferioren Naturdinge objektiviert sich der herausgehobene Status des Menschen zunächst nur auf der Ebene

---

66 J. Locke, a.a.o. S. 22
67 Rousseau, a.a.o. S. 203
68 Kant, Metaphysik, a.a.o. S. 375
69 Vgl. hierzu insbes. Rphil § 59
    Sehr schön auch die Stelle aus der Jenaer Realphilosophie: "Angemessenheit zum Bedürfnisse einer Familie, eines Einzelnen widerspricht dem reinen Selbst, der Gleichheit, die gerade dem Recht zugrunde liegt."(ebd S. 229)

praktischer Lebensbewältigung. Die Verletzung des durch die Aneignung bezeichneten Besitzes führt zur Repräsentation des implizierten exklusiven Willensverhältnisses zwischen Subjekt und Sache und damit zu der über die Erfahrung des Anderen vermittelte selbstreferentielle Repräsentation der Subjektkompetenz auf einer ersten Stufe. Die Notwendigkeit des Umschlags wird auch empirisch aufgewiesen, sie liegt in der zwangsläufigen Verknappung der Ressource Boden, dem hervorragenden Mittel jener Subjektobjektivation. Gleich wie im einzelnen die politische Theorie die Dynamik der 'Besetzung' der Erde geschildert hat, im Ergebnis ist die durch das anfänglich grenzenlose Reservoir dieser Ressource mögliche Vermeidung sozialer Konfrontation[70] unmöglich geworden. In einer restlos verteilten Welt ist die Chance auf die 'erste Besitznahme', die primär ja ein Verhältnis zwischen Subjekt und Ding ausdrückt und nur indirekt einen sozialen Ausgrenzungseffekt beinhaltet, hinfällig geworden - alle wie auch immer geartete Beziehungen stehen dann in einem sozialen Kontext[71]. Die Entwürfe für den Ausgang des Naturzustands haben diesen Umschlag in eindringlichen Bildern beschrieben: Hobbes Kampf aller gegen alle, Lockes naturzuständliche Rechtsunsicherheit, Rousseaus Kriegszustand oder I. Kants Kriterium der Rechtlosigkeit - alle rekonstruieren eine Entwicklung, nach der in Kants Worten der 'Grundsatz' offenkundig wird: "... man müsse aus dem Naturzustande, in welchem jeder seinem eigenen Kopfe folgt, herausgehen und sich mit allen anderen (mit denen in Wechselwirkung zu geraten er nicht vermeiden kann) dahin vereinigen, sich einem öffentlichen gesetzlichen äußeren Zwange unterwerfen, ... d.i. er solle vor allen Dingen in einen bürgerlichen Zustand treten."[72]

Hegel sieht das Problem, auch bei ihm treibt der Naturzustand auf die Hobbessche Vision zu. Allein, die Problemlösung, die verschiedenen angebotenen Varianten des Gesellschaftsvertrags, erweisen sich, bezogen auf den Entwicklungsstand der Subjektkompetenz, als rein fiktional: Es gibt keine Subjekte, die sich konsensual über die Bedingungen und Modalitäten ihrer Vergesellschaftung verständigen könnten. Solche Vorstellungen, wir haben das weiter vorne schon diskutiert, gehen aus von dem neuzeitlichen Bewußtsein der Konvergenz der Verhältnisse auf die empirischen Subjekte - aber dies Wissen der französischen Revolutionäre[73] findet sich eben noch nicht am Ausgang des Naturzustands; Hegel muß vielmehr für die Situation des Umschlags den im Vergleich zum neuzeitlichen Subjekt defizitären Charakter des vorstaatlichen 'Wilden' oder 'Barbaren'[74] betonen.

Es finden sich bei Hegel nicht viele Stellen, die den Übergang zur Staatlichkeit explizit rekonstruieren. Das hat zwei Gründe: einmal entlastet das teleologische Paradigma von der Mühsal historischer Genauigkeit, zum anderen wird die Vorgeschichte von Hegel sowieso nur als eine Art Antithese zum staatlichen Zustand, in abgrenzender Absicht, angeführt. Der genaue Zusammenhang interessiert ihn nicht weiter, entsprechend werden die unterschiedlichen Vorschläge zur Entstehung der bürgerlichen Gesellschaft auch nicht genauer analysiert: Es reicht, daß sich historisch Staatlichkeit ausgebildet hat. Mehr Aufmerksamkeit wendet Hegel dieser

---

70 Vgl. hierzu die Ausführungen Hegels zur Besiedelung Nordamerikas: Ver., S. 208f
71 Vgl. Rphil § 58 Anm., § 217
72 Kant, a.a.o. § 44
Rousseau hat nach Hobbes vielleicht am schärfsten die Auswirkungen der neuen Produktionsweise analysiert: "Ehe man die den Reichtum repräsentierenden Zeichen (das Geld, L.S., sh. hierbei den Unterschied zu Locke) erfunden hatte, konnte er kaum in etwas anderem als Grund und Boden und in Vieh bestehen, den einzigen wirklichen Gütern, welche die Menschen besitzen können. Als nun die Erbteile an Zahl und Ausdehnung bis zu dem Punkt angewachsen waren, an dem sie den ganzen Boden abdeckten und sie alle aneinandergrenzten, konnten sich die einen nur mehr auf Kosten der anderen vergrößern; und die überzähligen ... waren gezwungen, ihren Lebensunterhalt aus der Hand der Reichen entweder zu empfangen oder zu rauben; und hieraus begannen, je nach dem verschiedenen Charakteren und nach der Herrschaft und die Knechtschaft oder die Gewalt und die Räubereien zu entstehen." Rousseau, a.a.o. S. 211
73 In § 258 Rphil stellt Hegel explizit die unhistorische Übertragung des revolutionären Bewußtseins an den Beginn der Geschichte als Kern der Vertragskonzeption fest.
74 Vgl. Rphil § 211 Zu

Frage zu, wo es tatsächlich um historische Zusammenhänge geht, so z.B. an den schon zitierten Stellen der Jenaer Realphilosophie und der Philosophie der Geschichte - aber auch hier geht er nur kursorisch und nicht systematisch auf sie ein. Deutlich wird an diesen Stellen nur, daß sich der Spielraum für mögliche Lösungen sehr verengt: Übrig bleibt eigentlich nur die exogene Lösung der gewaltsamen Etablierung einer gesellschaftlichen Ordnung. Auf diese Variante weisen die vorgeschichtlichen Ausgangsbedingungen zwingend hin:

a) die mehr illustrative Bedeutung des Naturzustands als ein Kontrastszenario gegenüber staatlicher Ordnung kann nicht darüber hinwegtäuschen, daß tatsächlich ein historisch-realer Ausgangszustand markiert wird. Mit N. Bobbio[75] läßt sich sogar behaupten, daß er in "seiner Wirklichkeit tief in der Weltgeschichte verwurzelt und im Unterschied zum ursprünglichen Naturzustand der Naturrechtslehre unabschaffbar" sei, nämlich im Verhältnis zwischen den Staaten und in der Sphäre der bürgerlichen Gesellschaft noch in der Gegenwart virulent bleibt.

b) Immer da, wo Hegel auf den Naturzustand kommt, betont er dessen anarchischen, recht- und mehr noch regellosen Charakter, seine Beschreibung entspricht weitgehend dem Hobbesschen Krisenszenario. Selbst da, wo Hegel von unveräußerlichen Gütern und Rechten im Sinne des Naturrechts spricht, bleibt klar, daß diese 'an sich' fixen Rechtspositionen empirisch an die Durchsetzung des modernen Staats gebunden sind[76].

c) Entscheidendes Argument bleibt die postulierte anthropologische Defizienz des vorstaatlichen Menschen: konsensuale Lösungen, verstanden als thematisierte Vertragsbeziehungen, scheiden aus für ein Subjekt, das sich zwar in den Augen des historisch interessierten Beobachters gegen die übrige Natur abgesetzt zeigt, diese Differenz aber für sich selbst in seinem Verhältnis zu Natur und zu den ihn umgebenden Anderen noch nicht thematisch machen und also auch keine Perspektive der Verständigung mit diesen Anderen einnehmen kann. Regelungen auf der Basis instinktiver Organisation scheiden, wie gezeigt, ebenfalls aus: Was sich als Konstante im engen Kreis der unmittelbaren familialen Beziehungen durchaus über die Geschichte retten kann, ist auf den über die Familie hinausgehenden Rahmen (auch den der weiteren Verwandtschaft) gerade nicht übertragbar. Noch einmal: "Die Erweiterung der Familie aber zu einem patriarchalischen Ganzen geht über das Band der Blutsverwandtschaft (d.h. der Kernfamilie, L.S.), der Naturseite der Grundlage hinaus, und jenseits dieser müssen die Individuen in den Stand der Persönlichkeit treten."(Ver. 119).

Unter diesen Voraussetzungen bleiben nicht viele Möglichkeiten offen. Es gibt weder eine natürliche noch eine planvolle Lösung des Ausstiegs aus dem Naturzustand. Übrig bleibt ein teleologisch unterfütterter, in den Grenzen der explizit historischen Rekonstruktion aber naturwüchsiger Prozeß, der an seinem Kulminationspunkt in einem gewaltsamen Handstreich die Dunkelheit der Vorgeschichte auflöst. In der Rechtsphilosophie wird die Überlegung nahezu erdrückt von der Spekulation: "In gesetzlichen Bestimmungen und in objektiven Institutionen, von der Ehe und dem Ackerbau ausgehend ... hervorzutreten, ist das absolute Recht der Idee, es sei, daß die Form dieser ihrer Verwirklichung als göttliche Gesetzgebung und Wohltat oder als Gewalt und Unrecht erscheine; - dies Recht ist das *Heroenrecht* zur Stiftung von Staaten."(ebd § 350). Wie auch immer dieser Übergang erscheint, es handelt sich beim Blick auf die empirische Essenz um einen äußerlich implementierten Vorgang: die schon erwähnten Heroen kommen zu ihrem Recht. Die Oktroyation von Herrschaft steht am Ende des Naturzustands und leitet den kulturgeschichtlichen Bildungsprozeß auf die Höhe der Hegelschen Gegenwart ein. Dabei kommt der subtilen Zusammenstellung der Voraussetzungen fraglos ein tiefes Verständnis für die Dynamik kultureller Evolution zu. Seßhaftwerdung und Ackerbau signalisieren ein grundsätzlich

---

75 N. Bobbio, Materialien, a.a.o. S. 99
76 Bobbio wertet den Naturzustand hier völlig falsch. Den Bezug, den er auf § 66 Rphil nimmt, muß deutlich im Zusammenhang des § 57 ebd gesehen werden!

verändertes technisch-ökonomisches Verhältnis im Umgang mit Natur. Deutlich gesehen wird auch der Wandel der sozialen Beziehungen: Zunächst resultiert aus dem Impetus der neuen Produktionsweise unter dem Eindruck der rousseauschen Analyse die grundsätzliche Einleitung genuin sozialer Beziehungen zwischen den vormaligen 'Tier-Menschen', um dann, unter den Bedingungen dieser Produktion, notwendig die Dynamik der sozialen Differenzierung freizusetzen. Die neue Produktivität bedingt und ermöglicht die spezialisierte Werkzeugherstellung, die Trennung von Bauern, Handwerkern und Kriegern, die 'Sonderung in Stände' (ebd 195). Zum Faktum wird so einmal die gänzliche Unmöglichkeit jenen privatim-solitären Ausgangsstatus aufrechtzuerhalten: Nahrung, Sicherheit, Schutz, kurz: das materielle Überleben vermittelt sich nur noch über gesellschaftliche Regulationen, wird gebrochen durch die Organisation des Verhältnisses mit dem sozialen Anderen - "es tritt ein Zustand der Allgemeinheit ein, die das bloß Einzelne ausschließt"(ebd). Mord und Totschlag, Raub, Verteilungskämpfe um den knapper werdenden Boden unterstreichen nachhaltig den Bedarf allgemeinverbindlicher Regelung. Zum anderen aber fehlt - das ist die Crux der defizienten Subjektstruktur, die Hegel gegen die Vertragstheorie betont - die Kompetenz der einvernehmlichen Konfliktlösung, der Einnahme jener 'allgemeinen' Perspektive, unter der jetzt offensichtlich nur noch die ausweglos vernetzten Handlungsinteressen der Einzelnen koordiniert werden können. Die Lösung bereitet sich zwar vor: Der Regelungsbedarf teilt sich angesichts des Krisenszenarios am Ausgang des Naturzustands jedem 'an sich' mit, der allmächtige Leviathan wird ein gefühltes Bedürfnis: "die Möglichkeit eines allgemeinen Herren" (ebd) tut sich auf. Eine Möglichkeit aber, die realiter zunächst nur einseitig als Chance des Herren zur Herrschaft genutzt wird. 'An sich' heißt: für die Betroffenen selbst nämlich gerade verdeckt, durchaus gegen ihren empirischen Willen erfahren. Die Perspektive des Beobachters entscheidet aus der Kenntnis des weiteren Fortgangs hier für die konkreten Akteure und weiß besser als sie, was 'wahrer' Wille oder nur unmittelbare und beschränkte Handlungsbestimmung ist. Jedenfalls, was sich vorgeschichtlich vorbereitet im Kampfgetümmel der Familien um Besitz und Anerkennung wird welthistorisch verarbeitet mit der Entstehung von Herrschaft, mit dem Aufkommen des Staats - auf diese Lösung, so unterstellt das System, konvergiert die Vorgeschichte zwingend. Der retrospektiven Legitimation einer gewaltsamen Durchsetzung der die naturzuständliche Anarchie in die Staatlichkeit überführenden Ordnungsmacht kommt dabei im Vergleich zu den Naturrechtstheorien ein durchaus ideologiekritisches Moment zu: Herrschaft wird als unverhülltes Gewaltverhältnis eingeführt. Kein Vertrag, keine förmliche Unterwerfung, keine irgend das Interesse der Herrschaftsunterworfenen festhaltenden Rechtspositionen können behauptet werden. Die Sichtweise des neuzeitlichen Beobachters ist nicht die des historischen Akteurs. Was an Freiheit im Verlauf der Geschichte sich mit unterstellter Notwendigkeit inszeniert, ist am Beginn des historischen Prozesses nicht gegeben: Die Geschichte als 'Schlachtbank' ist eine zu deutliche Metapher für das Schicksal der empirischen Opfer. Die Scheidung zwischen Herrscher und Beherrschten impliziert ebenfalls ein Produktionsverhältnis, sie läuft zusammen mit der Aufspaltung in den genießenden, d.h. ausbeuterisch lebenden Herrn und den arbeitenden Knecht, oder, auf der ersten Stufe der sozialen Differenzierung, den Sklaven. So berechtigt man die Beziehung zwischen Herrn und Knecht auf ihre ontologische Morphologie interpretieren kann, so sicher bleibt doch, daß im Kontext des spezifisch 'endlichen' Korrelats des Prozesses unter der Bedingung expliziter Staatlichkeit mit dieser Struktur ein ökonomisches Ausbeutungsverhältnis bezeichnet ist. Das Krisenszenario des Naturzustands, die Entstehung sozialer Kämpfe, ökonomischer Ungleichheit, wird durch Herrschaft in eine - im Unterschied zur vorstaatlichen Instabilität - dauerhafte Struktur transformiert. Gewalt als ordnungsstiftende Macht steht an der Scheidelinie von Vorgeschichte und Geschichte. Insofern kam schon dem afrikanischen Despoten das Signum eines höheren Evolutionsprinzips zu: als einem ersten, vorläufigen, instabilen Ansatz, mit Hilfe des Schwerts des Scharfrichters eine Ordnungsstruktur zu etablieren. Nur haben hier noch alle Voraussetzungen gefehlt: Ein anthropologisch noch defizienter Status und, damit zusammenhängend, ein noch ungeeigneter Stand der

Produktionsweise läßt den Ansatz prekär und anthropologisch folgenlos bleiben. Das hatte sich mit Seßhaftwerdung und Ackerbau geändert; die veränderte Qualität des Umgangs mit Natur evoziert einschneidende soziale Konsequenzen. Die vorher im kurzfristigen Blutrausch verlöschende Gewalt - selbst jederzeit bedroht - findet jetzt eine ihr ausgelieferte Klientel und die materiellen Bedingungen dauerhafter Verfestigung. Keiner kann sich mehr durch einfache Flucht entziehen, wie Rousseau sich die anfängliche Herrschaftslosigkeit erklärt hatte: Der Boden bindet seinen Bearbeiter, die erwirtschafteten Produkte sind fremder Aneignung ausgeliefert, menschliche Arbeitskraft wird selbst zu einem begehrten Produktionsmittel. Herrenschaft/Herrschaft zieht die Konsequenz aus der historisch eingetretenen Möglichkeit zur vertikalen Umorganisation vorgeschichtlicher Verhältnisse - gewaltsam, im Kampf auf Leben und Tod, denn es sind elementare Interessen involviert.

Am Anfang war die Gewalt - die gegenüber den Betroffenen unmaskiert auftretende thyrannische Unterdrückung: "aber sie ist *notwendig* und *gerecht*, insofern sie den Staat als dieses *wirkliche Individuum konstituiert und erhält.*"(Frühe pol. Systeme 264). Die zeitlebens andauernde Wertschätzung für Macciavellis 'Principe' unterstreicht den gemeinten Sinn: Jede staatliche Ordnung beruht zunächst auf Gewalt, muß versuchen, die Kontrolle über das Gewaltpotential anderer, über die ökonomischen Ressourcen zu gewinnen. Recht, das für alles weitere geschichtsphilosophisch relevante Resultat, wird durch diese Ordnung erst organisiert, sie geht ihr nicht voraus: Gewalt, Macht schafft erst Recht. "Dieser Staat ist der einfache absolute Geist, der seiner selbst gewiß ist und dem nichts Bestimmtes gilt als er selbst, keine Begriffe von gut und schlecht, schändlich und niederträchtig, Arglist und Betrug... In diesem großen Sinne ist Macciavellis Fürst geschrieben, daß in der Konstituierung des Staats überhaupt das, was Meuchelmord, Hinterlist, Grausamkeit usf. heißt, keine Bedeutung des Bösen hat, sondern die des mit sich selbst versöhnten." (ebd)[77]. Der Delegitimation der Bedingungen des Übergangs zu staatlicher Organisation korrespondiert die umfassendere Legitimation der Entstehung von Herrschaft überhaupt aus der weltgeschichtlichen Perspektive des zeitgenössischen Beobachters. Unter der leitenden Vorstellung einer sich mit teleologischer Notwendigkeit auf die Gegenwart zu bewegenden Höherentwicklung, kommt der Entstehung von Herrschaft die Bedeutung eines vom Gesamtsystem abgedeckten 'qualitativen Sprungs' zu, der die 'Naturstufe' der Vorgeschichte von der Kulturstufe geschichtlich organisierter 'Geistigkeit' trennt und deren Dynamik erst freisetzt. Der unverstellte Blick auf den gewaltsamen Beginn rechtfertigt das Leiden der Opfer der Geschichte mit der durch es in Gang gesetzten Entwicklungslogik geschichtlichen Fortschritts.

Für die Bestimmung der Bedeutung von Herrschaft muß ihre Rolle als institutionalisierte Matrix dieser Evolution genauer geklärt werden; das ist möglich, wie ich inzwischen verständlich gemacht zu haben hoffe, weil Hegels System unterhalb der metakategorialen Ebene eine historisch genetische Beweisführung durch die Geschichte versucht. Mit der Beantwortung der Frage nach dem 'qualitativen Sprung' des Übergangs in die Geschichte geraten auch die Ausgangsproblemstellungen dieses Kapitels in die Reichweite ihrer Auflösung.

Herrschaft kommt als dem Organisator des Ausgangs aus dem Naturzustand und des Beginns der eigentlichen Geschichte offensichtlich eine Schlüsselrolle zu. In einer ersten Annäherung wurde ihre ordnungsstiftende Funktion betont: Die vorgängige Anarchie, das Chaos wird gewaltsam befriedet, gegenüber der durch die sozialen Effekte der veränderten Stellung zur Natur resultierenden Konfliktlage befestigt sich ein übergeordnetes Ordungssystem, ein 'Allgemeines'. Was hat sich damit geändert, welche Bedeutung kommt diesem neuen evolutionären Prinzip für die unter es befaßten Menschen zu? Die Überlegungen von Kapitel II zum Verständnis der Hegelschen Auffassung der 'Arbeit' müssen auf ihre geschichtliche Dimension bezogen werden - Hegel rekonstruiert hier explizit strukturelle Analogien. Die entscheidende These Hegels hatte die

---

77 Vgl. auch Rphil § 93 u. Zu. § 350

dialektische Beziehung zwischen Zwang/Frustration und Bildung herausgestellt: Zwang evoziert Bildung, Kompetenzzuwachs, Höherentwicklung. Der Vorgang konnte im Subjekt selbst aufgezeigt werden, in der Phänomenologie als Transposition des Herr-Knecht-Topos in ein Spannungsverhältnis, das mit der Ausbildung des Bewußtseins zu seiner entwickeltsten Gestalt gelöst werden muß. Biographisch gewendet rekonstruiert Hegel über diese Abfolge die Ausbildung der Persönlichkeit des Individuums: Die primäre Egozentrik, die Determination durch elementare Bedürfnisse und Triebe wird in einem Prozeß zunehmender Selbstkontrolle, Selbstreflexivität allmählich aufgegeben und überwunden. Gehorsam und Arbeit, das sich tätige Selbsterfahren in der äußeren Objektivation des Selbst, führen auf eine Perspektive von der aus das Subjekt sich vor dem Hintergrund der prinzipiellen Gleichheit mit dem oder den Anderen doch als subjektiv einzigartig wahrnehmen kann, d.h. die Korrelate eines Konzepts von Gesellschaft und Subjektivität ausgebildet hat. Gattungsgeschichtlich betrachtet sind Arbeit (d.h. ihre Reorganisation aus der unmittelbaren Matrix Mensch-Natur auf ein sozial vermitteltes Produktionsverhältnis) und Gehorsam mit der Entstehung von Herrschaft aufs engste verbunden. Die gewaltsame Konstituierung staatlicher Macht erzeugt eine über diese beiden Grundverhältnisse vermittelte Dynamik, die den noch defizitären Naturmenschen aus seiner Ursprünglichkeit reißt und in den Progreß der Kulturgeschichte hineinzieht. Der erzieherische Zwang, die notwendigen Anpassungsleistungen, die dem Kind im Laufe seines biographischen Entwicklungsgangs abverlangt werden, finden in der Ordnungsmacht, die von den Inhabern der Herrschaftspositionen ausgeht, ihre historische Entsprechung; deshalb die häufige explizite Parallelisierung von Kindheit und primitiver Kulturstufe, deshalb auch wird diese Herrschaftsorganisation als patriarchalisch skizziert[78]. Herrschaft leitet, im Unterschied zum nur individuellen, den kollektiven Bildungsprozeß ein[79]. Dem Anfang selbst kommt dabei bedauerlicherweise wenig Aufmerksamkeit zu, Hegels Interesse in der Philosophie der Geschichte besteht in der weiteren Rekonstruktion des einmal losgetretenen Bildungsprozesses hin zur in der Neuzeit angeblich realisierten Freiheit und Vernunft. Verständlich wird die Konzeption kulturgeschichtlicher Evolution jedoch nur aus den einleitenden Bedingungen des kulturgeschichtlichen 'take-off'.

Die Bedeutung, die Hegel der Etablierung von Herrschaft zuspricht, steht dabei offensichtlich in engem Zusammenhang mit den anthropologischen Grundannahmen, die er, spärlich genug, für die Phase der Vorgeschichte anführt. Der Vergleich des kindlichen Entwicklungsniveaus mit dem Status des vorgeschichtlichen 'Tier-Menschen' ist eine sehr bewußt gewählte strukturelle Gleichsetzung, die hier weiter hilft. Die Verwandlung des auf einer ersten Entwicklungsstufe egozentrischen und asozialen Kindes durch den die Gesellschaft repräsentierenden elterlichen Zwang in ein kompetentes Mitglied dieser Gesellschaft, stellt sich am Beginn der Geschichte als das Problem der gewaltsamen Vergesellschaftung der naturzuständlichen Subjekte überhaupt dar. Vergesellschaftung zerbricht die ursprüngliche Einsamkeit, d.h. die naturale Selbstabgeschlossenheit des Wilden, der, analog der kindlichen Egozentrik, unfähig zur Einnahme einer dezentrierten, gesellschaftlichen Perspektive, sowie, nach Hegel, korrespondierend unfähig zur Selbstreflexivität, im Kreis seiner elementaren Bedürfnisse gefangen bleibt. Erst das "Zerreißen jener ursprünglichen paradiesischen Einheit des Menschen mit der Natur"(Enz III 129) führt über die 'instinktartige', die 'interesselose, dumpfe Unschuld' (Rphil § 349), über Primitivität, den defizienten anthropologischen Naturzustand hinaus. Hegel hat gezeigt, wie schon aufgrund der natürlichen Offenheit des Menschen, dem anthropologischen Grundverhältnis der Arbeit gegenüber der Natur, ein elementarer Erfahrungsprozeß (auch der rekursiv gewendeten Selbsterfahrung) abläuft, der - in Abhängigkeit von den vorgefundenen natürlichen Bedingungen - eine bestimmte Entwicklungsrichtung einschlägt. Ein qualitativ neues Prinzip ist aber erst mit der

---

78 Vgl. etwa Ver. 118f
79 Vgl. z.B. Enz III S. 76

Reorganisation des Erreichten qua Herrschaft vollzogen. Die herrscherliche Attitüde, die zunächst nur gegenüber der Natur praktisch eingenommen wurde, richtet sich jetzt erstmals gegen den Menschen selbst. Hegel verfolgt den qualitativen Umschlag implizit in einem dreifachen Sinn: 1. als politisch-ökonomisches Verhältnis: die Aufspaltung in Herrschende und Beherrschte; 2. als innere Reorganisation der Subjektstruktur auf qualitativ anderer Stufe; 3. als Übergang von den primitiven Versuchen der Herrschaft über Natur zur wissenschaftlich-verständigen Aneignung der Welt. Ich werde versuchen den Hegelschen Gedankengang kurz zu entwickeln:

Herrschaft oktroyiert zunächst schlicht durch das verfügbare Gewaltpotential jenes Moment der 'Objektivität', das der naturzuständlichen Vorgeschichte - siehe das Beispiel Afrika - nach Hegel noch abgeht. Das bisher nur von Naturzwängen gebrochene (auch die Anderen sind von dieser Natur nicht geschieden, sie sind, wie Rousseau sie beschrieben hat, ebenfalls nur 'Objekte', Erfahrungen mit ihnen sind also reduzierte 'Objekterfahrungen') und damit selbst noch im Naturhaften verbleibende Subjekt wird durch die äußere Macht, die ausweglos und beständig auf es einwirkt, in sich gleichsam komprimiert, verdichtet. Es ist nicht nur die existentielle Erfahrung von Schmerz, Verletzung, ja Todesangst. Die hat es immer gegeben, gerade das afrikanische Beispiel hatte die unvorstellbare Bedeutungslosigkeit des individuellen Lebens herausgestellt. Die Erfahrung der Todesangst war jedoch auf dieser Stufe anthropologisch nicht nutzbar - sie war immer vom Tode selbst gefolgt und damit geschichtsphilosophisch folgenlos geblieben. Herrschaft geht nicht auf den Tod des Unterlegenen, sondern, das ist die von Hegel immer wieder unterstrichene Voraussetzung alles weiteren, auf dessen Erhaltung als Herrschaftsunterworfener. Sie verlöscht nicht im Akt des Tötens, sondern objektiviert sich in einem von Übermacht und Ohnmacht gekennzeichneten Verhältnis zwischen Menschen. Daß der Akt des Tötens überhaupt aufgehalten wird, impliziert, daß der Mensch für den Anderen selbst nützlich, bzw. nutzbar geworden sein muß, er muß in die Matrix zwischen Bedürfnis und Bedürfnisbefriedigung einbaubar geworden sein. Und er muß ausweglos an die überwältigende Situation gefesselt sein[80]. Mit Seßhaftwerdung und Ackerbau hatte sich diese Brauchbarkeit auf ein abschöpfbares Niveau entwickelt. Die aufgeschobene Tötung macht die Todesangst dann konstruktiv: Die extreme Selbsterfahrung unter der aufgezwungenen Übermacht des Anderen führt auf eine Reorganisation der Subjektstruktur. Das Subjekt bildet unter der permanenten äußeren Stimulation durch die frustrierenden Erfahrungen des Zwanges über interne Rückkopplungsmechanismen ein qualitativ neues Niveau der Selbsterfahrung aus - eben Selbstbewußtsein, eine in sich zentrierte Provinz reflexiv zugänglicher Selbsterfahrung. Anders als der sporadische Übergriff des afrikanischen Despoten vermittelt Herrschaft jene zur Ausbildung und Stabilisierung der inneren Differenzierung des Subjekts unabdingbare Kontinuität äußerlicher Verhaltensanforderung: herrschaftlicher Zwang modelliert die Herrschaftsunterworfenen nach ihren Bedürfnissen und Interessen, einem Interesse auch an der beständigen Sicherung der einmal geschaffenen Machtverhältnisse. Dieses Umbilden der unterworfenen Subjekte versteht Hegel als das Brechen des anthropologisch defizienten natürlichen Willens, als die primäre Bildungsstufe zum eigentlich humanen Wesen. Die permanent gestellte Erfahrung der Ohnmacht biegt das Subjekt gleichsam auf sich zurück und transformiert es zum Kulturwesen. Arbeit als erzwungene Arbeit für den Herrn transzendiert in einem radikalen Sinne die naturzuständlich angenommene Asozialität: Arbeit für den Anderen verlangt die Zurückstellung der eigenen Bedürfnisse und Interessen zugunsten der seinen. Das bedeutet zunächst einmal eine Umorganisation der Binnenstruktur des Subjekts: Herrschaft meint Beherrschung, Beherrschung verlangt Selbstbeherrschung der Herrschaftsunterworfenen. Der bildende Effekt liegt dabei in der Zunahme der Autonomie gegenüber der eigenen Naturhaftigkeit, insofern die äußerlich erzwungene Unterdrückung der spontanen Bedürfnisse, der 'Begierden', des 'natürlichen Willens', über die schmerzende Erfahrung der Versagung eine erste bewußte innere Repräsentation des Subjekts vermittelt, die

---

80   Vgl. Rousseau, 2. Discours, a.a.o. S. 165

wiederum die Chance zur kritischen reflexiven Distanz gegenüber dem eigenen biologischen System, den leibgebundenen Interessen, einleitet. Die Veränderung in der Binnenstruktur des Subjekts folgt, um es modern auszudrücken, der Wendung vom Lust- zum Realitätsprinzip. Mit der erzwungenen Zurückdrängung des überwältigenden Trieb- und Bedürfnisdrucks verbindet sich die progressive Zunahme der Handlungskompetenz, die weiter vorne schon bei der Diskussion des Herr-Knecht-Topos hinreichend beschrieben wurde. Ein anderer Aspekt soll genauer skizziert werden: Die früher unreflektiert-selbstverständliche Orientierung an der eigenen Bedürfnislage kippt: die Perspektive des übermächtigen Anderen wird zum Ausgangspunkt einer erstmals eingenommenen spezifisch sozialen Wahrnehmung. Die anthropologische Grundlage dieser geschichtsphilosophischen Einstiegsphase ist in der konstitutiven Bedeutung der Sozialität für den Aufbau personaler Subjektivität, wie sie die 'Bewegung der Anerkennung' thematisiert, zu sehen. Subjektivität bildet sich nur über die Spiegelung des Ich im Anderen, die wechselseitige Anerkennung in einem Prozeß reziproker Selbstobjektivation. Hegel hält die Struktur fest: "In dem Zustande allgemeiner Freiheit bin ich, indem ich in *mich* reflektiert bin, unmittelbar in den *anderen* reflektiert, und umgekehrt beziehe ich mich, indem ich mich auf den *anderen* beziehe, ummittelbar auf *mich selber*."(Enz III § 436 Zu)[81]. Vor der Einleitung in die Sequenz sozialer Interaktion zwischen Ich und Anderem, in der Vorgeschichte noch also, spricht Hegel dem Menschen erst einen 'an sich seienden', d.h. einen noch nicht oder nur für die weiträumige Perspektive des um den weltgeschichtlichen Prozeß wissenden Beobachters rekonstruierbaren humanen Status zu. Vorgeschichtlich, so wurde weiter oben analysiert, ist ihm der Mensch anthropologisch defizient: 'Tiermensch', ohne ein Bewußtsein jener spezifisch humanen, reflexiv zugänglichen, inneren Zentriertheit[82]. Die Unterscheidung von Selbstgefühl und Selbstbewußtsein fixiert diese Differenz[83]. Im jetzigen Zusammenhang ist die spezifische Ausgangskonstellation der bildenden sozialen Matrix von Bedeutung. Die entscheidende Prämisse unterstellt ein Machtdifferential zwischen den beiden Polen, durch das der Prozeß der Anerkennung seinen Anstoß und seinen Richtungssinn gewinnt. Ohne Zweifel ist diese Prämisse eine systematische Übertragung des Erziehungskontext der Entwicklung des Einzelindividuums auf eine historische Ausgangssituation; eine Fülle von Zitaten belegt diese bewußte Analogie: "In dieser Rücksicht kann daran erinnert werden, daß jedes Individuum in seiner Bildung verschiedene Sphären durchlaufen muß, die seinen Begriff des Geistes überhaupt gegründet und die Form gehabt haben, in vorheriger Zeit jede für sich selbständig sich gestaltet und ausgebildet zu haben."(Ver. 183). Der 'Gang der Weltgeschichte' wird perzipiert als eine 'Erziehung des Menschengeschlechts' wie die Entwicklung des Einzelindividuums die Erfahrung des pädagogischen Zwangs in der Familie und den anschließenden Erziehungsagenturen impliziert. Zwischen der Stufe der 'Kindernation' und der des Kindes besteht eine strukturelle Analogie. Schwierig ist in der historischen Wendung nur die Rekonstruktion der erzieherischen Instanz selbst; deren eigene Ausbildung muß noch in den historischen Prozeß einbezogen werden, ein Problem, das sich für die Enkulturation des Kindes unter der Bedingung der 'Wirklichkeit' des Staates nicht mehr stellt, historisch aber im Hegelschen System der spekulativen Begründung bedarf. Mit Herrschaft also wird die eigentliche kulturelle Evolution in Gang gesetzt, eine Evolution durch sich beide Seiten in einem dialektisch verschlungenen Prozeß verändern: Geschichte ist in gewisser Weise die Geschichte der Evolution der bildenden Matrix von Herrschaft und Knechtschaft. Ich werde darauf noch eingehen.

---

81 Vgl. auch die sehr schöne Stelle aus den Nürnberger Schriften: "Ein Selbstbewußtsein, das für ein anderes ist, ist nicht als bloßes Objekt für dasselbe, sondern als sein anderes Selbst. Ich ist keine abstrakte Allgemeinheit, in der als solcher kein Unterschied oder Bestimmung ist. Indem Ich also dem Ich Gegenstand ist, ist es ihm nach dieser Seite dasselbe, was es ist. Es schaut im Anderen sich selbst an." (ebd S. 119 § 30, sh auch ebd S. 78 § 19)
    Im übrigen sei an den entsprechenden Abschnitt weiter vorne verwiesen.
82 Vgl. etwa Nürnberger Schriften S. 83
83 Vgl. ebd S. 118, § 27

Die Bewegung der Anerkennung bezeichnet nach den bisherigen Überlegungen eine interaktive Sequenz, in deren Verlauf aus einer anfänglichen Machtdifferenz zwischen den beiden Polen der Beziehungsstruktur, die sich in Abhängigkeit und einseitige Verpflichtung umsetzt, ein neues Gleichgewicht ergibt, auf dem beide Seiten das höhere Niveau wechselseitiger Anerkennung und damit eine prinzipielle Gleichheit erreicht haben. Das Gemeinte ist auf der Ebene der Entwicklung der Einzelpersönlichkeit unmittelbar einleuchtend: Das Kind entwickelt sich im Kontext des erzieherischen Zwangs aus der anfänglichen Hilflosigkeit, aus totaler Asozialität, zu einem kompetenten, selbstbewußten und sozial anerkannten Gesellschaftsmitglied. Triebunterdrückung und Selbstbeherrschung als Bedingungen des Aufbaus der Selbstreflexivität auf der Seite des einzelnen Subjekts verlangen für Hegel den Triebverzicht und Versagung fordernden Gegenpol pädagogischen Zwangs. Insofern der Umbau der Subjektstruktur über die Bewegung der Anerkennung läuft, impliziert der Prozeß die Aneignung der gegenüberstehenden Perspektive und grundsätzlicher noch, die Fixierung dieses Gegenpols als einem konstitutiven Moment der elementaren Selbstdefinition. Indem Hegel also klar herausarbeitet, daß der Weg zum Ich über den Anderen läuft, setzt dieser Andere Bedingungen, die in den Entwicklungsprozeß eingehen, ihm eine typische Richtung geben oder ihn auch begrenzen. Die historisch primäre Grundstruktur der Erziehungsmatrix markiert ein gesellschaftliches Verhältnis: Herrschaft und Knechtschaft. Politisch und ökonomisch verläuft in der historischen Reifikation die Grenzziehung zwischen den beiden Polen entlang der Achse Herrschende/Besitzende und Beherrschte/ nichtbesitzende Abhängige. Die bildende Matrix ist nicht nur in ihrer Struktur einseitig, sie verfolgt auch ein eindeutiges (sich aber zunächst verdecktes) Ziel: die dauerhafte Aufrechterhaltung dieser Einseitigkeit. Mit anderen Worten: An ihrem historischen Beginn macht sich die 'Bewegung der Anerkennung' erst auf ihren weltgeschichtlichen Weg, sie geht zunächst auf die wechselseitige Anerkennung wesensmäßiger Ungleichheit. Damit ist in weltgeschichtlichen Maßstäben eine Spannung gesetzt, die sich in der Hegelschen Systematik erst nach dem Ereignis der Französischen Revolution auflösen wird.

2. Der welthistorische Gang - Die Stufe der Heteronomie

Der geschichtliche Prozeß kennt in seinem Verlauf qualitative Umschläge, Entwicklungsstufen, die über weltgeschichtliche Periodisierungen rekonstruiert werden können. Exakt diese Rekonstruktion ist der Gegenstand der Philosophie der Geschichte. Die erste Stufe, oder das erste 'Prinzip', kennzeichnet die verkürzte Anerkennungssequenz der frühen Staatenbildungen; Hegel analysiert die orientalischen und asiatischen Reiche als typische Beispiele. Auf dieser Stufe der weltgeschichtlichen Evolution bleibt das Ungleichgewicht der bildenden Matrix das definierende gesellschaftliche Grundverhältnis. Gleich der primären Phase der kindlichen Entwicklung steht der erziehenden Instanz, von der allein alle Anforderungen, Regeln, Verpflichtungen ausgehen, die mit totaler Machtüberlegenheit, Autorität, Zwangsgewalt ausgestattet ist, ein noch inkompetentes Subjekt gegenüber, das sich noch nicht von seinem Gegenpol absetzen kann, das die vorgegebenen Definitionen als unumstößlich, ja als 'heilig' erfahren muß, sich selbst alternativelos in die 'ewige' Ordnung eingestellt erlebt. Entscheidend für diese Stufe ist die Komplementarität von einseitigem Zwang, der unbedingten Autorität der gesellschaftlichen Herrschaftsordnung und der unhinterfragten Selbstverständlichkeit des Verhältnisses von Subjekt und gesellschaftlichem Kontext, der in seiner Differenzierung noch verkürzte Subjektpol. Während in der vorgeschichtlich - eigentlich vorgesellschaftlichen - Phase das 'noch nicht' oder erst 'an sich' seiende Subjekt ausschließlich von seinen eigenen Bedürfnissen und Trieben geleitet, beherrscht wurde und eine allmähliche Entwicklung nur im engen Rahmen einer Auseinandersetzung mit der widerständigen Natur stattfand, also wesentlich asozial blieb, ist mit der Entstehung von Herrschaft eine neue Qualität erreicht: Herrschaft drängt den unter sie befaßten Subjekten zunächst gewaltsam einen Katalog von Verhaltensvorschriften, 'Gesetzen', eine, wenn auch höchst einseitige, gesellschaftliche Ordnung auf, die zwingend eine Reorganisation der Binnenstruktur des Subjekts verlangt. Dem archaischen Entwicklungsstand dieser äußeren Ordnung entspricht eine, nach Maßgabe der hochkomplexen Struktur des modernen Subjekts, ebenso primitive Binnenorganisation des Individuums. Bildhaft gesprochen verliert sich der auf asozialer Stufe völlig unbeschriebene Mensch nach der gewaltsamen Implementierung sozialer Verhältnisse in einer Bewegung einseitiger Anpassung alternativelos in die dominierende gesellschaftliche Ordnung. Das in sich noch undifferenzierte Subjekt hat dem äußeren Anspruch der Gesellschaft nichts entgegenzusetzen, es gibt noch keine Selbsterfahrung, die sich gegen ein Außen absetzen könnte (was nicht heißen soll, daß es überhaupt keine Selbsterfahrung gäbe). Die apostrophierte Bewegung über den Anderen zum Ich ist noch beim gegenüberliegenden, einseitige Unterwerfung fordernden, Anderen stehen geblieben; das Subjektbewußtsein ist noch nicht zur Erfahrung für sich einzigartiger Identität gereift, sondern bleibt gleichsam im totalen Zugriff des gesellschaftlichen Kontext absorbiert. Die erste Bestimmung der 'bildenden Matrix' rekonstruiert also ein Verhältnis absoluter Heteronomie von äußerer Gesellschaftsordnung und Subjekt, eine Heteronomie aber, die aufgrund des äußeren Verhaltenszwangs und der Kontrolle, die sie auf das Subjekt ausübt, für Hegel den qualitativen Sprung vom 'Tiermenschen' zum Kulturwesen markiert. Das Gemeinte trifft sich - unter Abschattung der spekulativen Versatzstücke und offensichtlichen historischen Fehldeutungen - mit dem weitaus moderneren Verständnis früher Gesellschaften als zentral bestimmbar durch das Merkmal einer pervasiven Konformität (besonders die Durkheimsche Soziologie schließt hier an Überlegungen der Hegelschen Geschichtsphilosophie an). Die einmal etablierte gesellschaftliche Ordnung stülpt sich distanzlos über die sie tragenden Subjekte, sie ist jeder kritischen Reflexion, jeder individuellen Abgrenzung des Einzelnen gegenüber dem Ganzen entzogen. Es liegt bei dieser Sichtweise durchaus nahe, die Gesellschaft als den wesentlichen Bestimmungsgrund gegen die Subjekte abzusetzen und selbst zu subjektivieren - umso mehr als die verfügbare Theorie gerade an den qualitativen Umschlagpunkten Schwierigkeiten hat (sh. die schon erwähnte Rolle der 'Geschäftsführer' des Weltgeists) und sich die bewährten teleologischen Begründungsverfahren noch imperativisch aufdrängen. Eigentlich leben alle Subjekte nur oder noch 'außen': entäußert, sie sind "... identisch mit dem äußerlichen Befehle", wie es an einer Stelle der Geschichtsphilosophie heißt[84]. Einige Zitate aus der inhaltlichen Entwicklung des 'Gangs der Weltgeschichte' sollen als Belege der versuchten Deutung dienen. In der Einleitung zum ersten Teil der Philosophie der Geschichte schreibt Hegel etwa: "Die sittlichen Bestimmungen sind als Gesetze ausgesprochen, aber so, daß der subjektive Wille von den Gesetzen als von einer äußerlichen Macht regiert wird, daß alles Innerliche, Gesinnung, Gewissen, formelle Freiheit nicht vorhanden ist und daß insofern die Gesetze nur auf eine äußerliche Weise ausgeübt werden und nur als Zwangsrecht bestehen. ... Es fehlt nicht an dem Willen, der es (das Sittliche, L.S.) befiehlt, wohl aber an dem, welcher es darum tut, weil es innerlich geboten ist." (ebd 142).[85]

Zu China, der ersten Stufe innerhalb des 'orientalischen Prinzips', das zusammen mit Indien am systematischen Beginn der Weltgeschichte steht[86], führt Hegel aus: "Das Moment der Subjektivität, das will sagen, das in sich Reflektieren des einzelnen Willens gegen die Substanz als die ihn verzehrende Macht, oder das Gesetztsein dieser Macht als seiner eigenen Wesenheit, in der er sich frei weiß, ist hier noch nicht vorhanden. Der allgemeine Wille bestätigt sich unmittelbar durch den einzelnen: dieser hat gar kein Wissen seiner gegen die Substanz, die er sich noch nicht als Macht gegen sich setzt... Der allgemeine Wille sagt hier in China unmittelbar was der Einzelne tun solle, und dieser folgt und gehorcht ebenso reflexions- und selbstlos."(ebd 152)[87].

Als eine Konsequenz der unaufhebbaren Heteronomie der Beziehungen dominiert als bevorzugtes Mittel der Sanktion von Normverletzungen die körperliche Züchtigung: "Bei der Züchtigung ist der Abhaltungsgrund nur Furcht vor der Strafe, nicht die Innerlichkeit des Unrechts, denn es ist hier noch nicht die Reflexion über die Natur der Handlung selbst vorauszusetzen."(ebd 162). Die körperliche Bestrafung ist also ein Mittel der Sanktion, das in einem typischen Zusammenhang mit dem elementaren Bewußtsein von Normen, Recht und Normbrüchen sowie Rechtsverletzungen korrespondiert. Exakt die gleiche Struktur der moralischen Wertung von Verhaltenseffekten, die Hegel hier auf der ersten Stufe der kulturellen Evolution analysiert, hat die moderne kognitivistische Entwicklungspsychologie[88] als eine Phase in der Entwicklung des moralischen Urteils während der Reifung der kindlichen Persönlichkeit beschrieben, die sie als 'moralischen Realismus' bezeichnet hat. Ein Kennzeichen des moralischen Realismus ist die 'objektive Verantwortlichkeit', d.h. die Beurteilung des Schuldigen nach seiner irgend ableitbaren Verbindung mit dem schuldhaften Geschehen. Hegels Systematik hat das gleiche Phänomen auf der ersten welthistorischen Entwicklungsstufe im Auge: "Was die Imputation betrifft, so findet der Unterschied von Vorsatz bei der Tat und kulposem oder zufälligem Geschehen nicht statt, denn der Zufall ist ebenso imputabel als der Vorsatz, und der Tod wird verhängt, wenn man die

---

84 ebd S. 217
85 "Bei der bloß substantiellen Freiheit sind die Gebote und Gesetze ein an und für sich Festes, wogegen sich die Subjekte in vollkommener Dienstbarkeit verhalten. Diese Gesetze brauchen nun dem eigenen Willen gar nicht zu entsprechen, und es befinden sich die Subjekte somit den Kindern gleich, die ohne eigenen Willen und ohne eigene Einsicht den Eltern gehorchen."(ebd 243f)
86 Vgl. ebd. S. 147
87 "Alle Verhältnisse sind durch rechtliche Normen fest befohlen: die freie Empfindung, der moralische Standpunkt überhaupt ist dadurch gründlich getilgt." ebd S.161.
    Interessant an dieser Passage ist auch die beigefügte Kommentierung durch Karl Hegel auf der selben Seite. Sie verdeutlicht noch einmal explizit die Absicht Hegels, eine Verbindung von Gesellschaftsordnung und dem Niveau der sozialen Perspektive herstellen und geschichtsphilosophisch anwenden zu wollen.
88 Vgl. z.B. bei J. Piaget, Das moralische Urteil beim Kinde, dtv München 1986
    "Dies ist das Prinzip der orientalischen Welt, daß die Individuen noch nicht ihre subjektive Freiheit in sich gewonnen haben, sondern sich als Akzidenzen an der Substanz halten, die ... Präsenz hat für das natürliche Bewußtsein in der Weise eines Oberhauptes, daß sie alles nur ihm angehörig sehen." (Ver. 246).

zufällige Ursache des Todes eines Menschen ist..."(ebd 163)[89]. Ich kann den subtilen Unterschieden innerhalb der Trias des 'orientalischen Geistes' hier nicht weiter nachgehen, die genauere Lektüre offenbart im Einzelnen fraglos ein erhebliches Maß an konstruktiven Freiheiten und spekulativen Fehlgriffen. Wichtiger sind mir die prinzipiellen Aussagen, anhand denen Hegel die Entwicklungslogik von Geschichte strukturiert.

Subjektivität auf der Seite des einzelnen Individuums wird als ein historischer Entwicklungsprozeß analysiert. Vorgesellschaftlich, d.h. im Rahmen vorherrschend natürlich-instinktiver Bedingungen, ist sie nicht vorhanden, der Mensch also noch defizient oder erst 'an sich'[90]. Herrschaft markiert einen Wendepunkt: Äußere Zwänge, die gewaltsame Implementierung von Ordnung, d.h. von Verhaltensregeln und - vorschriften, verlangt den Umbau der natürlichen Organisation der Subjekte. Das auf die Befriedigung unmittelbarer Begierden ausgerichtete Verhalten wird kulturell reguliert: Triebverzicht und -beherrschung, Selbstkontrolle und korrespondierend Unterordnung unter den aufoktroyierten fremden Willen transformieren die vorgegebene Subjektstruktur und etablieren eine innere Provinz reflexiv zugänglicher Selbsterfahrung. Die Ausgangsbedingungen unterwerfen diesen Prozeß jedoch einer geschichtsphilosophisch bedeutsamen Entwicklungslogik. Der Aufbau der Subjektivität steht zunächst unter der Bedingung der pervasiven Dominanz der gesellschaftlichen Verhältnisse. Es gibt kein subjektiv abgegrenztes Gegenüber zu der äußeren Macht der aufoktroyierten Ordnung, das sich zur Geltung bringen könnte, es gibt nur die alternativelose Einpassung in die fraglos gegebenen Verhältnisse. Die Subjekte unterliegen derart einer unaufhebbaren Heteronomie, die sie in allen Lebensbezügen vollständig bestimmt, die die äußere Odnung mit jener 'Heiligkeit' und scheinbaren Ewigkeit ausstattet, die jegliche Veränderung ausschließt, die die gesellschaftlichen Strukturen in ihrem Status quo gleichsam undurchdringbar gerinnen lassen. Der 'notwendige Zwang' unterstreicht als entscheidendes Moment des Übergangs in die Geschichte den artifiziellen Charakter der - eben äußeren - Ordnung. Das Verhalten der Einzelnen wird nicht natürlich-instinktiv auf diese Ordnung hin harmonisiert, sondern durch die äußeren - 'objektiven' - Bedingungen, durch Gebote, Gesetze, explizite Regeln zu einer Konformität des Verhaltens angehalten. Die Unmöglichkeit, hinter die gesellschaftliche Ordnung zurückfragen, ihr einen subjektiven Standpunkt bewußt gegenübersetzen zu können, meint nicht die Ordnung selbst als natürlich auszugeben, auch wenn sie wie eine Naturgewalt den Einzelnen festlegt: Sie ist ein objektives Faktum, aber gerade kein natürliches. 'Staat', das umfassende System dieser Ordnung, ist 'objektiver Geist' im doppelten Sinne des Begriffs: Geist, insofern er im Gegensatz zur natürlichen Regulation des Verhaltens auf explizit 'geistigen' Vermittlungsprozessen beruht, im Wissen und Wollen und in der Steuerung und Kontrolle dieses Wissens und Wollens der beteiligten Subjekte konstituiert, modern gesprochen: normativ vermittelt, ist.[91] Sie ist zum anderen 'objektiv', in dem Sinne, in dem oben von ihrer undurchdringlichen Faktizität, ihrer sakrosankten, überwältigenden Präsenz die Rede war. Der Staat in seiner umfassenden Definition hat eine institutionalisierte Wirklichkeit, die der Einzelne zunächst nicht einmal reflexiv einholen kann, über die er nicht nachdenken, sie zum Gegenstand machen kann - ihre Objektivität vergewaltigt ihn förmlich zu Gehorsam und Anerkennung. Wer herrscht und beherrscht wird, die konkrete Organisation der politischen Ordnung, die Regeln und Gebote, die Verhalten organisieren sollen - prototypisch das gesetzte Recht, die religiösen Deutungen (die zunächst, so Hegel, nicht gegen das politische System abgehoben sind, sondern eine ungetrennte Totalität bilden) -, die ökonomischen Beziehungen, das verfügbare Wissen sind 'objektive' Tatbestände, zwingende Anforderungen: "Für das Subjekt

89 Vgl. auch diese Stelle weiter
90 Wobei der Hinweis auf vorgeschichtliche Sitten und Kultur, auf die ausgebildete Sprache nur schwierig mit diesen Aussagen kompatibel gemacht werden kann; diese Spannung muß vor allem dem verfügbaren Wissensstand angelastet werden. (Vgl. z.B. Ver. S. 165 f)
91 Vgl. Ver. S. 50

haben die sittliche Substanz, ihre Gesetze und Gewalten einerseits als Gegenstand das Verhältnis, daß sie sind, im höchsten Sinne der Selbständigkeit, - eine absolute, unendlich festere Autorität und Macht als das Sein der Natur."(Rphil § 146)[92].

Hegel geht weiter, und das ist nicht nur strukturlogisch nachvollziehbar: Es war auf dem Wissensstand der Zeit tatsächlich problematisch, die immer offenbarere Gestaltungskompetenz des Menschen mit der undurchsichtigen Objektivität der Verhältnisse, die gerade am Anfang des historischen Rekonstruktionsversuchs so wenig als eine - geschweige denn bewußte - Produktion des Menschen gedacht werden konnte, zu verbinden. Der paradigmatische Zugang war vor diesem Hintergrund noch nicht denunziert und es lag nahe, diese äußere Objektivität auf das geschichtsmächtige Bewegungszentrum zu beziehen und zu ontologisieren. Der empirische Produzent wird so zum uneigentlichen Subjekt der Geschichte, die von ihm produzierte Welt wird objektiv von ihm abgekoppelt und rechnet sich einem, den empirischen Subjekten übergeordneten, Metasubjekt zu. Immerhin, soweit war die Erfahrung der Neuzeit unhintergehbar, sind die empirischen Subjekte auch als bloße 'Akzidenzen' unentbehrlich; sie sind das Medium geschichtlicher Evolution, durch ihr Bewußtsein und ihr Handeln allein stellt sich das höhere Telos her und der Entwicklungsstand des hypostasierten Geistsubjekts bleibt ablesbar am Stand der konkreten gesellschaftlichen Verhältnisse und dem diesen korrespondierenden Niveau der menschlichen Subjektivität. Den Anfang (und natürlich das 'Programm') einmal gesetzt, spielt sich das weitere zwischen diesen Polen ab, im Prozeß der welthistorischen Dialektik.

Diese Objektivität der gesellschaftlichen Ordnung jedenfalls, das ist der hier verfolgte Gedanke, unterscheidet sich von jener der äußeren Natur oder vom 'Sein der Natur', wie es im obigen Zitat heißt. Sie ist, potenziert noch durch ihr spekulatives Fundament, im Gegesatz zu ihrem naturalen 'Anderen', eine explizit geistig-kulturelle Kategorie, etwas Sinnhaftes, Sinnvermitteltes, das Wissen voraussetzt und einfordert. Die Rechtfertigung des 'notwendigen Zwangs', der Gewalt am Beginn der Geschichte ist praktisch nur der Auftakt für den eigentlichen Anfang, wie sich Hegel sofort zu versichern beeilt[93]: Die Befestigung eines Ordnungsgefüges im Handeln der unter es befaßten Subjekte, d.h. die Institutionalisierung von Herrschaft, so daß die unmittelbare physische Gewaltanwendung und -drohung zugunsten einer allgemeinen Gehorsamsbereitschaft und Anerkennung zurücktreten kann, ist das tiefere Ziel. Die Ausbildung der angesprochenen Gehorsamsbereitschaft ist entsprechend ein nach Hegel primäres pädagogisches Leitmotiv, das, häufig unterschätzt, auf einer Stufe mit der stärker rezipierten Bedeutung der bildenden Funktion von Arbeit steht[94]. Über die Herstellung von 'habituellem' Gehorsam wird die etablierte Ordnung und die von ihr auferlegten Regeln durch die ihr unterworfenen Subjekte bestätigt, in sie hineingenommen und damit als sozialer Tatbestand 'objektiv'[95]. Für das Subjekt entsteht dergestalt ein gegenüberliegender Fixpunkt, an dem der beschriebene Differenzierungsprozeß ansetzen kann: Zunächst wird die Subjektperspektive noch völlig von den gegebenen gesellschaftlichen Verhältnissen absorbiert, um dann, in einem historischen Prozeß der dialektischen Vermittlung, auf das Niveau der noch zu diskutierenden 'Versöhnung' der beiden Pole zu evolvieren. Das einleitende Zwangsmoment unterstreicht nur die 'geistige' Qualität des neuen - geschichtlichen - Niveaus von gesellschaftlicher Ordnung: Das herrschaftsunterworfene Subjekt orientiert sich bei der inneren Repräsentation der äußeren Verhältnisse am 'Willen' eines Anderen, an Anforderungen, die ihm das Interesse von Anderen aufdiktiert. 'Wille bezieht sich auf Wille', es geht um sozial vermittelte Verhältnisse also, nicht um natürlich-instinktive Regulationen. Rousseau hat das sehr schön ausgedrückt: "Sobald man mit den Augen anderer sehen muß, muß man ihren Willen wollen."[96]

92   Vgl. auch Ver. S. 67 ; Enz III § 484
93   Vgl. Enz III § 433
94   Vgl. dazu Enz III § 435 u. ebd Zu; Jenaer Realphil S. 265
95   Vgl. hierzu auch die Bedeutung der Gewohnheit als 'zweite Natur' in z. B. Rphil § 151f
96   Rousseau, Emile oder über die Erziehung, reclam Stuttgart 1963, S. 194

Der Naturzustand war als ein rechtloser, unregulierter, anarchischer Zustand definiert worden. Ein konstitutives Merkmal des Übergangs in den geschichtlichen Progress ist demgegenüber das Auftreten des geschriebenen Rechts (mit der schriftlichen Fixierung läßt Hegel Recht erst eigentlich entstehen). Die durchgesetzte Ordnung 'objektiviert' sich explizit in den Rechtsnormen, die für die Gesellschaftsmitglieder als verbindlich erklärt werden, an denen die Ordnung 'festgemacht' ist und die ihr jene Dauerhaftigkeit verleihen, die Hegel als Differenz zum vorgeschichtlichen Raum so sehr betont. Gesetze konstituieren die Ordnung, markieren, was sein soll und was nicht, definieren "das System einer Welt"(Rphil § 29 Anm). Mit dem Thematisch-Werden von Ordnung[97] ist die konstitutive Distanz zwischen Subjekt und Außenwelt gelungen, die die Voraussetzung für den weiteren Gang der dialektischen Entwicklung darstellt. Thematisch-Werden, Distanz, meint nicht schon ein Hinterfragen-Können, sondern zunächst nur die primär gewaltsame Konditionierung auf äußerlich aufoktroyierte Regeln, die dann, in einem zweiten - dem für Hegel eigentlich entscheidenden - Schritt, eine auch subjektiv anerkannte Verbindlichkeit gewinnen, die sie unabhängig von unmittelbarer Gewalt macht, d.h. die sie im Bewußtsein der Subjekte als unbedingt gültig und verbindlich verankert und damit - über das momentane Bewußtsein der Einzelnen hinausweisend - zum 'objektiven Geist' gerinnen läßt. Die Gewalt etabliert zwar das Recht, dieses kann sich aber von seiner Entstehungsgeschichte absetzen und mit der Objektivität allgemeiner Verbindlichkeit und fragloser Legitimation eine 'Heiligkeit' (Rphil § 30) beanspruchen, die die spekulative Konstruktion als ihren eigentlichen Grund weiß. Konstitutiv für die Ausbildung des exklusiven Subjektbewußtseins bildet sich in diesem Prozeß eine allgemeine, gesellschaftliche Perspektive, ein selbstverständlich-unreflektiertes Wissen um die elementaren, 'heiligen' Regeln, Gesetze, Vorschriften, um die berechtigte Macht der Interessen bestimmter Anderer über das eigene und die des eigenen über diejenigen bestimmter Anderer. Die strategische Differenz zwischen subjektiver und gesellschaftlicher Perspektive, dem 'Besonderen' und dem 'Allgemeinen', steht, auf eine zunächst nicht reflektierte und entsprechend unproblematische Weise - so daß sie nur 'für uns', den historischen Betrachter, rekonstruierbar ist - am Beginn der Geschichte. Hegel bringt diese Bedeutung der kulturgeschichtlichen Bildungsmatrix an einem anderen Beispiel, mit der systematischen Verbindung von Geschichte und Geschichtserzählung, -schreibung noch einmal deutlich zu Bewußtsein: "Geschichte vereinigt in unserer Sprache die objektive sowohl und subjektive Seite und bedeutet ebensowohl die historiam rerum gestarum als die res gestas selbst, die eigentlicher unterschiedene Geschichtserzählung als das Geschehene, die Taten und Begebenheiten selbst. Diese Vereinigung der beiden Bedeutungen müssen wir für höherer Art als für eine äußerliche Zufälligkeit ansehen: es ist dafür zu halten, daß Geschichtserzählung mit eigentlich geschichtlichen Taten und Begebenheiten gleichzeitig erscheinen; es ist eine innerliche gemeinsame Grundlage, welche sie zusammen hervortreibt. ... Aber der Staat erst führt einen Inhalt herbei, der für die Prosa der Geschichte nicht nur geeignet ist, sondern sie selbst mit erzeugt. Statt nur subjektiver, für das Bedürfnis des Augenblicks genügender Befehle des Regierens erfordert ein festwerdendes, zum Staate sich erhebendes Gemeinwesen Gebote, Gesetze, allgemeine und allgemeingültige Bestimmungen und erzeugt damit sowohl einen Vortrag als ein Interesse von verständigen, in sich bestimmten und für sich selbst in ihren Resultaten dauernden Taten und Begebenheiten, welchen die Mnemosyne des selbst perennierenden Zwecks dieser noch gegenwärtigen Gestaltung und Beschaffenheit des Staates die Dauer des Andenkens hinzuzufügen getrieben ist. ... aber die bei ihren Sitten und Gesetzen zugleich äußerliche Existenz des Staates ist eine unvollständige Gegenwart, deren

---

97 Thematisch-werden meint hier nicht die Fähigkeit, gesellschaftliche Ordnung als solche analysieren und
    etwa hypothetisch alternativ konstruieren zu können; der Ausdruck sucht allein das Eindringen der gegebe-
    nen Verhältnisse in das Bewußtsein der unter ihnen lebenden Subjekte, das Gegenständlich-werden einer
    gesellschaftlichen Existenz zu beschreiben!

Verstand zu ihrer Integrierung des Bewußtseins der Vergangenheit bedarf."(Ver. 164).[98] Geschichte fängt mit dem Staat an, d.h. mit der Etablierung einer herrschaftlichen Ordnungsstruktur. Was Hegel an diesem Vorgang so sehr betont, ist die Inanspruchnahme der - bewußten oder unbewußten (Hegel gibt hier widersprüchliche Angaben) - Gestaltungskompetenz durch die Stifter dieser Ordnung. Regeln werden formuliert, Gesetze erlassen, Recht gesetzt und gesprochen, Vorkehrungen werden getroffen, die die Ordnung dauerhaft absichern sollen: Die soziale Welt ist faktisch zum Gegenstand des Interesses geworden, auch wenn auf der beschriebenen Stufe diese Fähigkeit noch nicht reflektiert wird. Der Akt expliziter Rechtssetzung bezieht seinen exponierten systematischen Stellenwert aus dem Unverständnis gegenüber vorstaatlichen Gesellschaften, deren defizienter Status sich für Hegel gerade in ihrer Ordnungslosigkeit, ihrer vermeintlich anarchischen Regellosigkeit dokumentiert. Gesellschaftliche Ordnung wird nur verständlich als ein System von Regeln und Normen. Sie gerade sind nicht natürlich vorgegeben, und das Problem besteht mithin darin, ihre Ausbildung und damit den Konstitutionsprozeß von Gesellschaft nachzuvollziehen. Für die damalige Theorie, Hegel ist da keine Ausnahme, war der qualitative Sprung aus der Naturgeschichte erst mit der positiven Formulierung von Gesetzen, mit der Setzung sozialer Verhältnisse erkennbar: Es gab keine Normen, bevor sie nicht explizit formuliert waren. Das ist der Grund, warum der Akt der Gründung der bürgerlichen Gesellschaft ein solches Gewicht bekam: er lag exakt an der Grenze, die einen vorgesellschaftlich-natürlichen von einem gesellschaftlich-vernünftigen Zustand unterschied. Erst da, wo Herrschaft Gesellschaft organisiert, entsteht Geschichte, denn erst hier entstehen Verhältnisse, die das 'blinde und sich ewig wiederholende Spiel der Willkür'[99] bloßer Naturprozesse überwunden haben und in die wirkliche Vernunft - oder Kulturgeschichte einleiten: Es ist der artifizielle - im Gegensatz zum blind-naturhaften - Charakter sozialer Verhältnisse, das 'Machen der Verhältnisse', auch wenn es noch als ein solches nicht reflexiv eingeholt wird und nur 'für uns' erkennbar ist, das die entscheidende Differenz setzt. Dieses 'Machen' wird erstmals manifest in der normierenden Potenz von Herrschaft[100]. Der notwendige Zusammenhang zwischen Geschichte und Geschichtserzählung ergibt sich aus den obigen Voraussetzungen: Der Eintritt in die Geschichte impliziert schon die Distanz zwischen Subjekt und sozialer Lebenswirklichkeit, auf die es Hegel ankommt. Gesellschaft ist ihm eine unmittelbar objektivierbare Erfahrung, die über positive Rechtssetzungen, ausdrücklich verbindlich definierte Beziehungsmuster organisiert ist. Verbindlich sind sie da, wo sie gewußt und befolgt werden. Die Implementierung der Herrschaftsordnung ist damit verknüpft mit einem Bildungsprozeß, der über die Zumutung der äußeren Anforderungen die defiziente vorgeschichtliche Subjektstruktur aufbricht und durch den Zwang zum Triebverzicht und die Erzeugung von Gehorsam die äußere Ordnung erstmals als einen objektiven Tatbestand vorführt und in einem zweiten Schritt dauerhaft befestigt[101]. Die Bedeutung der Geschichtserzählung liegt in dem in ihr dokumentierten Nachweis der Entstehung von Geschichtsbewußtsein. Geschichtsbewußtsein meint in einem elementaren Sinne die Fähigkeit zur Vergegenwärtigung der qua Herrschaft sinnhaft gewordenen Welt, d.h. unter den Hegelschen Vorgaben, die an der Faktizität der normativen Setzungen gebildete Erfahrung eines geregelten sozialen Kontexts, das noch alternativelose Bewußtsein, in eine bestimmte gesellschaftliche Ordnung hineingestellt zu sein. Hegel schreibt an einer Stelle in der

---

98 Und: "Erst im Staate mit dem Bewußtsein von Gesetzen sind klare Taten vorhanden und mit ihnen die Klarheit eines Bewußtseins über sie, welche die Fähigkeit und das Bedürfnis gibt, sie so aufzubewahren."(ebd 165). Vgl. auch PdG S. 202 ff

99 Vgl. Ver. S. 153

100 Vgl. dazu Ver. S. 172 : Hier wird das "zu einem rechtlichen Leben vereinte(n) Volk(es)" von der Vorgeschichte abgegrenzt.

101 Vgl. dazu auch die erhellenden Ausführungen Kants in der 'Idee zu einer allgemeinen Geschichte in weltbürgerlicher Absicht', abgedruckt in: I. Kant Schriften zur Anthropologie, Geschichtsphilosophie, Politik und Pädagogik 1, Werkausgabe Bd XI, Frankfurt 1981, S. 40

Philosophie der Geschichte: "Denn die Geschichte erfordert Verstand, die Kraft, den Gegenstand für sich freizulassen und ihn in seinem verständigen Zusammenhange aufzufassen." (PdG 202).

Der Eintritt in die Geschichte reflektiert also einen bestimmten Bewußtseinsstand, der sich qualitativ von der monolithischen 'Dumpfheit' des Bewußtseins der Vorgeschichte unterscheidet. Die Voraussetzung wurde für die Stifter der sozialen Ordnung schon angesprochen, ihnen wird Gesellschaft als Objekt einer Gestaltbarkeit mehr oder weniger bewußt, eine Kompetenz, die zu erklären Hegel durch die insgesamt entfiktionalisiertere Bestimmung der anthropologischen Ausgangslage auf die seltsam mehrdeutige Konzeption der 'welthistorischen Individuen' geführt hatte. Wo Ordnung einerseits explizit gesetzt sein soll - und das heißt doch zumindest den Stiftern der Ordnung thematisch wird -, andererseits aber auf der hier betrachteten Stufe sofort zu einem steinernen Monument erstarrt, gleichsam 'tierisch fest' wird, wie es für eine entwickeltere Gestalt des 'orientalischen Geistes' noch heißt[102], bleibt ein Widerspruch zwar nicht zu übersehen, das von Hegel Gemeinte aber doch nachvollziehbar: Die naturwüchsige Entstehung gesellschaftlicher Verhältnisse wird sozusagen von zwei Seiten eingegrenzt - als einerseits nicht natürlich, sondern artifiziell 'gemacht', und andererseits aber auch noch nicht als bewußt organisiert, sondern vielmehr hinter dem Rücken der in sie eingebundenen Subjekte 'blind' gewachsen. Den Heroen teilt sich das Problem mit: Einmal übernehmen sie die bewußte Rolle des 'Geschäftsführers' oder 'Seelenführers', dann wieder sind sie das ohnmächtige Werkzeug des geschichtsmächtigen Weltgeists.

Das hier diskutierte spezifisch geschichtliche Bewußtsein findet sich als Ergebnis des unvermeidlichen Bildungsprozesses qua Herrschaft jedoch als eine allgemeine Bedingung des gesellschaftlichen Entwicklungsstands: Die aufoktroyierte Ordnung wird in ihren handlungsrelevanten Merkmalen im Bewußtsein der ihr unterworfenen Subjekte rekonstruiert; ihre Kontinuität, die unterscheidende Differenz zur vorgeschichtlichen Unbeständigkeit, impliziert eine Vergegenwärtigung im Wissen und Handeln der Gesellschaftsmitglieder, die bewußte Ausrichtung des Handelns an den für verbindlich erklärten Fixpunkten sozialer Organisation. Zunächst gewaltsam durchgesetzt, dann als objektive Tatbestände fraglos und klaglos hingenommen, gerinnen die institutionalisierten Regeln des Systems zu im Bewußtsein repräsentierten Koordinaten der eigenen Lebensführung. Wo Ordnung als solche in der Folge deutlicher Kontur gewinnt, im positiven Setzen von Recht, in der Erfahrung des Ausgeliefertseins, wird sie im eigentlichen Sinne thematisch: wird sie zum Gegenstand der Überlegung, der Darstellung - Geschichtserzählung - , der Begründung; wird auch die Gefahr der Bedrohung, der Verletzung von Ordnung erstmals virulent. Man handelt in bewußter Orientierung auf die Regel, "mit der Klarheit eines Bewußtseins über sie", wie es in obigem Zitat hieß, die zugleich, ob dieser Transparenz, das Bedürfnis entstehen läßt "sie so aufzubewahren", also gegen ihre potentielle Bedrohung abzusichern, sie auf Ewigkeit zu stellen. Die geschichtliche Tat, die Stiftung von sozialer Ordnung, steht aus der nämlichen Kompetenz, die sich in ihr ausdrückt, unter der deutlich empfundenen Sorge ihrer Stabilität: Man muß sie mit Blick auf die Zukunft festschreiben, die Verbindlichkeit durch den Nachweis ihrer schon früheren Geltung bestätigen. Die Geschichtserzählung wird zugleich mit der Fähigkeit Geschichte überhaupt zu objektivieren, legitimatorisch in Anspruch genommen: Der Stifter der Ordnung ist gezwungen, ihr "die Dauer des Andenkens hinzuzufügen".

Im folgenden sollen der eigentliche geschichtliche 'Gang', der nach dem Eintritt in die Geschichte beschriebene historische Prozeß bis auf die Höhe der zeitgenössischen Gegenwart genauer verfolgt und in seinem Richtungssinn und seiner tieferen Logik untersucht werden. Damit diese vertikale Achse deutlicher wird, soll die erste Stufe der geschichtlichen Wirklichkeit noch einmal kurz in ihren wesentlichen Aspekten zusammengefaßt werden.

---

102 Vgl. PdG S. 271

Der 'orientalische Geist' war in seinem Kern bestimmt durch die Erfahrung der Heteronomie: "Aber den Chinesen sind ihre moralischen Regeln wie Naturgesetze, äußerliche positive Gebote, Zwangsrechte und Zwangspflichten oder Regeln der Höflichkeit gegeneinander."(Ver. 176). Um einem Mißverständnis vorzubeugen: Die hier mit Heteronomie beschriebene fehlende reflexive Distanz zwischen Subjektpol und gesellschaftlichem Ordnungsgefüge unterscheidet sich grundlegend von der diskutierten konstitutionellen Undifferenziertheit des vorgeschichtlichen Subjekts. Vorgeschichtlich dominieren natürlich-instinktive Regulationsprinzipien, so etwa in der Familie (der einzig 'natürlichen Gesellschaft'), es gibt darüberhinaus keine natürliche Organisation komplexerer Vergesellschaftung. Indem Hegel den Beginn der Geschichte mit der Integration der Subjekte auf der Basis einer artifiziellen Ordnung, dem Staat, ansetzt, reduziert er die Vorgeschichte auf eine diffuse, zwischen instinktiv-mechanistischer und ungeregelt- anarchischen Beziehungen oszillierende Übergangsphase zwischen Natur- und Kulturgeschichte. Kompliziert wird diese Auffassung dadurch, daß verschiedentlich auch soziale Aggregate wie Stämme, Völker und bestimmte eindeutig kulturelle Produktionen zur Vorgeschichte gerechnet werden[103]. Immer aber sind ihm die so naturwüchsig entstandenen Phänomene in einem systematischen Sinne defizient: Sie sind nicht eigentlich 'objektiv', es gibt kein Verhältnis zwischen dem defizienten Subjekt und dem ihn umgebenden 'sozialen' Kontext (es gibt eben noch keine eigentliche Sozialität), die Ordnung ist im besten Falle vorläufig, permanent bedroht, prekär. Das Subjekt selbst bleibt bei allen vorbereitenden Fortschritten auf der Ebene des Umgangs mit Natur (sh. die Darstellung der elementaren Matrix) in der entscheidenden Dimension seiner nur sozial vermittelbaren Subjekterfahrung, eben weil eine solche Vermittlung noch fehlt, noch in seiner Natürlichkeit - 'Unmittelbarkeit' - eingehüllt: Es gibt kein dem Bewußtsein als solches zugängliches Außen, keinen 'Anderen', kein absetzbares Selbst und ergo keine Subjektivität und keine im Bewußtsein objektivierbare Außenwelt. Hegel hat den Zustand mit der schon häufig zitierten 'menschlichen Dumpfheit' oder 'tierischen Menschlichkeit' (Ver. 161) angegeben, die sich von der 'tierischen Dumpfheit', d.h. der auf der Basis reiner Instinktsteuerung geschichtslos ablaufenden Mechanik des Verhaltens, allein durch das Potential der 'Perfekteabilität' unterscheidet, ein Potential, das es erlaubt, sie retrospektiv vom erreichten Niveau kultureller Entwicklung aus als deren bloßen Ausgangszustand zu beschreiben.

Anders jetzt der Mangel an Distanz zwischen Subjekt und gesellschaftlicher Ordnung auf dem Niveau staatlicher Organisation. Individuum und Gesellschaft befinden sich mit dem Übergang in die Geschichte in der Gegenlage: In dieser Gegenlage realisiert sich auf der einen Seite ein als solches erfahrbares 'Allgemeines', eine objektive Ordnung, die für das Ganze, den sozialen Zusammenhang steht; auf der anderen Seite konturiert sich das Subjekt, das sich über die Inanspruchnahme durch die äußere Ordnung für sich selbst objektiviert. Die gesellschaftliche Existenz des Individuums ist so, mit anderen Worten, eine konstitutive Voraussetzung für die Ausbildung der Binnenperspektive des Subjekts, der Subjektivität. So kann Hegel auch sagen, und die starke Formulierung gewinnt nach den bisherigen Überlegungen einen viel tieferen, meist übersehenen Sinn: "Alles, was der Mensch ist, verdankt er dem Staat; er hat nur darin sein Wesen." (ebd 111). Die Subjekte sind gesellschaftlich fokussiert, umgebildet durch die Konfrontation mit einem normativ verpflichtenden Außen. Hegel bezeichnet diesen Prozeß als 'Bildung' und meint damit einen über Versagung, Triebverzicht und allmähliche Triebbeherrschung ablaufenden Prozeß der Übernahme kultureller Standards.[104] Die fehlende Distanz zwischen

---

103 Vgl. z.B. Ver. S. 163ff
104 Die ausdrücklich betonte Analogie zur Erziehung des Kindes verdeutlicht den systematischen Stellenwert des qualitativen Umschlags am Beginn der Geschichte: Auch hierbei rekonstruiert Hegel in überaschend differenzierter Beobachtung eine Entwicklung, die, ausgehend von einem asozialen, leibzentrierten Organismus durch die 'Zucht', den erzieherischen Zwang, ein kompetentes Mitglied der Gesellschaft heranbildet, das dann

Subjekt und gesellschaftlichem Kontext im konstituierten Staat (und analog innerhalb des familialen Erziehungsmilieus) setzt also eine grundsätzliche Differenz der beiden 'Pole' voraus. Wie auch immer durch den dahinter stehenden Logos abgedeckt, die soziale Ordnung ist hier 'objektiv', zum (zunächst unreflektierten) Gegenstand der Erfahrung geworden: auf der einen Seite durch die Stifter und Benefiziare der Ordnung, die 'Recht' setzen und aufrechterhalten, auf der anderen Seite konturiert sie sich auch den Herrschaftsunterworfenen, denen imperativisch Gehorsam, die Zurückstellung ihrer unmittelbaren Bedürfnisse zugunsten der Einordnung in die aufoktroyierte Ordnung abverlangt wird. Damit eine Ausrichtung des Handelns überhaupt möglich wird, müssen die Gesetze, Regeln, Ansprüche in einem elementaren Sinne gewußt werden: Das Subjekt nimmt auf dieser Stufe die soziale Welt als eine objektive Wirklichkeit wahr, als einen äußeren Kontext, in dem es seinen genau bestimmten Platz hat.[105] Unter solchen Bedingungen 'verhält' sich das Subjekt nicht mehr, sondern es 'handelt' gegenüber einer ihm gegenständlich gewordenen Welt, es orientiert sich zunächst selbstverständlich an dem, was als Recht, als richtig, als gesollt faktisch in Geltung ist: "Die Handelnden haben in ihrer Tätigkeit endliche Zwecke, besondere Interessen; aber sie sind auch Wissende, Denkende. Der Inhalt ihrer Zwecke ist deshalb durchzogen mit allgemeinen, wesenhaften Bestimmungen des Rechts, des Guten, der Pflicht usf. Denn die bloße Begierde, die Wildheit und Roheit des Wollens fällt außerhalb des Theaters und der Sphäre der Weltgeschichte. Diese allgemeinen Bestimmungen, welche zugleich Richtlinien für die Zwecke und Handlungen sind, sind von bestimmtem Inhalte. Jedes Individuum ist der Sohn seines Volkes auf einer bestimmten Stufe der Entwicklung dieses Volkes." (Ver. 95).

Die Kategorie zielt auch auf etwas anderes: auf die primäre Stufe der Heteronomie im Verhältnis der beiden Pole. Hegel erfaßt mit dieser Systematik die anfänglich undurchdringliche, nicht hintergehbare Präponderanz des 'Allgemeinen', der Gesellschaft. Was fehlt, ist die Kompetenz der Reflexion über die Verhältnisse, unter denen das Subjekt lebt, sie sind ihm trotz des Zwangs, Leidens, der Ausbeutung - die Sklaverei ist das charakteristische Produktionsverhältnis dieser Stufe, wie Hegel feststellt - nicht als von Menschen gemachte und verantwortete und damit potentiell veränderbare oder grundsätzlich anders zu denkende Verhältnisse zugänglich. Die Ordnung als solche ist noch sakrosankt, heilig, die dem Subjekt auferlegten Versagungen werden als notwendig, legitim, 'gerecht' erfahren - das heißt nicht, daß der konkrete Leidensdruck dadurch geringer würde. Es heißt auch nicht, wie Hegel ausdrücklich versichert, daß der Gegenpol, Subjektivität, überhaupt fehlt: "Auch im rohen Staate findet Unterwerfung des Willens unter einen anderen statt; d.h. aber nicht, daß das Individuum nicht einen Willen für sich hätte, sondern daß sein besonderer Wille nicht gilt. Einfälle, Lüste haben keine Geltung. Auf die Besonderheit des Willens wird Verzicht getan schon in solchem rohen, staatlichen Zustande, und der allgemeine Wille ist das Wesentliche."(Ver. 113). Das Zitat drückt mehr aus, als die bloße kognitive Unfähigkeit, hinter die gesellschaftliche Ordnung zurückfragen zu können. Es hält als maßgeblichen Grund ein empirisches Gewaltverhältnis fest, in dem die Bedürfnislage des Einen unterdrückt, er zur Versagung gezwungen wird. Und zwar als eine Erfahrung, die er als Zurückstellung des eigenen Willens deutlich erlebt. Auf der hier diskutierten ersten Stufe geschichtlicher Evolution reicht diese Erfahrung allerdings nicht eben weit, sie wendet sich noch nicht gegen die äußere Ordnung selbst. So schreibt Hegel über das chinesische Volk: "Die Last, die es zu Boden drückt, scheint ihm sein notwendiges Schicksal zu sein, und es ist ihm nicht schrecklich, sich als Sklaven zu verkaufen und das saure Brot der Knechtschaft zu essen."(PdG 174). Die 'objektiven' Verhältnisse, in die hineingestellt das Subjekt sich erfährt, die sein Leben bestimmen und an

---

seinen Platz in ihr gefunden, sich in den objektiven Verhältnissen 'eingehaust'(Enz III 85) hat, wie Hegel sehr plastisch schreibt.

105 Vgl. die Definition des 'Allgemeinen' in der Enz III § 198 : "... mit dem Allgemeinen (der Gesellschaft, dem Rechte, Gesetz, Regierung)...". Vgl. auch Rphil § 349

denen sich sein Handeln ausrichtet, sind von einer undurchdringlichen Präsenz, Gewalt: Sie sind, wie sie immer schon waren und immer sein werden. Eine Alternative kann nicht gedacht werden; sie sind in ihrer monolithischen Geschlossenheit gedanklich nicht verflüssigbar, sind 'naturfest' (Ver. 165), werden 'blind', mechanisch reproduziert. Man muß zwar wissen, was zu tun ist - aber damit ist schon alles gesagt. Die korrespondierende Differenzierung der Binnenperspektive erweist sich auf dieser Stufe als entsprechend unterkomplex. Das Subjekt muß Rücksicht nehmen auf die äußeren Anforderungen, d.h. es muß seine unmittelbaren Bedürfnisse, die in ihm unmittelbar repräsentierten Handlungsziele, unterdrücken können. Insbesonders gegen die moderne Erfahrung der Subjektautonomie betont Hegel, daß sich der als Gegenbewegung zur erzwungenen Selbstkontrolle auskristallisierende 'Subjektkern' auf einer noch sehr elementaren Stufe befindet[106]. Die heteronomische Ausgangssituation läßt eine weitergehende Integration des Subjekts, aus der ein distanzierteres Verhältnis zwischen ihm und der Gesellschaft hervorgehen könnte, nicht zu. Wo Anpassung und Einordnung dominieren, ist der Spielraum für individuelles Handeln, für Individualität, Persönlichkeit nicht gegeben; das Individuum bleibt gleichsam vom 'Allgemeinen' absorbiert und hat sich noch nicht selbstverantwortlich 'in Besitz' genommen, zum 'Eigentum seiner selbst und gegen andere' gemacht (Rphil § 57)[107]. Ebenfalls in der Rechtsphilosophie, im Zusammenhang einer überblickhaften Darstellung des 'weltgeschichtlichen Verlaufs', heißt es in einer Passage, die dieses Grundverhältnis deutlich rekonstruiert, und die jetzt auch hier die Darstellung der ersten Epoche abschließen soll: "In der Pracht dieses Ganzen geht die individuelle Persönlichkeit rechtlos unter..." (ebd § 355).

---

106 Vgl. dazu noch einmal Rphil § 107 Zu
107 Vgl. auch ebd § 57 Anm

3. Evolution in der Weltgeschichte - Die Stufe des 'griechischen Geistes'

Die nächste Stufe der geschichtsphilosophischen Entwicklungslogik identifiziert Hegel mit dem 'griechischen Reich', der Polis und der ihr korrespondierenen Bewußtseinslage des griechischen Staatsbürgers. Schon zu Beginn der Arbeit hatte ich auf die Bedeutung der Rezeption der Antike für die Staatskonzeption Hegels aufmerksam gemacht. Sie markiert eine harmonische Zwischenstufe der kulturellen Evolution, an die sich die Sehnsüchte des angesichts der Dynamik der bürgerlichen Gesellschaft zerrissenen und desintegrierten modernen Subjekts anbinden konnten. In der zeittypisch idealisierten Retrospektion auf die Antike vermittelte sich das Gegenbild zur politischen Situation der Gegenwart, zur aufgebrochenen Legitimationskrise der politischen Ordnung, zur Freisetzung des bürgerlichen Besitzindividualismus und den sich darüber abzeichnenden sozialen Eruptionen.

In den Zusätzen zu der frühen Arbeit 'Die Positivität der christlichen Religion' von 1795/96 findet sich eine anschauliche Beschreibung der verklärten Polissittlichkeit:

"Als freie Menschen gehorchten sie Gesetzen, die sie sich selbst gegeben, gehorchten sie Menschen, die sie selbst zu ihren Oberen gesetzt, führten sie Kriege, die sie selbst beschlossen hatten, gaben sie ihr Eigentum, ihre Leidenschaften hin, opferten sie tausend Leben für eine Sache, welche die ihrige war, - lehrten und lernten nicht, aber übten Tugendmaximen durch Handlungen aus, die sie ganz ihr eigen nennen konnten; im öffentlichen wie im Privat- und häuslichen Leben war jeder ein freier Mann, jeder lebte nach eigenen Gesetzen. Die Idee seines Vaterlandes, seines Staates war das Unsichtbare, das Höhere, wofür er arbeitete, das ihn trieb, dies war sein Endzweck der Welt, oder der Endzweck seiner Welt, - den er in der Wirklichkeit dargestellt fand oder selbst darzustellen und zu erhalten mithalf. Vor dieser Idee verschwand seine Individualität, er verlangte nur für jene Erhaltung, Leben und Fortdauer und konnte dies selbst realisieren; für sein Individuum Fortdauer oder ewiges Leben zu verlangen oder zu erbetteln, konnte ihm nicht oder nur selten einfallen, er konnte nur in tatenlosen, in trägen Augenblicken einen Wunsch, der bloß ihn betraf, etwas stärker empfinden." (Frühe Schr. S. 205).

Das 'griechische Reich' ist die Emanation eines welthistorisch 'neuen Prinzips', d.h. es markiert einen qualitativen Fortschritt im Vergleich zu der vorangegangenen ersten Stufe geschichtlicher Evolution[1]. Worin besteht dieser Fortschritt? Es geht nach Hegels einleitenden Angaben um nichts geringeres als um die 'Befreiung des orientalischen Geistes' (PdG S.272) aus seiner 'statarischen' Bewegungslosigkeit. Der Vorgang ist äußerst komplex angelegt und belegt das tiefe Verständnis der Hegelschen Philosophie für dialektische Zusammenhänge. Es ist nicht allein der Zwang des interpretativen Paradigmas, der zur Subjektivierung der geschichtlichen Stufen anhand der Herder entlehnten Kategorie des 'Volksgeistes' führt, sondern eben auch die empirisch fundierte Einsicht in die Verbindungslinien zwischen politischem und religiösem System, Naturverständnis, Ökonomie, dem künstlerischen Ausdruck und dem Differenzierungsgrad der Innenwelt der unter solchen Verhältnissen lebenden Subjekte, die nach der Systematisierung einer Epoche als solcher verlangt.

Schon für die letzte Gestalt der vorangegangenen Stufe hatte Hegel ein allmähliches Aufbrechen des alternativelosen Zwangs der äußeren Verhältnisse diagnostiziert; ein Aufbrechen, das sich ihm in der Verschärfung der Gegenlage von Innen und Außen, in der zunehmend distanzierteren Stellung des Menschen zu Natur und gesellschaftlicher Ordnung ankündigte. So analy-

---

1   Auf die Konzeption der geschichtlichen Übergänge werde ich weiter hinten noch eingehen.

siert er für den Übergang in das 'persische Reich' die Entstehung eines 'ganz neuen Prinzips': "Die Untätigkeit hört auf sowie die bloß rohe Tapferkeit; an ihre Stellen treten die Tätigkeit der Industrie und der besonnene Mut... Hier ist alles auf die Tätigkeit des Menschen gesetzt, auf seine Kühnheit, seinen Verstand, so wie auch die Zwecke für ihn sind. Menschlicher Wille und Tätigkeit sind hier das erste, nicht die Natur und ihre Gütigkeit."(PdG S. 237).[2]

Die Verschärfung der Distanz innerhalb der bildenden Matrix hat entscheidende Konsequenzen: In gleichem Maße wie die Kompetenz des Subjekts gegenüber seiner Außenwelt faktisch zunimmt, verändert sich auch seine Selbstwahrnehmung, die Qualität seiner Subjektivität und damit auch, wie Hegel einfühlend erkennt, die Qualität der Deutungen, unter denen das Subjekt sich seine Wirklichkeit verständlich macht.

Das Befragen der Natur zeigt die Erosion des scheinbar Selbstverständlichen an, die Oberfläche des bloß 'Gegebenen' wird durchdrungen und auf seine inneren Geheimnisse, seine eigentlichen Sinnzusammenhänge hin reflektiert, ein Vorgang, in dem die bestimmter akzentuierte Gegenlage zum Ausdruck kommt: "...der aufgeregte griechische Geist verwundert sich vielmehr über das Natürliche der Natur; er verhält sich nicht stumpf zu ihr als zu einem Gegebenen, sondern als zu einem dem Geiste zunächst Fremden ..." (PdG S.288)[3]. Der veränderte Umgang mit Natur bleibt jedoch auf der anderen Seite begrenzt, er ist erst ein wichtiger Schritt in der Richtung auf ein modernes Naturverständnis: "Denn die Griechen lauschen nur auf die Naturgegenstände und ahnen sie mit der innerlichen Frage nach ihrer Bedeutung. ...denn die Verstandesansicht von einem regelmäßigen Naturverlauf und die vergleichende Reflexion damit ist noch nicht vorhanden..." (PdG S.288). Das Naturverständnis ist so mehr eine 'poetische' Mystifikation, phantasievolle Projektion (ebd. S.290f) des erkennenden Subjekts, signalisiert aber den aufgebrochenen Graben, der plötzlich zwischen beide fällt. Die neue Fremdheit, das neue Problembewußtsein provoziert die Frage, die Suche nach Erklärungen, das Bedürfnis nach Ausdeutungen und verändert mithin die Qualität dessen, was als Erklärung vor den Augen des griechischen Subjekts Bestand finden kann. Hegel rekonstruiert diesen Zusammenhang explizit: "Das Natürliche, das von den Menschen erklärt wird, das Innere, Wesentliche desselben ist der Anfang des Göttlichen überhaupt." (ebd S. 292).

Vor die vormals fraglos gegebene Natur rücken die Götter und zwar als ein von ihr abgehobenes 'Geistiges', als 'geistige Macht' (ebd. 298). Bedeutsam daran ist für Hegel die hier dokumentierte Abstraktionsleistung bei der Konzeption des Götterhimmels, die trotz aller noch vorhandenen 'sinnlichen Manifestation' ein Kippen des Verhältnisses von 'Geist und Natur' ankündigt. Der Fortschritt gegenüber den früheren Vorstellungen von einer den Naturmächten selbst anhaftenden göttlichen Potenz besteht ihm im Anthropomorphismus der griechischen Götterwelt[4]: In ihm macht sich das Prinzip des 'Geistigen', das sich selbst bestimmende Subjektivität, thematisch. Die Dinge 'sind' nicht nur einfach, sondern verweisen auf einen hinter ihnen gelegenen Sinn und d.h. ohne Frage auf ein hinter ihnen gelegenes Wirkzentrum. Mit aller Klarheit hat Hegel die Matrize dieser Konstruktion gesehen. 'In allem Lebendigen' (ebd. S.305) findet sich die Struktur eines gegen die sinnliche Existenz absetzbaren 'Innern des Subjekts', am deutlichsten natürlich, und deshalb auch am besten geeignet, diese geistige Macht vorzustellen, im Menschen selbst. Wenn also schon eine adäquate Form der Vergegenständlichung des vorgeordneten Geistigen versucht werden soll (und auf dieser Stufe auch muß), "so kann dieses nur die menschliche Gestalt sein, denn aus dieser strahlt das Geistige hervor." (ebd).

---

2   Und, noch deutlicher: "In der Industrie ist der Mensch sich selber Zweck und behandelt die Natur als ein
     ihm Unterworfenes, dem er den Siegel seiner Tätigkeit aufdrückt....Wir sehen die Völker hier befreit von
     der Furcht der Natur und ihrem sklavischen Dienste." (ebd).

3   "...gegen die zerstückelte Natur und ihre Mächte sind die Menschen mehr auf sich selbst und auf die Exten-
     sion ihrer geringen Kräfte angewiesen." (ebd. S.287)

4   "Die Götter sind Subjekte, konkrete Individualitäten..." ebd. S. 301

In der Subjektivität liegt das Moment des Beschließens, des sich zum Handeln Entscheidens als einer gegen das konkrete Ereignis, das plane Gegebene abgesetzten und logisch vorausgehenden Provinz. Sobald diese Grundstruktur der Deutung von Wirklichkeit ins Bewußtsein rückt, muß auch das subjektivische 'Agens' genauer bestimmt werden[5]. Die Ausgestaltung der übernatürlichen Mächte zum konkreten Subjekt, zur 'konkreten Individualität' vor dem Hintergrund der 'Herabsetzung der Natur' (ebd. S.299), faßt diese Struktur schärfer, stellt mithin einen Fortschritt in der denkenden Aneignung von Wirklichkeit dar - dies zumal für eine philosophische Konzeption, die exakt diese Logik auf ihre unüberbietbare Spitze zu treiben sucht. Was Hegel noch stört, ist die nicht zu übersehende Stofflichkeit der griechischen Götter, ihre unmittelbare Substanzhaftigkeit. Störend daran ist noch die Nähe, die die Götter zur Welt halten, ablesbar an der unzureichenden Organisation des Götterhimmels selbst. Sie, die Götter, sind noch nicht in ein 'System' (ebd. S.301) gebracht; die Differenz zwischen Natur und Geist, für die sie einstehen, ist an ihnen selbst erst ansatzweise geleistet, ihre Welt wird noch nicht ordnend hintergangen. Das zeigt sich ihm etwa in der wenig exponierten Stellung des Zeus: "Zeus herrscht wohl über die anderen Götter, aber nicht in wahrhafter Kraft.." (ebd), eine Schwäche, die die mangelnde Hierarchisierung des Götterhimmels offenbart und damit belegt, wie unscharf noch das Prinzip des Anfangs, der ersten Ursache, aus der sich alles weitere dann ableitet und ordnet, gedacht wird. Die 'Einheit', welche über sie gestellt wurde, mußte "notwendig abstrakt bleiben", weil "Das Höhere, daß die Einheit als Gott, der eine Geist, gewußt wird, ...den Griechen noch nicht bekannt [war L.S.]" (ebd S.302). Diese Lösung wird sich erst auf einer späteren Stufe, mit dem Entwurf des christlichen Monotheismus, finden.

Die Götter sind anthropomorphe Konstruktionen, denen sich das historisch erarbeitete Selbstverständnis der empirischen Subjekte mitteilt[6], sie sind nach 'ihrem Bild' entworfen - aber damit zugleich auch begrenzt. Die Analyse des 'objektiven Kunstwerks' der religiösen Konzeption wird also an die Tiefendimension der Entwicklung der Bewußtseinsstruktur der historischen Subjekte gebunden. Und diese wiederum vermittelt sich in der dialektischen Spannung mit dem gegebenen 'Allgemeinen', dem 'objektiven' gesellschaftlichen Kontext: Das hier zu charakterisierende neue Prinzip markiert einen umfassenden Prozeß geschichtlicher Evolution.

Hegels Bewertung der vorangehenden weltgeschichtlichen Entwicklungsstufe war drastisch ausgefallen. Die heteronomische Struktur der bildenden Matrix setzte sich politisch als kruder Despotismus um: Einer herrscht und alle anderen gehorchen[7]. Ein ungefährdeter Despotismus, wie ihn die jahrtausendealte Geschichte der orientalischen Reiche belegte. Diese 'statarische' Beständigkeit war eine Konsequenz der unaufhebbaren Präponderanz des Allgemeinen, der gesellschaftlichen Ordnung. Die absorptive Gewalt der äußeren Verhältnisse verhinderte die nur über die reflexive Distanz zur Außenwelt ablaufende Differenzierung der Subjektstruktur. Die Ordnung wird unter solchen Bedingungen mechanisch reproduziert, mit einem unmittelbaren Wissen um das Gesollte, das keinen Raum läßt für einen eigenen Standpunkt des Subjekts und damit eine selbstreflexive Integration der eigenen Individualität unterläuft. Die Subjekte leben auf dieser Stufe gleichsam an die vorgeordnete Gesellschaft entäußert. Hier beschreibt das einleitende Zitat offensichtlich einen qualitativen Umbruch: Die heteronomische Struktur hat sich abgeschwächt und reflektiert einen Kompetenzzuwachs auf der Seite des Subjekts. Von der größeren Distanz gegenüber Natur war schon die Rede[8], Hegel betont aber als entscheidend eine andere Dimension: die mit dem Zuwachs der Kompetenz des Subjekts einhergehende Veränderung des Verhältnisses von Individuum und gesellschaftlicher Ordnung.

---

5 Zu diesem Aspekt sh. G. Dux, Die Logik der Weltbilder, Frankfurt 1982
6 Sh. ebd. S. 304f
7 Sh. z.B. Ver. S. 62
8 Vgl. hierzu noch einmal PdG. S. 277 "...das Allgemeine als solches ist überwunden, das Versenktsein in die Natur ist aufgehoben."

Neben aller spekulativen Versicherung - es wimmelt in der Philosophie der Geschichte nur so von Hinweisen auf teleologisch abgedeckte Notwendigkeiten - führt Hegel für den diagnostizierten Umbruch handfeste soziologische Argumente an: Die "Verteiltheit und Vielfältigkeit ... der griechischen Völkerschaften..." (ebd. S.277), die Situation von "Wanderung und Vermischung von zum Teil einheimischen, zum Teil ganz fremdartigen Stämmen..."(ebd. S.278), die einen "Zustand der Unruhe, der Unsicherheit"(ebd. S.279f) bedingte, mehr noch die Überformung durch andere Kulturen, eine regelrechte 'Kolonisation', wie sich Hegel ausdrückt, die neue Technologien einführten und sich zu Kristallisationspunkten staatlicher Organisation entwickelten (sh. ebd. 280ff). Ausdrücklich erwähnt wird auch die soziale Dynamik der neugegründeten Stadtstaaten: So analysiert Hegel Kreta als ein System, "wo zuerst die Verhältnisse fest wurden; es trat nämlich daselbst früh der Zustand ein, welchen wir nachher in Sparta wiederfinden, daß eine herrschende Partei war und eine andere, die ihr zu dienen und die Arbeiten zu verrichten gezwungen war" (ebd. S.280). In anderen Staaten führt die gleiche Entwicklung hin zu Ungleichheit, Ausbeutung zum Phänomen der Auswanderung der depravierten Schichten und zu der Gründung neuer Kolonien - in denen sich die soziale Polarisierung allerdings sogleich reproduzierte.[9]

Wie immer auch die einzelnen Faktoren durch eine höhere Notwendigkeit wieder hintergangen werden, so bildet ihre tatsächliche Verbindung doch die konkrete historische Situation, der die Veränderung der Subjektivität unmittelbar zugerechnet werden muß. Wo die 'List der Vernunft' im Hintergrund wirkt, gibt es einen - wenn auch ontologisch abgewerteten - Vordergrund des realen Schlachtfelds der Geschichte. Die historische Gesamtsituation löst gleichsam eine zentripetale Bewegung aus, die das Niveau der Selbstreflexivität entscheidend anhebt. In diesem Sinne vermerkt Hegel die Aufforderung des Protagoras: 'Mensch erkenne dich selbst'[10] als den zentralen Topos der griechischen Epoche. Was sich auf der Ebene der religiösen Vorstellungen als Personalisierung der Göttergestalten umsetzt, drückt auf der Ebene des Persönlichkeitssystems der Subjekte selbst ein neu erreichtes Maß reflexiv gewonnener Integration aus. Das Subjekt hat korrespondierend zur Zunahme der Distanz nach außen auch eine dichtere Selbstwahrnehmung gewonnen. Hegel führt als Beispiel für den postulierten Vorgang der Binnendifferenzierung das ausgeprägte griechische Körperbewußtsein an, der das Interesse anzeige, "den Körper zum vollkommenen Organ für den Willen auszubilden" (ebd. S.296). Die hier angesprochene Kompetenz gegenüber dem eigenen Körper impliziert die Leistung, sich zu sich selbst als zu einem 'Anderen' verhalten zu können. Die Verbindung zwischen dem Verhältnis zu sich selbst und der Fähigkeit, eine explizit soziale Perspektive einnehmen zu können, d.h. der Fähigkeit, sich mit den Augen der Anderen wahrzunehmen, wird im Text ausdrücklich hervorgehoben: "Bei den Griechen nun finden wir diesen unendlichen Trieb, *sich zu zeigen* und so zu genießen."[11]. Es geht darum: "...sich durch solche Äußerung zu beweisen und Anerkennung zu erwerben." (ebd). Der positive Selbstbezug, um den es hier zu tun ist, wird im Unterschied zum späteren Personkonzept mit dem Begriff der 'selbständigen Individualität' belegt. "Dies ist der *elementarische Charakter* des griechischen Geistes, welcher es schon mit sich bringt, daß die Bildung von selbständigen Individualitäten ausgeht, von einem Zustand, in dem die Einzelnen auf sich stehen und nicht schon durch das Naturband patriarchalisch von Hause aus vereint sind...".(ebd S. 277).[12]

---

9 "Die alten Leidenschaften entstanden mit erneuter Kraft, und der Reichtum wurde bald zur Herrschaft benutzt: so erhoben sich in den Städten Griechenlands Tyrannen." (ebd S.287).

10 Vgl. ebd S. 272, 387

11 Und weiter unten: "Das frohe Selbstgefühl gegen die sinnliche Natürlichkeit und das Bedürfnis, nicht nur sich zu vergnügen, sondern sich zu zeigen, dadurch vornehmlich zu gelten und sich zu genießen, macht nun die Hauptbestimmung und das Hauptgeschäft der Griechen aus."(ebd S.296).

12 "Auch am Subjekte selbst wird diese Einheit hervorgebracht. Am Menschen ist die natürliche Seite das Herz, die Neigung, die Leidenschaft, die Temperamente; diese wird nun ausgebildet zur freien Individualität, so daß der Charakter nicht im Verhältnis zu den allgemeinen sittlichen Mächten, als Pflichten, steht, sondern

Die entwicklungslogisch neu erreichte Qualität personaler Integration hat zwar die heterono-mische Ausgangsstruktur im Verhältnis von Individuum und Gesellschaft aufgebrochen, sie trägt aber noch an der Hypothek der Bedingungen dieser Differenzierung. Ohne Zweifel beschreibt Hegel den Unterschied zu den Verhältnissen des 'orientalischen Geistes' als einen Auto-nomiezuwachs des Subjekts; die Erweiterung des Handlungsspielraums gegenüber der Natur und, ein gleich noch zu diskutierender Punkt, gegenüber der Sozialwelt, weisen in diese Richtung. Gleichzeitig ist die Autonomie des Subjekts jedoch sehr begrenzt, sie ist nicht im mindesten mit jener Souveränität des modernen Subjekts zu vergleichen, das sich in jeder Handlung als autono-men Akteur reflektieren und sein egoistisches Interesse zielbewußt im Rahmen des operational verfügbaren Systems der bürgerlichen Gesellschaft verfolgen kann. Ebensosehr fehlt das neuzeit-liche Bewußtsein von der Veränderbarkeit der Verhältnisse aus der Selbstverantwortung des Menschen für seine Welt heraus. Wohl ist eine bisher unerreichte Transparenz der gesellschaft-lichen Ordnung vorhanden, ein reflektiertes Wissen um die Grundbestände der Tradition, der Gesetze und auch über deren historische und ethnographische Relativität, sowie deren Notwen-digkeit für den Bestand der Gesellschaft. Die richtige, weise Gesetzgebung wird zu einem ständi-gen Topos der Gesellschaft, oder besser ihrer Benefiziare, wie der klare Blick Hegels auf die ökonomischen Grundlagen der griechischen Polis, die Sklaverei, herausarbeitet[13].

Wie Hegel richtig erkannt hat, hängt dieser neue Erfahrungshorizont auch mit der spezifischen ökologischen und demographischen Situation der griechischen Antike zusammen. Aber das wach-sende Gewicht der Subjektivität als einem Gegenpol zu dem durchsichtiger gewordenen Außen der Gesellschaft bleibt zunächst noch unproblematisch eingebunden in deren faktischen Ist-Bestand: Das Verhältnis zwischen Individuum und Gesellschaft wird als das der fraglos-selbstver-ständlichen Konformität angegeben. Der Autonomiezuwachs auf der Seite des Subjekts bedeutet ihm nicht zugleich mit der schärferen Konzeptualisierung der gesellschaftlichen Ordnung und der Wahrnehmung der ordungsstiftenden Potenz der Gesetzgeber die kritische Infragestellung der Ordnung selbst, sondern provoziert höchstens die zusätzliche Anstrengung der erneuten Versiche-rung auf einem angehobenen Bewußtseinsniveau, modern gesprochen: die Anstrengung ihrer expliziten Legitimation. Das Subjekt haftet nach wie vor am konkret Gegebenen, kann sich aber dabei zugleich noch selbst in den Blick nehmen, in seiner Individualität darstellen. Die Konfron-tation des historisch Entstandenen mit dem qua Vernunft konstruierten Gegenentwurf einer idealen Ordnung ist hier von Hegel auf alle Fälle nicht gemeint; diese Kompetenz differenziert sich erst als ein weltgeschichtlich späteres Phänomen. Das Spezifische der griechischen Epoche besteht vielmehr gerade in der Ablösung einer primär durch Gewalt und äußeren Zwang erreich-ten Konformität des Verhaltens[14] durch einen Konformismus, der auf der positiven Akzeptanz der geltenden Regelungen beruht: Sie gelten nicht nur einfach wie die ohnmächtig erfahrenen Naturgewalten, sondern sind auf einer angehobenen Reflexionsebene ausdrücklich legitim. Die Orientierung an dem gesellschaftlich Verbindlichen ist als eine nicht schon wieder problematisier-bare Selbstverpflichtung in das Subjekt hineingenommen. Für die Bestandsprobleme der Ordnung bedeutet das die Entlastung von der permanenten Zwangsandrohung: Die 'Bildung zum Gehor-sam' hat ihr erstes Ziel erreicht und die Gewaltherrschaft somit historisch überholt. In der Jenaer Realphilosophie heißt es hierzu deutlich: "Durch diese Bildung zum Gehorsam…ist die Tyrannei überflüssig geworden und die Herrschaft des Gesetzes eingetreten…durch den *Gehorsam* ist es nicht mehr *fremde Gewalt*, sondern der gewußte allgemeine Wille. Die Tyrannei wird gestürzt

---

daß das Sittliche als eigentümliches Sein und Wollen des Sinnes und der besonderen Subjektivität ist." (ebd S.293). In der Rechtsphilosophie erklärt Hegel, auf die griechische Epoche bezogen: "In dieser Bestimmung geht somit das Prinzip persönlicher Individualität sich auf..." (Rphil § 356).

13 zur Gesetzgebung sh. etwa PdG. S. 307
14 Auch wenn deren ordnungsstiftende Bedeutung nach wie vor herausgestellt wird, sh. die Wertung der Herrschaft des Peisistratos, ebd. S.316

von den Völkern, weil sie abscheulich, niederträchtig sei usf.; in der Tat aber nur darum, weil sie überflüssig ist." (Frühe pol. Systeme. 265).[15]

Das Individuum hat sich mit der griechischen Epoche auf den Standpunkt des Allgemeinen gestellt, es will von den 'Anderen anerkannt' sein, vor ihnen 'gelten', wie es in den obigen Zitaten hieß. Gesetze und Regeln sind, so wie sie und weil sie sind, verbindlich. Zugleich hat sich mit der Veränderung der 'sozialen Perspektive' zu einer Position der erweiterten Distanz als Grundlage der beschriebenen Identifikation mit dem Allgemeinen auch die Selbstwahrnehmung verändert: Das Konzept der Individualität thematisiert diesen neuen Standpunkt einer sozial gebrochenen und deshalb schärfer konturierten Selbstobjektivation. Selbstbewußtsein, das war jetzt schon mehrfach gezeigt worden, ist für Hegel eine gesellschaftlich vermittelte Provinz[16]. Entscheidend für die Bestimmung der griechischen 'Sittlichkeit' bleibt also nach wie vor die Alternativelosigkeit der Ordnung, auch wenn schon philosophische Arbeit aufgewendet werden muß. Oder positiv gewendet: Das besondere Interesse des Individuums artikuliert sich nur als konventionalisierter Anspruch - es 'will' nichts, was es nach den Maßstäben der Polis nicht als 'richtig', 'gut' empfinden kann.[17] Zwischen Gesellschaft und Individuum besteht in der idealisierten Deutung Hegels so kurzfristig eine organische Identität, in der das Handeln der Subjekte noch ungebrochen durch das egoistische Partikularinteresse den 'volonté générale' unmittelbar aktualisiert[18]. Der Staat, die Chiffre für die Totalität des Ganzen, objektiviert sich konkret in der freien Versammlung, in der öffentlichen Rede und Diskussion der ihn tragenden Staatsbürger; unverstellt leistet eine noch "immanente objektive Sittlichkeit" (PdG. S.308)[19] beinahe 'instinktiv', als selbstverständliche Sitte den solidarischen Zusammenhang der griechischen Gesellschaft[20]. Die der noch unzureichenden Emanzipation des Subjekts geschuldete Immunität der gegebenen Verhältnisse analysiert anschaulich folgendes Zitat: "Dies ist die glückliche Freiheit der Griechen...Das Volk ist zugleich aufgelöst in Bürger, und es ist zugleich das *eine* Individuum, die Regierung. Es steht nur in Wechselwirkung mit sich. Derselbe *Wille ist der Einzelne* und derselbe das Allgemeine. ...Es ist das Reich der Sittlichkeit: jeder ist *Sitte*, unmittelbar eins mit dem Allgemeinen. Es findet kein Protestieren hier statt; jeder weiß sich *unmittelbar* als Allgemeines, d.h. er tut auf seine Besonderheit Verzicht, ohne sie als solche, als *dieses* Selbst, als das Wesen zu wissen." (Frühe pol. Systeme S.267)[21].

---

15 Vgl. ebd S. 277 unten u. Frühe pol. Systeme S. 277: "Was der Geist sich zu eigen macht, das ist als Gewalt überflüssig."

16 Vgl. dazu den sehr schönen Exkurs III aus den 'Soziologischen Exkursen' des Frankfurter Instituts f. Sozialforschung, 1956, 2.Aufl.

17 "...aber wir sehen sogleich...daß sie sich zur Natur als zu einer Macht verhalten haben, die da verkündet und ausspricht, was den Menschen gut sei. Das Selbstbewußtsein ist in dieser Zeit noch nicht zu der Abstraktion der Subjektivität gekommen, noch nicht dazu, daß über das zu Entscheidende ein > Ich will < vom Menschen selbst ausgesprochen werden muß."(Rphil § 279 Zu)
"Griechische Tugend - wie Kunstwerk - Schein von natürlicher Einheit - das Sittliche zugleich als Charakter, Gemüt, Neigung, Trieb - identisch mit dem besonderen Persönlichkeit. "(ebd. §150 Anm.) Vgl. auch PdG S. 275

18 Sh. z.B. Frühe Schriften S.433, Fragment 4

19 Sh. auch PdRel II S.126

20 Strukturell vergleichbar ist die Situation des aktiven Mitglieds der Polis der, auf allerdings angehobenerem Reflexionsniveau angelegten, Stellung des 'allgemeinen Stands' im modernen Staat (sh. z.B. Rphil. § 250: "...der allgemeine Stand hat in seiner Bestimmung das Allgemeine für sich zum Zwecke seiner Tätigkeit und zu seinem Boden.").

21 "Dem Individuum ist hier das Substantielle des Rechts, die Staatsangelegenheit, das allgemeine Interesse das Wesentliche; aber es ist dies als Sitte, in der Weise des objektiven Willens, so daß die Moralität im eigentlichen Sinne, die Innerlichkeit der Überzeugung und Absicht noch nicht vorhanden ist. Das Gesetz ist da... und es gilt, weil es Gesetz ist, nach seiner Unmittelbarkeit." ebd. S.308, sh. die Stelle auch weiter. Vgl. PdG S.138

Dieser historisch einmaligen 'substantiellen Einheit' in der griechischen Antike, einer Einheit, der die moderne Unterscheidung von Citoyen und Bourgeois noch fremd war, und die deshalb die Phantasie der Zeitgenossen so sehr beflügelt hat, ist die Demokratie die adäquate Staatsform. Analog der Charakterisierung Montesquieus basiert Demokratie auf der Tugend der Staatsbürger. Der hier implizierte antike Tugendbegriff muß in der Abgrenzung zum Verständnis der Moral gesehen werden, die als klassischer Gegenpart von Recht, Legalität, praktisches Handeln auf eine autonom verantwortete Entscheidung nach Maßgabe der individuellen Überzeugung des Subjekts zurückführen will. Die in ihren Grenzen genetische Sichtweise Hegels erkennt hinter dieser verkürzten Dichotomie eine unhistorische Abstraktion: Die Differenzierung von Recht und Moralität ist ein selbst erst zu erklärendes, geschichtlich späteres Phänomen. Dem 'griechischen Geist' bleibt diese Unterscheidung jedenfalls noch fremd; ebensowenig wie die Polis selbst in allen Bereichen positiv rechtlich durchorganisiert ist (sh. PdG S. 351), ist die ihr korrespondierende Struktur des Subjektbewußtseins von dem mit dieser Unterscheidung unterstellten Grad der Binnendifferenzierung. Polis und Staatsbürger sind auf eine noch problemlose Weise verzahnt: Die von Montesquieu betonten *moeurs*, die Sitte, bzw. Sittlichkeit im Sinne der "unreflektierten Gewohnheit" (PdG S.404)[22] bestimmen das Verhältnis beider. Sitte und Tradition stellen sich auf dieser Stufe als alternativelose Bezugspunkte des praktischen Handelns dar, sie binden das Subjekt in einen nicht weiter oder doch nur begrenzt hinterfragbaren Kontext des Selbstverständlichen, des ewig Gültigen und Wahren ein[23]. Das gilt selbst für die mit den Staatsgründungen für die Subjekte offenbar gewordene Gesetzgebungskompetenz des Menschen, insofern diese sogleich auf eine höhere ontologische Bezugsebene, auf die hinter dem Nomos stehende 'ewige Natur' bezogen bleibt: "Die *Herrschaft des Gesetzes* ist nun nicht dies Gesetzgeben, als ob keine da wären, sondern *sie sind da,* und das Verhältnis ist die Bewegung der zum Gehorsam Gebildeten gegen das Gemeinwesen." (Frühe pol. Systeme S.266).[24]

Die konkret institutionalisierte Sittlichkeit und die Vorstellungen, die die Subjekte über die (das) 'gute', 'gerechte' Ordnung (Leben) mobilisieren können, fallen bruchlos zusammen. So hält sich auch die Transparenz des Wissens um die normativen Grundlagen der griechischen Polis, die Hegel als ein spezifisches Merkmal der neuen Evolutionsstufe betont, in den Grenzen einer grundsätzlichen Immunität des Gewußten gegen die ketzerische Frage nach seiner Gültigkeit. Insofern die gesellschaftliche Ordnung der Polis selbst nicht reflexiv zur Disposition steht, müssen nicht eigens Strategien entwickelt oder Vorkehrungen getroffen werden, die den Bestand des Ganzen sichern sollen: Die Polis bzw. "das Interesse des Gemeinwesens [kann daher] in den Willen und den Beschluß der Bürger gestellt bleiben..." (PdG S.308).[25] Nur unter Bedingungen also, wo, wie es oben heißt, "ein Protestieren" explizit ausgeschlossen werden kann, weil die Kompetenz zur kritischen Reflexion noch fehlt, hält Hegel, ausgehend vom Prius des Ganzen, eine Partizipation aller Staatsbürger für denkbar. Gerade die weitere geschichtliche Evolution mit ihrer Freisetzung des Subjekts, seiner Emanzipation gegenüber den quasi natürlich gegebenen Verhältnissen, begründet Hegel die Unmöglichkeit einer Revitalisierung des 'Goldenen Zeitalters' der Antike.

Deutlich wird bei der Kennzeichnung der griechischen Sittlichkeit noch eine wesentliche soziologische Voraussetzung jener naturwüchsigen Identität von Polis und der in ihr organisierten

---

22 Sh. auch ebd. S.134
23 "Von den Griechen in der ersten und wahrhaften Gestalt ihrer Freiheit können wir behaupten, daß sie kein Gewissen hatten; bei ihnen herrschte die Gewohnheit, für das Vaterland zu leben, ohne weitere Reflexion." ebd S. 309
   sh. auch Norberto Bobbio 'Hegel und die Naturrechtslehre' in Materialien... S.90f
24 Die Stelle wird im Manuskript am Rande kommentiert: "Die ewigen Gesetze der Götter - ob sie Solon gegeben - sie sind an sich; ... keine selbstgegebenen Gesetze..." (ebd).
25 "Indem Sitte und Gewohnheit die Form ist, in welcher das Rechte gewollt wird, so ist sie das Feste und hat den Feind der Unmittelbarkeit, die Reflexion und Subjektivität des Willens, noch nicht in sich (ebd)."

Mitglieder: Voraussetzung sind die in der griechischen Philosophie nachhaltig diskutierten ökonomischen Bedingungen des 'guten Lebens', nämlich eine nicht zu große Verschärfung der ökonomischen Gegensätze[26]. Nur wenn die materiellen Probleme der Daseinsvorsorge aus der politischen Sphäre herausgehalten werden können, d.h. solange der Staat nicht zum Medium des Austrags von gesellschaftlichen Klassengegensätzen verkommen ist, ist die beschriebene unmittelbar-mechanische Aktualisierung des Allgemeinen denkbar. Mit der Verschärfung der Klassengegensätze und dem darüber entstehenden Klassenbewußtsein erosiert das 'politische Kunstwerk' der Polis; die harmonische Staatsordnung verfällt der Dynamik des freigesetzten Privateigentums - mit Notwendigkeit, wie der teleologische Ansatz darüber hinaus weiß.

An der konkretistischen Perspektive des griechischen Bewußtseins liegt, daß dieses Problem nur für die ausgewiesenen Staatsbürger selbst reflektiert wird. Ganz selbstverständlich unberücksichtigt bleibt der Stand der Sklaven, die eigentliche Voraussetzung der idealen politischen Freiheit der Übrigen. "Ein anderer Umstand, welcher hier hervorzuheben ist, ist die *Sklaverei*. Diese war notwendige Bedingung einer schönen Demokratie...Die Gleichheit der Bürger brachte das Ausgeschlossensein der Sklaven mit sich."(ebd. S.311).[27] Eben weil sich das Gültige noch zwanglos an dem bemißt, was als gesellschaftlicher Tatbestand vorgefunden wird, ist die Sklaverei für beide Seiten, die Benefiziare wie auch die Sklaven selbst, kein thematisierbares Problem (die griechische Welt weiß nur, "daß *Einige* frei seien..." ebd. S.134). Hegel beschreibt dieses Phänomen als die typische Begrenzheit eines Denkens, das sich nicht von den konkreten Verhältnissen lösen und sie unter prinzipiellen Aspekten überprüfen kann:

"Was das Geschichtliche des in Rede stehenden Verhältnisses betrifft, so kann hier bemerkt werden, daß die antiken Völker, die Griechen und Römer, sich noch nicht zum Begriff der *absoluten* Freiheit erhoben hatten, da sie noch nicht erkannten, daß der Mensch *als solcher*, als dieses *allgemeine Ich*, als *vernünftiges* Selbstbewußtsein, zur Freiheit berechtigt ist." (Enz III §433 Zu).[28] Die Verschärfung der gesellschaftlichen Widersprüche über ein bestimmtes zuträgliches Maß hinaus zerstört die Harmonie: Der Druck auf das System nimmt zu, die gesellschaftliche Basis der partizipationsberechtigten Staatsbürger weitet sich aus und die "unbefangene Einheit mit dem allgemeinen Zweck"(PdG S.138) erosiert bis zum Zusammenbruch der Polis: "Mit dem Fortgange der Demokratie sehen wir freilich, wie in den wichtigsten Angelegenheiten die Orakel nicht mehr befragt, sondern die besonderen Ansichten der Volksredner geltend gemacht werden und das Entscheidende sind. Wie zu dieser Zeit Sokrates aus seinem Dämon geschöpft hat, so haben die Volksführer und das Volk die Beschlüsse aus sich genommen. Zugleich ist damit das Verderben, die Zerrüttung und die fortwährende Abänderung der Verfassung eingetreten."(PdG S.311).

---

26 Vgl. etwa Frühe Schriften S. 439
27 Sh. auch Rphil §356
28 Vgl. auch die Parallelstelle in der PdG: "Die Sklaverei hört erst auf, wenn das Recht gedacht ist als dem Freien zukommend, der Freie aber der Mensch ist nach seiner allgemeinen Natur als mit Ver. begabt." (ebd. S. 311, Vgl. auch Rphil §57 u. §57 Zu)

4. Der historische Prozeß von der Antike zur Gegenwart

Der entwicklungslogische Strukturwandel, den die Hegelsche Geschichtsphilosophie zwischen der griechischen Antike und der zeitgenössischen Gegenwart angibt, soll jetzt kürzer zur Darstellung kommen. Hier sind die Grundlagen in den voranstehenden Teilen der Arbeit schon weitgehend angedeutet worden. Auch leidet gerade die deutlich an Gibbon[29] orientierte Rekonstruktion der römischen Epoche an einem Übergewicht spekulativer Versatzstücke, das es sinnvoll erscheinen läßt, den Schwerpunkt verstärkt auf die Entwicklung des 'großen Bogens' zur modernen 'Wirklichkeit des Staats' zu legen.

Für den Untergang des griechischen Reiches hat Hegel zwar empirische Daten genannt, seine Argumentation konzentriert sich aber in ihrer inneren Logik darauf, als den bestimmenden Faktor der weiteren Evolution eine qualitative Veränderung des Subjektbewußtseins anzugeben. Den prototypischen Repräsentanten dieses Umschlags identifiziert Hegel in Sokrates: "Das Prinzip des Sokrates erweist sich als revolutionär gegen den athenischen Staat"(ebd S.329). Der Angriff auf das System besteht in einer neu erworbenen Kompetenz des Subjekts: Nach innen hat sich eine neue Qualität der Subjektivität eröffnet, die das Subjekt sich selbst als ein verantwortlich handelndes Individuum explizit wahrnehmen läßt. Es hat ein neues Niveau der Selbstreflexion gewonnen, das es 'für sich' konturiert und in sich zentriert. Korrespondierend zu dieser Differenzierung nach innen hat sich die Distanz nach außen - auch zum eigenen Selbst - nicht nur vergrößert, sondern auf einer Metaebene reorganisiert: Das Subjekt setzt sich gegen den gesellschaftlichen Kontext bewußt ab, d.h. die fraglose Selbstverständlichkeit der sozialen Ordnung bricht zusammen und läßt sie zunehmend unter ein Legitimationsdefizit geraten. Die selbstreferentielle Isolierung der Subjektinnenwelt verändert somit gleichzeitig die Deutung der Außenwelt; mit ihr verändert sich das Koordinatensystem, unter dem sich das Subjekt selbst begreift und seine äußeren Weltbezüge verständlich macht. Die griechische Grundfrage nach der Stellung des Menschen hat hier ihren Kulminationspunkt erreicht: Der Mensch ist in eine Position eingerückt, von der aus ein 'Partikularinteresse' gegenüber dem Ganzen artikulierbar geworden ist, von der aus die Verhältnisse nicht allein schon deshalb gültig sind, weil sie sind, sondern wo sie gegen ihr planes So-Sein noch einmal reflexiv abgehoben werden können. Zwischen der Geltung und der Gültigkeit, dem Sein und dem Sollen, vertieft sich eine folgenschwere Differenz. Hegel weist auf das 'Hauptprinzip' der Sophisten: "Der Mensch ist das Maß aller Dinge" hin, in dem sich der Wandel der Bewußtseinsstruktur anschaulich dokumentiere (PdG S.328). In dem Maße, wie das Subjekt sich in sich verdichtet, als ein in sich differenziertes 'Ich' für sich identifizierbar wird, nimmt auch die Autonomie gegenüber der vormals als Konstituenz der Subjektbildung undurchdringlich vorgegebenen Ordnung des Staates zu. Das hat Konsequenzen für die weitere Entwicklung des 'objektiven Geistes': Die gegebene Ordnung wird zum Gegenstand der kritischen Reflexion, sie wird der Prüfung durch das 'moralische', d.h. das nach eigener Überzeugung handelnde, Subjekt zugänglich. Wo die Ordnung nicht mehr per se gilt, erhöht sich auch die Rationalität des Umgangs mit ihr: Die Herrschaft wird einerseits instrumenteller in Anspruch genommen, ein strategisches Bewußtsein stellt sich auf der Seite der Benefiziare ein; andererseits erhöht sich auch das Bewußtsein der Abhängigkeit des eigenen Schicksals von der gegebenen gesellschaftlichen Konstellation und von deren möglicher Veränderbarkeit(auch wenn angesichts der vergewaltigenden Faktizität der Verhältnisse zunächst vielleicht nur der Sokratische Rückzug aus einer verdorbenen Wirklichkeit und die hypothetische Konstruktion eines Gegenentwurfs

---

29 Vgl. dazu den Aufsatz von M. Villey 'Das römische Recht in Hegels Rechtsphilosophie', in Materialien, a.a.o., S. 131 ff

bleibt)[30]. Verloren jedenfalls ist die 'schöne' Harmonie einer auf der Unhinterfragbarkeit der Verhältnisse beruhenden sittlichen Identität von Individuum und Gesellschaft: "Die Sophisten, die Lehrer der Weisheit, waren es erst, welche die subjektive Reflexion und die neue Lehre aufbrachten, die Lehre, daß jeder nach seiner eigenen Überzeugung handeln müsse. Sobald die Reflexion eintritt, so hat jeder seine eigene Meinung, man untersucht, ob das Recht nicht verbessert werden könne, man findet, anstatt sich an das Bestehende zu halten, die Überzeugung in sich, und so beginnt eine subjektive unabhängige Freiheit, wo das Individuum imstande ist, selbst gegen die bestehende Verfassung alles an sein Gewissen zu setzen."(PdG S.309f)[31].

Was sich als Ende der griechischen Epoche stilisieren läßt, gerät für den weltgeschichtlichen Nachfolger, das römische Imperium, zum gegebenen historischen Stand der sozialen Verhältnisse und des ihnen korrespondierenden Subjektbewußtseins. In der Beschreibung Hegels dominiert die ambivalent besetzte Wertung Roms als einer ausgeprägten Übergangsphase: Die ursprüngliche Sittlichkeit der Griechen bleibt verloren und die sich ankündigenden Grundlagen der Moderne sind noch nicht zu einer Vernunft gebracht, auf deren Nachweis seine Geschichtsphilosophie so viel Wert legt. Entsprechend brutal stellen sich deshalb die Konsequenzen aus dem fortgeschriebenen Autonomiezuwachs der Subjekte. Im Vordergrund steht der 'Bruch' zwischen der vorgefundenen 'Wirklichkeit'[32] und dem neu festgestellten Interesse der Subjekte. Im Vergleich mit dem Kunstwerk der Polis erscheint die beschleunigte Gewichtszunahme des Subjektpols als eine Absetzbewegung gegen das verbindende Allgemeine, als ein Zerfallsprozeß der sittlichen Geschlossenheit zugunsten der vom Ganzen losgerissenen vereinzelten Subjektatome[33]. Der Einzelne artikuliert erstmals ein dezidiertes Interesse gegen das Allgemeine, d.h. die konstitutive Distanz zwischen den Polen hat sich auf ein neues, höchst problematisches Niveau entwickelt. Wo sich die Ordnung vorher naturwüchsig im Handeln der Subjekte reproduzierte, müssen jetzt explizit Anstrengungen unternommen werden, um den Bestand des Staates und damit die Interessen der Herrschenden gegen das 'Volk', wie Hegel schreibt (z.B. PdG S.358), abzusichern. Mit der Wahrnehmung der akuten Gefährdung der staatlichen Ordnung nimmt die Rationalität der Maßnahmen zu ihrer Aufrechterhaltung zu: Herrschaftssicherung wird zu einem strategischen Problem, mit dem sich die Inanspruchnahme neuer Kompetenzen ausdrückt. Die Bedeutung der disziplinierenden Gewalt und ihrer Organisation werden jedoch im gleichen Maße, wie sie bewußt in Anspruch genommen werden, auch den Herrschaftsunterworfenen durchsichtiger. "An die Stelle des alten Fatums" sei "die Politik getreten"(ebd S.339), zitiert Hegel eine ihm als Einführung in die 'römische Welt' geeignet erscheinende Bemerkung Napoleons. Anders als auf der primären Stufe der Staatsbildung, wo sich Gewalt jenseits jeder Thematisierbarkeit durchsetzte, wo die Frage nach der Legitimität einer Ordnung den als solche erst konstituierenden Subjekten völlig verschlossen blieb, rückt jetzt der Zwang als Basis von Herrschaft nachdrücklich ins Bewußtsein.[34] Die ganze Epoche charakterisierend schreibt Hegel:

---

30 Vgl. Frühe Schriften S.205f
    Eine solche 'schlechte Wirklichkeit' des Staates gibt Hegel als empirische Möglichkeit durchaus zu, sh.
    deutlich Rphil §138 u. §138 Zu

31 "Das Gesetz ist vorhanden und der Geist in ihm. Sobald aber der Gedanke aufsteht, untersucht er die
    Verfassungen: er bringt heraus, was das Bessere sei, und verlangt, daß das, was er dafür anerkennt, an die
    Stelle des Vorhandenen trete." (ebd S.327). Und: "Sokrates, indem er es der Einsicht, der Überzeugung
    anheimgestellt hat, den Menschen zum Handeln zu bestimmen, hat das Subjekt als entscheidend gegen Vater-
    land und Sitte gesetzt ... Durch die aufgehende innere Welt der Subjektivität ist der Bruch mit der Wirk-
    lichkeit eingetreten."(ebd S.329, sh. die Stelle auch weiter).

32 Sh. z.B. PdG S.385 u. 386

33 Sh. PdG S.384, 387

34 Rom wird durch "despotische Gewalt zusammengehalten" (ebd S.342, 346), es herrscht "ein gezwungener
    Zustand der Subordination" (ebd 346), das "Prinzip der Härte, der Abhängigkeit und der Unterordnung"(ebd

"... der Zweck, der mit geist- und herzloser Härte verfolgt wird, ist die bloße *Herrschaft*..."(ebd S.340).

Hintergrund des offen repressiv gewordenen Staats war, wie gesagt, die Erosion des fraglos Selbstverständlichen. Die Gesellschaft und ihre politische Organisation sind mit der Evolution des 'Prinzips der Innerlichkeit' in eine Gegenlage eingerückt, die sie der sakrosankten Immunität entkleidet hat. Ausdruck der veränderten Erfahrung der gesellschaftlichen Ordnung ist die zunehmende Schärfe der Klassenauseinandersetzungen: Die gesellschaftlichen Widersprüche und Gegensätze setzen sich anders um, wenn sie einmal grundsätzlich bewußt geworden sind. Hegel geht soweit, diesen gesellschaftlichen 'Dualismus' (ebd. S.340), erst zwischen der 'Aristokratie und den Königen', dann aber, als der dominante soziale Antagonismus, zwischen dem Patriziat und der Plebs, als das 'eigentlich innerste Wesen'(ebd) der römischen Epoche zu bezeichnen. Seine Ausführungen rekonstruieren anhand dieses Konflikts die erweiterten Kompetenzen des Subjekts auf beiden Seiten der gesellschaftlichen Stratifikationsachse. Ein Beispiel ist die bewußte Instrumentierung der Religion in legitimatorischer Absicht[35], sie impliziert einen veränderten Umgang mit dem Sakralen: Die Götter sind profanisiert zu einem "Erzeugnis des kalten Verstandes"(PdG 356), reduziert "zu Maschinerien", die "auf ganz äußerliche Weise gebraucht"(ebd) werden können[36]. In Bezug auf die noch verbreiteten magischen Praktiken schreibt Hegel: "Das alles war in den Händen der Patrizier, welche es bewußt für ihre Zwecke und gegen das Volk als bloß äußeres Band brauchten"(ebd 358).

Ein ähnlicher Zuwachs an Rationalität findet sich im Umgang mit der Sozialordnung: "Nach der Vertreibung der Könige beginnt auch bald der Kampf der Patrizier und Plebejer; denn die Abschaffung des Königtums war ganz nur zum Vorteil der Aristokratie geschehen..."(ebd 364).[37] So bilanziert Hegel: "Die Plebejer waren faktisch fast von allem Grundbesitz ausgeschlossen..."(ebd 367) und zwar durch ein klares gesetzgeberisches Kalkül, das da, wo es durchbrochen wird, sofort den Verdacht der beabsichtigten Usurpation der Staatsgewalt erregt.

Auf der anderen Seite rekonstruiert Hegel einen Bewußtwerdungsprozeß, in dessen Verlauf ein Wandel von der unreflektierten Akzeptanz des Faktischen zum offenen Widerspruch stattfindet. Die gegebenen Unrechtsverhältnisse provozieren allmählich ein Bewußtsein über das einseitige Interesse, das sich mit einer bestimmten Ordnung verbindet und von der realen Möglichkeit gestalterischen Einfluß zu nehmen: "In dem Umstande, daß das Volk so lange im Zaun gehalten werden konnte, offenbart sich eben die Achtung desselben vor der gesetzlichen Ordnung und dem *sacris*. Endlich mußte es dennoch eintreten, daß den Plebejern ihre rechtmäßigen Forderungen zugestanden und öfters ihre Schulden erlassen wurden. Die Härte der Patrizier, ihrer Gläubiger, denen sie ihre Schulden durch Sklavenarbeit abtragen mußten, zwang die Plebs zu Aufständen.

---

348), war "ganz auf Herrschaft und Militärgewalt gestellt"(ebd 378), während die 'Kaiserperiode' beruhte "Die Macht des Imperators ... auf der Armee und auf der prätorianischen Leibwache..."(ebd 381).

35 "Weil aber das Heilige hier nur eine inhaltslose Form ist, so ist es von der Art, daß es in der Gewalt gehabt werden kann; es wird in Besitz genommen von dem Subjekt, das seine partikulären Zwecke will...Über der bloß ohnmächtigen Form aber steht das Subjekt...der seine partikulären Zwecke als Meister über die Form setzen darf. Dies ist in Rom durch die Patrizier geschehen. Der Besitz der Herrschaft der Patrizier ist dadurch ein fester, heiliger, unmittelbar und ungemeinschaftlich gemachter; die Regierung und die politischen Rechte erhalten den Charakter eines geheiligten Privatbesitzes." (PdG S.358)

36 Sh. auch S.354ff

37 "Alle obrigkeitliche und richterliche Gewalt und alles Grundeigentum des Staates befand sich um diese Zeit in den Händen der Patrizier ..."(ebd 364, sh. auch 364f); "Das Volk befand sich in diesem Zustand der Unterdrückung ... indem es zugleich ganz von der Regierung ausgeschlossen blieb."; "... doch bleibt es immer auffallend, daß der Senat so lange einer durch Unterdrückung gereizten und im Kriege geübten Mehrzahl habe Widerstand leisten können..." (alle Stellen 365f).

Sie forderte und erhielt zunächst nur, was sie unter den Königen schon gehabt hatte, nämlich Grundbesitz und Schutz gegen die Mächtigen." (ebd 366).[38]

Die Konzentration und die neue Rationalität staatlicher Gewalt ist die eine Seite des evolutionären Wendepunkts der römischen Epoche. In der Gestalt des Imperators, der gewaltsam alle Macht in seiner Hand vereint und, das ist qualitativ neu, sie nach seinem Willen gebraucht[39]: eben willkürlich einsetzt, kommt das sich vorher im Handeln aller Staatsbürger zwanglos aktualisierende 'Allgemeine' in eine Gegenlage zur Gesellschaft. Es entwickelt sich zu einem eigenständigen und eng umrissenen institutionalisierten politischen System, das jetzt aber explizit vor dem Problem steht, Gefolgschaft herstellen zu müssen. Die am Beispiel des Sokrates dokumentierte Emanzipation der Subjekte aus der naturwüchsigen Solidarität einer gegen die kritische Reflexion immunisierten Ordnung, zwingt das System, in der Gegenbewegung zur Desintegration des 'Allgemeinen', zu dessen bewußter Stabilisierung. Der frühere sittliche Staat der Griechen wird zum 'abstrakten Staat' (PdG 340), der mit den Mitteln der gewaltsamen Integration eine 'abstrakte Allgemeinheit' organisiert: "Die abstrakte allgemeine Persönlichkeit war noch nicht vorhanden, denn der Geist mußte sich erst zu dieser Form der abstrakten Allgemeinheit, welche die harte Zucht über die Menschheit ausgeübt hat, bilden. Hier in Rom finden wir nunmehr die freie Allgemeinheit, diese abstrakte Freiheit, welche einerseits den abstrakten Staat, die Politik und die Gewalt über die konkrete Individualität setzt und diese durchaus unterordnet.." (PdG 339f).

Die Subjekte haben sich aus der selbstverständlichen Einbindung in die gegebene soziale Ordnung emanzipiert; das 'Prinzip der Innerlichkeit' macht diese Ordnung explizit thematisierbar. Ebenso wird als Korrelat dieser neu erreichten Kompetenz ein subjektives Interesse *für das Subjekt selbst* feststellbar, das prinzipiell auch gegen das 'Allgemeine' gerichtet sein kann. Der Staat steht, nach dem Verlust seiner zwanglosen Aktualisierung durch die Totalität des Lebensvollzugs, mithin vor dem Problem, ein allgemeines Interesse gegen die zunehmend sich gegen dasselbe verselbständigenden Subjekte, gegen das aufkommende Partikularinteresse, durchsetzen zu müssen. Hegel rekonstruiert die Ausbildung des Konzepts der abstrakten Rechtsperson als die evolutionär angemessene Lösung: Das System muß seinen Bestand unabhängig von subjektivem Belieben, von zufälligen Qualitäten der Individuen, von einer fragwürdig gewordenen Solidarität der Einzelnen sicherstellen. Ergebnis dieses Strukturwandels ist die Umstellung von der Polissittlichkeit auf die unpersönliche Beziehung zwischen Staat und Untertan. Das Verhältnis wird abstrakt, formalisiert, d.h. das System spezifiziert Bedingungen und Kriterien der Teilhabe am Staatswesen, Bereiche allgemeinen Interesses, die Beziehungen zwischen den verselbständigten Einzelnen als solchen. Die epochentypische Trennung von Recht und Moral als Konsequenz der Erosion von Sittlichkeit ist Ausdruck dieses Prozesses. Das abstrakte Recht hat es nicht mehr mit konkreten Individualitäten, sondern nur noch mit deren allgemeinem bzw. verallgemeinerbaren Aspekten, ihrer öffentlichen 'Maske', der Qualität als Person, zu tun.

Mit der zunehmenden Rationalität der Herrschaftsausübung nimmt das Verhältnis zwischen Staat und Bürger, aber auch das der Bürger untereinander, im Unterschied zum früheren idealisierten ganzheitlichen Zusammenhang, unpersönlichere, entfremdetere und verdinglichte Formen an. Obwohl Hegel den Nachweis dieses Prozesses in der historischen Betrachtung weit

---

38 "Es ist dies ein Hauptmoment in der ersten Periode der römischen Geschichte, daß die Plebs zum Rechte, die höheren Staatswürden bekleiden zu können, gelangt ist und daß durch einen Anteil, den auch sie an Grund und Boden bekam, die Subsistenz der Bürger gesichert war"(ebd 369).

39 Vgl. dagegen die zwar unbegrenzte Machtfülle des orientalischen Despoten, die aber aufgrund der Zwänge, die dieses Evolutionsniveau auf die Benefiziare des Systems selbst ausübt, keinesfalls willkürlich im Sinne des geplanten, strategisch reflektierten Einsatzes der verfügbaren Machtmittel ausgespielt werden kann.

überzieht und zu sehr von der Realität der modernen bürgerlichen Gesellschaft her begreift[40] interpretiert er die tendenzielle Entwicklung sicherlich richtig. U. Wesel[41] etwa schreibt in seinem kurzen Überblick über die Rechtsgeschichte: "Dieses Recht der Römer war allen anderen antiken Rechten überlegen, und zwar durch seine Präzision. Niemand hat damals so prägnante Begriffe gehabt wie sie, niemand anders so genaue Regeln formuliert[42]". Im Zentrum des römischen Rechtssystems stehen die Bemühungen um die Regulierung von Eigentumsansprüchen und Vertragsbeziehungen, in die die Eigentümer eintreten. Der hohe Abstaktionsgrad, mit dem diese Materie behandelt wurde, dokumentiert die große Bedeutung den diese Regulierungen für die gesellschaftliche Ordnung gewonnen hatten, bzw. inwieweit sie für die Gesellschaft thematisch geworden waren und als regulierungsbedürftig erschienen. Hegel entwirft den Übergang vom 'griechischen Reich', für das Platon in seinem Modell des idealen Staates noch die persönliche Eigentumslosigkeit der politischen Elite fixieren konnte, zum römischen Reich, als die Umstellung von der sittlichen Beziehung zwischen 'Individualitäten' auf das Verhältnis zwischen, um ihr egoistisches Interesse besorgten, Eigentümer: "Brauchbarkeit im Staate war der große Zweck, den der Staat seinen Untertanen setzte, und der Zweck, den diese sich dabei setzten, war Erwerb und Unterhalt und noch etwa Eitelkeit. Alle Tätigkeit, alle Zwecke bezogen sich jetzt aufs Individuelle; keine Tätigkeit mehr auf ein Ganzes, für eine Idee - entweder arbeitete jeder für sich oder gezwungen für einen anderen Einzelnen. ... das Recht des Bürgers gab nur ein Recht auf Sicherung des Eigentums, das jetzt seine ganze Welt ausfüllte ..." (Frühe Schriften 206). Das Konzept der Person reflektiert diese ökonomische Grundlage: Person meint wesentlich die juristische Fixierung des Einzelnen als berechtigten Eigentümer; das Eigentum ist gewissermaßen das definitorische Merkmal der Rechtsperson: "Denn die Persönlichkeit macht die Grundbestimmung des Rechts aus: die tritt hauptsächlich im Eigentum ins Dasein..." (PdG 340)[43]. Die Bestimmung ist höchst abstrakt, sie bemüht eine Aufspaltung des Subjekts in die "individuelle Abstraktion, die Person, welche die Bestimmung enthält, daß das Individuum an sich etwas sei.." (ebd 384), die 'spröde Persönlichkeit' (ebd 342), das Individuum in seiner Qualität als Individuum und in die seiner konkreten 'Lebendigkeit', seiner 'erfüllten Individualität' (ebd), d.h. seiner wirklichen, empirischen materiellen Existenz. Der Unterschied ist für die weitere Analyse erhellend: während sich auf der einen Ebene, der Bestimmung des abstrakten Untertanen und der formal berechtigten Rechtsperson, eine tendenzielle Angleichung der Positionen ergibt und sich die personenrechtlichen Ungleichheiten abschleifen[44], fällt der Widerspruch auf der anderen Ebene, auf jener der empirischen 'Individualität', umso härter aus. Reale Ungleichheit ergänzt sich mit formaler Rechtsgleichheit und abstrakt beschriebenen politischen Relationen, hier: gleicher politischer Ohnmacht gegenüber dem politischen Zentrum[45]. Mit der Rationalität politischer Herrschaft und der damit einhergehenden Versachlichung sozialer Verhältnisse verbindet sich, hinter der Oberfläche abstrakter Nivellierung, der 'Atomisierung' der Subjekte in einen 'Haufen' prinzipiell Gleicher, die Entbindung von früheren sittlichen Solidaritäten und die ausdrücklich legitimierte Verschärfung der konkreten sozialen Gegensätze.[46] Wer, wie die Rechtsphilosophie genauer analysiert, unter der noch inkonsequenten Tendenz zur Generalisierung rechtlicher

---

40 Vgl. dazu M. Villey, a.a.o.
41 U. Wesel, Juristische Weltkunde, Frankfurt 1984, Kap IV Antikes Recht - Griechenland und Rom im Vergleich
42 ebd S. 50
    Vgl. auch E. Bloch, Naturrecht und menschliche Würde, Frankfurt 1980, S. 29ff
43 Vgl. auch ebd S. 384, S. 387f
44 "Jenes Verhältnis der Sklaverei ist in der empirischen Erscheinung der Universalität des römischen Reichs von selbst verschwunden ... Indem das Prinzip der formellen Einheit und der Gleichheit geltend werden mußte, hat es überhaupt den innern wahrhaften Unterschied der Stände aufgehoben..." (Frühe politische Systeme 160f).
45 Vgl. PdG S. 340
46 Wesel bestätigt die Analyse Hegels: "Der Eigentumsbegriff der Römer ist individualistisch, egoistisch und unsozial." Wesel, a.a.o., S. 50

223

Regulierungen durchfällt, verliert mit dem präziser gefaßten Instrumentarium der Begriffsbildung seinen humanen Status überhaupt.[47] Hegel beschreibt die definitorische Vorentscheidung der Bestimmung der prinzipiellen Gleichheit in der Rechtsphilosophie: "Was aber das im römischen Rechte sogenannte *Personenrecht* betrifft, so soll der Mensch erst mit einem gewissen *status* betrachtet eine Person sein...; im römischen Rechte ist hiermit sogar die Persönlichkeit selbst, als gegenüber der Sklaverei, nur ein *Stand, Zustand.* ... Das römische Personenrecht ist daher nicht das Recht als solcher, sondern wenigstens der *besonderen* Person; ..." (Rphil § 40 u. Anm).

Bei aller Schärfe der Kritik, die mit den römischen Privatrechtsverhältnissen ja immer auch die Auswüchse der modernen bürgerlichen Gesellschaft mittreffen soll, unterstreicht Hegel den notwendigen evolutionären Fortschritt der römischen Epoche. In den zahllosen Stellen der Auseinandersetzung mit der Platonischen Staatskonzeption betont er, nach der wehmütigen Diagnose des Verfalls der griechischen Sittlichkeit und damit auch der Grundlage einer vollkommenen Integration des Einzelnen in die gesellschaftliche Ordnung, die beginnende Emanzipation des Subjekts als die entwicklungslogisch berechtigte Konsequenz sittlicher Erosion. Nach einer Phase heteronomen Zwangs und zwangloser, aber eben auch noch fraglos naturwüchsiger Identität, differenziert sich auf der dritten Stufe der geschichtlichen Logik - zwar erst 'abstrakt', wie Hegel sogleich betont - eine neue Stellung des Individuums, die diesem mehr an Emanzipation konkreten Ausdruck verleiht. Der Vorgang wird beschrieben als die epochale Wende zur 'subjektiven Freiheit'. Auch hierbei sind zunächst zwei komplementäre Dimensionen zu unterscheiden: einmal die in der juristischen Anerkennung der Person sich vollziehende Grenzziehung zwischen einem Bereich äußeren, staatlichen Zwangs und einer Sphäre autonomer Verantwortlichkeit, der formalen Anerkennung des Subjekts als "die unendliche Macht des Entschließens" (PdG 404), zum anderen ist damit jener exklusive Selbstbezug, die reflexiv zugängliche Binnenperspektive gemeint, die eine strukturelle Voraussetzung der Formulierung eines subjektiven Interesses und damit auch der individuellen Verantwortlichkeit darstellt. Das die griechische Sittlichkeit umstürzende 'Prinzip der Innerlichkeit' hatte, wie gezeigt, einen Emanzipationsschub des Subjekts ausgelöst: Die gegebene Ordnung wurde ihrer selbstverständlichen Legitimität beraubt, die gesellschaftlichen Widersprüche schlugen auf das gesellschaftliche System durch und die bevorrechtigten Interessen gerieten in Gefahr. Der römische Imperator hat die desintegrierenden Entwicklungen gewaltsam aufgefangen durch die Zentralisierung der Macht und die Rationalisierung von Herrschaft. Die Konzentration in der 'Hand es Einen' geht, so die Analyse Hegels, zusammen mit der politischen Entmachtung der Aristokratie und der Angleichung der Herrschaftsunterworfenen in einem Zustand gleicher politischer Ohnmacht. Wo die naturwüchsige Identität des Einzelnen mit dem Ganzen zerbrochen war, muß der Zusammenhang erst gewaltsam hergestellt werden. Beide Pole der bildenden Matrix konturieren sich scharf gegeneinander: hier der erstmals gegen die Gesellschaft abgehobene 'politische Staat', da die vereinzelten, 'für sich seienden' Subjektatome. Kehrseite dieser Entwicklung, die sich mit der Trennung von Recht und Moral umsetzt, ist die abstrakte Freisetzung des Subjekts in den Beziehungen, die den Bestand des Systems nicht berühren. Zentral steht hier, und das ist für Hegel aus den Bedingungen seiner Zeit heraus einfach selbstverständlich, die privatrechtliche Absicherung des Eigentümers. Die berechtigte Verfügunggewalt über 'Sachen' ist, wenn man denn überhaupt unter die Kategorie der Rechtsperson, für die schützenswerte Interessen formuliert werden, fällt, prinzipiell anerkannt und als Bereich der Autonomie des Einzelnen, seiner im Prinzip zufälligen oder willkürlichen Dispositionsgewalt überlassen[48]. Die römische Epoche selbst verfällt, aufgrund der

---

47   "Die lex Aquilia hatte die Sklaven dem Vieh gleichgestellt. ... Ein Sklave war eine Sache wie ein Stück Vieh oder ein Pflug. Anders ausgedrückt: Die Römer hatten schon damals die höchsten Höhen juristischer Abstraktion erreicht. Sklaven standen wie Vieh im Eigentum des Eigentümers. Man hat davon abstrahiert, daß die einen Menschen sind und die anderen Tiere. Wichtig war nur das Eigentum." ebd S. 52
48   Vgl. hierzu die kritische Kommentierung in Rphil § 180 über die 'Willkür des Testierens', ebenso § 180 Anm u. Zu

nur durch Gewalt revitalisierten allgemeinen, d.h. auf das Ganze bezogenen Orientierung der Einzelnen, einem schrankenlosen Egoismus: das erstmals ausgesprochene Prinzip der abstrakten Gleichheit und abstrakter Freiheit entfaltet seine ganze, letztlich die gegebene Ordnung sprengende, Dynamik[49].

Das römische Reich zerfiel, in der Reprospektive, an seinen inneren unlösbaren Widersprüchen; das in ihm 'objektiv' Gestalt annehmende Prinzip der Autonomie des Subjekts aber wurde zum unaufhebbaren Grundbestand des weiteren geschichtlichen 'Gangs'.

In einem anderen Sinne versteht Hegel unter der sich eröffnenden 'subjektiven Freiheit' den qualitativ veränderten Zugang des Subjekts zu sich selbst. Das Verschwinden der 'Individualität' (in der Hegelschen Verwendung des Begriffs) geht einher mit der Aufspaltung des Subjekts in die verallgemeinerte und damit abstrakte Qualität der Person und die komplementäre weitere Verdichtung 'für sich', also die Ausdifferenzierung einer eigentlichen Sphäre bewußter Subjektivität: der Verlust der ganzheitlichen Individualität führt strukturlogisch auf die zunehmende Individualisierung der Subjekte.[50] Die konstitutive Distanz, die nach außen die Einnahme einer Perspektive erlaubt, unter der ein strategisches Interesse gegenüber den Anderen und selbst gegenüber der wahrgenommenen äußeren Ordnung verfolgt werden kann, läßt auf dem Niveau der Selbstreflexion auch nach innen eine Rückzugsmöglichkeit offen, mittels der sich das Subjekt für sich noch einmal gegen seine perzipierte 'öffentliche' Existenz absetzen kann, sich auch für sich selbst vereinzelt. Die Differenzierung selbstreferentieller Subjektivität, als der zur äußeren Fixierung der Person komplementäre Prozeß, ist in der historischen Entwicklung der Ort der konkreten Selbstbestimmung: es ist jetzt eine Stufe des Selbstbewußtseins erreicht, die den 'Willen' des Subjekts mit sich selbst 'zusammenschließt', eben Selbstbestimmung, das 'Ich will' im Rahmen einer äußeren, abstrakten Gesetzgebung zuläßt. Die hier gewonnene 'innere Freiheit', oder 'Freiheit des Geistes' (PdG 351), ist in ihrer Vielschichtigkeit ebenfalls eine im geschichtlichen Prozeß ausgefällte Provinz, die eine 'Theorie der Moderne' zwingend aufnehmen muß. Die versuchte 'Versöhnung' der Rechtsphilosophie muß das auch zugestehen; sie will aber gerade durch die Einsicht in die Genese von Bewußtseinsstrukturen, das auf den Bereich des Ökonomischen zu sehr verengte Verständnis der Autonomie erweitern und aus der weltgeschichtlichen Perspektive noch einmal überbieten.

Die römische Epoche ist in der Hegelschen Systematik eine ausgesprochene Übergangsstufe: Was sich in ihr ankündigt und vorbereitet, hat eine erst 'abstrakte' Wirklichkeit. Die formale Rechtsgleichheit etwa, die an den Subjekten ihre verallgemeinerungsfähige Qualität als Person sanktioniert, erweist sich in der Realität als vereinbar mit, ja sogar als die notwendige Voraussetzung von äußerster Härte, Gewalt und Ausbeutung: von "unbeschränkter Herrschaft und Knechtschaft" ist die Rede. Die schon den Zerfall der Polis begünstigende Verschärfung der Klassengegensätze wird durch sie nicht verhindert, sondern mit der expliziten Freisetzung des egoistischen Partikularinteresses weiter vorangetrieben[51]. Zugleich ist der vorher die Einzelnen noch bindende, und damit die dysfunktionalen Effekte interessegeleiteten Handelns begrenzende, Gesamtzusammenhang verlorengegangen: die Subjekte sind ersatzlos auf sich selbst gestellt. Die politische Ordnung stützt sich im Maße des Zerfalls der sittlichen Orientierungen zunehmend auf die nackte Gewalt. Wo die sittliche Identifikation mit dem Ganzen fehlt, wird Gefolgschaft erpreßt. Hegels verstärkte Aufmerksamkeit gehört diesem ambivalenten Komplex von sozialer Desintegration und korrespondierendem Kompetenzzuwachs des Einzelnen. Nur um den Preis der Isolation, bindungslosen Vereinzelung, der nur versachlichten Beziehungen nämlich, wird die 'innere Freiheit' zunächst erkauft. Sehr schön wird das hier Gemeinte in der Phänomenologie formuliert: "Die in der sittlichen Welt nicht vorhandene Wirklichkeit des Selbsts

---

49 Vgl. PdG S. 342, S. 374
50 Vgl. Logik II S. 253
51 Vgl. PdG 384

ist durch ihr Zurückgehen in die Person gewonnen worden; was in jener einig war, tritt nun entwickelt, aber sich entfremdet auf." (Phän 359). Die noch in der Polis nahtlos aktualisierte Identität mit dem Allgemeinen ist der äußersten, und auf dem Niveau des Bewußtseins, schmerzhaftesten Polarität gewichen. Der Staat steht als eine in sich konzentrierte Institution der Machtsicherung dem Einzelnen abstrakt und autoritär gegenüber; keine positive Identifikation, keine Möglichkeit der Reintegration der aus dem beruhigenden Kontext des fraglos Gegebenen herausgefallenen Einzelnen bietet sich an[52]. Dem anomisch gewordenen Einzelnen bleibt nur die Möglichkeit der inneren Emigration.[53] Für die römische Epoche, als einer 'sich auflösenden Welt' (PdG 393) bilanziert Hegel: "So war der Mensch entweder im Bruch mit dem Dasein oder ganz dem sinnlichen Dasein hingegeben." (ebd 385).

Die Zerrissenheit des Subjekts unter untragbar gewordenen Verhältnissen begründet auch die geschichtliche Bedeutung, die das am Ausgang der 'römischen Epoche' zunehmend Verbreitung findende Christentum in der Hegelschen Deutung erhalten konnte. Rückverwiesen aus der traumatischen Erfahrung auf sich selbst entsteht über diese 'Flucht aus der wirklichen Welt' (Phän 363) das Bedürfnis nach einem geistigen Surrogat der verlorenen sittlichen Identität: "Die römische Welt ... hat den Bruch mit der Wirklichkeit und die gemeinsame Sehnsucht nach einer Befriedigung, die im Geiste innerlich erreicht werden kann, hervorgetrieben und den Boden für eine höhere geistige Welt bereitet." (PdG 368). Hier, im 'Äther des reinen Bewußtseins' (Phän 363), findet das Subjekt, indem es die konkreten Verhältnisse ideell transzendiert eine ideologische Rechtfertigung seines Leidens. Hinter der Welt diesseitiger Ungerechtigkeit und Ausbeutung bietet sich der illusionäre Ausgleich einer jenseitigen höheren Gerechtigkeit an, die in ihrer Verheißung die reale Gegenwart zu Gunsten der idealen Zukunft dispensiert: "Er (der Mensch, L.S.) hat seine Heimat somit in einer übersinnlichen Welt, in einer unendlichen Innerlichkeit, welcher er nur gewinnt durch den Bruch mit dem natürlichen Dasein und Wollen und durch seine Arbeit, dieses in sich zu brechen." (PdG 403). Zugleich wird an diesem Beispiel auch deutlich, wie sehr Hegel, in den Grenzen eines durch die absolutistische Logik vorgegebenen Programms, bei der realhistorischen Ausarbeitung des Systems, der historischen Entwicklung tatsächlich 'zusehen' will, sie in ihrer Eigendynamik zu erfassen sucht: Es ist nicht die Idee des Christentums, die sich einfach inszeniert und die Verhältnisse ihrer Verbreitung erzeugt, sondern umgekehrt: ihre Verbreitung und ihre ideologische Potenz resultieren aus einer spezifisch historischen Situation, die die 'Flucht' des Subjekts in religiöse Deutungssysteme, in Vorstellungen, die die empirische Lebenssituation durch ihre affirmativen Effekte erträglicher machen, begünstigen. Die Rekonstruktion der zerfallenden Welt in der christlichen Gottesvorstellung gewinnt ihre Kraft aus dem Umstand, daß 'die Zeit erfüllt war' (PdG 391), daß der Boden reif war - und das differenzierter gedacht, als nur im Sinne einer teleologisch eingelösten Knotenstelle der Evolution des Weltgeistes. Vielmehr ungefähr so, wie Hegel weiter hinten mit verblüffend klaren Worten schreibt: "Die Erfindung des Schießpulvers ist nicht als zufällig zu betrachten, sondern es hat gerade nur zu dieser Zeit und unter dieser Bildung erfunden und gebraucht werden können." (Ver. 136).[54]

Die legitimatorische Potenz des Christentums hat den Untergang des 'römischen Reichs' nicht verhindern können: Die Weltgeschichte rückt eine Etappe weiter, erreicht ein neues 'Prinzip', das auf die Gegenwart und den Abschluß des Systems führt. In der für die faktischen Verhältnisse zunächst unverbindlichen - eben abstrakten - Form aber sind in ihm jedoch schon zwei Forderungen impliziert, mit deren Umsetzung in konkrete Wirklichkeit die weitere Entwicklung auf den

---

52 Vgl. z.B. PdG S. 384
53 Auch hier gibt Sokrates das historische Vorbild: "Nur in Zeiten, wo die Wirklichkeit eine hohle geist- und haltlose Existenz ist, mag es dem Individuum gestattet sein, aus der wirklichen in die innerliche Lebendigkeit zurückzufliehen. (Rphil § 138 Zu).
54 Sh. hierzu auch die sehr richtige Wertung von M. Horkheimer in 'Gesammelte Schriften Bd 9: Nachgelassene Schriften 1914 - 1931', Frankfurt, 1987, S. 31

Punkt gebracht werden kann: "... die Sklaverei ist im Christentum unmöglich, denn der Mensch ist jetzt als Mensch nach seiner allgemeinen Natur in Gott angeschaut" und "In Ansehung der partikulären Zwecke bestimmt jetzt der Mensch sich selber und weiß sich als Macht alles Endlichen ... der Mensch ist als unendliche Macht des Entschließens anerkannt." (PdG 403f). Nicht die imaginierte Gleichheit vor Gott (der die illusionäre Gleichheit der Rechtsperson korrespondiert) und die individuelle Verantwortlichkeit des Subjekts für den verheißenen jenseitigen Ausgleich beruhigt die losgetretene Entwicklungsdynamik des Weltgeists, sondern die Zuspitzung der delegitimatorischen Gehalte des Christentums auf die gesellschaftliche Praxis - mit dem Kulminationspunkt in der Französischen Revolution - stellt sich als das entwicklungslogisch notwendige weitere Programm: "Die fromme Bekehrung darf nicht im Innern des Gemüts bleiben, sondern muß zu einer wirklichen gegenwärtigen Welt werden, die sich nach der Bestimmung jenes absoluten Geistes verhalte ... Die Aufgabe ist daher die, daß die Idee des Geistes auch in die Welt der geistigen unmittelbaren Gegenwart eingebildet werde." (ebd 405).

5. Die geschichtliche Erfüllung in der Gegenwart

Es ist nicht mehr nötig der weiteren Darstellung in den Vorlesungen zur Philosophie der Geschichte im Einzelnen zu folgen: Die Hegelsche Argumentation ist in den voranstehenden Teilen der Arbeit, so im Kapitel über die Französische Revolution und mit der Analyse der bürgerlichen Gesellschaft schon weitgehend abgehandelt worden; ich kann sie hier voraussetzen und mich entsprechend kürzer fassen, bzw. mich mehr auf das Grundsätzliche beschränken. Offen geblieben war bisher die Konzeption des Staates in der Rechtsphilosophie: Der erste Ansatz einer Rekonstruktion des umstrittenen Anspruchs, den Hegel mit der ontologischen Auszeichnung des 'Staates' verbindet, hatte zunächst auf die Überprüfung des 'weltgeschichtlichen Gangs' geführt. Einige Ergebnisse dieser Betrachtung sind jetzt festzuhalten:

Geschichte ist Hegel für ein teleologisch vorformulierter Gesamtzusammenhang. Gegen den Zerfall in 'Geschichten' und 'Erzählungen' und in die bloße Berichterstattung und Reihung von Ereignissen und Begebenheiten rekurriert er auf eine Tiefenstruktur, die Gegenwart und Vergangenheit prozessual verbindet: 'die Geschichte' als ein strukturiertes Ganzes rückt in den Blickwinkel der philosophischen Beschreibung. Der genaue Ort der Einführung ist bezeichnend: Die Philosophie der Geschichte steht systematisch am Ende der Rechtsphilosophie, dem vorgeblich logisch sanktionierten System der entwickelten Gegenwart. Der entscheidende Grund für diese Positionierung ist die Unverzichtbarkeit der historischen Einbindung eines sozialen Phänomenbereichs unter der Bedingung des durch die beschleunigte Umwälzung des Erfahrungshorizonts 'flüssig' gewordenen Verhältnisses zur umgebenden äußeren Welt. Veränderung und Wandel erschließen sich nicht nur den Geschichtskompilatoren, sie sind vielmehr eine allgemeine Erfahrung des neuzeitlichen Subjekts geworden, die durch den noch fühlbaren Verlust traditionaler Vertrautheit, durch die bedrohliche oder hoffnungsvolle Ankündigung des 'Neuen' verstärkt wird. Die Erfahrung der Geschichtlichkeit der Verhältnisse rückt so nachhaltig ins Bewußtsein und zwingt auch jeden Versuch einer Begründung der gegebenen Verhältnisse zu komplexeren Ableitungen. Statisch, wie oft qualifiziert, war auch das 'dunkle' Mittelalter nicht, aber unter dem überwältigenden Eindruck der im großen und ganzen festgefügten Ordnung war der spekulative Rückbezug auf die göttliche Ordnung vergleichsweise problemlos zu leisten; die aus der Erfahrung der Vielfalt und Veränderbarkeit der Verhältnisse resultierende Einsicht in die Gestaltungsmacht des Menschen entfaltete erst später ihre delegitimatorische Potenz. Das Verständnis der Gegenwart ist aber nur noch historisch einzulösen: Den 'Staat' als notwendig zu erweisen, impliziert unter den Diskursbedingungen der Neuzeit die genetische Rekonstruktion seines geschichtlichen Gewordenseins und der Bedingungen dieser Genese. Das was ist, sieht sich mit dem Bewußtsein konfrontiert, entgegen dem Anschein nicht immer schon so gewesen zu sein oder auch anders sein zu können, jedenfalls in einem geschichtlichen Raum zu stehen, der durch Bewegung, Entwicklung bestimmt ist.

Bei der Beschreibung dieses Raums muß zunächst einmal die o.a., überdeutlich in der Französischen Revolution eingeholte Erfahrung der Gestaltungskompetenz des Subjekts herausgestellt werden, die die Reflexion zwingend auf die Rolle des Subjekts im geschichtlichen Prozeß aufmerksam macht und in Verbindung mit der Verlängerung der Handlungsketten, der Ausweitung der interkulturellen Berührungen, des Wissens tendenziell auf die Fixierung von anthropologischen Grundannahmen, auf die Bestimmung des eigentlich 'Menschlichen' hinlenkt. Mit am konsequentesten war das vielleicht von Rousseau durchgeführt worden; sein Discours 'Über die Ungleichheit unter den Menschen', ebenso wie der Emile, stellen einen meisterlichen Versuch dar, den kulturellen Stand seiner Gegenwart geschichtlich aufzulösen und von daher zu kritisieren. Im Emile heißt es an einer Stelle: "Die Gesellschaft muß durch den Menschen studiert werden und die Menschen durch die Gesellschaft."[55] Im Allgemeinen reicht der Ansatz nicht eben weit: Die diversen Annahmen über die 'Natur' des Menschen transportieren zwar einen emanzipatorischen Gehalt, wie er sich z.b. in den verschiedenen Vertragstheorien zeittypisch artikuliert, der sich aber dann doch sehr schnell nur mit einer Modernisierung der affirmativen Orientierungen bescheidet. Die begrenzte Reichweite hängt mit der unterliegenden Deutungslogik zusammen, unter der das historisch erarbeitete Wissen noch organisiert wird. Ich will das für die Hegelsche Geschichtsphilosophie genauer explizieren.

Geschichte, so hieß es oben, rückt als Ganzes, als zusammenhängender Prozeß vor den Horizont des Betrachters. Ein Verständnis der Gegenwart ist nur noch im Anschluß an die geschichtliche Dimension zu gewinnen. Die Perspektive schließt, nachdem sich die gestalterische Potenz des Subjekts am Beginn der Neuzeit für Hegel so beängstigend nachdrücklich gezeigt hatte, die Reflexion auf dessen Stellung im geschichtlichen Prozeß ein. Soviel war sicher: Der Gang der Geschichte und die Entwicklung des Subjekts konvergieren aufeinander, oder: Geschichte ist zugleich eine Entwicklungsgeschichte des Menschen. Das geschichtsphilosophisch zu lösende Problem bestand in der Ordnung des verfügbaren Materials, im Nachweis einer Logik in der Abfolge historischer Formationen, in der Auszeichnung von gegeneinander abgrenzbaren geschichtlichen Epochen und ihrem 'inneren Zusammenhang' oder 'Prinzip', wie Hegel schreibt. Zugleich hatten sich auch die methodischen Konsistenzanforderungen an einen derartigen theoretischen Entwurf unvergleichlich verschärft - und zwar mit als eine Folge der Rationalität im Umgang mit Natur, deren Kriterien der Beschreibung und des Beweisens zunehmend auch in andere Bereiche ausstrahlten. Ein Reflex dieser Nötigung, ich hatte es schon angesprochen, war die notwendige Kritik der unhistorischen Axiomatik des Naturrechts. Hegel wendet sich ausdrücklich gegen geschichtsphilosophische Spekulationen, die keine 'historische Begründung' (Ver 161) haben, denen 'die Theorie' nur hypothetisch "eine Existenz unterschiebt, ohne sich jedoch hierüber auf geschichtliche Art zu rechtfertigen" (ebd 116). Der geschichtsphilosophische Entwurf muß sich unter diesem Anspruch ungeheuer belasten: Die Logik des geschichtlichen 'Gangs' muß am Ende ein Subjekt herausbringen, das Verantwortung für seine Verhältnisse beansprucht, das sich "auf den Gedanken stellt und die Wirklichkeit nach diesem erbaut" (PdG 529), diese Kompetenz aber sich selbst erst geschichtlich erarbeiten mußte und damit als bewußter Akteur der Geschichte über weite Strecken ausfällt. Der Konsistenzanspruch an die Philosophie der Geschichte fordert auch innerhalb der spekulativen Rahmenhandlung einen anderen empirischen Ausgangspunkt: nicht das autonome Subjekt, das sich vertraglich einer bestimmten Gesellschaftsordnung verpflichtet, sondern eben das bloße anthropologische Ausgangsmaterial eines noch in 'menschlicher Dumpfheit' gefangenen Menschen. Wie läßt sich aber von einem solchen Ausgangspunkt aus eine entwicklungslogisch befriedigende Verbindung zum Stand der Gegenwart herstellen? Für Hegel entsteht hier zwar kein unlösbares Problem, die erkenntnistheoretische Position seiner Philosophie und die Prämissen, aus denen sie sich ableitet, haben da vorgesorgt. Genau genommen gibt es diese Schwierigkeit nur für den Interpreten, der sich ungeachtet der Hegelschen Vorentscheidungen auf seine Darstellung der Geschichte einlassen will, sie gegen ihre spekulative Rückversicherung als in ihrer 'historisch getreulichen' Entwicklung aufnimmt und in ihr tatsächlich den Ansatz zu einer konstruktiven Bewältigung dieses Problems vermutet. Man kann also versuchen, die Philosophie der Geschichte unbefangen unter dem Aspekt zu lesen, wie sie das 'Prinzip' der Neuzeit, den modernen Staat und die ihm korrespondierende bürgerliche Gesellschaft als Ergebnis des geschichtlichen Prozesses ableitet. Aus dieser Perspektive ergibt sich eine Ordnung des geschichtlichen Materials, das auch in der Intention Hegels 'für sich' stehen kann (wenngleich ihm dieser Zugang natürlich weit unter der philosophisch geforderten Erkenntnisqualität bleibt), d.h. beweiskräftig sein soll und zwar

---

55   Rousseau, a.a.o. S. 487, Vgl. auch S. 496 und Discours, a.a.o. S. 77

beweiskräftig in einer Dimension des Systems, das sich auch unbedarfteren Beobachtern erschließen kann, nicht nur dem exklusiven Kreis der Hörer der Hegelschen Logik, vor denen gleichsam das ideelle Programm dieses Prozesses expliziert wird[56]. Denn die als Prämisse vorgegebene felsenfeste Überzeugung, daß es in der Geschichte vernünftig zugehe, ist eine bloße Versicherung, wenn es nicht gelingt tatsächlich eine überzeugende Entwicklungslogik im konkreten Material aufzuzeigen. Und das heißt eben in der Stellung des Menschen zu seiner Welt, der Natur, dem gesellschaftlichen Kontext, in seinem Selbstverhältnis, in den kulturellen Produktionen und der Struktur der Herrschaftsverhältnisse, der Organisation der gesellschaftlichen Arbeit, der morphologischen Abfolge geschichtlicher Epochen. Hegel führt diese Prämisse denn auch zunächst nur als ein regulatives Prinzip ein (wobei hypothetisch natürlich nicht die Annahme, sondern nur die vorläufige Absehung von einem solchen bleibt!), das die mit seiner Philosophie noch unvertrauten Zuhörer in die notwendige reflexive Distanz zum Gegenstand der Vorlesung versetzen soll, aus der ihm allein ein Strukturzusammenhang des Ganzen nachvollziehbar werden kann. Die Bestätigung (nicht die Begründung!) ergibt sich dann, immer die Bereitschaft zum 'vernünftigen' Blick auf die Welt vorausgesetzt[57], aus dem 'Zeugnis' (ebd 411), das das konkrete Material zurückwirft.

Die Organisation von Geschichte stützt sich aus dieser nüchtern-naiven Perspektive auf einige Grundannahmen[58], die kurz aufgezählt werden sollen:

1) Die schon angesprochene Perspektive einer Einheit der Geschichte
2) Die Annahme einer Entwicklungslogik, die Geschichte durchzieht und die ihr einen Richtungssinn verleiht: Geschichte ist Höherentwicklung
3) Die Höherentwicklung verläuft nicht einfach ungebrochen linear, sie ist Entwicklung über unterscheidbare, historisch identifizierbare Stufen, Epochen oder unterschiedliche 'Prinzipien'
4) Die jeweils frühere wird durch die folgende und höhere Stufe 'aufgehoben' im Sinne des Hegelschen Terms: Es geht um einen qualitativen Bruch, der auf der früheren Stufe aufbaut, diese in sich weiter enthält, zugleich aber auch darüber hinaus kommt und die Probleme, an denen die vorausgehende Stufe gescheitert oder stagniert war, auf höherem Integrationsniveau verarbeiten kann. Die an der Epochenschwelle stehenden Widersprüche sind notwendige Katalysatoren des historischen Progresses; sie sind bei allem idealistischen Fundament als konkrete gesellschaftliche Widersprüche nachweisbar[59]. Auch der Übergang selbst findet einen konkret-empirischen Niederschlag: In aller Regel bestätigt sich in der Hegelschen Darstellung die neue Stufe als nicht nur in der noch näher zu bestimmenden geistigen Potentialität, sondern auch unmittelbar faktisch, militärisch überlegen: Der Übergang auf das höhere 'Prinzip' ist mit dem historischen Untergang des vorangehenden verbunden, bzw. manifestiert sich in einer 'unauflösbaren Krise' derselben, deren Bewältigung sich in der Überwältigung durch das nachfolgende Stadium signalisiert. Die Macht reklamiert allemal den ontologisch ausgezeichneten Status.
5) Entscheidend für die Qualifizierung der welthistorischen Entwicklungslogik ist natürlich das Kriterium, an dem sich die Höherentwicklung bewertet und seine diskriminierenden Qualitäten an den geschichtlichen Übergängen. Hier vor allem muß sich das vorwärtsweisende Moment der Hegelschen Philosophie aufzeigen lassen. Hegel expliziert: "Die Weltgeschichte ist der Fortschritt

56 Vgl. dazu Logik I, S. 44 : "Die Logik ist sonach als das System der reinen Vernunft, als das Reich des reinen Gedankens zu fassen. Dieses Reich ist die Wahrheit, wie sie ohne Hülle an und für sich selbst ist. Man kann sich deswegen ausdrücken, daß dieser Inhalt die Darstellung Gottes ist, wie er in seinem ewigen Wesen vor der Erschaffung der Natur und eines endlichen Geistes ist."
57 Vgl. z.B. Berliner Antrittsvorlesung Enz III S. 406
58 Vgl. dazu auch C. Daniel, Hegel Verstehen, Einführung in sein Denken, Frankfurt/ New York 1983, S. 96ff
59 Vgl. dazu ausdrücklich PdG S. 96

im Bewußtsein der Freiheit, - ein Fortschritt, den wir in seiner Notwendigkeit zu erkennen haben." (Ver 63). Auf diesen Maßstab wird gleich zurückzukommen sein.

6) Bei der Angabe des geschichtlichen 'Materials' oder 'Mittels' der Geschichte, über, bzw. durch das sich die geschichtliche Entwicklung praktisch umsetzt und nach vorne bewegt, ist Hegel vergleichsweise eindeutig: "Die nächste *Ansicht der Geschichte* aber zeigt uns die Handlungen des Menschen, die von ihren Bedürfnissen, Leidenschaften, ihren Interessen und den Vorstellungen und Zwecken, die sich darnach bilden, ihren Charakteren und Talenten ausgehen, und zwar so, daß in diesem Schauspiel der Tätigkeit nur diese Bedürfnisse, Leidenschaften, Interessen usf. als die *Triebfedern* erscheinen." (Ver 79).[60] Es versteht sich: Ein 'Mittel' ist nicht mit der eigentlichen Ursache, dem eigentlichen Akteur, der solche Mittel gebraucht, gleichzusetzen. Allerdings, wenn auch verdeckt und degradiert, bringt sich hier das neuzeitliche Bewußtsein von der Verantwortung des Menschen für seine Verhältnisse zu seinem Recht - und das umfassender noch, als es zunächst aussehen mag.

7) Die unterschiedenen Stufen der Weltgeschichte beschreiben in sich zusammenhängende Phänomenbereiche. Hegel isoliert einen derartigen Komplex unter der Herder entlehnten Kategorie des 'Volksgeistes'. Geschichte läßt sich entsprechend rekonstruieren als eine Abfolge von 'Volksgeistern', die in der Systematik ihrer Morphologie angebbar unterschiedliche Entwicklungsniveaus aktualisieren[61]. Was ist mit dieser Kategorie erfaßt? Die Konvergenz von metakategorialer Heilsgeschichte und empirischer Geschichte teilt sich auch den 'Volksgeistern' mit: Sie verkörpern zum einen subjektivierte Metamorphosen einer sich über sie herstellenden Evolution des 'Weltgeistes', zum anderen aber führt die Konkretisierung notwendig auf ein definiertes empirisches Substrat (einer 'Existenz für sich', Ver. 64) im Beschreibungsraum der Weltgeschichte. Der 'Geist' eines Volkes ist unter diesem Aspekt ein geschichtlich zusammenhängendes 'Ganzes', eine historisch bestimmte Gesellschaftsformation mit einer typischen politischen und gesellschaftlichen Organisation und Kultur, einem bestimmten - als Zurechnungspunkt der Analyse dienenden - Maß, Entwicklungsstand der Subjektivität, den damit verbundenen moralischen Kompetenzen und politischen Orientierungen[62]. Die Möglichkeit, alle diese Aspekte einer gesellschaftlichen Totalität (seiner 'konkreten Totalität', PdG 508), d.h. eines in sich integrierten Systems, das von anderen - historisch gleichzeitigen oder ungleichzeitigen Phänomenbereichen - isoliert werden kann, aufeinander bezogen und interdependent verschlungen, voneinander abhängig und sich entsprechend zu denken, erlaubt es, eine derartige Formation in der historischen Momentaufnahme auf ein charakteristisches 'immanentes' Prinzip, ein bestimmtes Verhältnis der angegebenen Momente eines 'Volksgeistes', zu beziehen. Die Dynamik eines Systems drückt sich in der Veränderung der inneren Beziehungen der Systemteile aus und damit in der Veränderung des als charakteristisch herausgehobenen 'Prinzips' der Formation: Eine veränderte Konstellation stellt her, die potentiell die Identität des Systems berührt und in der Endphase auch zu seiner Auflösung und zum Übergang in eine höhere Integrationsform, zumindest zum Rückfall in die weltgeschichtliche Bedeutungslosigkeit führt. Das für die neue Formation realisierbare 'höhere Prinzip' ist über die prozessuale Struktur des Übergangs auf das 'überwundene Prinzip' zu beziehen, es steht in einem entwicklungslogischen Zusammenhang, das die Höherentwicklung auf einer Evolutionsachse begründbar macht. Veränderungen der Struktur des Systems können als Prozeß der immanenten Differenzierung verstanden werden.

---

60 Oder: "Es muß ein zweites Moment für ihre Wirklichkeit hinzukommen, und dies ist die Bestätigung, Verwirklichung, und deren Prinzip ist der Wille (Kommentar am Rande: Individueller Wille), die Tätigkeit des Menschen in der Welt überhaupt. Es ist nur durch diese Tätigkeit, daß jene Begriffe, an sich seiende Bestimmungen realisiert, verwirklicht werden (Kommentar am Rande: Wille und Zwecke des Individuums)." (ebd S. 81).
Die Kommentare stehen in der Vorlage am unteren Seitenrand.
61 Vgl. Ver. S. 64f
62 Vgl. Ver. S. 64, S. 67

Auf die Punkte 5 und 6 muß noch genauer eingegangen werden: Hier liegen die Problem-
vorgaben, die die Wirkung der Hegelschen Geschichtsphilosophie auf die nachfolgende Philo-
sophengeneration begründen. Wie immer auch das geschichtliche Tun des Menschen durch die
Integration in die metaphysische Rahmenhandlung wieder auf einen tieferen Plan der Vorsehung,
ein logisch und ontologisch vorgeordnetes welthistorisches Programm abgebildet werden kann, so
steht doch durch die spezifische Qualität des 'Geschäfts' der Geschichte eine Mitverantwortung
des Mediums außer Frage, die potentiell und langfristig die Bedeutung des metaphysischen
'Werkmeisters' unterminieren muß. Das 'Werk' vollzieht sich nämlich durch das 'Handeln' des
Mittels, mithin durch und an einem Mittel, das Subjekt, aus sich selbst tätig ist. Die Aufspaltung
der historischen Bewegung in ein ideell vorstrukturiertes Programm und seine Durchführung
durch das Handeln der konkreten 'Täter' überzeugt nur solange, wie die Bewegung nicht im
Horizont der beteiligten Akteure selbst zureichend erklärt werden kann. Das war für Hegel
immerhin schon ein Problem, nur hat er es noch auf traditionale Weise zu lösen versucht: Das
'Machen' der Geschichte und die eigentliche Verantwortung für das Werk fallen auch in seiner
historisch sensibel gewordenen Analyse deutlich auseinander, ja die Differenz wird unter den
Anforderungen der philosophischen Integration aufs Äußerste bewußt. Die Wahrnehmung der
philosophischen Totalen bringt eine Konzeptualisierung von Wirklichkeit zum Ausdruck, der sich
die aufgebrochenen Probleme noch fügen.

Völlig zurecht stellt die Hegelrezeption die Auseinandersetzung mit Kant als die philosophische 'Reibefläche' heraus, die die Hegelsche Philosophie zur durchreflektierten Systembildung motiviert habe.[63] Hegel selbst spricht diese Herausforderung an zahlreichen Stellen an;
einige weniger bekannte will ich kurz anführen. So schreibt er etwa in einem Vorwort zu dem
Buch seines Schülers Hinrich: "Die *konsequente* und *selbständige* Entwicklung des Prinzips des
Verstandes aber führt dahin, alle Bestimmung und damit allen Inhalt nur als eine Endlichkeit zu
fassen und so die Gestaltung und Bestimmung des Göttlichen zu vernichten. Durch diese Ausbildung ist die objektive Wahrheit, die das Ziel sein sollte, mehr bewußtlos zu der Dünne und
Dürre herabgebracht worden, welche nun von der Kantischen Philosophie nur zum Bewußtsein
gebracht und als die Bestimmung des Ziels der Vernunft ausgesprochen zu werden nötig hatte.
Demnach ist von dieser die *Identität des Verstandes* als das höchste Prinzip, als das letzte Resultat
wie für das Erkennen selbst, so für seinen Gegenstand angegeben worden, - das *Leere* der
atomistischen Philosophie, Gott bestimmungslos, ohne alle Prädikate und Eigenschaften in das
Jenseits des Wissens hinaufgesetzt oder vielmehr zur Inhaltslosigkeit herabgesetzt." (Berliner
Schr. 53).[64] Die Auseinandersetzung dreht sich nicht nur um eine erkenntnistheoretische
Position, um die erkenntnistheoretische 'Bescheidenheit' Kants[65], die zwischen dem Gegenstand
und dem erkennenden Subjekt eine unauflösbare Grenze zieht und damit vom Standpunkt der
Hegelschen Philosophie aus einer auf der einen Seite falsch verstandenen 'Zärtlichkeit für die
weltlichen Dinge' (EnzI §48) huldigt, auf der anderen, durch die sogenannte 'kopernikanische
Wende' der Philosophie[66], eine Zentrierung des erkennenden Subjekts unterstützt, die die realen
Vermittlungsprozesse zwischen Subjekt und Objekt unterschlägt und es derart zugleich isoliert

---

63 In diesem Zusammenhang muß auf die häufig unterschätzten geschichtsphilosophischen Entwürfe Kants hingewiesen werden. Hier finden sich tatsächlich programmatische Vorgaben, die die Hegelsche Geschichtsphilosophie explizit weiter verarbeitet hat. Sh. dazu etwa `Idee zu einer allgemeinen Geschichte in weltbürger-
licher Absicht' und `Mutmaßlicher Anfang der Menschengeschichte'; beide abgedruckt in I.Kant, Werkausgabe
Bd XI

64 Vgl. auch Enz I § 60, § 45 Zu; Nürnberger Schriften S. 431

65 Das zitierte Vorwort ist von Hegel äußerst polemisch gehalten. Genauer heißt die eben angeführte Stelle:
"... so ist in dieser Philosophie ... der Geist zu der Bescheidenheit des Viehs als zu seiner höchsten
Bestimmung verkommen..." (Berliner Schriften S. 54)
Vgl. auch Enz I § 50

66 Vgl. I. Kant, Vorrede zur 2. Auflage der Kritik der reinen Vernunft S. 28f, Stuttgart 1966

und verabsolutiert. Die Konsequenzen dieser Philosophie liegen auf einer durchaus praktischen Ebene, denn die Prämissen der Kantschen Philosophie untergraben ihm mit der Reduktion des überhaupt Wissbaren zugleich die Verbindlichkeit, die der ontologische Überstieg bisher herstellen konnte. Die Degradierung einer umfassenden Konzeption der Welt und die Aushöhlung der 'Ehrfurcht vor Gott' (Berliner Schr. 60) mit der Rückführung auf den fragwürdigen Gehalt einer bloßen 'regulativen Idee', legitimiert ihm einen schrankenlosen Relativismus, eine bloße formale Verfahrensrichtigkeit, für deren inhaltliche Bestimmung jegliche materiale Rückversicherung fehlt und die so allein in die Kompetenz des von aller 'Autorität enthobenen' (Enz I § 60) Subjekts fällt. Hegel begreift die Kantsche Philosophie als die theoretische Verarbeitungsform des Übergangs zur Neuzeit: Sie thematisiert ihm die Stellung des neuzeitlichen Subjekts und ist insofern ein historisch ebenso berechtigter wie von der eigenen philosophischen Perspektive aus wieder überholter Standpunkt: "Die Hauptwirkung, welche die Kantische Philosophie gehabt hat, ist gewesen, das Bewußtsein dieser absoluten Innerlichkeit erweckt zu haben, die, ob sie um ihrer Abstraktion willen zwar aus sich zu nichts sich entwickeln und keine Bestimmungen, weder Erkenntnisse noch moralische Gesetze, hervorbringen kann, doch schlechterdings sich weigert, etwas, das den Charakter einer *Äußerlichkeit* hat, in sich gewähren und gelten zu lassen. Das Prinzip der *Unabhängigkeit der Vernunft*, ihrer absoluten Selbständigkeit in sich, ist von nun an als allgemeines Prinzip der Philosophie wie als eines der Vorurteile der Zeit anzusehen." (Enz § 60)[67]. Um die exakte historische Verortung der 'kopernikanischen Wende' näher anzugeben und damit sowohl die historische Berechtigung als auch die Kritik der destruktiven Potenz dieser Philosophie des 'subjektiven Idealismus' in der Hegelschen Interpretation nachzuvollziehen, noch eine Stelle aus der Philosophie der Geschichte, die einen unmittelbaren Zusammenhang zwischen Kant und der Französischen Revolution herstellt: "Denn nach ihr (d.h. der Kantischen Philosophie, L.S.) ist die einfache Einheit des Selbstbewußtseins, Ich, die undurchbrechbare, schlechthin unabhängige Freiheit und die Quelle aller allgemeinen, d.i. Denkbestimmungen - die theoretische Vernunft, ein freier und reiner Wille ... Das blieb bei den Deutschen ruhige Theorie; die Franzosen aber wollten dasselbe praktisch ausführen." (ebd 525).[68] Mit anderen Worten: Die Französische Revolution enthüllt den ganzen Sprengsatz der Wende auf das Subjekt; sie ist deren praktische Konsequenz. An der Französischen Revolution selbst läßt sich dann auch das Defizit dieser Konzeption praktisch aufzeigen: das Chaos der Revolution, der 'Terror ohne Ende', die nackte Willkür, die es nicht versteht eine gesellschaftliche Ordnung verbindlich zu stabilisieren, fällt zurück auf ein Denken, das auf jeglichen materialen Gehalt verzichtet hat und damit als theoretische Rechtfertigung von Willkür und Chaos entlarvt werden kann.

Die Hegelsche Totale ist ihrer Intention nach über die erkenntnistheoretische Reduktion und die ihr korrespondierende politische Experimentierphase hinaus. Sein philosophisches System versucht auf höherer Ebene eine Reintegration des aufgebrochenen Dualismus von Objekt und Subjekt, sowie Subjekt und metaphysischer Idee. Sie will "das *gemeinschaftliche* Bedürfnis der *Religion* und der *Philosophie* auf einen *substantiellen, objektiven Inhalt der Wahrheit* ..." (Berliner Schr. 61) endgültig und umfassend stillen, indem sie "das höhere Land, welches indes

---

67 Vgl. auch Nürnberger Schriften S. 442
    Schärfer zugespitzt, insbesondere mit dem kritischen Blick auf die Konsequenzen der sich auf Kant berufenden zeitgenössischen Philosophie, spricht er vom 'Übel der Zeit': "Dieses Übel, die Zufälligkeit und Willkür des subjektiven Gefühls und seines Meinens, mit der Bildung der Reflexion verbunden, welche es sich erweist, daß der Geist des Wissens von Wahrheit unfähig sei, ist von alter Zeit her Sophisterei genannt worden. ... sie ist die Eitelkeit, welche das Eitle, die Zufälligkeit des Gefühls und das Belieben des Meinens zum absoluten Prinzip dessen, was Recht und Pflicht, Glaube und Wahrheit sei, erhebt." (Berliner Schriften 61)
    Vgl. hierzu auch Enz I § 99 zu
68 Ganz ähnlich: GdP III S. 331f

für die Kantische Philosophie ein unzugängliches Jenseits bleibt" (Enz I §60 Zu), wieder philosophisch entdeckt und expliziert.

Hegel lehnt dabei nicht einfach die Positionen seiner philosophischen Vorgänger grundsätzlich ab: Sie markieren ihm adäquate Verarbeitungen von Problemen, die auf der historischen Stufe des entsprechenden Denkens aufgetreten waren[69]. Seine Wertung bleibt von daher immer ambivalent: Auf Kant bezogen konzediert er ausdrücklich die historische Leistung dieser Philosophie, insofern sie den Umbruch zur Moderne angemessen thematisiert. Die, wie gezeigt, keineswegs nur erkenntnistheoretisch motivierte Kritik hinterfragt aber den statischen Dualismus der 'kritischen Philosophie' (Nürnb 440). Die scharfe Trennlinie, die zwischen Subjekt und Objekt verläuft und die eben auch dazu führt, das 'Wissen' des Wahren auf den bloßen 'Glauben' zu reduzieren, bzw. die jeden Ansatz, mit den Mitteln des 'verständigen' Denkens diesen Überstieg zu versuchen, in den Kantschen Antinomien enden läßt, muß aufgelöst werden. Das ist nur möglich, wenn die erkenntnistheoretische Position Kants selbst noch einmal überprüft und auf ihre Voraussetzungen und Bedingungen analysiert, d.h. als zeitgebunden, eben nur historisch berechtigt, eingeholt werden kann. Hegel setzt dabei an einem echten Problem der Kantschen Philosophie an, und zwar an der durch die konsequent dualistische Struktur sanktionierte Verselbständigung des Noumenon, des 'Ding-an-sich', dem prinzipiellen Entzug des Objekts aus der Reichweite der Erkenntnis. Hegel will diese erkenntnistheoretische Grenzlage zerstören: "Als Schranke, Mangel wird etwas nur gewußt, ja empfunden, indem man zugleich darüber hinaus ist." (Enz I §60)[70]. Die Schranke fällt, wenn der Dualismus der beiden Pole der Erkenntnis in eine beiden zugrundeliegende Vermittlungsfigur aufgelöst werden kann, wenn also gezeigt werden kann, daß das 'Ding-an-sich' gegenüber dem erkennenden Bewußtsein keinen inkompatiblen Rest zu behaupten weiß. Die Eigenständigkeit des Objekts bleibt dann nur für eine bestimmte, begrenzte erkenntnistheoretische Perspektive des Subjekts - für den beschränkten Zugang des 'Verstandes' - bestehen: Der 'Verstand' organisiert eine ihm gegenüberstehende Natur, analysiert ihre Gesetze, klassifiziert ihre Erscheinungen, manipuliert ein wesentlich Äußeres, kurz: konzediert jene Objektivität, die die spekulative Totale gerade überwinden will. Die den Verstand integrierende Vernunft zieht aus der Kritik der 'kritischen Philosophie' eine ontologische Einsicht: Das Ergebnis Kants, daß sich die Dinge nur als 'Erscheinungen' präsentieren, hat den tieferen Hintergrund, daß sie gegenüber dem sich im erkennenden Bewußtsein aktualisierenden Geist abfallen - sie sind entscheidend nicht mehr als nur 'Erscheinung' und deshalb zurecht in die Schranken des bloß 'Endlichen' zu verweisen. Die Defizienz der Objektwelt zeigt sich Hegel höchst praktisch: "Diejenige sogenannte Philosophie, welche den unmittelbaren einzelnen Dingen ... Realität im Sinne von Selbständigkeit und wahrhaftem Für- und Insichsein zuschreibt, ebenso diejenige, welche versichert, der Geist könne die Wahrheit nicht erkennen und nicht wissen, daß das Ding *ansich* ist, wird von dem Verhalten des freien Willens gegen die Dinge unmittelbar widerlegt." (Rphil § 44). Sehr polemisch bringt der Zusatz das Argument von der Sachhaltigkeit des Wissens auf den Punkt: "Schon das Tier hat nicht mehr diese realistische Philosophie, denn es zehrt die Dinge auf und beweist dadurch, daß sie nicht absolut selbständig sind."[71] Die drastischen Belege einer Vertrautheit der Dinge für das erkennende Subjekt untergraben exemplarisch die scheinbare 'Selbständigkeit' von Subjekt- und Objektpol: Der Widerspruch beider erweist sich als aufhebbar durch die Rückführung auf eine beide umfassende Tiefenstruktur über die sich der 'wirkliche' Sinn der Gegenlage von Subjekt und Objekt neu bewertet: "... das Materielle in seiner Besonderung hat keine Wahrheit, keine Selbständigkeit gegen das Immaterielle. Jener Standpunkt der Trennung ist folglich nicht als ein letzter, absolut wahrer zu betrachten. Vielmehr kann die Trennung des Materiellen und Im-

---

69   Vgl. dazu allgemein PdG S. 510ff
70   Vgl. auch Enz §386 Zu
71   Vgl. auch Enz II § 246, Enz III § 427 u. Zu

materiellen nur auf der Grundlage der ursprünglichen Einheit beider erklärt werden." (Enz III § 389 Zu). Zugleich mit der Erkenntnis der 'Mangelhaftigkeit' (Berliner Schr. 366f) der Objektseite (der die Einsicht in die eigene Begrenztheit als empirisches Subjekt korrespondiert) vermittelt sich eine neue erkenntnistheoretische Integrationsstufe, die den Kantschen Dualismus überwunden glaubt: Von der Kontamination mit dem Endlichen durch die kritische Reflexion des behaupteten Dualismus gleichsam befreit, schließt sich der 'Geist' im Bewußtsein des vorausgegangenen Diskurs mit sich selbst zusammen und ist jetzt ganz 'bei - sich', im reinen Medium des Denkens. Auf dieser Ebene dann des möglichen 'absoluten Wissens' eröffnet sich der Horizont auf das mißachtete Absolute, Gott: Der Zusammenhang des Ganzen, als Bedürfnis schon immer gefühlt, organisiert sich vor dem philosophischen Auge als der Prozeß der Durcharbeitung des 'Geistes' durch die defizienten Formen seiner Emanationen hin auf die in der Gegenwart (genauer: der Hegelschen Philosophie) erreichte Stufe reiner Erkenntnis, des absoluten 'Bei-sich-selbst-seins' oder der 'absoluten Freiheit'. In Enzyklopädie III § 386 markiert Hegel den Zusammenhang in groben Zügen: "Der Geist ist die unendliche Idee, und die Endlichkeit hat hier die Bedeutung der Unangemessenheit des Begriffs und der Realität mit der Bestimmung, daß sie das Scheinen innerhalb seiner ist, - ein Schein, den *an sich* der Geist sich als eine Schranke setzt, um durch Aufheben derselben *für sich* die Freiheit als *sein* Wesen zu haben und zu wissen, d.i. schlechthin *manifestiert* zu sein. Die verschiedenen Stufen seiner Befreiung, in deren absoluter Wahrheit das *Vorfinden* einer Welt als einer vorausgesetzten, das *Erzeugen* derselben als eines von ihm Gesetzten und die Befreiung von ihr und in ihr eins und dasselbe sind, - einer Wahrheit, zu deren unendlicher Form der Schein als zum Wissen derselben sich reinigt."

Das Aufbrechen der erkenntnistheoretischen Probleme und die Expansion der geschichtlichen Perspektive signalisieren beide eine Verschärfung der Distanz zwischen Subjekt und Lebenswelt, derart, daß die Distanz selbst - eben als Erkenntnisproblem - thematisierbar geworden ist. Die erkenntnistheoretische Grenzziehung hatte eine Konsequenz dieser Entwicklung reflektiert: Auf der begrenzten Ebene des 'erscheinenden Wissens' verschafft sich das quantitative und rational-kausale Denken der neuzeitlichen Naturwissenschaft, zwar noch eher verdeckt, auch seine philosophische Anerkennung. Die zunehmende Rationalität des Umgangs mit Natur, die bekannte Entwicklung in die Richtung einer 'Mechanisierung' des Weltbildes, hatte notwendig Auswirkungen auf die Konzeptualisierung des Schöpfergottes, des Absoluten und seiner Rolle für das 'Weltganze'. Der selbstverständliche und unmittelbare Ableitungszusammenhang mußte erschüttert werden: Für Kant war ein solcher nicht nur schon explizit diskutabel, sondern, als Ergebnis der Reflexion, prinzipiell unentscheidbar geworden[72]. Unabhängig davon, daß sich auf der Ebene des 'unmittelbaren Wissens' in der Erfahrung der Empfindung, des Glaubens, ein naives 'Wissen' um den höheren Sinn der Weltordnung erhalten konnte, war unübersehbar geworden, daß sich diese Ordnung gegenüber ihrem Schöpfer verselbständigte, daß der Spielraum seiner Eingriffskausalität tendenziell abnahm und immer weiter vor eine sich zunehmend selbst erklärende Welt vorrückte. Der Astronom Laplace hatte, folgt man einer Anekdote, auf die Frage Napoleons nach der Rolle Gottes für die Erklärung der Abweichungen in den Planetenbahnen angeblich geantwortet: "Sire, diese Hypothese ist für mich unnötig."[73] Mit dem Anwachsen des naturwissenschaftlichen Wissens, der Neubewertung der Bedeutung der empirischen Subjekte und korrespondierend der Problematisierung des 'Absoluten' hatte sich die Frage nach dem letztendlichen Ursprung des Weltganzen aber nicht erledigt, sie rückte nur vor das naturwissenschaftliche und, wie schon immer, vor das praktische Verfügungswissen, brach aber immer da, wo auf die Grundlagen selbst, auf das 'Ganze' reflektiert wurde, mit der schmerzhaften Schärfe eines trans-

---

72 Vgl. I. Kant, Kritik der reinen Vernunft, a.a.o. S. 636, S. 652
73 Berichtet in W. Büchel, a.a.o. S. 73
    Vgl. auch Bauer/Mathis, a.a.o. S. 444

parent gewordenen Problems wieder auf. Auch Kant wendet viel philosophische Arbeit auf, um die aus der prinzipiellen Erkennbarkeit ausgeschlossenen transzendentalen Ideen als regulative Ideen, als unverzichtbare Schemata der Erklärung wieder ausdrücklich zu bestätigen. Obwohl der Regreß auf die 'höchstweise Ursache'[74] letztendlich unbefriedigend bleiben muß, weil über ihn selbst nichts 'bestimmtes' auszusagen ist und der Erkenntnisgewinn insofern fraglich bleibt, ist das Verfahren selbst und die hypothetische Unterstellung so, 'als ob' eine solche erste Ursache die Einheit der Welt verantworte und sinnvoll organisiere, eine legitime erkenntnisleitende Voraussetzung. Solange ein Bewußtsein darüber besteht, daß dieser Ableitungszusammenhang den Stellenwert einer regulativen Idee hat, sind ihm teleologische und kausal analytische Erklärungen vereinbar[75]. Hegel konnte sich mit einer solchen Konstruktion nicht zufriedengeben, zu deutlich schien ihm dieser Erkenntnisverzicht ein Verzicht auf die fundamentale Frage nach dem Sinn und Zweck des 'Ganzen' zu sein. Erklärungen im Bereich der Natur haben ihre Berechtigung, aber letztlich hängt ihm auch ihre Aussagekraft nur an einem adäquaten Verständnis des 'Wesens' der Natur hinter aller Erscheinung. Eine nur bedingte Erkenntnis kann niemals auf 'wirkliches' oder 'wahres' Wissen führen, denn die unverzichtbare Frage nach dem tieferen Sinn, dem 'Warum' eines Zusammenhanges, transzendiert notwendig jede derart begrenzte Beschreibungsebene, indem sie ein offenbares Verständnis des Ganzen impliziert. Und die Frage nach dem Ganzen fällt zusammen mit der Frage nach dem Ursprung, dem Grund, dem Anfang, zu dem die erklärbedürftigen Phänomene in der Logik des zugrundegelegten Verständnisses von Erklärung in Beziehung gebracht werden müssen: Alles Bedingte erklärt sich erst im Regreß auf das Unbedingte oder: Der verlorene Bezug zu Gott muß mit aller philosophischen Anstrengung wieder aufgedeckt werden. Dieses Verfahren der Erklärung ist nicht irgend eines, es ist, wie G. Dux[76] einleuchtend ausgeführt hat, ein elementares Schema der Erklärung, das einer aus den konstitutiven Bedingungen des Aufbaus menschlicher Lebensformen rekonstruierbaren Logik folgt. Ich kann darauf nur sehr kursorisch eingehen und muß für das Nähere auf die angegebene Literatur verweisen. Ein zusammenfassendes Zitat: "Allerwärts bildet sich als primäres interpretatives Paradigma eine Handlungslogik aus. Das will sagen, allerwärts werden Ereignisse so aufgefaßt, als könne man sie auf einen Ursprung nach Art der menschlichen Handlung im Subjekt zurückführen. Allerwärts werden deshalb Ereignisse dadurch zu erklären gesucht, daß man sie nach Art der Handlung auf ein subjektivisches Agens zurückführt... Die Handlungslogik hat fast die gesamte Geschichte der Menschheit bestimmt."[77] Die Zurückführung auf einen absoluten Anfang leistet die gesuchte Erklärung. Sie leistet sie deshalb, weil das zu Erklärende in den Ursprung aufgelöst, aus ihm deduziert werden kann, als vollständig begründet erscheint: Gott hat diese Ordnung so geschaffen, er hat sie aus dieser oder jener Absicht so gewollt. Damit ist alles gesagt. Die Struktur der Erklärung impliziert eine bestimmte Vorstellung vom Ursprung: Das Zitat spricht von einem 'subjektivischen Agens', also von einer Konzeption, die an den Beginn der Erklärung unter allen möglichen Verkleidungen genau nach der Analogie der menschlichen Subjektivität konstruierten selbsttätigen Anfang setzt. "Jene Art der Erklärung, in der Reihe der Argumente zurückzugehen und sich nicht eher zufriedenzugeben, bis ein Explikans gefunden ist, das keiner weiteren Erklärung bedarf, weil es, wie man sagt: sich aus sich selbst begründet, resultiert aus der Eigenart des Subjekts, Zurechnungspunkt seiner Handlung zu sein. Handlungen nehmen im Subjekt ihren Anfang. Folglich können Erklärungen in ihm ihr Ende finden. .. Der Regreß dauert genau so lange an, bis er im Subjekt sein Ziel erreicht. Eben weil das Subjekt Neues zu schaffen in der Lage ist, kann die Begründung in ihm zur Ruhe kommen. Soweit und

74 I. Kant, a.a.o. S. 699, den 'Urgrund'. ebd S. 703
75 Vgl. die geschichtsphilosophischen Arbeiten Kants, so z. B. die , allerdings noch sog. 'vorkritische'
    'Idee zu einer allgemeinen Geschichte in weltbürgerlicher Absicht', eine Schrift, die schon ziemlich genau
    das Programm der Hegelschen Geschichtsphilosophie absteckt. In: I. Kant, Werkausgabe Bd XI, a.a.o. S. 31ff
76 G. Dux, a.a.o.
77 G.Dux, Rechtssoziologie, Stuttgart 1978, S. 155f

solange Ereignisse im Schema der Handlung konzipiert sind, ist es deshalb notwendig, sie in dem zu ihnen gehörigen Subjekt ihren Anfang nehmen zu lassen."[78] Das 'wahre' Wissen wird gewonnen aus der transparent gemachten Einsicht in den Zusammenhang zwischen Anfang und erklärbedürftigem Sachverhalt. Dabei übernimmt der Anfang die Last der Erklärung: Das zu Erklärende wird verständlich als ein Resultat, eine Wirkung der im Anfang konzentrierten Potenz. Irgendwie kontrolliert der Anfang alles Weitere und das Aufzeigen der genetischen Verbindungslinien will nur beweisen, inwieweit die problematisierte Erscheinung aus dem Anfang deduziert, als einen intendierten Zweck, der seine Bestimmung im subjektivischen Zentrum findet, interpretiert werden kann - damit hat sich das Gegebene bestätigt und das Fragen beruhigt.

Die Auffassung des Gegebenen als einem Beabsichtigten, also die explizit hergestellte teleologische Beziehung auf die Ursache, thematisiert die unterliegende Logik offensichtlich. Es ist gar keine Frage, daß Hegels philosophisches System, insbesondere die uns hier interessierende Geschichtsphilosophie dieser Logik verpflichtet war, ja ihr in der bisherigen Philosophiegeschichte die aufwendigste und konsequenteste Darstellung gewidmet hat. Geschichte wird mit völlig bewußter Transparenz als ein teleologischer Gesamtzusammenhang begriffen; der Versuch der philosophischen Rekonstruktion der zeitgenössischen Gegenwart postuliert einen historisch erreichten Endzustand, der als solcher immer schon in der voranstehenden Evolution intendiert war. Jede historische Erklärung versucht genetische Verbindungslinien aufzuzeigen, die das Entstandene als ein Ergebnis von Entwicklungen, Prozessen, Ereignissen und deren Verarbeitung durch die beteiligten historischen Akteure, die ihm vorausliegen erweisen wollen. Daß das, was ist, aus seinem Gewordensein verständlich werden soll und muß, ist eine unbedingte Konsequenz des erarbeiteten Bewußtseins von der geschichtlichen Dimension der menschlichen Lebenswelt. Aber aus der unverzichtbaren Einsicht, daß ein gegebener Zustand nicht plane für sich, sondern in einem Bedingungszusammenhang steht, kann nicht gefolgert werden, daß er schon vollkommen in ihm, in den ausmachbaren Ursachen, angelegt gewesen war. Die Philosophie der Geschichte dokumentiert anschaulich, daß Hegel exakt diese Verknüpfungslogik in seinen geschichtsphilosophischen Prämissen unterstellt: Zwischen zwei aufeinanderfolgenden Entwicklungsstufen besteht eine zwingende, Hegel: 'notwendige', teleologische Verbindung, die einer beiden gemeinsamen Tiefenebene zurechenbar wird. Die Bewegung insgesamt wird sinnhaft interpretiert, d.h. sie verfolgt einen immanenten Zweck, ein Telos, das die unterschiedlichen historischen Formationen deterministisch zusammenschließt und die historische Offenheit, das Feld historischer Möglichkeiten, den Zufall - der Gegenpart einer jeden teleologischen Konzeption - ausschließt oder zumindest aus dem Bereich des emphatisch 'Wesentlichen', 'Wirklichen' absondert. Das was ist, hat so entstehen müssen, weil und insofern es beabsichtigt und schon im Anfang keimhaft angelegt war. Die Geschichte ist der Vollzug eines im Ausgang, im Ursprung angelegten und letztlich auch nur von dort her verständlichen Programms: "Den Glauben und Gedanken muß man zur Geschichte bringen, daß die Welt des Wollens nicht dem Zufall anheimgegeben ist. Daß in den Gegebenheiten der Völker ein letzter Zweck das Herrschende, daß Vernunft in der Weltgeschichte ist, - nicht die Vernunft eines besonderen Subjekts, sondern die göttliche, absolute Vernunft, - ist eine Wahrheit, die wir voraussetzen." (Ver 29).[79] Gewendet auf die 'Wirklichkeit' des Staates heißt es: "Das Göttliche

---

78 G.Dux, Strukturwandel, a.a.o. S. 87
79 Aus der Unzahl ähnlicher Stellen nur eine kleine Auswahl: "Dieser ungeheuren Aufopferung geistigen Inhaltes muß ein Endzweck zugrunde liegen. Die Frage drängt sich uns auf, ob hinter dem Lärmen dieser lauten Oberfläche nicht ein inneres, stilles, geheimes Werk sei, worin die Kraft aller Erscheinungen aufbewahrt wurde. ... Ihr Beweis ist die Abhandlung der Weltgeschichte selbst; diese ist das Bild und die Tat der Vernunft." (ebd 36); "Die Einsicht der Philosophie ist ... daß die Weltgeschichte nichts anderes darstellt als den Plan der Vorsehung. Gott regiert die Welt; der Inhalt seiner Regierung, die Vollführung seines Plans ist die Weltgeschichte..." (ebd 77).

des Staats ist die Idee, wie sie auf Erden vorhanden ist." (ebd 112). Und: "Nicht nur ist die Verfassung ein mit jenen andern geistigen Mächten so innig Zusammen - und von ihnen Abhängiges, sondern die Bestimmtheit der ganzen geistigen Individualität mit Inbegriff aller Mächte derselben ist nur ein Moment in der Geschichte des Ganzen und in dessen Gange vorherbestimmt, was die höchste Sanktion der Verfassung sowie deren höchste Notwendigkeit ausmacht." (ebd 141).[80] Die Logik ist das Eine, ihre Ausgestaltung im philosophischen System ein Anderes. Jeder zweite Satz belegt das Bemühen Hegels, die Welt noch einmal in einen großen spekulativen Zusammenhang einzubinden, ein Bemühen, das völlig unverstellt die beschriebene Logik aktualisiert. Allein, die Bedingungen, unter denen sich eine solche Konstruktion bewähren muß, haben sich im Übergang zur Neuzeit gewaltig verändert. Und damit auch der philosophische Aufwand, der bei dem offenbaren Ziel der Reintegration der aufgebrochenen Widersprüche betrieben werden muß. Die Aufgabe hatte sich für Hegel wirklich gewaltig gestellt: Das geschichtliche Bewußtsein des modernen Subjekts, das neu erarbeitete Wissen um seine Gestaltungskompetenz, die dieser Entwicklung korrespondierende - auch von Hegel rekonstruierte - Gegenlage zu Natur, aus der der neuzeitliche rationale Umgang, die Herrschaftsmächtigkeit des Subjekts angesichts einer in Naturgesetzen eingefangenen äußeren Welt, resultierte, waren Herausforderungen, unter denen sich die Rekonstruktionsbedingungen einer philosophischen Totalen im Schema der absolutistischen Erklärlogik zur äußersten Transparenz verschärft hatten. Die Auseinandersetzung mit Kant vermittelte einen Auszug des philosophischen Schlachtfelds. Grundsätzlicher noch, und diesen Aspekt betont insbesondere G. Dux, stellt sich mit Blick auf die konstitutiven Grundlagen der Organisation des problematisch gewordenen Wissens die eigentliche Schwierigkeit als der Versuch einer nochmaligen Integration, Hegel spricht häufig von 'Versöhnung', zweier konkurrierender Deutungsschemata, die in der Neuzeit offen in Widerspruch zueinander geraten und letztlich zu einem paradigmatischen Umsturz, einer Revolution im Verständis der Weltbezüge des Menschen geführt hatten. Gott war auf der Ebene des praktischen Umgangs, aber auch auf jener der abgehobenen Reflexion über Natur in den Konzeptualisierungen der Naturwissenschaft, überflüssig oder wenigstens weit vor ihren Beschreibungsraum abgedrängt geworden. Natur wurde zunehmend in 'Wenn-dann' Beziehungen, in interrelationalen Zusammenhängen, in Konstanzsätzen beschrieben: "Je vollständiger es gelingt, die Naturerscheinungen auf Kräfte zurückzuführen, die nach festen und unverbrüchlichen Gesetzen wirken, desto schwieriger wird es, dem Schöpfer der Welt auch eine Funktion als Erhalter des stofflichen Weltalls zuzuschreiben ... Die Mechanisierung des Weltbilds führt mit unwiderstehlicher Konsequenz zur Auffassung Gottes als eines Ingenieurs im Ruhestand, und von da zu seiner völligen Ausschaltung war es nur noch ein Schritt." resümiert E.J. Dijksterhuis[81]. Von den Zeitgenossen auch durchaus so empfunden, bedrohte die in der Neuzeit exorbiante Beschleunigung naturgesetzlichen Wissens und der naturwissenschaftlichen Systembildung die traditionale Logik des Weltverstehens, denn mit Gott war die absolutistische Logik selbst getroffen. Insofern diese Zunahme eben nicht nur einen veränderten Umgang mit Natur anzeigt, sondern zugleich eine neue Selbsterfahrung, neue Kompetenzen des Subjekts, ein verändertes Selbstverständnis signalisiert, unterläuft sie, auf der praktischen Handlungsebene sowieso, jetzt aber auch auf der Ebene ausformulierter Deutungssysteme, die bisher so selbstverständliche Rückversicherung

---

80 Am Ende der Philosophie der Geschichte heißt es, noch einmal alles zusammenfassend: "Daß die Weltgeschichte dieser Entwicklungsgang und das wirkliche Werden des Geistes ist, unter dem wechselnden Schauspiele ihrer Geschichten - dies ist die wahrhafte Theodizee, die Rechtfertigung Gottes in der Geschichte. Nur die Einsicht kann den Geist mit der Weltgeschichte und der Wirklichkeit versöhnen, daß das, was geschehen ist und alle Tage geschieht, nicht nur nicht ohne Gott, sondern wesentlich das Werk seiner selbst ist." (PdG 540).
Vgl. auch z.B. ebd S. 32, S. 48, S. 74f, S. 157, S. 171, S. 182, Enz I § 147 - es würde zuweit führen, aus allen Werken Beispiele anzugeben!
81 Dijksterhuis, Die Mechanisierung des Weltbilds, Anm. 29, S. 548f, zitiert nach Büchel, a.a.o. S. 74

substanzlogischer Ableitung. Ein radikaler Bruch kündigt sich an und Hegel, gerade weil er mit auf dem höchsten Niveau der Zeit ihre Probleme reflektiert und damit ein äußerst geschärftes Bewußtsein für diesen Angriff gegen dieses ihm noch nicht dispensierbare traditionale Erklärschema hat, treibt den Umbruch voran, indem er, so die m.E. zutreffende Deutung Dux', unter dem Druck des an den konstruktiven Verspannungen entzündeten Problembewußtseins, in einem letzten philosophischen Rückzugsgefecht das alte Weltbild und seine Logik auf eine Transparenz führen muß, mit der sich in der Folge die Kritik an den Fundamenten festsetzen und so den Zusammenbruch erzwingen kann. "Die zuvor präzisierte Aufgabe, das Wissen unter Anerkennung der Antinomien erneut zum System zu integrieren, bedeutete unter der Geltung der absolutistischen Logik, einmal mehr den Versuch zu unternehmen, es von allem Anfang an aufzubauen, diesmal jedoch so, daß die Antinomien als notwendiger Ausdruck des Absoluten selbst erschienen."[82] Und: "In diesem Versuch, die Welt erneut zur Einheit zu fügen, wird die Logik bis zum äußersten Grad der Bewußtheit geführt.... Und an diesem Versuch muß die tradierte Logik scheitern, wenn sich das Denken voran bewegen soll. Dann nämlich ist zu erwarten, daß sich der bis dahin nur latente Widerspruch offen gegen die Logik selbst richten wird. Diesen Dienst hat Hegel uns getan. Er hat die Leistungsfähigkeit der Logik in ihrer hergebrachten Argumentationsstruktur bis zu eben dieser Grenze geführt."[83] Der konstruktive Aufwand ist unter den angegebenen Bedingungen natürlich gigantisch, vor allem, weil die naive genetische Deduktionslinie zwischen Ursprung und Endzustand durch die Erfahrung der Geschichtlichkeit in den menschlichen Lebensverhältnissen und den Vorstellungen von der Entwicklung in der Natur gebrochen war. Das einfache Heraussetzen einer göttlich sanktionierten Wirklichkeit für einst, jetzt und in aller Zukunft kann nicht mehr gedacht werden, eine solche Qualifizierung muß sich als Resultat eines Prozesses, einer Entwicklung, als ein geschichtlich vermittelter Vorgang darstellen lassen. Die Vorstellung des Ursprungs wird durch die perspektivische Wahrnehmung des in geschichtlichen Kategorien denkenden und deutenden Bewußtseins affiziert: Nach der allgemeinen Erfahrung von der Verantwortlichkeit des Menschen für seine Verhältnisse, nach seiner ersten Entdeckung als einem 'Produzenten', 'Macher' der Geschichte, wird, neben der erforderlichen grundsätzlichen Dynamisierung der Konzeption, die Überführung der von einem absoluten Anfang in Gang gesetzten Evolution in die vom Menschen gestaltete Geschichte zu einem konstruktiven Problem. Weil die reflexiv eingeholte Kompetenz des Produzenten für das Bewußtsein des Konstrukteurs der Totalen ein historisch spätes Produkt der Gesamtentwicklung darstellt, war von dieser Geschichte nicht anzufangen; sie war nur ein Teil des Systems, allerdings ein für das weitere entscheidender. Die nähere Bestimmung des Ursprungs vor der Geschichte war zudem erschwert durch die gleichfalls als historisch eingeholten Konzeptualisierungen des ursächlichen Anfangs in den philosophischen und religiösen Deutungssystemen: Die monotheistische christliche Gottesvorstellung etwa war Hegel das Resultat eines jahrtausendewährenden Denkprozesses, in dem sich der Mensch dem Grund, Zweck des Ganzen, seines Daseins versichern wollte. Eine solche Vorstellung kann nicht ohne Berücksichtigung ihres historischen Entstehungszusammenhangs aus diesem herausgelöst und unreflektiert an den Beginn gesetzt werden. Wo eine Integration all der disperaten Probleme, Widersprüche, das Wissen um die vertikalen und synchronen Erfahrungsräume nur noch in der Rekonstruktion eines genetischdiskontinuierlichen Prozesses eingelöst werden kann, war es auf dem erreichten Niveau der Problematisierung, gerade unter dem Eindruck einer gegenläufigen Tendenz der Eliminierung des Absoluten, unvermeidlich, die teleologische Struktur des Prozesses völlig durchsichtig zu machen und d.h. das Absolute selbst beweiskräftig in ihn einzubinden. Anfang und Resultat können nur noch überzeugend über die traditionale Struktur der Erklärung zusammengehalten werden, wenn sich der Anfang im Resultat explizit bestätigt, wenn sich das subjektivische Agens als fixer

---

82 ebd S. 188
83 Dux, Strukturwandel,a.a.o. 180

Konvergenzpunkt dieser Logik im Produkt seiner Potenz als eine Transformation seiner selbst festmachen läßt. Hegel konzipiert die Gesamtentwicklung als Entfaltungsprozeß des 'absoluten Geistes', als Prozeß der Identitätsfindung der im subjektivischen Agens implizierten und jetzt von Hegel explizit ausgesprochenen Subjektstruktur. Aus einer anfänglich keimhaften Selbstverschlossenheit arbeitet sich der 'absolute Geist' in tätiger Auseinandersetzung mit 'seinem Anderen', den aus ihm entlassenen Produktionen seiner selbst, durch zum entfalteten Selbstbewußtsein, zum absoluten 'Für-sich-sein', 'Bei-sich-selbst sein' im Vollzug des 'Sich-selbst Denkens'[84]. Natur, die äußere gegenständliche Welt, die Geschichte des Menschen, der diskontinuierliche Verlauf durch die beschriebenen geschichtlichen Formationen sind aus der Perspektive des Ganzen nichts anderes als Stufen der Vermittlung der uranfänglichen Subjekt-Substanz mit sich selbst und kann unter den konsequent zu Ende gedachten Erklärschemata auch nichts anderes sein. Analog dem über alle Veränderung in der Persönlichkeitsentwicklung konstanten Gravitationszentrum des sich selbst gleichbleibenden 'Ichs' kann auch die Entwicklung des Geistes als ein Vorgang der Selbstdifferenzierung begriffen werden, bei dem jedes erreichte Niveau im Schnittpunkt einer biographischen Kontinuität steht. Die vielbeschworene Formel vom Resultat, das schon immer im Anfang beschlossen war, oder das sich mit dem Anfang zum Kreis kurzschließe, bezieht von daher ihre Bestätigung[85]. Die konsequente Konzeptualisierung erzwingt allerdings die Radikalisierung des Gedankens der Selbstvermittlung: Alle Bedingungen, unter denen der Vorgang ablaufen kann, müssen selbst noch als sein Ausdruck verstanden werden: Es gibt in diesem Prozeß kein prinzipiell Äußeres, alles und jedes ist durchzogen mit der rückwärtigen Übereinstimmung im Urgrund, bzw. alles hat den Status einer bloßen Emanation, als die eigene Manifestation der uranfänglichen Subjekt-Substanz. Die Gleichung geht ohne Rest auf, selbst der Zufall, das 'bloße Endliche' oder 'schlechte Unendliche' bekommt seine systematische Rolle im Gefüge des totalen Entwurfs. Vom 'an sich' zum 'für sich' des absoluten Geistes, zu seinem freien Selbstbewußtsein, das um den Bedingungszusammenhang seiner Differenzierung weiß und ihn deshalb überholen und ontologisch diskriminieren kann, geht das weltgeschichtliche Programm:

"Wie im Begriffe überhaupt die *Bestimmtheit*, die an ihm vorkommt, *Fortgang* der *Entwicklung* ist, so ist auch an dem Geiste jede Bestimmtheit in der er sich zeigt, Moment der Entwicklung und, in der Fortbestimmung, Vorwärtsgehen seinem *Ziele* zu, sich zu dem zu machen und *für sich* zu werden das, was er *an sich* ist. Jede Stufe ist innerhalb ihrer dieser Prozeß … In der philosophischen Ansicht des Geistes als solchem wird er selbst als nach seinem Begriffe sich bildend und erziehend betrachtet und seine Äußerungen als die Momente seines Sich-zu-sich-selbst-Hervorbringens, seines (sich-)zusammenschließens mit sich, wodurch er erst wirklicher Geist ist." (Enz III § 387). Und zur Illustration des dialektischen Kreistheorems noch eine polemische Spitze gegen Kant, die die angedeutete Logik sehr schön entwickelt: "Ein damit zusammenhängendes Mißverständnis ist dieses, daß das *Wissen von Gott* und das *Sein Gottes* selbst durch die Vermittlung des Erkennens zu einem *abhängigen, in einem Anderen gegründeten* gemacht worden (sei). Dies scheinbare Mißverhältnis ist aber schon durch die Sache selbst aufgehoben; indem nämlich *Gott* das Resultat ist, so erklärt sich im Gegenteil darin diese Vermittlung selbst als sich durch sich aufhebend. Was das *Letzte* ist, ist als das *Erste* erkannt; das *Ende* ist der *Zweck*; dadurch, daß es als der Zweck, und zwar als der absolute Endzweck erfunden wird, ist dies Produkt vielmehr für das unmittelbare, erste Bewegende erklärt. Dieses Fortgehen zu einem Resultat ist hiermit ebensosehr das Rückgehen in sich, der Gegenstoß gegen sich; es ist das, was vorhin als die einzige Natur des Geistes angegeben worden, als des wirkenden Endzwecks, der sich selbst hervorbringt. Wäre er ohne Wirken, ein unmittelbares Sein, so wäre er nicht Geist, nicht einmal Leben; wäre er nicht Zweck und ein Wirken nach Zwecken, so fände er nicht in seinem Produkt, daß dieses Wirken nur ein Zusammengehen mit sich selbst, nur

---

84 Vgl. etwa PdG S. 509
85 Vgl. z.B. Logik S. 70

eine Vermittlung ist, durch welche Bestimmung zur *Unmittelbarkeit* vermittelt wird." (Nürnb. Schr. 437)[86]. Der Blick auf das Ganze und die Logik seiner Ableitung kann im Rahmen dieser Arbeit nicht in der nötigen Ausführlichkeit aufgeklärt werden, ich hatte hier schon auf die weiterführende Literatur aufmerksam gemacht. Das Denken von einem Absoluten her war der Hegelschen Philosophie jedenfalls noch selbstverständlich: Nur auf der Folie der alten Logik war der angestrebte Zusammenhang des Ganzen, die 'Versöhnung' der mit der Neuzeit aufgetretenen Widersprüche auf dem Feld der reflexiven Bewältigung zu bewerkstelligen. Die konzeptuellen Schwächen Hegels am transparent gewordenen Ausgangspunkt der Gesamtbewegung rühren wesentlich von dem Zwangscharakter der implizierten Prämissen her: Sie sind noch in hohem Maße gegen eine vernichtende Kritik immunisiert, aus angebbaren Gründen, wie Dux durch den Rückbezug auf ihren operationalen Gehalt im Aufbau einer handlungsrelevanten Wirklichkeit belegen konnte. Die Analyse der traditionalen Struktur der Erklärung und die Aufhellung der mit ihr zusammenhängenden 'Blockade des Denkens' (Dux) bei der Ausschöpfung des kritischen Potentials des komplexen philosophischen Entwurfs, können die affirmative Position der Hegelschen Philosophie strukturlogisch überzeugend erklären. Gegen die vorschnelle Überinterpretation, die einseitige Verschiebung der Deutungsperpektive auf die zukunftsträchtigen Systemteile und deren Isolation aus dem philosophischen Gesamtzusammenhang sind diese Hinweise äußerst wertvoll. Sie markieren insbesondere den Bruch in der Argumentationsstruktur von Interpretamenten, mit denen sich der Mensch über seine Wirklichkeit verständigen will und muß: Die teleologische Ableitungsfigur aus einem selbsttätigen Substanz-Subjekt ist für das weitere diskreditiert, ihre legitimatorische Potenz ist zerstört, die Geschichte des Menschen muß von anderen Grundlagen aus geschrieben werden, und die praktisch schon lange eingeholte Ahnung von der Selbstverantwortlichkeit des Menschen für seine Verhältnisse verdichtet sich zur Gewißheit und eröffnet damit ein neues - praktisch zu wendendes - Bewußtsein von der Willkür des Gegebenen und der möglichen Kompetenz seiner Veränderung: Das Gegebene läßt sich nicht länger spekulativ immunisieren. Die Sicht der Wirklichkeit verändert sich, wenn ihr nach dem letzten Aufbäumen des idealistischen Systembaus die strukturlogischen Wurzeln des absolutistischen Erklärschemas für die Begründung des Weltbilds abgeschnitten werden können und unaufhaltsam das 'Denken vom Vorrang des Geistes' (Dux) einer inflationären Entwertung verfällt. Hegels Philosophie, so die These, war delegitimatorisch, indem sie das bewährte Verfahren der Legitimation bis auf die Möglichkeit seiner prinzipiellen Kritik durchsichtig gemacht und damit einen Wendepunkt herbeigeführt hat. Ich werde das weiter hinten noch etwas genauer angeben.

Vor dem Hintergrund der bisherigen Ausführungen soll aber zunächst noch einmal die andere Seite des angesprochenen Wendepunktes stärker betont werden, ein Aspekt, der Gefahr läuft bei der Konzentration auf die Erklärstruktur des Gesamtsystems in seiner Bedeutung unterschätzt zu werden. Hegels Philosophie konstruiert zwar einen letzten gewaltigen Abgesang auf die alte Logik, die noch einmal alles Auseinanderlaufende in den 'geballten Kern der Wahrheit' (Berliner Schr. 330) zu integrieren sucht, sie muß aber dieses Ziel unter den Bedingungen des neuzeitlichen Diskursniveaus erbringen. Die alte Wahrheit ist nicht mehr so leicht zu haben, sie erfordert vielmehr eine komplexe Anstrengung, die dem erarbeiteten Wissen, dem modernen Selbstverständnis, dem was als 'Beweisen', 'Überzeugen' akzeptiert werden kann, Rechnung tragen muß. Hegel ist nicht nur in der Abgrenzung nach hinten zu bewerten, er reicht auch wesentlich nach vorne, in den nachidealistischen Umbruch hinein. Im Gewand der spekulativen Veranstaltung formieren sich Ansätze, die das System überdauern, die die neue 'Sicht der Dinge' positiv vorbereiten. Im Brennpunkt einer solchen Bewertung steht das Verhältnis von 'absolutem Geist' und der Rolle des empirischen Menschen in der Geschichte, das wir jetzt nach der Andeutung der

---

86 Die Stelle findet sich in einer Rezension Hegels : Über F. H. Jacobis Werke, abgedruckt in Nürnberger
    Schriften S. 429ff
    Vgl. auch Phänomenologie, Vorrede, S. 23f

philosophischen Totalen besser darstellen können. Systematisch gesehen ist die Geschichte nur ein Teil des umfassenden Systems, eine, in sich wiederum gestufte, Entwicklungsstufe im dialektischen Entfaltungsprozeß des Urgrunds zu seiner Selbstoffenbarung. Damit ist klar, und Hegel spricht das auch ohne zu Zögern aus, daß sie selbst nur als eine Emanation des Geistes, ein programmatisch vorgedachtes Entwicklungsmedium des in praktischer Hinsicht sogenannten 'Weltgeists' zu gelten hat. Die empirischen Subjekte sind so gesehen nur 'Mittel' eines Prozesses, der weit über sie hinausgeht, sich bis in die Gegenwart eigentlich nur hinter ihrem Rücken vollzieht und erst mit der Hegelschen Philosophie wirklich erkannt und rekonstruktiv eingeholt werden kann - damit aber auch schon sein absolutes Ende, sein Telos erreicht hat. Aus der Perspektive des Ganzen markiert jede weltgeschichtliche Formation, jedes Volk, ein Stadium dieser Veranstaltung, das eine notwendige Mission im Dienste der vorgegebenen Choreographie des eigentlichen Subjekts erfüllt. Als Quintessenz einer Formation wird ihr spezifischer 'Geist' ausgezeichnet. Er bündelt die dieser welthistorischen Entwicklungsstufe korrespondierenden 'allgemeinen' Orientierungen, die nach bewährtem organologischen Muster mit der Kategorie des 'Volksgeists' subjektiviert und gegen das Ensemble der 'realen' Verhältnisse abgesetzt werden können: Der entwicklungslogisch an die Reihe kommende 'Volksgeist' als konkrete Metamorphose des Weltgeists in diesem geschichtlichen Zeitraum schafft sich seine ihm adäquaten Verhältnisse - seine Verfassung, sein Recht, seine Kunst, Religion, Ökonomie, sein wissenschaftliches Niveau, die Qualität der diesen Produktionen entsprechenden Differenzierung der menschlichen Subjektivität. Kein Zweifel also kann an dem eigentlichen Subjekt und Produzenten des Gesamtprozesses aufkommen. Und doch ist damit nicht alles gesagt: das Programm und sein Veranstalter erschöpfen nicht die Vorstellung.

Die Geschichte des Menschen steigt in den Evolutionsprozeß ein. Vorher schon sind die begrifflichen Grundlagen gelegt, hat sich der Geist zur Natur 'entäußert', zu einem 'System der Natur ... entfaltet' (Berliner Schr. 330). Im Menschen entsteht aus der Natur - im Anschluß an sie und in der Auseinandersetzung mit ihr - ein Geschöpf, das eine selbstreferentielle Bewußtseinsstruktur ausbildet, mittels der eine sinnhaft geführte, geschichtliche Lebensform erst möglich wird. Im System der Natur gibt es nur die beständige Wiederholung des immer Gleichen; Hegel denkt nicht an eine Evolution im Sinne eines nach immanenten Gesetzen ablaufenden naturgeschichtlichen Prozesses. Der Zusammenhang der Naturphänomene vermittelt sich nicht in einem zeitlich-entwicklungslogischen 'Nacheinander', sondern nach den differenten Graden ihrer ideellen Qualität, der emanativen Qualität. Die Entwicklung ist ihr letztlich äußerlich: ihre Stufen sind projektiert, stehen als einzelne Phänomene mit unterschiedlichem qualitativen Gehalt relativ unverbunden, d.h. nicht in sich selbst vermittelt, nebeneinander: Natur ist unter dem Aspekt ihrer Entstehung prozeßlos; ihr Zusammenhang stellt sich nicht über einen realen Entwicklungsprozeß her, über eine Naturgeschichte also, sondern durch die über die ideelle Rekonstruktion fortlaufend entwickelteren Projektierungen des 'absoluten Geistes' bis auf die Stufe des Menschen[87]. In einem Zusatz der Hegelschen Naturphilosophie heißt es: "Das allgemeine Gesetz dieser Folge von Formationen ist zu erkennen, ohne daß man dazu der Form der Geschichte bedürfte ... Die Mosaische Schöpfungsgeschichte macht es insofern noch am besten, als sie ganz naiv sagt: Heute entstanden die Pflanzen, heute die Tiere und heute der Mensch. Der Mensch hat sich nicht aus dem Tiere herausgebildet, noch das Tier aus der Pflanze; jedes ist auf einmal ganz, was es ist. An solchem Individuum sind auch Evolutionen; als erst geboren, ist es noch nicht vollständig, aber schon die reale Möglichkeit von allem dem, was es werden soll." (Enz II S. 349)[88]. Derartige nebulöse Vorstellungen, wie sie der Gedanke einer prozessualen Evolution innerhalb der Natur impliziert, "muß sich die denkende Betrachtung ganz entschlagen", für die feststeht: "Die *Metamorphose* kommt nur dem Begriff als solchem zu, da

---

87 Vgl. insbes. Enz II S. 359
88 Vgl. auch § 249 Zu

dessen Veränderung allein Entwicklung ist." (Enz II § 249). Die Zusammenhänge innerhalb der Natur sind also in ihrem Kern rein begriffliche Beziehungen, deren zeiliche Dimension nicht ein reales 'Auseinanderhervorgehen', ein Nacheinander der Entwicklung unterstellt, sondern nur die Abfolge in der Ausführung des naturalen Programms, Plans dokumentiert. Ihre innere Dynamik wächst der Natur von Außen zu, sie reflektiert gleichsam das 'Andere' der 'Idee', der empirischen Entäußerungsform des Urgrunds, die immanente 'unruhige Natur' (Enz III §379 Zu) desselben. Die gewählte Formulierung unterstreicht noch einmal die unterliegende Logik der Erklärung und die nur abgeleitete Qualität der Materie als einer Emanation dieses subjektivischen Urgrunds: "Die absolute *Freiheit* der Idee aber ist, daß sie nicht bloß ins *Leben* übergeht ... sondern in der absoluten Wahrheit ihrer selbst sich *entschließt*, das Moment ihrer Besonderheit oder des ersten Bestimmens und Andersseins, die *unmittelbare Idee* als ihren Widerschein, sich als *Natur* frei *aus sich zu entlassen*." (Enz I § 244). Was der Geist aus sich entlassen kann, muß zuvor schon in ihm enthalten gewesen sein und ist von daher, wie der Geist selbst, unproblematisch als "vernünftig, göttlich, eine Darstellung der Idee" (Enz II § 381 Zu) einzusehen. Wir haben schon gesehen, daß die Rekonstruktion dieses Ableitungszusammenhangs die aufgebrochenen erkenntnistheoretischen Probleme wieder zu integrieren beansprucht. Natur ist somit ein 'Anderes' des Geistes, das er selbst ist, oder: sein 'Anderes', die *'Idee* als *Sein'* (Enz I §244). Der strategische Gedanke, der die philosophische Konzeption durchzieht, ist die Explikation der Entwicklung auf die Höhe der zeitgenössischen Gegenwart als Prozeß der Selbstvermittlung des Geistes. Der Gedanke ist nur konsequent: Wenn alle Erklärung letztlich substantiell in das prädominante Absolute hineinreicht, kann es ein eigenständig Anderes, d.h. ein nichtintendiertes Anderes gegenüber diesem subjektivischen Agens nicht geben. Wenn gleichwohl die Aufhellung dieses Konvergenzpunkts nur über die Rekonstruktion einer prozessualen diachronischen Bewegung versucht werden kann, muß auch die Bewegung selbst schon im Ursprung angelegt sein: Er muß als autodynamisch gedacht werden[89]. Was aus der Dichte des 'geballten Kerns' des Anfangs entsteht, 'entlassen wird', bleibt aus der Sicht der Totalen immer in den Grenzen einer rein endogenen Veranstaltung und ist letztlich Selbsttransformation. Was aber ist deren Ziel? Die Assimilation der Geschichte des Menschen in den Prozeß konkretisiert den Zweck der ganzen Veranstaltung: Die Selbstvermittlung ist wesentlich Selbstoffenbarung (Enz II §383), eine Explikation des erwähnten Kerns für das absolute Subjekt selbst. Der Gesamtprozeß ist projektiert als Bildungsprozeß des uranfänglich verschlossenen oder im bloßen 'an sich' verharrenden Absoluten, zum Selbstbewußtsein, zum 'absoluten Fürsichsein' (Enz III § 384 Zu), und hierbei kommt der Weltgeschichte, eben weil in ihr ein explizites Wissen um die Sinnhaftigkeit der Welt entsteht, das sich schon gegen die empirischen Subjekte, die dieses Wissen ausbilden durch die absolutistische Rückbindung noch einmal absetzen und als Selbsterfahrung des Geistes 'nachgedacht' werden kann, eine hervorragende, weil abschließende Rolle zu. Die Integration des konkreten Erfahrungsraums der Weltgeschichte qualifiziert zugleich den Gesamtprozeß: Er kann nur noch, so durchsichtig sind die Bedingungen des Erwerbs von Wissen, der Ausbildung konsistenter Selbsterfahrung, unter den gegebenen Verhältnissen geworden, als Arbeitsprozeß rekonstruiert werden - lange Zeiträume, immense Opfer, Versagungen, gewaltsame Übergänge, Diskontinuitäten strukturieren diesen Prozeß. Die Bindung der Entwicklung des Geistes an die Entwicklung seines humanen Mediums unterwirft ihn systematisch den konstitutiven Grunderfahrungen und deren Verarbeitung durch dasselbe. Ein linearer Gang, ein bloßes Entfalten der im Anfang verborgenen Potentialität muß unter dem Eindruck dieser abschließenden Phase der ideel-

---

89 Vgl. Enz III § 378 Zu
    Diesen Punkt hat G. Dux bei der Qualifizierung der Bedeutung der Geschichtlichkeit für die Hegelsche
    Philosophie betont, Vgl. Dux, Strukturwandel, a.a.o., S.191 f

243

len Identitätsbildung eindeutig verworfen werden; einzig angemessen ist die Charakterisierung als "eine schwere, lange Arbeit der Bildung" (Ver 62)[90].

Die konstitutive Entwicklungsmatrix des Individuums, seine Bildung zum Menschen in der Auseinandersetzung mit der äußeren Welt, der eigenen Naturbestimmtheit, der schmerzhafte, von der Erfahrung der Widerständigkeit der Objekte, dem Zwang des Anderen, von Frustrationen begleitete Prozeß der Selbstfindung über immer neue vorläufige Integrationsstufen der Selbsterfahrung, gibt auch das Grundmodell für die Rekonstruktion des Gesamtprozesses ab. Jedes Individuum sieht sich anthropologisch zu diesem Arbeitsprozeß genötigt, auch die Bedingungen, unter denen er sich abspielt und die ihn strukturieren, findet es als eine gegebene äußere Welt vor: Es handelt in und gegenüber einer Welt, zu der es sich handelnd in Beziehung setzt und damit sich und sein Anderes 'für sich' objektiviert. Das Subjekt des Ursprungs muß dagegen auch die Reibfläche des Widerstands, das nötigende Gegenüber jeglicher Selbsterfahrung selbst erst organisieren. Im dichten Kern des Anfangs gibt es keine innere Differenz, aber auch, das ist die unbedingte Konsequenz des Wissens um die konstitutiven Grundlagen der Subjektstruktur, keine selbstreferentielle Erfahrung des Ursprungs: Es ist dort noch nicht das Subjekt, als das es sich am Ende erst einholen kann. Der projektive Charakter des Geistes drückt sich in der Bestimmung des 'an sich' aus: 'An sich' ist ein 'noch nicht', eine erst potentielle Subjektivität, unmittelbar vergleichbar mit der Unstrukturiertheit des Säuglings, eine Analogie, die Hegel ausdrücklich zum Vergleich heranzieht[91]. Die Erzeugung von Bedingungen, unter denen Subjektivität überhaupt entstehen, d.h. sich das 'an sich' und damit auch die auf das subjektivische Agens konvergierende Logik des Systems explizit bestätigen kann, wird notwendig zu einem primär zu leistenden Differenzierungsschritt des Anfangs. Wenn weiter oben vom 'Entlassen der Natur' aus der Verschlossenheit der Idee die Rede war, so ist damit plastisch ausgedrückt, daß der 'Geist' eine äußere Welt passivisch setzt, zunächst ohne jedes Bewußtsein seines Tuns (an vielen Stellen spricht Hegel vom 'schlafenden Geist' in der Natur) und aus einer nur vom Ganzen her zu verstehenden Nötigung, durch die erst rückwirkend eine Intentionalität an den Umschlagspunkt der Idee (Enz III 30) projiziert werden kann. Die Natur ist 'Sein außer der Idee' (ebd), eine Entäußerungsform, Negation: Der 'agent provocateur', der die Dichte des Kerns in der Folge aufsprengt und in einen Prozeß der Selbstvermittlung hineinzieht, über den sich der Ursprung ein Wissen seiner als Subjekt erarbeitet - ein absolutes Wissen, weil es das äußere Medium der Selbsterfahrung dann letztlich auch noch als 'notwendige Negation' einholt. Die eigentliche Arbeit beginnt jedoch erst mit der Bearbeitung der Natur und also mit dem empirischen Menschen und seiner Geschichte. In der Auseinandersetzung mit der Objektwelt und weiter mit den in dieser Auseinandersetzung sich umsetzenden spezifisch humanen - 'geistigen' - Verarbeitungsformen, die als Produkte menschlichen Handelns zu objektiven Bedingungen des weiteren Gangs auskristallisieren und ihn insofern strukturieren, vollzieht sich jene dialektische Vermittlung von aufeinander aufbauenden Erfahrungen, über die sich ein Wissen von der Außenwelt und im Gegenstoß ein Wissen über das Erfahrungen machende - 'tätige' - Subjekt selbst herstellt: "Auf dieser Stufe stellt der nicht mehr in das Auseinander der Natur ergossene Geist sich als das Fürsichseiende ... der bewußtlosen, ihn ebensosehr verhüllenden wie offenbarenden Natur gegenüber, macht dieselbe sich zum Gegenstande, reflektiert über sie, nimmt die Äußerlichkeit der Natur in seine Innerlichkeit zurück, idealisiert die Natur und wird so in seinem Gegenstand für sich." (Enz III § 384 Zu). Das 'Außen', 'Nicht-Selbst' des Geistes wird abgetragen im Medium menschlicher Arbeit. Aus der Übersicht der Geschichte dieser Arbeit wird der stetige Fortschritt in der 'Idealisierung der Natur' faßbar als die Unterwerfung derselben, als ein

---

90 Vgl. dazu auch die Berliner Niederschrift der Einleitung in die Geschichte der Philosophie : "Was wir geschichtlich sind, der Besitz, der uns, der jetzigen Welt angehört, ist nicht unmittelbar entstanden und nur aus dem Boden der Gegenwart gewachsen, sondern dieser Besitz ist die Erbschaft und das Resultat der Arbeit, und zwar der Arbeit aller vorhergehenden Generationen des Menschengeschlechts." (GdP III S. 465)

91 Vgl. etwa Enz III § 385 Zu

Vorgang zunehmender Beherrschung: Natur wird zu einem Mittel menschlicher Selbstentfaltung. Die Einbindung der Arbeit in die Bewegung der Anerkennung hat verdeutlicht, daß diese Emanzipation kein einseitiger Vorgang ist, der nur den Umgang mit der äußeren Welt der Objekte betrifft. Er ist untrennbar gekoppelt an eine Transformation im Binnenverhältnis des Subjekts, geht durch die Unterdrückung eigener Naturhaftigkeit auf die sich aufbauende Selbstbeherrschung, den Ausbau einer selbstreferentiellen Handlungskompetenz, durch die sich das Subjekt als das autonome Zentrum seines Handelns erfährt; er ist ebenso, und korrespondierend, gekoppelt an die Transformation der gesellschaftlichen Verhältnisse, als an eine 'Dialektik der Herrschaft', an deren Ende der noch näher zu analysierende bürgerliche Verfassungsstaat und die ihm zugeordnete bürgerliche Gesellschaft stehen. Der Weltgeist bemächtigt sich dieser Bewegung, er wird von Hegel ohne Frage als deren eigentliches Subjekt supponiert. Die 'wirkliche' Arbeit im emphatischen Sinne vollzieht der Weltgeist, indem ihm in jeder weltgeschichtlichen Formation eine Gestalt seiner selbst, seine eigene Produktion (die ihn als Produzenten reflektiert) begegnet, die ihn in eine Auseinandersetzung mit sich verstrickt und derart auf eine entwickeltere Selbsterfahrung vorantreibt[92]: er verrichtet eine "harte, unwillige Arbeit gegen sich selbst" (Ver 152). Noch einmal: "Der Geist der gegenwärtigen Welt ist der Begriff, den der Geist sich von sich selbst macht; er ist es, der die Welt hält und regiert, und er ist das Resultat dieser Bemühungen von 6000 Jahren, das, was der Geist durch die Arbeit der Weltgeschichte vor sich gebracht hat und was durch diese Arbeit hat herauskommen sollen. So haben wir die Weltgeschichte zu fassen, worin uns dargestellt wird die Arbeit des Geistes, wie er zur Erkenntnis dessen gekommen ist, was er ist, und das herausgearbeitet hat in den verschiedenen dadurch bedingten Sphären." (Ver 183).

Die Bedeutung des Menschen als einem Mittel dieser Bewegung fällt dagegen ab, er greift nur nach dessen "offenen Hand, deren Finger ausgestreckt sind, um des Menschen Geist damit zu erfassen und zu sich zu ziehen", kann nur versuchen, "die göttliche Entfaltung nachzudenken" nachdem der Geist seine anfängliche "geballte Kugelgestalt abgetan und sich zum *offenbaren* Gott gemacht" hat[93]. Die Arbeit des Geistes bilanziert diese Erfahrung seiner geschichtlichen Dimension, die aus zwingenden Konsistenzgründen in den substanzlogischen Ableitungszusammenhang eingearbeitet werden muß. Rekonstruktiv erweist sie sich als ein Intermezzo im höheren Gang, teleologisch überholte Scheingefechte, insofern der große Magen des Begriffs alles 'verdauen', 'auflösen' kann, wie Hegel an einer Stelle sehr anschaulich schreibt[94]. Aber auch wenn das metaphysische Verständnis der Arbeit des Geistes über die endlich-zeitliche Veranstaltung nicht hinauskommt und im entfalteten Denken, d.h. als Konsequenz der Kompetenz des 'Nachdenken-Könnens' der göttlichen Entfaltung ein aus geschichtlichen Zusammenhängen emanzipiertes, unendliches 'Bei-sich-selbst-sein' realisieren kann, so bleibt der Hinweis auf den ontologisch defizienten Status des Endlichen unverzichtbar. In der Logik schreibt Hegel definitiv: "Der Idealismus der Philosophie besteht in nichts anderem als darin, das Endliche nicht als ein wahrhaft Seiendes anzuerkennen."(Logik I S. 172). Im Denken des Denkens auf der Höhe der Zeit eröffnet sich eine Sphäre, die ihre Vorgeschichte 'idealisieren' kann und damit auch 'aufhebt', auf ihren eigentlich abhängigen, ursächlich bedingten Gehalt im System des Ganzen reduziert. Dem ist auf der Ebene des Systems natürlich auch nicht beizukommen, der Verdauungsapparat der absolutistischen Logik arbeitet in der Tat vorzüglich. Die Wertung muß unterhalb der Rahmenkonstruktion verfolgt werden, unterhalb des idealisierenden Gewebes des Begriffs, der alles versucht wieder umzustülpen und im metaphysischen Rückbezug einzuspinnen. Denn das Segment der Geschichte steht, egal wie vom System selbst qualifiziert, als eine notwendige Erfahrung des Systembauers fest: In den Grenzen seiner

---

92 Vgl. Ver. S. 73, S. 74f, S. 131
93 Alle Stellen Berliner Schr. 330f
94 Vgl. Ver. S. 181

innersystematischen Berechtigung als eine konkrete Bedingung des anvisierten Endziels. Die Formel vom Resultat, das sich mit dem Anfang wieder zusammenschließt und den dazwischen liegenden Vermittlungsprozeß integriert, wird nur möglich vor dem Hintergrund eines bestimmten Stands der Entwicklung des 'objektiven Geists' innerhalb der Sphäre der Endlichkeit, also als Ergebnis eines realgeschichtlichen Prozesses. Erst am Ende der Geschichte, unter den Verhältnissen der zeitgenössischen Gegenwart, ist die philosophische Kompetenz erreicht, die es erlaubt eine Entwicklungslogik an die Geschichte als Ganzes heranzubringen und sie als einen sinnvoll organisierten Prozeß nachzudenken und ergo, so die Logik idealistischer Begriffsbildung: aufzuheben. Vorher aber ist auch die Vorsehung sich selbst verdeckt, die Autorschaft des absoluten Geistes für sich unaufgeklärt, naturwüchsig, höchstens 'Ahnung', aber niemals Wissen, und die Arbeit des Geistes fällt zusammen mit der 'allgemeinen Arbeit des Menschengeschlechts' (Ver. 49). Hier gewinnt die Arbeit noch eine ganz unmetaphysische Dimension, wird sie zu einer elementaren Konstituante humaner Existenz. Die Kompetenz des 'Nachdenkens der göttlichen Entfaltung' steht am Ende eines geschichtlichen Läuterungsprozesses, der sich in seinem Verlauf um ganz andere Interessen dreht: Begierde, Leidenschaften, Kampf gegen eine fremde, äußere Welt, gewaltsamer Zwang zum Triebverzicht, Herrschaftsinteressen und die Auflehnung der Herrschaftsunterworfenen strukturieren den Gang. Die Kategorien der Arbeit und Anerkennung wurden schon diskutiert; ihre Aufnahme und geschichtsphilosophische Ausdeutung bei Hegel wird nicht ohne Rest spekulativ aufgelöst. Geschichte rekonstruiert die Rückkehr des Geistes aus einer von ihm zwar gesetzten aber doch ihm entfremdeten Welt: Diese entäußerte, an der Oberfläche, an der der Prozeß ansetzt, geistlose Form wird abgetragen auf einer realen Ebene der Auseinandersetzung. Wie immer die Opfer des 'Schlachtfelds der Geschichte' im Nachhinein auf die Seite geräumt werden, es waren reale Opfer, die zu ihrer Zeit in den Arbeitsprozeß unmittelbar verstrickt waren. Was immer also sich hinter ihrem Rücken ihrem Handeln im historischen Überblick supponiert haben mag, sie haben ihre eigenen Interessen verfolgt, ihr Überleben unter den Bedingungen ihrer Zeit zu sichern gesucht, ihr Leiden oder Ungenügen an den gegebenen Verhältnissen auf dem Niveau der von ihnen konkret erarbeiteten Selbsterfahrung artikuliert. Die Darstellung der Geschichte sieht ihrem Kampf zu, einem Mittel und Material, das erst in seiner letzten und höchsten Produktion und nachdem es sich selbst als Produzent erfaßt hat, sich zugunsten eines Höheren zurücknehmen muß. Zwischen der 'menschlichen Dumpfheit' und der Kompetenz des modernen Subjekts und seinen Lebensverhältnissen liegt eine Entwicklung, die programmatisch vorgedacht gewesen sein mag, die sich aber ausschließlich nur im Handeln des Mittels inszeniert hat und deshalb unter den Prämissen des Systems vielleicht nicht zureichend, aber *auch* mit der Beschränkung des Blicks auf die Arbeit der Menschen erfaßt werden kann. Nur mit der Rekonstruktion der realen geschichtlichen Prozesse kann die Behauptung einer die Höherentwicklung garantierenden 'Macht der Vorsehung' bestätigt werden. Es entsteht in der Geschichte mehr und anderes als die beteiligten Subjekte wollen, aber eben doch nur insofern *sie* etwas wollen und nur im Medium *ihres* Handelns. Die 'List der Vernunft' wird als eine Erklärung beigebracht, die die für die beteiligten Akteure im ganzen selbst unverständliche Entwicklung rekonstruktiv zusammenbindet, einen 'Sinn' hineinbringt. Sie führt die geschichtsrelevanten Ereignisse und Prozesse aber nicht unmittelbar herbei. Mit der Überzeugung, daß es in der Geschichte vernünftig zugegangen sei, eine Logik der Entwicklung gibt, kann versucht werden, eine diachronische Verlaufsstruktur zu identifizieren; verifiziert werden aber kann sie nur am konkreten Material, am verfügbaren empirischen Wissen um geschichtliche Vorgänge. Dieser Beweis muß geleistet werden, wobei sich der philosophische Betrachter mit seinen mitgebrachten Überzeugungen zurückhalten und das 'Material', die 'Arbeit des Menschengeschlechts' für sich selbst sprechen lassen soll. Dieses Bemühen ist in der Philosophie der Geschichte ganz unverkennbar, auch wenn natürlich zuhauf spekulative Versatzstücke in die Geschichte eingeführt werden. Eine nur 'metaphysische Betrachtungsweise' könnte dies niemals leisten, sondern würde nur 'tote Begriffe', wie Hegel erklärt, aussagelose Kopfgeburten produzieren[95]. Die beiden näher angeführten Stufen der Weltgeschichte zeigen das Gemeinte sehr schön: Natürlich ist die Darstellung der 'griechischen Epoche' von der antithetischen Perspektive auf die zeitgenössische Gesellschaft bestimmt, und ebensosehr stellt die 'römische Epoche' eine metaphorische Umsetzung der modernen Vision der auf dem schrankenlosen Egoismus der Einzelnen aufbauenden Ökonomie dar. Die Darstellungen beider sind interpretativ überzogen. Allein, Hegel läßt keinen Zweifel daran, daß es ihm um einen real-geschichtlichen Erfahrungsraum geht. In die nachgezeichneten Entwicklungen schlägt kein metaphysischer Blitz, sie gehen aus konkret aufzeigbaren, nachweisbaren Bedingungen und Verhältnissen hervor: klimatischen, geographischen und ethnographischen Situationen, Anreize; gesellschaftliche Widersprüche, bestimmte Produktionsverhältnisse, kriegerische Konflikte werden als Faktoren diskutiert, die eine gesellschaftliche Formation beeinflussen und von ihr beeinflußt werden, die ihren Reflex im Selbstverhältnis des Subjekts und seiner sittlichen Orientierung und kulturellen Produktion finden. Cäsar etabliert die Diktatur nicht als der 'große Mann' der Geschichte, sondern weil er auf eine gesellschaftliche Konfliktsituation trifft, die die gewaltsame Abschaffung der Republik zuläßt. Nur weil dies historisch aufgezeigt werden kann, kann Hegel den weiteren Schritt tun zur Behauptung, daß es so und nicht anders hat kommen müssen, wobei der Konflikt und die historischen Modalitäten seiner Austragung selbst wieder spekulativ integriert werden. Ebenso hat die Französische Revolution rekonstruierbare Ursachen an der Verkrustung der alten Feudalgesellschaft, am zunehmenden gesellschaftlichen Druck des Bürgertums und dem in der Neuzeit erarbeiteten Bewußtsein von der Veränderbarkeit der Verhältnisse. Die Revolution ist nur der Kulminationspunkt eines gesellschaftlichen Strukturwandels, den Hegel über Reformation, Aufklärung, beginnende Staatenbildung, Veränderung der Produktionsweise materialreich (und wie immer im einzelnen auch falsch, überzeichnet) skizziert. Die Rekonstruktion der 'Dialektik des Endlichen' bleibt zwar eingebunden in eine metaphysisch inspirierte Teleologie der Entfaltung des Ursprungs - keiner der genannten Faktoren übernimmt deshalb auch eine determinierende oder auch nur herausragende Funktion im geschichtlichen Prozeß, wie es später Marx in seinem noch deutlich teleologisch organisierten Modell des Historischen Materialismus mit der entwicklungslogischen Abfolge der Produktionsweisen zu beschreiben versucht hat -, sondern diese bleibt ganz im Bewegungszentrum des 'absoluten Geists' verortet, sie konzediert aber unter der unaufhebbaren Nötigung des historischen Selbstverständnisses eine Selbsterklärungsfähigkeit des Gegenstands 'Geschichte' im Rahmen einer nüchternen Analyse der endlichen Bewegung des Tatsachenmaterials, aus der sich die apriorische Voraussetzung explizit bestätigen muß. Ebenso wie im Bereich naturwissenschaftlicher Erklärung der metaphysische Überstieg immer weiter eliminiert wird, entsteht auch bei der Rekonstruktion genetisch-prozessualer Entwicklungslinien der Geschichte tendenziell eine Qualität der Beschreibung, die den an dem verfügbare Tatsachenmaterial orientierten Konsistenzanforderungen genügt und damit die spekulativen Momente aus der konkreten Darstellung des einmal angestoßenen geschichtlichen Prozesses verdrängen und deutlicher im Konzept des Anfangs verdichten muß, insofern aber Geschichte selbst freigibt und gegen die Ursprungslogik emanzipiert: Die Darstellung des geschichtlichen Erfahrungsraums ist nicht beliebig gegen das verfügbare Tatsachenwissen manipulierbar. Die Geschichte hat in der Geschichtsphilosophie Hegels, insofern sie ihren 'vernünftigen' Zusammenhang aus sich selbst erklären will und muß, gegen die metakategoriale Rahmenstruktur ein entscheidendes Eigengewicht gewonnen, - damit verändern sich in der Folge die Gewichte. Das 'uneigentliche' Subjekt des Prozesses, der empirische Mensch, braucht immer weniger die spekulative Rückversicherung für den Nachweis einer Entwicklungslogik, die sich zureichend im Medium seines Handelns aufzulösen beginnt. Daß Geschichte auf den Menschen konvergiert, die Umstände seiner konkreten historischen Existenz von ihm zumindest mit abhängen, ist eine allgemeine Überzeugung der Neuzeit geworden: Die perzipierte Verantwortlichkeit des Menschen

---

95 Vgl. Berliner Schriften S. 524 § 11

für seine Verhältnisse wirkt zurück auf das historische Bewußtsein, gibt den Blick frei für komplexere Zusammenhänge, für genetische - auch diskontinuierliche - Verbindungslinien. "Die Veränderungen im geschichtlichen Leben setzen etwas voraus, woran sie sich ergeben. Gesetzt aber werden sie, wie wir gesehen haben, durch den subjektiven Willen. So ist die eine Seite auch hier zunächst das Subjekt wiederum selbst, die Bedürfnisse des Menschen, die Subjektivität überhaupt." (Ver 110). In der Radikalisierung dieser Perspektive liegt die Chance einer grundsätzlichen Kritik der spekulativen Geschichtsphilosophie.

Inwieweit Hegel diese Eigenständigkeit des Gegenstands Geschichte schon philosophisch einholt, muß sich an den Kriterien bemessen, die die historische Kontinuität aufzeigen sollen, also in der Auffassung der Entwicklungslogik, unter der sie organisiert wird. Dieses Kriterium kann dem Material nicht äußerlich sein, wenn es die anvisierte Selbstevidenz der Rekonstruktion nicht unterlaufen soll, sondern muß eine konkret überprüfbare, eine auch empirische Größe sein. Die Formel der Geschichtsphilosophie: Geschichte sei der Fortschritt im Bewußtsein der Freiheit, ist auslegungsbedürftig. Es ist dabei vor allem anderen auf den emphatischen Gehalt des Freiheitsbegriffs bei Hegel hinzuweisen. Er ist bezogen auf die Entfaltungsgeschichte des Geistes, die ihn in ihrer Endform, ihrem Resultat aktualisiert. Das absolute 'Bei-sich-selbst-sein' des Geistes im Medium des auf dem erreichten Stand der objektiven Entwicklung möglichen reinen Denkens markiert den Erfüllungszustand des welthistorisch anvisierten Bewußtseinsprozesses. Freiheit zielt auf einen bestimmten materialen Hintergrund, wie die rekonstruktive Logik spekulativer Ableitung unschwer vorgibt. Sie hat aus der Perspektive des Systems nicht in erster Linie etwas mit den konkreten Lebensverhältnissen des empirischen Subjekts zu tun. Es geht vielmehr um ein mental einzulösendes 'Nachdenken' der göttlichen Entfaltung, das zwar bestimmte, objektive Voraussetzungen in der 'endlichen Wirklichkeit' impliziert, aber ein eigentliches Telos jenseits der Ebene des Endlichen hat und deshalb gerade die bewußte Zurücknahme des Einzelnen zugunsten des erkannten Höheren zum Ziele der Realisation 'wahrer' Freiheit verlangen muß.[96]

Nach den grundsätzlicheren Ausführungen zur Philosophie der Geschichte muß aber klar geworden sein, daß sich der projektierte Gang des Ganzen zu jener Freiheit, bei der der Geist in sich zurückgekehrt ist, ganz 'bei-sich-ist' und nur 'sich will' in der endlichen Geschichte am entscheidenden Mittel, das diesen Prozeß in der Zeit organisiert, spiegelt und mehr noch, daß unter den methodischen Vorgaben der Rekonstruktion zumindest ansatzweise, als ein Zugeständnis an den 'verständigen' Zugang des Lesers, eine Logik in der historischen Entwicklung entwickelt wird, die Geschichte auch in einem nicht-spekulativen Sinne verständlich zu machen versucht.

An den Knotenpunkten der Weltgeschichte diagnostiziert Hegel Veränderungen im Verhältnis des Subjekts zu seiner Außenwelt, insbesondere zu den grundlegenden Institutionen der jeweils gegebenen gesellschaftlichen Formation. Die Veränderung wird beschrieben als eine Umstrukturierung der 'allgemeinen', gesellschaftlichen Orientierungen, der, aufgrund der über die zentralen Kategorien Arbeit und Anerkennung komplementär angelegten Differenzierung der Binnenperspektive, ein Umbau im Binnenverhältnis des historischen Subjektes korrespondiert. Insofern die Entwicklung des absoluten Geistes an die Entwicklung der menschlichen Subjektivität als ihrem Medium gekoppelt bleibt und den Prozeß nur als einen völlig analogen Vorgang auf der Ebene der gesellschaftlichen Entitäten reflektieren will (ihn somit schon intuitiv als gesellschaftlich vermittelt einholt), signalisieren die evolutionären Veränderungen auf der Mikroebene des

---

96 "Die Freiheit also ist nach ihrem wahren Begriffe und Wesen der absolute Wille; als absoluter Wille ist sie in sich selbst bestimmt." (Berliner Schr. 372). Im gleichen Text, etwas weiter oben, referiert Hegel noch einmal ganz in diesem Sinne zustimmend die Zuspitzung der gerade auch für die Diskussion des Freiheitsverständnisses relevanten Frage: "Was ist der Mensch?" auf das im spekulativer Sicht tieferliegende Problem: "wie Gott zu den Menschen gelange", woraus sich schon grundsätzlich ergibt, daß jegliche 'wahre' Freiheit substantiell an die Übereinstimmung mit dem übergeordneten Prozeß der Selbstvermittlung des absoluten Geistes gekoppelt bleibt, integriert in die Selbstbeziehung desselben.

Individuums entscheidend auch biographische Umbrüche im Entwicklungsgang des Weltgeists. Mit anderen Worten: Die Entwicklungslogik auf der diachronischen Ebene der Geschichte wird bezogen auf eine Logik in der historischen Differenzierung der Subjektstruktur des Individuums, an deren Ende das unübersehbar selbstbewußte 'Ich' des neuzeitlichen Subjekts steht.

Hegel spannt unter diesem Ordnungsgedanken ein geschichtsphilosophisches Schema auf, das jetzt in der Abfolge der 'Bildungsstufen' noch einmal im Überblick zusammengefaßt werden soll. Nach dieser Rückversicherung über den bisher skizzierten Lernprozeß soll dann das abschließende Stadium der Hegelschen Gegenwart, die 5. Stufe, diskutiert werden.

1. Die Stufe vorgeschichtlicher 'menschlicher Dumpfheit', ein fast tierischer, in die kurzgeschlossene Matrix Trieb - Befriedigung eingespannter Naturzustand, der den systematischen Anknüpfungspunkt zwischen dem 'Anderen' der Natur und der Geschichte, als dem Prozeß der Rückkehr des Geistes zu sich über die sinnhaften Produktionen des Menschen, darstellt. Auf dieser Stufe gibt es noch kein thematisierbares Selbstbewußtsein und entsprechend keine thematisierbare, genügend in Distanz gebrachte, Außenwelt, eine Beziehung, die Hegel unbedingt zusammendenkt[97]. Die konstitutive Bedeutung der Arbeit als einem Spezifikum menschlichen Seins, eine Voraussetzung des weiteren Prozesses der 'Humanisierung' wurde schon näher angeführt. Hier ist ein dynamisches Moment angelegt, das die elementare Matrix allmählich erweitert und umstrukturiert: Der Mensch als intelligibles Geschöpf ist ein offenes System, er "muß sich selbst zu dem machen, was er sein soll; er muß sich alles erst erwerben, eben weil er Geist ist..." (ebd 58). Das ist möglich, weil er, anders als das Tier, das starr organisiert, durch Instinkte festgelegt ist, "zwischen seinen Trieb und dessen Befriedigung nichts einschieben ... die Bewegung hemmen kann und also seine Unmittelbarkeit und Natürlichkeit bricht." (ebd 57).

2. Die nächste Stufe entspricht dem Entwicklungsstand des 'orientalischen Geistes'; ich habe versucht, sie durch ihr 'heteronomisches Bewußtsein' zu charakterisieren. Noch immer bildet die fehlende Distanz zwischen Subjektpol und Außenwelt, jetzt allerdings unter der für das weitere strategischen Bedingung politischer Herrschaft, ein bestimmendes Merkmal. Das Subjekt kann sich nicht von der implementierten gesellschaftlichen Ordnung abheben, sie ist grundsätzlich nicht thematisierungsfähig. Entsprechend rudimentär bleibt auch die Selbsterfahrung, eine eigentliche Innenwelt oder, korrespondierend, eine soziale Perspektive wird nicht ausgebildet. Die äußere Autorität des Despoten bzw. das Herrschaftssystem, für das er einsteht, reguliert das Verhalten vollständig, der Einzelne bleibt distanz- und entwicklungslos in den gegebenen Kontext eingebunden. Hervorgehoben wird die konstitutive Bedingung von Herrschaft als Voraussetzung jeglicher weiterer Kulturleistung: Herrschaft überformt die elementare Matrix der Arbeit, indem sie die entwicklungslogisch notwendige Unterdrückung und Umwandlung der unmittelbaren 'Begierde' gesellschaftlich organisiert und damit den Konstitutionsprozeß des Selbstbewußtseins potenziert und beschleunigt. Aus dem früheren reinen Naturverhältnis ist das Subjekt jedenfalls herausgetreten, führt ein gesellschaftlich-sinnhaftes, wenn auch für es noch nicht als solches durchschaubares Leben, das ihm ein hohes Maß an Triebverzicht, gesellschaftlich eingefordertem Selbstzwang abverlangt.

3. Es schließt sich die Epoche der 'griechischen Welt' an, ein harmonischer Glanzpunkt in der Weltgeschichte. Hier dominiert das 'sittliche Bewußtsein', ein im Vergleich zu den voranstehenden Stufen evolutionärer Fortschritt, der ein erhebliches Maß an Kompetenzzuwachs des Subjekts signalisiert. In allen Weltbezügen des Subjekts eröffnet sich eine historisch neue Transparenz als Ausdruck neugewonnener Distanz. Das Verhältnis zur Natur, zur Sozialwelt und zur eigenen, erstmals wirklich erfahrbaren Innenwelt hat eine reflexiv gewordene Qualität an Distanz erreicht.

97 Vgl. Ver. S. 54

Die Entwicklung hat, wie schon gezeigt, angebbare Gründe: die Nötigung zur effizienteren Naturbeherrschung, das Zusammenleben von unterschiedlichen Kulturen im gleichen geographischen Raum etc.. Im Ergebnis wird die gegebene gesellschaftliche Ordnung explizit thematisierbar, sie hebt sich, noch eingebunden im Rahmen einer übergeordneten kosmologischen Ordnung, als eine der eigenen Gestaltung zugängliche Welt ab. Mit diesem Wissen verbindet sich entscheidend aber noch nicht zugleich die Infragestellung des gegebenen 'politischen Kunstwerks', soweit ist die Gegenlage zwischen Subjekt und Gesellschaft nicht getrieben. Der griechische Staatsbürger verhält sich zu den Gesetzen, der Verfassung der Polis gleichsam 'instinktiv', d.h. ihre Legitimität steht noch nicht zur Disposition, die grundlegende Einstellung ist konformistisch. Das 'gute', 'gerechte' Leben der Einzelnen in der Polis sind die beherrschenden Themen. Deutlich hat sich der äußere Zwang des heteronomen Bewußtseins in den fraglos akzeptierten Selbstzwang des tugendhaften Staatsbürgers umgesetzt und die innere Steuerungskompetenz des Subjekts erhöht.

4. Die 'römische Welt' reicht in ihren Wurzeln in die griechische Epoche hinein, sie wird von Hegel explizit als ein an den in jener aufgebrochenen Problemen entzündeter Entwicklungsschub analysiert. Die griechische Sittlichkeit war eine gegen die innere Dynamik der gesellschaftlichen Formation nicht zu stabilisierende 'organische' Identität von Individuum und gesellschaftlicher Ordnung. Sie mußte mit der Zunahme innergesellschaftlicher Konflikte zerbrechen. Hegel führt die soziale Dichotomisierung der Polis als maßgeblich für den Rationalisierungsprozeß auf der Seite der Subjekte an: Die gesellschaftlichen Gegensätze, das Gefälle zwischen Arm-Reich, Staatsbürger-Sklave führt mit wachsender Verschärfung auf die akzentuiertere Gegenlage von Subjekt und Außenwelt - erstmals wird die Ebene der Legitimität der Ordnung selbst erreicht. In der 'römischen Epoche' treibt dieser innere Antagonismus auf eine neue Differenzierungsstufe im Komplex der Beziehungen zwischen Subjekt und Gesellschaft zu. Die Kompetenz kritischer Reflexion, die Rationalität im Umgang mit gesellschaftlichen Institutionen bringt in signifikanter Weise die Gestaltungskompetenz des Menschen praktisch zu Bewußtsein und erzeugt entsprechend ein höheres Maß an reflexiv einholbarer Selbstintegration. Dialektisch in diesem großen historischen Differenzierungsprozeß zusammengebunden polarisiert sich die 'Bildungsmatrix': Herrschaft wird zunehmend rationaler ausgeübt, ein eigenständiges politisches Handlungssystem, der politische Staat, beginnt schärfere Konturen zu gewinnen, die umfassendere Positivierung des Rechts zeugt von einem neuen Niveau der Perzeption gesellschaftlicher Zusammenhänge. Dieser Prozeß erreicht seinen Höhepunkt im nüchtern machterhaltenden Kalkül der cäsaristischen Diktatur. Auf der anderen Seite haben die Individuen komplementär zur angedeuteten Rationalisierung der Herrschaft zum ersten Mal in der bisherigen Geschichte ein reflektiertes subjektives Interesse, ein bewußtes Partikularinteresse, ausgebildet, d.h. sich gegenüber dem Gemeinwesen soweit in sich differenziert, daß ein thematisierungsfähiges Ich, ein reflektiertes Selbstbewußtsein behauptet werden kann. Egoistische Nutzenkalküle können bewußt gegeneinander und gegen den wahrgenommenen Ordnungsrahmen ausgespielt werden: Hegel unterlegt dem beschriebenen Verlust aller Sittlichkeit in historischer Übertreibung offenkundig den 'Bürgerkrieg' der bürgerlichen Gesellschaft. Brauchbarkeit bestimmt auch das Verhältnis zur Natur, und selbst der Verkehr mit der Götterwelt nimmt einen instrumentellen Charakter an. Ergebnis dieser Stufe sind somit

a) der deutlich institutionalisierte politische Staat, von dem die befriedenden Impulse zu Rechtsfeststellung und - vereinheitlichung ausgehen; der rationale Umgang mit der Macht,

b) die Emanzipation des Subjekts, das sich im Zentrum seines Handelns lokalisiert und eine - abstrakt - individualistische Perspektive ausbildet.

5. Von andere Grundlage aus 'treibt' die 'germanische Welt' über das vor ihr erarbeitete Niveau der Weltgeschichte hinaus und realisiert eine 'höhere', abschließende Stufe der Entwicklung. Die wechselvolle Geschichte, der Beginn in den berühmten germanischen Wäldern, die Phase des Barbarentums, etc. unterstreichen noch einmal, daß es Hegel um eine strukturelle Entwicklungslogik der Geschichte und nicht um einen linearen Prozeß der bloßen Höherentwicklung geht, innerhalb dessen jede Stufe in einer zeitlichen Folge kontinuierlicher Weiterentwicklung aneinander anschließt. Jede höhere Epoche muß sich die vorhergehenden Stufen erst einmal erarbeitet haben, bevor die strukturelle Weiterentwicklung gelingen kann. Dem korrespondiert, wie gezeigt, die ebenfalls über eine Stufenentwicklung angelegte Nötigung zur Bildungsarbeit des Individuums als Voraussetzung der Kompetenz des modernen Wirtschaftssubjekts und Staatsbürgers, ganz zu schweigen von der des rekonstruierenden Philosophen.[98]

Die 'germanische Welt' bringt die Welt des neuzeitlichen Subjekts und die moderne Subjektivität hervor. Hegel schreibt ihr im Überblick die Verwirklichung der am Ende des 'römischen Reichs' Verbreitung findenden Ideen des Christentums zu[99]. Man muß die Voraussetzungen kurz klären: Wohl hatte die römische Welt schon einen realen Zuwachs an subjektiver Verfügunggewalt mit sich gebracht: Das dezidiert partikulare Interesse, die egoistisch-strategische Perspektive des römischen Bürgers signalisieren eine vorher nicht mögliche Freisetzung des subjektiven Willens. Zugleich blieb diese Entwicklung aber einseitig und in ihren Folgen, nach dem Verlust einer tragfähigen sittlichen Orientierung, unbedingt destruktiv, eine 'Negation' : Die beschriebene Freisetzung insbesondere der Eigentumsinteressen blieb nach Hegels Terminologie rein 'abstrakt', d.h. ohne ein Bewußtsein der gesellschaftlichen Bedingungen des dahinter stehenden Differenzierungsprozesses; ein Rückfall in den Egozentrismus auf der Stufe einer höheren Ich-Integration. Die praktischen Folgen waren in der Hegelschen Deutung verheerend: die Verschärfung der Klassengegensätze, der Zerfall selbst der natürlichen Sittlichkeit der Familie und deren Reduktion auf Eigentumsbeziehungen, die weitere Verschlechterung des Sklavenstatus, die Verdinglichung aller Lebensverhältnisse. Korrespondierend zur Auflösung der naturwüchsigen kollektiven Orientierungen gewinnt die politische Integration durch den Herrschaftsapparat eine neue Qualität: Herrschaft bekommt ein höheres Maß an Rationalität, sie wird andererseits in stärkerem Maße als aufoktroyierter äußerer Zwang, als illegitime Vergewaltigung perzipiert. Aus dieser Situation bezieht die christliche Ideologie ihre aus den gegebenen sozialen und politischen Verhältnissen gespeiste Attraktion; ein illusionäres Reich jenseits der realen Erfahrung politischer Ohnmacht, materiellen Ausgeliefertseins, anomischer Entwurzelung befestigt sich im Bewußtsein. Das konkrete Leid wird ertragen für die weltabgewandte Verheißung künftiger Versöhnung und Belohnung. Sehr subtil hat Hegel die Bedeutung der praktischen Leiderfahrung, des Schmerzes, der Frustration für Entwicklungssprünge ausgearbeitet: als ein vorwärtstreibendes Moment, das sich hier zu einer transzendenten Welt des Ausgleichs erfahrener Ungerechtigkeit sublimiert und so den weiteren Ausbau einer exklusiven Binnenwelt, einer Welt privatimer Verweigerung des Subjekts anzeigt, sich also in einen Individualisierungsschub umsetzt. Die spätere Interpretation der Reformation und die Konstituierung der Instanz des Gewissens geben hier ebenfalls Beispiele. Das Christentum jedenfalls hat ideell eine Welt vorentworfen, die in scharfem Gegensatz zu den gegebenen Verhältnissen steht und deren Prämissen, politisch-praktisch gewendet, eindeutige Konsequenzen nahelegen. Der "Tempel vorgestellter Wahrheit und Freiheit in Gott" muß als politischer Kampf um die 'weltliche Freiheit' realisiert werden - eben in dem großen historischen Prozeß, der dann auf den Stand der Neuzeit führt. Der qualitative Sprung zwischen den Stadien

---

98 Die Phänomenologie hat die Hierarchie der Perspektiven eigens zum Thema gemacht, natürlich in der 'mystifizierten' Form einer Selbstvermittlung des Geistes, der im einsichtigen Subjektbewußtsein zum Wissen von sich gebracht werden soll. Hier muß jedesmal eine Arbeit des Individuums geleistet werden, die als biographische Rekonstruktion der gattungsgeschichtlichen Arbeit verstanden werden kann. Vgl. etwa Phänomenologie, Vorrede S. 32f

99 Vgl. z.B. PdG S. 385ff - S. 406

der 'römischen' und der 'germanischen Welt' kann jetzt kurz an den unterschiedlichen Konzeptionen der Freiheit und ihrer jeweiligen Verbindung mit der Vorstellung der Gleichheit in der Deutung Hegels veranschaulicht werden. Für die römischen Verhältnisse, einem System der Sklavenwirtschaft, blieb Freiheit im Sinne autonomer ökonomischer Verfügungsrechte (der politische Freiheitsstatus war mit der Zerschlagung der Republik verloren - hier also ergab sich, wie Hegel konstatiert, nur eine Gleichheit der Ohnmacht) allein auf die berechtigten Haushaltsvorstände beschränkt. Freiheit war unter dem zu einer prinzipiellen Perspektive unfähigen egozentrischen Bewußtsein ganz selbstverständlich eine exklusive Qualität. Die Frage der Gleichheit konnte sich, wenn überhaupt, dann nur in diesen Grenzen stellen. In der heilsgeschichtlichen Projektion des Christentums hat sich das 'Gefühl'[100] dieses Zustands als einem Unrechtszustand entwickelt: Gleichheit und Freiheit werden hier zusammengezogen in der Freiheit der Entscheidung für und der prinzipiellen Gleichheit vor Gott. Hegel schreibt: "Diese Bestimmungen machen die Freiheit unabhängig von Geburt, Stand, Bildung usf., und es ist ungeheuer viel, was damit vorgerückt worden ist; ... Das Gefühl dieser Bestimmung hat Jahrhunderte, Jahrtausende lang getrieben; die ungeheuersten Umwälzungen hat dieser Trieb hervorgebracht ..." (PdG 507). Die 'gefühlsmäßige' Verarbeitung reicht nicht eben weit, zu deutlich lebt sie von der Differenz zwischen wirklicher und jenseitig illusionärer Welt, unterstützt sie die Bestätigung der realen Unrechtsverhältnisse[101]. Die soziale Perspektive ist noch begrenzt - 'abstrakt' -, sie erfaßt nicht die gesellschaftliche, d.h. die geschichtliche Bedingtheit des eigenen Freiheitsspielraums und der eigenen Positionierung innerhalb der konkret gegebenen gesellschaftlichen Formation, sowie die Chancen zu deren Veränderung. Die Bedeutung des Anderen für die Struktur des Selbst wird nicht reflektiert, kein wirklich 'allgemeiner', universalistischer Ansatz wird dem eigenen Handeln zugrundegelegt: Diejenigen, die dazu in der Lage wären verfolgen ihr eigenes, egoistisches Interesse, noch ohne ein Bewußtsein über komplexere gesellschaftliche Zusammenhänge aus denen sich ein dezentrierter Blickwinkel, eine höhere Qualität der Selbstobjektivierung ergeben könnte. Der Entwicklungsfortschritt im Zyklus der 'germanischen Welt' wird von unten, von der Seite der Klassenunterlegenen, der Entrechteten erarbeitet. Es gehört zur Legitimation des Unrechts, der Gewalt und Ausbeutung im philosophischen Überblick zu der Provokation, der Erzeugung des revolutionären Bewußtseins notwendig gewesen zu sein, die 'Negation', den Widerstand, die Verweigerung von unten geschichtlich organisiert zu haben und damit eine konstitutive Voraussetzung der praktischen 'Anwendung' der illusionären Gleichheit vor Gott auf die Welt des 'Daseins' abgegeben zu haben. Das Selbstverständnis der Subjekte hat sich in diesem Prozeß auf ein neues, das neuzeitliche Entwicklungsniveau der reflektierten Subjektivität fortentwickelt, auf ein Niveau, das den Standpunkt der eigenen Partikularität mit dem gesellschaftlichen Allgemeinen explizit in Beziehung setzen kann und muß. Die Freiheit und Gleichheit vor Gott findet ihre praktisch-weltliche Umsetzung erst in der Freiheit des Eigentümers und der formalen Gleichheit der abstrakten Rechtsperson, sie ist also "nicht sehr alt" oder erst ein modernes 'Vorurteil' (ebd 307), eine erst mit der Durchsetzung des Menschenrechtsdekalogs und der bürgerlichen Gesellschaft erreichter Entwicklungsstand. Wirkliche Freiheit impliziert zunächst einmal, als die schon angesprochene innere Konsequenz des Christentums, die Abschaffung der Sklaverei[102], d.h. die 'Befreiung' des Subjekts aus einer festgelegten gesellschaftlichen Positionierung, die ihn seines humanen Status beraubt, indem sie ihm die Kompetenz der Selbstbestimmung oder Autonomie abspricht. Unmittelbar an diesen Begriff der Freiheit ist die Stellung des Subjekts zum Eigentum gekoppelt: Als 'wirklich' frei kann ein Subjekt nur gelten, wenn es Eigentum erwerben kann und seine Dispositionsgewalt darüber anerkannt ist. Hegel argumentiert mit dem Selbstverständnis seiner Zeit, insbesondere die Kritik der Platonischen Staatskonzeption unterstreicht dies immer

---

100 Vgl. PdG S. 507
101 Vgl. auch ebd S. 530
102 Vgl. PdG S. 507f, Rphil § 57 u. Zu

wieder. "*Herrenschaft* hier nichts als eine Abhängigkeit von einem andern im Gebrauch meines Eigentums."(Rphil § 62 Anm).[103] Die 'germanische Welt' hat diesen Emanzipationsprozeß geschichtlich realisiert: Sie hat in der Neuzeit den in der Verfügung über das Privateigentum vom Willen Anderer formal unabhängigen Menschen hervorgebracht. Dazu zählt wesentlich nicht nur die Dispositionsgewalt über die Produkte der eigenen Arbeit, sondern elementarer noch die ausschließliche Verfügungsgewalt über das Eigentum an der eigenen Person, dem eigenen Körper, der Arbeitskraft und den jeweiligen individuellen Fähigkeiten. Das Subjekt erfährt sich als Herr seiner selbst, nach außen abgeschlossen, als für sich einzigartig und dabei zugleich, in seiner nicht vermittelbaren Selbstzentriertheit, als einsam 'bei-sich'. Das Bewußtsein der Subjekte ist dabei durch die Erfahrungen der Emanzipation imprägniert; erst vor dem Hintergrund der Auflehnung gegen die legitimatorisch anfällig gewordene traditionale Ordnung, vor dem Hintergrund einer 'entzauberten', in naturgesetzlichem Zusammenhangswissen gebändigten Natur, konstituiert sich diese Geschlossenheit hochindividualisierter Selbsterfahrung. Gesellschaft und naturale Außenwelt sind dann als Gegenstandsbereiche konturiert, denen sich das Subjekt mit Bewußtsein gegenüber sieht, auf die es einwirken kann, bzw. die durch den Prozeß der Distanzierung zwischen äußerer Welt und dem sich in sich verdichtenden Subjekt in die Reichweite der kontrollierten Reflexion und des geplanten Eingriffs gerückt sind: Die Welt wird zunehmend als konvergierend auf den Menschen erfahren. "Das Auge des Menschen wurde *klar*, der Sinn erregt, das Denken arbeitend und erklärend"(PdG S.522), umschreibt Hegel die historisch erreichten Kompetenzen. Die gegebene Ordnung verfällt dem Zugriff des Denkens, muß sich vor erwähntem 'Auge' des Subjekts als vernünftig ausweisen, als mit dem Selbstverständnis moderner Subjektivität kompatibel legitimieren. Einmal in die Gegenlage gebracht, erweisen sich alte Begründungsmuster als nicht länger überzeugend - ein Neuaufbau und eine Neubegründung nach Maßgabe des für sich festgestellten Subjektkerns wird mit der Verschärfung der Krise zwischen dem Einzelnen und der verkrusteten 'positiven' Ordnung zur offensichtlichen Notwendigkeit. Im wichtigen Kapitel 'Die Aufklärung und Revolution' (PdG S.520) versucht Hegel den Vorgang zu rekonstruieren: Hervorgehoben wird von ihm der denkende Zugriff der Subjekte auf die äußere Welt. "Das Denken betrachtet alles in der Form der Allgemeinheit und ist dadurch die Tätigkeit und Produktion des Allgemeinen." (ebd).

Die Widersprüche der bloß gefühlsmäßigen Verarbeitung gesellschaftlicher Gegensätze in der christlichen Ideologie, die eine jenseitige allgemeine Konzeption des Menschen in seiner Beziehung zu Gott mit dem realen Verlust des humanen Status der Unterprivilegierten vereinbar gehalten hatte, sind mit den diskursiven Bedingungen gedanklicher Rekonstruktion offenkundig und damit unlegitimierbar geworden: "der Mensch als Mensch, d.i. der *allgemeine* Mensch"[104] ist zu einer Größe geworden, deren prinzipielle Fassung Unterschiede auf der Ebene von Aussagen über das 'Wesen' unmöglich macht und damit auch das Bedürfnis der Neubegründung gesellschaftlicher Ordnung unter andere Prämissen stellt[105]. Die Bestimmungen der Freiheit, wie sie sich das bürgerliche Subjekt in seinem Selbstverständnis anheftet, betreffen Wesensaussagen, ebenso "wie die Schwere eine Grundbestimmung der Körper ist (Rphil §4 Zu)"; der Kampf um die Realisierung der Freiheit gegen die die Unfreiheit verstetigende Privilegienordnung ist damit ein Kampf um die Emanzipation *des Menschen* überhaupt. Er kann unter dem überlegenen Anspruch auftreten, im allgemeinen Interesse aller geführt zu werden, das wirkliche Wesen des Menschen zum Gegenstand zu haben. Der teleologisch anvisierte 'Fortschritt im Bewußtsein der Freiheit'(Ver S. 63) hat jetzt eine Entwicklungsstufe erreicht, der das allgemein gewordene Wissen um die konstitutive Qualität der Freiheit für den Menschen als solchen, d.h. für alle

---

103 "... die wahrhafte Stellung aber ist, daß vom Standpunkte der Freiheit aus das Eigentum, als das erste Dasein derselben, wesentlicher Zweck für sich ist." ebd § 45
Vgl. auch ebd § 44, § 46 u. Zu
104 GdP S. 507, Vgl. auch Vernunft S.63 u. Rphil §209
105 Vgl. auch Enz I §165 Zu

Menschen, korrespondiert. Die eingeforderte Autonomie des Subjekts generiert dabei zum Grundbaustein der angestrengten Konstruktion einer auf Vernunft gegründeten oder mit ihr zumindest vereinbaren Ordnung. Mit der generalisierenden Expansion des eigenen Selbstverständnisses kann diese nur noch insoweit als vernünftig legitimiert werden, wie sie die Freiheit des Einzelnen auf eine allgemeine Weise gewährleistet. Die Allgemeinheit, die Universalität und Formalität der rechtlichen Regelungen, die die Beziehungen zwischen den einzelnen Subjekten regulieren, ist eine zwingende Konsequenz der eben nur noch allgemein, d.h. im Prinzip nur für alle zu behauptenden subjektiven Freiheit oder Autonomie: Kant hat hierzu die prägnante Formel geliefert[106]. Kontraktuelle und konsensuelle Vereinbarungen oder Verfahren bilden die auffallenden Elemente der versuchten Modellbildungen: Aus der isolierten Perspektive des für sich festgestellten Subjekts sind Beziehungen zu dem, den Anderen, ebenso vereinzelt zu denkenden 'Willensatomen', nur noch auf der Basis einer grundsätzlichen Freiwilligkeit, von einem autonomen Interesse her motiviert, denkbar. Das System, das der Einzelne am Bild der eigenen monadologischen Selbsterfahrung und seiner Auffassung von Freiheit entwickelt, entspricht dem äußerst prekären Verkehr prinzipiell gleicher und doch für sich einzigartiger Subjekte - eben der Beziehung zwischen 'Personen'. Dabei ist das reflexiv gewordene Bewußtsein eines solchen verbindenden Zusammenhangs aller Einzelnen ein unbedingter Ausdruck des historisch erreichten Entwicklungsstandes: Gerade die Erfahrung der eigenen Zentriertheit, der Zurechnung des Handelns auf den autonomen inneren Antrieb, den selbstgesetzten Zweck, wird 'notwendig' begleitet von der Erfahrung der Abhängigkeit im 'System der Bedürfnisse'. Ich ist für sich ausdifferenziert, als partikulares Interesse 'für-sich' fixiert, aber zugleich ist es in dieser Erfahrung gesellschaftlich vermittelt, überwältigt von den Imperativen der "allseitigen Verschlingung der Abhängigkeit aller" (Rphil §199), die die strategische Rücksichtnahme auf das konkurrierende Interesse des, der anderen, ebenfalls für sich autonom zu denkenden Subjekte verlangt. Der abstrakte Ausgangspunkt des Gesellschaftsbildes vom isolierten Einzelnen, von der "Besonderheit, die sich das Allgemeine einbildet" (ebd § 200), integriert diese Erfahrung unter den Prämissen des bürgerlichen Selbstverständnisses in der Fiktion eines zwanglosen Mediums des Austausches autonomer Subjekte, dem Markt. Auf ihm können die partikularen Interessen einvernehmlich und in wechselseitiger Ergänzung zum Ausgleich kommen. Denn die subjektive Freiheit, die auf der hier behandelten Stufe weltgeschichtlicher Evolution erreicht wird, meint, wie gesagt, ganz selbstverständlich die Freiheit des bürgerlichen Wirtschaftssubjekts. In ihm realisiert sich die illusionäre Verheißung des Christentums unmittelbar praktisch - allerdings nicht ohne Fußangeln, wie Hegel weiß. Die Gleichheit vor dem Gesetz, die Anerkennung als 'Person', die allen die gleiche Chance der Verwirklichung ihrer Freiheit am Markt garantieren soll, bleibt rein formal. Sie nimmt keine Rücksicht darauf, daß die Anerkennung der Freiheit der Wirtschaftssubjekte materiale Ungleichheiten setzt, die die Freiheit des in der Tauschbeziehung Schwächeren grundsätzlich infragestellen und damit seinen humanen Status untergraben können[107]. Es gibt hier Benefiziare und Opfer; jedenfalls bleibt die postulierte Allgemeinheit, die sich angeblich zwanglos herstellen soll, eine prekäre Angelegenheit, die abstützende staatliche Maßnahmen verlangt[108].

---

106 Nicht im mindesten stolpert das Bewußtsein der hier postulierten Allgemeinheit der bürgerlichen Freiheit über den inneren Widerspruch der Ausschließung großer unterbürgerlicher Gruppen: Die Diskriminierung nach unten oder auch nur die generelle geschlechtsspezifische Bindung der Bürgerrechte insbesondere der politischen Partizipationsrechte war selbstverständlich. Bürgerliche Gesellschaft war zwar eine immens erweiterte, aber nach unten eben immer noch exklusive Ordnungsstruktur. Hegel konzipiert die bürgerliche Gesellschaft konsequenter, um aber zugleich innerhalb der ausdifferenzierten politische Sphäre desto restriktivere Bedingungen zu sanktionieren.

107 Hegel sieht z.B. sehr genau, daß der Arbeitsvertrag, der sich aus dem autonomen Dispositionsrecht des Subjekts über die eigene Arbeitskraft und die eigenen Fähigkeiten ableitet, keine völlige Aufgabe der persönlichen Freiheit zum Resultat haben darf. Vgl. Rphil §67

108 Vgl. zur Problematik noch einmal EnzIII §539, Rphil §200

254

Diskreditiert ist damit in einem viel tieferen Sinn der Versuch, aus der archimedischen Perspektive des isolierten Einzelnen eine 'wirklich' vernünftige, d.h. mit der Freiheit aller kompatiblen Gesellschaftsordnung zu begründen. Jede Selbstverständigung über Ordnung, die Hegel hier im Sinn hat, leidet unter der vermittlungslosen, d.h. geschichtslosen Reduktion auf die egozentrische Perspektive des sich als autonom erfassenden Subjekts. Egozentrisch meint, daß die Selbstdistanzierung noch ungenügend weit vorangetrieben bleibt, daß das Subjekt den Konstitutionsprozeß der Ausbildung seiner Subjektivität nicht zugleich miterfassen kann. Die Gesellschaft rückt damit in eine Gegenlage, die ähnlich unüberbrückbar erscheint, wie die erkenntnistheoretische Grenzziehung zwischen Subjekt und Objektwelt, die hier aber die Voraussetzung einer Inanspruchnahme völliger Konstruktionsfreiheit durch das sich verabsolutierende Subjekt wird. Eine Modellbildung auf dieser Basis wird allein durch immanente logische Konsistenzforderungen begrenzt[109], sie bleibt dabei aber, so die entscheidende Kritik Hegels an dieser 'abstrakten' Systembildung, inhaltlich beliebig oder - was auf dasselbe hinauskommt -, jeder willkürlichen Anreicherung offen[110]. Alle Versuche einer Begründung, die ausgehen von der Extrapolation des 'Willensatoms' auf das Ganze der Gesellschaft, in denen das Subjekt gleichsam sich, sich denkend, verallgemeinert, können die Fixierung an die Partikularität der je besonderen Interessen des systembauenden Subjekts nicht ablegen. Da, wo die Reflexion dieses Problem noch erreicht, kann überhaupt kein konkreter Inhalt mehr angegeben werden: Übrig bleiben nur abstrakte Prinzipien und Verfahren, die in ihrer 'hohlen Formalität' jeder interessierten Korruption zugänglich sind. Die Verabsolutierung des kompetenten Einzelnen reißt die Verbindung nach hinten in den geschichtlichen Raum ab und eliminiert damit zugleich jeden Maßstab für eine 'objektive' Bestimmung gesellschaftlicher Ordnung. "Jene Ansicht", so kritisiert Hegel äußerst scharf in Rücksicht auf die Französische Revolution, "ist ebenso ohne allen spekulativen Gedanken und von dem philosophischen Begriffe verworfen, als sie in den Köpfen und der Wirklichkeit Erscheinungen hervorgebracht hat, deren Fürchterlichkeit nur an der Seichtigkeit der Gedanken, auf die sie sich gründeten, eine Parallele hat" (Rphil §29).[111]

---

109 Vgl. PdG S.523f
110 Sh. etwa die Kritik der praktischen Philosophie Kants und die Verbindung, die Hegel zwischen Kant und der Französischen Revolution zieht
111 Die Konsequenzen dieses Konstruktionsansatzes werden ausführlicher in Rphil §5 kritisiert

5.1 Die Philosophische Perspektive

Die archimedische Gegenlage des vereinzelten modernen Subjekts zur äußeren Welt aktualisiert sich praktisch in den beiden überwältigenden Erfahrungen am Beginn der Neuzeit: der politischen Revolution in Frankreich und der beginnenden Entfesselung des Frühkapitalismus in England. Wenn die Veränderungen auch anderswo und speziell in Deutschland erst weit später eine vergleichbare Dynamik entfalteten, so war der Transformationsprozeß doch spürbar und im Bewußtsein der Zeitgenossen überaus präsent[1]. Beide Erfahrungen belegen Hegel die Einseitigkeit des bürgerlichen Selbstverständnisses und die offensichtlichen Defizite ihrer gesellschaftstheoretischen und politischen Leitbilder: Ihre praktischen Konsequenzen dokumentieren sich ihm im politischen Chaos der Revolutionswirren und der, entgegen dem theoretischen Anspruch aus eigenen Mitteln nicht zu steuernden, 'Anarchie' der bürgerlichen Gesellschaft - ich habe das schon zu Genüge gezeigt.

Beide, der politische und der ökonomische Emanzipationsschub werden von Hegel dabei als legitimer Ausdruck des in der Neuzeit erreichten Bildungsstands des Subjektbewußtseins, der im bürgerlichen Bewußtsein hypostasierten Autonomie des Subjekts, perzipiert und insofern auch als eine berechtigt von der konkreten Wirklichkeit reflektierte Entwicklung gerechtfertigt. Es ist sicherlich nicht ganz richtig, hinter der berichteten Sympathie Hegels für die französischen Revolutionsereignisse nur den unbedingten Zwang der teleologischen Geschichtsdeutung zu vermuten, die gar nicht anders kann, als das faktisch Gegebene positiv zu sanktionieren. Hegel war durchaus auf der Höhe der Zeit, seine positive Identifikation mit der 'Idee einer allgemeinen Befreiung des Individuums' ist hinreichend dokumentiert. Strukturlogische Zwänge legen inhaltliche Positionen nicht unbedingt fest, sie determinieren nur das Niveau ihrer Verarbeitung im umfassenderen Begründungszusammenhang. Auch seine Kritik kann durch den Verweis auf das durch sie revitalisierte spekulative System in ihrer analytischen Kraft nicht ganz und gar relativiert werden: Sie trifft ja tatsächlich konzeptuelle Schwächen der konstruktivistischen Ansätze der liberalen Gesellschaftstheorie, und sie erreicht selbst eine im zeitgenössischen Vergleich beispiellose Qualität an analytischer Schärfe und Stringenz.

Aus der nüchternen Beschreibung der Dynamik der bürgerlichen Gesellschaft war Hegel ganz selbstverständlich auf die Bedeutung des Staates gestoßen. Die Übernahme von kontrollierenden, die dysfunktionalen Effekte der bürgerlichen Gesellschaft ausgleichenden Funktionen, die Herstellung und Garantie der Rechtssicherheit etc., bezeichnen Aufgaben und Herausforderungen, die eine ihr übergeordnete und sie ergänzende Instanz zwingend legitimieren. Eine Rechtfertigung des Staates aus einer um die Grenzen der bürgerlichen Selbststeuerungsfähigkeit wissenden Sicht allein war nicht sonderlich originell, sondern traf sich mit der Konzeption des mit mehr oder weniger Eingriffskompetenz ausgestatteten 'liberalen Staates': Hegel etikettiert dieses Staatsverständnis aus der Perspektive der bürgerlichen Gesellschaft als den 'Not - und Verstandesstaat', den er wegen seiner funktionalen Komplementarität der bürgerlichen Gesellschaft selbst zuordnet und auch in der Rechtsphilosophie folgerichtig dort abhandelt. Im System gesellschaftlicher Arbeit, das individuelle Bedürfnisbefriedigung an einen gesellschaftlich organisierten Produktionszusammenhang verweist, können die Subjekte nicht einfach ein isoliertes egoistisches Kalkül verfolgen, sondern es entsteht notwendig - aus einer hintergründigen 'List der Vernunft' heraus und selbst gegen die bewußte Intention des konkreten Akteurs - die Anforderung an denselben, eine allgemeine, gesellschaftliche Perspektive, die des übergeordneten 'Systems der Bedürfnisse', auszubilden und

---

1   Vgl. F.Furet über das Selbstverständnis der Französischen Revolutionäre in: 1789 Ereignis - Gegenstand, Frankfurt, 1981 ; Zeitberichte in: U. Marcov, Revolution im Zeugenstand, Frankfurt, 1987

in den eigenen Handlungsplan einbauen zu müssen. Die erfolgreiche Durchsetzung der eigenen Interessen bedingt die Anerkennung der die bürgerliche Gesellschaft abstützenden Institutionen: des Rechts, der öffentlichen Verwaltung, der administrativen Gegensteuerung systemgefährdender sozialer Gegensätze. Die perspektivische Wahrnehmung des Systems als einem Korrelat des strategischen Nutzenkalküls bezeichnet Hegel eine Kompetenz, die typischerweise das Niveau der zeitgenössischen Gesellschaft angibt und die systematisch noch der vorstehend beschriebenen Stufe des Subjektbewußtseins zuzuordnen bleibt[2]. Die allgemeinen Orientierungen sind funktional auf die partikularen Interessen bezogen, gewinnen ihre affirmative Potenz aus der bewußt gewordenen Notwendigkeit des 'Allgemeinen'- der gesellschaftlichen Gesamtproduktion und einer dieselbe überwachenden Ordnungsmacht - für das individuelle 'Wohl' des Einzelnen. Das angegebene Niveau der Rekonstruktion der Systemperspektive ist eine moderne Entwicklungsstufe, eben gebunden an die Ausdifferenzierung der bürgerlichen Gesellschaft, einer spezifisch ökonomischen Sphäre egoistischer Interessensverfolgung. So erkennt Hegel auch eine Legitimation der politischen Institutionen, die sich allein auf das Bewußtsein ihrer Komplementarität zur ökonomischen Freisetzung stützt, als unbedingt berechtigt an: Das Wohl des Einzelnen, und d.h. der Egoismus des Einzelnen, ist auf der Höhe der Zeit eine berechtigte Forderung, die das Gesamtsystem anzuerkennen und abzusichern hat. Die zweckrationale Behauptung des Allgemeinen ist notwendig, denn entgegen dem Interesse der kompetenten Einzelnen oder zumindest ihrer bestimmenden Kräfte - das hat das französische Beispiel eindrucksvoll gezeigt - läßt sich kein politisches Herrschaftssystem mehr aufrechterhalten. Die Macht der 'Öffentlichkeit', eine Kategorie, unter der sich das allgemeine Interesse der Einzelnen als Bourgeois für Hegel kenntlich macht, wird durchaus ernstgenommen. Eine Rekonstruktion auf diesem Niveau der Wahrnehmung sozialer Phänomene bleibt gleichwohl einseitig und unterkomplex: Nur ein verkürztes Staatsverständnis entsteht im strategischen Blickwinkel des Bourgeois, das die Erweiterung oder Übertragung der zugestandenen ökonomischen Freiheit auf eine politische Emanzipation, d.h. auf konkrete politische Partizipationsrechte, die die Organisationsstruktur des Gesamtsystems berühren, äußerst problematisch werden läßt. Überboten wird dieser noch einseitige Standpunkt erst durch das angemessenere, erkennende Bewußtsein des Philosophen: der 'philosophischen Perspektive', wie sie im Folgenden bezeichnet werden soll.

Bevor ich auf die mit der 'philosophischen Perspektive' thematisch gemachte Begründungsfigur und deren Konsequenz für die Deutung der zeitgenössischen Gegenwart näher eingehe, soll zunächst einmal der Fortschritt angegeben werden, den sie im Vergleich zur vorherigen Stufe markiert. Denn hier bahnt sich, zwar noch gefangen im Rahmen einer traditionalen Deutungslogik, der Übergang zu einer neuen Wahrnehmung gesellschaftlicher Phänomene an, eine Leistung, die die spätere Gesellschaftstheorie durch das deutliche Bewußtsein der kritischen Kontinuität zu Hegel, auch gerade, wo es um die radikale 'Umstülpung'(Marx) seiner Philosophie ging, immer wachgehalten hat. Im Zentrum der Kritik der bürgerlichen Theorie stand deren unreflektierte Aufnahme der modernen Subjektivität als einem apriorischen Grundelement der gesellschaftstheoretischen Konstruktion. Die Autonomie des Subjekts, ganz besonders in seinen Eigentumsbeziehungen, war eine nicht weiter problematisierte Prämisse der Systembildung, aus der alles weitere deduziert werden mußte[3]. Die 'philosophische Perspektive' überbietet diese vorherigen oder 'unmittelbareren' Stufen der theoretischen Bewußtseinsbildung

---

2 Auch die konformistische Perspektive des 'patriotischen Staatsbürgers', der im Bewußtsein der Notwendigkeit des Allgemeinen, so besonders in der konkreten Krisensituation, eine positive Orientierung auf das politische Institutionensystem ausbildet, bleibt dieser Stufe eindeutig zuzuordnen.

3 Rousseau nahm eine auch von Hegel anerkannte Sonderstellung ein, insofern er das Subjekt der bürgerlichen Gesellschaft zugleich als Produzent und als Produkt eines geschichtlichen Bildungsprozesses, also selbst als geschichtlich verstanden und, so vor allem im 2. Discours, konsequent eine ausgefeilte Anthropologie entworfen hatte. Hegel nimmt hier wichtige Anregungen auf.
Sh. auch Gesch. der Phil. Bd 3, S. 306ff

durch das in ihr eingeholte Wissen um den entwicklungsgeschichtlich aufgelösten 'Gang des Ganzen' auf eine endgültige und abschließende Weise. Alle anderen Positionen sind in ihr integriert, derart, daß ihr jeweiliger historischer oder biographischer Standort, ihre historische Berechtigung und Leistung über sie rekonstruiert und auf eine entwicklungslogische Achse der Höherentwicklung bezogen werden können. Aus ihr soll einsichtig werden, wann und warum das Bewußtsein zu einem gegebenen historischen Zeitpunkt eine bestimmte Selbstwahrnehmung und eine bestimmte Konzeptualisierung der Wirklichkeit annimmt und wie dies wiederum mit dem 'objektiv' gegebenen Institutionensystem des gesellschaftlichen Kontext zusammenhängt, ferner, warum derartige zeitgebundene Interpretamente als einseitig und unterkomplex von höheren Bewußtseinsstufen abgelöst werden müssen. Die Position des modernen Naturrechts, d.h. eine Position, die gesellschaftstheoretische Aussagen unhinterfragt auf Annahmen über ein autonom konzipiertes Subjekt aufbaut, kann so zwar als legitimer Ausdruck der in der Neuzeit geleisteten ökonomischen Befreiung des Subjekts und der ihr entsprechenden Subjekterfahrung zugestanden werden, sie verfällt aber sogleich der Kritik, eben weil sie das moderne Selbstverständnis unzulässigerweise noch von seinem historischen Entstehungsprozeß abkoppelt. Die moderne Autonomie ist selbst erklärbedürftig, das Elementarrecht auf Eigentum, die Grundrechte der Rechtspersönlichkeit sind nicht übergesellschaftlich verbindlich oder 'von Natur' im Sinne von natürlich, sondern eben nur Ausdruck einer ganz bestimmten historischen Formation. Alle Vorstellungen und gesellschaftstheoretischen Aussagen, die nicht zugleich den Entstehungsprozeß der Deutungsperspektive und ihrer Prämissen mit reflektieren können, müssen ihren Gegenstand deshalb notwendig verfehlen und sind nur als zeitbedingte Aussagen zu rechtfertigen, ansonsten aber nur ideologisch.

Die scharfe Kritik an der bürgerlichen Gesellschaft speist sich aus der höheren Einsicht in diese ideologische Qualität der bürgerlichen Theorie, in die interessierte Brüchigkeit des Anspruchs auf Allgemeinheit, unter dem das Bürgertum angetreten war: die Brutalität der gesellschaftlichen Beziehungen zwischen den nur scheinbar autonomen Warenbesitzern war kaum mehr zu verheimlichen. In den Grenzen einer darüber bis zum äußersten idealistisch zugespitzten Theorie konfrontiert Hegel das sich als Akteur und Produzent seiner Verhältnisse erfahrende Subjekt mit der historischen Bedingtheit dieser Kompetenz, mit dem Wissen um die Bedeutung gesellschaftlicher Prozesse für die Ausbildung einer derartigen Selbsterfahrung, also mit der Bedeutung des 'gesellschaftlichen Seins' für das Subjektbewußtsein.[4] In das aktuelle Interesse des Subjekts, seine Vorstellungen, Orientierungen, Theorien und Selbstbilder geht immer auch sein jeweiliger historischer Standort mit ein, seine historische 'Bestimmtheit' ; sie sind "durchzogen mit allgemeinen, wesenhaften Bestimmungen des Rechts, des Guten, der Pflicht usf." (ebd), die dieser Formation charakteristisch korrespondieren. 'Wirkliches', 'wahres' Wissen impliziert die Reflexion dieses Bedingungszusammenhanges und d.h. die genetische Rekonstruktion des Vermittlungsprozesses zwischen den 'objektiven' Bedingungen der gesellschaftlichen Verhältnisse und dem Entwicklungsstand der menschlichen Subjektivität: die 'philosophische Perspektive'. Natürlich hat das 'gesellschaftliche Sein' bei Hegel einen ganz anderen Gehalt als später bei Marx, es ist selbst nur der spekulative Ausdruck einer metakategorialen Bewußtseinsqualität: eben eingefangen im Supremat des Welt-*geists*. Von den damit zusammenhängenden Grenzen wird gleich noch weiter die Rede sein.

Was aber aus der Perspektive des 'Ganzen' im Selbstvermittlungsprozeß des absoluten Geistes nach bewährtem, wenn auch jetzt transparent gewordenem, Muster wieder bruchlos aufgelöst werden kann, hat für die empirischen Individuen, an deren Arbeit dieses Erkenntnisvermögen

---

4   "Jedes Individuum ist der Sohn seines Volkes auf einer bestimmten Stufe der Entwicklung dieses Volkes. Niemand kann den Geist seines Volkes überspringen, sowenig er die Erde überspringen kann.", schreibt Hegel an einer eindrücklichen Stelle in der Einleitung zu seiner Philosophie der Geschichte. (Ver. S.95). Vgl. auch Enz III §540

hängt, einen ganz anderen Gehalt. In ihrem konkreten Lebensprozeß tritt ihnen das gesellschaftliche Sein mit der harten Qualität objektiver Tatsachen, Institutionen gegenüber, die die Möglichkeiten des Subjekts strukturell begrenzen, auch wenn sie selbst als bedingt erkannt werden müssen[5]. Die Erfahrung der Neuzeit fixiert zwar das Subjekt als den einzigen Produzenten seiner Verhältnisse - auch Hegel kennt seit der ersten Hemmung der Begierde in der elementaren Matrix: Trieb - Befriedigung keinen anderen konkreten 'Täter' der Geschichte -, es ist aber eine Produktion, die sich zum größten Teil der Geschichte selbst verdeckt geblieben war und keinesfalls an einer autonomen Verantwortlichkeit kompetenter Subjekte festgemacht werden kann. Vor allem aber rekonstruiert Hegel den Prozeß als Vermittlung: Das Produkt wirkt notwendig auf den Produzenten zurück, verstrickt ihn in neue Auseinandersetzungen, in denen ihm dann auch sein Tun, seine Arbeit, seine Beziehungen gegenübertreten und 'objektiv' werden: Selbsterfahrung und geschichtlicher Fortschritt möglich wird. Immer steht der weitere Prozeß, und mit ihm die Qualität des über ihn erzeugten Bewußtseins, derart unter Bedingungen, die ihn strukturieren und ohne deren Berücksichtigung er unverständlich bleiben muß. Geschichte ist auf dieser Ebene der 'uneigentlichen' konkreten Akteure in der Tat ein Arbeitsprozeß, über den sich der Mensch in der dialektischen Auseinandersetzung mit der äußeren Welt, der Natur und den Bedingungen seiner gesellschaftlichen Existenz, die ihn zunächst mit naturwüchsiger Gewalt gefangen halten, selbst 'bildet' und zu jener selbstreferentiellen Subjektivität entwickelt, die am diagnostizierten Ende des Prozesses vom naiv-unmittelbaren zum entfalteten Wissen der Gegenwart, zur übergeschichtlichen Prämisse schlechthin erklärt wird. T. Adorno hat hierzu sehr richtig festgestellt: "Indem die Dialektik dies Verhältnis auseinanderlegt, wird sie dem gesellschaftlichen Kraftfeld gerecht, in dem alles Individuelle vorweg bereits gesellschaftlich präformiert ist und in dem doch nichts anderes als durch die Individuen hindurch sich realisiert."[6] Der tieferliegende Mechanismus dieser dialektischen Vermittlung ist freilich spekulativ begründet, d.h. der materielle Prozeß praktischer Auseinandersetzung gewinnt für sich selbst kein eigentliches oder höchstens ein illustratives Interesse für den metakategorialen Vorgang. Es gibt keine materielle Determinante, kein etwa ökonomisches Gesetz, das den Vorgang zureichend, bzw. im Rahmen streng materialistischer Vorgaben erklären könnte oder auch nur wollte. Und doch hat er eine ökonomische und politische Dimension, die für sich selbst gegen den konzeptuellen Bauplan aussagekräftig wird, muß sich Geschichte als ein Strukturwandel gesellschaftlicher Gestalten, Formationen mit dem Handeln empirischer Menschen in einem Stufenmodell der inneren Logik gleichzeitiger Koinzidenzen und einer vertikalen Logik historischer Differenzierung zusammenbringen lassen. Wie immer auch die Ausführung noch ungenügend und von spekulativen Einsprengsel überfrachtet erscheint: eine Perspektive der Organisation des geschichtlichen Materials wird sichtbar, die das spekulative Fundament in der Folge zerstören wird. Die verfolgte Linie der Evolution des Geistes über die Abfolge der einzelnen 'Volksgeister', mit denen eine ideelle Dimension des weltgeschichtlichen Gangs als die eigentliche Determinante ausgezeichnet werden soll, reflektiert die Bedeutung dieser 'objektiven' Ausprägungen immerhin als notwendige Emanationen in der 'Sphäre des Daseins'. Gerade am Beispiel des so penetrant spekulativ unterfütterten Staates muß dieser Punkt geklärt werden.

Die Einsicht Hegels in die historische Bedingtheit der mit der Neuzeit reklamierten Autonomie und das in der Rechtsphilosophie ausgebreitete Staatsverständnis hängen notwendig zusammen. Der Begriff des Staates geht nicht auf in der zeitgenössischen 'Wirklichkeit des Staats', d.h. der aktuell gegebenen Verfassung, dem politischen Institutionensystem. Schon zu Anfang des Kapitels wurde darauf hingewiesen, daß Hegel, ähnlich wie das ebenfalls erst durch die politische

---

5   "Die Gesetze, Sitten, vernünftige Vorstellungen überhaupt sind im Geistigen solche Mitteilbare, welche die
     Individuen auf eine bewußtlose Weise durchdringen und sich in ihnen geltend machen." Logik II S. 416
6   Th. Adorno, Drei Studien zu Hegel, S.47, Frankfurt 1974

Diskussion der Neuzeit auf einen spezifisch politischen Gehalt verengte Verständnis von 'Verfassung'[7], mit 'Staat' weit elementarer auf die gesellschaftliche Organisation des Menschen überhaupt abzielt. So heißt es an einer Stelle in der Vernunft ganz grundsätzlich: "Das Wesen des Staats ist die sittliche Lebendigkeit." (Ver S.112).[8] Also lange bevor eine eigenständige politische Institutionalisierung der im engeren Sinne 'politischen Verfassung', des 'politischen' Staates sich historisch überhaupt ausdifferenziert hat - und Hegel weiß sehr wohl um das spezifisch 'Moderne' dieser Entwickung, wie ja gerade die Abgrenzung von bürgerlicher Gesellschaft und politischem Staat zu einer herausragenden Leistung seiner gesellschaftstheoretischen Arbeiten gehört -, ist vom Staat als dem fundamentalen Organisator des menschlichen Zusammenlebens die Rede. Staat, das sollte die bisherige Diskussion deutlich gezeigt haben, stellt für Hegel gleichsam die 'objektive' Elementarmatrix dar, aus der sich alle weitere geschichtliche Entwicklung, so sie über die Kategorie der Vermittlung mit dem Vorherigen in genetischem Zusammenhang steht, differenziert. In der Rechtsphilosophie schreibt Hegel an einer Stelle, die mit der grundsätzlichen Klärung des Staatsbegriffs befaßt ist: "Da der Geist nur als das wirklich ist, als was er sich weiß und der Staat, als Geist eines Volkes, zugleich das *alle seine Verhältnisse durchdringende* Gesetz, die Sitte und das Bewußtsein seiner Individuen ist, so hängt die Verfassung eines bestimmten Volkes überhaupt von der Weise und Bildung des Selbstbewußtseins desselben ab. In diesem liegt seine subjektive Freiheit und damit die Wirklichkeit der Verfassung." (Rphil § 274).

Der 'politische' Staat der Rechtsphilosophie, den die Interpreten vornehmlich in den Blick nehmen, ist insofern nur das späte Evolutionsprodukt eines tieferliegenden Strukturwandels des Staates als der umfassenderen Chiffre für die Gesamtformation der Gesellschaft. Deshalb auch kann von ihm behauptet werden, der bürgerlichen Gesellschaft, d.h. der institutionalisierten Sphäre der Ökonomie, vorauszugehen und sie eigentlich zu beinhalten, auch die bekannten anstößigen Glorifizierungen gewinnen unter dieser genetischen Perspektive ihre immanente Rechtfertigung.[9] Eine Rechtfertigung, die es ratsam erscheinen läßt, die vorschnelle Verurteilung der Hegelschen Staatskonzeption noch einmal zu überdenken und den eigentlichen Gegenstand der Kritik weit schärfer zu bestimmen. Die naheliegende Vermengung der beiden unterschiedlichen Staatsbegriffe (die sich natürlich in der Rechtsphilosophie geradezu aufdrängt, wo sie Hegel ausdrücklich selbst zur Legitimation der Superiorität der gegebenen politischen Institutionen vornimmt) verhindert ein adäquates Verständnis der geschichtsphilosophischen Entwicklungslinien, indem sie den genetischen Aspekt vorschnell unterschlägt und die Konzeption der Geschichte als Differenzierungsprozeß auch auf der Ebene der realen, 'endlichen' Ausprägungen der Gesellschaftsformationen oder -gestalten verdunkelt. Das Maß der historisch erreichten Subjektautonomie, d.i. die explizit ausgezeichnete Entwicklungsdimension (Geschichte als Fortschritt im Bewußtsein der Freiheit!) korrespondiert unter diesem Blickwinkel einem bestimmten Niveau der Differenzierung des 'Staates' im umfasenderen Sinne, also einer spezifischen Konstellation und Entwicklung der gesellschaftlichen Institutionen, die diese Autonomie präformieren und die ihrerseits durch die spezifischen allgemeinen Orientierungen, die spezifischen sittlichen Kompetenzen der Subjekte bestätigt werden und nur insofern ihre Objekti-

---

7 Vgl. etwa L. Strauss in : Naturrecht und Geschichte, Frankfurt 1977, S.140f
8 Vgl. auch ebd. S.114
9 Eine weniger bekannte Stelle, die den eben skizzierten Zusammenhang sehr deutlich herstellt, sei ewas ausführlicher zitiert. Nachdem Hegel die logische Struktur des rechtsphilosophischen Gedankengangs kurz entwickelt hatte, fährt er erläuternd fort: "Aus diesem Gange unserer Betrachtung folgt jedoch nicht im mindesten, daß wir die Sittlichkeit zu etwas der Zeit nach Späterem als das Recht und die Moralität machen oder die Familie und die bürgerliche Gesellschaft für etwas dem Staate in der Wirklichkeit Vorangehendes erklären wollten. Vielmehr wissen wir sehr wohl, daß die Sittlichkeit die Grundlage des Rechtes und der Moralität ist, sowie daß die Familie und die bürgerliche Gesellschaft mit ihren wohlgeordneten Unterschieden schon das Vorhandensein des Staates voraussetzen." Die Stelle ist als mündlicher Zusatz zu § 408 der Enz im Anmerkungsteil zur Rechtsphilosophie auf S. 524 in Bd 7 der Werke abgedruckt.

vität behaupten können.[10] Besonders deutlich kommt die Wechselbeziehung zwischen institutionalisierter Gesellschaftsordnung und dem jeweiligen Stand der Entwicklung der Subjektivität, der Qualität der sozialen Perspektive des Individuums, in der Enzyklopädie zum Ausdruck: "Die Verfassung setzt jenes Bewußtsein des Geistes voraus, und umgekehrt der Geist die Verfassung, denn der wirkliche Geist selbst hat nur das bestimmte Bewußtsein seiner Prinzipien, insofern diesselben für ihn als existierend vorhanden sind." (Enz III § 540). Die allgemeinen Vorstellungen, die der hier angesprochene Einzelne entwickelt, seine Orientierungen, Interessen, sein Selbstverständnis müssen in Beziehung auf diesen umfassenderen Kontext des gesellschaftlichen Bedingungsgefüges verstanden werden: Auch seine Autonomie, die Selbsterfahrung als vereinzeltes, entscheidungsautonomes Individuum ist nur eine historische: nur unter bestimmten historischen Bedingungen eingelöste und an sie gebundene Kompetenz[11]. Hinter ihr steht ein Differenzierungsprozeß der europäischen Gesellschaft, der mit der Neuzeit in dem alle Untergewalten domestizierenden Zentralstaat und dem dieser Entwicklung korrespondierenden Umbau der Produktionsweise hin zum aufkommenden Kapitalismus seine unter der Logik der Hegelschen Deutung letzte 'objektive' Gestalt gefunden hat. Die philosophische Perspektive rekonstruiert die dialektisch-prozessuale Struktur, die die neuzeitliche Subjektivität mit dem tieferen Differenzierungsvorgang verbindet und kann von diesem Hintergrund aus die einseitige, unhistorische, auf ihre eigenen Prämissen nicht reflektierende Position der liberalen Gesellschaftstheorie und das in ihr implizierte Menschenbild fundiert kritisieren, bzw. diesen Ansatz selbst als historisch verständlich machen. Annahmen, die von der Disponibilität alles Gegebenen, von der freien Entscheidungsautonomie der sich zur Gesellschaft zusammenschließenden Subjekte ausgehen, werden als ideologisch entlarvt: als Ausdruck eines die neuen ökonomischen Beziehungen legitimierenden Interesses, das die wirklichen Verhältnisse auf der Ebene des praktischen Lebens verschleiert, indem es von den real bestehenden unterschiedlichen Voraussetzungen, den strukturierenden Rahmenbedingungen abstrahiert. Hegel weiß besser, daß die hier unterstellte Freiheit mit der Unfreiheit der am Markt Schwächeren einhergeht, notwendige Krisen auslöst und deshalb zwangsläufig korrigierende und stabilisierende Maßnahmen erfordert, die die ideologischen Prämissen konterkarieren[12].

Mit der differenzierteren Betrachtung wird auch der neuentdeckte Anspruch des sich als Produzent seiner Verhältnise erstmals erfahrenden Subjekts zurückgestutzt: die planvolle Umgestaltung der Welt nach irgend der konkreten Wirklichkeit abstrakt gegenübergesetzten Modellen, die, losgelöst von der Reflexion auf ihren eigenen gesellschaftlichen Bedingungszusammenhang, Wirklichkeit unter utopistische Ideen zwingen, Welten aus abstrakt-reiner Vernunft konstruieren und dem Gegebenen ohne Rücksicht auf das real Mögliche überstülpen wollen, werden gebrochen an der einsichtig gemachten Härte des 'Objektiven' - eine Kritik der idealistischen Strategie im Rahmen des Idealismus. Hegel gibt die Kompetenz des modernen Subjekts, sich denkend hinter alle konkreten Bestimmungen zurückziehen und sich in eine hypothetisch-archimedische Position versetzen zu können, durchaus zu. Alles mögliche kann von hier aus gedacht werden, beliebige Welten scheinen um frei wählbare Prinzipien herum auskristallisierbar. Sobald aber der Versuch unternommen werden soll, das Modell und die in ihm implizierten Prämissen tatsächlich auf konkrete Wirklichkeit zu beziehen, muß es sich entweder an den gegebenen Bedingungen orientieren und ausrichten, am Vorhandenen ansetzen: über die Kritik der offenbar gewordenen historischen Unvernunft die geschichtlichen Möglichkeiten der

---

10 Vgl. Enz III §540 u. Ver. S. 95
11 Sh. grundsätzlicher die Schlußfigur in Logik II S. 425
12 Am Rande der Jenaer Realphilosophie hatte Hegel notiert: "So franz. Revolution, Abschaffung der formell privilegierten Stände, dies vollbracht, Abschaffung der Ungleichheit des Standes, leeres Gerede." (ebd. S. 277); sh auch Enz III S.334f
    Nürnberger Schr. S.371f

Veränderung pragmatisch taxieren, oder aber sich in einen prinzipiellen Destruktivismus verirren, der sich nur 'negativ' zur geschichtlichen Wirklichkeit verhalten kann, ohne jede realistische und damit realisierbare Vorstellung der neuzuschaffenden Verhältnisse. Den letzteren Standpunkt, der auf die angemessene Analyse der gegebenen gesellschaftlichen Situation verzichtet, beschreibt Hegel als die 'negative Freiheit': die 'Freiheit der Leere', die nur die "Zertrümmerung aller bestehenden gesellschaftlichen Ordnung und die Hinwegräumung der einer Ordnung verdächtigen Individuen wie der Vernichtung jeder sich wieder hervortun wollenden Organisation" (Rphil §5 u. Zu) will und so zur 'Furie des Zerstörens' verkommt. Diese Äußerungen Hegels dürfen nicht allein unter dem Aspekt einer bloßen Legitimation des Gegebenen, die alles Zukünftige, jedes 'Sollen', die Utopie der besseren Welt zugunsten der Genügsamkeit mit dem status quo abschneiden will, gesehen werden - obwohl natürlich das restaurative Interesse unverkennbar ist. Im Hintergrund steht auch eine bedeutsame Akzentverschiebung in der Perzeption sozialer Tatbestände und Prozesse, die aus dem spekulativ nutzbar gemachten Verständnis für die Interdependenzen geschichtlicher Veränderung gewonnen wird. Die Kritik der auf ihre Voraussetzungen nicht reflektierenden Konzeption des autonomen Subjekts relativiert die im Wissen der Zeit neu eingeholten Erfahrungen, indem sie sie auf die strukturierenden Rückkoppelungen der Gesellschaft mit dem Handeln der produzierenden Subjekte aufmerksam macht, d.h. das Eigengewicht des 'objektiven Geistes', der institutionalisierten Welt, und ihre determinierende Potenz gegen die vereinseitigende Betonung einer freien Konstruktivität und Gestaltungsmächtigkeit der Subjekte gewürdigt sehen will. Schon in einem sehr frühen Fragment notierte Hegel als Ergebnis seiner Beschäftigung mit D. Hume: "Die Menschen, die an der Spitze stehen und als deren Taten die Geschichte uns die Begebenheiten gibt, haben immer den Staat mit aller Mannigfaltigkeit seiner Verhältnisse über sich und außer sich. Er ist als Gedanke in ihnen. Er bestimmt sie; nach ihm rechnen sie ... Weil alles geordnet ist und die *Gewalt dieser Ordnung* herrscht, so treten die meisten nur als Maschinenräder auf. Das Lebendige, die *Umänderung* in der Organisation derselben, ist *klein, allmählich und unsichtbar*." (Frühe Schriften S. 446)[13]. Gesellschaftliche Transformationsprozesse verlaufen also langsam und vielschichtig, sie sind nicht unmittelbar ablesbar an den sozialen Eruptionen mit denen sich vielleicht der 'Umschlag von Quantität in Qualität' in den Augen der Zeitgenossen so eindrücklich vollzieht, sondern diese haben selbst ihre lange Vorgeschichte, deren detaillierte Kenntnis für die Analyse des Gesamtvorgangs unverzichtbar bleibt[14]. Möglichkeiten der Veränderung ergeben sich nur aus der Dialektik solch langfristiger Transformationen, sie sind dem Prozeß keinesfalls äußerlich und von einer absoluten Position aus anheftbar, vielmehr erfordern sie die genaue Auseinandersetzung mit der gegebenen geschichtlichen Situation, so sehr, daß die tieferliegende Deutungslogik als 'immanent' ausgeben kann und darüber sogar explizit den Beweis antreten will[15]. Den eigenen Konsequenzen gegenüber noch blind, entsteht so ein neues, aber noch im Rahmen der traditionalen Logik ausgedeutetes Bewußtsein über die differenzierte Beziehung zwischen der gesellschaftlichen Formation und der ihr korrespondierenden Selbsterfahrung der Subjekte, bzw. dem subjektiven Handlungsspielraum der Individuen. Die präformierende Potenz des gesellschaftlichen Bedingungszusammenhangs, die sich als elementarer Hintergrund des Handelns der historischen Akteure gegen die scheinbar beliebige Manipulierbarkeit in der Welt ideal-theoretischer Spekulationen nachhaltig zur Geltung bringt, verstärkt in der geschichtsphilosophischen Reflexion wieder die Anknüpfungspunkte an Vorstellungsgehalte Montesquieus, der mit dem Konzept des 'esprit génerale' schon auf die

---

13 Man erinnere sich: Es ist nicht der Genius eines Lykurg, Cäsar oder Napoleon, der Geschichte 'macht'; das 'welthistorische Individuum', der Heros schöpft nur den Horizont des Möglichen seiner Zeit aus: Die Zeit ist reif und der Heros pflückt nur die Frucht!
14 Vgl. Frühe Schriften S. 203
15 Vgl. hierzu die explizit nicht-teleologische Bedeutung, die Hegel dem Begriff 'immanent' im Teleologiekapitel der Logik gibt! Vgl. Logik II S. 438

übergreifende Komplexität menschlichen Handelns aufmerksam gemacht hatte[16]: die inhaltliche Nähe zu Hegels Begriff des 'objektiven Geistes' ist unverkennbar[17]. Der dichten Objektivität der historisch ausdifferenzierten Institutionen muß Rechnung getragen werden; in sie ist zwar - wiederum integriert durch den metaphysischen Vermittlungsprozeß - nur menschliche Arbeit eingegangen, die sich aber während dem größten Teil der Weltgeschichte in für die Produzenten selbst undurchsichtiger Weise zur selbstdeterminierenden Faktizität vergegenständlicht hat, einer Faktizität also, die den Horizont des historisch Möglichen strukturiert. Wenn Hegel bei der Analyse der 'absoluten Abstraktion' (Rphil § 5) indirekt darauf hinweist, daß jeder Versuch einer praktisch gewendeten Kritik der Gesellschaft an den 'positiven', d.h. den real gegebenen Verhältnissen anzusetzen habe und entsprechend den Rahmen des Möglichen antizipieren, die geschichtlich konkreten Konsequenzen erkennen und bedenken können muß, so drückt sich hier die Einsicht in das 'bedingende Milieu', die elementare 'Grundlage vorgefundener tatsächlicher Verhältnisse'[18] aus, unter die der konkrete Freiheitsgrad menschlichen Handelns substantiell gebunden bleibt.

"Nur indem er etwas zerstört, hat dieser negative Wille das Gefühl seines Daseins; er meint wohl irgendeinen positiven Zustand zu wollen ... aber er will in der Tat nicht die positive Wirklichkeit desselben, denn diese führt sogleich irgendeine Ordnung, eine Besonderung sowohl von Einrichtungen als von Individuen herbei ..." (Rphil §5), d.h. ist geschichtlich konkret und verlangt die geschichtlich konkrete Analyse[19].

Noch deutlicher als in der eben wiedergegebenen Stelle äußert sich das Bewußtsein der präformierenden Macht des gesellschaftlichen Bedingungszusammenhanges bei der Diskussion der Chancen zur grundlegenden Transformation des gesellschaftlichen Systems über die gewaltsame Implementierung einer neuen Verfassung durch den welthistorisch überlegenen Eroberer, im aktuellen Beispiel Hegels an der Bewertung der Verfassungskonstruktion Napoleons für Spanien: Der beobachtete Widerstand gegen die von außen aufgezwungenen Institutionen belegt ihm die fundamentale Bedeutung, die den Interdependenzen zwischen der institutionalisierten Ordnung und dem ihnen Legitimität zuschreibenden und damit Stabilität verschaffenden Stand der sich auf sie richtenden 'allgemeinen' Orientierungen der Subjekte, also der Qualität des historisch ausgebildeten Subjektbewußtseins, zukommt. Er stellt hierzu fest: "Einem Volke eine, wenn auch ihrem Inhalte nach mehr oder weniger vernünftige Verfassung a priori geben zu wollen, - dieser Einfall übersehe gerade das Moment, durch welches sie mehr als ein Gedankending wäre." (Rphil §274)[20]. Mit mehr als einem 'Gedankending' meint Hegel: mehr als eine bloß subjektive Idee, hypothetische Konstruktion, die auf Wirklichkeit beliebig anwendbar wäre. Politische und gesellschaftliche Institutionen und das 'Wissen' derselben, die Reflexionen über sie, die theoretischen Begründungen, Rechtfertigungen stehen in einem

---

16   Vgl. H.D. Kittsteiner 'Naturabsicht und unsichtbare Hand', Zur Kritik des geschichtsphilosophischen
     Denkens, Frankfurt/M, Berlin, Wien, 1980, S. 179f

17   Vgl. die Verweise in Rphil §3 u. § 261

18   F.Engels in Stud-Ausgabe Philosophie,a.a.o. S. 237

19   Vgl. auch schon Phän. S. 433f, die diesen Aspekt ausführlich behandelt.
     Marx hatte in Fortentwicklung dieses Problems bündig formuliert: "Die wahre Theorie muß innerhalb
     konkreter Zustände und an bestehenden Verhältnissen klargemacht und entwickelt werden." MEW 27, Brief
     Marx' an Oppenheim

20   "... eine Verfassung ist kein bloß Gemachtes: sie ist die Arbeit von Jahrhunderten, die Idee und das
     Bewußtsein des Vernünftigen, inwieweit es in einem Volk entwickelt ist. Keine Verfassung wird dabei bloß
     von Subjekten geschaffen. Was Napoleon den Spaniern gab, war vernünftiger, als was sie früher hatten, und
     doch stießen sie es zurück als ein ihnen Fremdes, da sie noch nicht bis dahinauf gebildet waren. Das Volk
     muß zu seiner Verfassung das Gefühl seines Rechts und seines Zustands haben, sonst kann sie zwar äußer-
     lich vorhanden sein, aber sie hat keine Bedeutung und keinen Wert." (Rphil §274 Zu). Hegel meint dabei
     geschaffen im Sinne abstrakter, apriorischer Konstruktion.
     Vgl. auch Enz III § 540, Vgl. Logik II S. 425

notwendigen Zusammenhang, hängen an einem gemeinsamen Entwicklungsprozeß oder haben eine gemeinsame, dialektisch verschlungene Geschichte - eine Geschichte, die durchaus auch vorwärtstreibende Ungleichzeitigkeiten, die antagonistische Konfliktkonstellation als ein dynamisches Moment kennt. Ebensowenig wie die dichten Tatsachen der 'daseienden' Wirklichkeit einfach ignoriert werden können, ebensowenig sind die kulturellen Produktionen, das Niveau der 'allgemeinen' Orientierungen durch einen von außen inszenierten Umbau der gesellschaftlichen Basisinstitutionen einfach reformierbar: Sie hängen ohne die notwendige Legitimität, ohne die, von der historisch erreichten Kompetenz der Subjektivität abhängigen, Folgebereitschaft der Individuen, unverbindlich 'in der Luft', oder erfordern dann ein dysfunktional hohes Maß an offen gewaltsamer Absicherung[21]. Sehr deutlich hatte Hegel in der frühen Schrift der Jenaer Realphilosophie an den Rand des Manuskripts notiert: "...gebildete *öffentliche Meinung*, Schatz der Maximen des Bewußtseins, Begriffe des Rechts und Unrechts, Einsicht; gegen diese öffentliche Meinung kann man nicht. Von ihr gehen alle Veränderungen aus, und sie *selbst* ist nur der *bewußte Mangel* des *fortschreitenden* Geistes. Was der Geist sich zu eigen gemacht, das ist als *Gewalt* überflüssig. Wenn die Überzeugung nachgelassen, die innere Notwendigkeit, so kann keine Gewalt sie zurückhalten." (ebd. S. 277).

Der gesellschaftliche Kontext, in dem sich das Subjekt situiert erfährt, ist für die philosophische Perspektive nicht nur thematisch geworden, hat sich in seiner Historizität, seinen Veränderungen und damit prinzipiellen Veränderbarkeit gezeigt. Er hat sich im Verfolg der tieferen dialektischen Zusammenhänge mit der Ausbildung der Subjektivität als ein strukturierender Faktor erwiesen, der unter den Konsistenzanforderungen des politischen Diskurs der frühen Neuzeit auf wesentlich komplexere geschichtsphilosophische Ableitungen führen mußte. Zum ersten Mal hat sich ein philosophisch erarbeiteter Begriff der Gesellschaft konkretisiert, der jener zugleich mit der Erfahrung der Emanzipation des Subjekts einhergehenden Erfahrung der gesellschaftlichen Prädomination, Bedingtheit, der kulturellen Überformung aller Lebensbezüge des Subjekts, Rechnung tragen will, indem er sie rekonstruktiv über die Tiefendimension eines beide verklammernden Evolutionsprozesses einbindet. Allerdings mit verschobenen Gewichten: Denn die, wie in Kapitel II gezeigt worden ist, mit den Kategorien Arbeit und Anerkennung und jetzt wieder mit der strategischen Bedeutung von Herrschaft, unterhalb der idealistischen Rahmenlogik ansatzweise schon eingelöste naturalistische Perspektive kann sich nicht durchhalten. Dazu trägt natürlich in erster Linie die teleologische Struktur des metakategorialen Gesamtprojekts die Verantwortung, aber nicht allein. Die Erfahrung, daß die Subjekte Geschichte 'machen', daß sie allein die Produzenten ihrer Verhältnisse abgeben, wird mit der Rekonstruktion der historischen Implikationen dieser Kompetenz zwar nicht völlig entwertet, aber doch systematisch überdeterminiert. Der gesellschaftliche Bedingungszusammenhang hält das Subjekt fest, auch gegen dessen eigene Erfahrung. Ein nur bedingter Täter der Geschichte, so die unaussetzbare Logik der Erklärung, fokussiert, solange die Verwirrung über den Nexus zwischen dem Subjekt und seiner Welt nicht gelöst ist, den Blick der Analyse, auch wenn er sich sperrt, auf das bedingende Agens: Der Bedingungszusammenhang und die ihm zugeeignete Potenz monopolisieren wieder den evolutiv ausgefalteten Prozeß und beanspruchen die Federführung über denselben. Zwangsläufig muß die Gesellschaft zum primären Faktor hypostasiert werden und wenn dies bei Hegel nicht so sehr auffällt, weil Gesellschaft und Geschichte ja selbst noch einmal vom Logos des Systems hintergangen werden, so ändert das nichts an der begrenzten Berechtigung dieser Feststellung im Erfahrungsraum der Geschichte und für das hier situierte 'uneigentliche' Subjekt. Das ganze

---

21 Ähnlich differenzierte, wenn auch klar durch die eigene Konfessionszugehörigkeit und das konfessionelle Klima in Preußen bestimmte Überlegungen, finden sich über die Beziehung von Religion, der religiösen Institutionen und Staat: Auch hier analysiert Hegel 'notwendige' Interdependenzen zwischen den einzelnen Organisatoren der Gesellschaft.

Gewicht dessen, was später in der Gesellschaftstheorie die Macht der gesellschaftlichen Verhältnisse genannt wird, muß der Einsicht des Subjekts zugemutet werden: Es kapituliert vor dieser mit der philosophischen Perspektive eingeholten Einsicht in die eigene Bedingtheit, indem es sie zur Determination aufwertet. Gegen den, die neuzeitliche Selbsterfahrung verabsolutierenden, freien Konstruktivismus fordert Hegel, mit dem Hinweis auf die Geschichtlichkeit aller Wirklichkeit, die Akzeptanz des Gegebenen; es gibt keine Emanzipation, die den Aktivitätspol von der Eigengesetzlichkeit des gesellschaftlichen Wandels abkoppeln kann: es ist absurd, ihm, der das Gesetz des Handelns diktiert, ein 'Mögliches', ein Sollen entgegenzusetzen - immer enthält er noch alles, was ihm entgegengesetzt werden kann und hat es, wenn es denn tatsächlich erfolgreich angemahnt wird, selbst schon überwunden. Für die philosophische Perspektive gibt es nur die bewußt thematisch gemachte Moral der Konventionalität, die "Ruhe in der unmittelbaren Gegenwart" (Frühe pol. Systeme S.280 unten).

Hegel hat mit der Konzeption des 'Staates' im geschichtsphilosophisch umfassenderen Sinne die Entität 'Gesellschaft' in einer vorher unerreichten Schärfe profiliert, die mit dazu beigetragen hat, daß sie in in der nachfolgenden Gesellschaftstheorie explizit zum Gegenstand werden konnte. Mit dem nach Hegel einsetzenden Projekt der 'Entmystifizierung' wird zwar der offenbare Rückgriff auf den göttlichen Logos ausgefüllt, aber hier, in diesem Moment der gesellschaftlichen Hypostasierung, lebt das Problem weiter, an dem gerade die soziologische Theorie bis in die Gegenwart zu arbeiten hat. Alle ihre späteren Schwierigkeiten, die sich zwischen der Skylla der Determination und der Charybdis offenbarer Selbstbestimmung, Autonomie bewegen, hängen zusammen mit diesem von Hegel noch einmal spekulativ gewendeten Problem der Auflösung der gesellschaftlich rekonstruierten Interferenzen in einem eindeutigen Zurechnungspunkt der erklärbedürftigen Gesamtbewegung. Was Hegel aus dem Hintergrund des für ihn Selbstverständlichen, wenn auch mühsam, noch integrieren konnte, verlangt nach ihm die definitive Entscheidung: Die oben erwähnte 'Verwirrung' über den Nexus zwischen Gesellschaft und Subjekt fordert Parteilichkeit: Henne oder Ei, oder, auch das natürlich, eine an entscheidender Stelle blinde und damit letztlich nichts erklärende Versicherung der Dialektik beider. Die Soziologie E. Durkheims, die, obwohl auch ihr ohne jeden Zweifel die Bedeutung der empirischen Subjekte für die Bedingungen ihrer gesellschaftlichen Verfaßtheit nicht entgangen ist, aus solchen Gründen zu einem fast schon metaphysischen Begriff der Gesellschaft kommt, gibt hier ein schönes Beispiel.

5.2 Die vollendete Wirklichkeit

E. Topitsch[22] und, schlimmer noch, G. Kaltenbrunner[23], um nur zwei vehemente Kritiker der Hegelschen Philosophie herauszugreifen, deuten eine recht simple Erklärung für die offensichtliche Begrenzung der 'progressiven' Momente der Hegelschen Philosophie bei der Deutung der zeitgenössischen Wirklichkeit an: "Diese auf uralte Selbstvergottungsmysterien zurückgehenden Motive sind im romantischen Idealismus wieder vielfach wirksam geworden und Hegel hat sie in besonders eindrucksvoller Weise ausgestaltet, wobei derart hochgespannte Ansprüche - die Gottwerdung Gottes durch die Gottwerdung des Menschen - freilich auch zumindest die Frage nach einem psychopathologischen Hintergrund aufwerfen. Ausdruck eines solchen Anspruchs ist wohl auch das pontifikale Pathos, ja der Kurialstil der Hegelschen Schriften. Um es etwas überpointiert zu formulieren: Hier spricht aus Hegel der in Hegel, durch Hegel und dank Hegel erst zu seinem Selbstbewußtsein gelangte und so erst wahrhaft Gott gewordene Gott."[24] Das Zitat zielt dabei auf das Selbstverständnis der Hegelschen Philosophie, alle vorherige Erkenntnis in endgültiger und abschließender Weise integrierendes 'vernünftiges Wissen' zu sein. Untrennbar verknüpft mit diesem Selbstverständnis ist die philosophische Sanktion des Institutionensystems der zeitgenössischen Gesellschaft und der ihr korrespondierenden politischen, ökonomischen und kulturellen Bedingungen. Wie die Hegelsche Philosophie angeblich die ganze bisherige Philosophiegeschichte, d.h. die Geschichte der bisherigen Versuche, ein angemessenes Verständnis der Wirklichkeit zu erarbeiten, definitiv abschließt, so haben auch die sich komplementär mit der Ausbildung eines derartigen Erkenntnisniveaus entwickelnden Verhältnisse des 'objektiven Geistes' einen endgültigen und ebenfalls notwendig intendierten Entwicklungsstand erreicht und gerinnen damit zu gleichsam 'ewigen' Formen eines in seiner Vollendung erfüllten Gesamtprojekts. Der philosophische Anspruch auf die Erkenntnis der 'Vernunft', der im Zieldurchgang des teleologischen Prozesses erhoben wird, teilt sich als nicht mehr überbietbare Legitimation allen anderen Realitätsaspekten, die an diesem Prozeß partizipieren, ebenfalls mit. Die bekannte Formel von der Vernunft, die Wirklichkeit hat und der Wirklichkeit, die immer auch Vernunft ist, umschreibt diese innere Beziehung. Hier setzt natürlich auch die Kritik an: Schon der zeitgenössische Widerspruch, etwa von Haym, hat den legitimatorischen Charakter des Systems scharf attackiert. Topitsch und anderen Kritikern geht es um mehr: Über die bloße Kritik der offensichtlich apologetischen Funktion hinaus, soll die Struktur, das Prinzip dieser Deutung herausgestellt und als ein besonders komplexes System des ideologischen Mißbrauchs schon immer verfügbarer 'mythischer und technomorph-teleologischer Argumentationen'[25] verständlich gemacht werden. Hegels philosophischer Systembau stellt sich ihm im 'ernüchternden' Ergebnis als eine der 'letzten' und "eindruckvollsten Ausprägungen jener sozio-kosmischen Herrschaftsideologien, die bis zu den Staatsmythologien der altorientalischen Großreiche zurückverfolgt werden können."[26] dar. So anschaulich und im einzelnen verdienstvoll aber auch die materialreiche[27] Zurückführung inhaltlich komplexer Konzeptualisierungen auf einige wenige strukturierende Grundmuster der Argumentation sein mag, so wenig stellen sie selbst schon eine befriedigende Erklärung dar:

22 E.Topitsch: Die Sozialphilosophie Hegels als Heilslehre und Herrschaftsideologie, München 1981
23 G. Kaltenbrunner, Hrsg., Hegel und die Folgen, Freiburg 1970
24 Topitsch, a.a.o. S.22
25 ebd S. 56ff
26 ebd S.75
27 Vgl. dazu auch Topitsch, Vom Ursprung und Ende der Metaphysik, Eine Studie zur Weltanschauungskritik, Wien 1958

Diese Grundmodelle der Deutung sind vielmehr selbst erst erklärbedürftig. Eine Vernachlässigung der eigentlichen Aufgabe einer Analyse der Tiefendimension von Deutungssystemen muß zu grotesken Fehlinterpretationen führen, wie sich am o.a. Beispiel der Polemik Topitschs gegen Hegel zeigt. Das fehlende Verständnis für die elementare Struktur von Wirklichkeitsinterpretamenten und der Bedingungen und des Richtungssinn ihres historischen Wandels führt dazu, die Ausbildung philosophischer Konzeptionen zu psychologisieren und sie an der strategischen Intention des einzelnen Systembauers festzumachen. Hegel wird derart zu einem um sein eigenes politisches Überleben besorgter Opportunist, der seine Philosophie nach Maßgabe ihrer beliebigen politischen Anpassungsfähigkeit zielgerichtet zuschneidet, indem er aus bewährten legitimatorischen Argumentationshilfen ein der 'Obrigkeit' dienliches, ideologisches Stützkorsett zurechtzimmert. Wo diese platte Formel versagt - und Topitsch geht dieses Erklärdefizit intuitiv durchaus auf - muß auf noch unbefriedigendere Ableitungen zurückgegriffen werden, so mit dem oben zitierten, in einem Nebensatz eher beiläufig versteckten Hinweis auf eine offenbar psychische Erkrankung Hegels. Derart individuell haftbar gemacht für die affirmativen Konsequenzen einer auf die Legitimation des Bestehenden festgelegten Deutungslogik, kann auch die Verantwortlichkeit für den 'Totalitarismus rechter wie linker Prägung', was immer darunter im einzelnen auch gemeint sein könnte, geklärt werden: von 'Vorbereitung', von der bedeutenden Rolle des Hegelschen 'Erbes', von einer, wenn auch differenziert zu sehenden 'Schuld'[28] ist da die Rede. Und wenn man Hegel "... nicht einfach zum Stammvater des Dritten Reiches machen, oder den Hegelianismus mit dem Faschismus gleichsetzen" kann[29], so doch eigentlich nur aus dem Grunde, weil darüberhinaus so offensichtliche Verbindungslinien zu Marx und über Marx zum 'Totalitarismus der Linken' führen[30], daß sich die Schuld und Verantwortlichkeit sogar erweitert. Ein solcher Interpretationsansatz muß weit unterhalb eines angemessenen Verständnisses der Hegelschen Philosophie bleiben: Von einer Erklärung der ganz richtig beschriebenen Selbstimmunisierungsstrategie des Systems und seiner affirmativen Potenz wird mehr verlangt als das Aufzeigen analoger Ableitungsmodelle und die Identifizierung einer ihnen gemeinsamen Motivstruktur. Diese innere Logik der Erklärung muß selbst rekonstruiert und in einen entwicklungslogischen Zusammenhang gestellt werden. Erst dann können die präformierenden Grundüberzeugungen, die dem Systembauer, eben weil sie auf einer ganz elementaren Ebene der denkenden Organisation der Wirklichkeit liegen, ja selbst verdeckt bleiben können (und bis auf die kritische Wendung gegen die strukturierende Logik selbst auch geblieben waren), als ein eigenständiger Faktor der Systemkonzeption analysiert und das 'Zwanghafte' der Fixierung auf eine bestimmte Logik der Erklärung verstanden werden. Psychologisierende Hypothesen, die selbst nur ein ideologisches Interesse verraten, bleiben höchstens auf der Ebene äußerer Beschreibung, sie erfassen nicht den Bedingungszusammenhang der Verarbeitung von Wirklichkeit auf der Ebene der diskutierten abstrakten Reflexion über Wirklichkeit.

In Anlehnung an die speziell mit diesem Problem der historischen Veränderung von Erklärlogiken, der Logik im kategorialen Aufbau von 'Weltbildern', befaßten Arbeiten von G. Dux, war auf die besondere Weichenstellung der Hegelschen Philosophie hingewiesen worden: Hegels Philosophie markiert einen Kulminationspunkt der Philosophiegeschichte, an dem die substanzlogisch-metaphysische Konzeption des philosophischen Weltbilds unter dem Druck der mit der Neuzeit aufkommenden Problemstellungen und Anforderungen auf seine höchste und letzte Abstraktionsstufe getrieben wurde. Mit der über die konsequente Arbeit an der Bewältigung der vorgefundenen Komplexität der äußeren Welt eingeholten Transparenz der eigenen Prämissen aber setzt sich ein ideologiekritisches Moment um, das in der Folge auch auf der Ebene der kulturellen Deutungssysteme, insbesondere der Gesellschaftstheorie, einen in der Praxis schon

---

28 ebd. S.13
29 ebd S. 96
30 ebd S.96

längst vollzogenen Paradigmenwechsel möglich macht. Von 'Hegel zu Marx' lautet eine handlich verkürzte Formel, die diesen Prozeß abbilden soll.

Die Begrenzung der Dialektik auf ein rekonstruktives Verfahren zur Bestätigung des Institutionensystems der Gegenwart und besonders die oft kritisierte (und noch näher zu untersuchende) Affinität zum Preußischen Staat sind unter diesem Blickwinkel keineswegs nur Fragen einer bestimmten tagespolitischen Positionsbestimmung, sondern vielmehr mit ein Ergebnis der erkenntnisleitenden Vorentscheidungen. Die Rekonstruktion der Gegenwart als vernünftige Emanation eines sich im Prozeß der Selbstbewußtwerdung vergegenständlichenden, objektivierenden Absoluten ist, je mehr durch die Komplexität des zu integrierenden Wissens über Wirklichkeit (und die damit allgemein erhöhte Verfügungsgewalt des Subjekts über dieselbe) zur konsequenten, stringenten Darstellung gezwungen, desto bewußter auch auf die diese Erfahrungen bisher problemlos organisierende Logik zurückgeworfen und d.h. desto bewußter auch auf die in ihr strukturell angelegte affirmative Sanktion des erklärbedürftig gewordenen 'Gegebenen' verpflichtet. Der von einem subjektivisch gesetzten Absoluten ausgehende Entwurf einer erneuten Integration der in den Augen der Zeitgenossen problematisch gewordenen Welt, kann sie nur so überzeugend zusammenfügen, daß auch ihre Widersprüche und Ungleichzeitigkeiten, die neu gewonnene Distanz zwischen Subjekt und Objektwelt, die Erfahrung der konstitutiven Bedeutung menschlicher Arbeit für den Aufbau der humanen Lebenswelt, noch in das Programm des Ursprungs hineingenommen und von dort aus, aus der Retrospektive, teleologisch organisiert werden. Das geschärfte Bewußtsein über den Ableitungszusammenhang macht es unvermeidlich, den Regreß auf den uranfänglichen Ausgangspunkt präziser zu fassen. Dux betont das zwanghafte Moment, das in dieser Verpflichtung auf die absolutistische Erklärlogik liegt: "Eben weil die Struktur einer Logik als interpretative Matrix jeder Reflexion voraus liegt, holt sie jeden Ansatz, sie zu überwinden, ein. Dem Denken bleibt deshalb in der Krise des Systems keine andere Möglichkeit, als jene Probleme und Antinomien so aufzunehmen, wie sie auf der Folie der tradierten Logik entstanden sind und sich darstellen."[31] Das substanzlogische Erklärverfahren legitimiert nach dem mehr oder weniger theoretisch verfeinerten Rekurs auf den absoluten Ursprung, der ja nach dem Stand seiner Thematisierung selbst sehr subtile Konstruktionen annehmen kann und annehmen muß, in der intendierten teleologischen Umkehrung ganz selbstverständlich und mit notwendiger Konsequenz die erklärbedürftigen Ereignisse und Erscheinungen. Denn es ist klar: Alles was ist, hat sich letztlich diesem Ursprung zu verdanken, und muß von ihm her aufgehellt, in seinem 'Wesen' entwickelt werden. Das Verfahren und die ihm unterliegende Logik selbst sind per se auf die Legitimation des Gegebenen, bzw. der in die Prozedur des Erklärens eingespeisten Interessen, festgelegt. Dabei erlaubt die trotz seiner prinzipiellen Starrheit große Flexibilität des Verfahrens unterhalb der grundlegenden Deduktionslinien, die Einarbeitung differenzierter Beziehungsmuster und komplexer Interdependenzen, ebenso wie die Assimilation des historisch erarbeiteten praktischen Konstanzwissens.

Die nahezu übereinstimmende Analyse vieler Interpreten sieht Hegel an einem Wendepunkt, an dem die Metaphysik eine letzte, große Schlacht führt, indem sie versucht, die offen ins Bewußtsein getretenen Widersprüche noch einmal über die traditionale Logik zu 'versöhnen', wie Hegel selbst seine Intention anschaulich beschrieben hatte. Dieser von seinen Kritikern schon immer angefeindete überzogene Anspruch der philosophischen Konzeption, kann sich nur aus den transparent gewordenen inneren Ableitungszwängen erschließen. Der Versuch der 'Versöhnung' vor dem Hintergrund der erneut aufgebrochenen Erkenntnisprobleme muß die tieferliegende Verbindung mit dem absoluten Ursprung in aller Schärfe freilegen: 'Wahre' Wirklichkeit und 'wirkliche' Wirklichkeit müssen als Konvergenzpunkte einer verschlungenen und komplexen weltgeschichtlichen Inszenierung, innerhalb der menschlichem Handeln eine unübersehbare Rolle

---

31 Dux, Strukturwandel S. 179

zukommt, verständlich werden. Mit letzter Gewißheit ist das nur mit dem wissenden Auge des absoluten Subjekts selbst möglich. Das Problem der Zusammenführung mit der Perspektive des erkennenden Subjekts, der vorstehend sogenannten 'philosophischen Perspektive', wird systematisch gelöst durch den Einbau der menschlichen Geschichte und der in ihr verfolgten Evolutionslinien in den übergeordneten Evolutionsprozeß des absoluten Geistes: Die immanente Auseinandersetzung der differenzierten 'Volksgeister', als Stufen des historisch-logischen Prozesses, läuft zu einem entscheidenden Teil über den historischen 'Bildungsprozeß' des Menschen. Die philosophische Konzeption integriert also - ohne jedoch die spekulative Differenz zu übersehen und ohne deshalb die 'eigentliche' Autorschaft der Entwicklung des Ganzen in Frage zu stellen - die Selbsterfahrung des modernen Subjekts, als einem verantwortlichen Produzenten seiner Verhältnisse, indem sie das über diese Erfahrung erarbeitete Wissen als eine Funktion des metaphysischen Bewußtwerdungsprozesses des Geistes 'für-sich' auslegt. Die Geschichte der Entwicklung des menschlichen Bewußtseins und die komplementäre Geschichte der den Stand dieses Bewußtseins reflektierenden 'objektiven' Verhältnisse (oder das Differenzierungsniveau des 'objektiven Geistes') markieren immanente, d.h. hier selbstgesetzte Rahmenbedingungen der sich zunächst verdeckten Selbsttransparenz des uranfänglichen Substanz-Subjekts. Mit der Rekonstruktion des historischen Progressus als einem integralen Moment der Bewußtseinsarbeit des absoluten Geistes selbst, verbindet sich aber sofort eine eigenartige Relativierung der auf eingeschränkter Analyseebene für durchaus notwendig empfundenen endlich-zeitlichen, d.h. empirischen Entwicklungsdimensionen: Sie treten zurück hinter dem wesentlichen Endresultat des teleologisch anvisierten, ideellen 'Bei-sich-selbst-sein' des 'Geistes', also dem in der Struktur des reflexiv gewordenen Selbstbewußtseins möglich gewordenen 'reinen sich Denkens' des Absoluten. Eine höhere Steigerungsform der ideellen Struktur als dieses absolute 'Bei-sich-sein' kann es nicht geben und insofern fällt die Einsicht in den Bedingungszusammenhang der Selbstbewußtwerdung - weil exakt mit ihr die Grenze einer noch verdunkelten Verstrickung in Endlich-Zeitliches idealisierend überstiegen wird - zusammen mit dem endgültig abschließenden, dem 'Versöhnung' leistenden, Wissen. Das erkennende Subjekt, Hegel, rekonstruiert den ganzen bisherigen Prozeß, inklusive der eigenen Erkenntnisleistung, als die zielgerichtet intendierte Veranstaltung eines metakategorialen Geist-Subjekts. Diese Rekonstruktion ist möglich, weil das menschliche Subjekt als das konkret organisierende 'Mittel' in diesem Bewußtseinsprozeß über seine Praxis die entscheidende Bewußtseinskompetenz des 'Bei-sich-selbst-seins des Geistes' erarbeitet und also an der metaphysischen Substanz unmittelbar partizipiert. Zugleich bedeutet der Einsicht in den vernünftigen Zusammenhang auch den Abschluß des Prozesses: Die Entdeckung und philosophische Verifikation einer höheren Intentionalität, wie sie die traditionale Logik supponieren muß, zieht den Aktivitätspol von den empirischen Subjekten wieder ab und decodiert sie als bloße Figuren: Akzidenzen, im gewaltigeren Spiel der durchgreifenden 'List der Vernunft', die über solche - notwendige - Umwege jetzt endlich ihr Telos erreicht hat.[32] Durch die Komplexität des zu verarbeitenden Erfahrungsmaterials ist die philosophisch zu leistende Aufgabe zwar weit schwieriger geworden, sie wird aber nach wie vor auf bewährte Weise gelöst: Mit der Entschlüsselung des scheinbar chaotischen Materials als Momente eines sinnvollen Programms beruhigt sich das auf Erkenntnis drängende Fragen bei der eindeutige Gewißheit herstellenden Konzeption des Absoluten. Der philosophische Anspruch, der sich mit dieser komplex angelegten Dechiffrierung verbindet, ist absolut und muß absolut sein, weil sich hinter ihr die absolutistische Logik auf eine selbst reflektierte Weise explizit thematisch macht. Damit nämlich erhöhen sich die inneren Konsistenzanforderungen, unter denen sich die Konzeption behaupten will: Nach der Klärung der entscheidenden Rolle der menschlichen Geschichte für den spekulativen Entwicklungsprozeß vertieft sich, wie gesagt, die Differenz zwischen dem humanen und dem metaphysischen Subjekt. Die assimilierende Sogwirkung des Ursprungs monopolisiert in

---

32 Vgl. Logik II 'Teleologie', S. 436ff und Enz I § 209 u. ebd. Zu

der Reflexion die Verantwortlichkeit für den Gesamtprozeß und übernimmt zwingend die Kontrolle über den vernünftigen Gang desselben. Der Sinn des Ganzen kann sich nicht aus dem Interesse eines, wenn auch bedeutsamen, 'Mittels' erschließen, sondern erfordert, nachdem dieses Verhältnis einmal geklärt ist, die Einbindung des 'Mittels' in das Rahmenwerk des Gesamtprojekts - ohne jedoch zugleich das erarbeitete Selbstverständnis dieses Mittels völlig dispensieren zu können.[33] Was aber aus dessen Perspektive auch immer als wünschenswert, als möglich oder sogar erforderlich 'erscheint', fällt ab gegen den selbsttransparenten Determinismus des metaphysischen Subjekts: Hier gibt es kein bloß Wünschenswertes oder Mögliches - nur unbedingte Gewißheit und Notwendigkeit, deren rekonstruierte Erkennbarkeit jede weitere Frage im Ansatz schon verstummen läßt. Die zur Integration der humanen Selbsterfahrung erforderlich gewordene Formel einer Evolution des Geistes vom sich selbst verschlossenen 'an-sich' zum 'bei-sich-selbstseienden Für-sich' entkoppelt sich mit dem Erreichen des verdeckt anvisierten Ziels von seinem endlich-zeitlichen Unterbau auf eine ontologisch höhere Stufe. Die Philosophie Hegels bilanziert diesen Überstieg. Da es sich immanent betrachtet tatsächlich logisch um einen Überstieg handelt, ist das philosophische System, das ihn reflexiv einholt, anders als alle seine tastenden Vorgänger, selbst abgeschlossen, von allem vorherigen metakategorial abgesetzt: Was der 'Geist' im evolutiv möglich gewordenen reinen Binnenverhältnis seiner selbst dann denkt, ist der endlich gebrochenen Erfahrung grundsätzlich nicht unmittelbar zugänglich. Allein die bewußte Bescheidenheit des 'Mittels' ist die philosophisch angemessene Konsequenz. Die Materialisierung des Freiheitsbegriffs zur 'wahren' Freiheit, die Differenz von Vernunft und Verstand, die Verdichtung der Wirklichkeit zur 'wirklichen' Wirklichkeit, markieren nur Übersetzungen dieser Einsicht.

Im letzteren vor allem bestätigt sich die Grundintention des rekonstruktiven Verfahrens. Die komplexer gewordene Wirklichkeit zu einem neuen Verständis integrieren meint: Der sich mit den veränderten Verhältnissen der Neuzeit verstärkende Zugriff auf die früher gegen jede verändernde Kritik immunisierte Sozialordnung soll wegen der mit dieser Kompetenz verbundenen, vermeintlich destruktiven, Konsequenzen durch die Einsicht in die vernünftige Ordnung des Ganzen zurückgenommen werden. Die substanzlogische Rekonstruktion, die das Erklärbedürftige wieder in den teleologischen Entfaltungshorizont des absoluten Ursprungs einbaut, leistet hier die legitimatorische Entlastung. Wie auch immer kompliziert in Beziehung gesetzt zum selbstbewegenden Anfang, die Verbindung erweist das zu Erklärende als im Willen des absoluten Subjekts (oder einem mehr oder weniger präzise reflektierten Korrelat dieses strukturlogischen Zurechnungspunkts) intendiert und damit als notwendig und vernünftig gerechtfertigt. Vergleichbare theoretische Anstrengungen standen schon immer zumeist vor der - zum großen Teil sich selbst verdeckten - Aufgabe, die gegebenen Verhältnisse zu sanktionieren und gegen die aufkeimende Kritik der Herrschaftsunterworfenen abzusichern. Das Verfahren und seine Begründungslogik ist darauf aber nicht beschränkt, denn auch die Kritik des Bestehenden, die Erfahrungen der Ausgelieferten und ihre Visionen von einem besseren Leben konnten sich genau der gleichen Ableitungsfiguren bedienen: Die substanzlogische Begründung ist inhaltlich indifferent, bzw. dient sich dem jeweiligen Interesse, das sie in Anspruch nimmt, problemlos an[34]. Bei Hegel fällt die Radikalität auf, mit der die Zukunft als Projektionsfeld der unerfüllten Sehnsüchte und poli-

---

33 Sh. Enz I § 209 Zu

34 Dieser Punkt wird von Dux sehr stark betont; deutlich wird daran aber auch, daß eine Betrachtung der den
    Konzeptualisierungen von Wirklichkeit zugrundeliegenden Begründungslogik nicht ausreicht, daß vielmehr das
    konkret verfolgte empirische Interesse der Individuen, ihre konkreten Erfahrungen auf dem Hintergrund
    konkret gegebener Verhältnisse und der in ihnen angelegten Möglichkeiten als einem inhaltlichen Kriterium
    der Reife der theoretischen Konzeptualisierung die wesentliche Rolle spielt.
    Marx hat dieses Moment mit der Analyse des Widerspruchs zwischen der Entwicklung der Produktivkräfte und
    der gegebenen Produktionsverhältnisse, zwischen dem historisch Möglichen und dem tatsächlich Gegebenen,
    näher zu bestimmen gesucht.

tischen und sozialen Hoffnungen der Menschen konsequent ausgefällt wird. Das aber ist, wie gezeigt, nur konsequent: Wenn das eigentliche Bewegungszentrum dermaßen präzise expliziert werden muß, ist nicht nur die Philosophie, das System dieses einsichtigen Wissens, abgeschlossen (und Hegel muß, nimmt er seine Philosophie ernst, ganz folgerichtig das von Topitsch so unangenehm aufgenommene Pathos anstimmen), sondern auch die endliche Dialektik, über die sich die konkreten Voraussetzungen dieser historisch erreichten Kompetenz vermittelt haben. Und mit ihr eben auch die ganzen Weiterungen, die Evolution des 'objektiven Geistes', der gesellschaftliche Entwicklungsstand und was alles sonst dazugehört. Das befremdet insbesondere deshalb, weil die diachrone Geschichtsperspektive, unterhalb der spekulativen Vorentscheidungen, das geschichtliche Material in seiner 'immanenten' Bewegung beschreiben will und m.E., trotz aller spekulativen Versatzstücke, tatsächlich auch eine Vorstellung der genetischen Verlaufsformen historischen Wandels, von Interdependenzen zwischen gesellschaftlichen Sektoren, von historischen Widersprüchen und Ungleichzeitigkeiten und von der zumindest mitverantwortlichen 'Täterschaft' des Menschen, entwickelt. Sein gesellschaftspolitisches Grundinteresse ist jedoch - und das schon seit den frühen politischen Schriften - restaurativ; nicht im Sinne einer anachronistischen Revitalisierung der verlorenen 'guten, alten Zeit', sondern, durchaus begründet, vor dem Hintergrund des Wissens um die naturwüchsige Macht, Komplexität und Langfristigkeit der Bedingungen sozialer Transformationsprozesse, ein Wissen, das gegen den destruktiven, anarchisch-destabilisierenden Angriff des seiner Gestaltungskompetenz bewußt gewordenen modernen Subjekts im Interesse des Systembestands unbedingt verteidigt werden muß, das also mit der typischen Intention des Konservativismus auf die Anerkennung und Stärkung der gegebenen Institutionen geht. Das restaurative Interesse, dermaßen philosophisch bewältigt, radikalisiert sich aber geradezu zwanghaft bis zur Amputation der Zukunft und des Möglichen, der visionären Dimension einer Reflexion auf die eigenen Lebensverhältnisse; es wird durch die diskursive Präzisierung des legitimatorischen Rückgriffs auf das traditionale Erklärverfahren dynamisiert. Hegel ist restaurativ, weil er die neu gewonnene Einsicht in die Historizität der Verhältnisse nicht nach vorne, in Richtung auf eine möglich werdende Neuordnung der Verhältnisse durch die empirischen Subjekte selbst betont, sondern nach hinten, in den geschichtlichen Raum orientiert, die historische Bedingtheit der Gegenwartssituation und den von da her strukturell begrenzten Entwicklungsraum nach vorne behauptet. Noch einmal: Die Bestätigung dieser Position durch das mit der komplexen Aufnahme des Problems strapazierte Schema der Erklärung führt unweigerlich auf die positive Sanktion des Gewesenen und zum geschichtsphilosophischen Einfrieren des Gegenwärtigen - erst die Überwindung der Erklärlogik selbst durch die von einer dezidiert naturalistischen Perspektive aus versuchte Neubestimmung der menschlichen Lebensformen und ihrer geschichtlichen Produktivkraft bricht mit diesem Nexus. Doch dazu mußte die traditionale Logik vollends in die Reichweite ihrer Demontage kommen und d.h. ihr ideologischer Gehalt mußte sich praktisch demonstriert haben. Dann allerdings kann mit guten Gründen nicht mehr zurückgegangen werden: Entmystifizierung heißt diese Arbeit bei Marx.

Hegel verteidigt sich in der Enzyklopädie gegen die 'Anfeindungen', die die deutlichen Aussagen der Vorrede zur Rechtsphilosophie erfahren haben: Das 'Sollen', d.h. die bisher immer noch mögliche Chance der Thematisierung eines Visionären im Rahmen der Erklärlogik ist mit der erarbeiteten philosophischen Transparenz konstruktiv unmöglich geworden. Vieles mag sich finden, schreibt er, "was allgemeinen richtigen Bestimmungen nicht entspricht; wer wäre nicht so klug, um in seiner Umgebung vieles zu sehen, was in der Tat nicht so ist, wie es sein soll? Aber diese Klugheit hat Unrecht, sich einzubilden, mit solchen Gegenständen und deren Sollen sich innerhalb der Interessen der philosophischen Wissenschaft zu befinden. Diese hat es nur mit der Idee zu tun, welche nicht so ohnmächtig ist, um nur zu sollen und nicht wirklich zu sein, und damit mit einer Wirklichkeit, an welcher jene Gegenstände, Einrichtungen, Zustände usf. nur die oberflächliche Außenseite sind." (Enz I § 6).[35] Die Emanzipation des modernen Subjekts, insbesondere in der Dimension der Rechts- und Eigentumsbeziehungen, die auch Hegel als ein wesentlicher Koinzidenzpunkt der Geschichtsphilosophie aufnehmen muß, ist keine Emanzipation zur selbstverantwortlichen Planung und Veränderung der eigenen Lebensbedingungen, sondern eben ein durch rekonstruierbare historische - und letztlich spekulativ abgesicherte - Differenzierungsvorgänge selbst bedingtes Resultat, das nur im notwendigen Zusammenhang seiner komplexen Entstehungsgeschichte - und das heißt unter den konkret gegebenen Bedingungen und nur unter der Voraussetzung deren weiterer Stabilität - Bestand haben kann. Der Schwerpunkt der philosophischen Leistung liegt dann auch auf der Herstellung von Transparenz über den zugrundeliegenden Differenzierungsprozeß: Die Einsicht in die Bedingungen der bürgerlichen Emanzipation soll ihr revolutionäres Potential stillstellen und die 'Versöhnung' zwischen dem in der Neuzeit stärker akzentuierten - legitimen - Partikularinteresse und dem übergeordneten Interesse des Ganzen gewährleisten. Als Resultat eines komplexen Transformationsvorgangs eingeholt, verschiebt sich unter der herrschenden Logik der Erklärung die Verantwortlichkeit für den Gesamtprozeß letztlich und eigentlich auf das diesen in Bewegung setzende und ihm seine Entwicklungslogik aufzwingende subjektive 'Agens', auf das in der geschichtlichen Dimension als 'Weltgeist' apostrophierte Substanz-Subjekt. Die erarbeitete Erfahrung der Historizität, das belastende Bewußtsein von der Komplexität der modernen Lebensverhältnisse, verschärfen den interpretatorischen Aufwand; insbesondere die Rolle des 'eigentlichen' Akteurs muß mit bisher unerreichtem Reflexionsaufwand zu dem offenbar gewordenen Aktionspotential der empirischen Subjekte in Beziehung gesetzt werden. Eine Antwort, die dieses Verhältnis klärt, ist die beschriebene Degradierung des Menschen auf der Ebene der eigentlichen Täterschaft zum 'Mittel', zum Akzidenz, im Prozeß der Selbstverwirklichung des Geistes. Damit sind die gegebenen politischen und sozialen Verhältnisse und ihr empirischer Entwicklungshintergrund überformt und teleologisch eingebunden in einen weit substantielleren Entfaltungsprozeß und nur insoweit aus den konkreten Interessen der empirischen Menschen zu verstehen, wie diese selbst Emanationen des bewegenden Prinzips darstellen[36]. Die affirmative Leistung der teleologischen Beziehung zwischen Ursprung und erklärbedürftigem Sachverhalt verstärkt sich mit dem angehobeneren Reflexionsniveau: der interpretatorische Spielraum verengt sich zunehmend auf das unmittelbar Gegenwärtige. Einmal klar auf die 'Bescheidenheit des Mittels' heruntergebracht, verbietet sich jeder weitere Anspruch an eine Geschichte, die man nicht wirklich selbst gestaltet hat und die man auch nicht verantwortet, in der man vielmehr nur eine klar umrissene Funktion ausfüllt, die programmatisch schon immer vorgedacht war[37]. Immanent betrachtet sind die Bedingungen geschaffen, bzw., um das in ihnen liegende telische Moment anzusprechen, erfüllt, die den Geist mit sich zusammenschließen und damit aus seinem materiellen Bedingungszusammenhang emanzipieren. 'Wirkliche' Wirklichkeit als eine mit der Neuzeit historisch eingelöste 'objektive' Voraussetzung verliert damit jeden weiteren Entwicklungsanreiz, jedes noch uneingelöste 'Sollen': Was erfüllt ist, ist auch für alle Zukunft vollendet, oder, das, was wirklich ist, ist auch vernünftig[38]. Alles frühere gehörte entweder zu der unübersehbaren Masse des bloß 'Beiherspielenden' oder war eben notwendig - die teleologische Perspektive kann anschmiegsam alles assimilieren - ; das spätere ist, wenn nicht ganz unmöglich, so zumindest überflüssig oder,

---

35 Vgl. ebd. §212 Zu
36 Sehr deutlich drückt das eine Stelle in der EnzIII aus: "Es ist der inwohnende Geist und die Geschichte - und zwar ist die Geschichte nur seine Geschichte-, von welchen die Verfassungen gemacht worden sind und gemacht werden." EnzIII §540
37 Vgl. Rphil §272 :"Nur die Selbstbestimmung des Begriffs in sich, nicht irgend andere Zwecke und Nützlichkeiten, ist es, welche den absoluten Ursprung der unterschiedenen Gewalten enthält und um derentwillen allen die Staatsorganisation als das in sich Vernünftige und das Abbild der ewigen Vernunft ist." Und: "Der Staat ist die Welt, die der Geist sich gemacht hat..." ebd. Zu
38 Vgl. dazu Rphil Vorrede S. 24, S. 26

ein konzeptueller Widerspruch, sogar gefährlich.[39] Geschichte hört auf ein Prozeß angebbarer Höherentwicklung zu sein, sie hat ihren ontologisch entwickeltsten Stand erreicht. Natürlich bedeutet das nicht das Ende der geschichtlichen Zeit, der 'objektive Geist' bleibt ja als eine permanente Voraussetzung der Selbstbeziehung des Geistes notwendig, sondern nur das Ende jeder substantiellen Veränderung. Qualitativ gibt es nichts Neues mehr: Geschichte dauert, ein Stoffwechsel auf gleichem, evolutiv festgeschriebenem Niveau. Hegel entwickelt entsprechend in der Rechtsphilosophie eine auf Ewigkeit gestellte 'Architektonik' des Staates im umfassenden Sinne. Nicht der preußische Staat im Besonderen, sondern **der** Staat allgemein soll Gegenstand der rechtsphilosophischen Analyse sein. Modifikationen im Einzelnen sind denkbar, Abweichungen, Fehlschläge, den 'schlechten Staat' (Rphil §270 Zu) mag es geben, nicht aber die grundsätzliche Veränderung der angegebenen Prinzipien des gesellschaftlichen Aufbaus. Der 'Organismus des Ganzen' hat im Laufe eines selbst inszenierten Evolutionsprozesses die Gestalt und die innere Struktur gefunden, die in ihm als seine selbst gesetzte Bestimmung angelegt war. Um bei der biomorphen Metaphorik zu bleiben: Die organische, endlich-äußerliche Struktur hat mit dem 'wirklichen' Staat und dem ihm korrespondierenden modernen Subjekt als Ergebnis des weltgeschichtlichen Differenzierungsvorgangs ihren Reifezustand erreicht. Dieses materielle Moment steht aber unter dem vitalistischen Vorbehalt, nicht alles zu sein, nicht der Grund des Ganzen, sondern nur sein Material abzugeben. Hinter diesem durchaus notwendigen äußerlichen Prozeß (eine Äußerlichkeit, die sich in der philosophischen Perspektive sofort wieder zurücknimmt) des Wachstums und der Selbsterhaltung des 'Organismus' steht abgehoben das für den Funktionsplan des Ganzen verantwortliche Substanz-Subjekt, dessen eigentliches Ziel eben die im Reifezustand des Organismus mögliche rekursive Beziehung auf sich selbst darstellt.

"Der denkende Geist der Weltgeschichte aber, indem er zugleich jene Beschränktheiten der besonderen Volksgeister und seine eigene Weltlichkeit abstreift, erfaßt seine konkrete Allgemeinheit und erhebt sich zum *Wissen des absoluten Geistes*, als der ewig wirklichen Wahrheit, in welcher die wissende Vernunft frei für sich ist und die Notwendigkeit, Natur und Geschichte nur seiner Offenbarung dienend und Gefäße seiner Ehre sind." (EnzIII §552).

Unzweifelbar kommt hierbei der entwickelten Subjektivität des bürgerlichen Subjekts innerhalb des Systems eine entscheidende Bedeutung zu: Die 'objektiven' Institutionen erklären sich schon dem verständigen Zugang nur als hervorgebracht und aufrechterhalten durch das mehr oder weniger bewußte Handeln der Subjekte, bzw. der hinter ihnen stehenden Interessen (sh z.B. Rphil §265 u. Zu). Sie werden aber mit der philosophischen Perspektive noch einmal hintergangen und selbst als funktionale Momente des organismischen Aufbaus erkannt, hinter, bzw. über dem ein eigentlich vitalistisches Zentrum steht. Dazu noch einmal eine Stelle aus der unübersehbaren Auswahl möglicher Zitate: "Der Staat ist göttlicher Wille als gegenwärtiger, sich zur wirklichen Gestalt und *Organisation einer Welt* entfaltender Geist." (Rphil §270).

Die Komplexität der philosophischen Konzeptualisierung unterstreicht nur die Schwierigkeit des Unternehmens. Dabei bleibt die versuchte Konservierung der zeitgenössischen Gesellschaft auch für Hegel ein nicht allein ideell zu lösendes Problem, sondern, wie etwa die späte Schrift über die englische Reformbill dokumentiert, ebensosehr eine Frage konkret-pragmatischer sozialer Ausgrenzungsstrategien gegenüber den sich allmählich organisierenden benachteiligten Gesellschaftsschichten. Der das staatsbürgerliche 'Zutrauen' herstellen sollende philosophische Diskurs verliert seine Überzeugungskraft mit der Konfrontation von gesellschaftlicher Realität und harmonieversicherndem Anspruch: die Einsicht in die tiefe 'Vernunft' des Ganzen, die die philosophische Perspektive vermitteln soll, wird erschüttert durch die offensichtliche Unhaltbarkeit dieses Anspruchs angesichts der die gesellschaftlichen Widersprüche weiter verschärfenden Dynamik des gesellschaftlichen Systems. Hegel, der exakt gegen diese Gefahr ja anschreibt, hatte

---

39 Vgl. Enz I §213 Zu

bei der Analyse der bürgerlichen Gesellschaft schon intuitiv die begrenzte Reichweite seiner Integrationsbemühungen ausgetastet. Nur unter den vergleichsweise rückschrittlichen Bedingungen in Deutschland konnte über die inneren Schwächen der Konzeption noch hinweggesehen und die idealisierte Staatsvorstellung (: "die ... in Deutschland kursierenden Illusionen über den Staat" MEW Bd3 S.178) weiter behauptet werden. Sobald die Diskrepanz aber einmal durchsichtig wird, führt sie auch auf der Ebene der Theorie zu grundlegenderen Konsequenzen, als auf die bisher nur immer neue Assimilation des veränderten status quo an die immer gleiche Logik der Erklärung. Gerade die bei Hegel mit äußerster Radikalität durchreflektierte teleologische Ableitungsfigur gibt mit ihrem erneuten Zusammenbruch den Blick auf die historisch überholten Prämissen der Systembildung selbst frei und führt auf ein grundsätzlich verändertes Geschichtsverständnis. Wir haben gesehen: Unterhalb der selbstverständlich auf die traditionale Logik verpflichteten systematischen Perspektive findet eine Organisation des verfügbaren Wissens statt, die sich, einmal selbst thematisch gemacht, als konkurrierendes Paradigma gegen die absolutistische Rahmenlogik zur Geltung bringen und durchsetzen kann. Die Abrechnung Marxens mit Hegel und vor allem den Hegel-Epigonen in der 'Deutschen Ideologie' dokumentiert diesen Übergang: "Ganz im Gegensatz zur deutschen Philosophie, welche vom Himmel auf die Erde herabsteigt, wird hier von der Erde zum Himmel gestiegen. D.h., es wird nicht ausgegangen von dem, was die Menschen sagen, sich einbilden, sich vorstellen, auch nicht von dem gesagten, gedachten, eingebildeten, vorgestellten Menschen, um davon aus bei den leibhaftigen Menschen anzukommen; es wird von den wirklich tätigen Menschen ausgegangen und aus ihrem wirklichen Lebensprozeß auch die Entwicklung der ideologischen Reflexe und Echos dieses Lebensprozesses dargestellt. (MEW Bd3 S.26)".

Wie auch immer die Verantwortlichkeit des empirischen Menschen für seine Verhältnisse bei Hegel letztlich wieder idealistisch überholt wird, zumindest zur Illustration des weltgeschichtlichen Gangs und seiner Vernunft hatte die Darstellung menschlicher Arbeit, der konstitutiven Matrix zwischen dem Subjekt und seiner Umwelt, für ihn schon zur notwendigen Beweisführung gehört. Die von Hegel subtil durchgeführte Entmachtung des empirischen Subjekts bei der konsequenten Ausarbeitung der substanzlogischen Begründungsfigur integriert zwar noch einmal das neue Selbstverständnis in das traditionale Deutungsmuster, sie setzt aber zugleich mit der erforderlich gewordenen Reflexivität auf die Begründungsformel die Chance zu deren ideologiekritischer Überwindung. Mit der zunehmenden Verschärfung der gesellschaftlichen Widersprüche zerstört die unabweisbare Erfahrung der gesellschaftlichen Bedingtheit materieller Ungleichheit die vordergründige philosophische Beruhigung: Der teleologisch in der Geschichte waltende Geist wird durch die offenbar gewordenen Widersprüche abgelöst durch die alleinige Zuständigkeit des Menschen für die Bedingungen seiner gesellschaftlichen Existenz. Mit der 'Entmystifizierung' der idealistischen Erklärlogik und dem Nachweis ihrer legitimatorischen Funktion beginnt die Formulierung eines neuen, auf materialistischer Basis gewonnenen, Weltbilds.

Kapitel V

1. Der politische Staat der Rechtsphilosophie

Es war bei der Diskussion der Staatskonzeption viel von der Legitimation des Gegebenen die Rede. Der Hegel-Leser hat dabei sofort das Wort Hayms vom 'Preußischen Staatsphilosophen' vor Augen. Nach der Annäherung über die Grundlagen der philosophischen Systembildung und insbesondere dem Hegelschen Geschichtsverständnis, soll jetzt im letzten Teil die Verfassung des in der Rechtsphilosophie ausgezeichneten 'wirklichen' Staates abgehandelt und zur Abwägung der strittigen politischen Verortung mit der zeitgenössischen politischen Landschaft und Verfassungs-diskussion in Beziehung gesetzt werden.

Abweichend von der 'liberalen' Interpretation z.B. E. Weils[1], die die Aussagen der Rechtsphilosophie nur als eine unter dem Druck der zunehmenden politischen Repression erzwungene Anpassung halten will, hinter denen verklausuliert noch die eigentlichen liberalen Überzeugungen durchschimmern - und für die mit den Bedingungen der herrschenden Zensur vertrauten Zeitgenossen auch lesbar waren -, sehe ich eine relativ starke Kontinuität in den poli-tischen Aussagen Hegels.

K.H. Ilting beispielsweise, der, als einer der wohl besten Hegelkenner, seine bekannte Edition der Rechtsphilosophie gerade unter dem erkenntnisleitenden Interesse der Klärung dieser Frage vorgenommen hatte, setzt die nach und nach ausgegrabenen früheren Vorlesungsmitschriften der von Hegel selbst herausgegebenen Rechtsphilosophie von 1821 gegenüber und versucht anhand dieser Gegenüberstellung materialreich einen Prozeß der politischen Verhärtung zu begründen. Liest man die angegebenen Stellen tatsächlich genauer nach, verliert sich m. E. die Überzeu-gungskraft der Argumentation: Der Eindruck drängt sich auf, daß relativ unbedeutenden Akzent-verschiebungen bei der Formulierung einiger Paragraphen - die sich in vielen Fällen schon allein durch den geringeren Textumfang der Parallelstelle der Mitschrift erklären können - mehr Gewicht beigemessen werden soll, als den eindeutigen Grundaussagen, d.h. daß, gemessen an der verfügbaren Information, ein unangemessen hoher Interpretationsaufwand gerechtfertigt werden soll. Es ist dabei sicherlich verdienstvoll, auf Entwicklungen im Denkprozeß eines Philosophen hinzuweisen; ihre Bedeutung gewinnen solche Hinweise aber nur mit dem Nachweis ihrer Durch-schlagskraft auf konzeptuelle Weichenstellungen. Die ganze Diskussion über Hegels politischen Standpunkt ist einfach zu sehr belastet durch die politischen Verwertungsinteressen seiner Inter-preten, denen sich ja aufgrund des Transitorischen seiner Philosophie auch tatsächlich genügend Anhaltspunkte zur kontroversen Auseinandersetzung anbieten.

Umstritten waren und sind vor allem zwei für die Interpretation der politischen Position wesentliche Bereiche:
Einmal die Frage nach dem Entwicklungspotential, das Hegel seiner zeitgenössischen Wirk-lichkeit einzuräumen bereit war, und zum anderen die enger politische Frage nach der inneren 'Architektur' der politischen Verfassung; hier insbesondere nach dem Verhältnis zwischen monarchischer oder fürstlicher Gewalt und den verfassungsmäßig vorgesehenen Partizipations-rechten der einzelnen Staatsbürger. Beide Fragen können besser angegangen werden, wenn man

---

1   Weil, Eric, Hegel et l'État. Paris 1950

sich noch einmal das grundsätzliche Interesse verdeutlicht, unter der Hegels gesellschaftspolitische Analysen stehen.

Wie schon die kursorische Behandlung der frühen Schriften gezeigt hatte, zieht sich als roter Faden durch das Gesamtwerk die Auseinandersetzung mit der Erfahrung des politischen Zerfalls und der sozialen Desintegration in einer, mit den zeitgenössischen Maßstäben gemessen, ungeheuer beschleunigten Veränderung der Lebensverhältnisse im Zeitalter der großen Revolutionen. Die Französische Revolution, der Zerfall des Kaiserreichs, die Auswirkungen des am Beispiel Englands beobachtbaren Industrialisierungsschubs auf die Gesellschaftsstruktur und die hier entstehenden sozialen Konflikte, sind die initialen Grunderfahrungen, mit denen Hegels Philosophie befaßt ist.

Das Bedürfnis nach dem 'gesicherten Zustand' (Frühe Schr. S. 269), nach dem Bleibenden, beherrscht sein Denken und lenkt es auf die Untersuchung der konstitutiven Bedingungen gesellschaftlicher Ordnung, ihrer 'immanenten' Gesetze und der, über die Einsicht in sie, feststellbaren Kontinuität hinter dem oberflächlichen Bild, der 'bunten Oberfläche'[2] scheinbar willkürlicher Transformationen und historischer Diskontinuitäten. Der Versuch einer umfassenden philosophischen Integration der in Bewegung geratenen Verhältnisse ist die konsequente Umsetzung der politischen Intention, eine stabile politische und soziale Ordnung nach Maßgabe der Einblicke in die Konstitutionsbedingungen der modernen Gesellschaft zu begründen.

Diese Intention war bei Hegel schon immer sozial-konservativ, allerdings im Unterschied zu den reaktionären Politikern, etwa vom Schlage des Metternich-Beraters Gentz, mit einem durchaus geschärften Bewußtsein für die irreversiblen Entwicklungen der jüngsten zeitgenössischen Geschichte. Während die frühe Schrift zur Verfassung des deutschen Reichs noch die unaufhaltsamen zentrifugalen Tendenzen im ehemaligen Reichsgebiet betrauerte und offenkundig Überlegungen zur Revitalisierung der spätmittelalterlichen Herrschaftsstruktur anstellte, änderte sich mit der endgültigen Zerschlagung des deutschen Reichs und dem Übergang des Staatenbildungsprozesses auf die regionalen Gebietseinheiten die analytische Bezugsebene. Die Ausdifferenzierung einer einzigen und einheitlichen Staatsgewalt um die Monopolisierung legitimer Gewalt und die Zentralisierung von Recht und Steuerwesen, sowie die hierzu erforderliche Ausbildung einer bürokratisch organisierten Infrastruktur auf der Ebene der einzelnen Territorialstaaten, machte die angestrebte Konsoldierung zu einem Problem, das nur im Rahmen der territorialstaatlichen Souveranität angegangen werden konnte. Diesen Wechsel der politischen Bezugsebene dokumentiert sehr schön Hegels Kommentar zur Württembergischen Landständeversammlung von 1815, der ihm nebenbei auch gleich das Etikett des opportunistischen Staatsphilosophen eingetragen hatte. Die Position in dieser Schrift steht jedoch in keiner Weise in Widerspruch zu dem gewöhnlich als liberales Frühwerk betrachteten Manuskript 'Über die neuesten inneren Verhältnisse Württembergs', aus dem eine Stärkung der Landstände gegenüber dem württembergischen Herzog herausgelesen werden kann, denn in diesem Manuskript hatte Hegel die entscheidende Reduktion des Politischen auf die Ebene der einzelnen Territorialstaaten noch nicht vollzogen. Ich werde im folgenden darauf noch genauer zurückkommen.

Auch was Ilting an den Vorlesungsmitschriften gegenüber der veröffentlichen Rechtsphilosophie hervorhebt, die Abweisung des bloß 'Positiven', d.h. der bloß noch 'existenten', aber historisch überholten, Sitten, Gesetze, Institutionen, findet sich ebenso in dieser frühen Schrift, wie auch in dem Entwurf zu einer Einleitung in die Verfassungsschrift[3].

2   Vgl. Hegel Rechtsphilosophie, Edition Ilting, Vorlesungen über Rechtsphilosopie 1818-1831, Hrsg. K.H. Ilting, Stuttgart 1973, Nachschrift Hohmeyer, S. 331
3   Vgl. z.B. Frühe Schriften S. 451ff

Ilting[4] meint, signifikante Anzeichen einer politischen Positionsveränderung nachweisen zu können: Unter dem Druck der Restaurationsphase akkommodierte sich ihm zufolge Hegel zumindest vordergründig an den preußischen Staat. Er versucht, die Interpretationsschwierigkeiten mit der problematischen Differenzierung zwischen der angeblich von außen aufgezwungenen reaktionär-konservativen politischen Option und der eigentlich progressiven Substanz der Hegelschen Rechtsphilosophie aufzulösen[5], eine Unterscheidung, die sich eben im kritischen Vergleich mit den wieder aufgefundenen, nicht unter Zensurbestimmung stehenden und zudem zeitlich vor der innenpolitischen Verhärtung liegenden Mitschriften deutlich belegen lassen soll. Die Belegsituation scheint mir aber keineswegs so eindeutig, wie das Ilting in seinem Aufsatz suggeriert, mehr noch, ich halte sie für durchaus fragwürdig. Bei näherer Betrachtung verblaßt jedenfalls der angebliche Gegensatz zur aussagelosen Variation desselben inhaltlichen Hintergrundes. So erfordert die von Ilting angeführte Beobachtung, daß in den früheren Schriften die Defizienz des 'Positiven', d.h. der bloß existenten, faktisch gegebenen, aber historisch überholten Institutionen, stärker als in der Rechtsphilosophie herausgestellt wird, eine vorsichtigere Intepretation. Abgesehen davon, daß sich Hegel auch in der Rechtsphilosophie kritisch auf das bloß Positive bezieht[6], bleibt hier die Frage, welche Institutionen denn genau mit diesem Etikett versehen werden und noch entscheidender, welche Funktion die Philosophie gegenüber dem derart markierten Defizienten beansprucht.

Hegel subsumiert unter diese Kategorie eindeutig Institutionen, die vor den modernen Territorialstaatsbildungen liegen, also Relikte des früheren Feudalsystems, die die gerade von Hegel sehr bewußt vollzogene Unterscheidung zwischen Staat und Gesellschaft nicht kennen: Auf überkommene Privilegien, auf das 'gute, alte Recht', abgeleitet aus den landständischen Herrschaftsverträgen, auf persönliche Herrschaftsbeziehungen, auf ein altständisches Gesellschaftsverständnis. Die Bestimmung des Positiven für die eigene Zeit bleibt mit der Umorientierung auf den politischen Rahmen des einzelnen Territorialstaats sicherlich gleich. Geltendes Recht kann auch in den Ausführungen der Rechtsphilosophie "in seinem Inhalte noch von dem verschieden sein, was an sich Recht ist" und muß sich fragen lassen "ob eine Rechtsbestimmung *vernünftig* ist"(ebd §212).
Die positive Rechtswissenschaft ist eine explizit historische Wissenschaft, mit dem befaßt, was 'Rechtens' ist, d.h. mit dem, was als Recht gilt. Hegel sieht sehr genau, daß hier anachronistische Bestimmungen fortleben, daß die regulierungsbedürftigen Beziehungen der bürgerlichen Gesellschaft sich aufgrund ihrer inneren Dynamik leicht in Widerspruch zur faktischen Gesetzgebung entwickeln können (ebd §213). Ebenso klärt der §3 der Rechtsphilosophie, in dem Hegel eine Abgrenzung seiner Philosophie gegen die Historische Rechtsschule vornimmt, recht eindeutig über die Differenz von 'vernünftigen' und bloß faktisch geltenden, historisch, über 'gute Gründe' legitimierten, Rechtsbestimmungen auf[7]. In den eigenhändigen Anmerkungen verweist er auf ein aktuelles Beispiel einer derart historisch gerechtfertigten, aber von der 'Vernunft' längst überholten Institution: die englischen 'rotten borroughs', das sind aufgrund historisch veränderter sozialer und demographischer Bedingungen einen völlig unproportionalen politischen Einfluß

4　Wenn ich mich hier vor allem mit K.H. Ilting kurz auseinandersetze, so gewiß nicht deshalb, weil seine Arbeiten gegenüber anderen Hegelforschern besonders abfallen. Ilting war im Gegenteil einer der renommiertesten Hegelkenner: Seine Interpretation 'hat Gewicht' und verdient sicher eine umfassendere Behandlung, als ich sie hier leisten kann.
　Zugleich aber ist es sicherlich besser, die Argumente an den Leitfiguren der Interpretation zuzuspitzen, als sich zu Demonstrationszwecken mit schlechteren Arbeiten (wie etwa mit dem m.E. sehr oberflächlichen Buch S. Avineris) herumzuschlagen.
5　Edition Ilting, a.a.o. Bd.1, S. 101, 103,
6　Rphil §3 , siehe auch § 138 , §180, §212 f, §216
　Ilting, a.a.o. spricht selbst den §3 der Rechtsphilosophie an
7　Sh. auch §258 Rphil.

verschaffende Stimmrechtsbezirke, die regelrecht gekauft werden konnten. Hegel schreibt: "Damals der rechte Verstand, - aber jetzt andere Umstände.....Nicht mehr Zusammenhang mit diesem ..." (Rphil S. 45). Und im veröffentlichten Text heißt es, ebenfalls mit Bezug auf die rotten borroughs: "Wenn das Entstehen einer Institution unter ihren bestimmten Umständen sich völlig zweckmäßig und notwendig erweist und hiermit das geleistet ist, was der historische Standpunkt erfordert, so folgt, wenn dies für eine allgemeine Rechtfertigung der Sache selbst gelten soll, vielmehr das Gegenteil, daß nämlich, weil solche Umstände nicht mehr vorhanden sind, die Institution vielmehr ihren Sinn und ihr Recht verloren hat." (Rphil § 3).

Differenzen bei der Thematisierung des Verhältnisses von bloß Existentem und vernünftig Wirklichem erklären sich durch die mit der veränderten politischen Situation einhergehenden Verlagerung des gesellschaftsphilosophischen Schlachtfelds: Während bei den früheren Schriften die Orientierung gegen die alte Feudalordnung dominiert, wird mit der zunehmenden Konsolidierung der modernen Staatsbildungen die neue Gefährdung des Herrschaftssystems durch die am Staatenbildungsprozeß ja entscheidend mitwirkende ökonomische Dynamik und der mit ihr einhergehenden Veränderungen der Gesellschaftsstruktur zum virulenten Problem. Dabei hat sich aber an der philosophischen Grundkonzeption des 'vernünftigen Staates' nichts Substantielles verändert, oder: Die behauptete Fortschrittlichkeit der früheren Position ergibt sich aus der größeren Rückständigkeit der Verhältnisse, mit denen sie sich auseinandersetzt - immer gemessen am leitenden Kriterium der gelungenen Durchsetzung des staatlichen Gewaltmonopols.

Auch die von Ilting angeführte veränderte Einstellung zur Französischen Revolution läßt sich m.E. nicht überzeugend belegen, sondern erklärt sich im gleichen Sinne mit der angeführten Problemverschiebung, die eben deutlicher die kritische Seite des schon immer ambivalenten Verhältnis Hegels zur Revolution akzentuieren muß. Damit aber ist deren in Hegels Augen 'welthistorische ' Bedeutung keineswegs geschmälert: Auch an einigen Stellen der Rechtsphilosophie hat er sich auf sie mehr oder weniger eindeutig bezogen, so insbesondere auf ihre katalytische Funktion für die ökonomische Freisetzung des bürgerlichen Subjekts und die mit ihr durchgesetzte Formalisierung und Universalisierung des Rechts - Entwicklungen[8], die sich im Bewußtsein der Zeitgenossen ja noch viel dramatischer darstellen mußten, als in der späteren, größere historische Zusammenhänge erfassenden, Rekonstruktion der Historiker[9]. Auch spätere Arbeiten, etwa die aus den Nachschriften rekonstruierte Philosophie der Geschichte, bestätigen diesen Eindruck. Kurioserweise nimmt Ilting als ein Beispiel für die liberale Position die Landständeschrift von 1817, eine der wenigen Publikationen Hegels mit unmittelbar öffentlicher Wirkung[10], die ihm, wie schon gesagt, sogleich den massiven Vorwurf opportunistischen Anbiederung eingebracht hatte. In dieser Schrift unterstreicht Hegel in der Tat nachdrücklich die welthistorische Weichenstellung der Revolution, er kritisiert aber gleichzeitig ebenso nachdrücklich - und zwar im gleichen Tenor, wie auch in den späteren Schriften - die politischen Konsequenzen, vor allem die Forderung nach einer Ausweitung der politischen Partizipation oder gar des Übergangs der Souveränität auf das Volk, die aus der Erfahrung der Revolution abgeleitet wurden. Hegel bezieht in dieser Schrift Position selbst gegen den königlichen Verfassungsvorschlag, der ihm mit seinen 'französischen Abstraktionen', d.h. dem Konzept eines zwar noch von Vermögenskriterien beschränkten, aber prinzipiell allgemeinen und gleichen Staatsbürgers, viel zu weit geht.[11]

Diese Vorstellung nimmt das "Volk in einen *Haufen aufgelöst*" und versucht, von diesem 'anarchischen Prinzip' (ebd. 482) aus eine politische Ordnung zu konstituieren - für Hegel selbst-

---

8   Siehe etwa : §62 §75 Anm., §124, §209, §262,
9   Siehe f. Furet: 1789 - vom Ereignis zum Gegenstand der Geschichtswissenschaft
10   Sh. J. Habermas, Theorie und Praxis, a.a.o. S. 152
11   Vgl. Nürnb. Schriften S. 483

verständlich eine Totgeburt. Es ist überhaupt keine Frage, daß Hegel eine echte Partizipation des Volks, auch in einer eingeschränkten Definition der Staatsbürgerrolle, durchgehend ablehnt. Ich werde auf diesen Punkt noch ausführlicher zurückkommen.

Wichtiger scheint mir zunächst auf die Unterstellung Iltings einzugehen, Hegel habe in seinen politischen Arbeiten vor der Rechtsphilosophie von 1820 ein anderes Verständnis von philosophischer Praxis, eine kritische Intention gehabt, die sich erst mit der Restaurationszeit opportunistisch, oder auch aufgrund realer persönlicher Gefährdung, maskiert habe. Als Beispiel werden eben das Verhältnis zur Französischen Revolution und vor allem die in den frühen Schriften deutlichere Auseinandersetzung mit dem 'Positiven' angeführt. In der Nachschrift Hohmeyers steht etwa: "Der jetzige Zeitgeist ist gegen mehrere Momente gerichtet, an denen der gegenwertige Zustand der europäischen Völker noch leidet, welche die reine Entwicklung des Rechtsbegriffs hemmen."[12] Und zwei Seiten später, nachdem als solche Momente die äußerliche Implementierung des römischen Rechts über die gewachsenen Rechtsinstitute und die die bürgerlichen Kardinalforderungen nach Freiheit des Eigentums und der Person behindernde Feudalverfassung definiert wurde, heißt es: "Allenthalben wo der Geist zu höherem Bewußtsein gekommen ist, ist der Kampf gegen solche Einrichtungen notwendig.- Der Gegenstand der philosophischen Rechtswissenschaft ist der höhere Begriff von der Natur der Freiheit, ohne Rücksicht auf das, was gilt, auf die Vorstellung der Zeit." (ebd 233f).

Auch hier läßt sich zeigen, daß die konkret genannten, 'positiven' Einrichtungen von der Rechtsphilosophie keineswegs plötzlich wieder gerechtfertigt, vielmehr entweder ebenso kritisiert oder aber als von der historischen Entwicklung tatsächlich schon überwundene Anachronismen betrachtet werden, daß sich also an diesem Punkt keine inhaltlichen Positionsänderungen festmachen lassen[13].

Zwar korrigiert Ilting selbst bei der Untersuchung der Stellung des Monarchen im Hegelschen System eine allzu übertriebene Deutung des kritischen Anteils, er hält aber mit der Erklärung, es handele sich bei diesem Problem um einen unaufgelösten inneren Widerspruch, eigenartigerweise nichtsdestotrotz an der These von der "einheitlich liberal-progressiven Grundkonzeption"[14] fest. Hier, bei der Ausgestaltung der Institution des Monarchen finden sich im Überblick der einzelnen Vorlesungen und der veröffentlichten Ausgabe tatsächlich bedeutsamere Unterschiede, so daß an diesem Punkt die Ausgangsthese noch am ehesten verifiziert werden kann: In der Rechtsphilosophie spricht Hegel nicht mehr von der Notwendigkeit einer Gegenzeichnung der fürstlichen Entscheidung durch den jeweils verantwortlichen Minister, wie überhaupt die Kompetenzen der Regierungsgewalt zugunsten einer Aufwertung der monarchischen Gewalt zurückgestuft erscheinen. Auch ist es richtig, daß in den Vorlesungsmitschriften die formalere Bedeutung der monarchischen Gewalt, sowie deren Einbindung in den übergeordneten 'Organismus' der Verfassung weit stärker betont wird, während andererseits die ständischen Mitwirkungsrechte relativ weitgefaßt sind. Allerdings ist vor allem bei den mündlichen Zusätzen mindestens die gleiche Vorsicht bei der Interpretation angebracht, wie sie auch bei der Diskussion der von Gans redigierten Ausgabe der Rechtsphilosophie gefordert wurde. Die in dieser Mitschrift sehr prägnant formulierten politischen Optionen relativieren sich aber augenfällig im Vergleich mit der

---

12 Edition Ilting, a.a.o., S. 232
13 Zur Frage der bürgerlichen Freiheit soll noch einmal auf das Kapitel über die Französische Revolution und das über die Bürgerliche Gesellschaft verwiesen werden. Für die Beurteilung der Kritik der römischen Privatrechtsbestimmungen bleibt es sowieso ein Rätsel, inwieweit die Option für die 'gewachsenen' Rechtsinstitute, die "die Herrlichkeit des alten Lebens" (Ilting, S. 233) regulierten, eine fortschrittlichere Position markieren soll.
    Jedenfalls findet sich bei genauer Analyse in den konkret monierten Punkten keine Abweichung. Siehe Rphil. §215 f, §224, §226, ff.
14 Edition Ilting, a.a.o., s. 108

sogar etwas früher veröffentlichten Landständeschrift, in der ja gerade das Verhältnis von fürstlicher Gewalt, Regierung und, auf dem anderen Pol, der Mitwirkungsrechte der Landstände das entscheidende Thema abgeben. Hier betont Hegel durchgängig die seiner Meinung nach mit dem Übergang zur staatlichen Souveranität notwendig gewordene Abschaffung des bipolaren innenpolitischen Systems, d.h. er spricht sich deutlich gegen eine verfassungsrechtlich sanktionierte Gewaltenteilung aus. Das in der Wannenmann - Mitschrift hervorgehobene Steuerbewilligungsrecht und die ebenfalls dort angeführte Mitbestimmungsoption der ständischen Kammern ist in keinem Falle als ein mögliches Machtinstrument der Stände zu verstehen, das eine Verlagerung des politischen Schwerpunkts auf die ständische Versammlung, auf ein eigentliches Parlament, andeuten sollte. Eine solche Möglichkeit ist per definitionem durch die organismische Staatskonzeption ausgeschlossen, ein Punkt der unbedingt festgehalten werden muß. Der schärfere Kontrast rührt in diesem Fall aber auch zu einem großen Teil von der komplementär entgegengesetzten Strategie einer Bestätigung der Anpassungsthese her, bei der die Aussagen der Rechtsphilosophie zu sehr abgeschattet werden und wichtige Ergänzungen, die die Positionsdifferenzen relativieren könnten, einfach unterschlagen bleiben.

Nach meiner Auffassung ist auch in der Rechtsphilosophie die Stellung des Monarchen durch die Konstitution eingeschränkt und deutlich gegen einen absolutistischen Herrschaftsanspruch abgegrenzt. Nur ändert diese im verkürzenden Sprachgebrauch 'liberale' Position nichts an der Ausschaltung jeglicher substantielleren Partizipationsrechte: Ob im Monarchen zentralisiert oder eher auf eine Beamtenkamarilla zugeschnitten, entwickelt Hegel in allen Fällen eine autoritäre Herrschaftsstruktur für seinen 'Staatsorganismus'.

Daß Hegel sogar an der "Schwelle zur modernen parlamentarischen Monarchie" gestanden habe, wie P. Becchi meint, ist mehr als ein interpretatorischer Mißgriff[15]. Besonders aufschlußreich für die kritische Grundhaltung und im schärfsten Kontrast zur bornierten Rechtsphilosophie stehend erscheint Becchi ausgerechnet die Berliner Antrittsvorlesung, deren Appell an den 'Geist der Jugend' der 'für sich der Freiheit einer interessenlosen wissenschaftlichen Beschäftigung fähig ist', ausführlich zitiert wird.

Nun ist auch diese Passage für eine derart wesentliche Belegabsicht schon reichlich dürftig, zumal sich mit einiger Anstrengung eine Parallelstelle in der Schulrede von 1813 (Nürnb. S. 365) hätte finden lassen, die deutlich macht, daß Hegels pädagogisches Ziel weniger in der Stärkung des kritischen Bewußtseins dieser Jugend, denn in der Erzeugung von Einsicht in den vernünftigen Gang des Ganzen und damit auch der zeitgenössischen Gegenwart gelegen hätte, ein Vorhaben, so die Analyse Hegels, das sich in der von existentiellen Sorgen entlasteten biographischen Phase der Jugend noch in der nötigen Breite darstellen läßt, während mit dem Übergang zum Berufsleben das höhere Interesse am Sinn des Ganzen einer eher pragmatischen Lebensführung weicht. Die philosophische Aufgabe besteht ebenfalls, weit entfernt davon, auf eine Kritik des Bestehenden hinzuwirken, im Gegenteil darin, auf die spätere Beschränkung im, im Erfahrungshorizont der Subjekte wieder reduzierenden, 'System der Bedürfnisse', sowie auf die Rolle des eingebundenen Staatsbürgers vorzubereiten und sie als notwendig zu legitimieren.

---

15 So in einem neueren Aufsatz von Paolo Becchi, Hegels unterschiedliche Ansätze in seiner Lehre zur fürstlichen Gewalt, abgedruckt in: Archiv f. Rechts- und Sozialphilosophie, 1986 S. 231- 246
   Becchi unterschlägt bei seinen ansonsten wichtigen Hinweisen wesentliche Kommentierungen der Rechtsphilosophie, die den aufgebauten Kontrast zu Hegels Vorlesungen relativieren könnten. Insbesondere die ausdrücklich als bedeutsam herausgehobene Unterscheidung zwischen subjektiver und objektiver Verantwortlichkeit ignoriert völlig den § 284 Rphil.
   Ebenso bleibt die Abgrenzung des Monarchen vom Despoten unberücksichtigt, vielleicht weil sich dem Autor die substanzlogische Ableitung des 'objektiven Geistes' als einem metaphysisch inspirierten Differenzierungsprozeß, der alle beteiligten Momente, also auch die Stellung des Monarchen, in sich integriert und damit auch beschränkt, nicht erschlossen hat.

Der in dieser Frage sicher auch die frühere Intention Hegels treffende § 396 der Rechtsphilo-sophie kann hier als weiterer überzeugender Beleg angeführt werden. Explizites Ziel der biogra-phischen Entwicklung ist hier die Bildung "zu dem wahrhaften Verhältnis der *Anerkennung* der *objektiven* Notwendigkeit und Vernünftigkeit der bereits vorhandenen fertigen Welt, an deren sich an und für sich vollbringenden Werke das Individuum seiner Tätigkeit eine Bewährung und Anteil verschafft, dadurch *etwas ist*, wirkliche Gegenwart und objektiven Wert hat", ein Verhältnis, das das Subjekt mit der Reifestufe des Mannes erreicht hat[16].

Losgelöst von solch eher belanglosen Fehldeutungen muß auch die Grundbehauptung einer kritischen Intention der Hegelschen Philosophie gegenüber dem Bestehenden, sofern darunter nicht die schon angeführten Anachronismen verstanden werden, die dem dezidiert bürgerlichen Standpunkt des hegelschen Weltbilds historisch längst überwunden galten, grundsätzlich zurück-gewiesen werden. Wenn in der Berliner Antrittsvorlesung, die Ilting zitiert, vom 'Gehalt', die die Philosophie haben müsse, gesprochen wird, ist damit keineswegs von philosophischer Praxis als einem verändernden Faktor der vorgefundenen Verhältnisse in Richtung einer wie auch immer begründeten besseren Welt oder Wirklichkeit die Rede. Die Philosophie zielt in den früheren Schriften nicht über die vorhandene Wirklichkeit hinaus, auch wenn diese Einschränkung erst in der Vorrede der Rechtsphilosophie unmißverständlich thematisiert wird. So heißt es am Rande einer Passage der Jenaer Realphilosophie: "*Vollkommne Bildung* ... *Vergessen*, Ruhe in der unmittelbaren *Gegenwart* - nicht borniert moralische Begriffe." (ebd S. 280 unten). Ihre prinzi-piellen Vorentscheidungen liegen fest und legen sie fest: auf eine substanzlogische Begründungs-figur, die die Verantwortlichkeit für die konkrete Wirklichkeit mit wachsendem Reflexionsauf-wand (und dazu gehört vor allem die immer differenziertere Ausgestaltung des geschichtsphilo-sophischen Hintergrunds, der 'Weltgeschichte') desto entschiedener von den empirischen Subjekten abziehen und auf das absolute Geist-Subjekt im Zentrum der dann teleologischen Bewegung hin zu dieser Wirklichkeit übertragen muß. Diese Präponderanz des Geistes ist ein durchgängiger Zug der Hegelschen Philosophie, sie organisiert gleichsam das System. Mit ihr hat sich die Frage nach einer kritischen Funktion der Philosophie, jedenfalls auf der Höhe der reflexiven Konsequenz des Hegelschen Systembaus, erledigt: Sie reduziert sich auf die Herstellung von Einsicht in den Entwicklungsprozeß des Ganzen, diskriminiert vielleicht das überwundene 'Positive' gegen die aktuelle, abschließende Stufe des eigentlich nur mit sich selbst befaßten Bewußtwerdungsprozesses des Geistes, sie übernimmt aber nirgendwo eine aktive gestalterische Rolle. Gerade in der angeführten Berliner Rede setzt Hegel das Geschäft der Philosophie explizit mit einem Gottesdienst gleich und dokumentiert mit der Forderung nach der Zurücknahme der empirischen Interessen des Einzelnen zugunsten der Andacht vor dem Allgemeinen anschaulich die affirmativen Konsequenzen seiner Konzeption: "Wie die Religion als Pflicht für sich selbst vorgestellt wird - das Individuum im Dienste Gottes - ein selbständiges Reich und Leben, zu dem das Individuum als einem Heiligen hinzutritt, nicht nur daraus für sich etwas zu machen, sondern in ihm seine eigenen Zwecke aufzugeben hat, nicht mehr sich, das Seine sucht, sondern sich dadurch ehrt, dessen teilhaftig zu sein, als eines von ihm Unabhängigen, Selbstbestehenden." (Enz III S.412).

Das, wohlgemerkt, ist der Hintergrund, die philosophische Perspektive, von dem aus die einige Seiten vorherstehende Passage ihren Sinn und ihre Kriterien gewinnt: "Die Vernunft, welche das ist, was ist, und die Vernunft, welche das Wesen des Geistes ausmacht, ist eine und dieselbe. ... Wie der Mensch die Welt anblickt, so blickt sie ihn an; ... nur insofern er sie vernünftig anblickt, gestaltet sie für ihn sich vernünftig." (ebd S. 406) - das heißt: die berühmte spätere "Rose im Kreuz der Gegenwart" (Rphil § 3 Anm) ist auch hier das leitende Erkenntnis-ziel, nicht die Umgestaltung der Gegenwart nach Maßgabe eines sich am empirischen Interesse

---

16 Sh. auch den Zusatz zu diesem Paragraphen, insbes. S. 78 und S. 83 ff.

der Subjekte festmachenden Vernunftbegriffs. Nichts anderes findet sich auch in den Mitschriften: "Wie das Organische im Leben, so gibt sich die Idee der Freiheit in den Individuen ihr Dasein. Sie sind als Glieder des organischen Körpers, nur im Ganzen bestehend, aber doch das Ganze hervorbringend, erhaltend. Das Ganze ist ihre Grundlage und auch ihr Zweck, Kreis der in sich selbst wiederkehrenden Tätigkeit ... Des Subjekts höchste Bestimmung ist, hier ein Glied zu sein. ... Man kann das Ganze Verhältnis als ein religiöses auffassen."[17] Hier, wie später, besteht die philosophische Aufgabe in der Erkenntnis der Vernunft in der Gegenwart, in der Rekonstruktion des logischen und historischen Arbeitsprozesses, den der Geist in Auseinandersetzung mit seinem materiellen 'Anderen' hinter sich gebracht hat: der eigentliche Akteur des Geschehens steht nicht zur Disposition. Auch wenn sich unterhalb der metaphysischen Konstruktion eine Fülle weiterreichender Einsichten und Erfahrungen umsetzen, die die nachfolgende Gesellschaftstheorie vorbereiten helfen, auf den grundsätzlichen Bruch mit den konzeptuellen Prämissen hinwirken, bleibt die Präponderanz des Geistes, immanent betrachtet, unberührt und damit auch die Immunität der durch die unterliegende Strukturlogik der Erklärung teleologisch angekoppelten Gegenwart. Die zustimmende Übernahme der in der Französischen Revolution prägnant artikulierten bürgerlichen Positionen und die Kritik der damit unvereinbaren 'positiven' Anachronismen steht hierzu in keinem zwingenden Widerspruch und kann keinesfalls als ein Argument für die unterstellte kritische Intention der Hegelschen Philosophie gelten. Es ist in diesem Punkt uneingeschränkt, die subjektive Ernsthaftigkeit der politischen Option Hegels sei davon unberührt, der Analyse von G. Dux zuzustimmen: "Allein, Hegel legt das Denken gerade in Anbetracht dieses Prozesses auf das, was ist, und das heißt: was hier und jetzt schon ist, fest. Er dachte ganz einfach nicht in der Kategorie einer permanenten Kritik des Bestehenden".[18] "Die Französische Revolution war ein fait accompli ; ebenso die Rückständigkeit der landständischen Verfassung, die Emanzipation des Bürgertums etc. Es kostet dem auf das Positive des Wirklichen verpflichteten Denken nichts, sie als vernünftig zu deklarieren."[19] Die politische Grundhaltung Hegels soll im folgenden an den konkreten Aussagen der Rechtsphilosophie inhaltlich genauer rekonstruiert werden.

Neben der eingängigen Etikettierung Hegels zum Preußischen Staatsphilosophen gab es immer schon Hinweise auf die unzureichende Grundlage dieses Verdikts: Hinweise darauf, daß die Rechtsphilosophie in vielen Punkten von der gegebenen Realität des Preußischen Staates abweicht. Diese Feststellung ist auch ganz richtig, es gibt hier, abgesehen davon, daß Hegel in der Rechtsphilosophie ja selbst explizit herausstellt, nicht einen bestimmten, also den Preußischen Staat, sondern *den* Staat der Neuzeit philosophisch zu sanktionieren, tatsächlich bedeutsame Differenzen. In Preußen konnte von einer ordentlichen Verfassung keine Rede sein, es gab nur ein halbherziges Verfassungsversprechen. Preußen zerfiel in mehrere Verwaltungseinheiten mit noch landständischen Vertretungen; eine einheitliche Volksvertretung auf gesamtstaatlicher Ebene (gleich mit welcher Einschränkung) war nur während der Reformphase von Hardenberg einmal anvisiert worden, blieb aber politisch völlig undurchsetzbar. Auch waren die einzelnen Provinziallandtage noch sämtlich nach dem altständischen Kurialprinzip organisiert. Signifikante Unterschiede finden sich auch hinsichtlich der in der Rechtsphilosophie ausgezeichneten Rechtsinstitute: Die Öffentlichkeit der Gerichtsverhandlungen, die Praxis der Geschworenengerichte, die geforderte Formalität und Universalität des Rechts kontrastierten gegen standesrechtliche Relikte und eine unaufgelöste Patrimonialgerichtsbarkeit. Ohne hier weiter auf die Details eingehen zu müssen, wird ersichtlich, daß Hegel gegen eine allzu platte Vereinnahmung durch den

---

17 Edition Ilting, a.a.o. S. 291, sh auch S. 328, 330
18 Dux, a.a.o. S.217
19 ebd S. 222

282

Preußischen Staat verteidigt werden muß[20]. Die Differenz zwischen bloßer Existenz und Wirklichkeit greift auch hier, so weit, daß es durchaus vereinzelte Stimmen gab, die Hegel den Verdacht staatsgefährdender, ja revolutionärer Umtriebe entgegenbrachten[21]. Das ist aber nicht das Problem, denn entscheidend bleibt ja, daß vernünftige Wirklichkeit nicht mehr jenseits der eigenen Wirklichkeit liegt, nicht als eine noch zu leistende Aufgabe einer sich praktisch verstehenden Philosophie erst hergestellt werden muß, sondern sich auf dem erreichten, bzw. möglichen, Stand der philosophischen Erkenntnis, zwar noch teilweise verdeckt hinter Überresten überwundener morphogenetischer Gesellschaftsstufen und der scheinbaren Vielfalt endlicher Ausprägungen, in den endgültigen Strukturen einer metaphysisch sanktionierten Ordnung entpuppt. Hegel will deren grandiose Architektonik idealtypisch freilegen, indem er diese vernünftigen Strukturen hervorhebt, wohl wissend, daß seine Darstellung nicht völlig deckungsgleich mit einem bestimmten, konkret existierenden Staatswesen sein kann. Sie ist aber eben auch nicht 'ideal', sondern nimmt selbst explizit in Anspruch, auf der Höhe des 'Zeitgeists'[22] zu sein, die Vernunft im Gegebenen herauszupräparieren, unabhängig von eher marginalen Differenzen reale gesellschaftliche Institutionen oder zumindest reale gesellschaftliche Entwicklungen, die in der Analyse Hegels zwingend auf eine Institutionalisierung zulaufen, zu skizzieren. Und hieran gemessen, mit dem Blick auf die großen Zusammenhänge, die Antizipation der soziookonomischen Verschiebungen in dieser Umbruchsphase, wird die behauptete Affinität zum Preußischen Staat, bzw. dann allgemeiner zum spätabsolutistischen Staat des Vormärz überhaupt, durchsichtiger.

Hegels Konzeption der politischen Verfassung eines 'vernünftigen' Staats soll jetzt nicht streng nach der immanenten Systematik der Rechtsphilosophie, sondern entlang ihrer politischen Grundaussagen im weiteren Bezugsystem des zeitgenössischen Verfassungsdiskurs gesehen werden. Im Zentrum der Betrachtung steht somit die Position Hegels in der Auseinandersetzung um die Repräsentationsverfassung und das sogenannte 'monarchische Prinzip', die Frage nach der Aufnahme der Forderungen nach politischer Emanzipation und nach dem verfassungsrechtlichen Spielraum der zugestandenen Partizipationsrechte. Gerade der Ausgang vom Hegelschen Verständnis der Repräsentation, der im folgenden ein im Hintergrund präsentes Leitthema abgeben soll, bietet in der breiteren Anlage der Darstellung zwei gewichtige Vorteile: Zum einen kann noch einmal gründlicher die These eines angeblichen umfassenden Wandels des politischen Standpunktes vom frühen revolutionär/liberalen zum späteren reaktionär/ konservativen Hegel überprüft werden, zum anderen erlaubt die Berücksichtigung auch des verfassungstheoretischen Kontextes den illustrativen Vergleich mit der, die zeitgenössische Verfassungsdiskussion sehr polarisierenden, Position von Friedrich Gentz, einem einflußreichen Berater Metternichs, der gleichsam eine konservative Extremposition markiert, mit der man Hegel selbst oft genug identifiziert hat, so daß hier insgesamt vielleicht ein historisch genaueres Bild von der Lage Hegels im zeitgenössischen politischen Gravitationsfeld vermittelt werden kann.

---

20   Vgl. auch Avineri, a.a.o. S. 142ff
21   Vgl. Edition Ilting, a.a.o., S.62f
22   Vgl. ebd S. 232

283

2. Repräsentation bei Hegel

Es mag als überzogene Wortspalterei erscheinen, wenn im folgenden Wert auf eine möglichst genaue Annäherung an den spezifischen Gehalt des Begriffs 'Repräsentation' in seiner Verwendung bei Hegel gelegt wird, ein Eindruck, der sich ganz allgemein bei der Beschäftigung mit den Versuchen der Staatsrechtlehre im Vormärz, die komplizierte Beziehung zwischen der spätabsolutistischen Monarchie und der aufkommenden Volksvertretung begrifflich zu verarbeiten, einstellt, insofern ihnen ein eigenartig konstruktivistisches Moment anhaftet. Das lag eindeutig daran, daß die Virulenz der bürgerlichen Gesellschaft in den Staaten des ehemaligen Deutschen Reiches der ökonomischen Entwicklung etwa in England weit hinterherhinkte, d.h. politische Veränderung war nicht durch einen ausreichenden praktischen Handlungsbedarf motiviert, sondern vollzog sich zunächst einmal in den Köpfen derer, die, mehr oder weniger weitsichtig, eine erst losgetretene Entwicklung antizipieren konnten. Während die konservativreaktionäre Seite dabei zum Ziel hatte, das politische und soziale System gegen die sich abzeichnende Gefahr der 'demokratischen Verirrungen' institutionell abzuschotten, verfolgte die 'liberale' Richtung im allgemeinen den Nachweis, daß die grundsätzlich meist nicht in Frage gestellte politische Ordnungsstruktur entwicklungsfähig und im Sinne einer Liberalisierung, einer allmählichen Ausweitung der Partizipationsrechte, reformierbar wäre[23]. Der Streit um Begriffe, historische Analysen und Auslegungen war Ausdruck der sich verstärkenden Legitimationskrise der absolutistischen Monarchie, wobei das Schlachtfeld eben noch vordergründig ein Kampf um Definitionen und mögliche Rationalisierungen von politischer Herrschaft, der Verfassungsexegese, von Bestimmungen des 'wahren Wesens' der Monarchie blieb. Hegels Beitrag zu diesem zeitgenössischen Diskurs ging mit seiner geschichtsphilosophischen Unterfütterung besonders weit: Die rechtsphilosophische Erkenntnis sollte die herrschende 'Seichtigkeit' der Diskussion, das gefährliche Räsonnement über die Grundlagen gesellschaftlicher Ordnung ein für allemal abschließen und intellektuell befrieden - die affirmative Intention war hierbei ganz unverkennbar. Der große geschichtsphilosophische Rahmen wurde schon skizziert; jetzt sollen die konkreten verfassungstheoretischen Optionen Hegels in der Rechtsphilosophie vorgestellt, der Hintergrund der politischen Konzeption entwickelt und auf die Verortung im zeitgenössischen verfassungstheoretischen Diskurs, soweit als nötig, eingegangen werden.

Die Analyse der Anarchie des deutschen Reichs in der Verfassungsschrift hatte am Verfall des Politischen angesetzt: In Verkennung des mittelalterlichen Königtums deutet Hegel die zunehmende Konzentration politischer, sozialer und ökonomischer Funktionen in der Hand der feudalen Aristokratie als Verlust der staatlichen Souveränität, als private Aneignung der vormals der Obergewalt zukommenden Macht. Ebenso usurpiert ihm das Bürgertum im Zuge seiner wachsenden Bedeutung mit der Durchsetzung und Verteidigung von Rechten und Freiheiten, Privilegien, Handlungsräume der Staatsmacht.
"So ist ein Staatsgebäude entstanden, dessen einzelne Teile, jedes Fürstenhaus, jeder Stand, jede Stadt, jede Zunft, alles was Rechte in Rücksicht auf den Staat besitzt, sich selbst diese erworben, nichts vom Allgemeinen, vom Staat als Ganzem zugeteilt erhalten haben." (Frühe Schr. S 454). Die Konsequenz ist klar: Das Ganze zerfällt in seine Teile - "Dies Bestreben, die Staatsgewalt zu einem Privateigentum zu machen, heißt nun nichts anderes, als den Staat auflösen, den Staat als eine Macht zernichten." (ebd S.456).

---

23 Vgl. die Aufsätze von C.T.Welcker, u.a. in: Der europäische Liberalismus im 19. Jahrhundert Bd2, Hrsg L.Gall/R.Koch Frankfurt/M, Berlin, Wien 1981

Gegen den privaten Besitzanspruch auf politische Macht - dem 'Prinzip der Persönlichkeit' (das in der Sphäre der bürgerlichen Gesellschaft seinen natürlichen Raum findet) - stellt Hegel als die historisch und ontologisch entwickeltere Form das 'Prinzip der Repräsentation'. Entsprechend der zeitgenössischen Aufnahme von Tacitus 'Germania', die mit dem aufkommenden Nationalismus einen verstärkten Rezeptionsschub erfuhr, verortet Hegel den genetischen Ursprung dieses Prinzips im Herrschaftssystem der alten Germanen. Genauer: Es war wohl weniger Tacitus 'Germania' selbst, als deren Interpretation in Montesquieus 'L'esprit des Lois'[24]. " Dies System der Repräsentation ist das System aller neueren europäischen Staaten. Es ist nicht in Germaniens Wäldern gewesen, aber es ist aus ihnen hervorgegangen. "(Frühe Schr. S.533).

An Hegels Analyse interessiert jetzt nicht primär die historische Genauigkeit, sondern maßgeblich für das Interesse dieses abschließenden Kapitels an den zitierten Passagen bleiben die in ihnen angelegten Hinweise auf die rechtsphilosophische Staatskonzeption[25].

Institutionalisiert hatte sich ihm das System der Repräsentation im frühmittelalterlichen Lehnswesen, das Hegel analog zu Montesquieu als einen organisatorischen Reflex auf die expansive Dynamik der germanischen Eroberungszüge auffaßt. Die Wahrnehmung politischer Funktionen war mit der Komplexitätssteigerung des Systems nicht länger unmittelbar im Rahmen einer beratenden Versammlung aller Freien[26], sondern eben nur noch institutionell organisiert denkbar. "Als sie in Germanien waren, konnte sich die ganze Völkerschaft versammeln. Nachdem sie sich in der Eroberung zerstreut hatten, konnten sie es nicht mehr. Gleichwohl mußte das Volk über seine Angelegenheiten beratschlagen, wie es das vor der Eroberung getan hatte. Es tat dies durch Repräsentanten. Das ist der Ursprung der gotischen Regierung unter uns."[27] Der Lehnsinhaber übernahm Herrschaftsaufgaben über die ihm zugeteilten Verwaltungsgebiete; als Träger dieser Herrschaftsfunktionen repräsentierte er seine Untertanen in der auf die Fürsten reduzierten Versammlung, die Hegel dann im historischen Sprung einfach dem deutschen Reichstag gleichsetzt. In der Person des Lehnsträgers erfolgte eine charakteristische Überlagerung von personalen und repräsentativen Qualitäten: Als Repräsentant "... stellt er sein Land vor, er ist der Mann desselben, an der Spitze seines Interesses, er ist persönlich eins mit demselben."(Frühe Schr. S. 534). Juristisch gesehen meint Repräsentation in der Verfassungsschrift demnach ein spezifisches Organverhältnis: Das Land ist dem Fürsten gleichsam inkorporiert im Sinn einer 'absorptiven Repräsentation', er *ist* mehr sein Land, als daß er es - explizit von unten autorisiert - nur vertritt.[28] Nur da, wo die integrative Kraft, und d.h. die Macht, nicht ausreicht, wo die Absorption scheitert, wo die Landesherrschaft sich nicht durchsetzen kann, differenziert sich das Verhältnis: das eximinierte Stadtbürgertum erhält eine "eigene Repräsentation", die als sog. Dritter Stand ein Repräsentant des neben Adel und Klerus, die "für sich selbst persönlich" mitsprechen, "übrigen Volks" darstellt (ebd S.533). Es wird noch anzusprechen sein, wer hier mit Volk gemeint ist und in welchem Sinne hier wer wen repräsentiert.

Hegel rekonstruiert die Konstituierung einer bürgerlichen Repräsentation auf der Ebene der Reichsstandschaft (und später, in der Verhandlungsschrift, der Landstandschaft) als eine Wendung gegen die etablierten Herrschaftsansprüche der Aristokratie, die sich durch die zuneh-

---

24 Vgl. Montesquieu, a.a.o. Buch XI Kap 6,7
    vgl Hegel: Frühe Schr.S.532ff
    PdG S.413ff,424ff
25 Zur historischen Wertung dieser weit verbreiteten Hypothesen, sh. die Aufsätze von H. Dannenbauer, W. Schlesinger, T. Mayer in: Herrschaft und Staat im Mittelalter, Hrsg. Hellmut Kämpf, Darmstadt 1974
26 Vgl. 'Germania' S.19, Ausgabe Reclam Nr. 9391
27 Montesquieu, a.a.o. XI Kap 8
    Vgl. dazu Hegels Bild vom 'gotischen Dombau' in Vernunft S.144
    allg. zu dieser Auffassung: E.W. Böckenförde in : 'Moderne dt. Verfassungsgeschichte S.31f
28 Vgl. die Diskussion um den Vertretungscharakter der mittelalterlichen Stände, dazu insbes. O. Brunner, Land und Herrschaft, a.a.o.
    Aufsätze auch in: Grundlagen der modernen Volksvertretung, Hrsg. H. Rausch

mende Bedeutung der neuen Produktionsfaktoren Geld und Bildung legitimiert. Kampf um politische Freiheit meint zunächst einmal den Kampf um 'Freiheiten' oder, genauer, um Rechte (beide Begriffe werden bis in die Neuzeit synonym verwendet), die den alten Eliten abgerungen werden; er löst den Zustand der 'politischen Nullität' der politisch ausgeschlossenen Untertanen auf und setzt sie in ein unmittelbares Verhältnis zum Staat (als welcher Hegel, wie gesagt, das Reich erscheint). Der Kommentar zu den württembergischen Verhandlungen und später die Vorlesungen über die Philosophie der Geschichte deuten den Emanzipationsprozeß des Bürgertums explizit als Gegenbewegung zur Erosion des 'Prinzips der Repräsentation' unter der zentrifugalen Tendenz der Feudalisierung: Politische und soziale Macht hat hier ihre eigentliche Legitimation verloren, denn sie wird als Privatbesitz behauptet, d.h. ist nurmehr persönlich oder despotisch. " Die großen Anfänge zu den inneren rechtlichen Verhältnissen in Deutschland, wodurch die förmliche Staatsbildung vorbereitet worden, sind in der Geschichte da zu suchen, wo, nachdem die alte königliche Regierungsgewalt im Mittelalter versunken, und das Ganze sich in Atome aufgelöst hatte, nun die Ritter, die freien Leute, Klöster, die Herren, wie die Handels- und Gewerbetreibenden, sich gegen diesen Zustand der Zerrüttung in Genossenschaften und Korporationen bildeten, welche sich dann solange aneinander abrieben, bis sie ein leidliches Nebeneinanderbestehen fanden." (Nürnb. Schr. S.482f)[29].

Es bleibt wichtig festzuhalten, daß Hegel die Auseinandersetzungen, die den Emanzipationsprozeß des Bürgertums - auf der Ebene der Territorialstaaten - begleiteten, als einen Vorgang zwischen prinzipiell gleichberechtigten Rechtspersonen, also mit den Kategorien eines Privatrechtsverhältnisses deutet: Die Durchsetzung der Landstandschaft gegen den Landesfürst ist für Hegel, eben weil der Fürst keine souveräne Gewalt darstellt, sondern selbst nur 'Partei', kein politische Kampf. Politisch ist allein das durch die Reichsverfassung bezeichnete Verhältnis gegenüber der obersten Staatsgewalt, d.h. dem Kaiser. Genau hier begrenzt sich dann auch der bürgerliche Anspruch: In der Hegelschen Konzeption hat die politische Sphäre die in den Naturrechtstheorien noch angelegte dualistische Struktur einer prinziellen Spannung zwischen Volk und Monarch hinsichtlich der problematischen Bestimmung des eigentlichen Ursprungs oder der eigentlichen Substanz der Souveränität überwunden und sie durch eine, von der aristotelischen Staatskonzeption mitbeeinflußte, monistische Ausrichtung ersetzt. Die Verhandlungsschrift unterscheidet deshalb konsequent in ihrer Wertung des Machtanspruchs der württembergischen Landstände nach dem staatsrechtlichen Status Württembergs. Mit der staatlichen Souveränität haben die Landstände erstmals eine politische Qualität bekommen - vorher waren sie nur politische 'Nullität': Nichts - , d.h. das Verhältnis zwischen Fürst und Volk hat seinen quasi privaten Charakter verloren, steht nicht mehr zur Disposition einer im Prinzip willkürlichen Vertragsbeziehung[30], sondern aktualisiert " eine ursprüngliche, substantielle Einheit", ein "objektives, notwendiges, von der Willkür und dem Belieben unabhängiges Verhältnis" (ebd S.183). Jede Vorstellung, die auf das Modell eines ursprünglichen Gesellschaftsvertrags zurückgreifen muß, wird von Hegel dann auch konsequent über sein ganzes Werk zurückgewiesen. Bürgerliche Emanzipation auf der Ebene der Landstände war somit ein Aneignungsprozeß eigentlicher Staatsrechte, die sich mit der tatsächlichen Konstitution zum Staat neu bestimmen und evtl. begrenzen lassen müssen. Es ist deshalb genau darauf zu achten, was Hegel von der bürgerlichen Emanzipation überhaupt aufnimmt und welche Bedeutung ihr im Bereich des politischen Systems zukommt.

---

29 Vgl. dazu auch Boldt, a.a.o. S.206
30 Hegel denkt hier an den mittelalterlichen Dualismus zwischen Territorialfürst, Landesherr und den Landständen, der sich in einer ganzen Reihe von Herrschaftsverträgen dokumentiert hatte. Schutz und Schirm gegen Rat und Hilfe, sprich: von personellen und finanziellen Leistungen, wurden genauestens fixiert und regelmäßig gegenseitig bekräftigt. Allerdings geht die vom modernen absolutistischen Staat aus rückprojizierte Staatssouveränität an der komplexen Struktur der mittelalterlichen Rechts - und Herrschaftsbeziehungen vorbei.

Emanzipation wird grundsätzlich da kontraproduktiv, wo sie von Hegel als dezidiert staatsfeindlich oder mit der staatlichen Gewalt konkurrierend wahrgenommen werden kann. Das ist immer dann der Fall, wenn die im Monarchen als Staatsoberhaupt konzentrierte Souveränität berührt ist. Solange das Reich mit den Kategorien eines funktionierenden Staatswesens begriffen werden konnte, blieb der Emanzipationsdruck auf der Ebene der Landesherrschaft unproblematisch; die innere Desintegration war noch systematisch eingebunden, die Präponderanz des Allgemeinen sorgte noch dafür, daß der Landesfürst, wenn er auch persönlich mitsprach, nicht persönlich blieb, sondern das in ihm repräsentierte Land zur Geltung brachte. Mit dem Übergang zur 'Anarchie', d.h. mit der Auflösung der staatlichen Souveränität (hier fehlinterpretiert: des Reichs) war der Kristallisationspunkt verloren, vor oder gegenüber dem Repräsentation allein ihren Sinn gewann. Die ansonsten schwer verständliche Bemerkung, daß gerade die gelungene Revitalisierung der Repräsentation die Partikularisierung politischer Macht begünstigt habe[31], muß vor diesem Hintergrund gedeutet werden: Zwar begründete die historisch erfochtene Ableitung des fürstlichen Stimmrechts aus der Landesherrschaft und die damit einhergehende Unterscheidung zwischen der 'Individualität' des Landesfürsten und seiner, ihm aufgrund seiner Stellung als rex inter pares zukommende, Funktion als Repräsentant eines Territoriums, sowie die auf gleicher Ebene liegende Differenz zwischen dem privaten Glaubensbekenntnis des Fürsten und der konfessionellen Zurechnung seines Landes, ein staatsintegrierendes Prinzip, weil sie unter der Bedingung einer stabilen Obergewalt gegen die Gefahr der Aristokratisierung eine Aktualisierung der allgemeinen Interessen des Landes beförderte. Aber eben nur unter dieser Voraussetzung. Mit dem Verlust der integrativen Potenz der Zentralgewalt, so Hegels Analyse, führte die soziale und politische Konturierung der intermediären gesellschaftlichen Organisationen endgültig zur Dissoziation des gesellschaftlichen Zusammenhangs. Das Zentrum, vor dem die entfaltete Pluralität des Landes repräsentiert werden sollte, fehlte; übrig blieb der partikularistische Kampf verselbständigter Machtinseln, die 'Atomisierung' der Gesellschaft, wie sie das oben wiedergegebene Zitat diagnostiziert. Die Profilierung der Teil- und Untergewalten hatte dann ein Ausmaß erreicht, das auf der einen Seite eine politische Integration, wie sie das Verständnis der absorptiven Repräsentation impliziert, unmöglich machte - es gab keinen verbindenden Zusammenhang mehr - , auf der anderen Seite verhinderte der desolate Zustand der Staatsmacht eine Reorganisation auf höherer Ebene (und zwar in grundsätzlichem Unterschied zu den anderen europäischen Staaten, für die gerade die innere Dissoziation eine notwendige Bedingung der Konstituierung einer stabilen Staatsmacht abgegeben hatte!), d.h. die entfesselten Teilgewalten waren nicht mehr domestizierbar. Der Staat degenerierte damit zum 'Gedankengebilde': Das Chaos, die Anarchie begannen zu herrschen.

Diese Überlegungen führten Hegel über die grundsätzliche Einsicht in die Dynamik gesellschaftlicher Transformationsprozesse auf miteinander problematisch zusammenzudenkende Konsequenzen. So wird insbesondere die bürgerliche Emanzipation, als der komplementäre Reflex der von Hegel sehr deutlich gesehenen Freisetzung einer neuen Produktionsweise, zu einem nicht mehr hintergehbaren Moment der Wende zur Neuzeit, das die rechtsphilosophische Konstruktion in irgend einer Form reflektieren mußte. In der Verfassungsschrift heißt es hierzu schon eindeutig: "Es ist hier der Ort nicht, weitläufig auseinanderzusetzen, daß der Mittelpunkt als Staatsgewalt, die Regierung, (das), was ihr nicht für ihre Bestimmung, die Gewalt zu organisieren und zu erhalten, (Also) für ihre äußere und innere Sicherheit notwendig ist, der Freiheit der Bürger zu überlassen und daß ihr nichts so heilig sein müsse, als das freie Tun der Bürger in solchen Dingen gewähren zu lassen und zu schützen, ohne Rücksicht auf Nutzen; denn diese Freiheit ist an sich selbst heilig."(Frühe Schriften S. 482).

---

31 Vgl. Frühe Schr. S.523 unten

Die soziale Desintegration der Gesellschaft, geschichtsphilosophisch rekonstruiert auch als Verlust der antiken Sittlichkeit, war ein historisches Faktum, an dem der Hegelsche Staat nicht vorbeikam. Wir haben schon gesehen, daß die Wahrnehmung des hier angelegten Problems Hegel dazu angeleitet hatte, die bürgerliche Gesellschaft, als eine dem Staat vorgelagerte, private, bzw. privater Willkür freigestellte Sphäre, von der 'Öffentlichkeit' staatlichen Handelns abzugrenzen und in ihrer Eigengesetzlichkeit zu fixieren und auch zu untersuchen. Die Verlängerung des gesellschaftlichen Differenzierungsvorgangs auf die Ebene der politischen Organisation soll in ihren für Hegel zwangsläufig dysfunktionalen Auswirkungen jedoch begrenzt bleiben - das war die systematische Intention der Entkoppelung der vormals selbstverständlich zusammengedachten gesellschaftlichen 'Sphären'. Während sich also einerseits mit der positiven Anerkennung der bürgerlichen Freiheit, der subjektiven Autonomie, der despotische, 'maschinistische' Staat, wie Hegel noch in der Verfassungsschrift den Preußischen Staat und den Französischen Zentralismus gleichermaßen abwertet, verbietet, muß doch andererseits die Verfassungskonstruktion gegen die inflationierenden Ansprüche der Gesellschaft gesichert bleiben. Die entscheidende Strategie lag hierbei in der institutionellen Ausschaltung jeglicher dualistischen Aufsplitterung der Staatsgewalt, ein Grundgedanke der Hegelschen Verfassungskonzeption, der sich durch das ganze Werk zieht. Mit dem Übergang also zum modernen Territorialstaat auf der Ebene der vormaligen Reichsteile änderte sich das Paradigma der politischen Analyse und damit der Bewertung der Legitimität des Kampfs um politische Einflußchancen. Hegel hatte diese Unterscheidung in der Landständeschrift mit aller Deutlichkeit festgehalten: Was früher für das Verhältnis der reichsunmittelbaren Stände - die Hegel in seiner Rückprojektion des modernen Staatsbegriffs auf spätfeudale Verhältnisse unzulässigerweise immer als staatsunmittelbare Stände begreift - gegolten hatte, nämlich eine eigentliche Sphäre der Politik zu konstituieren, die sich grundsätzlich von den privatrechtlich ausgedeuteten Beziehungen auf der Ebene der nur 'staatsmittelbaren' Stände abhob, verlagerte sich jetzt, nach dem mit der Auflösung des Reichs dokumentierten Verlust des 'Politischen' und dem daraufhin erfolgenden Übergang zur Anarchie, eine Integrationsebene tiefer auf die Ebene der früheren Landstände. Damit veränderte sich aber auch, wie Hegel immer wieder betont, die bisherige Beziehung zwischen Landesherr und Landständen fundamental, indem diese erstmals die neue Qualität einer explizit politischen Beziehung gewann. Die systematische Differenz zwischen staatsunmittelbarer und unterstaatlicher Ebene ist die entscheidende Erklärung für den bei oberflächlicher Betrachtung sich aufdrängenden Eindruck einer Positionsänderung Hegels, wobei den Ständen plötzlich der früher durchaus eingeräumte politische Spielraum beschnitten werden sollte: aber nicht die politische Position Hegels, sondern das Paradigma des Politischen hatte sich geändert! Im Zustand der sogenannten politischen 'Nullität' war die Konfrontation der gegensätzlichen Interessen von Landschaft und Landesherr und damit auch die Forderung nach einer exponierten Stellung der Landstände gegenüber dem Fürsten durchaus legitim, eben weil sie noch unpolitisch blieb. Unterhalb der Staatsgewalt des Reichs, bzw. des Reichsoberhaupts, gab es nur bürgerlich-private Interessensgegensätze, die sich ausgleichen mußten und konnten. Es war ihm das Feld der typisch bürgerlichen Verkehrsformen: der Verträge, Paktierungen, Vereinbarungen, des Feilschens um Privilegien und Rechte[32]. Erst oberhalb, in der unmittelbaren Relation auf das Reich, gewann das Land dann, repräsentiert im einzelnen Landesfürsten, eine politische Qualität. Die Verengung des Begriffs des Politischen auf das Verhältnis von Reichsständen und Kaiser reflektierte offensichtlich die mittelalterliche Reservierung des Politischen auf die Rechtssphäre des Königs - tatsächlich galt hier, wie O. Brunner herausarbeitete[33], alles unter dieser Rechtssphäre liegende als privat. Vom System her betrachtet lag die politische Institution 'Landesherr' auf einer übergeordneten Integrationsstufe, die nach unten, analog der späteren systematischen Trennung von Staat und Gesellschaft, die

---

32 Nürnberger S.504
33 O. Brunner: Land und Herrschaft, a.a.o. S.122

partikularen Interessensgegensätze abschotten und neutralisieren mußte. Hegels Überlegungen, das sollte deutlich geworden sein, waren dabei keineswegs nur spekulativ inspiriert, sie stützten sich vielmehr auf eine sehr bewußte Auseinandersetzung mit der Transformation feudaler Herrschaftsstrukturen in den modernen bürokratisierten Zentralstaat. Die intendierte faktische Entpolitisierung des in Hegels Terminologie erstmals politisch gewordenen Verhältnisses von Landesfürst und Landschaft wird verständlich als eine kritische Auseinandersetzung mit der dualistischen Struktur des vorabsolutistischen Ständesystems: Dieser Dualismus hatte sich seit dem 15. Jahrhundert immer mehr verschärft; aus einem gemeinsamen 'miteinander Handeln' des Landes hatte sich zunehmend ein 'miteinander Verhandeln' der dann gegeneinander abgegrenzten und für sich organisierten Interessen von Fürst und Land entwickelt. Beispiele geben die schon erwähnten frühneuzeitlichen Herrschaftsverträge, in denen beide Seiten ihre Positionen bis ins Detail regelten: Getauscht wurde nach dem Prinzip des do ut des: 'Schutz und Schirm', die territoriale Garantie des verbindenden übergeordneten Landesrechts und das Zugeständnis von Privilegien gegen 'Huld und Treue', im Zuge der Kommerzialisierung der Verhältnisse insbesondere in der Form von Steuerbewilligungen und der Erfüllung bestimmter Auflagen. Das Vertragsverhältnis wurde prekär mit der Verhärtung beider Seiten im Prozeß der Staatsbildung: Der Machtanspruch des Landesherrn expandierte tendenziell in Richtung auf die Monopolisierung der Gewalt und den Abbau subsidiärer Gerechtsame, die Landstände organisierten sich gegenüber dem Fürsten im Kampf um ihre traditionalen Vorrechte, der Landtag als Dauerinstitution enstand. Was Hegel in der fälschlichen Übertragung des neuzeitlichen Souveränitätsbegriffs auf den vorabsolutistischen Ständestaat als Zerfall, Zersetzung einer vormaligen Staatseinheit beklagt - ein Prozeß, der sich zwischen Kaiser und Reichsständen wie zwischen Landesherr und Landständen nachweisen lassen sollte -, rekonstruiert die Erosion der Gültigkeit des übergeordneten, durch den Zusammenhang des Reichs garantierten, Landrechts. Der Kampf der Stände ums 'alte Recht' ignorierte dann den so interpretierten Übergang der Staatsmacht auf den Landesfürsten und die damit einhergehende Gestaltbarkeit des Rechts durch den Souverän. Er beharrt auf einem nur in Relation auf eine faktisch gegebene oberste Gewalt möglichen Dualismus untergeordneter Teilsysteme[34]. Mit dem Zusammenbruch dieser Gewalt wurde die Wahrung des von ihr garantierten Gleichgewichts dann ebenfalls illusionär; der in der Gleichgewichtsvorstellung implizierte Dualismus wird bei der Neuorganisation der Staatsmacht um den mächtigsten Landesfürsten sogar offen staatsfeindlich. Der mögliche Konkurrenzkampf der Interessen verschiebt sich somit weiter nach unten auf eine wiederum mit dem Träger staatlicher Souveränität nicht komkurrierende, von ihr vielmehr in ihren defizitären Auswüchsen befriedeten Sphäre - auf die der dann terminologisch und inhaltlich bewußt vom Staat abgegrenzten Sphäre der bürgerlichen Gesellschaft. Um es überspitzt zu formulieren: In der Interpretation Hegels korrepondieren den Interessensgegensätzen innerhalb der bürgerlichen Gesellschaft die Auseinandersetzungen zwischen Landesfürst und Landständen im deutschen Reich. Diese falsche Gleichsetzung, die, nebenbei bemerkt, noch einmal ein bezeichnendes Licht auf den unterentwickelten Begriff der bürgerlichen Gesellschaft bei Hegel wirft, muß nicht weiter diskutiert werden. Klar werden sollte nur, daß Hegel aus der Analyse des Zerfallsprozesses des Reichs, als einem mißlungenen Versuch der Durchsetzung eines souveränen Gewaltmonopols, im Analogieschluß einen vergleichbaren Zerfallsprozeß auf der Ebene der ausdifferenzierten Territorialstaaten durch geeignete institutionelle Sicherungen ausschließen will. Die Kritik am dualistischen Ständestaat intendiert die Begründung einer stabilen Staatsgewalt mit eindeutiger Zurechnung der Souveränität auf den Monarchen. Erst mit deren Konsolidierung kann Hegel einen unterhalb des Politischen definierten Freiraum gesellschaftlichen Handelns freigeben. Die historisch erkämpfte ständische Gegenmacht gegen den Träger des staatlichen Gewaltmono-

---

34 Vgl. dazu die Beispiele einer - vom eigenen Interesse der Machtkonsolidierung angeleiteten - Intervention des Kaisers, bzw. von Reichsinstitutionen zugunsten der Landstände und gegen die Landesherrn, an die Hegel hier gedacht haben mag.

pols ist jedoch aus keinem historischen Herrschaftsvertrag legitimierbar - eben weil sich das Paradigma des Politischen grundsätzlich gewandelt hat: Verträge können nur unterhalb der Ebene des Politischen abgeschlossen werden, nur in dieser Differenz erhalten sie überhaupt ihre Verbindlichkeit. Wenn also bei Hegel, wie in der Magistratsschrift, noch von der Volkswahl gesprochen wird, als einem Mittel, um die Bedeutung des 'Volks' gegenüber einer verkrusteten Herrschaftsschicht aufzuwerten, so ist hierbei das noch ganz privatrechtlich interpretierte Verhältnis zwischen Fürst und Ständen unter der politischen Ordnung des Reichs gemeint. Mit dem Wandel des Paradigmas der politischen Analyse verliert sich die Hochschätzung der Wahl: Sie ist dann im besten Falle überflüssig, wenn nicht sogar schädlich - eben weil sie dann das politische System substantiell berührt. Wenn der Wechsel der Bezugsebenen übersehen wird, muß das zwangsläufig zu Fehlinterpretationen, etwa zu der schon weiter oben angesprochenen These der radikalen politischen Umorientierung Hegels in seinen späteren Arbeiten führen. Um hierzu ein Beispiel herauszugreifen, sei die Arbeit Horcevars angeführt, der vor dem diagnostizierten Wendepunkt der Württembergischen Verhandlungsschrift bei Hegel deutliche Bezüge zur französischen Revolutionsverfassung von 1791 festgestellt zu haben glaubt[35]. Diese Behauptung scheint mir geradezu grotesk: Nirgendwo findet sich bei Hegel die für das Selbstverständnis der Französischen Revolution doch entscheidende Verlagerung der Souveränität auf eine durch das 'Volk' legitimierte gesetzgebende Versammlung (ganz unabhängig einmal von der näheren Konkretisierung dieses 'Volks'). Ebensowenig übernimmt Hegel in seine Konzeption einen sich über die 'abstrakte' Bestimmung des gleichunmittelbaren Staatsbürgers herstellenden politischen Gesamtvertretungsanspruch der noch 'ständischen' Versammlung. Der Reformvorschlag in der Verfassungsschrift berührt noch nicht einmal die altständische kuriale Organisation des Reichstags[36]. Die häufig angeführte und auch deutlich belegte Verehrung, die Hegel für die antike Polissittlichkeit aufbringt - im übrigen eine allgemeine Zeiterscheinung -, muß als Beleg für den frühen 'revolutionären' Hegel ebenfalls zurückgewiesen werden: Wie schon die genauere Darstellung der Geschichtsphilosophie gezeigt hat, wurde die angeblich unproblematisch aktualisierte Polissittlichkeit als weit hinter der modernen Subjektkompetenz und der ihr korrespondierenden Komplexität der zeitgenössischen Verhältnisse zurückbleibend perzipiert: als das irreversibel verlorene Bild einer ganzheitlichen Harmonie, als 'politisches Kunstwerk'. Eingang in die aktuelle Verfassungskonzeption finden gerade nicht die demokratischen Institutionen der Polis, die unmittelbaren Partizipationsrechte der freien Polismitglieder, sondern das ideologisch ausbeutbare Faszinosum des in sie hineinprojizierbaren Staatsmonismus. Die Polis gibt so nur eine, allerdings für das Verständnis des Hegelschen Staates nicht unwichtige, Matrix der organizistischen Überhöhung des Staatsbegriffs ab, die Hegel bei der spekulativen Versicherung jener alles beschließenden Identität von Einzelnem und Allgemeinem fraglos mit inspiriert hatte.

Der Bruch in der politischen Position Hegels, den die Interpreten häufig schon bei der Verfassungsschrift ansetzen, ist jedoch nach den vorstehenden Überlegungen ein durchaus nachvollziehbares Datum: Hier hatte Hegel erstmals eine Bestimmung der politischen Stellung der Stände innerhalb eines zum Staat konstituierten Teilsystems des ehemaligen Reichs versucht und dabei die Prinzipien der politischen Organisation eines Staatswesens genauer gegen vormals unterstaatliche und damit politisch irrelevante 'Rechte und Freiheiten' markieren müssen. Aber damit hatte sich nicht die politische Position des dezidiert von einer 'macciavellistischen' Perspektive aus argumentierenden Hegel verändert, sondern allein der Beschreibungsraum innerhalb dem die Stabilität des politischen Systems institutionell verankert werden mußte. Wie verändert sich mit dieser Transformation das Beziehungssystem der Repräsentation?

Repräsentation meinte zu Beginn die aus der Staatstheorie des Absolutismus bekannte Denkfigur der absorptiven Repräsentation: Die Reichsstände stellen ihr Land vor, d.h. sie repräsentieren

---

35 Vgl. Horcevar S.112
36 Vgl. Frühe Schr. S. 579

das territorial gebundene Volk soweit es sich nicht um von der Landeshoheit der Fürsten eximinierte Machtzentren handelt, die selbstrepräsentativ auftreten können. Dabei spielt der Aspekt der Vertretung, d.h. der konkreten Rückbindung des Repräsentanten an eine eigentliche Autorisation durch die Repräsentierten keine große Rolle: diese sind ihm ganz selbstverständlich inkorporiert. Vor allem ist hier an die Stellung des mittelalterlichen Königs gedacht, der die Einheit des 'Ganzen' symbolisiert und repräsentiert. H. Boldt umschreibt die Königsfunktion aus der Sicht des Verfassungsgeschichtlers folgendermaßen: "Der König ist der eine, der der multitudo, der vielfältigen Menge, ihren Zusammenhalt gibt, der ihre Einheit nicht nur repräsentiert, sondern personifiziert und garantiert. Er wird deshalb auch gern als Spitze der ständisch gegliederten Gesellschaftspyramide dargestellt."[37] Natürlich ist die einfache Gleichsetzung der Bedingungen des modernen Staates mit dem mittelalterlichen Königtum historisch falsch und eindeutig ideologisch motiviert; diese Verkürzung findet sich aber nicht nur bei Hegel, sie ist geradezu ein zeittypisches Vorurteil[38]. Hier geht es aber nicht primär um den Nachweis historischer Fehlinterpretationen (Hegel analysiert insgesamt gesehen erstaunlich differenziert und detailreich, so insbesondere im letzten Teil der Philosophie der Geschichte, 'Die germanische Welt'), sondern um die Rekonstruktion inhaltlicher Vorgaben, die in die Konzeption der Rechtsphilosophie einfließen und deren Berücksichtigung ihr konzeptionelles Gerüst transparenter machen.

Die Erneuerung des Prinzips der Repräsentation nach der Phase des Zerfalls in eine rein persönliche Präsenz, die sich mit der privaten Akkumulation von ökonomischen, sozialen und politischen Funktionen verbunden hatte, erkennt Hegel symptomatisch an der Abkoppelung der persönlichen Glaubenszugehörigkeit der Fürsten von der politisch bedeutsameren konfessionellen Zurechnung seines Landes; eine Entwicklung, die entscheidend in der Entdifferenzierung von Staats- und Privatbesitz, öffentlicher und privater Sphäre, in der Trennung von Staat und Hof kulminiert. An diesem Phänomen, das Hegel hier im Auge hatte, hatte der Dualismus zwischen Landständen und Landesherr wesentlichen Anteil. Besonders das Steuerbewilligungsrecht, dieses 'Schwungrad der ständischen Verfassungsentwicklung', wie O.Hintze bemerkt hatte, bindet den Landesherren nachdrücklich auch an die Interessen des 'Landesvolks' des frühneuzeitlichen Territorialstaats und konturiert damit den Vertretungscharakter, d.h. die Rückbindung an das repräsentierte Organ schärfer. Wenn der Landesfürst jetzt sein Volk 'vorstellt', dann im Bewußtsein der Differenz von privatem und allgemeinem Interesse. 'Volk' natürlich umfaßte in politischer Hinsicht - das war selbstverständliche Überzeugung aller zeitgenössischen Staatstheorethiker (auch bei Rousseau und Mably[39], ganz deutlich noch bei Kant) keineswegs die gesamte Bevölkerung - Volk war vielmehr eine exklusive Kategorie, die sich scharf von der bloßen Masse, dem ' Pöbel' - 'Vulgus', wie Hegel polemisiert (Enz III §544) - abhob, in seiner exklusivsten Form ausschließlich mit den zur Landstandschaft berechtigten Personen und Institutionen zusammenfiel. Im Landesfürsten also, wie Hegel durchaus richtig die tendenzielle Entwicklung zu absolutistischer Machtakkumulation innerhalb der frühneuzeitlichen Territorialstaaten rekonstruiert, ist nun das Interesse des Landes inkorporiert, es fällt mit ihm persönlich zusammen, ohne jedoch, das die entscheidende Einschränkung, persönlich-privat zu sein. Die hier implizierte Vorstellung der Repräsentation darf dabei nicht mit späteren Konzeptualisierungen verwechselt werden. Der Repräsentant ist nicht der Delegat eines wie auch immer ermittelten Willens des 'Volkes', bzw. der repräsentierten Allgemeinheit, als einem Aggregat selbständiger, politisch gleichberechtigter Staatsbürger.

Repräsentation im hier verstandenen Sinne eines Organverhältnisses bezeichnet das mystische Verhältnis eines versubjektivierten 'Ganzen' zum es konkret aktualisierenden Mandatar. Bezogen

---

37   Boldt, a.a.o. S.48
38   Vgl. PdG S.436 ff
39   Vgl. L. Lehmann, 'Mably und Rousseau', Eine Studie über die Grenzen der Emanzipation im Ancien Régime, 1975

auf den Landesfürsten heißt das zweierlei: Erstens bleibt der Fürst oder Monarch durch das theoretische Prius des Ganzen eingestellt in den 'Staatsorganismus', d.h. aus der Totalen des Systems betrachtet ist er nur ein, wenn auch ein wesentlicher, Teil desselben. Das der biomorphen Metaphorik entlehnte Bild vom 'Haupt', auch 'Oberhaupt' eines funktional aufeinanderbezogenen, in sich differenzierten, 'gegliederten', lebenden Organismus, bringt diese Konzeption anschaulich auf den Begriff. Als Teil aber ist der Monarch zugleich durch das Ganze beschränkt und d.h., übersetzt in die politischen Konsequenzen der Konzeption, an die Verfassung gebunden. Hegel grenzt seine Ausstattung des Monarchen scharf vom willkürlich handelnden Despoten (dazu gehört auch der aus eigener Machtvollkommenheit motivierte Versuch der Verfassungsänderung) ab: Die skizzierte Monarchie ist konstitutionelle Monarchie.

Die Legitimität der fürstlichen Gewalt unterliegt einer Rückbindung über ihre notwendige Funktion für das politische System überhaupt; sie ist nicht länger einfach als selbstverständliches privates Besitztum, aus der überlegenen Potenz des verfügbaren Herrschaftsinstrumentariums heraus behauptbar, sondern erfordert mit der einmal aufgebrochenen traditionalen Legitimationsbasis eine 'vernünftige' Rechtfertigung und eine institutionelle Begrenzung der Fürstensouveränität.

Diese Auffassung kommt in den frühen politischen Schriften und den Mitschriften der Rechtsphilosophie sicherlich deutlicher zum Ausdruck, sie ist aber unbedingt auch in der veröffentlichten Rechtsphilosophie, etwa in der geschichtsphilosophischen Immunisierung der Verfassung (nicht als explizite schriftliche Fixierung von bestimmten Verfassungsgrundsätzen, sondern im weiteren Sinne einer bestimmten, historisch ausgebildeten Organisation von Staat und Gesellschaft genommen) nachzuweisen. Hegel war hierbei keineswegs ein besonders hervorzuhebender Vorreiter irgendeiner politischen Richtung, seine Position lag vielmehr ganz auf der Hauptlinie des zeitgenössischen Verfassungsdiskurs. Nicht einmal mehr die Wiener Schlußakte (siehe die Artikel 56 und 57) konnte sich angesichts der faktisch gegebenen Verhältnisse in einer Reihe von Bundesstaaten uneingeschränkt zur absoluten Fürstensouveranität bekennen[40].

Zweitens aber erlaubt der Ausgang von der substanzialisierten 'Gesamtheit' des 'Staatsorganismus', als einer ontologisch abgesetzten Entität, die Begründung einer sozialkonservativen Staatskonzeption, die in der entscheidenden Frage der Verortung der Souveränität faktisch alles beim alten läßt und die Stellung des Monarchen oder auch die der Ministerialbürokratie auf angehobenem Begründungsniveau zementiert. Ich werde darauf noch ausführlich eingehen.

Die Stilisierung des Staates zum Quasi-Subjekt 'Volksgeist' eliminiert durch die damit verbundene Dechiffrierung der Verfassung als der teleologisch erfüllten inneren 'Architektur' eines integrierten Funktionsganzen die Grundlage für eine positive Würdigung der politischen Partizipationskämpfe des Bürgertums im Vormärz. Die biomorphe Modellvorstellung unterlegt mit dem Bild des in sich hierarchisch gegliederten Organismus eine im Prinzip harmonistische Ausrichtung der gesellschaftlichen Interessen und Institutionen auf den implizierten 'Zweck' des Ganzen: Die einzelnen 'Organe' übernehmen notwendige Funktionen, sind integrale Bestandteile, denen insofern auch eine nach ihrer Bedeutung gewichtete Anerkennung im System zukommt, die zugleich aber, als Teile oder Glieder, eingestellt bleiben in das teleologische Gesamtprojekt, welches das autonome 'individuelle Subjekt' Staat (z.B. Rphil §329), das 'existierende Individuum' (§340 Rphil) im Denken Hegels vollzieht. Der vor allem mit dem Blick auf den englischen Frühkapitalismus nicht mehr zu übersehende brutale Kampf um ökonomische Positionen, um Marktanteile, um das schlichte Überleben angesichts der Dynamik des 'Systems der Bedürfnisse', wird systematisch abgedrängt in eine eigenständige Sphäre privater Subjektautonomie. Obwohl Hegel, wie früher gezeigt, bei der Darstellung der bürgerlichen Gesellschaft eine

---

40 Dazu ausführlich P.M. Ehrle: Volksvertretung im Vormärz, Studien zur Zusammensetzung, Wahl und Funktion der deutschen Landtage im Spannungsfeld zwischen monarchischem Prinzip und ständischer Repräsentation, Frankfurt/M, Bern, 1979, Bd1 Seite 229 ff.

erstaunliche analytische Tiefe erreicht, erscheinen ihm ihre dysfunktionalen Effekte letztlich als beherrschbar und auf der politischen Ebene, über die Einsicht in den höheren Gesamtzweck, zwanglos integrierbar. Was auf der Ebene partikularer Interessen und Bedürfnisse zerrissen und anarchisch erscheint, fügt sich mit der Einnahme der philosophischen Perspektive zu einem höheren Sinn, eben der metakategorial garantierten Einheit des Gesamtsubjekts Staat. In dessen Steuerungssystem, dem politischen System oder der Verfassung, gibt es nur funktionale Differenzierung und keinen institutionalisierten, über die politischen Institutionen kanalisierten, Kampf um den Einfluß konkurrierender gesellschaftlicher Gruppen oder Kräfte oder gar der unmittelbaren Staatsbürger. Auch wenn den einzelnen 'Gliedern' oder 'Organen', durchaus im traditionalen Verständnis als eine Vielfalt der Interessen des Gesamtsystems perzipiert, eine gewisse, noch näher anzugebende, Beteiligung im politischen Ordnungsrahmen zukommen soll, so jedenfalls nicht im Sinne einer Konkurrenz von partikularen Machtgruppen um die Verteilung politischer Macht, sondern nur um der Vollständigkeit der quasi-natürlichen Gliederung des Staatsorganismus wegen, die allein die ausgewogene, innerlich harmonisierte und einheitliche Operation dieser Gesamtstruktur gewährleistet. Der monistischen Vorstellung, die den Staat als eine über allen gesellschaftlichen Kräften stehende, von ihnen wesentlich verschiedene Einheit ideologisierte, mußte der wachsende Anspruch nach politischer Emanzipation, vor allem unter dem nachwirkenden Eindruck des problematischen Übergangs zur Staatsbildung in Deutschland, als eine paralysierende Gefahr für die Integrität und Souveränität des Staates erscheinen. Ganz selbstverständlich und übereinstimmend durch alle seine gesellschaftsphilosophischen Arbeiten (auch in den überlieferten Mitschriften!) wendet sich Hegel deshalb gegen die Gewaltenteilungslehre und deren Kernaussage von der Notwendigkeit einer Kontrolle der staatlich monopolisierten Macht. Eine solche gegenseitige Kontrollfunktion voneinander unabhängiger Gewalten widerspricht der monistischen Staatskonstruktion zentral, die, über alle interne Differenzierung und institutionale Komplexität eines Systems, vor allem und als wesentlich dessen integrativen Aspekt herausstellen muß[41]. Dazu ein Zitat aus der Mitschrift Wannenmanns, der, so Ilting, 'liberalsten' Version der Rechtsphilosophie: "Das lebendige Sich-selbst-Hervorbringen der geistigen Substanz ist ihre organische *Tätigkeit* in sich: die Freiheit als negative Beziehung auf sich, hiermit die Unterscheidung des allgemeinen Geistes in sich selbst und das Hervorgehen seiner Allgemeinheit aus dieser Unterscheidung, die Gliederung und Teilung seines allgemeinen Geschäfts und (seiner) Gewalt in die Momente seines Begriffs als ihm verschiedene Gewalten und Geschäfte. Dies, daß aus der bestimmten Wirksamkeit der unterschiedenen Geschäftssphären der Endzweck, welcher ebenso allgemeines Werk und Sein als allgemeine Gesinnung ist, hervorgebracht wird, ist die *innere Notwendigkeit* der Freiheit."[42]

Auch hier zieht Hegel ganz selbstverständlich die Konsequenz eines pyramidalen Staatsaufbaus: "Indem diese Teilung die besonderen Geschäfte zu selbständigen Körpern mit eigentümlichen Rechten macht, darf sie ihnen nicht eine Unabhängigkeit gegeneinander geben, so daß die Einheit des Ganzen aus ihrer selbständigen Aktion resultieren soll; sondern ebenso wie sie in sich eine Totalität sind, haben sie ihre Bestimmung und ihr Recht einerseits nur in der und durch die allgemeine Verfassung, und andererseits müssen sie für die letzte Willensentscheidung in eine *wirkliche* individuelle Einheit zusammenlaufen."(ebd § 133).

Die in der Vorlesung mündlich gegebenen und von Wannenmann notierten Beispiele zu diesem Paragraphen[43], verdeutlichen den politischen Hintergrund des andernorts noch wesentlich stärker herausgestellten Primats des Ganzen: Es geht Hegel um das schon in den frühen Schriften aufgenommene Problem der Durchsetzung einer stabilen (und d.h. mit den Vorstellungen der Zeit im-

---

41 Sehr deutlich drückt §541 Enz III diesen Gedanken aus
42 G.W.F. Hegel, Die Philosophie des Rechts, Hrsg. K.H. Ilting, Stuttgart 1983 § 130, S. 150
43 Ilting stellt die Authentizität der Zusätze nicht in Frage, seine Argumentation stützt sich mehrfach auf aus ihnen entnommene Zitate. Hier muß man sicher die überlegene Kompetenz des Hegelexperten anerkennen.

mer: einer autoritären) Staatsordnung gegen die, mit dem deutlicher empfundenen politischen Druck der gesellschaftlichen Interessen vor allem des Bürgertums zunehmend bewußter perzipierte, 'Gefahr' einer fundamentaleren Umwälzung der politischen Ordnung, der erneuten Aufsplitterung und damit Lähmung der endlich erreichten Konzentration der Souveränität auf ein einheitliches politisches Zentrum. Immer wieder illustriert Hegel dieses Menetekel der Anarchie mit der in seiner Interpretation zerstörerischen Wirkung der Französischen Revolution: Die mystische Einheit des Staates war hier, dokumentiert im berühmten Sreit um das königliche Vetorecht, in eine bipolare Struktur: den schwachen König auf der einen Seite und die gesetzgebende Versammlung, als eine unabhängige Gewalt, auf der anderen Seite, 'denaturiert'. "Nebeneinander stehende Gewalten, wo keine die Spitze der Pyramide macht, führen es mit sich, daß immer die eine oder die andere Gewalt über die anderen sich erhebt und über ihnen steht. ... In dieser Unabhängigkeit der Gewalten gegeneinander standen diese zwei Gewalten (König und Nationalversammlung, L.S.) gegeneinander, und die Einheit mußte durch Kampf entschieden werden."(ebd. S.154 §133 Zu)[44]. Der Dualismus des vorneuzeitlichen Ständestaats gibt ihm ein weiteres Beispiel für die Notwendigkeit einer hierarchisch streng gegliederten Herrschaftsorganisation. Und auch der englische Parlamentarismus dient ihm keineswegs als ein anzustrebendes Vorbild der 'vernünftigen' Verfassungskonstruktion, wie es Ilting u.a. glauben machen wollten. In England war ihm das Problem der dualistischen Verteilung der Souveränität zwar zugunsten des Parlaments eindeutig gelöst und der Monarch korrespondierend zu 'einem Nichts' verkommen[45]. Das englische System hält sich aber nur über den Konsens der Privilegieninteressen, über Ämterpatronage und Korruption, den Machtmißbrauch der regierenden Eliten; es ist weit davon entfernt 'vernünftig' begründet zu sein und entbehrt den wesentlichen modernen Institutionen, wie der schriftlichen Fixierung und damit Berechenbarkeit und Einheitlichkeit des Rechts und der von feudalen Privilegien emanzipierten, auf dem Kriterium der Kompetenz beruhenden Rekrutierung der Verwaltungselite. Hegel schreibt dazu auch recht eindeutig: "Die Verfassung selbst ist also dem Staatswohl sehr gefährlich, und nur Mißbräuche, die alten Privilegien, können sie erhalten." (ebd S.177). Zu dieser Wertung gibt es im ganzen Werk - und Hegel kommt häufig auf die englischen Verhältnisse zu sprechen - keine im Kern andere Äußerung: Nirgendwo hat Hegel "nach britischem und französischem Vorbild den Schritt zur parlamentarischen Monarchie vollzogen", von dem Ilting in seiner Einleitung in die Mitschriften der Rechtsphilosophie spricht[46]. Exemplarisch für die Position Hegels scheint mir weit eher eine Aussage aus der letzten zu Lebzeiten Hegels veröffentlichten Schrift, der Auseinandersetzung mit der englischen Reformbill, zu sein, die auch den Vorteil hat, die Bedeutung des Monarchen in der Hegelschen Konstruktion näher anzugeben: "Sollte aber die Bill, mehr noch durch ihr Prinzip als durch ihre Dispositionen, den dem bisherigen System entgegengesetzten Grundsätzen den Weg in das Parlament, somit in den Mittelpunkt der Regierungsgewalt eröffnen ... so würde der Kampf um so gefährlicher zu werden drohen, als zwischen den Interessen der positiven Privilegien und den Forderungen der reellen Freiheit keine mittlere höhere Macht sie zurückzuhalten und zu ver-

---

44 Vgl. auch ebd. Homeyer §122 Zu
45 ebd. S. 155
   Vgl. auch Reformbill, S. 117:
   "Indem nun das Parlament die souveräne Beschließung des Budjets ... d.i. des Gesamtumfangs der Mittel, Krieg und Frieden zu machen, eine Armee, Gesandte usf. zu haben, zusteht und ein Ministerium hiermit nur regieren, d.i. existieren kann, insofern sich den Ansichten und dem Willen des Parlaments anschließt, so ist der Anteil des Monarchen an der Regierungsgewalt mehr illusorisch als reell, und die Substanz derselben befindet sich im Parlamente. "
46 Vgl. dazu K.H. Ilting in der Einleitung zu der Mitschrift Wannenmanns, S. 25f
   Vgl. auch P. Becchi, Im Schatten der Entscheidung, Hegels unterschiedliche Ansätze in seiner Lehre zur fürstlichen Gewalt, in: Archiv für Rechts- und Sozialphilosophie 1986, S.244
   Becchi analysiert: "Wir sind hier an der Schwelle zur modernen parlamentarischen Monarchie."
   Vgl. dazu Hegel, Berliner Schr. S.119, 122ff, 128

mitteln stände, weil das monarchische Element hier ohne die Macht ist, durch welche ihm andere Staaten den Übergang aus der früheren, nur auf positives Recht gegründeten Gesetzgebung in eine auf die Grundsätze der reellen Freiheit basierte, und zwar einen von Erschütterungen, Gewalttätigkeit und Raub rein gehaltenen Übergang verdanken konnte. Die andere Macht würde das Volk sein, und eine Opposition...würde verleitet werden können, im Volke ihre Stärke zu suchen und dann statt einer Reform eine Revolution herbeizuführen."(Berliner Schr. S.128).

3. Das monarchische Prinzip

Hegel betrachtet die eindeutige Zurechnung der Souveränität auf den Monarchen offenkundig als eine unverzichtbare Bedingung der Stabilität des politischen Systems und damit der Gesellschaftsordnung überhaupt. Zwar bleibt der Monarch als Teil des Ganzen in den Gesamtorganismus eingebunden, er steht nicht über der Verfassung, seine Stellung entspricht nicht der eines Despoten, der nach Belieben Gesetze erläßt, ändert oder aussetzt. Zugleich ist auch die Abkoppelung einer Sphäre öffentlicher, allgemeiner Gewalt von der im engeren Sinne privaten Sphäre, der privatrechtlichen Stellung des Monarchen, mitgedacht: Das Staatswesen ist nicht ein disponibler Privatbesitz des Monarchen. Aber ungeachtet dieser, von Hegel nachdrücklich herausgehobenen, Transformation als einem Charakteristikum des modernen bürokratischen Staates, rückt der Monarch als das einzig legitime 'Oberhaupt' des subjektivierten Staatsorganismus ganz selbstverständlich in die Funktion des mit der souveränen Gewalt ausgestatteten Repräsentanten des Ganzen ein. Das ist keine nur symbolische Funktion, sondern, wie nicht zuletzt die Kritik der englischen Verfassung zeigt, die spekulativ abgesicherte, je nach den gegebenen inneren und äußeren Verhältnissen mehr oder weniger deutlich herausgehobene Zurechnung der Staatsgewalt auf den Monarchen. Die hier implizierte Vorstellung vom Monarchen als dem Repräsentanten des Ganzen stellt über die Rückbindung an dessen organismische Struktur die Präponderanz des 'Oberhaupts' apologetisch fest: Der Monarch bleibt nach unten, d.h. im Verhältnis zu den hierarchisch nachgeordneten Gewalten, abgesetzt, er absorbiert auf einer metakategorialen Ebene die unter ihm liegende differenziertere Struktur der Beziehungen von selbst wieder in sich organisierten Ganzheiten. Diese Auffassung kommt auch darin sehr klar zum Ausdruck, daß Hegel neben der konsequenten Ablehnung der Gewaltenteilung als einem institutionellen Kontrollmechanismus gegen den potentiellen staatlichen Machtmißbrauch, ebenfalls das von Friedrich II formulierte Selbstverständnis des Monarchem als einem 'ersten Diener' oder 'obersten Beamten' ausdrücklich verworfen hat. Die für den Beamtenstatus charakteristische besondere Amtsverpflichtung, die Weisungsgebundenheit innerhalb der Organisatonsstruktur einer hierarchisch aufgebauten Bürokratie, kann für den Inhaber des Gewaltmonopols an der Spitze der staatlichen 'Pyramide' keine Geltung haben - es fehlt jede Instanz, vor der eine solche Einschränkung einen materialen Sinn gewinnen könnte. Hierzu ein Zitat aus der schon mehrfach herangezogenen Mitschrift Wannenmanns: "Er (der Monarch, L.S.) ist der oberste Repräsentant seines Volkes, aber weder der oberste Staatsbeamte, noch vom Volk beauftragt und besoldet, noch ist er im Vertragsverhältnis mit demselben."[47]

Der Monarch ist also kein Mandatar oder Vertreter, der an ein zur Vertretung legitimierendes Organ gebunden wäre, bei dem dann die eigentliche souveräne Potenz läge oder auch nur gelegen hätte und das deshalb vielleicht noch einen Rest an Kontrollfunktionen wahrnehmen oder dem im Falle des Machtmißbrauchs gar ein Widerstandsrecht zukommen könnte. Die Frage der Souveränität ist eindeutig gelöst: Sie liegt beim Monarchen und der von ihm, und deshalb letztlich wieder auf ihn zurückgehend, autorisierten Regierung. Wichtige verfassungsrechtliche Einzelheiten belegen das unmittelbar: die souveräne Handlungskompetenz nach außen, die Entscheidung über Krieg und Frieden, die unmittelbare Oberbefehlshaberschaft in Notstandsverhältnissen, die Bestellung der regierenden Minister (die dem Monarchen wiederum verantwortlich sind), das Begnadigungsrecht und, wichtiger, das Recht der letzten Entscheidung, d.h. konkret ein Vetorecht und das sog. Initiativrecht, das im Vormärz heftig diskutierte Recht auf die

---

47 Nachschrift Wannenmann, K.H. Ilting, Hrsg., a.a.o., §139 S.163)

ausschließliche Gesetzgebungsinitiative[48]. Andere, sich für Hegel selbstverständlich verstehende und deshalb keiner besonderen Erörterung bedürftigen Bestimmungen der fürstlichen Prärogative (indirekt etwa anhand der Landständeschrift und der ausdrücklich als auf der Höhe der 'Vernunft' liegend qualifizierten Verfassungen erschließbar), umfassen das Recht der Einberufung und Auflösung der Ständeversammlung[49]. Man muß das klar sehen: Die Ablehnung des eigentlichen Kerns der Gewaltenteilungslehre und die daran anschließende philosophische Rechtfertigung einer monistisch-organizistischen Staatskonzeption mit dem Monarchen als dem Repräsentanten der einheitlichen Staatsgewalt ist keine unverbindliche Aussage, sondern betrifft ganz zentral die Frage nach der faktischen politischen Machtverteilung[50]. In der Begrifflichkeit des Vormärz hat sich diese Diskussion, vor allem unter dem Einfluß der französischen Charte Constitutionelle von 1814, mit dem verfassungsrechtlichen Grundsatz des 'monarchischen Prinzips' verbunden[51], der, in ideologischem Kontrast zum sog. 'demokratischen Prinzip' stehend, die Monopolisierung der legitimen Staatsgewalt beim Fürsten begrifflich anzeigen und sanktionieren sollte. Hegel erweist sich nach Durchsicht aller Bestimmungen des Monarchen als ein überzeugter Verfechter dieses 'Prinzips'[52]. Dabei markiert diese Option keineswegs nur eine konservativ-reaktionäre Position, sie spiegelt vielmehr, da sie ja die tatsächlich gegebenen politischen Verhältnisse in Deutschland sehr genau traf, bis weit in die liberale Staatstheorie hinein eine fast selbstverständliche politische Prämisse jeder pragmatisch ansetzenden Verfassungskonstruktion. Hier, wie auch bei Hegel, bezeichnet das 'monarchische Prinzip' nicht mehr einen uneingeschränkten Absolutismus; die Rückbindung an die Verfassung wird im Unterschied zu offen reaktionären Autoren wie A. Müller und F. Schlegel deutlich herausgestellt, nichtsdestotrotz erscheint der eindeutige pyramidale Aufbau des Staatsorganismus und die Machtkonzentration auf der Seite des Monarchen als eine notwendige Voraussetzung der Transformation der alten ständischen Gesellschaft zu einem modernen Staatswesen: Der Fürst und die vom Fürsten eingesetzte Regierung gelten als ein unabdingbarer Integrationsfaktor staatlicher Identität und Integrität, zumal unter der häufig gegebenen Bedingung territorialer Neuordnung. Darüber hinaus gab es eine breite Übereinstimmung in der Ablehnung der politischen Gegendoktrin des 'demokratischen' oder auch 'parlamentarischen' Prinzips, also der intendierten Gewichtsverlagerung der politischen Macht auf ein verfassungsrechtliches Vertretungsorgan des 'Volks', auch wenn durchgehend eine 'Mitwirkung' desselben in allerdings unterschiedlichem Ausmaße gefordert wurde.

Die relative Abschwächung der Bedeutung der persönlichen Kompetenz des Monarchen, die bei Hegel an mehreren Stellen dokumentiert ist und meist als Reduktion der fürstlichen Gewalt auf eine symbolische Instanz interpretiert wird, stellt m.E. die Option für das 'monarchische Prinzip' nicht in Frage und ist deshalb auch nicht geeignet, eine eigentlich gesellschaftskritische Intention Hegels zu verifizieren. Sie erklärt sich mit der gerade bei Hegel zur Methode verfeinerten genetischen Ableitung der zu beschreibenden und zu rechtfertigenden sozialen und politischen Tatbestände: Der 'Staatsorganismus', auf der Höhe seines zeittypischen Differenzierungsniveaus, hat eine Komplexität und institutionalisierte Rationalität erreicht, die ihn als ein System zwingender und harter, im sozialen Raum stehender, Faktizität von individuell zurechenbarem Einfluß und willkürlicher Manipulierbarkeit offenkundig verselbständigt hat. Befehle,

---

48 Auch die Mitschrift Wannenmanns läßt an diesen Grundsätzen nicht rütteln. Zum Initiativrecht sh. Ilting, §149 u. Zu
49 Vgl. dazu insbes. die Württembergische Verfassung, mit der sich Hegel ja ausgiebig befaßt hatte Nürnberger Schr. S.468ff
    dazu Ehrle, a.a.o. S.239
50 In der Rphil § 272 ist das mit aller wünschenswerten Klarheit ausgesprochen
    Vgl. auch ebd § 279, §300 Zu
51 Vgl. bei Hegel: Ilting §149, Rphil §304
52 Vgl. dazu auch die große Übereinstimmung zwischen der Charte und dem Württembergischen Verfassungsentwurf, den Hegel nicht nur ausdrücklich verteidigt, sondern ja, in seiner vorsichtigen Annäherung an die französischen 'Abstraktionen', sogar noch kritisiert.

Weisungen, Entscheidungen müssen delegiert werden, der Bearbeitung spezialisierter Apparate übereignet werden, die nach 'objektiven' Kriterien und Regeln das eingespeiste Material analysieren und organisieren; umgekehrt kommen Informationen nur vermittelt durch eine Vielzahl administrativer Zwischeninstanzen, die ihre jeweils eigene Dynamik entfalten, an der Spitze der Pyramide an. Überhaupt, so Hegels Argumentation, schrumpft der Bedarf an aktuellen ad hoc Entscheidungen mit der Ausbildung abstrakter, formalisierter Rechtsregulierungen und der Festsetzung eines formellen Instanzenzugs der Regelung von Rechtsverletzungen und der Umsetzung administrativer Vorgaben, die eindeutige, eben 'objektive', Handlungsanleitungen für nachgeordnete Instanzen fixieren. Derart institutionell verfestigt, aktualisiert sich die überlegene Potenz der souveränen Gewalt anschaulich nur noch bei der Bewältigung von Krisensituationen und der gelegentlichen Neuanpassung des materiellen und institutionellen Regelwerks an sich historisch verändert habende Verhältnisse - aber auch hier entsteht nur ein sehr begrenzter Bedarf, insofern der historische Differenzierungsprozeß für Hegel ja schon qualitativ abgeschlossen ist. Wie auch immer im einzelnen falsch gesehen, realisiert Hegel die den Spielraum aller weiteren Entscheidungen strukturierende Macht, die von dem einmal Gegebenen, den konkreten Verhältnissen ausgeht. Der Monarch kommt aus diesen Überlegungen heraus so zur, gemessen an der verlorenen absolutistischen Herrlichkeit (die selbst nur eine ideologisch beanspruchte Vorstellung war), nur bescheidenen Dispositionsgewalt über den berühmten 'Punkt auf dem I' (Rphil §280 Zu), was nichts anderes heißt, als: In der 'wohlgeordneten Monarchie' (ebd) geht alles seinen Gang, auch ohne den unmittelbaren und permanenten fürstlichen Eingriff. Allein, wenn hier auch die institutionelle Stabilität von Verfassung und Gesellschaftsordnung insgesamt betont wird, so unterstreicht das zwar die relative Bedeutungslosigkeit der 'besonderen Persönlichkeit' des Monarchen, vor allem indem sie diesen selbst institutional eingebunden und vom 'Ganzen' bedingt erkennt, es ändert aber nichts an der Realität der in diesem Institutionensystem verfestigten Machtverhältnisse. Die 'vernünftige' Ordnung der Institutionen stabilisiert das 'eigentliche' Subjekt, den Staatsorganismus, auch gegenüber der Pervertierung des institutionellen Oberhaupts zum Despoten, sie nimmt ihm aber nichts an seinem (deutlich in Krisenzeiten sich manifestierenden) Primat innerhalb diesem System. Das kommt auch darin zum Ausdruck, daß nur der Monarch das mystische Subjekt Staat repräsentieren kann: eine Legitimation, die sich nicht von unten, vom Volk her autorisiert ableitet, sondern sich unmittelbar aus der spekulativ vollzogenen Materialisierung und Konkretisierung der historischen Existenz des geschichtsmächtigen 'Geistes' begründet. Die traditional behauptete 'Heiligkeit' des Monarchen, die, wie Hegel in der Rechtsphilosophie ausführt, zwar "Mißverständnissen" ausgesetzte, aber doch "am nächsten treffende ..." Vorstellung, daß "das Recht des Monarchen als auf göttliche Autorität gegründet zu betrachten" sei, "denn darin ist das Unbedingte desselben enthalten" (Rphil §279), ideologisiert diesen Primat dann auch in bewährter Weise gegen alle Versuche einer weiteren konstitutionellen Zurückdrängung der fürstlichen Souveränität.

Hegels analytische Stärke in Verbindung mit dem umfassenden Anspruch seiner Philosophie bewahrt ihn davor, die großen Probleme seiner Zeit, die sich auch in Deutschland ankündigenden großen sozialen, ökonomischen und politischen Verschiebungen, allzu vorschnell auszublenden und sich auf den rein defensiven Standpunkt der Revitalisierung eines vorkonstitutionellen Absolutismus zurückzuziehen. Die einmal historisch durchgesetzten Entwicklungen können nicht zurückgedreht werden : Die Emanzipation des bürgerlichen Subjekts, die korrespondierende Universalisierung und Formalisierung des bürgerlichen Rechts, die neue Macht der Öffentlichkeit, die offenbar gewordene Legitimationsbedürftigkeit des politischen Systems stellen konkrete Tatbestände der 'Wirklichkeit' des 'objektiven Geistes' dar, denen unausweichbar Rechnung getragen werden muß. Gleichzeitig integriert aber die verabsolutierte 'Staatsidee' diese Tatbestände derart, daß sie spekulativ befriedet in den historisch aufgenommenen und zum teleologischen Abschluß verklärten Entwicklungsstand der politischen Strukturen eingebaut und an deren endzeitlicher Begrenztheit selbst gegen jede weitere Dynamik gebrochen werden.

4. Die Vertretung der Stände in der Diskussion des Vormärz

Hegel sieht differenzierter als viele andere Ideologen der restaurativen Erstarrung, aber auch er geht, wie er selbst ausdrücklich feststellt und wie die Aufnahme der 'fürstlichen Gewalt' bestätigt, nicht über seine Gegenwart hinaus, d.h. er bezieht letztlich eine offen legitimatorische, systemaffirmative Position. Ich werde das gleich noch an dem anderen großen Spannungspol der zeitgenössischen Verfassungsdiskussion, dem 'ständischen Element', darstellen. Um die Stellung dieses 'Moments' des Staatsorganismus bei Hegel jedoch besser auf seine kontroverse Behandlung im Rahmen dieses Diskurs beziehen zu können, soll jedoch zunächst die in dieser Frage extreme Position von Friedrich Gentz, die gleichwohl durch ihre Affinität zu der einflußreichen Position des österreichischen Staatskanzlers Metternich als symptomatisch für die reaktionären Interessen im deutschen Vormärz gelten kann, zur Darstellung kommen[53].

Gentz war keineswegs ein bedeutender Staatstheoretiker, sein politisches Schrifttum beschränkte sich quantitativ auf einige wenige Aufsätze und Thesenpapiere. Er wurde, wie schon angedeutet, als Vergleichsposition ausgewählt, weil er einmal als Berater von Metternich insbesondere durch seine Auslegung des Artikel 13 der Deutschen Bundesakte als exponierter Vertreter der politischen Restauration anzusprechen war, der in seiner überscharfen politischen Analyse die Kontroverse um den Übergang zur konstitutionellen Monarchie wie kein zweiter polarisiert hatte. Zum anderen deshalb, weil z.B. Hocevar in seiner 1968 erschienenen Arbeit 'Stände und Repräsentation beim jungen Hegel' den Versuch unternommen hatte, Hegel ausdrücklich als einen programmatischen Vorläufer der Gentz'schen Reaktions"theorie" vorzuführen: Vor Gentz schon habe Hegel die Repräsentationsverfassung 'perhorresziert'. "Damit ist auch schon ausgedrückt, was für die gesamte Gentzsche Unterscheidung gilt, daß sie - wie das Beispiel Hegels zeigt - schwerlich von ihm erfunden wurde, sondern eher als die konsequent zu Ende gedachte und prägnante Formulierung einer wohl damals in Deutschland weit verbreiteten und vor allem von Hegel begründeten Ansicht anzusehen ist."[54] Es wird zu zeigen sein, daß dieses Verdikt entscheidende Differenzen zwischen Gentz und Hegel verwischt.

Der Artikel 13 der Deutschen Bundesakte vom 8. Juni 1815 fixierte als minimalen Konsens der beteiligten Bundesstaaten in der Verfassungsfrage: "In allen Bundesstaaten wird eine land-ständische Verfassung stattfinden."[55] Die Bestimmung reflektierte einen Formelkompromiß, insofern sich die Bundesakte selbst jeglicher inhaltlichen Qualifizierung des sich sofort als auslegungsbedürftig erweisenden Ausdrucks 'landständisch' enthielt, so daß die Interpretation letztlich der freien Entscheidung der einzelnen Landesherren überlassen blieb. Offen blieb insbesondere, ob besagter Artikel ausschließlich eine Legitimierung des altständischen Verfas-sungstyps intendierte, oder ob daneben auch liberalere Verfassungskonstruktionen, die erweiterte Partizipationsmöglichkeiten des 'Volks' institutionalisieren wollten, eingeschlossen waren. Gentz bezog in dieser Diskussion eindeutige Position:

" *Landständische* Verfassungen

---

53 H. Brandt überschreibt die Zusammenfassung der Quellen dieser Argumentationslinie bezeichnenderweise mit 'Die Gentz/Metternichsche Reaktions"theorie"' sh. H.Brandt, Hrsg., Restauration und Frühliberalismus 1814 - 1840, Darmstadt 1979, S.215

54 Horcevar, R.K. Stände und Repräsentation beim jungen Hegel, München 1968, S.198

55 zitiert nach P.M. Ehrle, a.a.o., S.8

sind die, in welchen Mitglieder oder Abgeordnete durch sich selbst bestehender *Körperschaften* ein Recht der Teilnahme an der Staatsgesetzgebung überhaupt oder einzelnen Zweigen derselben die Mitberatung, Zustimmung, Gegenvorstellung oder in irgendeiner anderen verfassungsmäßig bestimmten Form ausüben.

...

Repräsentativ - Verfassungen

hingegen sind solche, wo die zur unmittelbaren Teilnahme an der Gesetzgebung und zur unmittelbaren Teilnahme an den wichtigsten Geschäften der Staatsverwaltung bestimmten Personen, nicht die Gerechtsame und das Interesse einzelner Stände, oder doch diese nicht ausschließend zu vertreten, sondern die *Gesamtmasse des Volkes* vorzustellen berufen sind. "[56] Im Gegensatz zum ersten Eindruck ist das Institut der Repräsentation kein definierendes Merkmal der Repräsentativverfassung, es findet sich vielmehr auch in der landständischen Verfassung. Gentz rekurriert auf einen anderen Unterschied, und zwar auf die gegensätzliche Verortung der Staatssouveränität. Sie liegt bei der landständischen Verfassung als einer quasi natürlichen, "*nicht von Menschenhänden geschaffenen*", mit "*unvertilgbaren, von Gott selbst gestifteten Standes - und Rechtsunterschiede*n" organisierten Ordnung[57] ganz fraglos beim Monarchen. Die historisch erworbenen Rechte und Freiheiten der Stände bleiben entsprechend eng begrenzt: "Nie aber kann und darf in dergleichen Verfassungen die Mitwirkung der Stände soweit gehen, daß der Landesherr aufhörte, der oberste Gesetzgeber zu sein, und wenn mit dem Anteil der Stände an der Gesetzgebung ein Recht der Aufsicht über diesen oder jenen Zweig der Staatsverwaltung verbunden wird, so muß die Ausübung dieses Rechtes auf dem Punkte, wo sie die Regierung in *irgendeiner ihrer wesentlichen Funktionen hemmen könnte*, jederzeit ihre Grenze finden."[58] Die Repräsentativverfassung konstituiert ihm ein hierzu antagonistisches Prinzip. Sie lokalisiert die Souveränität an einem mysteriös dem Staat vorgelagerten Volksbegriff, von dem die eigentliche Staatsmacht bzw. deren Legitimation ausgehe. Dabei wird die organisch-natürliche Ordnung des Ganzen zerstört, indem sie an deren Stelle den "*Wahn* allgemeiner *Gleichheit der Rechte*, oder, *was um nichts besser ist*, allgemeinen Gleichheit *vor dem Rechte*" setzt (ebd. S.219). Als maßgebliche politische Einheit wird in ihr der gleichunmittelbare Staatsbürger isoliert, der direkt oder über Repräsentation an der politischen Willensbildung teilnimmt. Gegen den naturwüchsigen Staatsorganismus ist das Repräsentativsystem ein prinzipiell artifizielles Phänomen; es ist entsprechend entweder abstrakt konstruiert und per Verfassungsoktroi der Gesellschaft von oben übergestülpt, oder, sozusagen in seiner exemplarischen und zugleich beunruhigendsten Variante, gewaltsam, revolutionär gegen die organische Ordnung durchgesetzt worden. Die Macht des Monarchen und der Regierung wird durch das Primat des Volkes als Souverän formell und materiell begrenzt, sie muß gegen die Gefahr des Machtmißbrauchs institutionell gesichert sein, d.h. das Prinzip der Gewaltenteilung ist der Repräsenativverfassung notwendig immanent. Gewaltenteilung ist nach Gentz aber "ein Grundsatz, der, sich selbst überlassen, immer und überall zur gänzlichen Vernichtung aller Macht, mithin zur reinen *Anarchie* führen muß..."[59] Aus diesen Aussagen allein läßt sich eine Differenz zwischen Hegel und Gentz schwerlich ableiten, denn auch bei Hegel bleibt die wichtige Frage nach dem politischen Ort der eigentlichen Staatsgewalt letztlich unverändert beantwortet. Das typische bei Position von Gentz besteht aber in der absoluten Dichotomisierung der Verfassungstypen auf die erwähnten Alternativen, denen jeweils ein sich gegenseitig ausschließender Katalog von 'notwendigen' verfassungsrechtlichen Attributen zugeordnet werden mußte. In Zusammenfassung der politischen Schriften von Fr. Gentz gehören zum 'Syndrom' der Repräsentativverfassung zwingend:

---

56 H. Brandt, a.a.o., S.218
57 ebd S.219
58 ebd S.222
59 ebd. S.222

1. der Gedanke der Gesamtstaatsrepräsentation[60]
2. das freie Mandat
3. das Prinzip der Wahl durch das Volk
4. die Gewaltenteilung
5. die Ministerverantwortlichkeit vor dem Monarch und dem Volk
6. die Öffentlichkeit der Verhandlungen
7. das unbeschränkte Petitionsrecht
8. die unbeschränkte Pressefreiheit
9. die formale Rechtsgleichheit

während zum landständischen Verfassungstypus wesentlich die Idee der Einheit der Staatsgewalt im Monarchen und die altständische Basis der ständischen Versammlung mit all ihren Implikationen gehört. Das Junktim, das Gentz damit zwischen den einzelnen Attributen und dem Begriff der Repräsentativverfassung hergestellt hatte, war der eigentliche Grund der Diffamierung des vor dieser Begriffszuspitzung ganz unproblematisch verwendeten Ausdrucks: Gentz polarisierte die Verfassungsdiskussion auf die rigide Alternative zweier antagonistischer Verfassungstypen mit der offenen Intention einer Legitimation des absolutistischen Herrschaftssystems. In polemischer Absicht traf er damit zwar eine, wenn auch entgegen seinen Erwartungen laufende, langfristig richtige Tendenz: Das monarchische Prinzip erwies sich als je länger desto weniger überlebensfähig. Seine Interpretation des Artikel 13 der Bundesakte referierte aber nur eine Extremposition der zeitgenössischen Verfassungsdiskussion und verwischte mit ihrer Undifferenziertheit das weite Spektrum der verfassungstheoretischen Konstruktionsversuche im Vormärz. Nicht einmal die Exponenten des deutschen Liberalismus fügen sich seiner Zeichnung ohne Abstriche ein, denn auch bei ihnen finden sich überall theoretische Vermittlungsfiguren, die bei der fast allgemeinen Angst im deutschen Bürgertum vor der von Gentz beschworenen "Möglichkeit eines Aufstands der unteren Volksklassen gegen die Höheren, der Armen gegen die die Reichen" als der "Gefahr die über uns schwebt"[61] eine möglichst schmerzlose und kontrollierte, d.h. sozial selektive Anpassung der antiquierten Staatsverfassungen an die veränderten sozialen Verhältnisse sanktionieren wollten. Ausdrücklich wird z.B. mit der grundsätzlichen Vereinbarkeit von Monarchie - auch monarchischem Prinzip - und stärkerer Beteiligung des Volks ('Volk' natürlich im exklusiven Verständnis einer scharf vom 'Pöbel' geschiedenen Kategorie)[62] an der Gesetzgebung geworben[63]. Auch Hegels Konzeption fügt sich bei aller inhaltlichen Nähe zu einzelnen Grundüberzeugungen der Gentzschen Analyse keineswegs

---

60 Sh. dazu auch Ehrle, a.a.o., S. 293 ff
61 ebd S. 227
62 Unabhängig von allen sonstigen Einschränkungen war die Hälfte der erwachsenen Bevölkerung, nämlich alle Frauen, sowieso schon ausgeschlossen. Ehrle zitiert J.Held, der zur Begründung des Männerwahlrechts anführt, daß es auf "die politische Tüchtigkeit des Charakters und der Intelligenz " ankomme und " also das gesamte weibliche Geschlecht, von den politischen Wahlen ausgeschlossen sein " müsse. Zitiert nach Ehrle, a.a.O. S. 502f
63 Sh. etwa die Position von Krug, Dahlmann, Pölitz, Klüber - auszugsweise abgedruckt in H.Brandt, Hrsg, 'Restauration und Frühliberalismus 1814 - 1840', ebenso C. Th. Welcker im Artikel 'Staatsverfassung' aus dem 'Staatslexikon oder Enzyklopädie der Staatswissenschaften' hrsg. von K.v. Rotteck und C. Th. Welcker, auszugsweise abgedruckt in 'Der europäische Liberalismus im 19. Jahrhundert' Bd.II Hrsg. L.Gall, R. Koch. Welcker bestätigt die allerdings konstitutionell fixierte Erbmonarchie als integralen Bestandteil der 'besten Verfassung' : " Für die Regierungsgewalt gibt es an sich kein tauglicheres Organ als die möglichst selbständige und einheitliche Behörde, als einen erblichen Monarchen. " (ebd. S.66, sh auch Ehrle S. 256ff) Und ebenfalls unverzichtbar scheint Welcker eine aristokratisch dominierte erste Kammer oder Oberhaus. Auch bei K.v.Rotteck, zurecht einem liberalen Aushängeschild des Vormärz, finden sich sehr pragmatische Zugeständnisse an die Faktizität des 'monarchischen Prinzips', so bei der höchst bescheidenen Reichweite der eingeforderten Partizipation - Rotteck fordert nur "wenigstens eine Beachtung ansprechende Stimme " des Volks (ebd. 152) - die sich explizit in der verwendeten Begriffszusammensetzung 'monarchisch-demokratisches Prinzip' (ebd. S.155) widerspiegeln.

bruchlos in die suggerierte Dichotomie der alternativen Verfassungstypen. Übereinstimmung besteht fraglos im grundsätzlichen Verständis des 'Wesens' eines Staates und seiner Verfassung als einem letztlich metaphysisch inspirierten und deshalb nicht 'willkürlich' disponiblen, d.h. veränderbaren Staats - 'Organismus'. Die Stellung des Monarchen, die in seiner Person materialisiert gedachte Staatseinheit, verbunden mit der hieraus ganz selbstverständlich gefolgerten Inhaberschaft der souveränen Gewalt sind, abgesehen davon, daß in dieser Frage bei der zeitgenössischen Staatstheorie überhaupt ein weitgehender Konsens bestand, ganz ähnlich gesehen und begründet. Auch die Ablehnung einer effektiven Gewaltenteilung, die Kritik eines diarchisch - dualistischen politischen Systems, in dem sich neben dem Monarchen noch ein anderes, wenn auch vielleicht nur gleichgewichtiges, jedenfalls aber mit Kompetenzen eigentlicher Souveränität ausgestattetes Machtzentrum ausbildet, wird in beiden Auffassungen mit dem Hinweis auf die inneren Prinzipien des organismischen Staatsaufbaus und den aus ihrer Kenntnis offenbar gewordenen Stabilitätsbedingungen des 'Ganzen' übereinstimmend abgeleitet. Und ebenso unterlegen sowohl Gentz als auch Hegel ihren staatstheoretischen Begründungsversuchen einen ständischen Aufbau der gesellschaftlichen Ordnung. Bei der genauen sozialstrukturellen Bestimmung dieser ständischen Basis ergeben sich jedoch bedeutsame Differenzen, die die analytischen Qualitäten Hegels gegenüber dieser Vergleichsposition noch einmal unterstreichen.

Die politische Analyse von Gentz rekurriert, ablesbar an dem von ihm hergestellten Junktim zwischen den typischen Merkmalen einer landständischen Verfassung, auf die altständische Organisation der ständischen Vertretungskörperschaft. Altständisch meint dabei den traditionalen Rückbezug auf die alten feudalen Sozialstände, nur erweitert um den vormals von einer politischen Landstandschaft ausgeschlossenen (nach dem wachsenden Einfluß des Bürgertums zum vierten Stand degradierten) Bauernstand. Politische Rechte und Pflichten haften den einzelnen Ständen quasi 'natürlich' an, stellen selbstverständliche Attribute dar, die ihnen im Rahmen der 'wohlgeordneten Gesellschaft'[64] substantiell zukommen, bzw. sind einzelständisch differenzierte, exklusiv monopolisierte Privilegien. Im Unterschied zum vormodernen Ständestaat will Gentz allerdings die für diesen typische dualistische Struktur zugunsten der eindeutigen Konzentration legitimer Gewalt auf der Seite des Fürsten ausschließen, wobei die sozialstrukturellen Veränderungen im Hintergrund dieses Transformationsprozesses zum staatlichen Gewaltmonopol für die Definition der anerkannten politischen Klientel möglichst unberücksichtigt bleiben und der an diesen Prozeß ebenfalls angekoppelte Vorgang einer tendenziellen Delegitimation traditionaler Herrschaft, ablesbar etwa an den zahlreichen Versuchen einer natur - oder vernunftrechtlichen Neubegründug von Staat und Gesellschaft in der frühen Neuzeit, explizit bekämpft werden sollen. Dazu gehört auch, daß Gentz die mit der Durchsetzung des modernen Staates strukturell verbundene Nivellierung der ständischen Identität hin zum relativ homogenen Status des in politischer Hinsicht gleichunmittelbaren Untertanen - der ja, allgemeingesellschaftlich betrachtet, mit der Ausweitung der Marktbeziehungen und der Übernahme von Steuerungs- und Kompensationsfunktionen durch die staatlichen Zentralbehörden ein Verfall der Funktion der Stände als solidarprotektionistische Schutzorganisationen korrespondiert - negiert und durch die ausdrückliche ideologische Verklärung der geburtsständischen Standes- und Rangdifferenzen zu konterkarieren sucht. Das oben wiedergegebene Zitat belegt auch, daß eine Hauptstoßrichtung der restaurativen Stabilisierungsversuche, eben weil eine politische Differenzierung weitgehend ausschied, der Affekt gegen die Bestrebungen zur Universalisierung und Formalisierung des bürgerlichen Rechts war; ein Affekt, der, insofern er mit der Rechtsvereinheitlichung und Rechtssicherheit ein integrales Bedürfnis der aufkommenden bürgerlichen Gesellschaft betraf, aber damit auch die Grundlagen des modernen Staats selbst berührte, in sich widersprüchlich und langfristig erfolglos blieb. In völlig richtiger Einschätzung der potentiell demokratisierenden Effekte, die aus der politischen Entmachtung der alten Stände resultierten, versuchte Gentz alle

---

64 Brandt, Restauration, a.a.o., S. 219

Entwicklungen, die eine weitere interne Desintegration der Landstände hätten begünstigen können, zu verhindern. Die gerade im Interesse der modernen Staatsbildung liegende Abschleifung ständischer Privilegien und landschaftlicher Sonderrechte, insbesondere unter dem Aspekt der territorialen und allgemein verwaltungstechnischen Integration der teilweise ja in größerem Umfang neugeordneten Staaten (sh. z.B. das für die Ausbildung der politischen Position Hegels wichtige Fallbeispiel Württemberg) markieren ihm eine gefährliche Degeneration des ständischen 'Wesens'. Ihr Charakter als partikulare Interessenkorporationen, die, legitimiert durch die 'von Gott gestiftete' organische Ordnung, nur für sich stehen, beschränkt auf ihre exklusiven Rechte und Freiheiten sowie spezifische Verpflichtungen bleiben, kennt keine wirklich verallgemeinerbaren Interessen, die den einzelnen Stand transzendieren könnten. Eine solche Vorstellung konstituiert ihm ein jenseits aller ständischen Differenzierung, oder durch diese mindestens hindurchgreifendes, Gesamtsubjekt: Volk, das es eigentlich zu repräsentieren gelte - eine typische 'französische', d.h. aber in der Verwendung der Konservativen: gefährliche 'Abstraktion'. Gentz verwirft deshalb ausdrücklich den modernen Gedanken einer Gesamtstaatsrepräsentation durch die versammelten Stände, von dem ohne Zweifel, bei aller verbliebenen Verzerrung in der Zusammensetzung der Landtage, eine integrierende, d.h. tendenziell nivellierende und langfristig demokratisierende Wirkung ausgegangen war. Die Repräsentation eines Standes auf dem Landtag steht nur für die Körperschaft selbst und vertritt ausschließlich, wie o.a. Zitat unterstreicht, "die Gerechtsame und das Interesse einzelner Stände". Die kuriale Organisation und das Institut der 'ito in partes', der getrennten Abstimmung nach der ständischen Differenzierung, waren selbstverständlich. Folgerichtig abgelehnt wird deshalb auch die in den Verfassungen des Vormärz häufig direkt hergestellte (in anderen Fällen zumindest intendierte) Verbindung von Gesamtstaatsrepräsentation und freiem Mandat der versammelten Repräsentanten: Der Repräsentant, wenn er nicht als Virilstimmführer sowieso nur für sich stand, sollte an die Instruktionen des Entsendekollegiums, dem eigentlichen Objekt ständischer Repräsentation, gebunden bleiben. Gentz schreibt in seinem Aufsatz für die Karlsbader Ministerkonferenz 1819 :

"Ob übrigens die Repräsentation *eine* oder *mehrere Kammern* bilde, ob sie bloß aus gewählten oder zum Teil aus erblichen oder ernannten Mitgliedern bestehe, ist für den Fundamentalbegriff dieses Systems gleichgültig. Zumal wenn die Theorie dahin erweitert wird, daß jede Kammer und jedes Mitglied jeder Kammer, ohne alle Rücksicht auf besondere Verhältnisse oder Gerechtsame nur als Vertreter der Gesamtheit betrachtet werden sollen."[65] Von Gentz/ Metternichs Perspektive aus ist es dann nur konsequent, wenn auch die Forderung nach öffentlicher Verhandlung der Landtage grundsätzlich abgelehnt wird: Da es kein einheitliches Objekt der Repräsentation, etwa das 'Volk', die Gesamtheit der Staatsbürger oder Untertanen, gibt, kann es auch kein über die landstandsberechtigten Körperschaften hinausgehendes, bzw. außerhalb derselben organisiertes Allgemeininteresse geben - die 'ständische Mitwirkung' bleibt eine spezifisch-partikulare Angelegenheit zwischen dem einzelnen Stand und dem Monarchen (oder der Regierung) und ist nicht verallgemeinerungsfähig. Die institutionelle Würdigung von Öffentlichkeit, in der zeitgenössischen Vorstellung das Auditorium des politisch interessierten Bildungsbürgertums, konzediert in der Sichtweise von Gentz praktisch ein informelles Publikum der versammelten Staatsbürger, also ein Publikum, das frei und auf der Basis prinzipieller Gleichheit sich eine 'Meinung' - die Öffentliche Meinung ist das Korrelat der Öffentlichkeit - 'bildet' und derart in den Rang einer Kontrollinstanz zur souveränen Gewalt einrückt, bzw. höchst gefährlichen Entwicklungen in Richtung einer Verlagerung der Souveränität auf die Staatsbürgergesellschaft Vorschub leistet. Die obligate Öffentlichkeit der landständischen Verhandlungen kann nur ein Publikum im Auge haben, das hier *seine* Sache verhandelt sieht und impliziert damit notwendig ein allgemeines

---

65 Brandt, Restauration, a.a.o., S.222
    Sh. auch die vorstehend angegebene Definition der Repräsentativ-Verfassung, die diesen Punkt indirekt
    ebenfalls als ein definierendes Kriterium landständischer Verfassungen angibt

Interesse und ein allgemeines Subjekt dieses Interesses: Vorstellungen, die Gentz gerade scharf zurückweist.

"So ist z.B. die *Öffentlichkeit der Verhandlungen der Volkskammer*, wenn sie bis auf den Punkt täglicher Bekanntmachung des Gesamtinhaltes der Debatten getrieben wird, ein unmittelbarer Schritt zur Herabwürdigung aller Autorität und zum Untergange aller öffentlichen Ordnung um so gewisser, als, solange jene Einrichtung besteht, jede anderweitige Beschränkung der Zügellosigkeit der Presse unmöglich oder unnütz werden muß."[66] Dabei ist sich Gentz völlig bewußt, welche personelle Klientel den Spielraum dieser neuentdeckten Öffentlichkeit besetzt hält und weiter ausweiten will: Der Affront richtet sich gegen die Expansion der bürgerlichen Gesellschaft und damit gegen die das bürgerliche Selbstverständnis am eindringlichsten artikulierende bürgerliche Intelligenz. Zugleich das restaurative Ziel genau bezeichnend, umreißt Gentz in einem Brief an A. Müller[67] die politischen Gegner, von denen er die alte Ständegesellschaft bedroht weiß: "Jeder *Feudalismus*, selbst ein sehr mittelmäßig geordneter, soll mir willkommen sein, wenn er uns von der Herrschaft des Pöbels, der falschen Gelehrten, der Studenten und besonders der Zeitungsschreiber befreit."[68]

Wenden wir uns nun wieder der Hegelschen Staatskonzeption zu. Auch sie geht von der ständischen Basis der Verfassung aus, nur gewinnt 'ständisch' hier einen im Vergleich zu Gentz/ Metternich wesentlich moderneren Sinn. Hegel weist, in Übereinstimmung mit der Intention der französischen Revolutionäre, die alte ständische Feudalordnung, das Privilegienrecht und die geburtsständische Beschränkung des Individuums zurück. Die Modernität seiner Position bleibt zwar noch immer sehr begrenzt, insofern sie, gemessen an der tatsächlichen Dynamik des sozialen Wandels, nur einen unterkomplexen Begriff der bürgerlichen Gesellschaft erreicht, sie liegt aber in ihrer analytischen Qualität doch weit über der zeitgenössischen Wahrnehmungsschwelle, besonders in Deutschland. Es braucht an dieser Stelle nicht mehr wiederholt zu werden, worin Hegels Leistung bei der Analyse der bürgerlichen Verhältnisse im einzelnen liegt und sich darin von den diversen Harmoniemodellen liberalistischer Provenienz abhebt. Gerade die Qualität und teilweise weitsichtige Schärfe bei der Analyse der bürgerlichen Marktbeziehungen verstärkt jedoch den konstruktiven Zwang zur Einbindung dieser beunruhigenden Erfahrungen in die organismische Konzeption des rechtsphilosophischen Gesamtsystems als einem Korrektiv, das es ihm erlaubt, die Konsequenzen dieser nüchternen Bilanz in der Sphäre der entfesselten Ökonomie wieder zu neutralisieren und politisch zu harmonisieren. Die Grundtendenz bleibt apologetisch, aber hinter ihr steht ein reales Wissen um die Gewalt und unaufhaltsame Dynamik einer historischen Umbruchsituation - so gewaltig, daß sie ihm nur einen endgültigen Abschluß signalisieren kann. Die ständischen Organe gewinnen in dieser Konzeption eine andere Qualität: Sie sollen nichts mehr mit den alten Privilegienkorporationen zu tun haben[69], sondern übernehmen die von Montesquieu inspirierte Funktion der 'intermediären Institutionen', also primär eine Integrationsfunktion, die das einzelne Subjekt sowohl ökonomisch als auch politisch organisieren soll. Wie K. Marx in einem Hauptvorwurf seiner 'Kritik der Hegelschen Rechtsphilosophie' anmerkt, verwischt sich mit dieser Stellung der ständischen Organe wieder die analytische Leistung Hegels, erstmals zwischen der politischen Sphäre des Staates und der ökonomischen Sphäre der Gesellschaft klar differenziert zu haben, und entgleist, indem sie das Subjekt "unmittelbar mit seiner Bestimmtheit" im Rahmen der ständischen Organisation aufgehen läßt, zum Rückfall in die mittelalterliche 'Zoologie' (MEW Bd1 S. 285). Die Kritik trifft aber nur teilweise, denn tatsächlich geht es Hegel ja nirgendwo darum, personale Abhängigkeits- und Herrschaftsbeziehungen,

---

66 ebd S.223
67 Müller hatte eine vergleichbar restaurative Position verfolgt. Gentz selbst bezweifelte nur die Realisierungschance der von Müller versuchten rigiden Revitalisierung feudaler Verhältnisse.
68 H.Brandt, Restauration, a.a.o. S.217
69 Vgl. z.B. Nürnberger Schriften S.483

berechtigte Zonen unmittelbarer Gewaltanwendung und privatim besetzter Gerichtsbarkeit wieder an die bürgerliche Gesellschaft zurückzugeben und den erreichten Stand der Monopolisierung physischer Gewalt auf die von der ökonomischen Produktion abgehobene Instanz Staat wieder aufzuheben: Stände im alten Sinne politischer Privilegienkorporationen sind nicht mehr gemeint. Dem widerspricht auch nicht unbedingt die exponierte Stellung des Grundadels, den Hegel in der Institution einer Herrenkammer mit persönlicher Standschaft der einzelnen Majoratsherren versammeln will. Die Berechtigung dieser Kammer legitimiert er nicht mit der Inanspruchnahme tradierter Privilegien, wie es ja tatsächlich auch der Fall war, sondern wesentlich mit der verfassungstechnischen Begründung einer Sicherstellung der Präponderanz der fürstlichen Gewalt gegenüber den Ansprüchen der politischen Repräsentation des Bürgertums; eine Argumentation, die in der zeitgenössischen Verfassungstheorie, etwa bei der Diskussion der Abwägung zwischen Einkammer- oder Zweikammerparlamenten zum Inventar einer defensiven Strategie der Legitimation der fürstlichen Prärogative gehört hatte[70]. Hegel berücksichtigt insbesondere - und das ist ein wesentlicher Unterschied zur Gesellschaftskonzeption Gentz' - die formalrechtliche Freisetzung des Individuums, also der juristische Fixierung des Einzelnen als prinzipiell gleiches Rechtssubjekt. Die Auflösung geburtsrechtlicher Beschränkungen und ihre Ersetzung durch die Kriterien Eigentum und individuelle Leistung, die rechtliche Sanktion der Handlungsautonomie in der Sphäre ökonomischen Handelns, die rechtliche Garantie des Privateigentums und der freien Dispositionsgewalt über dasselbe, stellen bei Hegel ein notwendiges Moment des rechtsphilosophischen Systems dar und belegen eine tiefe Einsicht in die Konstitutionsbedingungen des modernen Staates. Der ausdrückliche Status einer Ausnahme, der der eingeschränkten Dispositionsgewalt des Grundadels zukommt, bestätigt die gesehene konstitutive Bedeutung der privatrechtlichen Autonomie eher, als daß es sie widerlegt. Unabhängig von dem übergeordneten politischen Zweck, der diese Einschränkung rechtfertigen soll, wird sie im Zusatz zu § 306 Rechtsphilosophie explizit als eine 'Fessel' für die grundsätzlich zu gewährleistende 'Freiheit des Privatrechts' bezeichnet. Wie schon näher im Kapitel über die Konzeption der bürgerlichen Gesellschaft diskutiert, führt Hegel die ständische Reorganisation des zentralen Teils der bürgerlichen Gesellschaft (der in der Rechtsphilosophie terminologisch zum 'Privatstand' zusammengefaßt wird und die, neben der vom Staat alimentierten Bürokratie und dem erblichen Grundadel, eigentlich bürgerlichen Stände meint) nicht als ein Mittel zur Restauration feudaler Verhältnisse an, sondern gerade als Konsequenz der privatrechtlich sanktionierten Autonomie der in den gesellschaftlichen Produktionsprozeß involvierten Subjekte. Hegel erweist sich als ideologiekritisch, indem er die harmonisierende Modellvorstellung einer ordnenden 'invisible hand' für den Bereich der Ökonomie als eine durch die real produzierte Ungleichheit, durch das schon von ihm beschriebene Phänomen der Entfremdung, durch notwendige Systemkrisen konterkarierte Illusion durchschaut. Daß die kritische Perspektive Hegels selbst eher intuitiv die eigentliche Größenordnung der Veränderungen durch die industrielle Revolution erfaßt, die sozialen Defekte mehr im begrenzten Rahmen einer Diskussion des Pauperismus, denn am Beispiel des frühkapitalistischen Industrieproletariats entwickelt und an idealisierten traditionalen Leitbildern ständischer Solidarität abgleicht, ist Hegel nur bedingt anzulasten: Der ökonomische Entwicklungsstand in Deutschland war tatsächlich noch sehr rückständig und feudale Relikte andererseits ausgesprochen lebendig - bekanntlich ja noch bis fast an die nächste Jahrhundertschwelle. In diesen Grenzen jedenfalls nimmt Hegel nicht nur einen alle Gesellschaftsmitglieder umfassenden und irreversiblen Prozeß der sozialen Differenzierung und Arbeitsteilung wahr, er analysiert zugleich die Probleme, die sich aus diesem Prozeß ergeben und zwar unter einer Perspektive, die deskriptiv große Ähnlichkeit mit der späteren Soziologie E. Durkheims aufweist. Die Aufweichung der

---

70 Die Option für Einkammerparlamente hatte allerdings meist das gleiche Ziel: Strategisches Interesse war
    dann eine Abschwächung des aristokratischen Elements, etwa beim Versuch der territorialen Neuintegration
    eines Staates. Ein Beispiel hierzu wäre der württembergische Verfassungsvorschlag von 1816.

feudalen Geschlossenheit aller Lebensverhältnisse durch die Veränderung der Produktionsweise führt nicht nur zur Freisetzung der Subjekte, zu einer neuen Form selbstreflexiver Subjektivität, der das kompetente willensautonome Handeln eines homo oeconomicus korrespondiert, sie führt zugleich zu einer gefährlichen Desorientierung der auf sich gestellten Einzelnen, indem die frühere Einbindung in kollektive Normen und Wertordnungen (etwa die verbindliche Berufsethik) und die korporative Solidarität tendenziell zugunsten eines wesentlich 'entsittlichten' Verkehrs zwischen nur ihren maximalen Vorteil suchenden, egoistischen Warenbesitzern abgelöst wird. Hegel führt hier als ein Beispiel den von aller ethischen Selbstverpflichtung entlasteten Typus des vorindustriellen Unternehmers an[71]. Am anderen Pol der sozialen Stratifikationsachse zeigt sich das gleiche Phänomen an den von jeder sozialen Vermittlungsagentur ausgeschlossenen pauperisierten Massen: hier allerdings bekommt die Entwicklung eine politisch bedrohliche Dimension.

Hegel kommt derart, nach der Einsicht in die objektive Krisenanfälligkeit, die der bürgerlichen Gesellschaft aufgrund ihrer inneren Dynamik zukommt, und in die hiermit zusammenhängenden anomischen Prozesse, dem ersatzlosen Zerfall traditional eingespielter Sitten und Normen, zur tiefen Überzeugung einmal von der essentiellen Notwendigkeit einer Übernahme von Steuerungs- und Kompensationsfunktionen durch den Staat, die dessen spekulativ versicherte Prädomination auch empirisch bestätigt. Zum anderen von der Bedeutung des korporativen Gefüges der Gesellschaft, als der unverzichtbaren Bedingung zur Gegensteuerung der desintegrativen Prozesse. Korporationen, zu denen Hegel nicht nur die Berufverbände und -genossenschaften, sondern auch (und praktisch wichtiger) die sozialen Zusammenhänge von Gemeinde und Stadt zählt, sind intermediär gelagerte Institutionen, die das Individuum vor der Vereinzelung bewahren und es zu einem sittlich eingebundenen 'Mitglied' in einem größeren sozialen Verband machen, ein konsensfähiges Kollektivbewußtsein sozialisieren sollen. Korporationen überbrücken auch die Entfremdung, die mit der Komplexitätszunahme der Gesellschaft und der damit verbundenen Verlängerung der Handlungsketten innerhalb eines nur noch schwer durchschaubaren Produktionsprozesses und zwischen dem 'System der Bedürfnisse' und dem politischen System zwangsläufig entsteht. Sie werden also in ihrer Bedeutung für das rechtsphilosophische System durchaus soziologisch begründet, sind auf historische Entwicklungen bezogene Institutionen und nicht aufgrund fraglos selbstverständlicher Naturnotwendigkeit eingeführt, wie etwa bei Gentz. Die soziale und ökonomische Funktion der ständischen Organisationsstruktur interessiert hier jetzt aber nur, soweit sie für die Begründung ihrer politischen Funktion von Bedeutung ist.

Der oben angesprochene Vorwurf von Karl Marx, die Legitimierung der ständischen Basis der politischen Repräsentation restauriere das politische System des Mittelalters, insofern sie die Trennung zwischen bürgerlicher Gesellschaft und Staat als einem Charakteristikum der Moderne wieder aufhebe, berührt den zu vertiefenden Sachverhalt.

Schwerpunkt des Staatsverständnisses in den frühen Marxschriften war noch der über die Differenz von Gesellschaft und Staat aufgezeigte politische Emanzipationsschub zum 'wirklichen' Menschen, zu dessen 'allgemeinem Wesen', das sich in der abstrakten Rolle des Staatsbürgers oder citoyens in seiner entwickeltsten Form aktualisiert. Der Emanzipation zum autonomen Wirtschaftssubjekt korrespondiert ihm notwendig die Emanzipation zum 'Staatsidealisten' (MEW Bd1 S.281), zu der von Stand, privaten Verhältnissen abstrakt isolierten, reinen Individualität als Grundelement der Staatsbürgerschaft, über die sich dann politisch die 'illusorische Gemeinschaftlichkeit' (MEW Bd3 S.33) herstellen kann. Diese 'Transsubstantiation' vom Bourgeois zum Citoyen, die nach Marx dem Einzelnen mit dem Zerfall der feudalen Verklammerung von sozialen und politischen Funktionen zugemutet wird, ist durchaus noch in der idealistischen

---

71 Um die Stelle noch einmal zu zitieren: " Ohne Mitglied einer berechtigten Korporation zu sein ... ist der Einzelne ohne Standesehre, durch seine Isolierung auf die selbstsüchtige Seite des Gewerbes reduziert, seine Subsistenz und Genuß nichts stehendes. " (Rphil § 253)

Begrifflichkeit als 'notwendig' gesetzt (MEW Bd1 S. 283): Der Atomisierung der Gesellschaft entspricht das atomistische Verhältnis des Einzelnen zum politischen System (ebd), wobei freilich der Staat selbst eine idealisierte Qualität gewinnt, das 'Luftleben, die ätherische Region der bürgerlichen Gesellschaft' (ebd) darstellt, aber auch das Medium einer erstmals von allen Unterschieden und Ungleichgewichten im konkreten Lebenszusammenhang absehenden politischen Gleichstellung der Menschen abgibt. Von hier aus, über diesen Widerspruch zwischen politischer und sozialer Sphäre, leitet sich dann eine grundlegende Revision auch der sozialen Verhältnisse ein, die zur Aktualisierung des widerspruchsfreien, 'wirklichen' und 'wahren' Menschen führen muß: Die bürgerliche Demokratiekonzeption enthält in sich schon angelegt die soziale Demokratie, also die Transformation der abstrakten politischen Gleichheit auf die sozialen Verhältnisse. In seiner 'Kritik der Hegelschen Rechtsphilosophie' zeigt sich Marx eben noch sehr von der Ideologie der Französischen Revolution affiziert, auch wird noch kein dezidiert materialistischer Ansatz vertreten. Später, in der 'Deutschen Ideologie', setzt Marx dann seine Position über die Kritik des Idealismus und der revolutionären Grundsätze selbst einer scharfen Kritik aus, mit der sich auch seine staatstheoretischen Annahmen verändern werden: Der 'Klassencharakter' der 'idealistischen Superstruktur' Staat in seinem Verhältnis zum neuentdeckten Motor der Geschichte, dem Widerspruch zwischen den Produktivkräften und den Produktionsverhältnissen, wird deutlicher aufgedeckt. Man wird also konzedieren müssen, daß die Anlage der Kritik noch zu den ersten, unzureichenden Vorstößen zu einer Neubestimmung der Gesellschaftstheorie bei Marx gehört.

Die Vermittlungsfunktion, die die Rechtsphilosophie der ständischen Organisation zuschreibt, hat jedoch material nicht den Sinn, die funktionale Trennung zwischen bürgerlicher Gesellschaft und Staat aufzuheben, sie resultiert vielmehr aus der ideologiekritischen Einsicht Hegels, daß die Bedingungen einer unproblematischen 'Transsubstantiation' des bourgeois zum citoyen angesichts der realen Ungleichgewichte der bürgerlichen Gesellschaft illusionär bleiben müssen. Er sieht, daß aus der rechtlichen Reduktion der Einzelnen auf die prinzipielle Gleichheit der Person und den Status des 'Menschen an-sich' nicht zugleich auch ein verallgemeinerbares, vernünftiges Allgemeininteresse entsteht, daß die Grundlage dieser Unterstellung, nämlich die prinzipiell gleiche Chance zum bürgerstandsberechtigten Eigentümer, aus deren Gleichklang der Interessen sich die Vorstellung einer zwanglosen Herstellung des Allgemeininteresses ableitet, angesichts der inneren Antagonismen des 'Systems der Bedürfnisse' eine selbst mit Interessen besetzte Fiktion darstellt[72]. Das Partikularinteresse des Einzelnen als Mitglied der bürgerlichen Gesellschaft ist politisch nicht suspendierbar[73], ökonomische und soziale Konflikte berühren das politische System, werden politisch ausgetragen im Kampf um politischen Einfluß und Macht.

"... die Mitglieder der bürgerlichen Gesellschaft sind vielmehr solche, welche ihr besonderes Interesse und, wie vornehmlich im Feudalzustande, das ihrer privilegierten Korporation zu ihrer nächsten Bestimmung machen." (Enz III §544).

Die bürgerliche Gesellschaft ist entgegen den Versicherungen der liberalen Harmoniemodelle eben keine Sphäre des autonomen Verkehrs sozialstrukturell homogen situierter Akteure: Sie beruht auf und erzeugt ständig neu Ungleichgewichte, die sich in Interessensantagonismen umsetzen, die wiederum ein politisches Ventil suchen. Weiter vorne schon wurde darauf hingewiesen, daß die Analyse der bürgerlichen Gesellschaft Hegel zur Überwindung der Verehrung der antiken Polissittlichkeit geführt hatte, eine Verehrung, deren Faszinosum eindeutig von den zeittypischen Vorstellungen eines im vernünftigen Konsens der emanzipierten Subjekte gefundenen Allgemeinwillens gespeist war. Die Polis beruhte auf Verhältnissen, die die Homogenität der Interessen der Bürger vor dem Hintergrund einer funktionierenden Sklavenwirtschaft garantierte - Bedingungen, die historisch irreversibel verloren waren (nur ansatzweise trifft dieses

---

72 Vgl. Vernunft S.85
73 Vgl. dazu die Ausführungen von A. Smith, a.a.o. S. 210ff, mit denen sich Hegel ja beschäftigt hatte

Verhältnis noch für den grundbesitzenden Adel zu). Jetzt, mit der Emanzipation des bürgerlichen Subjekts, herrscht auf der Ebene der isolierten Einzelnen das Primat des Egoismus, die Gesetze des Konkurrenzkampfes und der gegenseitigen Übervorteilung: allemal hat das Partikularinteresse Vorrang vor dem Allgemeinen.

Umso schärfer legitimiert sich dann in der philosophischen Perspektive die Notwendigkeit eines stabilen Staatswesens, einer machtvollen Ausstaffierung der Institutionen, die das Primat des Allgemeinen gegenüber der Gesellschaft und den auf unterster Ebene atomisierten Individuen durchsetzen können[74]. Die Ressentiments Hegels gegen eine politische Partizipation der einzelnen Staatsbürger als Elemente des Volkes in politischer Hinsicht zeigen sich in der ambivalenten Haltung zur politischen Öffentlichkeit, dem spezifischen Artikulationsmedium der bürgerlichen Subjekte als einzelnen: Sie muß zwar ausdrücklich als ein Machtfaktor für den legitimationsbedürftigen modernen Staat anerkannt werden - gegen die bürgerliche Öffentlichkeit kann sich das politische System, wie die Erfahrungen der französischen Revolution gezeigt haben, nicht stabilisieren - der Staat muß sogar selbst aktiv meinungsbildend auftreten, d.h., modern gesprochen, Öffentlichkeitsarbeit betreiben, sie bleibt aber, eben weil die 'Transsubstantiation' unmöglich oder jedenfalls zufällig ist, institutionell undurchlässig ausgegrenzt.

Maßgeblich zum denunziatorischen Verständnis der bürgerlichen Öffentlichkeit beigetragen hatte wieder der Jahrhundertschock der Französischen Revolution, ganz besonders die Phase der Revolution bis zum 1. Thermidor, dem Sturz Robespierres: Es ist die plebiszitäre Phase der Revolution, in der die politischen Positionskämpfe ihre Legitimität aus der faktisch oder auch nur symbolisch hergestellten und immer wieder neu herzustellenden Übereinstimmung mit dem 'Volkswillen', den in den Clubs und Sektionen artikulierten Überzeugungen, beziehen, die die Ängste des an festen, berechenbaren Institutionen, an einer Legitimation über zuverlässige, formalisierte Verfahren, an legalistischer Operationalität interessierten deutschen Bürgertums ausmachen[75]. Politischer Terror, maximalistische Forderungen, die quer zum Interesse des Bürgertums stehen, der permanente Legitimationszwang der politischen Elite 'vor dem auf der Straße versammelten Volk' - am augenfälligsten symbolisiert in der Belagerung des Nationalkonvents am 2. Juni 1793 -, das waren die historischen Versatzstücke, durch die sich das Bild der Französischen Revolution als einem chaotischen und anarchischen Prozeß nachdrücklich prägte[76]. Vor allem, das ist auch, wie gezeigt, bei Hegel ein in den politischen Schriften ständig wiederkehrender Topos, hatte sich dem zeitgenössischen bürgerlichen Bewußtsein mit ihr die 'gefährliche Illusion' einer tatsächlichen Herrschaft des Volkes in allen ihren verfassungsrechtlichen Spielarten (hier überschatteten das eigentlich intentierte plebiszitären Momente in diesem Verfassungssystem) eindeutig entlarvt. Unabweisbar war die öffentliche Meinung ein bedeutender Machtfaktor geworden, oder mußte mit der weiteren Entwicklung einer werden, unabweisbar hing die Stabilität des politischen Systems auch mit den Vorstellungen über ihre Legitimität

---

74 Sh. Rphil §289
Beim allgemeinen Stand und der Klasse der großen Güterbesitzer, denen Hegel eine exponierte Stellung im politischen System zuschreibt, ist die Gefahr des Widerspruchs von Partikular- und Allgemeininteresse formal aufgehoben: Beide fallen i.d.R. organisch zusammen.
Der latenten Gefahr einer Verselbständigung der Bürokratie und der Ausbildung spezifischer Standesinteressen muß allerdings auch institutionell vorgebaut werden; dies ist eine Funktion der ständischen Versammlung. Zur Übereinstimmung von Partikular- und Allgemeininteresse im Falle der Grundbesitzer sh. Adam Smith, der hier sicherlich legitimatorische Hilfestellung geleistet hat. (Wealth of Nations S. 211 ff.)
75 Sh. hierzu: Furet 1789, a.a.o., S. 60 , ff.
ebenso: Revolution im Zeugenstand, S. 391, der 120. Brief an die Bürger von Paris
ebd.S.397
76 In der Mitschrift Wannenmanns stellt Hegel diesen Zusammenhang explizit her: " In einem revolutionären Zustand ist diese Öffentlichkeit, wie in Frankreich, schädlich: Man weiß, wo der Pöbel mitzog und applaudierte oder zischte und seine Meinung, wenn sie ungünstig war, leicht an dem Ihm-zuwider-Redenden rächte." K.H. Ilting, Hrsg., a.a.o., § 154, S.184

zusammen, die sie in den Überzeugungen der diese Öffentlichkeit bildenden Staatsbürger finden konnte: "... gegen diese öffentliche Meinung kann man nicht. ... Wenn die Überzeugung nachgelassen, die innere Notwendigkeit, so kann keine Gewalt sie zurückhalten." (Frühe pol. Systeme S. 277 unten).

Als Machtfaktor mußte die öffentliche Meinung Berücksichtigung, auch Anerkennung finden. Hegel befürwortet in diesem Sinne, im Gegensatz etwa zu Gentz und vielen anderen, die Publizitätspflicht der ständischen Versammlung und die politische Verantwortlichkeit der Minister, die hier gleichsam vor den Augen der interessierten Öffentlichkeit das 'Allgemeine' transparent machen sollen. Zugleich aber, nachdem politische Klugheit auf Berücksichtigung der 'großen Macht der öffentlichen Meinung'[77] geführt hat, verfolgt die Hegelsche Staatskonzeption eine defensive Zielsetzung: Ziel ist die Erzeugung von politischer Folgebereitschaft und nicht die Ausweitung und Übertragung faktischer politischer Partizipationsrechte. Politische Öffentlichkeit und die sie bildenden politisch interessierten Subjekte sollen aus dem politischen System ausgegrenzt und von jeder realen Beteiligung ausgeschlossen bleiben; ihre Berücksichtigung bei der Publizitätspflicht der Verhandlungen folgt vorwiegend pädagogischen Intentionen. Selbst innerhalb des vor- bzw. außerpolitischen Raums der Öffentlichkeit rechtfertigt Hegel eine relativ weitgehende Pressezensur. Abweichende, systemkritische Einstellungen: "Verleumdung, Schmähung, Verächtlichmachung der Regierung, ihrer Behörden und Beamten, der Person des Fürsten insbesondere, Verhöhnung der Gesetze, Aufforderung zum Aufruhr usf." (Rphil §319) müssen ausgeschlossen werden. Hinter dem Verdikt der Öffentlichen Meinung steht, wie erwähnt, die Angst vor der Verlagerung des Souveränitätspols auf das 'Volk', die Angst vor dem Plebiszit und die Angst vor den politischen Ansprüchen der sich in wachsendem Maße als selbstverantwortliche Gestalter ihrer sozialen Bedingungen wahrnehmenden Subjekte. Gesellschaftliche Ordnung und das politische Herrschaftssystem haben sich als historisch bedingt, als veränderungsbedürftig und praktisch veränderbar gezeigt. Die Verteidigung einer gesellschaftlichen Organisation, die diese neuen Kompetenzen nicht aufnehmen will, gerät unter einen enormen Begründungszwang: Die Herstellung von Legitimation wird aufwendig und unter diesen Voraussetzungen potentiell kritisch. Zwei unterscheidbare Motive ergänzen sich in der Argumentation Hegels zur Begründung der ständischen Basis: Einmal, hier müssen die vorstehenden Überlegungen wieder aufgenommen werden, die kritische Analyse der bürgerlichen Gesellschaft, die auch dazu führt, die 'Diremption' des Subjekts im Bourgeois und Citoyen als eine Illusion zurückzuweisen[78], als eine französische Abstraktion abzuwerten, die den Einzelnen aus seinem konkreten Lebenszusammenhang künstlich isoliert, aber damit nur ein ebenso artifizielles, d.h. irreales Moment der politischen Ordnung unterstellt.

Den kompetenten Einzelnen, als isoliertes Subjektatom, konzediert Hegel als ein Grundelement der Sphäre der Ökonomie: Jeder hat hier "das natürliche Recht, seine Geschicklichkeit auszuüben und damit zu erwerben, was zu erwerben ist..."(Rphil §254), der Einzelne ist hier im Prinzip völlig frei, seinen gesellschaftlichen Standort, d.h. seinen Berufsstand, zu bestimmen und sich seiner Fähigkeit, individuellen Leistung, seiner gesellschaftlichen Durchsetzungskraft entsprechend am Markt zu positionieren[79]. Mit dieser Auffassung unterscheidet sich Hegel fundamental von der Gesellschaftskonzeption Gentz', die den einzelnen noch geburtsständisch fixieren will.

In der altständischen Vorstellung hat jeder den ihm 'natürlich', nach Gott gewollten Unterschieden und Ungleichheiten, zukommenden Platz. Der individuelle Freiheitsgrad bleibt

---

77 Sh. Rphil.§315 u.Zusatz, §316u. Zu,§317 u.Zu., §318 u.Zu.,
78 Sh. dazu auch Rphil §273, S. 438
79 Diese prinzipielle Gleichheit der Chancen wird, wie Hegel durchaus sieht, allerdings konterkariert durch die unterschiedliche soziale Ausgangslage.
    Vgl. dazu z.B. Rphil §200, §206
    Nürnberger Schr. S.63 §198

minimal, die soziale Durchlässigkeit äußerst restringiert. Hegel dagegen bezieht mit dem wachen Blick für die Entwicklung in England, mit der Offenheit für die Analysen der englischen Nationalökonomie und einem tiefen Verständnis für die sozialen und ökonomischen Triebkräfte der Französischen Revolution eine moderne, sprich bürgerliche Position: Die Autonomie des bürgerlichen Subjekts ist ihm ein unabdingbarer Grundsatz der Moderne. Ökonomische Autonomie und politische Kompetenz des Einzelnen schließen sich ihm aber geradezu aus: Die soziale Desorganisation im Zuge der Auflösung bindend markierter Standesgrenzen setzt die moderne Qualität der Subjektivität frei, aber eben als ein Prozeß der Entdifferenzierung aus kollektiven oder allgemeinen Normgefügen. Sie macht das Partikularinteresse vordergründig beherrschend, bzw. bindet den Allgemeinen[80]. Das durchschnittliche Subjekt der bürgerlichen Gesellschaft ist so in die Lage versetzt, sein individuelles Interesse eigenverantwortlich verfolgen zu können. Ein Interesse, das zwar substanziell mit dem 'Allgemeinen' verknüpft bleibt, aber nur für die Perspektive der administrativen Verwalter dieses Allgemeinen und vollständig nur für die exklusive Sicht des Philosophen, dem damit ganz selbstverständlich auch die authentische Interpretation von 'wirklicher' Freiheit und 'wahrem' Glück zukommt[81].

Eine Ausweitung der Subjektkompetenz auf die Sphäre der Politik hätte notwendig die Konsequenz der aktiven politischen Teilhabe von nach irgend abstrakten Kriterien bestimmten, dann aber prinzipiell gleichberechtigten Staatsbürgern zur Folge, über die sich ein allgemeiner Volkswille aktualisieren und materialisieren könnte. Die aktive politische Teilhabe der Einzelnen als Staatsbürger kann nach den Erfahrungen der Französischen Revolution aber nicht mehr anders als zugleich als ein Angriff auf die Verteilung der politischen Macht, d.h. als die Frage nach dem legitimen Ort der politischen Souveränität verstanden werden.

Politische Kompetenz ist sinnvoll nur zu verstehen als tatsächlicher Einfluß auf staatliches Handeln, auf politische Entscheidungen und andererseits als Anbindung der Legitimität einer solchen Entscheidung an die Übereinstimmung mit dem unmittelbar oder mittelbar organisierten 'Volkswillen', hinter dem das Selbstbestimmungsrecht oder der Selbstbestimmungsanspruch der diesen konstituierenden Einzelnen steht.

Die Machtfrage in der Idee der Volkssouveränität vor Augen, weist Hegel diesen Anspruch mit dem Verweis auf die Perseveranz des Partikularinteresses und die politische Korrumpierbarkeit der Massen[82] zurück: Der 'Aufstand der Massen', Chaos, Anarchie, sind die beschworenen Gegenbilder der Legitimation der alten gouvernementalen Praxis. Das einzelne Subjekt als solches muß deshalb aus der engeren politischen Sphäre ausgeschlossen bleiben, es wird reduziert auf den außerpolitischen Raum der Gesellschaft. Von 'unten', also von den empirischen Subjekten aus, gibt es im Hegelschen Staat kein institutionalisiertes Verhältnis zum politischen System: Der Einzelne ist weniger Staatsbürger denn Staatsuntertan.

Im Verständnis der Konzeption scheint ein solcher Anspruch auch deshalb nicht zwingend, weil die im Prozeß der Französischen Revolution thematisch gemachten ökonomischen Interessen

---

80 - wie im Falle des Beamten oder der 'organischen ' Interessensidentität des adligen Grundbesitzers mit dem Allgemeinen.
Sh. Smith, a.a.o., Seite S.211
81 "Die erscheinende politische Gesinnung ist also von dem zu unterscheiden, was die Menschen wahrhaft wollen....."
Rhil §268 zu Zu.
82 Am Beispiel der ritualisierten Form der politischen Teilhabe der Staatsbürger, der Berechtigung zur Wahl - dem Indikator politischer Emanzipation schlechthin - , versucht Hegel die Anfälligkeit politischer Emanzipation nachzuweisen: Endlich ausgestattet mit dem Recht aktiver Partizipation, ist dieses aufgrund seiner Allgemeinheit und der damit verbundenen individuellen Ohnmacht zugleich entwertet und uninteressant, d.h. aber kontraproduktiv, weil durch die Nivellierung der politischen Klientel vor allem die bewußte oder gebildete politische Elite von einem politischen Engagement abgeschreckt wird.
Sh. Rphil S.311, Nürnberger Schr. S. 483 ff., Berliner Schr. S.111 ff. und Seite 115.

des als Machtfaktor aufgetretenen Bürgertums, ja als grundsätzlich berechtigt vom rechtsphilosophischen System reflektiert werden. Damit bleibt ihnen auch die politische Spitze gebrochen - den Forderungen nach politischer Emanzipation setzt Hegel gerade die Konsequenzen der zugestandenen ökonomischen Emanzipation entgegen.

Hegel erfaßt damit recht exakt die typische Situation des Bürgertums in Deutschland. Ökonomisch vergleichsweise rückständig und ohne entscheidende politische Durchsetzungskraft, werden die ökonomischen Weichenstellungen um den Preis einer langen Phase politischer Restauration von der absolutistischen Staatsbürokratie selbst inszeniert. Die 'Revolution von oben' hat sich hierzu als verkürztes Schlagwort ausgeprägt - Marx jedenfalls hat Hegel ausdrücklich eine angemessene Beschreibung der Verhältnisse seiner Zeit testiert[83]. Hegels Argumentation bezieht ihre Überzeugungskraft also teilweise aus einer Antizipation gesellschaftlicher Widersprüche, die sie aber wieder nur zur Stabilisierung eines insgesamt rückständigen Zustands des politischen Systems umbiegt. Die weitsichtige Kritik der bürgerlichen Gesellschaft, bei der er ansatzhaft auch schon ein Verständnis der industriellen Arbeitsorganisation, also der werdenden Gesellschaft erarbeitet, dient ihm zur Legitimation einer traditionalen Herschaftsordnung. Mit dieser Spannung in der Hegelschen Konzeption hängen unmittelbar die bekannten Interpretationsprobleme zusammen, die je nachdem, welcher Aspekt ins Zentrum der Analyse gerückt wird, zur diametral entgegengesetzten Qualifizierung führen können.

Hegel legitimiert einerseits eine etatistisch - gouvernementale Herrschaftspraxis, besetzt die konservativen Leitvorstellungen: Ordnung, Autorität, Systemsicherung und entwickelt von hier den ja keineswegs originären Affekt gegen die Atomisierung der Individuen, den Zerfall korporativer Integrationsstrukturen. Andererseits übernimmt Hegel im Bereich des ökonomischen Handelns, in vollem Gegensatz zu restaurativen Positionen, liberale Leitvorstellungen: Hier sollen die alten korporativ-ständischen Bindungen, eine behindernde Privilegienpraxis, im Prinzip aufgelöst werden, und der Einzelne, als ein autonom mit anderen Einzelnen in wechselseitige Tauschbeziehungen Tretender, seinen eigenen Vorteil wahrnehmen können. Rechtliche Gleichheit, individuelle Freiheit: Das 'Recht der Besonderheit', die Anerkennung individuell bestimmter Glücksvorstellungen werden zu integralen Bestandteilen des rechtsphilosophischen Staates[84]. Zwar erweist sich auch in dieser Beziehung die Gesellschaftskonzeption Hegels als nicht sonderlich originell: Sie bleibt insgesamt, d.h. von der Perspektive der Gesamtkonzeption aus betrachtet, gefangen im analytischen Rahmen einer Gesellschaft der Kleinbürger, kleinen selbständigen Eigentümer, an die die Vorstellung des zwanglosen Äquivalententausches einigermaßen stimmig heranzubringen war. Die globale Einschränkung ist wichtig, weil Hegel ja durchaus weiter sieht und ein ideologiekritisches Moment gegenüber den liberalen Harmonievorstellungen aktivieren kann, das allerdings gerade politisch und zwar im Interesse einer restaurativen Grundhaltung durchschlägt. Dieses Moment wiederum muß sehr differenziert gegenüber den antiliberalistischen Affekten des konservativen Vorbehalts angesichts einer Transformation der Gesellschaft gesehen werden: Die Wahrnehmung sozialer Ungleichheiten, der 'entsittlichten' Akkumulation von Reichtum, die Perzeption einer gesellschaftlichen Dynamik, die das zünftige Handwerk bedroht und die Gefahr der 'Pauperisierung' größerer gesellschaftlicher Gruppen heraufführt, war ein allgemein diskutiertes und politisch instrumentiertes Thema, wie die Argumentationen sowohl der sozialen und politisch bedrohten Feudaleliten, als auch die der durch die beginnende Industrialisierung in ihrer sozialen Existenz bedrohten Handwerkergruppen belegen: Die diversen Revolten und Aufstände transportierten meist einen sozialkonservativen Affekt.

---

83 "Hegel ist nicht zu tadeln, weil er das Wesen des modernen Staates schildert wie es ist, sondern weil er das, was ist, für das Wesen des Staates ausgibt." MEW , Bd1, S. 266
84 Siehe hierzu etwa den Vortrag von Werner Maihofer in: Materialien, a.a.o., der exakt diesen Aspekt heraushebt.

Deutlich jedenfalls wird angesichts dieses komplexen Amalgams weitsichtiger, reaktionärer, analytisch differenzierter und simpel ideologischer Momente, wie schwierig eine Würdigung der Hegelschen politischen Philosophie insgesamt wird, und wie sehr sich eine Qualifizierung von der verkürzten Aneignung nur eines dieser Aspekte her verzerren muß: Der reaktionäre, der liberale, der revolutionäre und der konservative Hegel lassen sich derart durchaus materialreich begründen[85].

Zurück zum thematischen Schwerpunkt dieses Kapitels: Der Einzelne, das atomisierte Wirtschaftssubjekt, kann die Diremption zum citoyen nicht leisten: das Partikularinteresse ist nicht genügend suspendierbar. In dieser Einschätzung verbinden sich die Einsicht in den fiktionalen Charakter des allgemeinen Anspruchs des Bürgertums mit den grundlegenderen Prämissen der Gesellschaftskonzeption überhaupt, auf die gleich noch einmal näher einzugehen sein wird. Ausgehend von der ökonomischen Emanzipation des Individuums, hatte Hegel schon für das ökonomische System selbst die Notwendigkeit der korporativen Integration dieser Einzelnen in sich über gemeinsame Interessenlagen herstellende Kollektive abgeleitet. Die Korporation übernimmt die Funktion, die desintegrierenden Effekte der ökonomischen Freisetzung der Einzelnen wieder aufzufangen, bzw. zu unterbinden. Offensichtlich traditionale Orientierungen, wie die den Ständen zugeschriebene Funktion der 'sittlichen' Integrationsleistung, von der Notwendigkeit eines spezifischen Berufsethos, Vorstellungen über die Berufsehre, das Standesbewußtsein, verbinden sich mit der soziologisch angeleiteten Einsicht, daß der rechtlich atomisierte Einzelne auch ökonomisch eine Fiktion darstellt, die ihre Realität nur in der selbstreflexiven Binnenperspektive der Subjekte und auf der Ebene der bürgerlichen Rechtssysteme findet, die aber nicht nur auf der Ebene der philosophischen Perspektive ein mit der Evolution des Ganzen zusammenhängendes und damit vermitteltes oder 'genetisches' Produkt darstellt, sondern selbst in der Dimension der konkreten Handlungsrealität des Einzelnen auf sozial komplexere Systeme bezogen werden muß. Die punktuelle Existenz der Individualität, in der sich das Subjekt in seiner Selbstreflexion für sich darstellt, bleibt formal, abstrakt: 'leer', wie Hegel analysiert[86]. Die personale Autonomie, die hierbei erfahrbar wird, gründet sich auf ein Reservat exklusiver Zugänglichkeit, die bewußt von jedem konkreten Lebenszusammenhang absieht. Sobald sich dieses Subjekt aber auf seine konkrete Bedürfnislage, mit anderen Individuen, mit seinem komplexen Lebenskontext einlassen will, erweist es sich als sozial präformiert: Es steht unter gegebenen sozialen Bedingungen, muß seine Bedürfnisse im Rahmen eines überindividuellen 'Systems der Bedürfnisse' befriedigen, d.h. muß sich in die gesellschaftliche Arbeitsorganisation notwendig einpassen - eine 'besondere' Position im Unterschied zum nur einzelnen Standpunkt seiner individuellen Existenz einnehmen. Der soziale Emanzipationsschub, den der moderne Staat bei Hegel reflektiert, hat zwar die geburtsständische Fixierung weitgehend aufgelöst und durch das Prinzip einer durch individuelle Fähigkeit und Leistung vermittelte Zuordnung ersetzt. Auch stellt sich Gesellschaft wesentlich differenzierter dar als die vergleichsweise einfach strukturierte feudale Gesellschaft: Das System der Bedürfnisse ist in hypertropher Beschleunigung begriffen und mit ihm der Differenzierungsgrad der Arbeitsorganisation, der Grad gesellschaftlicher Arbeitsteilung. Eine geburtsständische Zuteilung der Individuen auf die

---

85 Damit soll nicht gesagt werden, daß solch einseitige Aneignungen grundsätzlich abzulehnen seien, sie haben sich im Gegenteil, indem sie die spezifischen Momente schärfer herauspräparieren konnten, als sehr hilfreich erwiesen. Ebensowenig soll einer ekklektizistischen Relativierung des 'von jedem etwas, aber von allem nicht richtig' das Wort geredet werden: Die differenziertere Sicht muß diese Brüche und Widersprüche, aus denen sich das Gesamtbild zusammensetzt, aber konstatieren. Nur der geschärfte Blick auf den gleichwohl systematischen Bruch zwischen ökonomischer und politischer Sphäre, der weiter vorne schon am Beispiel der politischen Neubewertung der Landstände nach dem Verlust ihrer früheren 'Nullität' rekonstruiert worden war, führt aus dieser Verwirrung weiter.

86 Rphil §308

einzelnen gesellschaftlichen Sektoren der gesellschaftlichen Produktion ist angesichts deren Dynamik, eine Dynamik, die sich gleichwohl systematisch entwickelt[87], offensichtlich unmöglich. Sie erfordert eine flexiblere Rückkopplung des Systems der Bedürfnisse mit dem System der Arbeitsorganisation und impliziert die Fungibilität der arbeitenden Individuen. Die aber im Prinzip durch deren autonome Entscheidung, aus "eigener Bestimmung, durch seine Fähigkeit, Fleiß und Geschicklichkeit" (Rphil §207) eingenommene Position in der arbeitsteilig vernetzten Gesamtproduktion, erzeugt über die Gemeinsamkeiten innerhalb der einzelnen Sektoren der gesellschaftlichen Arbeitsorganisation, über den Gleichklang der Interessen gegenüber dem umfassenderen System der Gesellschaft, der Ähnlichkeit auch der durch die Sozialisation der Berufsrolle geprägten individuellen Bedürfnisse, Überzeugungen und ethischen Standards eine subjektive Bewußtseins- und Interessenslage, die sinnvoll nur als kollektive, als durch die konkrete Stellung im System der gesellschaftlichen Produktion vermittelte, analysiert werden kann. Das Partikularinteresse des Einzelnen und seine gesellschaftliche Orientierung, sein 'Bewußtsein des Allgemeinen' (Rphil §308), ist durch seine Berufsrolle weitgehend determiniert - wobei sich die unterstellte Geschlossenheit und der positiv gewertete integrative Effekt mit der Vernachlässigung der aufgezeigten dysfunktionalen Konsequenzen der bürgerlichen Gesellschaft und ihrer Interpretation anhand des unterkomplexen Modells vorindustrieller Produktion erklärt. Die aus diesen Überlegungen abgeleitete Notwendigkeit einer Revitalisierung der korporativen Organisationen darf nicht vorschnell zurückgewiesen werden: Sie kann für sich nicht allein ihre tatsächliche Bedeutung im Rahmen der Verfassungen des Vormärz anführen, sondern findet auch mit Blick auf die rückständige ökonomische Entwicklung in Deutschland bis weit ins 19. Jahrhundert hinein, in der im Vergleich zur modernen Industriegesellschaft noch immer relativ hohen sozialen Homogenität innerhalb der von Hegel abgegrenzten sozialen Einheiten, eine empirische Bestätigung an der gesellschaftlichen Basis. Hegel spricht den voranstehenden konzeptuellen Hintergrund in §308 der Rechtsphilosophie konzentriert aus: "Seine (des Einzelnen, L.S.) allgemeine Bestimmung überhaupt enthält das gedoppelte Moment, *Privatperson* und als *denkendes* ebensosehr Bewußtsein und Wollen des *Allgemeinen* zu sein; dieses Bewußtsein und Wollen ist aber nur dann nicht leer, sondern *erfüllt* und wirklich *lebendig*, wenn es mit der Besonderheit - und diese ist der besondere Stand und Bestimmung - erfüllt ist; oder das Individuum ist *Gattung*, hat aber seine *immanente* allgemeine *Wirklichkeit* als *nächste* Gattung. - Seine wirkliche und lebendige Bestimmung für das *Allgemeine* erreicht er daher zunächst in seiner Sphäre der Korporation, Gemeinde usf., wobei ihm offengelassen ist, durch seine Geschicklichkeit in jede, für die er sich befähigt, worunter auch der allgemeine Stand gehört, einzutreten."[88]

Das Zitat leitet schon auf die zweite grundsätzliche Argumentationsebene bei der Ablehnung der politisch emanzipierten Staatsbürgergesellschaft hin, die in der philosophischen Gesamtkonzeption begründet liegt. Hier soll nicht mehr in aller Einzelheit auf diese Konzeption eingegangen, sondern nur, unter Voraussetzung der weiter vorne gegebenen Ausführungen, die konkreten Auswirkungen auf das Staatsverständnis behandelt werden.

Der im Zitat verwendete Begriff der 'Bestimmung' verweist auf ein ontologisches Gefälle zwischen dem einzelnen Individuum und seiner maßgeblichen sozialen Organisation. Eine andere Stelle aus der Rechtsphilosophie, der schon zitierte §201, drückt diese Beziehung noch deutlicher aus: In diesem Paragraphen sieht Hegel die Gesellschaft über die Organisation der gesellschaftlichen Gesamtproduktion sich in interdependent zusammenhängende, aber doch gegeneinander differenzierte soziale Strukturen, oder, wie sich Hegel ausdrückt: "allgemeine Massen",

---

87 Vgl. Rphil §201
88 Hegel fordert aus diesen Überlegungen heraus auch die korporative Einbindung der ständisch Deklassierten.
    Vgl. Nürnberger Schr. S.475
    Vgl. auch Avineri a.a.o. S.200

"besondere Systeme der Bedürfnisse, ihrer Mittel und Arbeiten, der Arten und Weisen der Befriedigung und der theoretischen und praktischen Bildungen" unterscheiden, "Systemen, denen", das ist der hier relevante Punkt, "die Individuen zugeteilt sind"(ebd)[89]. Ebenso wie die 'Idee' den Staat über seine substanzlogische Ableitung als einen monistischen Staatsorganismus konstruiert, der sich, gebunden an eine in ihm wirkungsmächtige metaphysische Willenskraft, zu seiner immanent angelegten Struktur entfaltet, gerinnen hier diese immanenten 'Organe', die auch als selbständige 'Kreise' des Ganzen bezeichnet werden, gegenüber den atomistischen Elementen der vereinzelten Individuen zu ontologisch abgesetzten Entitäten, von denen her sie sich bestimmen lassen müssen. Die Formel vom Ganzen, das über den Teilen stehe, bekommt hier seine konkrete Zuspitzung: So wie der Staat, jetzt in der umfassenderen Bedeutung genommen, alle Teilaspekte seiner inneren Entwicklung: politische Verfassung, bürgerliche Gesellschaft, die kulturellen Produktionen, den Entwicklungsstand der Subjektivität, in sich integriert, so integrieren die sozialen Organisatoren: die Korporation, Gemeinde etc., die unter sie befaßten Subjekte. Die substanzlogische Ableitung spricht dabei den zur gesellschaftlichen 'Objektivität' geronnenen Institutionen eine höhere Qualität des Seins zu, als den empirischen Individuen über deren Handeln sie sich bestätigen. Diese ontologische Differenz strukturiert das Verhältnis von Institution und Individuum ungleichgewichtig; die wechselseitige Beziehung, die in der Kategorie der Anerkennung ansatzweise impliziert war, verschiebt sich mit dem Erreichen des teleologisch anvisierten Resultats der Evolution endgültig zur Immunität des weiter vorne so genannten 'Objektpols', der historisch gegebenen objektiven Architektonik der Gesellschaftsordnung, der sich die Subjekte dann einzupassen haben. Makroskopische Strukturen bezeichnen gewissermaßen überindividuelle Kollektivsubjekte: Übersubjekte, denen eine nach unten, bzw. nach innen, abgehobene Qualität zukommt, die 'für-sich', für das Ganze steht und eine eigenständige Intentionalität aktualisiert. Sie führt damit   gegenüber ihren einzelnen Mitgliedern oder Elementen ein prinzipiell unabhängiges Eigenleben. Für die Totalität des Staates ist diese Auffassung bei Hegel gründlich belegt, wie die häufige Rede vom Staat als 'Staatsorganismus' ausdrücklich anzeigt, sie charakterisiert aber auch die Konzeptualisierung der intermediären Institutionen, denen als den 'besonderen Kreisen' des 'gegliederten Ganzen' (RPhil §308) für ihr Binnenverhältnis ein analoges Verhältnis unterstellt wird. In der Landständeschrift schreibt Hegel im gleichen Sinne: "Ein lebendiger Zusammenhang ist nur in einem gegliederten Ganzen, dessen Teile selbst besondere, untergeordnete Kreise bilden. Um aber ein solches zu erhalten, müssen endlich die *französischen Abstraktionen* ... verlassen ... werden. Solche atomistischen Prinzipien sind wie in der Wissenschaft so im Politischen das Tötende für allen vernünftigen Begriff, Gliederung und Lebendigkeit."(Nürnb.Schr. S.483). Diese Stelle veranschaulicht noch einmal exemplarisch den konzeptionellen Hintergrund der Analyse des politischen Systems bei Hegel: Der Staat als Organismus erhält seine lebendige Struktur über die interdependenten Beziehungen seiner Organe. Der ganze gegliederte Komplex hängt am lebensspendenden Prinzip der intendierten Entwicklung aus einer uranfänglich bewegenden geistigen Potenz. Die Organe, als wesentliche Strukturmomente des Ganzen, liegen dabei näher an dieser Potenz als ihre nicht weiter auflösbaren amorphen Elemente. Aus den unspezialisierten Subjektatomen läßt sich die organismische Struktur nicht rekonstruieren: Eine bestimmte Menge von Atomen kann beliebige Formen annehmen, aber sie kann als unstrukturierte 'Masse', als bloßer 'Haufen' nicht eine bestimmte Form vollständig und d.h. auch in ihrer teleologischen Notwendigkeit beschreiben. Darauf aber kommt es Hegel gerade an. Der Organismus, seine Subsysteme, Kreise, erklären sich aus ihrer substanzlogischen Ableitung, wie sich die spezifische Stellung der Atome aus der Funktionsbeschreibung der Struktur erklärt, der sie sich einpassen. Damit gewinnt die Struktur als ein in sich zusammenhängender, identifizierbarer Komplex (der einzelne Berufsverband, die kommunale Organisation) *als solche* eine herausgehobene Qualität, die sich aus dem Vermitt-

---

89   Vgl. auch Vernunft S.137

lungsprozeß mit den Bedürfnissen, Leidenschaften, Interessen der empirischen Menschen - obwohl Hegel diese Beziehung ja deutlich sieht und auch systematisch einbaut - isolieren und im Rückbezug auf den Absolutismus der philosophischen Konstruktion ein ontologisch abgesetztes 'Eigenleben' beanspruchen kann. Das hat konkrete politische Konsequenzen, die auf das dieses Kapitel anleitende Verständnis der Repräsentation bei Hegel zurückführen.

Die Konstruktion führt zunächst dazu, die sozialstrukturell analysierbaren sozialen Gebilde sehr konkret als Emanationen des bewegenden Begriffs selbst zu begreifen, d.h. als notwendige Erscheinungsformen des 'Staates', die diesem im Sinne einer Wesensbeschreibung zukommen und die umgekehrt damit sogleich legitimatorisch aufgeladen werden. Der moderne Staat als Organismus stellt sich unter dieser Perspektive als eine in sich funktional gegliederte Ordnung dar, über die sich der Zweck oder Plan des Ganzen realisiert, derart, daß sowohl die Totalität des Ganzen die einzelnen Subsysteme bedingt und voraussetzt, wie daß diese selbst ihren eigentlichen Sinn nur aus dem essentiellen Zusammenhang mit dem Ganzen gewinnen. Die Subsysteme gerinnen zu den notwendigen 'Interessen' der übergeordneten Entität: 'Interesse' im Verständnis der zeitgenössischen Gesellschaftstheorie primär als elementare Aktualisierungsform einer in sich differenzierten Gesamtheit: des Staates, genommen und gerade nicht vom praktischen Interesse der empirischen Subjekte her gedacht. Es geht dabei also wesentlich um die geschichtlich entfaltete Bedürfnisstruktur des Metasubjekts Staat und nicht um die der hier nur in der Stellung eines akzidentiellen Moments stehenden Individuen. Deutlich ausgedrückt findet sich diese Auffassung in einer Stelle aus der Philosophie der Geschichte: "Denn ein organisches Ganzes ist der Staat, und in ihm sind diese Gliederungen notwendig wie im Organismus. So ist er ein organisches Ganzes, das sittlicher Art ist."(PdG S.137f)[90]. Der Unterschied zur traditionalen Auffassung soll dabei nicht verwischt werden: Es geht dieser doch verstärkt in genetischen und funktionalen Zusammenhängen denkenden Betrachtung weniger um eine plane Bestätigung hierarchisch geordneter Herrschaftsbeziehungen und sozial differenzierter Privilegien, sondern im Kern um die schärfere Akzentuierung des 'Ganzen' als einem hochkomplexen System, das sich über wechselseitig aufeinander bezogene und sich ergänzende - damit auch durchaus gleichrangiger - Subsysteme konkretisiert. Nicht daß dadurch der apologetische Aspekt unterschlagen werden sollte, der ganz im Gegenteil nur auf ein ziemlich anspruchsvolles Niveau getrieben wird, so besteht doch ein Fortschritt in der konsequenten Auflösung der statischen Konzeptualisierung von Gesellschaft, wie sie der, unmittelbar auf 'natürliche', 'gottgegebene' Rechts - und Herrschaftsansprüche zurückgreifenden, restaurativen Perspektive eignet. Im Ergebnis kommt, wie gesagt, tatsächlich nur eine Apologie der Macht des Faktischen auf höherem Begründungsniveau heraus: Die Sonderstellung des Grundadels und der Bürokratie, die dem Adel überproportionalen Einfluß garantierende Begründung des Zweikammersystems, die Hegel in der Rechtsphilosophie (übrigens abweichend von den preußischen Regionalparlamenten und von dem in der Landständeschrift diskutierten württembergischen Verfassungsvorschlag von 1815) übernimmt, die Begründung des monarchischen Prinzips, überhaupt die verfassungstheoretische Option für die ständische Basis des politischen Vertretungsorgans ohne eine effektive Partizipation des 'Volks', geben hier deutliche, oft kritisierte Beispiele. Hegels Rechtsphilosophie will ja nach ihren eigenen Angaben in der inkriminierten Vorrede die gegebene Wirklichkeit 'auf den Begriff bringen', also in ihrem inneren vernünftigen Zusammenhang und ihrer teleologischen Notwendigkeit einsichtig machen. Sie versucht dazu, die Entwicklungslogik und den strukturellen Verlauf der Evolution auf die Gegenwart als Differenzierungsprozeß verständlich zu machen. Wir wissen: Sie ist dabei über ihren Ansatz auf die vorgefundene Wirklichkeit festgelegt. Vor allem Marx hatte versucht die spekulativen Konstruktionen zu überprüfen und ihre Widersprüche herauszuarbeiten, um so ihr

---

90 Die Stelle unterstreicht ferner die eindeutige Präponderanz des 'Ganzen': "Das Freie ist nicht neidisch; es gesteht seinen Momenten zu, sich zu konstruieren, und das Allgemeine behält doch die Kraft, diese Bestimmungen in der Einheit mit sich zu erhalten." (ebd)

affirmatives Interesse zu denunzieren. Aber in ihren Grenzen wurde immer auch die dialektische Organisation des philosophisch aufgearbeiteten Materials betont und darüber die hervorstechende deskriptive Qualität der Gegenwartsanalyse. Denn diese gegenwärtige 'wirkliche' Welt, über die sie nicht hinaus will und kann, bringt sie ganz richtig ins Bild: Die ständische Repräsentation war ja tatsächlich eine fast allgemeine verfassungspolitische Realität in den einzelnen deutschen Territorialstaaten. Selbst alternative Denkmodelle waren seltene Ausnahmen; auch der Liberalismus drängte in der Regel höchstens auf eine Ausweitung der bürgerlichen Partizipationsrechte und nicht im mindesten auf eine fundamentale Veränderung des politischen Systems[91]. Die sich so bedrohlich ausnehmenden universalistischen Aussagen, der allgemeine Anspruch, mit dem das Bürgertum antreten konnte, war, jedenfalls in seinen politischen Intentionen, noch immer widersprüchlich: meinte eine Allgemeinheit auf eingeschränkter Basis und war nach unten ganz selbstverständlich exklusiv. Die Differenz zu den Versuchen einer Restauration der Verfassung auf altständischer Basis liegen bei den gegebenen politischen Verhältnissen eben nicht in einer grundsätzlichen Abkehr von der ständischen Organisation der politischen Vertretung, sondern auf der Ebene der spezifischen Legitimationen und Rationalisierungen, die ihr beigestellt werden: Vorstellungen, die sehr wohl wichtige Veränderungen in der Gesellschaft anzeigen und thematisch machen. Hegels sehr bewußte Rekonstruktion gesellschaftlicher Zusammenhänge aus der 'Ordoperspektive' des 'Ganzen', des Staates im weiter vorne besprochenen umfassenderen Sinne, wird, bei aller apologetischen Bestätigung der zeitgenössischen Praxis, vom Affront gegen das Institut des Privilegs angeleitet. Das Privileg begründet ein unantastbares Recht der Gruppe, des Standes im Verhältnis zur Zentralgewalt, das ihr als solcher 'natürlicherweise', etwa kraft der 'von Gott selbst gestifteten Standes- und Rechtsunterschiede', wie Gentz geschrieben hatte[92], zukommt und exklusiv, als 'Privatbesitz', behauptet wird. Hierzu zählen etwa spezifische Steuerbefreiungen wie die Abgabenfreiheit einer Stadt, bestimmte Regeln für die Rekrutierung der korporativen Eliten, vor allem aber die von Hegel am Beispiel Frankreichs und Englands kritisierte Käuflichkeit und Erblichkeit von Staatsämtern und deren Exploitation als private Pfründe. Die sich allmählich durchsetzende Zentralmacht sah sich mit dem Problem konfrontiert, die konkurrierenden gesellschaftlichen Kräfte, die noch immer virulenten ständisch differenzierten Privilegien, Sonderrechte, und der mit ihnen verbundenen Zersplitterung in ein Gefüge relativ eigenständischer Teilsysteme, integrieren und den veränderten Bedingungen des gesellschaftlichen Strukturwandels anpassen zu müssen. Der Abbau der antiquierten Privilegienordnung wurde dabei unterstützt von der teilweisen Interessenidentität zwischen Zentralherr und aufstrebendem Bürgertum, für das soziale und politische Emanzipation nur über die Erschütterung traditionaler Machtverteilung zu erreichen war: Der Kampf gegen die Privilegienordnung war entsprechend ein, wenn nicht der entscheidende Topos am Beginn der Französischen Revolution. Mit deren Aufhebung durch die Nationalversammlung konnte sich Hegel durch sein ganzes Werk hindurch identifizieren, ihr bestätigte er den Rang einer welthistorischen Leistung, auch wenn er selbst diesen Übergang besser nicht als revolutionären Akt, sondern als kontrollierte Reform, eingeleitet durch eine in ihrem Bestand stabile Zentralgewalt, hergestellt sehen wollte[93]. Die Sonderstellung des Stands der Güterbesitzer und

---

91 Der Rückblick des konservativen Kulturhistorikers W.H.Riehl in seiner Studie: 'Die bürgerliche Gesellschaft' von 1887 faßt die Position des liberalen Bürgertums ganz gut zusammen:
    "Der bürgerliche Liberalismus wollte Fürsten - aber nicht von Gottes Gnaden. Konstitutionelle Monarchie, aber doch zugleich eine demokratische - 'auf breitester demokratischer Grundlage'. Einen König, der herrscht, aber nicht regiert. ... Politische Vertretung der Gesellschaft im allgemeinen - aber nicht im besonderen. Eine Republik in Frankreich, damit die deutschen Fürsten Respekt vor dem Konstitutionalismus behalten möchten. Deutsche Grundrechte, aber mit Ausnahmen. ... Volksbewegung, Volksforderungen, Sieg des Volkes - aber keine Revolution." W.H. Riehl, Die bürgerliche Gesellschaft, Frankfurt 1976, S.188
92 Gentz, a.a.o. S.219
93 Vgl. hierzu Reformbill S.85, S.89

316

der Beamten im rechtsphilosophischen System rechtfertigt sich denn auch anders als mit der selbstverständlichen Inanspruchnahme eines grundsätzlich legitimen Sonderrechtes. Ausdrücklich wird betont, daß Sonderrechte illegitim sind, Relikte einer überwundenen anachronistischen Gesellschaftsverfassung darstellen. Differenzen in der politischen Stellung der Stände leiten sich nicht aus einem vorgeblich exklusiv-natürlichen Anspruch des einzelnen Standes ab, sondern sind ausschließlich von den Stabilititätsbedingungen des gesellschaftlichen Gesamtsystems her begründet. Sie sind, folgt man der Begründungsfigur Hegels, als historisch mit der Evolution des Staates gewachsene Strukturen nicht schon immer gewesen und von hier auf ein ewiges Eigenrecht gestellt, vielmehr sind sie in ihrer 'wirklichen', gegenwärtigen Bedeutung das Ergebnis eines rekonstruierbaren historischen Differenzierungsprozesses (wie deutlich die exponierte Stellung der modernen Verwaltungbürokratie zeigt) und nur deshalb mit dem Signet 'objektiver' Wesensbestimmungen belegt, weil der als teleologisch eingeholte historische Prozeß in der Hegelschen Gegenwart und insbesondere in seiner Philosophie selbst zum Stillstand und Abschluß gekommen sein soll: Die kritische Position gegenüber der Historischen Rechtsschule wird erkauft mit der beflissenen Bestätigung des faktisch Gegebenen. Jedenfalls aber verleiht den politisch exponierten Ständen nicht der Verweis auf ein historisch angestammtes Recht ihre Berechtigung, sondern legitimatorisch notwendig wird die Rekonstruktion ihrer konkret aufzuzeigenden Funktionalität für den gegenwärtigen Systembestand. Die Bedeutung der Stände bemißt sich somit an deren aktuellem Einfluß auf und Funktion für den Bestand des gesellschaftlichen Gesamtorganismus, der ihnen in der Ordoperspektive der Hegelschen Gesellschaftstheorie zukommt. So leitet sich z.B. die Stellung der höheren Beamtenschaft im Hegelschen Staat selbstverständlich aus den Erfahrungen mit dem gestalterischen Einfluß der preußischen Bürokratie in der Reformphase vor 1820 ab, der ja nicht nur bei Hegel eine Vorstellung der Bürokratie als von der Organisation der versammelten Intelligenz eines Landes geprägt hat. Im Falle der Güterbesitzer übernimmt Hegel die in der zeitgenössischen Verfassungsdiskussion weitverbreitete Argumentation von der Notwendigkeit einer adligen ersten Kammer als Pufferzone zwischen dem unter Legitimationsdruck geratenen Monarchen und der mächtiger werdenden politischen Repräsentation des Bürgertums. Hegel paßt sich damit, wie gesagt, der 'Macht des Faktischen' an und bleibt apologetisch, er gibt der adligen Sonderstellung jedoch eine andere, wesentlich verfassungstechnisch, von der konkreten Problemlage des politisch unter Druck geratenen Absolutismus her, begründete Legitimation. Die umfassendere Einbindung in den spekulativen Gesamtzusammenhang, die die analysierten Verhältnisse als teleologisch intendiert endgültig rechtfertigen soll, darf über diese 'moderne', systemische, Argumentation nicht hinwegtäuschen. Hegel dokumentiert seine grundsätzliche Ablehnung des feudalen Instituts des Privilegs in der Vorlesungsmitschrift Wannenmanns:

"So erhält dieselbe und der erste Stand der bürgerlichen Gesellschaft, derjenige der *Güterbesitzer*, auf solche Weise eine politische Bedeutung und Bestimmung. Es kann dies ein *erblicher Adel* genannt werden, der aber keine anderen Privilegien und Feudalrechte genießt...". Und weiter unten heißt es : "Diese Unterschiede (der Heiratsbeschränkungen, L.S.) müssen hier wegfallen. Die Mitglieder der oberen Kammer müssen mehr Pflichten als Privilegien haben. Durch ihr Vermögen sind sie unabhängig, und durch ihre festgesetzte Bestimmung zum politischen Leben sind sie genötigt, sich die höhere politische Bildung zu geben. Die übrigen verschiedenen Stände im bürgerlichen Leben haben nur Interesse für ihre besonderen Stände, nur Sorge für sie als einzelne; sie sind so abgeschnitten vom Ganzen. Die höheren erblichen Stände aber sind durch ihre Lage an die Teilnahme am Allgemeinen gebunden. ... Insofern die Güter unveräußerlich sein sollen, muß die Erblichkeit eintreten und insofern ein Adel, bei dem aber die Verdienstlosigkeit und ein Hochmut auf diese Verdienstlosigkeit wegfallen muß und der in Staatsämtern vor den Bürgern keinen Vorzug haben darf. Ein solcher Adel muß keine Privilegien haben, wie auch in England, und es müssen diesem Adel gewisse Gewerbe untersagt sein, sowie auch die Veräußerlichkeit der Güter."[94] Es gibt bei Durchsicht der späteren Aussagen Hegels keinen Grund anzunehmen, daß sich seine Auffassung in diesem Punkt grundsätzlich geändert hätte[95].

Die Konkretisierung des 'wirklichen' Staates geht von der berufsständisch-funktionalen Gliederung der Stände und Korporationen aus. Hegel trifft sich dabei mit der Mehrzahl der zeitgenössischen Verfassungstheoretiker in der Auffassung, daß das einzelne Individuum in seinem empirischen Interesse mit der ständisch repräsentierten Interessenslage bruchlos übereinstimmt. Diese Auffassung ist nicht nur ideologisch, sondern reflektiert tatsächlich das noch relativ hohe Maß an sozialer Homogenität in der frühneuzeitlichen Gesellschaft. Die vorausgesetzte Interessensidentität zwischen dem einzelnen Individuum, das sich in prinzipiell freier Entscheidung auf seinen Platz im System der Bedürfnisse festgelegt hat, und seinem Standes- und Korporationsinteresse, läßt die Vermittlung nach unten für die Rekrutierung der ständischen Repräsentanten völlig unproblematisch erscheinen. Hegel geht soweit, abstrakte Einsatzverfahren, wie die Wahl derselben durch die Korporationsmitglieder, ohne sie rundweg abzulehnen, für entbehrlich und überflüssig zu erklären. Dieser Standpunkt lebt natürlich von der Überzeugung, daß das zu repräsentierende Organ gleichsam eine eigenständige Totalität darstellt, die sich gegenüber der Masse ihrer einzelnen Mitglieder ontologisch abhebt. Was repräsentiert werden muß und allein kann, sind nicht die einzelnen Mitglieder als bestimmte Individuen, sondern das korporative Organ, bzw. das in ihm aktualisierte 'Interesse als solches'[96].

Man trifft hier wieder auf die schon weiter vorne im Zusammenhang der monarchischen Gewalt entwickelte Vorstellung einer absorptiven Repräsentation: Das Partikularinteresse der Einzelnen wird vom höher integrierten Interesse der Korporation gebündelt und gleichsam aufgesogen, so daß sie in der Versammlung der von ihren Korporationen bestellten Abgeordneten zwanglos, mechanisch miteingeschlossen sind. Die wesentlichen Interessen des Einzelnen fallen mit dem seiner Korporation, seines Standes zusammen, oder: Die Korporation ist eine totale Institution! Das Verhältnis des Repräsentanten zu den Mitgliedern der Korporation beruht auf dem 'Zutrauen' in deren Integrität:

"Da die Abordnung zur Beratung und Beschließung der *allgemeinen* Angelegenheiten geschieht, hat sie den Sinn, daß durch das Zutrauen solche Individuen dazu bestimmt werden, die sich besser auf diese Angelegenheiten verstehen als die Abordnenden...". Im Zusatz heißt es: "Repräsentation gründet sich auf Zutrauen; Zutrauen ist aber etwas anderes, als ob ich als *dieser* meine Stimme gebe. ... Man hat Zutrauen zu einem Menschen, indem man seine Einsicht dafür ansieht, daß er meine Sache als seine Sache, nach seinen besten Wissen und Gewissen, behandeln wird. Das Prinzip des einzelnen subjektiven Willens fällt also fort, denn das Zutrauen geht auf eine Sache, auf die Grundsätze eines Menschen, seines Benehmens, seines Handelns, auf seinen konkreten Sinn überhaupt." (§309 Rphil).

Hegel zielt hier im Kern auf die strikte Ablehnung jeder plebiszitären Interpretation des Repräsentationsgedankens, die den Repräsentanten explizit an den artikulierten Willen der einzelnen Abordnenden zu binden sucht. Einer derartigen, auf die konkrete Übereinstimmung gehenden, Willensrelation zwischen beiden, die ja nichts anderes als die materiale Durchsetzung der Volkssouveränität bedeutet, hält er entgegen:

"Man stellt sich die Freiheit so vor, daß der subjektive Wille aller Einzelnen an den wichtigsten Staatsangelegenheiten teilnehme. Der subjektve Wille wird hier als das Letzte, Entscheidende betrachtet. Die Natur des Staats aber ist die Einheit des objektiven und des allgemeinen Willens.

---

94 Alle Zitate sind aus: G.W.F. Hegel, Die Philosophie des Rechts, Hrsg. Ilting, a.a.o. S. 181f
95 Vgl. auch in gleichem Sinne Hegels letzte zu Lebzeiten veröffentlichte Schrift: 'Über die englische Reformbill' von 1831, S.121
96 zuletzt Reformbill, S.106

Der subjektive Wille ist dahin erhoben, daß er seiner Besonderheit entsagt." (Ver. S.142).[97] Das 'Wesen' des gegen die empirischen Interessen abgesetzten 'Objektiven' verbietet die plebiszitäre Rückkopplung an den Willen der Mitglieder des repräsentierten Organs und verpflichtet den Repräsentanten allein auf die verantwortliche Ausübung seines Amtes im Dienste des übergeordneten Allgemeinen. Es geht also nicht darum, daß, wie eine emanzipatorische Verfassungstheorie fordert, die empirischen Einzelnen ihr besonderes Interesse anmelden, ihren Willen artikulieren, sondern allein um die jenseits der nur partikularen Interessen liegenden 'Sachhaltigkeit' des Allgemeinen[98]: Das Staatswesen als Ganzes schließt notwendig eine Reihe 'objektiver', das Ganze betreffender, administrativer Maßnahmen, Regeln, Gesetze etc. ein, die, so das Merkmal der Moderne nach Hegel, unter legitimationsfördernder Anteilnahme zumindest einer verantwortungsfähigen (d.h. gebildeten) Elite des Volkes und nicht mehr allein von 'oben', dem patrimonialistischen Staat[99] organisiert werden. Die Kompetenz des Abgeordneten orientiert sich entsprechend nicht an seiner Fähigkeit, politische Mehrheiten mobilisieren zu können, sondern an seiner 'objektiven' Befähigung zur Mitwirkung an der 'Sache' des Allgemeinen. Nicht was die empirischen Subjekte selbst wollen, nicht ihre Forderung nach politischer Übersetzung ihrer neu erfahrenen Gestaltungskompetenz, sondern der treuhänderische Umgang mit den höheren Interessen der Entität des Staatsorganismus[100] steht zur Disposition: Die Repräsentation in der Ständeversammlung meint die Übernahme eines Amtes im Interesse des Staates (und damit der Benefiziare des gegebenen politischen Systems) und nicht, bzw. nur indirekt, im Interesse der einzelnen Staatsbürger. Tatsächlich findet sich in diesem Ansatz eine Affinität zum englischen Verfassungsdenken[101], wobei aber immer zugleich einschränkend beachtet werden muß, daß Hegel den englischen Parlamentarismus selbst, die Konzentration der politischen Macht im Parlament, deutlich ablehnt - diese Seite wird leicht, so in der erwähnten Arbeit von Beccio, unterschlagen. Zum Amtsverständnis des Repräsentanten ein Zitat aus der Reformbillschrift, die sich explizit - und kritisch - mit den englischen Verhältnissen beschäftigt hatte:
"In den früheren Parlamentsverhandlungen über vorgeschlagene sehr partielle Reformen war immer ein Hauptgrund dagegen, der auch gegenwärtig hervorgehoben wird, der, daß bei der bisherigen Besetzung des Parlaments alle großen Interessen repräsentiert seien, daß die Sachen, nicht Individuen als solche, sich auszusprechen und geltend zu machen Gelegenheit haben sollen." (Berliner Schr. S. 107).
Für die Ausübung des Abgeordnetenmandats hält Hegel eine ausdrückliche Autorisation durch Wahl, wie zitiert, für entbehrlich: Die Wahl, die wesentlich ein Kontrollinstrument der Repräsentierten gegenüber dem Repräsentanten darstellt, impliziert die nach Hegel falsche Vorstellung von den Wahlberechtigten als dem eigentlichen Ort politischer Legitimation. Die Mitschrift Wannenmanns spricht hier in Abwägung des Problems: Einerseits die Distanz des Repräsentanten nach unten und seine objektive Kompetenz festhalten zu müssen, andererseits, bei der gesehenen Bedeutung der öffentlichen Meinung, dem 'subjektiven Faktor', sie nicht so groß werden zu lassen[102], daß die Relation des 'Zutrauens' zum bloßen Formalismus werden kann, selbst schon bei der grundsätzlichen Bestellung der korporativen Funktionäre von der 'im allgemeinen' anzustrebenden "Mischung von gemeiner Wahl der Bürgerschaften oder der Standesgenossen oder

---

97 Vgl. auch ebd. S.144
98 Vgl. S.106, Reformbill
99 Vgl. Frühe Schriften S.572
100 Reformbill, S.107, die Stelle wird weiter unten ausführlich zitiert
101 Vgl. Reformbill, S. 107
    Hegel führt hier die Korruption des englischen Verfassungssystems als eine notwendige Bedingung der im Prinzip richtigen englischen Repräsentationsvorstellung an.
102 Hegel streift dieses Problem auch in der Landständeschrift, sh. Nürnberger Schriften S. 517. Die Ablehnung der Alimentierung der Repräsentanten hat übrigens den gleichen Hintergrund: es geht Hegel darum, eine korporative Verselbständigung der Abgeordneten zu verhindern.

der Stände und einer von denselben unabhängigen, oberen Bestimmung sein."(Ilting S. 169)[103].
Die noch weit stärkere Betonung der erforderlichen obrigkeitlichen Gesinnung für die Übernahme
eines unmittelbaren politischen Amtes - sie bleibt gebunden an die erfolgreiche Ausübung untergeordneter öffentlicher Ämter in denen sich der potentielle Abgeordnete zuvor erfolgreich
bewährt haben sollte - , eine Betonung, die das Verhältnis des 'Zutrauens' durch die Korporationsmitglieder faktisch durch das 'Vertrauen' der Obrigkeit ersetzt, hatte Marx zu der
spöttischen Bemerkung veranlaßt: "Es fehlt nur noch, daß Hegel ein Examen der Stände
abzulegen bei der Wohllöblichen Regierung verlangt."(MEW Bd I S. 331)[104].

Um es noch kurz abzuhandeln: Der öfter vorgebrachte Einwand, Hegel hätte in seinen frühen
Arbeiten die Entfremdung des politischen Repräsentanten von den Repräsentierten zum
Gegenstand einer grundsätzlichen Kritik gemacht und selbst in dieser Frage die bekannte Position
Rousseaus vertreten, hat die konzeptuellen Prämissen der Hegelschen Philosophie nicht erfaßt.
Wenn es z.B. in der Phänomenologie heißt: "... wobei das Selbst nur *repräsentiert* und
vorgestellt ist, da ist es nicht *wirklich*, wo es *vertreten* ist, ist es nicht."(Phän S. 435)[105], so ist
damit nicht eine Kritik des Instituts der Repräsentation gemeint, sondern es soll, wie sich im
Zusammenhang dieses Kapitels - einer Kritik der jakobinischen Revolutionsideologie - erschließt,
ganz im Gegenteil über das Aufzeigen der inneren Konsequenzen einer plebiszitären Demokratie,
auf deren ausweglose Pervertierung in die Anarchie und den politischen 'Terror' hingewiesen
werden. Demonstriert werden soll an der Französischen Revolution eben das Gegenbild zu der
'wirklich' vernünftigen Gesellschaftskonzeption Hegelscher Provenienz. In dieser Passage hat
Repräsentation die Bedeutung einer politischen Vertretung der einzelnen Staatsbürger und zwar
ganz in dem Sinne, in dem Rousseau in seinem 15. Kapitel des Contrat Social dieses Problem
aufnimmt. Mit der Zurückweisung der Rousseauschen Vorstellungen betrachtet Hegel zugleich
den von diesem selbst abgelehnten Repräsentationsgedanken als grundsätzlich erledigt, da beide
politischen Relationen den legitimierenden Ausgangspunkt von dem einzelnen abstrakten Staatsbürger nehmen: weder kann der Einzelne unmittelbar selbst als politischer Einflußfaktor auftreten, noch mittelbar über politische Mandatare. Die einzig mögliche Form der indirekten Partizipation des Individuums besteht über die Repräsentation der überindividuellen Organisatoren der
Gesellschaft, in die es substantiell integriert ist. Die Vorstellung der Repräsentation der großen
Interessen, der 'besonderen großen Zweige der Gesellschaft' (Rphil § 311), die Hegel an die
Stelle der Idee einer Repräsentation emanzipierter Individuen setzt, eliminiert jeden
plebiszitären Rest, ja versucht, wie sich oben gezeigt hat, das Kriterium des Zutrauens soweit zu
formalisieren, daß jegliches ernsthafte Kontrollrecht von unten weitgehend beschnitten wird (hier
gibt es allerdings Akzentverschiebungen zwischen der Rechtsphilosophie und den früheren
Mitschriften): Der Repräsentant repräsentiert den eigenständigen Willen des korporativen Organs,
dem quasi ein Eigenleben im übergeordneten System des Gesamtorganismus zukommt. "Wenn
die Abgeordneten als *Repräsentanten* betrachtet werden, so hat dies einen organisch vernünftigen
Sinn nur dann, daß sie nicht *Repräsentanten* als von *Einzelnen*, von einer Menge seien, sondern
Repräsentanten einer der wesentlichen *Sphären* der Gesellschaft, Repräsentanten ihrer großen
Interessen. Das Repräsentieren hat damit auch nicht mehr die Bedeutung, daß einer *an der Stelle
eines anderen* sei, sondern das Interesse selbst ist in seinem Repräsentanten *wirklich gegenwärtig*,
so wie der Repräsentant für sein eigenes objektives Element da ist."(Rphil § 311). Auf der Ebene
der Repräsentation dieser intermediären Institutionen ergeben sich allerdings trotz ihrer Affinität
zur Ständeverfassung und der grundsätzlichen Übereinstimmung in der Ablehnung einer dualistischen Spannung innerhalb des politischen Systems, d.h. vor allem hinsichtlich der Eindeu-

103 Eine analoge Erklärung findet sich in §288 Rphil
104 Vgl. dazu auch Landstände, S. 485, Nürnberger Schr.)
105 Vgl. auch PdG S. 530

tigkeit in der Verortung des Souveränitätspols beim Monarchen, wieder weitreichende Abweichungen von der altständischen Verfassungskonzeption.

Zur genaueren Abgrenzung der Hegelschen Position von der eines Fr. Gentz oder Metternich bleibt jetzt noch auf die unterschiedliche Funktion und Bedeutung der Ständeversammlung selbst hinzuweisen. Die altständische Repräsentationsauffassung, um das Institut des Privilegs organisiert, stellt in den Mittelpunkt ihrer Konzeption die Geltendmachung angestammter ständischer Sonderrechte und -interessen. Hegel bezieht einen hierzu gegensätzlichen Standpunkt: Die ständische Versammlung, als Repräsentationsorgan des Volks im eingeschränkten Sinne seiner organismischen Gliederung in die ausdifferenzierten totalen Subsysteme, unter die die Individuen substantiell subsumiert werden können, hat in erster Linie die Aufgabe, ein Allgemeininteresse zu realisieren bzw. zu formulieren, es wird ihr von Hegel explizit ein Gesamtvertretungsanspruch zugewiesen. Die einzelnen Abgeordneten der Stände, Korporationen, das heißt im wesentlichen der Städte (die Städte stellen in der Verfassungspraxis des Vormärz in erster Linie und nahezu ausschließlich die Rekrutierungsbasis der Vertreter des Bürgertums, d.h. des eigentlichen 'Privatstands' der bürgerlichen Gesellschaft dar) bringen zwar in die Ständeversammlung ihr Partikularinteresse ein, haben aber zu ihrer eigentlichen Aufgabe und Zielsetzung auf den Ausgleich und die Ausmittlung ihrer partikularen Positionen unter der sittlich höheren Perspektive des verbindlichen Allgemeinen hinzuwirken. Ziel ist also nicht die Geltendmachung eines exklusiven Privilegs oder Sonderrechts, das Pochen auf verbriefte Freiheiten, sondern die Herstellung eines allgemeinfähigen Konsenses, den die subjektivische Ausstaffierung der Staatskonstruktion als ein für die aufgeklärte Bildung der Delegaten unproblematisches und verbindliches Resultat des institutionalisierten Diskurs der Stände unterstellen kann[106].

Hegel setzt an die Seite des grundsätzlichen Gesamtvertretungsspruchs der ständischen Versammlung konsequent die Ablehnung eines imperativen Mandats. Das imperative Mandat, die Bindung des einzelnen Repräsentanten an die Instruktionen seines Entsendeorgans, die der traditionalen Repräsentationspraxis entsprochen hatte (wenn der zur Standschaft Berechtigte als Virilstimmeninhaber nicht gleich selbst für sich sprechen konnte), läßt einen Gesamtvertretungsanspruch nicht zu oder behindert ihn zumindest. Seine Ablehnung bindet den Repräsentanten ausschließlich an sein Gewissen und an das in Abstimmung mit den Vertretern der anderen Korporationen zu ermittelnde Gemeinwohl[107]. Tatsächlich war der Grundsatz der Gesamtrepräsentation und das verfassungstechnisch komplementäre Institut des freien Mandats in den Verfassungen des Vormärz für fast alle deutsche Landtage eingeführt worden und zwar mit dem erklärten Ziel, die fürstliche Prärogative behindernde Aufsplitterung in korporative Teilsysteme mit jeweils eigenen Rechten und Privilegien zurückzudrängen. Dazu gehörte auch der Abbau des Kurialprinzips, das Verfahren einer getrennten Beratung und Abstimmung der politisch repräsentierten Stände, das den beiden ersten Ständen einen dominierenden Einfluß auf den Landtagen sichergestellt hatte (erwähnt sei noch die Auseinandersetzung im Vorfeld der Französischen Revolution, als die Alternative einer Abstimmung nach Ständen oder nach Köpfen erbittert diskutiert wurde). Mit der damit fast zwangsläufig verbundenen Nivellierung der ständischen Vertretungen riskierten die Verfassungskonstrukteure allerdings ein allmähliches Aufbrechen der ständischen Differenzen und damit die potentielle Gefahr der Formierung einer sozialstrukturell breiter organisierten und also ernstzunehmenderen politischen Opposition. Die erwähnte, auch von Hegel befürwortete, Einrichtung von Zweikammerparlamenten war eine

---

106 Karl Marx hat in seiner "Kritik der Hegelschen Rechtsphilosophie" schon darauf hingewiesen, daß Hegel so auf der Ebene des über ständische Relikte organisierten Vertretungsorgans moderne, an verfassungstheoretische Überlegungen der Französischen Revolution orientierte, Vorstellungen in das rechtsphilosophische System einbaut und dies als einen inneren Widerspruch seiner Konstruktion analysiert.

107 Eine Ausnahme in der Verfassungstheorie des Vormärz stellte hier Rotteck dar, der ein imperatives Mandat durchaus befürwortete, ihm aber allerdings durch die Betonung der plebiszitären Komponente eine völlig andere Bedeutung verlieh.

hierzu häufig angediente Gegenmaßnahme. Die Tendenz zum Aufbau einer bürgerlich dominierten Gegenmacht zur fürstlichen Gewalt konnte jedoch solange weitgehend unberücksichtigt bleiben, als die faktischen Mitwirkungsrechte der Ständeversammlung derart unbedeutend blieben, wie sie Hegels Konzeption exemplarisch für die Zeitverhältnisse ansetzt: nur äußerst vorsichtig wurde in Deutschland die Frage nach dem eigentlichen Ort der Souveränität gestellt. Hegel weist der Ständeversammlung, legitimatorisch abgesichert durch die vitalistische Gesamtkonstruktion, nicht die Funktion der politischen Entscheidungsfindung oder aktiven politischen Gestaltung zu, sondern nur die der Mitberatung unter dem hintergründigen pädagogischen Interesse der Herstellung von Einsicht in die vernünftigen Maßnahmen der politischen Administration. Dieses Maß an Einsicht, deren intellektuell anspruchslosere Form die patriotische Identifizierung mit dem eigenen Staatswesen darstellt[108], ist über die substanzlogische Ableitung des Staates als Matrix der differenzierten Verhältnisse der Moderne im Prinzip bruchlos möglich: Auf der Ebene der anspruchsvollen philosophischen Perspektive nämlich stellt sich das Bewußtsein, indem es sich in der Erfahrung seiner entfalteten Subjektivität selbst als geschichtlich begreift, in den Prozeß des übergeordneten Ganzen der Geschichte ein und das heißt: ordnet sich den Verhältnissen der gegebenen Wirklichkeit, den geronnenen Strukturen des so objektiv gewordenen Geistes, das es als seinen eigenen Bedingungszusammenhang eingeholt hat, in freier Überzeugung unter. In dieser Freiheit (die nicht nur die Freiheit Rousseaus, eine Freiwilligkeit in der Wahl der eigenen Ketten meint, sondern die das Wissen um die existentielle Notwendigkeit des Zwangs, um die fundamentale gesellschaftliche und damit normativ verpflichtete Bedingtheit menschlicher Existenz einschließt) aktualisiert sich die wahre Sittlichkeit, die Hegel für den Abschluß der weltgeschichtlichen Evolution behauptet: eine Sittlichkeit nicht traditional eingespielter Sitte, sondern völlig transparent gewordener gesellschaftlicher Identität.

Karl Marx beschrieb die Hegelsche Rechtsphilosophie summarisch als eine 'Konstruktion der Rücksicht' (MEW Bd 1 S. 288). Obwohl Marx selbst in der konkreten Auseinandersetzung mit Hegel vorwiegend mit der 'Entmystifizierung' der idealistischen Denktradition befaßt war, indem er die spekulativen Ableitungen konsequent bis auf ihre Widersprüche auszog und ihre apologetische Bedeutung herausstellte - verständlich bei der Intention einer radikalen Reformulierung der Perspektive bei der Rekonstruktion von Geschichte und Gesellschaft -, meint 'Konstruktion der Rücksicht' beides: die Rücksichtnahme auf historisch Überlebtes, wie auf die Signale einer neuen Zeit, eines neuen Selbstverständnisses des Subjekte und ihrer sozialen Wahrnehmung, auf die bis zur äußersten Konsequenz zugespitzte traditionale Deutung gesellschaftlicher und geschichtlicher Zusammenhänge, wie auf die sich innerhalb der präformierenden idealistischen Superstruktur beginnende Ausformulierung dialektisch-genetischer, prozessualer Entwicklungslinien, in denen immanent, d.h. unter hypothetischer Absehung von der rekonstruktiv gewonnenen Gewißheit einer teleologischen Verbindung, eine Entwicklungslogik, die Vernunft strukturell aufeinander bezogener historischer Verlaufsphasen, aufgezeigt werden soll.

Natürlich kann kein Zweifel daran bestehen, daß Hegel Geschichte essentiell als eine Ab- oder Aufeinanderfolge von Inkarnationen, Emanationen der subjektivisch ausgestatteten 'Idee' begreift, so sehr, daß Geschichte - und das ist das besondere praktische Problem der Rechtsphilosophie - mit der in seiner Philosophie aktualisierten erkenntnistheoretischen Kompetenz ihr Telos erreicht hat und qualitativ endet, d.h. daß die 'objektiven' Verhältnisse der Gegenwart, und zwar mit äußerster Bewußtheit, festgeschrieben werden. Auch das immerhin vorhandene Korrektiv, das in der emphatischen Bestimmung von 'wirklich' und 'Wirklichkeit', von Kategorien wie

---

108 Im Kriegszustand, bei völliger Zurückdrängung des Partikularinteresses angesichts der existentiellen Bedrohung des Gemeinwesens, wird das sittliche Primat der Gesellschaft als Entität auch dem Bewußtsein des Normalbürgers evident.
Sh. dazu den überzogenen Aufsatz von Jaques d'Hondt 'Die Einschätzung des revolutionären Krieges durch Hegel', in: Materialien, a.a.o., S. 415 und Avineri, a.a.o., Kap. 10 'Der Krieg', S. 231ff

'schlechter Unendlichkeit', bloßem 'Dasein' etc. gesehen werden muß, kann an diesem Stillstand des historischen Prozesses nichts wesentlich mehr ändern: Sie sind in erster Linie korrigierende Mechanismen, die die Konsistenz des Ganzen sicherstellen sollen, Werkzeuge im Dienste der teleologischen Schlußfigur. Die aufgespannte Teleologie ist aber nicht ein implizites, unreflektiertes, selbstverständliches Deutungssystem, sondern sie wird bei Hegel zum konstruktiv verfolgten Programm, zur gewaltigen, reflektierten Konstruktion gegen den philosophischen Relativismus und gegen die Bescheidenheit der Kantschen Trennlinien zwischen Subjekt und Objektwelt. Hegel muß den Zusammenhang des Ganzen dazu explizit 'beweisen', er muß sich damit auch in Grenzen dem zeitgenössichen Verständnis von Wahrheit und Gültigkeit unterwerfen, d.h. aber, er muß sich einem von den Naturwissenschaften ausstrahlenden empiristischen Ausgangspunkt, zumindest für die reflektierte Aufnahme des idealistisch 'auf den Begriff zu bringenden' Gegenstands und wenn auch nur mit der erklärten Absicht einer Rückführung in die alte Substanzlogik, stellen. Noch einmal der wichtige Satz aus der Einleitung zur Philosophie der Geschichte: "Die Geschichte aber haben wir zu nehmen, wie sie ist. Wir haben historisch, empirisch zu verfahren."(PdG S. 22).[109]

Die bekannte Formel von der selbst so verstandenen 'Umstülpung' Hegels durch Marx[110] erkennt zumindest an, daß die 'Knotenpunkte' der Entwicklung des Bewußtseins, die in eine Entwicklungslogik gebrachten Stadien der Geschichte, bei aller spekulativen Gewalttätigkeit doch Aspekte der tatsächlichen Geschichte, des konkreten materiellen Lebensprozesses des Menschen eingeholt und in einen, wenn auch unter ganz anderen Prioritäten organisierten, genetischen Zusammenhang gestellt haben, einen Zusammenhang, der, noch einmal kritisch reflektiert, über eine radikale Transformation des Paradigmas der historischen Analyse zum Fundament materialistischer Gesellschaftstheorie werden konnte. Marx schrieb in diesem Sinne voller Anerkennung: "Hegel gab daher innerhalb der Spekulation wirkliche, die Sache ergreifende, Distinktionen." (MEW Bd 3 S. 536). Die 'Geschichtlichkeit' des Hegelschen Denkens wurde immer schon als das entscheidende vorwärtsweisende Moment seiner Philosophie herausgestellt und das, so wichtig und richtig der Verweis auf das über sie nur exemplarisch entwickelte Primat des göttlichen Logos bleibt, ganz zurecht: In sie geht ein Umgang mit dem historischen Material ein, der es zugleich als gebunden an menschliches Handeln - zwar nur auf der bescheidenen Ebene 'eigentlicher' Akzidenz - und in seiner selbst determinierenden 'Objektivität' aufnimmt: Arbeit, Anerkennung, Herrschaft bedeuten in seinem Werk systematisch eingearbeitete Grundverhältnisse menschlicher Geschichte. Festgelegt auf das zeithistorisch Gegebene und in apologetischer Absicht bleibt Hegel doch um Ernsthaftigkeit und, aus dem totalen Anspruch des philosophischen Projekts genötigt, um Genauigkeit im Umgang mit Geschichte und Gegenwart bemüht, ein Impetus, der weiter zur Komplexität des Systems und zur analytischen Schärfe und Differenziertheit in der Bearbeitung des empirischen Demonstrationsmaterials führt. Die kursorische Abhandlung der politischen Institutionen des rechtsphilosophischen Systemteils haben einen Eindruck von dem hier Gemeinten vermittelt: Hegel bringt seine Gegenwart nicht in einer simplen Reduktion auf den preußischen Staat 'auf den Begriff', noch kann er einfach dem Lager der ein anachronistisches Gesellschaftbild verteidigenden Reaktionäre zugeteilt werden. Er ist auch nicht der durch widrige Zeitumstände in die innere Verbannung getriebene und nur dem Kreis der vertrauten Schüler, gleichsam privatim, offenbare Revolutionär, ja nicht einmal, wie es die um eine Vermittlung der polarisierten Hegelexegese bemühten Interpreten zum Konsens anbieten, der

---

109 Und ersichtlich um Konvergenz mit dem dann noch einmal problematisierten 'empiristischen' Zugang bemüht, heißt es in der Enzyklopädie: "Vom Empirismus erging der Zuruf: Laßt das Herumtreiben in leeren Abstraktionen, schaut auf eure Hände, erfaßt das Hier des Menschen und der Natur, genießt die Gegenwart -, und es ist nicht zu verkennen, daß hierin ein wesentlich berechtigtes Moment enthalten ist." (Enz I 109). Zitiert wurde der Zusatz zu § 38, der den gleichen Gedanken, nur weit prosaischer, wiedergibt.
110 Vgl. MEW 23 S. 27

bürgerliche Liberale mit einer bedauerlichen, biographisch verfolgbaren, Verengung der politischen Perspektive hin zum desillusionierten Konservativismus. Er ist weder ein heimlicher Verehrer des englischen Parlamentarismus, noch der altständischen politischen Institutionen; weder ein Verfechter des unbeschränkten Absolutismus, noch der Verlagerung des Souveränitätspols auf das, wie auch immer staatsrechtlich bestimmte, Volk. Hegel liefert eine umfassendere Apologie seiner Zeit, als alle diese Etikettierungen suggerieren wollen, eine Apologie, die sich auf ihre Verspannungen und Widerstände, auf das Transitorische dieser wirklichen Epochenschwelle detailliert und mit der Akribie eines Forschers einläßt, der seinen Gegenstand mit einer Exaktheit einfangen will, die Endgültigkeit beanspruchen soll und die deshalb eine der Komplexität des Gegenstands angemessene Konzeptualisierung herausfordert. Nicht der preußische Staat, sondern 'der Staat' des Vormärz schlechthin, ist das rechtsphilosophisch bewußt anvisierte Analyseobjekt, selbst nur ein Teil des umfassenderen Programms der Rekonstruktion von Wirklichkeit. Der aberwitzige Versuch muß mißlingen - mit sein größter Verdienst: Denn die in der Konfrontation mit der gesellschaftlichen Wirklichkeit bis zum paradigmatischen Begründungsgefüge gehende Entblößung des totalen Wurfs, eröffnet der Kritik den Ansatzpunkt für eine radikale Neuformulierung des Gegenstandsbereiches und der in ihm virulenten Problemstellungen. Eine Neuformulierung, die tatsächlich im Hegelschen Sinne 'Aufhebung' der idealistischen Gegenposition, aber bei Aufnahme ihrer Leistung: den Zusammenhang zwischen der Bewußtseinsstruktur der Individuen und ihren konkreten Lebensverhältnissen erstmals über einen beide verklammernden geschichtlichen Arbeitsprozeß analysiert zu haben, meint.

Bibliographie

Adorno, Th., Drei Studien zu Hegel, Frankfurt 1974

Adorno, Th./ Dirks, W., (Hrsg.) Soziologische Exkurse des Frankfurter Instituts f. Sozialforschung, 1956, 2.Aufl.

Angehrn, E., Vernunft in der Geschichte?, Zum Problem der Hegelschen Geschichtsphilosophie, in: Zeitschr. f. phil. Forschung Bd 35, 1981

Aristoteles, Politik, München, 5. Auflg. 1984

Avineri, S., Hegels Theorie des modernen Staates, Frankfurt 1976

Bauer, L./ Matis, H., Geburt der Neuzeit, München, 1988

Becchi, Paolo, Im Schatten der Entscheidung, Hegels unterschiedliche Ansätze in seiner Lehre zur fürstlichen Gewalt, abgedruckt in: Archiv f. Rechts- und Sozialphilosophie 1986

Bernsdorf, W., Wörterbuch der Soziologie, Frankfurt 1972

Blaschke, S., Natürliche Sittlichkeit und bürgerliche Gesellschaft, in: Materialien zu Hegels Rechtsphilosophie, Hrsg. M.Riedel, Frankfurt/M. 1975

Bloch, E., Naturrecht und menschliche Würde, Frankfurt 1980

Bloch, E., Subjekt-Objekt, Erläuterungen zu Hegel, Frankfurt/M. 1985

Bloch, E., Über Karl Marx, Frankfurt, 1968

Bloch, E., Über Methode und System bei Hegel, Frankfurt, 1970

Bloch, M., Europäischer Feudalismus, in: Feudalismus - Materialien zur Theorie und Geschichte, Hrsg. L. Kuchenbuch, Frankfurt, Berlin, Wien, 1977

Blumenberg, H., Der Prozeß der theoretischen Neugierde, Frankfurt 2. Aufl. 1980

Boas, M., Die Renaissance der Naturwissenschaften 1450 - 1630, Nördlingen, 1988

Bobbio Norberto, Hegel und die Naturrechtslehre, in: M. Riedel, Hrsg., Materialien...

Bog, J., Das erste Jahrhundert des industriellen Zeitalters, in: Wirtschaftsgesellschaft, Hrsg. Josef Mück Frankfurt/M, New York, 1978

Boldt, H., Deutsche Verfassungsgeschichte Bd1, München, 1984

Botzenhart, M., Reform, Restauration, Krise: Deutschland 1789 - 1847, Frankfurt 1985

Brandt, H., Hrsg., Restauration und Frühliberalismus 1814 - 1840, Darmstadt 1979

Braun, R./Fischer, W./Großkreutz, H./Volkmann, H. (Hrsg.) Industrielle Revolution, wirtschaftliche Aspekte, Köln 1976

Braun, R./Fischer, W./Großkreutz, H./Volkmann, H. (Hrsg.) Gesellschaft in der industriellen Revolution, Köln 1973

Brunner, O., Land und Herrschaft. Grundfragen der territorialen Verfassungsgeschichte Österreichs, Darmstadt 1973

Büchel, W., Gesellschaftliche Bedingungen der Naturwissenschaft, München 1975

Buck, G., Über die systematische Stellung des 'Emile'im Werk Rousseaus, in: APZ 1980, 5/1

Canetti, E., Masse und Macht, Frankfurt, 1980

Cassirer, Ernst, Der Mythos des Staates, Philosophische Grundlagen politischen Verhaltens, Frankfurt 1985

Claessens, D./ Claessens, K., Kapitalismus als Kultur, Entstehung und Grundlagen der bürgerlichen Gesellschaft, Frankfurt, 1979

Claessens, D./ Milhoffer, P., (Hrsg.) Familiensoziologie, Frankfurt 1973

Comtes A., Plan der wissenschaftlichen Arbeiten, die für eine Reform der Gesellschaft notwendig sind, München 1973

Conze, W., Vom 'Pöbel'zum 'Proletariat'. Sozialgeschichtliche Voraussetzungen für den Sozialismus in Deutschland, In: Moderne deutsche Sozialgeschichte, Hrsg. H.-U. Wehler, Köln, Berlin 1966

Conze, W., Das Spannungsfeld von Staat und Gesellschaft im Vormärz, in: Staat und Gesellschaft im Deutschen Vormärz 1815 - 48, Hrsg. W. Conze, Stuttgart 1962

Court, W.H.B., Der technische Fortschritt der Schwerindustrie, in: R. Braun/W.Fischer/H.Großkreutz/H.Volkmann (Hrsg.) Industrielle Revolution, wirtschaftliche Aspekte, Köln 1976

Crouzet, F., Die Kapitalbildung in Großbritannien während der Industriellen Revolution, in: R. Braun/W.Fischer/H.Großkreutz/H.Volkmann (Hrsg.) Industrielle Revolution, wirtschaftliche Aspekte, Köln 1976Industrielle Revolution, Köln, 1980

Daniel, C. Hegel Verstehen, Einführung in sein Denken, Frankfurt/ New York 1983

Deane, Ph. Die Baumwollindustrie in der Industriellen Revolution, in: R. Braun/W.Fischer/H.Großkreutz/H.Volkmann (Hrsg.) Industrielle Revolution, wirtschaftliche Aspekte, Köln 1976

Deane, Ph. Die Rolle des Staates, in: R. Braun/W.Fischer/H.Großkreutz/H.Volkmann (Hrsg.) Industrielle Revolution, wirtschaftliche Aspekte, Köln 1976?

Deane, Ph. in: Europäische Wirtschaftsgeschichte, Bd3, Hrsg. C. Cipolla, K. Borchardt, Stuttgart, New York, 1986

Dipper, C., Die Bauernbefreiung in Deutschland, Stuttgart 1980

Dove, K.R., Logik und Recht bei Hegel, in: Neue Hefte für Philosophie, Bd 17/ 1979

Durkheim, E., Erziehung, Moral und Gesellschaft, Frankfurt 1984

Durkheim, E., Frühe Schriften zur Begründung der Sozialwissenschaft, Hrsg. L. Heisterberg, Darmstadt u. Neuwied, 1981

Durkheim, E., Soziologie und Philosophie, Frankfurt, 1967

Durkheim, E., Über die Teilung der sozialen Arbeit, Frankfurt, 1977

Dux, G., Denken vom Vorrang der Welt. Eine strukturlogische Analyse zur Entstehung der Neuzeit. In: Schatz/Spatzenegger 1986

Dux, G., Die Logik der Weltbilder, Frankfurt 1982

Dux, G., Egalität als Selbstbehauptung. Zur Genese von Norm und Recht. Quaderni Fiorentini per la Storia del Pensiero Giuridico Moderno, 13 (1984)

Dux, G., Rechtssoziologie, Stuttgart 1978

Dux, G., Stukturwandel der Legitimation, Freiburg/München 1976

Ehrle, P.M., Volksvertretung im Vormärz, Studien zur Zusammensetzung, Wahl und Funktion der deutschen Landtage im Spannungsfeld zwischen monarchischem Prinzip und ständischer Repräsentation, Frankfurt/M, Bern, 1979

Elias, N., Über den Prozeß der Zivilisation, Frankfurt/M, 1980

Elias, N./ Lepenies, W., Zwei Reden anläßlich der Verleihung des T.W. Adorno-Preises 1977, Frankfurt, 1977

Engels, Fr., Der Ursprung der Familie, abgedruckt in K.Marx/Fr.Engels, Staatstheorie, Frankfurt 1974

Erikson, E., Identität und Lebenszyklus, Frankfurt/M, 1979

Euchner, W., Egoismus und Gemeinwohl. Studien zur Geschichte der bürgerlichen Philosophie, Frankfurt 1973

Fetscher, I., Jean Jaques Rousseau: Ethik und Politik, in: Rousseau und die Folgen, Neue Hefte für Philosophie, Heft 29, 1990

Fetscher, I., Karl Marx und der Marxismus, erw. Neuausgabe München 1985

Fetscher, I., Rousseaus politische Philosophie, Frankfurt/M 1981

Figal, G., Die Rekonstruktion der menschlichen Natur, in: Rousseau und die Folgen, Neue Hefte für Philosophie, Heft 29, 1990

Freud, S., Das Unbehagen in der Kultur, in: Abriß der Psychoanalyse, Frankfurt 1972
Freudenthal, M. 'Bürgerlicher Haushalt und bürgerliche Familie...' in: Familie und
    Gesellschaftsstruktur, hrsg. v. H. Rosenbaum, Frankfurt 1978
Furet F./ Richet D., Die Französische Revolution, Frankfurt, 1981
Furet, F. 1789 - Vom Ereignis zum Gegenstand der Geschichtswissenschaft, 1980
Gall L./Koch R., Hrsg., Der europäische Liberalismus im 19. Jahrhundert Bd2, Frankfurt/M,
    Berlin, Wien 1981
Gerth, H., Die sozialgeschichtliche Lage der bürgerlichen Intelligenz um die Wende des 18.
    Jahrhunderts, Dissertation Frankfurt a.M. 1935
Geschichte der Arbeit, Köln, 1980
Gulyga, A., Georg Wilhelm Friedrich Hegel, Frankfurt 1981
Habermas, J., Strukturwandel der Öffentlichkeit, Neuwied 16. Auflg. 1986
Habermas, J., Zu Hegels politischen Schriften, In: Theorie und Praxis, Frankfurt 1982
Habermas, J., Zur Rekonstruktion des historischen Materialismus, Frankfurt 1982
Hartwell, R.M., Die Ursachen der Industriellen Revolution. Ein Essay zur Methodologie, in: R.
    Braun/W.Fischer/H.Großkreutz/H.Volkmann (Hrsg.) Industrielle Revolution,
    wirtschaftliche Aspekte, Köln 1976
Haussherr, H., Wirtschaftsgeschichte der Neuzeit, Köln 1981
Hegel Rechtsphilosophie, Edition Ilting, Vorlesungen über Rechtsphilosophie 1818-1831, Hrsg.
    K.H. Ilting, Stuttgart 1973
Hegel, G.W.F., Die Philosophie des Rechts, Hrsg. K.H. Ilting, Stuttgart 1983
Hegel, G.W.F., Frühe politische Systeme, Frankfurt/M, Berlin, Wien 1974
Hegel, G.W.F., Vorlesungen über die Philosophie der Weltgeschichte, Bd1, Die Vernunft in der
    Geschichte, Felix Meiner Hamburg, 1955
Hegel, G.W.F., Werke in 20 Bden, Suhrkamp Verlag, Frankfurt/M, 1. Auflg. 1986
- Bd 1 Frühe Schriften
- Bd 2 Jenaer Schriften 1801 - 1807
- Bd 3 Phänomenologie des Geistes
- Bd 4 Nürnberger und Heidelberger Schriften 1808 - 1817
- Bd 5 Wissenschaft der Logik I
- Bd 6 Wissenschaft der Logik II
- Bd 7 Grundlinien der Philosophie des Rechts
- Bd 8 Enzyklopädie der philosophischen Wissenschaften I
- Bd 9 Enzyklopädie der philosophischen Wissenschaften II
- Bd 10 Enzyklopädie der philosophischen Wissenschaften III
- Bd 11 Berliner Schriften 1818 - 1831
- Bd 12 Vorlesungen über die Philosophie der Geschichte
- Bd 13 Vorlesungen über die Ästethik I
- Bd 14 Vorlesungen über die Ästhetik II
- Bd 15 Vorlesungen über die Ästethik III
- Bd 16 Vorlesungen über die Philosophie der Religion I
- Bd 17 Vorlesungen über die Philosophie der Religion II
- Bd 18 Vorlesungen über die Geschichte der Philosophie I
- Bd 19 Vorlesungen über die Geschichte der Philosophie II
- Bd 20 Vorlesungen über die Geschichte der Philosophie III

Henrich, D., Hrsg., G.W.F. Hegel, Philosophie des Rechts, Frankfurt/M. 1983
Hintze, O., Feudalismus - Kapitalismus, Hrsg. G. Oestreich, Göttingen 1970
Hobbes, T., Leviathan, Stuttgart, 1970

Hobsbawm, E.J., Industrie und Empire I, Britische Wirtschaftgeschichte seit 1750, Frankfurt 1969

Horcevar, R.K., Hegel und der Preußische Staat, Ein Kommentar zur Rechtsphilosophie von 1921, München 1973

Horcevar, R.K., Stände und Repräsentation beim jungen Hegel, München 1968

Horkheimer, M., Gesammelte Schriften Bd9, Frankfurt, 1987

Horstmann, R.P., Über die Rolle der bürgerlichen Gesellschaft in Hegels politischer Philosophie, auch abgedruckt in: Materialien zu Hegels Rechtsphilosophie, Hrsg. M. Riedel, Frankfurt, 1975

Wandschneider, D./ Hösle, V., Die Entäußerung der Idee zur Natur und ihre zeitliche Entfaltung als Geist bei Hegel, Hegel-Studien, Bd18, 1983

Huber, E.R. Deutsche Verfassungsgeschichte seit 1789, Bd1, Stuttgart 1957, S. 329ff

Ilting, K.-H. Hegels Auseinandersetzung mit der aristotelischen Politik, Phil. Jahrbuch 71/ 1963/64, S. 38ff

Illting, K.-H., Zur Dialektik in der 'Rechtsphilosophie', in: Hegel Jahrbuch 1975

Israel, J., Der Begriff Entfremdung, Makrosoziologische Untersuchung von Marx bis zur Soziologie der Gegenwart, Reinbek, 1972

Kaltenbrunner, G., Hrsg., Hegel und die Folgen, Freiburg 1970

Kämpf, H., Hrsg., Herrschaft und Staat im Mittelalter, Darmstadt, 1974

Kant, I., Die Metaphysik der Sitten, Werkausgabe Bd VIII, Hrsg. v. W. Weischedel, Frankfurt/M 4. Auflg. 1982

Kant, I., Kritik der reinen Vernunft, Stuttgart 1975

Kant, I., Schriften zur Anthropologie, Geschichtsphilosophie, Politik und Pädagogik 1, Werkausgabe Bd XI, Frankfurt 1981

Kant, I., Werke Bd 9, Wissenschaftliche Buchgesellschaft, 1983

Kittsteiner, H.D., 'Naturabsicht und unsichtbare Hand', Zur Kritik des geschichtsphilosophischen Denkens, Frankfurt/M, Berlin, Wien, 1980

Kofler, Leo, Zur Geschichte der bürgerlichen Gesellschaft, Darmstadt, Neuwied, 1979

Kojève, A., Hegel, Frankfurt 1975

Koselleck, R., Erfahrungswandel und Methodenwechsel. Eine historisch-anthropologische Skizze, in: Meier /Rüsen (Hrsg.) Theorien der Geschichte Bd 5, München 1988

Koselleck, R., Preußen zwischen Reform und Revolution, Stuttgart 1967

Kuchenbuch, L., Hrsg., Feudalismus - Materialien zur Theorie und Geschichte, Frankfurt, Berlin, Wien, 1977

Kuhn, T.S., Die Struktur wissenschaftlicher Revolutionen, Frankfurt 1967

Laing, R.D./Phillipson, H./Lee, A.R., Interpersonelle Wahrnehmung, Frankfurt 1971

Lange, K., 'Werden' und 'Proletariat'. Zum Verlust des Konkreten bei Hegel und Marx, in: Zeitschr. f. phil. forschung 1975

Lehmann, L., 'Mably und Rousseau', Eine Studie über die Grenzen der Emanzipation im Ancien Régime, 1975

Leroi-Gourhan, A., Hand und Wort, Frankfurt 1988

Locke, John, Über die Regierung, Stuttgart 1983

Lüthy, H., Nochmals: 'Calvinismus und Kapitalismus', in:Braun, R./Fischer, W./Großkreutz, H./Volkmann, H. (Hrsg.) Gesellschaft in der industriellen Revolution, Köln 1973

Lukacs, G., Der junge Hegel und die Probleme der kapitalistischen Gesellschaft, Berlin 1954

Malson, L., Die wilden Kinder, Frankfurt 1972

Marcuse, H., Vernunft und Revolution, Darmstadt und Neuwied, 1972

Markov, W., Revolution im Zeugenstand, Frankreich 1789-1799, Frankfurt/M., 1987, Bd2

Marschalck, P., Bevölkerungsgeschichte Deutschlands im 19. und 20. Jahrhundert, Frankfurt 1984

Marx, K. / Engels, Fr., Werke, Dietz Verlag Berlin 1983/84

Mathias, P., Wer entfesselte Prometheus? Naturwissenschaftlicher und technischer Wandel von 1600 - 1800, in: R. Braun/W.Fischer/H.Großkreutz/H.Volkmann (Hrsg.) Industrielle Revolution, wirtschaftliche Aspekte, Köln 1976

Mayer, Th., Die Ausbildung der Grundlagen des modernen deutschen Staates im hohen Mittelalter, in: H. Kämpf, Hrsg. Herrschaft und Staat im Mittelalter, Darmstadt, 1974

Meier, C./ Rüsen, J., (Hrsg.) Theorie der Geschichte Bd. 5, Historische Methode, München 1988

Michel, E., Sozialgeschichte der industriellen Arbeitswelt, ihrer Krisenformen und Gestaltungsversuche, Frankfurt/M, 1953

Mieck, Ilja, Europäische Geschichte der frühen Neuzeit, Stuttgart, Berlin, Köln, Mainz, 1981

Mitterauer, M./ Sieder, R., 'Vom Patriachat zur Partnerschaft', München 1980

Montesquieu, C., Vom Geist der Gesetze, eingel. u. hrsg. v. E. Forsthoff, 2 Bde, Berlin 1950

Muchembled, R., Die Erfindung des modernen Menschen, Reinbek 1990

Mück, Josef, Hrsg., Wirtschaftsgesellschaft, Frankfurt/M, New York, 1978

Münkler, H., Machiavelli. Die Begründung des politischen Denkens der Neuzeit aus der Krise der Republik Florenz, Frankfurt 1984

Nersesjanz, W.S., Hegelsche Dialektik des Rechts, Hegel Jahrbuch 1975, S. 45ff

Nietzsche, Fr., Zur Genealogie der Moral, Augsburg 1983

Nusser, K., Die Französische Revolution und Hegels Phänomenologie des Geistes, In: Philosophisches Jahrbuch 77/1970

Offe, C., Politische Herrschaft und Klassenstrukturen, Zur Analyse spätkapitalistischer Gesellschaftssysteme, in: Politikwissenschaft, Hrsg. D. Senghaas, Frankfurt 1973

Oiserman, T., Die Philosophie der Geschichte und die Geschichte der Philosophie im System Hegels, Hegel Annalen 1983

Ottmann, H., Arbeit und Praxis bei Hegel, in: Hegel-Jahrbuch 1977/78

Ottmann, H., Herr und Knecht bei Hegel, Bemerkungen zu einer mißverstandenen Dialektik, Zeitschr. f. Phil. Forschg. Bd 35, 1981

Paulinyi, A., Die Industrielle Revolution: Die Enstehung des Fabriksystems in Großbritannien, in: Geschichte der Arbeit, Köln 1980

Piaget, J., Das moralische Urteil beim Kinde, München 1986

Platon, Sämtliche Werke, Hrsg. Ernesto Grassi, Hamburg 1958

Pöggeler, O., Hegels Option für Österreich, in: Hegelstudien 12/1977

Pöggeler, O., Hrsg., Hegel, Einführung in seine Philosophie, Freiburg, München 1977

Pöggeler, O., Hegels Begegnung mit Preußen, In: Lucas, H.C./ Pöggeler, O. (Hrsg.), Hegels Rechtsphilosophie im Zusammenhang der europäischen Verfassungsgeschichte, Stuttgart 1986

Popitz, H., Epochen der Technikgeschichte, Tübingen 1989

Popitz, H., Phänomene der Macht, Tübingen 1986

Poulantzas, N., Politische Macht und gesellschaftliche Klassen, Frankfurt 1974

Priddat, B.P., Hegel als Ökonom, Berlin 1990

Ranke, L.v., Preußische Geschichte, E. Vollmer Verlag München

Riedel, K.H., Studien zu Hegels Rechtsphilosophie, Frankfurt/M 1969

Riedel, M., Hrsg., Materialien zu Hegels Rechtsphilosophie, Frankfurt, 1975

Riedel, M., Theorie und Praxis im Denken Hegels, Interpretationen zu den Grundstellungen der neuzeitlichen Subjektivität, Stuttgart 1965

Riedel, M., Zwischen Tradition und Revolution. studien zu Hegels Rechtsphilosophie, Stuttgart 1982

Riehl, W.H., Die bürgerliche Gesellschaft, hrsg. von Peter Steinbach, Frankfurt/M, Berlin, Wien, 1976

Ritter, J., Metaphysik und Politik, Studien zu Aristoteles und Hegel, Frankfurt/M 1965

Rosenbaum, H., (Hrsg.) Familie und Gesellschaftsstruktur, Frankfurt 1978

Rosenbaum, H., Formen der Familie, Frankfurt 1982

Rosenkranz, Karl, Hegels Leben, Berlin 1844

Rosenzweig, F., Hegel und der Staat, München, Berlin 1920

Rousseau, J.J., Diskurs über die Ungleichheit, neu editiert v. H. Meier, Paderborn, München, Wien, Zürich, 1984

Rousseau, J.J., Emile oder Über die Erziehung, Stuttgart 1963

Rousseau, J.J., Gesellschaftsvertrag, Stuttgart, 1977

Rüsen, J., Historische Methode, in: Meier/Rüsen (Hrsg.) Theorien der Geschichte Bd 5, München 1988

Russell, B., Probleme der Philosophie, Frankfurt 1967

Schatz, O./Spatzenegger, H., (Hrsg.), Wovon werden wir morgen geistig leben? Salzburg, Pustet 1986

Schmitt, E., Einführung in die Geschichte der Französischen Revolution, München, 1976

Siep, L., Anerkennung als Prinzip der praktischen Philosophie. Untersuchungen zu Hegels Jenaer Philosophie des Geistes, Freiburg/ München, 1979

Siep, L., Hegels Theorie der Gewaltenteilung, In: Lucas, H.C./ Pöggeler, O. (Hrsg.), Hegels Rechtsphilosophie im Zusammenhang der europäischen Verfassungsgeschichte, Stuttgart 1986

Smith, Adam, Der Wohlstand der Nationen, Eine Untersuchung seiner Natur und seiner Ursachen, eingel. u. hrsg. v. H.C. Recktenwald, München 1974

Soboul, A., Die große Französische Revolution, Ein Abriß ihrer Geschichte, Frankfurt, 1983

Spaemann, R., Rousseau - Bürger ohne Vaterland, München 1980

Strauss, L., Naturrecht und Geschichte, Frankfurt 1977

Sultan, H., Gesellschaft und Staat bei Karl Marx und Friedrich Engels, Gravenhage, 1973

Tacitus, Germania, Stuttgart 1972

Tayler, Charles, Hegel, Frankfurt, 1978

Thompson, E.P., Zeit, Arbeitsdisziplin und Industriekapitalismus, in: Braun, R./Fischer, W./Großkreutz, H./Volkmann, H. (Hrsg.) Gesellschaft in der industriellen Revolution, Köln 1973

Tocqueville, A.d., Der alte Staat und die Revolution, München 1978

Topitsch, E., Die Sozialphilosophie Hegels als Heilslehre und Herrschaftsideologie, München 1981

Topitsch, E., Kritik der Hegel-Apologeten, in Kaltenbrunner, Hrsg. Hegel und die Folgen, Freiburg 1970

Topitsch, E., Vom Ursprung und Ende der Metaphysik, Eine Studie zur Weltanschauungskritik, Wien 1958

Ussel, J.v., Die Kleinfamilie, in: Claessens/ Milhoffer (Hrsg.) Familiensoziologie, Frankfurt 1973

Valentin, V., Geschichte der Deutschen Revolution, 2Bde, Köln 1977

Villey, M., Das Römische Recht in Hegels Rechtsphilosophie, in: Riedel, M. (Hrsg.), Materialien, a.a.o.

Vos, L. d., Die Logik der Hegelschen Rechtsphilosophie: eine Vermutung, in: Hegelstudien Bd 16/ 1981

Wandschneider, D./ Hösle, V., Die Entäusserung der Idee zur Natur und ihre zeitliche Entfaltung als Geist bei Hegel, in: Hegel Studien Bd 18, 1983

Weber, M., Die Protestantische Ethik I, Gütersloh 1979

Wehler, H.-U., Deutsche Gesellschaftsgeschichte, Zweiter Band, 2. Aufl. München 1989

Wesel, U., Juristische Weltkunde, Frankfurt 1984

Wiedmann, F., Hegel rororo Biographien, Reinbeck, 1965

Wirtz, R., 'Widersetzlichkeiten, Excesse, Crawalle, Tumulte und Skandale', Soziale Bewegung und gewalthafter sozialer Protest in Baden 1815-1848, Frankfurt, Berlin, Wien 1981

Wolff, M., Hegels Staatstheoretischer Organizismus, in: Hegel-Studien, Bd 19, 1984

Zippelius, R., Gesellschaft und Recht, München 1980